Jet Ass. 4362.

Cat. de Nyon N°

# BIBLIOTHEQUE
## *DES ARTISTES,*
# ET DES AMATEURS.

12

M. l'abbé Pétity avant d'avoir composé ce grand Ouvrage n'étoit connu que par un Panegyrique de Ste Adelaïde. Il est de Limoges ou des Environs.

Quant à cet Ouvrage cy il est mal fait, mal ordonné et mal entendu ; mais comme nous avons abondance de Livres sur toutes Sortes de Matières, les morceaux decousus sont toujours bons. quand mr l'abbé Depetity ne les a pas gâtés ce qui arrive souvent dans celui-ce car Mr petity est bien bete et son livre tout bien considéré est très mauvais.

# BIBLIOTHEQUE
### DES ARTISTES ET DES AMATEURS:
*OU*
## TABLETTES ANALYTIQUES,
*ET MÉTHODIQUES,*
## SUR LES SCIENCES ET LES BEAUX ARTS;
## DÉDIÉE AU ROI.

O*UVRAGE* utile à l'Instruction de la Jeunesse, à l'usage des Personnes de tout âge & de tout état, orné de Cartes & d'Estampes en Taille douce : avec une Table raisonnée des Auteurs, sur l'usage & le choix des Livres.

PAR l'Abbé DE PETITY, Prédicateur de la REINE.

Omnia in Mensurâ, & Numero, & Pondere disposuisti. Sap. cap. 11. v. 21.

## TOME PREMIER.

*A PARIS,*
Chez P. G. SIMON, Imprimeur du Parlement, rue de la Harpe, à l'Hercule.

## M. DCC. LXVI.
### AVEC APPROBATION ET PRIVILEGE DU ROY.

# AU ROY.

IRE,

L'Ouvrage que j'ai l'honneur de présenter à VOTRE MAJESTÉ, est un ample

# ÉPITRE

Recüeil de Découvertes, sur les Sciences & les Beaux Arts.

Ces Découvertes éparses & comme noyées dans une infinité de Volumes composés en diverses Langues, demandoient à être rassemblées sous un même coup-d'œil ; & mises dans un Ordre, qui en les liant les unes aux autres, pût servir à leur mutuel éclaircissement : & tel est le plan de cet Ouvrage.

Votre Amour, SIRE, pour les Sciences & les Beaux Arts, la Protection dont VOTRE MAJESTÉ les a toujours honoré, cet empressement à les faire fleurir chaque jour ; tout me fait espérer que VOTRE MAJESTÉ m'accordera la permission de lui consacrer les Prémices de mes travaux littéraires, comme un gage assuré de mon zèle inviolable.

# DÉDICATOIRE.

Trop heureux, en rendant mes recherches publiques, si VOTRE MAJESTÉ daigne les regarder d'un œil favorable ; & les reçevoir comme un hommage de la plus vive reconnoiſſance, & du plus profond respect avec lequel j'ai l'honneur d'être :

SIRE,

DE VOTRE MAJESTÉ;

> Le très-humble, très-obéiſſant, & très-fidèle ſujèt ; l'Abbé DE PETITY, Prédicateur de la REINE.

# FRONTISPICE,

## OU
### ESTAMPE ALLÉGORIQUE
#### DE LA BIBLIOTHÈQUE DES ARTISTES,
##### ET DES AMATEURS.

### ALLÉGORIE.

#### I.

*LE fond de la Perspective repréfente une* Bibliothèque, *vafte & fort étenduë.*

### EXPLICATION.

Cet Ouvrage eft une Collection Académique, de ce qu'une infinité d'Auteurs ont de mieux écrit fur chaque Faculté. Tel eft le Plan général, la repréfentation devoit être une *Bibliothèque.*

### ALLÉGORIE.

#### II.

*On apperçoit le Bufte du* ROI *couronné de laurier, par* Apollon *Dieu des Beaux Arts, & par la* Sageffe.

### EXPLICATION.

Le ROI protège fpécialement les Sçiences, les Beaux Arts; il les aime, & les fait fleurir dans fon Royaume. Ces Divinités lui rendent l'Hommage qu'il mérite.

### ALLÉGORIE.

## ALLÉGORIE.
### III.

*Ces Divinités couronnent notre* AUGUSTE MONARQUE *de leurs mains droites ;* Apollon *tient une Lyre à sept cordes de la main gauche, il est couronné de laurier ; on apperçoit un* Soleil *sur sa poitrine.*

### EXPLICATION.

La Lyre à sept cordes désigne la Concorde, la belle Harmonie des Sciences & des Arts. Le laurier est spécialement consacré à Apollon. Le *Soleil* est le symbole de la Lumière, de la Vérité, de l'Ordre.

## ALLÉGORIE.
### IV.

*La* Sagesse *est couronnée de perles ; on apperçoit une tête de Méduse sur sa poitrine, qui agraffe ses habillements ; elle tient de la main gauche le Caducée de Mercure, posé sur un Livre au pied du Buste du* ROI *; elle supporte aussi de la même main une guirlande de fleurs, que la Déesse de la* Science *tire d'une corbeille posée sur ses genoux.*

### EXPLICATION.

La *Couronne* est l'indice des Loix, des Règlements ; les Perles désignent le *naturel*, le *simple*, le *rare* & le *précieux* ; la Tête de Méduse est le Symbole de la *Prudence* ; le Caducée de Mercure posé sur un Livre, est l'emblême distinctif de l'*Éloquence*, *Bonne conduite*, *& félicité*.

## ALLÉGORIE.

### V.

*La Déeſſe de la* Sçience *eſt aſſiſe au bas de la colonne du buſte du* Roi, *regardant ce-*Monarque *avec amour & reconnoiſſance. Elle lui préſente de la main droite un Bouquèt de laurier & de roſes, le méme bras droit appuyé ſur un grand Livre ouvert ; dans lequel eſt écrit ſur le* Folio *&* Verſo : Bibliothèque des Artistes, et des Amateurs.

### EXPLICATION.

Le *Laurier* eſt le Symbole de Prophétie, de Forçe, & de Santé. Les Roſes ſignifient *Beauté & Bonté.* La Déeſſe de la *Sçience* eſt peinte dans un âge avancé ; parce qu'elle eſt le fruit d'une longue Expérience. Son bras droit appuyé ſur un Livre, exprime la profondeur des connoiſſances qui ont un rapport particulier avec ce qui eſt ſpéculatif. *Scientia eſt opinio vera cum Ratione.* Platon.

## ALLÉGORIE.

### V I.

*La main gauche de la* Sçience *eſt poſée dans une corbeille de fleurs, elle ſemble aider & dégager cette guirlande, que la Déeſſe de la* Sageſſe *tient de la main gauche. Un Génie ſupporte cette même guirlande de la main droite, & ſoutient de la gauche la corbeille de fleurs poſée ſur les genoux de la* Sçience.

### EXPLICATION.

La Corbeille de Fleurs, la Guirlande, éxpriment la Variété des *Recherches, Explications, Notes, Citations, Recüeils différents des Auteurs* ; dont on s'eſt ſervi pour la compoſition de cet Ouvrage.

## ALLÉGORIE.

### VI.

*On apperçoit vers le bas, & ſur le devant du* Frontiſpice *ſix Génies. Le premier à gauche eſt aſſis ſur un* Globe Terreſtre, *ſa main droite eſt poſée ſur une* Tablette quarrée, *dans laquelle eſt écrit*, A, B, C, D ; 1, 2, 3, 4. *De la gauche il tire d'une Corbeille qui eſt à ſes pieds, le commencement de la Guirlande.*

## EXPLICATION.

La repréſentation des ſix *Génies* eſt la diviſion dont on s'eſt ſervi pour chaque Sçience ou bel Art, partagés eſſentiellement & uniformément en ſix Chapitres, pour le ſoulagement de la Mémoire. Le premier *Génie* déſigne non-ſeulement le Chapitre premier de chaque Sçience ; mais auſſi la *Grammaire*, & l'*Arithmétique*. La tablette quarrée qu'il préſente, poſée ſur un Globe, annonçe *le commencement de ces deux Sçiences* ſi néceſſaires à toutes les perſonnes ſtudieuſes.

## ALLÉGORIE.

### VIII.

*Le ſecond* Génie *ſupporte de ſa main gauche la Guirlande de fleurs ; on apperçoit à ſes pieds deux petites colonnes d'*Ordre Dorique : *ſa main droite eſt poſée ſur l'épaule du premier* Génie.

## EXPLICATION.

Le ſecond *Génie*, comme nous l'avons déja dit, déſigne le Chapitre ſecond de chaque Sçience ; les deux colonnes d'*Ordre*

Dorique ſur leſquelles il eſt aſſis, ſont auſſi les Emblêmes de l'*Architectùre*.

## ALLÉGORIE.
### IX.

*Le troiſième eſt armé d'un Caſque en téte : caché pour ainſi dire avec malice derrière un grand* Bouclier, *ſur lequel eſt repréſenté un* Triangle *éclairé d'une vive lumière ; de ſa main droite il dirige la Guirlande de Fleurs.*

## EXPLICATION.

Ce troiſième *Génie* déſigne le Chapitre troiſième de chaque Sçience, ou bel Art ; il eſt auſſi l'Emblême diſtinctif de la *Logique*. Le Triangle équilatéral dépeint ſur ſon bouclier, ſignifie les *trois* Termes *d'une propoſition*.

## ALLÉGORIE.
### X.

*Le quatrième* Génie *aſſis par terre, reçoit & fait paſſer par un* Cube *percé à jour, la guirlande de fleurs, qu'il regarde fort attentivement.*

## EXPLICATION.

Le quatrième *Génie* déſigne ſucceſſivement le Chapitre quatrième de chaque Sçience ; ſa poſition éxprime la ſolidité qu'éxige la Sçience de la *Méchanique* : le Cube percé à jour qu'il regarde ſi attentivement, eſt l'Emblême diſtinctif de ce Bel Art.

## ALLÉGORIE.
### XI.

*La même guirlande eſt reçûë de la main gauche par le cin-*

quième Génie; il est à genoux devant un Chevalèt qui supporte une tablette, dans laquelle est représenté un Triangle renfermé dans un Quarré, tenant aussi de la main droite un Compas.

## EXPLICATION.

Trois & quatre font sept; le cinquième Chapitre des Sçiences est ainsi spécialement divisé, pour faciliter la mémoire. C'est aussi ce qu'on a voulu représenter par ce *Génie*, tenant un Compas de la main droite; considérant, pesant, éxaminant murement les choses. Ce même *Génie* est le Symbole des *Sçiences Mathématiques*.

## ALLÉGORIE.

### XII.

*Enfin le sixième Génie étant debout, fait passer cette même guirlande dans une Rouë formée de douze rayons; qu'il semble faire tourner comme en joüant: sur la circonférence de la Rouë sont dépeints les Douze Signes du Zodiaque.*

## EXPLICATION.

Ce dernier *Génie* désigne le Chapitre sixième de chaque Sçience, subdivisé en douze *Paragraphes*, pour faciliter de plus en plus le soulagement de la Mémoire. Il se tient debout, & fait tourner une *Rouë* sur laquelle sont dépeints les *Douze Signes du Zodiaque*; pour nous faire comprendre la Régularité du Cours des Astres, l'Étude & l'application qu'on doit apporter aux *Sçiences Astronomiques*, *Physiques*, *& Maritimes*.

# VIGNETTE
## DE L'ÉPITRE DÉDICATOIRE.
### ALLÉGORIE.
#### I.

*Les Armes du* Roi *sont représentées dans cette* Vignette. *A la gauche sur le devant on apperçoit un* Génie *assis à terre, qui considère avec attention les degrés d'un Globe Terrestre ; un autre* Génie *est assis sur une pierre brute, le bras droit appuyé sur le* Globe ; *tenant de la main gauche, & regardant avec une lunette à longue vûë : à ses côtés s'élève un Buffèt d'Orgues.*

### EXPLICATION.

Les Génies, leurs Attributs, les Emblêmes, les Symboles qui entourent les Armes du Roi, sont ici représentés; pour annoncer que NOTRE AUGUSTE MONARQUE protège spécialement les Académies, les Sciences, & les Beaux Arts. Le *Génie* assis à terre qui considère attentivement les degrés d'un Globe, désigne la *Géographie*. Celui qui regarde avec une lunette à longue vûë est le Symbole de l'*Astronomie*. Le Globe est l'Emblême distinctif de ces deux Sciences. Le Buffèt d'Orgues est l'Attribut le plus général de la *Musique*.

### ALLÉGORIE.
#### II.

*La Perspective est décorée de plusieurs Colonnes accouplées d'Ordre Corinthien ; & le Loingtain est terminé par des* Bâtimens *de plusieurs particuliers.*

## EXPLICATION.

Les Colonnes accouplées d'Ordre Corinthien défignent la grande, noble, & régulière *Architecture*. Les Bâtiments de plufieurs particuliers dénotent l'*Architecture Privée*.

## ALLÉGORIE.

### III.

*Vers la partie droite eft affis un autre* Génie, *tenant un* Maillet *de la main droite, un* Cifeau *de la gauche, travaillant avec application à Sculpter une tête ; on apperçoit à fes pieds plufieurs* Pointes, Gouges, Rapes *&* Virebrequins. *A fes côtés eft affis fur un tabouret, un autre* Génie *tenant de la main gauche une* Palette*, plufieurs* Pinceaux *; montrant de la gauche un* Tableau *parachevé pofé fur un* Chevalet *: on apperçoit à fes pieds une* Tête *deffinée, & derrière lui un* Portefeuille.

## EXPLICATION.

A la droite de la Vignette eft repréfenté le Génie de la *Sculpture* ; fon Attitude, fon Action, fes Outils font connus de tout le monde. Les Génies de la *Peinture* & du *Deffein* font fi naturellement dépeints, qu'ils n'ont befoin d'aucune explication.

## ALLÉGORIE.

### IV.

*La Perfpective eft décorée d'*Orangers *en caiffe,* Charmilles*, & Allées d'*Arbres.

## EXPLICATION.

Les Orangers en caiffe, les Charmilles, les Allées d'Arbres défignent l'*Agriculture*.

xvj

## ALLÉGORIE.
## V.

*Le Loingtain est terminé par des Arcades de Verdure, & Fontaines Jalissantes.*

## EXPLICATION.

Les Arcades de Verdure & les Fontaines Jalissantes annoncent la Décoration, & la Magnificence des Jardins Royaux.

PRÉFACE.

# PRÉFACE.

OUT le monde tombe d'accord, que le moyen le plus court pour apprendre une science, c'est d'en parler souvent, d'en connoître principalement les termes, de les avoir fréquemment sous les yeux ; & que dans peu de mois, l'on fait par cette voye plus de progrès qu'on n'en sçauroit faire en plusieurs années, par celle de l'étude & des préceptes. L'expérience fait toucher au doigt cette vérité.

Ainsi par la simple explication & la division naturelle de six termes toujours répétés, sçavoir :

(*Unité*, *Binaire*, *Ternaire*, *Quaternaire*, *Septénaire* & *Duodénaire*),

Les Sciences & beaux Arts se trouvent développés, analysés & démontrés, si j'ose ainsi m'exprimer : chaque science est uniformément divisée en 1, 2, 3, 4, 7 & 12, comme une espèce de Carte généalogique ; de maniere que tout ce qu'il y a de plus connu & de plus abstrait, s'y trouve renfermé. Com-

a

## PRÉFACE.

bien de connoissances ne peut-on pas acquérir de ce travail? La précision, l'ordre & la simplicité en constituent tout le mérite. Ces Cartes méthodiques sont même, j'ose le dire, à la portée d'un enfant. La mémoire est fixée par des points incontestables, dont l'uniformité est toujours la même dans chaque science. Quel avantage! quelle utilité!

Ne vous rebutez donc pas par les difficultés que vous trouverez au commencement : elles seront bientôt applanies. Les termes ci-dessus énoncés paroissent d'abord effrayants, inconnus & barbares. Je les explique donc : ils vous seront bientôt familiers.

*Unité*, signifie un. La simplicité de son expression, & celle du terme qui la signifie, est le véritable caractère par lequel seul on peut concevoir l'*unité*.

Chaque science a son *unité*; premier chapitre. Cette *unité* est la primitive, primordiale & premiere connoissance d'icelle. Exemple. Dans l'Arithmétique, c'est *le Nombre*. Dans la Chronologie, c'est *le Tems*. Dans l'Astronomie, c'est *le Ciel*, ainsi des autres.

*Binaire*, signifie deux ou ambe, c'est-à-dire, deux connoissances si intimement & si parfaitement unies & liées ensemble, que la première me découvre, m'explique, pour ainsi dire, & me fait entendre na-

## PRÉFACE.

turellement la feconde. Chaque fcience a fon *Binaire*, & ce fera toujours le fecond chapitre. Exemple. Dans l'Arithmétique, c'eft *Quantité & Qualité* d'une chofe. Dans la Chronologie, c'eft *Année Aftronomique, Année Civile*. Dans l'Aftronomie, c'eft *Etoile, Planete*, ainfi des autres.

*Ternaire*, fignifie trois, c'eft-à-dire, une divifion en trois parties fi méthodiquement diftinctes, fi univerfellement reconnues, fi fpécifiquement défignées, que vous ne pouvez rien y ajouter, ni en rien diminuer. Chaque fcience a fon *Ternaire*, & ce fera toujours le troifiéme chapitre. Exemple. Dans l'Arithmétique, c'eft *Livre, Sol & Denier*. Dans la Chronologie, c'eft *Paffé, Préfent & Avenir*. Dans l'Aftronomie, ce font les trois Syftêmes, fçavoir celui de *Ptolomé, Thicobrahé*, & *Copernic* : ou fi vous voulez, Aftres *diurnes, nocturnes, participans* ; autre *Ternaire*, Aftres *fixes, mobiles, communs*, ainfi des autres.

*Quaternaire*, fignifie quatre, c'eft-à-dire, la racine & le commencement de tous nombres ; puifque additionnant 1, 2, 3, 4, cela produit la dixaine. Les Hébreux, les Grecs, les Latins, & tous les Peuples, ( quand ils ont une fois fupputé jufqu'à 10 ) commencent de rechef par l'unité : en difant 11, 12,

# PRÉFACE.

&c. 100, 200, &c. 1000, 2000, &c. Il y a auſſi quatre Elémens & premiers fondemens des choſes, dont tout eſt compoſé dans ce vaſte Univers; les Sciences remontent naturellement aux quatre premiers principes principians, & ſont auſſi méthodiquement diviſées en quatre parties. Exemple. On compare les quatre parties de la Muſique aux quatre Elémens. La Baſſe repréſente la Terre. La Taille repréſente l'Eau, qui ne fait qu'un Globe avec la Terre, comme la Taille eſt preſque la même choſe que la Baſſe, puiſque quand la Baſſe manque, la Taille en fait la fonction; d'où vient qu'on la nomme Baſſe-Taille. La Haute-Contre eſt comparée à l'air, parce qu'elle s'inſinue aiſément dans toutes les parties, & a même rapport au Deſſus, que la Taille à la Baſſe. Enfin le Deſſus eſt comparé au Feu, d'autant qu'il a les mouvemens plus vîtes & plus légers que les autres. Chaque Science a ſon *Quaternaire*, & ce ſera toujours le quatrième Chapitre. Exemple. Les quatre premieres Regles dans l'Arithmétique; ſçavoir, *Addition*, *Souſtraction*, *Multiplication* & *Diviſion*. Les quatre Saiſons de l'année, dans la Chronologie; ſçavoir, *Printems*, *Eté*, *Automne* & *Hyver*. Les quatre points cardinaux dans l'Aſtronomie; ſçavoir, *Nord*, *Sud*, *Eſt*, *Oueſt*, ainſi des autres.

# PRÉFACE.

*Septénaire*, fignifie fept ; ce nombre eft l'Addition fimple & naturelle du Ternaire & du Quaternaire : trois & quatre font fept. Par l'aveu cependant des plus grands Hommes, tant Philofophes que Théologiens, le nombre *Septénaire* eft confacré dans les Livres Saints & dans la Religion des Juifs, par un grand nombre d'événemens & de circonftances myftérieufes. Je n'en fonderai point la profondeur. Je me contente de vous dire feulement, que les Sciences & beaux Arts ont des parties effentiellement compofées & divifées en fept, dans lefquelles divifions, tous les Auteurs fe font unanimement affujettis, les ont fuivies, ou fe font rencontrés, comme vous le jugerez à propos. Exemple. Les fept Notes de la Mufique, fçavoir, *ut*, *re*, *mi*, *fa*, *fol*, *la*, *fi* ; fept accords, fept modes de la gamme ordinaire, &c. fept Aftres principaux dans l'Aftronomie ; fçavoir, *Saturne*, *Jupiter*, *Mars*, *le Soleil*, *Vénus*, *Mercure*, *la Lune*. Sept jours de la femaine dans la Chronologie ; fçavoir, *Dimanche*, *Lundi*, *Mardi*, *Mercredi*, *Jeudi*, *Vendredi*, *Samedi*. Sept Ages du monde. Sept Mefures des tems. Sept Arts Libéraux. Sept Arts Méchaniques, &c. Je pourrois pouffer plus loin ces applications ; mais il fuffit d'indiquer les principes. Je ne connois point d'Ecrivain plus

# PRÉFACE.

ennuyeux que celui qui ne laisse rien à faire à ses Lecteurs.

*Duodénaire*, signifie douze; ce nombre prend son origine du Ternaire multiplié par le Quaternaire, ou du Quaternaire multiplié par le Ternaire; c'est-à-dire, trois fois quatre font douze, ou quatre fois trois font douze. Les Sciences & beaux Arts jouissent aussi du nombre *Duodénaire*, & en sont essentiellement composés. Exemple. Les douze Signes du Zodiaque dans l'Astronomie; sçavoir, *le Bélier, le Taureau, les Gémeaux, l'Ecrevisse, le Lion, la Vierge, la Balance, le Scorpion, le Sagittaire, le Capricorne, le Verseau, les Poissons.* Les douze mois de l'année dans la Chronologie; sçavoir, *Janvier, Février, Mars, Avril, Mai, Juin, Juillet, Août, Septembre, Octobre, Novembre & Décembre.* Dans l'Arithmétique & dans l'Algébre: la Table de Pythagore, c'est-à-dire, *douze* multipliés par *douze*, & les nombres successifs depuis l'unité jusqu'à *douze*, multiplié mutuellement l'un par l'autre. Les *douze* Notes ou Marques Algébriques; sçavoir, $+$ *plus*, $-$ *moins*, $\times$ *multiplié par*, $=$ *est égal*, $>$ *plus grand*, $<$ *plus petit*, $\infty$ *infini*. :: *Quatre termes en proportion géométrique*, $\div$ *proportion continue*, : *proportion arithmétique*, $\div$ *proportion arithmétique continue*,

## PRÉFACE.

√ racine. Dans la Musique, *douze* mouvemens variés dans toute sorte de chants. *Douze* divisions de parties, pour compter les mesures; *douze* marques, pour la mesure de toute espèce de Musique; *douze* modes majeures, *douze* modes mineures, &c. Je serois infini, s'il falloit rapporter tous les *Duodénaires* propres à chaque Science. Le Lecteur les découvrira, en les parcourant l'une après l'autre, il s'instruira en même tems.

*Voici la conséquence de ces raisonnemens.* C'est dans la nature qu'il faut chercher les principes des Sciences & des beaux Arts. A mesure qu'on s'en éloigne, les préceptes s'accumulent, les difficultés se multiplient, & rien ne se perfectionne. Au lieu de cet amas de préceptes qui sont si souvent des entraves pour l'homme de goût, & qui ne sont guères que des échasses pour un esprit ordinaire, je présume qu'il faudroit se contenter de dire aux hommes: que vos connoissances soient simples, nettes & méthodiques sur chaque Science: faites-vous un plan, le plus propre à simplifier les choses; tâchez de le suivre, & que vos réflexions naissent toujours de la nature même des choses: alors, sans faire ni donner de nouveaux préceptes, vous ramenez les Anciens à une seule & grande règle, qui est incontestable-

# PRÉFACE.

ment la source de toutes les vues, & de toutes les beautés particulieres des Sciences & des beaux Arts.

La plus grande des difficultés est, selon moi, celle qu'apporte l'ignorance de certains mots & de certains termes, qui tombent d'ordinaire dans le discours familier. Tels sont les noms, presque de toutes les choses que nous voyons, que nous touchons à toute heure & à tous momens, lesquelles néanmoins nous connoissons si peu, que nous ne savons pas même comment elles se nomment. Quoi de plus connu, par exemple, qu'une colonne, & que toutes les piéces qui l'accompagnent ? Mais quoi de plus inconnu que le nom de toutes ces piéces ? Combien peu de personnes sçavent ce que c'est que soubassement, que chapiteaux, qu'architraves, que plattes-bandes, que corniches, que métopes, que triglyphes, que modillon, que tympan. Que si on ne sçait pas seulement ce que signifie ces mots, comment faire pour en parler même dans les conversations les plus ordinaires ? Ainsi des autres comparaisons.

La réflexion que j'ai faite sur cette difficulté, laquelle paroît d'abord insurmontable à ceux qui veulent apprendre les Sciences, & en raisonner, m'a fait

## PRÉFACE.

fait prendre le deſſein de faire des Tablettes Méthodiques ſur diverſes Sciences & beaux Arts. Par-là vous trouverez un moyen facile, pour ne paroître neuf en aucune façon ſur tout ce qui ſe dit dans les converſations, & d'éviter des queſtions ſans fin ſur ce qui vous étoit inconnu : car combien de fois nous voyons-nous obligés de nous arrêter tout court, pour ne pas ſçavoir le nom des choſes dont nous parlons.

Pour raſſembler ces recherches, ces explications & ces découvertes, j'ai lû différens Livres dont j'ai fait uſage dans la compoſition de cet Ouvrage ; j'en ai conſulté un trop grand nombre pour en faire ici mention. J'en ai tiré les morceaux qui m'ont le plus frappé, je les ai mis en ordre, & les ai toujours rappellés aux ſix Titres ou Chapitres ci-deſſus expliqués, d'*Unité*, *Binaire*, *Ternaire*, *Quaternaire*, *Septénaire* & *Duodénaire*.

Ces Titres n'ont point été pris au hazard & choiſis ſans deſſein ; il n'en ſeroit réſulté qu'un amas confus & indigeſte : on auroit été accablé d'une multitude de faits ſans aucun fil qui les liât les uns aux autres, & c'eſt ce fil qui eſt précieux. Il ſert à récapituler, à fixer dans la mémoire les vérités les plus essentielles des Sciences & beaux Arts, qui sans ce secours pourroient se confondre avec d'autres, ou être oubliées. Je dis plus : personne n'ignore quel est en toutes choses l'usage de l'ordre, & que si, dans les choses même qui ne sont que l'objet des sens, le juste assemblage des parties qui forment un tout est nécessaire pour les mettre en vue, l'ordre est bien plus nécessaire pour faire entrer dans l'esprit le détail infini des vérités qui composent les Sciences & beaux Arts ? En effet, il est de leur nature, qu'elles ayent entr'elles des rapports & des liaisons qui font qu'elles n'entrent dans l'esprit, que les unes par les autres : que quelques-unes qui doivent s'entendre par elles-mêmes, & qui sont les sources des autres, doivent les précéder : que les autres doivent suivre, selon qu'elles dépendent de ces premières, & qu'elles sont liées entr'elles ; ainsi l'esprit devant se conduire des unes aux autres, doit les avoir en ordre. Oui, c'est cet ordre si précieux qui fait l'arrangement des définitions, des principes & des détails. Il est donc facile de juger combien il y a de différence entre la maniere de voir le détail des vérités qui composent une Science mise en confusion ; & la vue de ce même détail rangé dans son ordre : puisqu'on peut

## PRÉFACE.

dire, qu'il n'y en a pas moins qu'entre la vue d'un tas confus de matériaux destinés pour un édifice, & la vue de l'édifice élevé dans sa simétrie.

Le dessein que je me suis proposé, est donc de mettre diverses Sciences & beaux Arts dans leur ordre; les assembler selon le rang qu'elles ont dans le Corps qu'elles composent naturellement; diviser chaque matiere selon ses parties; ranger en chaque partie le détail de ses définitions, n'avançant rien néanmoins qui ne soit ou clair par soi-même, ou précédé de tout ce qui peut être nécessaire pour le faire entendre. Ainsi, ce n'est pas simplement un abrégé, ou de simples institutions; mais j'ai tâché d'y comprendre le détail des matières relatives aux Sciences & beaux Arts.

Les deux premiers effets de l'ordre que je me suis principalement proposé, sont la briéveté par le retranchement de l'inutile & du superflu, & la clarté par le simple effet de l'arrangement. J'espère que par cette briéveté & cette clarté, il sera aisé d'apprendre diverses Sciences & beaux Arts en peu de tems : l'étude même en deviendra facile & fort agréable. Car comme la vérité est l'objet naturel de l'esprit de l'homme, c'est la vue de la vérité qui fait son plaisir;

## PRÉFACE.

& ce plaifir eft plus grand à proportion que les vérités font plus naturelles à fa raifon, qu'il les voit auffi dans leur beau jour, fans peine & fans confufion.

J'ai donc tâché de faire un ouvrage utile, clair, précis & méthodique, j'efpère qu'on m'en fçaura gré. Le goût des Sciences & des Arts a gagné, pour ainfi dire, tous les Etats: on veut aujourd'hui fçavoir tout, ou plutôt parler de tout, & n'ignorer de rien. Ainfi comme un homme du monde ne peut fe refufer fans honte & fans injuftice au commerce & à la fociété, parce qu'il y tient par les engagemens de fon état & les néceffités de la vie, il doit fe prêter au goût de fon fiécle.

De-là vient qu'on eft charmé d'entendre un homme s'expliquer fur toutes fortes de matières, & fur tout ce qui nous environne dans ce vafte Univers; on lui paffe même de n'en point parler avec tant de jufteffe, & on préfére ce fçavoir, quoiqu'un peu fuperficiel, à tout autre. Le monde fe foucie fort peu de ces Sçavans qui n'ont pas le talent de fe communiquer, ni de ceux qui fe renferment dans une Science particuliere, hors de laquelle ils ne fçavent rien. C'eft une chofe confirmée par l'expérience, que les connoiffances variées des Sciences & beaux Arts,

## PRÉFACE.

tiennent lieu de talens, & même d'esprit, dans la société en général.

Chaque Science est aussi allégoriée & personnifiée conformément aux Hyerogliphes des Egyptiens, des Grecs, des Romains & des François; toutes ces recherches sont aussi curieuses, qu'elles sont intéressantes. Combien de jeunes personnes trouveront dans ces Tablettes de quoi meubler leur mémoire d'une infinité de mots & de choses qu'ils y liront sans ennui, avec ordre & même avec plaisir; ce qui leur donnera un merveilleux avantage pour s'exprimer avec facilité sur toutes sortes de sujets. J'ose aussi me promettre, que les Maîtres rencontreront dans ces Tablettes, des matières très-propres pour embellir & enrichir leurs leçons & leurs instructions, des dénombremens de quantité de belles choses qu'ils trouveront ici toutes ramassées.

Je ne m'expliquerai pas davantage sur ce sujet. Je laisse au Lecteur toute la liberté de juger si je me flatte, & si je le trompe. Comme je ne suis rien moins qu'infaillible, je le prie instamment de me pardonner les fautes qui me sont échappées; de mon côté, je pardonnerai volontiers les critiques que l'on en pourra faire, pourvu que l'on produise quelque

## 14 PRÉFACE.

chose de plus certain. Je ferai ravi même, que d'autres excités par mon travail, faffent part au Public de quelqu'Ouvrage plus parfait. J'ai fait ce que j'ai pu, dans des matières, où j'ai fouvent rencontré des écueils prefqu'inévitables, & des abîmes dont mon efprit n'a pu fonder la profondeur. Les Tablettes qui fuivent cette Préface vous feront bien mieux voir que ce difcours, tout ce que ce Livre contient.

## GRAMMAIRE.

*La claire fontaine, nous fait entendre, que la source de la Grammaire est commune et nécessaire à tous les hommes. La candeur, la simplicité et l'attention avec laquelle cette Déesse arrose de jeunes plantes, fait assez connoître la douceur, la patience, et l'application qu'il faut donner à l'éducation des enfans.*

*Le gros Globe terrestre sur lequel son bras gauche est appuyé, et tenant une clef à sa main, exprime sensiblement que la Grammaire est la seule et l'unique clef, qui peut nous introduire à la connoissance de tout ce qui compose ce vaste Univers. Son habillement fort simple n'a d'autres pa=*
*=rures, que les lettres de l'Alphabet.*

*L'instinct et la grande vigilance des oiseaux à procurer la nourriture à leurs petits, enseigne naturellement aux Pères et aux Mères, de pourvoir avec le plus grand soin, à la nourriture de l'esprit et du cœur de leurs enfans.*

## GRAMMAIRE.

*C'est une Déesse, assise au bord d'une claire fontaine, arrosant de la main droite, de jeunes plantes qui sont autour d'elle ; la main gauche appuyée sur un globe. Sa robe est parsemée de lettres de l'Alphabet.*

*Nid de petits oiseaux, qui reçoivent la becquée, de leurs père et mère.*

### Unité.
*l'Alphabet.*

### Binaire.
*Voyelles, Consonnes.*

### Ternaire.
*Genre, Nombre, Cas.*

### Quaternaire.
*Lettre, Syllabe, Mot, Discours.*

### Septénaire.
les 7. Caractères prosodiques.
*accent aigu, accent grave, accent circonflèxe, Cédille, Apostrophe, Diérèse, Tiret.*

### Duodénaire.
Les neuf parties d'Oraison, et les trois Figures de la Grammaire.
*Nom, article, pronom, verbe, participe, adverbe, préposition, conjonction, interjection, pléonasme, Syllepse, hyperbate.*

### Autre Duodénaire.
Douze marques de ponctuation.

Point, virgule, deux points, point et virgule, interrogation, admiration, parentèse, 3 points, guillemets, petit que, longue, brève.
. , : ; ? ! ( ) ... « « » » sq; ‒ ᴗ

# TABLETTES ANALYTIQUES
## OU MÉTHODIQUES
*SUR*
## DIVERSES SCIENCES ET BEAUX ARTS.

## *GRAMMAIRE.*

## DISCOURS PRÉLIMINAIRE
*Sur l'Étude de la Grammaire.*

 FAIRE étudier des enfans, c'est ordinairement les envoyer dans les Écoles & aux Colléges, pour qu'ils y apprennent le plus de Latin & de Grec qu'ils pourront. D'où vient que dans cette idée on ne comprend pas les principes de la Langue Françoise ? La plûpart des enfans que l'on fait étudier n'ont jamais occasion de se servir du Grec ni du Latin, du moins autant

que du François. Pourquoi donc employer tout le tems que l'on fçait qu'ils y paſſent, à l'étude des Langues, dont probablement le plus grand nombre des Ecoliers fera fi peu d'uſage? Et pourquoi ne parler jamais, ou que fort rarement, de ce qui peut corriger dans la ſuite les fautes du jargon du pays & de la mauvaiſe éducation? L'étude de la Langue Françoiſe paroît abſolument néceſſaire, du moins dans les Provinces, où l'expérience fait voir que le ſeul uſage local ne ſuffit pas, & qu'il faut joindre la théorie à la pratique; mais quand l'étude du Latin & du Grec ſeroit encore plus utile qu'on ne ſe l'imagine, on ne devroit pas pour cela négliger celle de la Langue Françoiſe: l'étude même du Latin ſeroit pour lors plus aiſée, & par conſéquent moins rebutante, & plus proportionnée à l'intelligence des Ecoliers. On dit que dans un aſſez grand nombre d'Ecoles, les Maîtres & les Régens ignorent ce qu'il faudroit fçavoir pour reprendre les fautes du langage, & pour éclaircir les doutes de leurs Diſciples; je leur conſeillerois d'étudier une Langue trop négligée, & dont il eſt viſible qu'ils ne fçauroient ſe paſſer. L'Auteur de la Nouvelle Méthode Latine conſeille de faire remarquer aux enfans la conjugaiſon françoiſe avec autant de ſoin que la latine; ſuppoſant que ce ſeroit une honte à des enfans qui étudient, de ne pas fçavoir la Langue dans laquelle ils ont été élevés. Bien des Auteurs ont déja fait la même remarque, & voici ce que dit M. l'Abbé Rollin, *dans ſon Traité des Etudes, tom. 4, pag. 630*, en parlant de l'étude de la Langue Françoiſe, & de celle de l'Hiſtoire, auxquelles il ſouhaiteroit qu'on donnât plus de tems & de ſoin qu'on n'a coutume de le faire: *Pour ce qui regarde*, dit-il, *la Langue Françoiſe* « une demie heure donnée deux ou » trois fois par ſemaine à cette étude peut ſuffire, parce qu'elle » doit ſe continuer pendant le cours de toutes les claſſes »; &

c'eſt

c'est en vain que l'on nous renvoye à l'usage, n'étant nullement propre par lui-même à nous éclairer, & à nous conduire sûrement. Comment le connoître ? Par quel moyen discerner le bon du mauvais : chacun croyant avoir l'usage de son côté, on le cite pour soi avec la même confiance, & l'usage n'en demeure pas moins vague & indéterminé. Le point est de se fixer, & ce devroit être le droit du seul Dictionnaire de MM. de l'Académie Françoise. La plûpart des gens s'imaginent en sçavoir assez, & n'être pas tout-à-fait aussi ignorans qu'ils le sont effectivement, les différens degrés d'ignorance passent chez eux pour les degrés de la science même.

Je sçais que tous les préceptes du monde, sans l'usage & la pratique, n'enseigneroient point à parler ; mais on doit convenir qu'il y a une bonne & une mauvaise pratique, & qu'avec l'usage on peut & l'on doit mettre à profit les réflexions & les décisions des Maîtres de l'art : cela sert beaucoup à ceux qui enseignent, ils sont en état de répondre quand on les consulte ; au lieu que sans cette étude, souvent de petites choses deviennent des sujets d'embarras. Les Orateurs, soit dans la Chaire ou dans le Barreau, sentent combien cette étude est nécessaire. Tel Acteur, par exemple, en débutant à Paris, a le déplaisir de se voir siffler, qui ne laissoit pas d'être applaudi dans les Provinces. Quoique les Etrangers & les Personnes de Province ne puissent perdre totalement leur accens ; néanmoins joignant la théorie à la pratique, ils peuvent corriger bien des fautes de prononciation & d'éducation : ils n'ont qu'à étudier les sons de nos voyelles & de nos consonnes, demander & chercher dans leur propre idiome des mots qui rendent fidélement les sons de la Langue Françoise ; afin que ces mots dont la prononciation leur doit être aisée & familiere, puissent dans le besoin leur donner le ton, & pour ainsi dire les images des

C

fons qu'ils cherchent. C'eſt ainſi qu'on pourroit comme avec l'écometre enſeigner la prononciation de bien des mots, même à une perſonne éloignée du pays où l'on ſe trouve. A l'exemple des Muſiciens, il faut chercher des modéles & des exemplaires de ſons, afin que ſelon la déciſion des Maîtres de la Langue, on puiſſe les ſubſtituer à propos & à livre ouvert, autant que la choſe eſt poſſible. Il y a dans chaque Langue des ſons propres & particuliers, qui ne ſe trouvent pas dans les autres. A l'égard de ces ſons, un étranger a beſoin de les entendre prononcer pluſieurs fois; encore a-t-il bien de la peine à les imiter, parce que ſes organes n'ont peut-être jamais opéré de la ſorte. C'eſt donc l'uſage de l'articulation, qui doit inſtruire les Etrangers ſur tous les ſons inconnus à leur Langue; & par ce moyen les rendre fidéles échos de ces nouveaux ſons. On ſe trouve pour lors dans le cas de celui qui veut connoître le ton des notes de Muſique; toute la théorie du monde ne ſçauroit produire l'effet que peut donner ſûrement un moment de pratique.

Plus il y a de ſons différens dans la Langue naturelle, & moins on doit trouver difficile la prononciation des Langues Etrangeres: au contraire la diſette de ſons dans une Langue, fait trouver plus difficile l'étude des autres; & c'eſt ce plus & ce moins de rapports entre les Langues, qui fait peut-être que bien ſouvent nous ne ſçaurions répéter le moindre mot du diſcours que nous avons écouté; ces ſons étrangers & rapides, ces nouvelles combinaiſons de lettres ne font pas ſur nous des impreſſions diſtinctes. Il en eſt de même de certains noms propres d'hommes, de pays, &c. l'imagination & la mémoire ne ſçavent où ſe prendre, dans un diſcours rempli de nouveaux ſons ou de nouvelles combinaiſons; car la difficulté de retenir de nouveaux mots n'eſt pas ſi grande, que celle de former de nouveaux ſons. Il eſt bon de ſe ſervir de l'uſage, & de ſa propre

Langue pour l'étude des sons communs à plusieurs Langues : mais à l'égard des sons particuliers à la Langue qu'on veut étudier, on doit écouter, & les articuler tant qu'on peut, en consultant les personnes qui parlent & qui prononcent le mieux : cette étude doit passer des sons simples aux sons composés, des voyelles aux consonnes. Un Maître de Langue donnant le ton, aide ensuite à distinguer les sons simples d'avec les diphtongues, qui ne sont que l'union arbitraire de plusieurs sons de voyelles. D'où vient qu'entre les Nations de l'Europe, les François en général lisent le plus mal ? D'où vient que les Provinciaux, bien des Parisiens, & même tant de Dames du grand monde & de la Cour, parlent & écrivent contre les regles & contre l'usage ? C'est la bisarrerie & la confusion de notre ortographe : les uns tâchent d'écrire comme l'on parle, & les autres de parler comme l'on écrit ordinairement ; ainsi ils sont toujours exposés à faire des fautes, suite des mauvais principes, & c'est ce qu'on trouvera bien détaillé dans le projet que M. l'Abbé de Saint-Pierre a donné pour perfectionner notre ortographe. Les Etrangers qui se contentent d'apprendre notre Langue seulement par les yeux, trouvent mieux dans la vieille ortographe le rapport qu'elle a avec la Langue Latine, & ce rapport leur facilite l'intelligence de la nôtre : mais l'ortographe moderne est plus propre à donner la connoissance & la clef de notre prononciation à ceux qui la veulent parler. Il s'agit donc d'examiner lequel est le plus avantageux aux Etrangers, de connoître la Langue Françoise seulement par l'étude des Livres & par les yeux sans la pouvoir parler ; ou de la connoître par l'oreille en la parlant : pour lors la vieille ortographe convient mieux aux Etrangers, aux Sçavans, & aux sourds ; & la moderne à tous ceux qui desirent parler : il est mieux toutefois de l'entendre & par les yeux & par l'oreille. Il semble même que les François devroient préférer la nouvelle ortographe en faveur des enfans, des femmes, & des gens de Province; non-feulement parce qu'elle eft plus fimple, mais parce qu'elle induit moins en erreur touchant la lecture & la prononciation; & qu'elle fait un meilleur emploi des lettres & des accens. Peu de gens font touchés des avantages que l'on propofe en faveur de l'utilité publique; il femble même que l'envie, le préjugé & l'ignorance fe réuniffent pour empêcher que nos defcendans ne trouvent plus de facilité que nous n'en avons eu dans l'étude des Arts & des Sciences. Rien de fi commun que d'entendre dire, même à des gens en place, *quel mal y auroit-il quand nos enfans apprendroient comme nous?* Je pafferois cela aux pères des enfans célèbres, mais non aux hommes vulgaires dans la République des Lettres.

Quelqu'ortographe que l'on fuive, on ne laiffe pas de deviner enfin le mot ou la chofe exprimée : l'on conçoit par habitude ce que l'écriture devroit exprimer; on n'examine point fi chaque lettre fait incommunicablement ce qu'elle doit par elle-même. A proprement parler on ne peut lire une ligne, qu'on ne faffe grace à quelque lettre, ou à quelque fyllabe; & encore plus dans les manufcrits, que dans les imprimés. Par exemple, on donne prefque le fon de la voyelle *o* aux trois lettres de monofyllabe *e, a, u*, eau; on donne le fon de l'*e* ouvert long, aux quatre lettres *o, i, e, n*, de la fyllabe *oien* dans le mot *avoient*; on donne le fon de l'*a* à la fyllabe *aë* dans le mot Maëftricht; on donne le fon d'*ou* à l'*ol* du mot fol; on imagineroit auffi-bien le fon du mot *cofre* en voyant le mot *table*, il n'y a que du plus ou du moins : on lit par routine & par habitude, plutôt que par raifon ou par principe; les manufcrits que l'on déchiffre en font une preuve, fur-tout quand ils font pleins d'abréviations, & rongés par les infectes ou par le tems.

Pour la dénomination des lettres & la syllabisation des mots, je pourrois citer ici un fameux Auteur; & appliquer à la manière ordinaire de montrer les lettres, ce qu'il dit sur la manière d'enseigner le Latin aux enfans. « La conduite, *dit-il*, » qu'on y garde est longue, difficile, & peu naturelle; je crois » qu'il y en peut avoir une autre plus courte, plus facile, & » plus conforme à la nature, c'est-à-dire à la raison.... Il faut » travailler à bâtir après avoir travaillé à détruire. Car c'est » ainsi qu'il faut commencer, parce qu'il n'y a rien qui empê- » che davantage d'examiner sagement les diverses opinions & » usages qui s'introduisent dans le monde, que les préjugés de la » coutume, laquelle quand elle n'est pas fondée en raison, n'est » qu'une ancienne erreur ». On ne doit commencer à apprendre & à enseigner les Sciences, quelles qu'elles soient, qu'après avoir désappris les erreurs dont nous avons été prévenus dès notre enfance.... « La méthode vulgaire de montrer à lire aux enfans est » si longue & si pénible, *continue cet Auteur*, qu'elle ne rebute » pas seulement les Ecoliers de toute autre instruction, en pré- » venant leur esprit dès leur plus tendre jeunesse, d'un dégoût » & d'une haine presqu'invincible pour les livres & l'étude; » mais elle rend aussi les Maîtres impatiens & fâcheux, parce » que les uns & les autres s'ennuyent également de la peine & » du tems qu'ils y employent, ce qui va jusqu'à trois ou quatre » années; mais il faut que les Maîtres considèrent que s'ils ont » de la peine à montrer, les enfans en ont incomparablement » plus à apprendre; ce qui doit être un motif pour les rendre plus » doux & plus patiens envers eux, en les faisant compâtir à l'in- » firmité de cet âge. Les Maîtres doivent s'accommoder à la foi- » blesse de leurs Ecoliers, & ne leur faire point d'autre peine, » que celle dont ils ne peuvent absolument se dispenser: outre » que la charité & la conscience les obligent en ce point à ména-

» ger leur tendreſſe, en émouſſant la pointe des épines qui ſe
» trouvent dans ces commencemens, & à leur applanir les che-
» mins ſi rudes & ſi raboteux, par où on veut les faire marcher;
» afin qu'ils puiſſent s'avancer dans cette longue & laborieuſe
» carriere avec quelque ſorte de plaiſir.... Car je ne puis, *pour-*
» *ſuit ce fameux Grammairien,* être de l'opinion de ceux qui veu-
» lent que leurs Ecoliers ne deviennent ſçavans qu'à force de
» peine & de travail; & qui au lieu de les ſoulager, les laiſſent
» accabler du poids de mille difficultés inutiles: il faut au con-
» traire tellement les aider, en tout ce que l'on peut, qu'on leur
» rende l'étude même, s'il eſt poſſible, plus agréable que le jeu
» & les divertiſſemens. » Il faut que l'art imite la nature. Comment donc voudroit-on que les enfans appriſſent à lire en peu de tems & avec plaiſir, ou au moins ſans une extrême peine, en ſuivant la méthode vulgaire qui ſuppoſe d'abord les principes faux, captieux ou équivoques, & qui enſuite en tirent de fauſſes conſéquences? Suppoſons, par exemple, qu'un Maître voulût faire épeler à un enfant les mots *chou-fleurs, Joſeph, agneau, ouaille, avoient, &c.* il lui feroit dire: *ce, ache, o, u;* chou; *effe, elle, e, u, erre, effe;* fleurs: chou-fleurs. *i, o,* Jo: *effe, e, pe, ache;* ſeph: Joſeph. *a, ge,* ag; *enne, e, a, u;* gneau: agneau. *o, u, ou; a, i, l,* ail; ouail; *elle, e, le;* ouaille. *a, u, o, i, e, enne, te;* voient: avoient. &c. Or j'en appelle à toute oreille; trouve-t-on là quelque rapport ſenſible entre les caractères, leurs noms & leurs ſons, ou leurs valeurs? Les Muſiciens en général ſont plus capables que les autres de juger de cette matière, pour peu qu'ils veuillent s'y prêter. Suppoſons à préſent que ſelon la méthode des ſons, on faſſe dire à l'enfant *che, ou,* chou; *fe, le, eu, re, ce;* fleurs: chou-fleurs. *ge, o,* jo; *ʒe, è, fe;* zeph: Joſeph. *a; gne, o;* gno: agneau. *ou, a, oua; lhe, e;* lhe; ouaille. *a; ve, è, tè;* vêt: avoient. &c. Il ſemble par

cette nouvelle manière de syllaber, que l'oreille de l'enfant soit préparée, dirigée & bien conduite pour faire sentir les sons que la langue doit prononcer & assembler à la vue des caractères qui doivent les représenter. Ces exemples sont peut-être trop abstraits, prenons-en donc un plus sensible. De même que jadis l'on a appellé *ache* la lettre *h*, on pouvoit également appeller *ovale* la lettre *o*, & appeller *mitre* le caractère *m*. Pour lors un Maître d'école, qui, selon la méthode vulgaire, auroit voulu faire épeler à un enfant le mot *homme*, lui auroit fait dire: *ache*, *ovale*, *mitre*; hom: *mitre*, *e*; me: homme. Et ainsi des autres mots. Les Maîtres vulgaires, esclaves & prévenus s'obstinent à pratiquer du plus au moins cette mauvaise méthode en Hébreu, en Grec, en Latin, & presque dans toutes les Langues; en quoi ils ne font pas mieux, puisqu'il seroit bien plus naturel d'appeller *he*, la lettre *h*; *me*, la lettre *m*; & de faire dire à l'enfant *he*, *o*, ho; *me*, *e*; me: homme, &c. étant d'ailleurs contraire à la nature des sons que l'on cherche à unir & à rassembler en épelant, de leur donner des noms composés, d'autres sons que de ceux dont il s'agit localement dans tels & tels mots. On tombe dans ce défaut à l'égard des noms *aleph*, *gimel*, *samech*, *vita*, *sigma*, *lambda*, *hache*, *icse*, *zede*, &c. au lieu de dire, a, je, se, ve, le, he, xe, ze, &c. pour les lettres a, j, s, l, v, h, x, z, &c. En voilà bien assez pour établir le droit & l'utilité de la table des sons.

La prononciation précéde l'écriture, & varie à l'infini d'une manière presqu'insensible, selon les organes & le son des lettres combinées, selon les objets qui agissent sur nous, &c. de sorte que l'écriture ne peut être la parfaite image de tous les sons de la langue, ni de ceux de la musique. Chacun peut s'en convaincre, en tâchant d'exprimer sur le papier les nuances, ou les diverses modifications de son, que produisent un petit enfant, un oiseau, un chariot, le vent, le ris, les pleurs, les cris de joye ou de tristesse, &c. Ajoutez à cela que quand nous aurions dans la langue autant de caractères que de sons simples, il ne seroit peut-être pas plus aisé d'écrire comme l'on parle, à moins qu'on eût fait une étude exacte du rapport que l'usage auroit établi entre les sons & les caractères. Tous ceux qui connoissent les notes de la Musique, & qui chantent presqu'à livre ouvert, ne sont pas capables hors du livre de noter ce qu'ils chantent, ou ce qu'ils entendent chanter : il faut avoir appris à distinguer & à connoître par l'oreille les sons les uns des autres, & à unir à chaque son la note ou le caractère établi en faveur des yeux, pour réveiller l'idée du son, ou de la chose signifiée. C'est pourquoi si peu de gens sçavent l'ortographe, sur-tout lorsqu'on les fait lire hors du livre, ou qu'on leur fait écrire quelque chose sous la dictée : c'est pour lors que la méthode du Bureau triomphe, en produisant des enfans de quatre à cinq ans mieux instruits sur l'ortographe que des Lecteurs & des Copistes d'un demi-siécle. C'est une erreur de s'imaginer qu'il soit aisé d'écrire comme l'on parle ; les femmes & les ignorans en rencontrent par hasard quelques mots dans leur ortographe ; mais il leur seroit impossible d'écrire une page de cette ortographe, qui ne répondît qu'à la vraie prononciation, à moins qu'on eût appris à lire selon le système du Bureau Typographique, qui fait passer l'ortographe des sons ou de l'oreille, avant l'ortographe des yeux ou de l'usage.

On s'est presque toujours mocqué de ceux qui ont voulu introduire dans l'Ortographe Françoise de nouveaux caractères pour déterminer chaque son : & le moyen d'applaudir à un système qui nous remet à l'A. B. C. Cependant on peut dire que les Enfans & les Etrangers ont beaucoup plus de peine à retenir toutes nos combinaisons de lettres inutiles, qu'ils n'en

auroient

auroient pour apprendre l'ufage des nouveaux caractères. Si l'on ne veut pas en introduire de nouveaux, à l'exemple de Brif, de Rambaud, de Ramus, du P. Vaudelin, de M. l'Abbé de Saint-Pierre, &c. on pourroit peu-à-peu déterminer à différens ufages ceux qui font déja établis, ou fe contenter pour le préfent des ligatures, ainfi qu'on l'a déja pratiqué en Hollande pour la Bible des Mofcovites, & celle des autres Nations; il faut donc chercher, autant qu'il eft poffible, une méthode moyenne, qui, fans innovation des caractères, ait du moins l'utilité de la réforme par les retranchemens de toutes les combinaifons des lettres inutiles, & par l'emploi fixe & déterminé de chaque lettre à un feul & unique fon; peut-être que dans la fuite on fera plus difpofé à recevoir par intervales, & l'un après l'autre, de nouveaux caractères, ou les mêmes de diverfe forme, ou enfin avec des ligatures. L'on crie depuis long-tems contre la bifarrerie de notre ortographe, & ce n'eft peut-être pas fans raifon; nous trouvons dans notre Langue non-feulement des lettres différentes pour exprimer & diftinguer un même fon, mais on trouve encore des prononciations différentes attachées à une même lettre, ce qui paroît être bien contraire au vrai principe de l'ortographe. Il faudroit, comme je l'ai déja dit, déterminer chaque lettre à un feul effet, lorfqu'elle fe trouve entre les mêmes voyelles, ou à la même place. C'eft pourquoi il faut avoir l'oreille fine & fûre pour fçavoir, par exemple, quand on doit exprimer avec un *è* ouvert, ou un *é* fermé les mêmes fyllabes *ai*, *ei*, &c. ce qui doit auffi s'entendre de tous les fons exprimés par des caractères inutiles, ou empruntés par rapport à la vraie prononciation.

Pour conferver la bonne intelligence qui doit règner entre les yeux & l'oreille, on devroit donc peu-à-peu réformer l'ortographe: & c'eft affez, ce me femble, le fyftême que les ennemis même de la nouvelle ortographe ont toujours suivi malgré eux, je veux dire qu'à mesure que les sons ont changé, on a toujours un peu changé l'ortographe ;.... autrement les mots celtiques, & même les mots Chaldéens, Hébreux, Arabes ou Egyptiens, &c. feroient encore d'usage pour exprimer tous nos sons françois ; le changement de la Langue n'auroit point introduit d'autre ortographe, ni peut-être d'autres caractères ; l'expérience a fait voir le contraire : il semble que l'Académie des Belles-Lettres, qui a pour objet principal l'érudition ancienne, devroit seule faire une étude de l'ortographe morte, & l'Académie Françoise saisir & régler l'ortographe vivante. Nous avons déja de très-bonnes remarques sur cette matière, & si quelqu'un de ceux qui font imprimer les *Gazettes*, les *Mercures*, les *Journaux*, les *Heures*, les *Almanachs*, & les Ouvrages périodiques, ou autres Livres d'usage, vouloient insensiblement réformer l'ortographe, on seroit bientôt entièrement dégoûté de l'ancienne. On se rendroit peu-à-peu en état de noter exactement, pour ainsi dire & sur le champ, tous les sons de la Langue ; l'histoire de l'ortographe deviendroit peut-être dans la suite l'étude sérieuse de bien des gens, qui à présent ne daignent pas seulement étudier l'ortographe de nos jours. On peut ajouter sans craindre l'événement, que, malgré la persévérance, pour ne pas dire l'obstination des partisans de la vieille ortographe, le grand nombre des Sçavans, & même des ignorans, prendra le dessus, & établira de jour en jour une nouvelle pratique d'ortographe : l'oreille l'exige, & on l'écoute d'autant plus volontiers que les Etimologistes & les Amateurs de la vieille ortographe, ne sont pas d'accord eux-mêmes sur les étimologies & sur l'ortographe courante ; leurs ouvrages en font une preuve : d'ailleurs la connoissance & l'étude des étimologies ne regardent point l'usage & la pratique du langage prononcé ou écrit. Si MM. de l'Académie Françoise vouloient fixer l'ortographe, & la rendre plus durable, il ne faudroit que l'autorité du Roi & l'attention du Magistrat pour détruire la prétendue tyrannie de l'usage : il suffiroit d'avoir de bons Correcteurs capables de comprendre cette ortographe, & d'obliger les Imprimeurs à la suivre dans les Livres Périodiques & dans les Grammaires, dans les Dictionnaires & dans tous les petits Livres classiques : pour lors les Ecoliers l'apprendroient de la même manière, & pour toute leur vie ; ce qu'ils ne peuvent faire à-présent avec les différentes ortographes des Ecoles. Ce n'est pas ici, au reste, le cas de Chilperic. Je suppose l'examen, la discussion & la critique des ortographes, avant que d'en donner une académique & juridique. Si le Dictionnaire de l'Académie, pour déterminer la véritable prononciation, introduisoit l'usage fréquent des *é fermés*, des *è ouverts*, des *é chevronnés*, des *ì graves*, des *í aigus*, des liaisons pour les *eh*, *gù*, *ill*, *eu*, *ou*, *ph*, *rh*, *th*, &c. chaque Nation auroit pour lors recours à ce Dictionnaire ; non-seulement pour bien écrire ; mais encore pour bien parler & bien prononcer.

Voici quelques petites questions préliminaires. C'est aux partisans de la vieille ortographe à nous dire, d'où vient que les noms des lettres ne sont pas tous monosyllabes, & d'un même genre ? Viennent-ils des noms que les Anciens ont donnés aux lettres des Langues mortes ? Pourquoi les sages Conducteurs des Ecoles Chrétiennes ont-ils dit, que l'*j* consonne se prononce *gi*, & l'*u* consonne comme *ve* ? N'est-ce pas pour distinguer les caractères consonnes des voyelles, & pour ne pas confondre la dénomination du *ge*, avec celle du *je* ; mais d'où vient que ces zélés Conducteurs n'ont pas vu la même nécessité, de distinguer les dénominations des consonnes qui ont plusieurs valeurs, comme *ce-ke*, *te-ci?* &c. Que diroit-on des Muſiciens, ſi au lieu de donner aux notes les ſimples noms de *ut*, *re*, *mi*, *fa*, *ſol*, *la*, *ſi*, *ut*, &c. ils les nommoient d'une double ſyllabe, *uttu*, *erre*, *immi*, *affa*, *offol*, *alla*, *iſſi*, *uttu*, &c. Ils donnent bien quelquefois des noms de deux & de trois ſyllabes; comme *effe-ut-fa*, *ce-ſol-ut*, &c. mais alors le ſon de chaque ſyllabe, marque une propriété différente; & c'eſt pour cela que le C. doit s'appeller *ce-ka-qu*, & *ge-ga-gu* la lettre G, &c. Devons-nous aujourd'hui en ingrats, nous moquer de *Cadmus* & de *Simonide*, curieux de la menue littérature ? de *Guy Aretin*, parce qu'il trouva ſix notes de la Muſique, en chantant l'Hymne de Saint Jean ? Pourquoi donc faire tant de bruit, contre l'utilité & la néceſſité de la vraie dénomination des lettres, & de la vraie ſyllabiſation des mots.

Si les Hébreux, les Grecs, & les Latins n'ont pas eu les ſons du *gne*, & du *lhe*, *ill* mouillés ; d'où nous ſont venus ces ſons là ? Quelle eſt la Langue qui a commencé de s'en ſervir, auſſi-bien que du *che* françois ; du *ç* à queue, ou avec une cedille ; du *lh*, ou du double *ll* pour le *l* mouillé ; du caractère *nh*, ou du *ñ* avec un titre, pour le *gne* mouillé ? & d'où vient que les Langues qui en ont les ſons, n'en adoptent pas les caractères, uſités chez nos voiſins les Eſpagnols & les Portugais ? D'où vient que certaines Langues uſent de l'éliſion dans la Poëſie, lorſque la voyelle finale d'un mot eſt ſuivie de la voyelle initiale d'un autre mot ; & que d'autres Langues en uſent moins ? Puiſque la Langue Italienne vient du Latin, & qu'on en vante tant la douceur ; d'où vient que ſa Poëſie ne choque pas l'oreille, malgré la rencontre des voyelles, comme dans les vers ſuivans ?

*Stanno il pianto èl dolore in ſui confini*
*Del diletto & del riſo.*
*E di feſtino con la gioia è aborto.*

Est-ce la seule imagination & le goût arbitraire, qui décident de la douceur & de la rudesse des sons ? Pourquoi les mêmes hommes sont-ils choqués d'une chose qu'ils condamnent dans une Langue, pendant qu'ils l'approuvent & l'admirent dans une autre ? Ne peut-on pas distinguer les sensations physiques & naturelles, des sensations acquises & arbitraires ? Qui des deux accentue le mieux, de M. l'Abbé Regnier, qui dans sa Grammaire, à l'exemple des Polonnois & des Peuples du Nord, marque d'un accent grave l'*è* de cinq monosyllabes *bè, cè, dè, pè, tè*; & ensuite d'un accent aigu le premier *é* des mots *éffe, énne*, &c: ou du P. B. qui dans la sienne marque au contraire d'un accent aigu, l'*é* des cinq monosyllabes *bé, cé, dé, pé, té*; & d'un accent grave le premier *è* des mots *èfe; ène*, &c? Le Jésuite seroit-il mieux instruit que le Secrétaire de l'Académie ? D'où vient que certains Peuples conservent leur langage & leur ortographe plus long-tems que d'autres, sans altération ? Si, comme je l'ai déja dit, une Langue primitive se perd ou cesse de vivre, toutes les Langues ne sont-elles pas également sujettes à ce même accident ? J'avoue que ce sont là des minuties; mais poursuivons.

On pourroit encore faire quelques questions sur l'art de montrer à lire; par exemple, lequel vaut le mieux ou de choisir des mots que l'enfant puisse retenir par cœur, lorsque l'on voudra lui en écrire sur des cartes; ou d'en chercher des plus longs & des plus difficiles à retenir, afin que les yeux moins secourus par la mémoire soient obligés d'être plus attentifs, & qu'ils s'exercent à joindre aux premières syllabes, les suivantes & dernières syllabes du mot à épeler & à assembler ? Cela dépend apparemment de l'âge & du goût de l'enfant, auquel on doit toujours chercher à plaire en l'instruisant, & en éloignant tout ce qui pourroit le dégoûter. Ne pourroit-on pas commencer par faire lire à un enfant tous les mots qu'il prononce, ceux dont il a idée, & qui lui rappellent des objets connus & favoris, foit de perfonnes, de chofes animées ou inanimées, en les écrivant fur des cartes en latin & en françois, pour en faire des jeux abécediques? Un enfant peut lire ces cartes, avant l'âge de trois ans : l'expérience en a été faite fur un enfant, qui à trois ans & quelques mois fut en état de bien lire, non-feulement le latin & le françois en caractères d'impreffion; mais auffi en manufcrit par la méthode du fyftême de M. Dumas. En faifant lire du françois, lequel eft le mieux, ou que le fujet du livre & de la leçon foit proportionné à l'intelligence de l'enfant, ce qui n'eft pas aifé à trouver; ou de le faire lire dans un livre qu'il n'entende point? Faut-il en cela fuivre le goût & le génie de l'enfant? L'intelligence du fens fait quelquefois naître le defir d'aller plus avant; mais auffi, une mémoire hiftorique & trop facile pourroit bien comme dans la Mufique, retarder le progrès dans l'art de lire. Il femble que l'âge, l'attention & le goût de l'enfant en devroient décider; du moins quand il s'agit du choix d'une hiftoire, d'un conte, d'une fable, & de tout autre fujet capable de plaire. On doit chercher de bons principes, & fe faire un ordre, même dans la variété & dans la routine; & cela par raifon & par néceffité, autant que par complaifance. Il eft cependant bon de remarquer que, fi de grandes perfonnes lifent & écrivent fans faire attention aux chofes; on ne doit gueres conter fur l'attention des enfans, encore plus diftraits & moins intelligens que les autres. C'eft pourquoi, on a toujours confeillé de commencer par le latin, les prémiers élémens de la lecture; fur-tout avec les petits enfans, qui ne fçavent pas encore leur propre langue. Le fyftême des fons furmonte facilement les difficultés qui fe rencontrent dans la méthode vulgaire. Bien des

# GRAMMAIRE.

Maîtres de réputation ont cependant cru, qu'il étoit mieux de faire commencer par le françois. Ces Maîtres ont fuppofé trois chofes; la prémière qu'un petit enfant fçavoit fa langue : la deuxième, qu'il faifoit attention au fens ou à la fignification des mots : la troifième, qu'un petit enfant fe reffouviendra plus facilement de l'ortographe & de la lecture d'un mot connu & entendu, que d'un mot non entendu. Mais l'expérience prouve le contraire : on fçait mieux l'ortographe des Langues étudiées, mortes ou vivantes, que l'ortographe de la Langue maternelle. On peut encore ajouter que l'intelligence des mots à lire, en facilitant une routine, éloigne des principes qui doivent fervir à lire tous les mots. Quand cela ne feroit pas vrai à l'égard de tous les enfans, & fur-tout de ceux qui fçavent déja leur Langue; il eft certain que pour montrer les premiers élémens des lettres aux enfans, le fyftême des fons eft le plus méthodique, le plus plus fûr, le plus facile, le plus court & le moins rebutant : or la Langue Latine, comme Langue morte, étant moins captieufe, moins équivoque que la Langue Françoife en fait de prononciation & d'ortographe; il faut auffi conclure qu'elle s'accorde mieux avec le langage des yeux & de l'oreille.

On pourroit faire d'autres petites queftions, auxquelles l'expérience répondra, fi l'on prend la peine de faire attention à ce que je viens de dire. Je dirai encore ici, que quelque extraordinaires que paroiffent certaines fyllabes ou combinaifons de lettres, foit en profe, foit en lignes rimées, ces fyllabes & ces combinaifons n'en font que plus propres à montrer à lire, en faifant opérer les organes, & en les difpofant pour toute articulation à livre ouvert : elles dénouent la langue de l'enfant, & le rendent enfuite plus attentif & moins novice, que ne le font bien fouvent fur la lecture d'une fimple gazette, des gens d'un demi-fiécle. On ne doit plus douter de cette vérité, depuis qu'on a vu des enfans de quatre à cinq ans, lire des mots & des lignes, qui arrêtoient de grandes personnes.

Quoique l'A. B. C. françois, ait été fait pour les Maîtres & pour les enfans, je me flatte que bien des Ecoliers au sortir des Colléges & des Universités, trouveront quelque chose à apprendre, dans la lecture que je prends la liberté de leur en conseiller. L'avis est pour les jeunes Prédicateurs, pour les jeunes Avocats, pour les Acteurs des Théâtres saints & profanes, pour les Etrangers, pour les Gens de Province; & surtout pour MM. les Gascons, qui lisent ordinairement assez mal : ils ignorent, ils confondent la vraie prononciation des voyelles, & principalement des *e* françois muets ou soutenus; des *è* ouverts brefs, des *ê* ouverts longs & des *é* fermés : les consonnes muettes, celles qui se prononcent à la fin d'un mot, devant une voyelle & devant une consonne initiale ; la ponctuation, l'accentuation, la quantité, l'art de s'arrêter aux points & aux virgules ; l'art de varier le ton, & de fléchir la voix selon les manières & les endroits du livre : l'art d'ouvrir la bouche pour parler & chanter nettement, distinctement & proprement, au lieu d'anonner & de siffler, comme ils le font en général. Enfin si ces MM. craignent de passer pour pédens, en observant les règles de l'art, d'après la Cour & d'après la Ville; qu'ils trouvent bon du moins, qu'en admirant leur bravoure & leur suffisance, on souhaite à leurs enfans un peu plus d'éducation, avec autant de courage & de gentillesse.

*Selon l'éducation que l'on donne aujourd'hui aux enfans, il arrive qu'un jeune homme, après dix-huit ans d'une pareille éducation, très-souvent ne sçait pas lire.* C'est ainsi qu'en juge M. l'Abbé Gedoyn, dans sa curieuse & sçavante Dissertation de l'*Urbanité Romaine* 1729. Mais écoutons encore ce que dit à ce sujet un sçavant Grammairien. *Il est honteux*, dit-il, *que des*

*des gens qui ont étudié, lisent grossièrement; & que quelques-uns même ne sçachent pas lire. Il y a bien des défauts à éviter en lisant, il y a bien des réflexions à faire. Il faut prononcer distinctement & sans confusion. Il y a des pauses à garder, des variations de tons à faire. La précipitation fatigue, la lenteur lasse, la monotonie endort, un ton déclamateur déplaît. Rien n'est plus désagréable en lisant, que de donner un sens décousu, que d'avoir une prononciation chancelante: il faut lire avec tant de netteté & de justesse, qu'on épargne à ceux qui écoutent, la peine de réfléchir & d'étudier. L'esprit paroît jusques dans la lecture: il faut entendre la ponctuation, sçavoir fléchir sa voix, finir avec un sens complet, prononcer d'un ton modifié la paranthèse; suspendre & retenir la période, joindre à propos un sens interrompu avec ce qui précede. Il faut se lire, pour ainsi dire à soi-même, en lisant aux autres; l'affectation est aussi odieuse, que la simplicité est louable; en un mot il faut parler en lisant.* Ecoutons aussi MM. de Port Royal. *Il faut,* disent-ils, *faire lire les enfans peu & souvent, d'un ton haut & clair; parce que cela leur exercera la voix & la poitrine, & donnera lieu à leur apprendre à bien prononcer, en leur donnant l'accent qu'il faut, à leur faire faire les nuances qui sont conformes aux sujets, & à corriger les fausses cadences ou inflexions de voix où ils tombent. Ainsi on les accoutumera à la délicatesse de l'oreille, à l'arrangement des mots, & au nombre des périodes; outre qu'en les faisant lire peu & souvent, on leur donnera plus d'application: car les enfans sont ordinairement fort distraits, & une trop longue contention émousse la pointe de leur esprit, & en éteint le feu. Le Maître, pour soulager l'enfant, doit lire à son tour jusqu'à la virgule ou jusqu'au point; cette manière de lire alternativement devient un jeu, auquel l'enfant se prête volontiers.* « Lisant tout haut devant lui, animant ce » qu'on lit, du ton & de l'accent propre à faire entendre les

» choses, & à l'y appliquer, cela peut beaucoup le former,
» parce qu'il a une inclination naturelle à imiter & à apprendre
» par imitation, ce qu'on remarque même dans les bêtes ; de
» sorte que les tons, les gestes & les mouvemens font une
» impression naturelle dans l'esprit des enfans, & même dans
» les organes du corps ; ce qui les tourne & les dispose à imi-
» ter ce qu'ils voyent & ce qu'ils entendent, comme ceux qui
» bâillent, font bâiller les autres ; & ceux qui font des grimaces
» en font faire aux autres, sans qu'ils le veuillent, ou qu'ils
» s'en apperçoivent. Finissons ces réflexions ».

# GRAMMAIRE.

LA *Grammaire* est un art qui enseigne à bien parler, c'est-à-dire, à bien exprimer les pensées, par des signes que les hommes ont institués. Jonhson la définit, l'art d'exprimer les rapports des choses en construction, par l'accent convenable en parlant ; & par l'ortographe régulière en écrivant, le tout suivant l'usage de ceux dont on parle la Langue. Elle enseigne à décliner & conjuguer ; à construire & à bien ortographier les noms, les verbes, & les autres parties de l'oraison. Elle apprend à bien connoître la propriété & la force naturelle de chaque partie du discours, & la raison de toutes les expressions qui doivent y entrer.

Quelques-uns ont appellé la *Grammaire*, la porte de tous les Arts ; parce que, sans son secours, l'on ne peut parvenir à la connoissance des Sciences. La *Grammaire* est, selon Quintilien, à l'égard de l'Eloquence, ce que le fondement est à l'égard de l'édifice. Ceux qui s'en mocquent, comme d'un Art qui n'a rien que de bas & de méprisable, se trompent fort ; elle a plus de solidité, que d'ostentation & d'éclat ; & elle sert autant à exercer & à éprouver la suffisance des plus habiles, qu'à former l'esprit de ceux qui commencent.

La *Grammaire* de toutes les Langues est la même dans les principes généraux & dans les notions qu'elle emprunte de la Philosophie, pour expliquer de quelle manière nous exprimons nos idées par des mots : mais comme chaque Langue a ses tours particuliers, son caractère & son génie, qui est différent du génie & du caractère des autres Langues; il y a autant de *Grammaires* qu'il y a de Langues. Diogène Laërce rapporte qu'Epicure est le premier qui ait donné des règles de *Grammaire* aux Grecs; & que Platon est celui qui fit le premier des découvertes, & même des réflexions sur cela. Crates de Malunte, contemporain d'Aristarque, en fit le premier des leçons à Rome. M. de Fénelon, Archevêque de Cambray, a fait de judicieuses réflexions sur la *Grammaire*. *Diction. de Trevoux.*

---

## CHAPITRE PREMIER.
### UNITÉ DE LA GRAMMAIRE.
#### L'Alphabet.

L'*Alphabet*, est la disposition par ordre des lettres d'une Langue. Ce mot vient de ce que *l'alphabet* des Grecs commençoit par *alpha, bita*, noms des deux premières lettres, qu'ils avoient pris des Hébreux, chez qui elles s'appellent *aleph, beth*..... L'*alphabet* françois est composé de vingt-quatre lettres. Grégoire de Tours rapporte que le Roi Chilperic voulut transplanter dans *l'alphabet* toutes les lettres doubles des Grecs : ô, φ, χ, ξ, ψ, afin de représenter par un seul caractère *th, ph, ch, cs, ps*. Cet usage ne dura qu'autant que

E ij

que fon règne. Pafquier prétend que l'*Alphabet* François eft compofé de vingt-cinq lettres; parce qu'il y ajoute ces deux lettres doubles, *&* pour *et*, & *9* pour *us*; mais ce ne font que des abréviations. M. l'Abbé d'Angeau prétend, avec beaucoup plus de fondement, que nous avons trente-quatre fons différens dans notre Langue; & que conféquemment notre *Alphabet* devroit être compofé de trente-quatre caractères différens; en retranchant même nos lettres doubles qui font *x* & *y*, & une fuperflue, qui eft le *q*. Rien n'eft plus exact, ni plus fçavant en fait de Grammaire, que ce que cet illuftre Académicien en a écrit dans fes *Effais de Grammaire*. Le P. Buffier a fuivi fon fentiment. *Trévoux.*

*Alphabet de Lettres Majufcules.*

A, B, C, D, E, F, G, H, I, J, K, L, M, N, O, P, Q, R, S, T, U, V, X, Y, Z.

*Alphabet en petites Lettres.*

a, b, c, d, e, f, g, h, i, j, k, l, m, n, o, p, q, r, s, ſ, t, u, v, x, y, z., &....

*Voici leur valeur réelle, & leur véritable dénomination.*

## GRAMMAIRE, CHAP. I.
## ABC, FRANÇOIS-LATIN.

| Caractères. Figures. Signes. Lettres. | Noms vulgaires, & souvent faux, équivoques, ou captieux. | Noms effectifs, valeur réelle, Véritable dénomination. | Exemples. |
|---|---|---|---|
| A. a. | a. | a. | Aaron. |
| B. b. | bé. | be. | bombe. |
| C. c. | cé. | ce-ka-qu. | cecrops. |
| D. d. | dé. | de. | ode. |
| E. e. | e. | { e *muet*. <br> é *fermé*. <br> è *ouvert*. | juste. <br> bonté. <br> procès. |
| F. f. | effe. | fe. | vif. |
| G. g. | gé. | ge-ga-gu. | gigot. |
| H. h. | ache. | he. | héros. |
| I. i. | i. | i. | if. |
| J. j. | j. *consonne*. | je-ja. | jauge. |
| K. k. | ka. | ka-qu. | quiconque. |
| L. l. | elle. | le. | seul. |
| M. m. | emme. | me. | ame. |
| N. n. | enne. | ne. | mine. |
| O. o. | o. | o. | coq. |
| P. p. | pé. | pe. | gap. |
| Q. q. | qu. | qu-ka. | quand. |
| R. r. | erre. | re. | rire. |
| S. s. | esse. | se-ze. | Suson. |
| T. t. | té. | te-ci. | intention. |
| U. u. | u. | u. | busc. |
| V. v. | v. *consonne*. | ve. | vive. |
| X. x. | icse. | kse-gze. | axe. éxil. |
| Y. y. | y. *grec*. | i-ïe. | ny. payen. |
| Z. z. | zède. | ze-ce. | zest. Usez. |
| Et. & | et. | è-et. | etc. & lui. |

Pour montrer aux petits enfans l'art d'épeler, la manière de syllaber, & de lire à livre ouvert, on doit d'abord leur faire remarquer la figure & la valeur des lettres ou des signes ; comme on le pratique à l'égard des notes de la Musique, quand on veut montrer à solfier. On doit donc montrer la figure aux yeux, & en faire sentir la juste valeur à l'oreille ; pour lors un enfant formé & habitué à la figure & au son, les idées en peuvent être facilement réveillées l'une par l'autre : or, c'est en ce point qu'ont manqué toutes les Méthodes Elémentaires des Langues mortes & des Langues vivantes ; au lieu que la nouvelle Méthode de M. Dumas est propre à toutes les Langues existantes & possibles.

Nous avons secoué le joug des Anciens, pour la dénomination des voyelles ; quand, & pourquoi ? C'est une question. Mais d'où vient que la méthode vulgaire, ayant osé nommer d'un seul son les voyelles *a, e, i, o, u*, malgré les noms respectables d'*aleph*, d'*alpha*, &c. elle a néanmoins continué d'exprimer inutilement avec deux syllabes, le nom de certaines lettres ; & qu'on n'a pas ensuite également vû la nécessité de réformer la dénomination de certaines consonnes, pour les réduire, autant qu'il est possible, à leur simple & juste valeur ? Ne dit-on pas tous les jours, que la nature des voyelles consiste à pouvoir être prononcées sans le secours d'un autre lettre ? C'est apparemment l'évidence de cette vérité, qui a fait rejetter ce qu'on a trouvé de contraire à leur définition, & de superflu dans leur ancienne dénomination.

On dit que les consonnes ne peuvent s'exprimer ou se faire sentir, que par le moyen de quelque voyelle auxiliaire ; mais s'enfuit-il de-là, qu'il faille emprunter plusieurs voyelles, plusieurs consonnes & plusieurs syllabes, pour donner à un petit enfant l'idée de la juste valeur d'une simple consonne ; s'enfuit-il, par exemple, que les mots *roc*, *vif*, *ſel*, *og*, *item*, *fer*, &c. doivent être épelés : erre, o, cé, *roc* ; u, i, effe, *vif* : o, gé, *og* : effe, e, elle, *ſel* : i, te, e, emme, *tem*, *item* : effe, e, erre, *fer* ? L'oreille de l'enfant, par cette mauvaiſe manière d'épeler, entend qu'on lui donne fauſſement & pour principes, *rocé*, *uieff*, *ogé*, *eſſeéelle*, *itééémme*, *effeéerre* ; au lieu de *roque*, *vife*, *ogh*, *ſele*, *iteme*, *fere*, &c. Il eſt donc mieux de faire épeler ainſi : *re*, *o*, *ke* ; roc ; *ve*, *i*, *fe*, vif ; *o*, *gue*, og ; *ſe*, *è*, *le*, ſel ; *i*, *te*, *è*, *me*, tem ; item : *fe*, *è*, *re*, fer : &c. Nous avons pouſſé la réforme de la dénomination des lettres, juſques ſur les caractères *b*, *d*, *p*, *q* ; voilà donc avec les cinq voyelles, neuf caractères de réformés ; pourquoi n'a-t-on pas achevé la réforme de l'*abc* ? Les Hébreux appelloient *he* leur caractère *h*, les Arabes, les Turcs l'appellent de même ; ils diſent *re*, *fe*, & non erre, effe ; les Arméniens diſent *ſe*, *ʒa*, *fe*, *che*, pour exprimer la valeur des caractères *ſ*, *ʒ*, *f*, *ch*.

Quoiqu'il paroiſſe indifférent & arbitraire, de prendre un tel ou un tel mot pour déſigner un tel objet ; on ne laiſſe pas quelquefois, à l'exemple d'Adam, de donner aux choſes, des noms tirés de leur propre nature ; on appelle *coucou* par onomatopée, l'oiſeau qui articule les ſons de ce mot. On a pû donner aux lettres le nom que l'on aura voulu, pour les indiquer aux yeux ; mais il n'eſt pas également vrai, que le nom des lettres ſoit indifférent & arbitraire pour en donner le ton, le ſon ou la valeur à l'oreille : c'eſt pourquoi, le nom *ache*, par exemple, peut bien indiquer aux yeux le ſigne *h* ; mais ce nom n'en donnera jamais la valeur ou la force de l'aſpiration à l'oreille. Pouvoit-on donner à la lettre *b*, le nom de la voyelle *a* ; ou ce qui revient au même, pouvoit-on donner aux conſonnes, des noms exprimés par de ſimples ſons de voyelles ; & donner aux voyelles, des noms exprimés par des ſons de conſonnes ? Cela seul devroit faire ouvrir les yeux aux Maîtres les plus attachés à l'ancienne routine.

La méthode vulgaire, asservie à l'ancienne dénomination des lettres, rebute tout d'un coup les enfans, en leur faisant confondre les idées de figure & de son. Car que doit penser un enfant, dont la logique est encore saine, lorsqu'il sent en lui-même la fausseté des principes & des conséquences dont on se sert, pour lui enseigner les premiers élémens des lettres ? Supposons, par exemple, qu'on veuille lui faire épeler le mot *Joseph* : on dira d'abord à l'enfant le faux principe, *i, o*, que l'enfant, en fidéle écho, répétera *i, o* ; ensuite on continuera par la fausse conséquence *jo*, que l'enfant répétera *jo* : des syllabes *esse, e, pe, ache*, on conclura *zef* ou *seph* ; & voilà justement, ce qui révolte les yeux, l'oreille, & la logique de ce pauvre enfant. Victime du préjugé ! pendant que des Maîtres & des Professeurs du premier ordre restent prévenus & aveuglés, pour ne pas dire obstinés, dans les ténèbres de leur A. B. C.

Quand les lettres ont plusieurs valeurs indéterminées, on leur donne une dénomination composée de ces mêmes valeurs ; c'est pourquoi on appelle *ce, ke*, c'est-à-dire, *ce* ou *ke*, le caractère *c* : *ge, ghe*, c'est-à-dire, *ge* ou *gue*, la lettre *g* : *se-ze*, c'est-à-dire, *se* ou *ze*, la lettre *ſ* : *te, ci*, c'est-à-dire, *te* ou *ci*, la lettre *t* : *kse, gze*, c'est-à-dire, *cse* ou *gze*, la lettre *x* : *i, ie*, c'est-à-dire, *i, ie*, la lettre *y grec* : mais on détermine ensuite la dénomination, en déterminant la valeur locale de ces mêmes lettres ; c'est pourquoi on ne dit que *ce* dans les mots, *cicero, ceci* ; on ne dit que *ke*, dans le mot, *cacumen* & *cocu* : & l'on dit *ce* & *ke*, dans les mots *cecrops, cecube* : on dit *ge* & *gue*, dans les mots *gigas, gigue* : on dit *se* ou *ze*, dans les mots *siser, Suson* ; on dit *te* & *ci*, dans les mots *justitia, intention* ; on dit *kse* & *gze*, dans les mots *axis, exul, taxe, exil* ; on dit *i* & *ie*,

dans

dans les mots *typus*, *caya*, *myſtère*, *payen* ; en un mot, c'eſt le ton & la valeur de la ſyllabe, qui déterminent la valeur de ſes conſonnes ; c'eſt le Maître, qui donne à propos & juſte à l'enfant, le ton de chaque ſyllabe & des conſonnes équivoques, captieuſes, & capables d'induire quelquefois en erreur, même les grandes perſonnes. Ce qu'on a dit ici de quelques mots, doit également s'entendre de tous les mots, & de tous les ſons de la Langue Latine, & de la Langue Françoiſe.

*Argument contre l'ancienne dénomination des Lettres Hébraïques, des Lettres Grecques, & des Lettres Latines ou Françoiſes.*

La meilleure dénomination des lettres eſt celle qui, ſans multiplier inutilement les ſyllabes, exprime le mieux & le plus ſimplement leur juſte valeur ; enſorte que cette même valeur puiſſe être fidèlement répétée par les échos, ou par les petits enfans. Or eſt-il, que la dénomination vulgaire des lettres hébraïques, des lettres grecques, & des lettres latines ou françoiſes n'a pas ces propriétés ; & qu'au contraire elles ſe trouvent dans la méthode de M. Dumas : donc la dénomination vulgaire des lettres, n'eſt pas la meilleure dénomination ; puiſqu'elle n'a pas les propriétés eſſentielles, qui ſe trouvent dans la dénomination pratiquée ſelon le ſyſtème du Bureau Typographique.

La dénomination vulgaire des lettres hébraïques appelle *aleph*, la lettre *a* ; *gimel* ou *ghimel*, la lettre *g* ; *lamed*, la lettre *l* ; *ſamech*, la lettre *ſ*, &c. Or eſt-il, que les ſyllabes *leph*, *mel*, *med*, *mech*, &c. ſont inutiles, pour faire exprimer ſimplement la juſte valeur des caractères *a*, *g*, *l*, *ſ*, &c ; que l'écho, ou le petit enfant, qui répéteront fidèlement les ſyllabes finales, *leph*, *mel*, *med*, *mech*, &c. n'exprimeront point la juſte valeur des lettres *a*, *g*, *l*, *ſ* : donc la dénomination des lettres hébraï-

*Tome I.*                        F

ques n'a pas les propriétés essentielles qu'exigent la bonne & le vraie dénomination. Or est-il, que la dénomination des lettres grecques a les mêmes défauts, en appellant *alpha*, *beta*, *gamma*, *delta*, &c. les lettres *a*, *b*, *g*, *d*, & que l'écho ou le petit enfant, qui répéteront fidèlement les syllabes finales *pha*, *ta*, *ma*, *ta*, &c. n'exprimeront point la juste valeur des lettres *a*, *b*, *g*, *d* : donc la dénomination vulgaire des lettres grecques n'a pas les propriétés essentielles de la bonne & de la vraie dénomination. Or est-il, que la dénomination vulgaire des lettres latines ou françoises a presque les mêmes défauts de la dénomination des lettres hébraïques & des lettres grecques : donc la dénomination vulgaire des lettres françoises n'est pas la bonne & la vraie dénomination. Or est-il, que la dénomination typographique a les propriétés essentielles pour faire épeler : donc la dénomination proposée & pratiquée selon le système de M. Dumas est la bonne & la vraie dénomination des lettres.

La dénomination vulgaire des lettres latines ou françoises a les défauts de la dénomination hébraïque & de la dénomination grecque, lorsqu'elle appelle *effe* la lettre *fe*, dans le mot *vif*: *ache* la lettre aspirée ou non aspirée *he*, dans les mots *heros*, *herbe* : i consonne la lettre *je*, dans le mot *jujube* : *elle* la lettre *le*, dans le mot *vil* : *emme* la lettre *me*, dans le mot *hypermnestre* : *enne* la lettre *ne*, dans le mot *none* : *erre* la lettre *re*, dans le mot *rire* : *u consonne*, la lettre *ve*, dans le mot *vive* : *I grec* le son *ye*, *ie*, dans le mot *payen*, *païen* : *ce* le son *ke*, dans le mot *car* : *ge* le son *ghe* ou *gue*, dans le mot *magog* : *effe* le son *ʒe*, dans le mot *poison* : *te* le son *ci*, dans le mot *action* : *icse* ou *isque* les sons *cse* ou *gʒe*, dans les mots *axe*, *exil*, &c.

Cette dénomination vulgaire est encore fausse, équivoque

& captieufe, lorfqu'elle appelle *a*, *enne*, le fon *an*, dans le mot *cran* : *o*, *enne* le fon *on*, dans le mot *fon* : *pe*, *ache*, le fon *fe*, dans le mot *Jofeph* : *e*, *a*, *u*, le fon *o*, dans le mot *chapeau* : *o*, *i*, *e*, *enne*, le fon de l'*é* ouvert long, dans le mot *avoient* : *i*, *elle*, *elle*, le fon mouillé du *lhe* ou *ill*, dans le mot *ouaille* : *ge*, *enne*, le fon mouillé du *gne*, dans le mot *agneau* : *ce*, *ache*, le fon du *che*, dans le mot *chou* : *e*, *u*, le fon *eu*, dans le mot *Dieu* : *o*, *u*, le fon *ou*, dans le mot *tout*, &c. Or eft-il que ces défauts ne fe rencontrent point dans la dénomination des lettres felon le fyftême du Bureau Typographique ; & qu'il n'y a point de fon faux & captieux, ni de fyllabes fuperflues dans la nouvelle dénomination des lettres, pratiquée en faifant épeler, ou fyllaber : or eft-il, que par cette nouvelle dénomination, l'écho ou le petit enfant peuvent répéter fidèlement, les fyllabes finales, qui expriment la jufte valeur des lettres & des fons, comme dans les mots fuivans ;

| Mots. | Écho. | Mots. | Écho. |
|-------|-------|-------|-------|
| place | ce | vive | ve |
| roc | ke | axe | xe |
| cocq | que | Jofeph | fe |
| vif | fe | zenith | te |
| og | gue | vache | che |
| fel | le | ligne | gne |
| ame | me | paille | lhe |
| aune | ne | Dieu | eu |
| car | re | toutou | ou |
| bife | ze | paon | an &c. |

Donc la dénomination des lettres, pratiquée felon le fyftême de M. Dumas, eft la meilleure & la plus fimple de toutes les dénominations des lettres ; donc la dénomination vulgaire n'eſt ni la meilleure, ni la plus ſimple, pour faire répéter fidèlement à un écho, ou à un petit enfant, la juſte valeur des lettres ou des ſons de la Langue Latine ; ou de la Langue Françoiſe, quand il s'agit d'épeler ou de ſyllaber les mots, en l'une & en l'autre Langue ; donc les Maîtres non prévenus, bien intentionnés, amis de l'utilité publique, & qui ont l'eſprit juſte, doivent adopter la nouvelle dénomination des lettres, pratiquée ſelon le ſyſtême de M. Dumas. Donc on peut & l'on doit conclure, que les Maîtres qui condamnent la dénomination des lettres ſelon le ſyſtême du Bureau ; que ces Maîtres, dis-je, n'ont pas compris, ou voulu comprendre ce ſyſtème qu'ils ſont reſtés dans les préjugés vulgaires, & que trop indifférents ſur l'inſtitution de la prémière enfance, ils aiment mieux ſuivre l'ancienne route, quoique défectueuſe, que de ſe remettre à l'ABC, pour en ſuivre une nouvelle, quoique meilleure. Voici deux queſtions ſur la dénomination des lettres.

*Deux Queſtions ſur la Dénomination des Lettres.*

### Premiere Question.

On ſuppoſe pour un moment l'ignorance des lettres, & que leur inventeur paroiſſant pour la prémière fois, donne les mots ci-deſſous, pour exprimer les ſons d'uſage, qui ſignifient des choſes connues. Il s'agit enſuite de donner des noms à ces nouveaux caractères. Les noms vulgaires d'aujourd'hui étant propoſés, ſeroient-ils préférables aux noms que donne le ſyſtême de M. Dumas ?

### Deuxieme Question.

On demande, lequel ſe feroit le mieux entendre à une perſonne qui ne ſçait pas lire ; de celui qui, pour demander les choses signifiées par les mots ci-dessous, n'en prononceroit que les lettres, selon la méthode vulgaire; ou de celui, qui n'en prononceroit que les sons, selon la méthode du Bureau Typographique.

### Exemples de la Méthode.

| Vulgaire. | Mots. | Typographique. |
|---|---|---|
| *Lettres nommées.* | | *Noms des Lettres.* |
| ache e erre i esse esse o enne. | *hérisson.* | hé re i ce on. |
| ce a esse é. | *café.* | ka fé. |
| be o e u esse. | *bœuf.* | be eu fe. |
| pe ache i o elle e. | *phiole.* | fe i o le. |
| de a u pe ache i enne. | *Dauphin.* | dé o fe in. |
| pe ache a esse e. | *phase.* | fe a ze. |
| emme a i esse o enne. | *maison.* | me è ze on. |
| enne o enne e. | *none.* | ne o ne e. |
| a ge enne e a u. | *agneau.* | a gne o. |
| v *consonne* e a u. | *veau.* | ve o. |
| e icse i elle. | *éxil.* | e gze i le. |
| esse t i *grec* icse. | *Styx.* | ste i kse. |

Si quelqu'un dit, qu'on a choisi exprès les mots les plus propres, pour faire voir la supériorité de la méthode typographique, sur la méthode vulgaire; on lui répondra, en convenant du fait, & en défiant tous les Maîtres, sans exception, de pouvoir trouver un seul mot, en aucune Langue vivante ou morte, dans lequel la dénomination de la Langue vulgaire, ait aucun avantage sur la méthode du Bureau. Si le fait est tel, comment se peut-il trouver un seul Critique contre la pratique de la véritable dénomination des sons & des lettres? Tant il est vrai, que la prévention met souvent au-dessus de la raiſon de très-grands génies ; & à plus forte raiſon , de petits eſprits incapables de ſaiſir, de ſuivre , & de retenir les principes &les raiſonnements, ſur le moindre ſujet philoſophique.

*Ajoutons ici , la judicieuſe reflexion de M. Reſtaut.*

Pour faciliter aux enfans qui apprennent à lire, la liaiſon des conſonnes avec les voyèlles , & les mettre plutôt en état de lire , bien des Maîtres leur font connoître les conſonnes par le nom de leur prononciation , & non par celui qu'on a coutume de leur donner : ainſi, au lieu de prononcer *b , l , m* , comme *bé , elle , emme ;* on les nomme par leur ſon naturel, en y ajoutant ſeulement l'*é* muet , *be , le , me* , comme à la fin des mots *tombe , boule , blâme.* Il en eſt de même de toutes les autres conſonnes.

Ce nouveau ſyſtême de lecture , dont M. Arnaud a donné l'idée , à la page 23 de ſa Grammaire générale & raiſonnée, eſt plus ſimple & plus avantageux que l'ancien ; on en trouve les règles dans un livre que M. de Launay a fait imprimer en 1741 , ſous le titre de , *méthode pour apprendre à lire le François & le Latin ,* &c.

Mais il y en a un autre qui n'eſt pas moins avantageux, & dont le ſuccès eſt juſtifié par l'expérience. C'eſt, après que les enfans ont appris leurs lettres, de quelque manière qu'on les leur ait fait nommer ; de leur préſenter les ſyllabes toutes aſſemblées , & de les leur faire lire tout d'un coup ſans épéler : en commençant par les plus ſimples , avant que d'aller aux plus compoſées. Ils n'auront enſuite aucune peine à les épeler , & à en compoſer d'autres, par l'addition d'une conſonne, avant ou après chaque ſyllabe. Lorſqu'ils auront été ainſi exercés ſur toutes les ſyllabes poſſibles de la Langue Françoiſe , on aura la ſatisfaction , de les voir lire couramment en très-peu de tems.

GRAMMAIRE, CHAP. I. 47

Mais il faut beaucoup de méthode & d'ordre, dans l'exécution de ce fyftême.

### SYLLABISATION MÉTHODIQUE.

Voici la table, le deffein, & le fyftême de la fyllabifation, ou l'art de pouvoir lire en très-peu de tems, dans tous les livres françois. Par cette méthode on réduit à des principes un art qui n'en avoit prefque pas ; on faifit, on fixe les fons, malgré la bizarrerie apparente ou réelle de l'ortographe d'une Langue vivante ; fur-tout de la Langue Françoife, moins conftante que les autres Langues. La méthode offerte au Public eft générale ; elle peut fervir à montrer à lire les Langues mortes ou vivantes, exiftantes ou poffibles : il ne faut en cela, que fuivre l'exemple des Muficiens ; affervir les caractères aux fons, plutôt que d'affervir les fons aux caractères ; qui fouvent devenus faux, équivoques, captieux ou trompeurs, induifent en erreur les hommes, comme les enfants.

## GRAMMAIRE, CHAP. I.

*COMBINAISON des cinq voyelles, avec les consonnes.*

| A. | E. | I. | O. | U. |
|---|---|---|---|---|
| ba. | be. | bi. | bo. | bu. |
| ca. | fe. | fi. | ko. | quu. |
| da. | de. | di. | do. | du. |
| { fa. | fe. | fi. | fo. | fu. |
| { pha. | phe. | phi. | pho. | phu. |
| { ja. | je. | ji. | jo. | ju. |
| { ga. | ghe. | ghi. | go. | gu. |
| ha. | he. | hi. | ho. | hu. |
| ja. | ge. | gi. | jo. | ju. |
| { ka | che. | chi. | co. | quu. |
| { cha. | ke. | ki. | ko. | chu. |
| la. | le. | li. | lo. | lu. |
| ma. | me. | mi. | mo. | mu. |
| na. | ne. | ni. | no. | nu. |
| pa. | pe. | pi. | po. | pu. |
| { gha. | ghe. | ghi. | gho. | ghu. |
| { gua. | gue. | gui. | guo. | gu. |
| { qua. | que. | qui. | quo. | quu. |
| { ra. | re. | ri. | ro. | ru. |
| { rha. | rhe. | rhi. | rho. | rhu. |
| fa. | ce. | ci. | fo. | fu. |
| { ta. | te. | ti-ci. | to. | tu. |
| { tha. | the. | thi. | tho. | thu. |
| va. | ve. | vi. | vo. | vu. |
| { xa. | xe. | xi. | xo. | xu. |
| { gza. | gze. | gzi. | gzo. | gzu. |
| { cfa. | cfe. | cfi. | cfo. | cfu. |
| { ya. | ye. | yi. | yo. | yu. |
| { ia. | ie. | ii. | io. | iu. |
| za. | ze. | zi. | zo. | zu. |

COMBINAISONS

# GRAMMAIRE, CHAP. I.

COMBINAISONS de la lettre liquide L avec les cinq voyelles a. e. i. o. u.

| A. | E. | I. | O. | U. |
|---|---|---|---|---|
| bla. | ble. | bli. | blo. | blu. |
| pla. | ple. | pli. | plo. | plu. |
| vla. | vle. | vli. | vlo. | vlu. |
| fla. | fle. | fli. | flo. | flu. |
| gla. | gle. | gli. | glo. | glu. |
| kla. | kle. | kli. | klo. | klu. |

COMBINAISONS de la lettre liquide R avec les cinq voyelles a. e. i. o. u.

| A. | E. | I. | O. | U. |
|---|---|---|---|---|
| bra. | bre. | bri. | bro. | bru. |
| pra. | pre. | pri. | pro. | pru. |
| vra. | vre. | vri. | vro. | vru. |
| fra. | fre. | fri. | fro. | fru. |
| gra. | gre. | gri. | gro. | gru. |
| cra. | cre. | cri. | cro. | cru. |
| dra. | dre. | dri. | dro. | dru. |
| tra. | tre. | tri. | tro. | tru. |

COMBINAISONS françoises des consonnes foibles & fortes, avec les voyelles É (fermé) : È (ouvert bref) : Ê (ouvert long, ou chevronné) : E (muet) : eu, ou.

| É. | È | Ê | E. | EU. | OU. |
|---|---|---|---|---|---|
| é (fermé) | è (ouvert) | ê(chevronné) | e (muet) | eu. | ou. |
| bé. | bè. | bê. | be. | beu. | bou. |
| pé. | pè. | pê. | pe. | peu. | pou. |
| vé. | vè. | vê. | ve. | veu. | vou. |
| fé. | fè. | fê. | fe. | feu. | fou. |
| dé. | dè. | dê. | de. | deu. | dou. |
| té. | tè. | tê. | te. | teu. | tou. |
| zé. | zè. | zê. | ze. | zeu. | zou. |
| ſé. | ſè. | ſê. | ſe. | ſeu. | ſou. |
| gué. | guè. | guê. | gue. | gueu. | gou. |
| qué. | què. | quê. | que. | queu. | quou. |
| jé. | jè. | jê. | je. | jeu. | jou. |
| ché. | chè. | chê. | che. | cheu. | chou. |

*Tome I.* G

## GRAMMAIRE, CHAP. I.

*Combinaisons des lettres liquides, & des sons mouillés.*

| É. | È. | Ê. | E. | EU. | OU. |
|---|---|---|---|---|---|
| mé. | mè. | mê. | me. | meu. | mou. |
| né. | nè. | nê. | ne. | neu. | nou. |
| lé. | lè. | lê. | le. | leu. | lou. |
| ré. | rè. | rê. | re. | reu. | rou. |
| gné. | gnè. | gnê. | gne. | gneu. | gnou. |
| lhé. | lhè. | lhê. | lhe. | lheu. | lhou. |
| illé. | illè. | illê. | ille. | illeu. | illou. |
| hé. | hè. | hê. | he. | heu. | hou. |
| yé. | yè. | yê. | ye. | yeu. | you. |
| ïé. | ïè. | ïê. | ïe. | ïeu. | ïou. |
| zé. | zè. | zê. | ze. | zeu. | zou. |

*Combinaisons de la lettre liquide L, précédée d'autres consonnes.*

| É. | È. | Ê. | E. | EU. | OU. |
|---|---|---|---|---|---|
| blé. | blè. | blê. | ble. | bleu. | blou. |
| plé. | plè. | plê. | ple. | pleu. | plou. |
| vlé. | vlè. | vlê. | vle. | vleu. | vlou. |
| flé. | flè. | flê. | fle. | fleu. | flou. |
| glé. | glè. | glê. | gle. | gleu. | glou. |
| clé. | clè. | clê. | cle. | cleu. | clou. |
| klé. | klè. | klê. | kle. | kleu. | klou. |

*Combinaisons de la lettre liquide R, précédée d'autres consonnes.*

| É. | È. | Ê. | E. | EU. | OU. |
|---|---|---|---|---|---|
| bré. | brè. | brê. | bre. | breu. | brou. |
| pré. | prè. | prê. | pre. | preu. | prou. |
| vré. | vrè. | vrê. | vre. | vreu. | vrou. |
| fré. | frè. | frê. | fre. | freu. | frou. |
| gré. | grè. | grê. | gre. | greu. | grou. |
| cré. | crè. | crê. | cre. | creu. | crou. |
| dré. | drè. | drê. | dre. | dreu. | drou. |
| tré. | trè. | trê. | tre. | treu. | trou. |

## GRAMMAIRE, CHAP. I.
## ÉPELLATION LATINE.

| | |
|---|---|
| Cancer. | ka, a, *can* ; fe, e, re, *cer* ; cancer. |
| Cæcus. | fe, e, *cæ* ; qu, u, fe, *cus* ; cæcus. |
| Ciconia. | fe, i, *ci* ; ka, o, *co*, cico ; ne, i, a, *nia*, ciconia. |
| Felix. | fe, e, *fe* ; le, i, kfe, *lix* ; felix. |
| Gigas. | je, i, *gi* ; ga, a, fe, *gas* ; gigas. |
| Homo. | he, o, *ho* ; me, o, *mo* ; homo. |
| Java. | je, a, *ja* ; ve, a, *va* ; java. |
| Lælaps. | le, e, *le* ; le, a, pfe, *laps* ; lælaps. |
| Guillelmus. | gu, i, *gui* ; lhe, e, le, *lhel* ; Guillel ; me, u, fe, *mus* ; Guillelmus, Wilhelmus. |
| Malo. | me, a, *ma* ; le, o, *lo* ; malo. |
| Nanum. | ne, a, *na*, ne, u, *num* ; nanum. |
| Raro. | re, a, *ra* ; re, o, *ro* ; raro. |
| Sufa. | fe, u, *fu* ; ze, a, *za* ; fufa. |
| Tatius. | te, a, *ta* ; ci, u, fe, *cius* ; tatius. |
| Vulgo. | ve, u, le, *vul* ; gu, o, *go* ; vulgo. |
| Xyftus. | kfe, i, fe, *kfif* ; te, u, fe, *tus* ; xyftus. |
| Examen. | e, gze, a, *gza*, egza ; me, e, *men* ; examen. |
| Hyacinthus. | ie, a, *hya* ; c, i, *cin* ; th, us, *thus* ; Hyacinthus. |
| Zizania. | ze, i, *zi* ; ze, a, *za*, *ziza* ; ne, i, *ni*, *zizani* ; a, zizania. |
| Chalybs. | che, a, *ka* ; le, y, be, fe, *lybs* ; chalybs. |
| Phœax. | fe, e, *phœ* ; a, kfe, *ax*, phœax. |
| Rhagma. | re, a, gu, *rag.* ; me, a, *ma*, rhagma. |
| Thapfia. | te, a, pe, *thap* ; fe, i, *fi*, thapfi ; *a*, thapfia. |
| Pneuma. | pne, eu, *pneu* ; me, a, *ma*, pneuma. |
| Pfegma. | pfe, e, gu, *pfeg* ; me, a, *ma*, pfegma. |
| Ptarmus. | pte, a, re, *ptar* ; me, a, fe, *mus*, ptarmus. |
| Scyphus. | ce, i, *fcy* ; fe, u, fe, *phus*, fcyphus. |

## GRAMMAIRE, CHAP. I.
### ÉPELLATION FRANÇOISE.

| | |
|---|---|
| *Archelaüs.* | a, re, *ar*; ke, é, *che*, arke; le, a, *la*, arkela; ü, fe, üs; Arkelaüs. *Archelaüs.* |
| *Babiller.* | be, a, *ba*; be, i, *bi*, babi; lhe, e, re, *ther*; babiller. *babiller.* |
| *Concile.* | ke, õ, *con*; fe, i, *ci*, conci; le, e, *le*; Concile. |
| *Dandin.* | de, ã, *dan*; de, i, *din*; dandin. *Dandin.* |
| *Filofofe.* | fe, i, *fi*; le, o, *lo*, filo; ze, o, *zo*, filofo; fe, e, *phe*; Filofophe. *Philofophe.* |
| *Gigot.* | je, i, *gi*; gue, o, te, *got*; gigot. *gighot.* |
| *Hélas.* | hé, é, *hé*; le, a, fe, *las*; hélas! *hélas!* |
| *Jadis.* | je, a, *ja*; de, i, fe, *dis*; jadis. *jadis.* |
| *Laureole.* | le, o, *lo*; re, e, o, *reo*, laureo; le, e, *le*; Laureole. |
| *Memnon.* | me, e, *me*, *mem*; ne, õ, *non*; Memnon. |
| *Ninus.* | ne, i, *ni*; ne, u, fe, *nus*; Ninus. *Ninus.* |
| *Pape.* | pe, a, *pa*; pe, e, *pe*; Pape. *Pape.* |
| *Quidam.* | que, i, *ki*; de, a, me, *dam*; quidam. *Quidam.* |
| *Railler.* | re, a, *ra*; lhe, e, re, *ther*; railler. *Railler.* |
| *Satisfaffe.* | fe, a, *fa*; te, i, fe, *tif*, fatif, fe, a, ce, *fece*; fatisface. |
| *Tentation.* | te, ã, *ten*, te, a, *ta*, tenta; ci, õ, *cion*; tentacion. *Tentation.* |
| *Vivarais.* | ve, i, *vi*; ve, a, *va*, viva; re, ais, *rais*; Vivarais. |
| *Xerxes.* | kfe, e, re, *lxer*; kfe, e, fe, *xes*; Xerxes. |
| *Yeux.* | ye, eu, fe, *ieux*. *ieux. yeux. ieus.* |
| *Zig-zag.* | ze, i, gue, *zig*; ze, a, gue, *zag*; zig-zag. |
| *Heureux.* | he, eu, *heu*; re, eu, fe, *reux*; heureux. |
| *Ouaille.* | ou, a, *oua*, lhe, e, *lhe*; ouaille. *ouillhe.* |
| *Chucheter.* | che, u, *chu*; che, e, *che*, chuche; te, e, re, *ter*; chucheter. *chucheter.* |

## COMBINAISONS du son, & de la lettre *A*.

| | | | |
|---|---|---|---|
| a. | *ame.* | af. | *pasques.* |
| au. | *auge.* | at. | *attacher.* |
| ad. | *addonner.* | ea. | *jeannin, eage.* |
| ae. | *Maestricht.* | em. | *femme.* |
| af. | *affront.* | à. | *à Paris.* |
| ag. | *Magdelène.* | â. | *âgé.* |
| ab. | *abbé.* | ä. | *gou.* |
| ac. | *accord.* | en. | *ennoblir.* |
| ah. | *ah! aheurté.* | ha. | *habit.* |
| ai. | *gaigner.* | | |
| al. | *aller.* | é. | *Cæsar.* |
| am. | *flamme.* | è. | *vrai.* |
| an. | *canne.* | e. | *faisant.* |
| ap. | *baptême.* | o. | *chapeau.* |
| ar. | *arrêt.* | ã. | *tant.* |

GRAMMAIRE, CHAP. I.

*COMBINAISONS du son, & de la lettre E muet.*

| | | | |
|---|---|---|---|
| e. | *juste.* | eau. | *chapeau.* |
| eb. | *debvoir.* | eoi. | *asseoir, seoir.* |
| el. | *appeller.* | ae. | *Maestric.* |
| ép. | *recepvoir.* | ea. | *Jeannot.* |
| es. | *fesser.* | ie. | *il priera.* |
| et. | *jetter, tetter.* | aie. | *guaiement.* |
| ai. | *faisant.* | ue. | *nuement.* |
| o. | *accomoder.* | oue. | *la joue.* |
| es. | *dites.* | oie. | *dévoiement.* |
| ent. | *ils partent.* | ée. | *il agréera.* |
| ë. | *ciguë.* | | |
| a. | *Salamandre.* | | |

*COMBINAISONS du son, & de la lettre É fermé.*

| | | | |
|---|---|---|---|
| é. | *dé.* | en. | *ennemi.* |
| ec. | *echec.* | es. | *escuyer.* |
| ed. | *pied.* | et. | *et. &.* |
| ee. | *beeler.* | ae. | *Cæsar.* |
| ef. | *chef.* | oe. | *œconome.* |
| eh. | *eh.* | e. | *dussé-je.* |
| hé. | *hélas!* | ai. | *je sçai.* |
| ei. | *reinure.* | ë. | *aërer.* |
| el. | *sellure.* | | |

## Grammaire, Chap. I.

*Combinaisons du son, & de la lettre È ouvert.*

| | | | |
|---|---|---|---|
| è. | fer. | ix. | poix. |
| eb. | debte. | ids. | poids. |
| ec. | traject. | aient. | qu'ils aient. |
| ed. | deceds. | ayent. | qu'ils ayent. |
| ee. | il beele. | oient. | ils avoient. |
| ef. | effet. | oyent. | difoyent. |
| eg. | legs. | eoient. | jugeoient. |
| eh. | eh! | ys. | Roys. |
| ei. | Seine. | ê. | fête. |
| el. | belle. | ë. | Ifraël, Ifmaël. |
| em. | gemme. | ez. | Ufez. |
| en. | Rennes. | he. | herbe. |
| ep. | niepce. | ay. | quay, vray. |
| er. | erreur. | ey. | Reyne. |
| ef. | eftre. | oy. | Royne. |
| eft. | il eft. | hai. | haine, haire. |
| et. | Metz. | er. | mercredi. |
| ai. | vrai. | uai. | guaine. |
| aic. | laict. | aif. | maiftre. |
| aid. | laid. | oif. | connoiftre. |
| oit. | il étoit. | uaie. | guaiement. |
| oid. | froid. | ein. | qu'il efteigne. |
| eoit. | il jugeoit. | el. | quel monftre. |
| i. | je voi. | hay. | haye. |
| is. | tu vois. | uaye. | guayement. |
| it. | il voit. | | |

## COMBINAISONS du son, & de la lettre I.

| | | | |
|---|---|---|---|
| i. | *ici.* | iz. | *riz.* |
| ic. | *delict.* | ix. | *dixme.* |
| id. | *nid.* | y. | *yvre.* |
| ie. | *il priera.* | ui. | *vuide.* |
| if. | *griffe.* | ï. | *laïc.* |
| hi. | *hiyer.* | î. | *ci gît.* |
| hy. | *hymne.* | ii. | *si il, s'il.* |
| il. | *gril. fils.* | | |
| in. | *prins.* | i. | *isoler.* |
| ip. | *nippe.* | ai. | *maison.* |
| ir. | *irriter.* | ĭ. | *ingrat.* |
| is. | *isle.* | eĭ. | *feindre.* |
| ys. | *abysme.* | in. | *fin.* |
| it. | *lit.* | oi. | *il auroit.* |

## GRAMMAIRE, CHAP. I.

COMBINAISONS *du son, & de la lettre* O.

| | | | |
|---|---|---|---|
| o. | *mot.* | au. | *saut.* |
| ob. | *obmettre.* | eau. | *chapeau.* |
| oc. | *occasion.* | aul. | *aulne.* |
| od. | *codde.* | auld. | *arnauld.* |
| of. | *offre.* | hau. | *haubois.* |
| og. | *cognoître.* | haut. | *haut-bois.* |
| oi. | *oignon.* | haul. | *haultesse.* |
| oh. | *oh!* | auc. | *auctorité.* |
| ho. | *homélie.* | aud. | *chaud.* |
| ol. | *folle.* | o. | *cooperer.* |
| om. | *pomme.* | ô. | *hôte.* |
| hom. | *homme.* | | |
| on. | *rongneux.* | o. | *lot.* |
| hon. | *honneur.* | é. | *œconome.* |
| op. | *nopce.* | eu. | *œuvre.* |
| oq. | *coq-d'inde.* | ou. | *doux.* |
| or. | *corriger.* | è. | *il auroit.* |
| os. | *oster.* | ho. | *le onzième.* |
| ot. | *botte.* | hou. | *le oui.* |
| oo. | *roole.* | oè. | *roi.* |
| eo. | *geolier.* | ouê. | *loix.* |
| hos. | *hoste.* | oua. | *bois.* |
| ao. | *saone.* | | |

*Tome I.* H

## COMBINAISONS du son, & de la lettre U.

| | | | |
|---|---|---|---|
| u. | barbu. | ut. | rebut. |
| ub. | dub. | ux. | flux. |
| uc. | succer. | eu. | veu, vu. |
| ud. | nud. | eû. | û, eû. |
| ue. | nuement. | û. | flûte. |
| uf. | truffe. | ü. | Saül. |
| ug. | suggérer. | u. | nul. |
| hu. | humeur. | au. | aune. |
| ul. | cul-de-sac. | eu. | jeu. |
| up. | duppe. | œu. | œuvre. |
| ur. | burre. | ou. | doux. |
| us. | flusle. | ui. | vuide. |

## GRAMMAIRE, CHAP. I.

*COMBINAISONS du son* ............ eu.

| | | | |
|---|---|---|---|
| eu. | *feu.* | eul. | *aïeulx.* |
| eud. | *alleud.* | ep. | *septier.* |
| euf. | *neuf.* | et. | *jetter.* |
| heu. | *heure.* | ai. | *faisant.* |
| eux. | *je peux.* | es. | *sesser, dites.* |
| eut. | *il peut.* | ent. | *disent.* |
| œi. | *œil.* | eb. | *debvoir.* |
| œu. | *œuvre.* | ep. | *recepvoir.* |
| œud. | *nœud.* | o. | *racomoder.* |
| œuf. | *un œuf.* | sl. | *cela.* |
| e. | *je.* | st. | *cet enfant.* |
| eû. | *jeûne.* | ue. | *acueil.* |
| eus. | *meusnier.* | ef. | *vefve.* |
| eûx. | *jeûx.* | | |

*COMBINAISONS du son* ............ ou.

| | | | |
|---|---|---|---|
| ou. | *coucou.* | oup. | *loup.* |
| où. | *croûte.* | ous. | *sousrire.* |
| oub. | *doubte.* | out. | *bout.* |
| ouc. | *boucquin.* | oux. | *toux.* |
| oud. | *cloud.* | ol. | *fol, mol.* |
| oue. | *enjouëment.* | o. | *Tolose.* |
| ouf. | *souffrir.* | aoul. | *saoul.* |
| hou | *houlète.* | aoust. | *aoust.* |
| houlx. | *houlx.* | août. | *août.* |
| ouil. | *genouil.* | on. | *convent.* |
| oul. | *poulmon.* | u. | *buis, équateur.* |
| oulx. | *poulx.* | où | *où.* |

H ij

## COMBINAISONS des diphtongues.

**A, a.**
aa. Aaron.
aë. aërer.
ai. hair.
aos. chaos, cahot.
aü. esaü, saül.

**E, e.**
æau. beau.
éa. agréable.
eï. obéir.
ei. Reitre.
eo. Areopage.
eoi. asseoir.
eü. reünir.
ée. née.

**I, i.**
ia. diable.
ia. diadème.
iau. miauler.
ie. vie.
ié. pitié.
ièl. fièl.
ien. bien, rien.
ièr. fièr.
ièr. se fier, crier.
iés. amitiés.
iez. vous liriez.
iet. inquiet.
io. l'ionie.
io. viole.
ion. lion, mixtion.
ian. diantre.
ieu. Dieu.
ïeu. ïeuse, rieuse.
iou. chiourme.
iu. diurne.

**O, o.**
oa. Goa.
oé. poétique.
oi. gloire.
oil. poil.
oin. joindre.
oye. oye.
oï. Moïse.
oo. cooperer.
oü. Piritoüs.

**U, u.**
ua. Gargantua.
uau. cruauté.
ue. vue.
ué. Josué.
uèl. cruel.
ues. équestre.
uet. muet.
ui. nuit.
uy. Ecuyer.
uï. ambiguïté.
hui. huile.
uie. pluie.
uin. quinquagesime.

**OU, ou.**
oua. ouate.
ouai. Douai.
ouè. fouèt.
oué. loué.
oue. joue.
oui. ouir, fouir.
ouy. ouy, ouyes.
oueu. boueux.

AOU, qui se prononce comme *ou*, dans le mot *août*.

III. Les *voyelles simples* ou *composées*, jointes à la lettre *n* ou *m*, expriment un son simple & permanent d'une espèce particuliere. On les appelle *nasales*, parce que le son qu'elles expriment, se prononce un peu du nez. Exemple.

AN, EAN, AM, AEN, AON.
EN, EM.
IN, IM, AIN, EIN, AIM.
ON, EON, OM.
UN, EUN, UM.

Les *voyelles nasales* se prononcent avec un son qui a quelque rapport à celui des voyelles qui précèdent les lettres *n* & *m* ; par exemple le son de la voyelle nasale *an*, tient un peu de celui de la voyelle *a* : le son sourd & nasal en fait la différence ; & ainsi des autres. Exemples de la prononciation des *voyelles nasales*.

AN, EAN, & AM, se prononcent de la même manière, comme dans les mots *antiquité*, *plan*, *ambigu*, *antichambre*, *jean*, *mangeant*, &c.

AEN, se prononce comme *an* dans le seul mot *Caen*, Ville.

AON, se prononce aussi comme *an* dans les mots, *faon*, *laon*, *paon* ; & comme *on* dans *taon*, mouche.

EN & EM, ont presque toujours la même prononciation que *an* & *am* ; comme dans les mots, *engager*, *attentif*, *empire*, *ressembler*, *entendement*, &c.

EN, a quelquefois une prononciation différente, & qui tient plutôt de l'*e* que de l'*a* ; comme au commencement du mot *ennemi*, & à la fin du mot *lien*.

IN, a une prononciation à-peu-près semblable à la précedente, & approche plus de l'*i* que l'*e* ; comme dans les mots, *vin*, *jardin*, *intérêt*, &c.

IM, AIN, EIN, AIM, se prononcent de la même manière que *in*; comme on peut le reconnoître dans les mots, *impie, main, dessein, saint*, &c.

UN, EUN, & UM, se prononcent de même; comme dans les mots, *commun, à jeun, humble, parfum*, &c.

Observation. Les *voyelles simples* ou *composées*, suivies de la lettre *n* ou *m*, ne sont pas toujours voyelles nasales; quand l'*n* ou l'*m* se prononce, les voyelles qui la précèdent ne sont considérées que comme des voyelles simples ou composées. Ainsi il n'y a pas de *voyelles nasales* dans les mots, *anime, amitié, énigme, émail, iniquité, image, vaine, reine, aimable, onéreux, omettre, unité, humilité*, &c.

Observez aussi que les voyelles simples, les voyelles composées, & les voyelles nasales sont tantôt breves, suivant les mots où elles sont employées; & quelquefois longues, suivant le rang que les mots tiennent dans le discours.

## *Voici plusieurs exemples.*

A est long dans la derniere syllabe du mot *dégat*, & il est bref à la fin du mot *Avocat*.

L'O est bref dans *votre*, si on dit *votre livre*; mais il est long dans le même mot, si on dit *donnés-moi le vôtre*. De même l'*a* & l'*e* sont longs, dans les pénultièmes syllabes des mots *brave* & *honnête*, lorsque l'on dit *un homme brave, un homme honnête*; mais ils deviennent brefs, lorsque l'on transpose ces mots, & que l'on dit *un brave homme, un honnête homme*.

A, est long dans un *mâle*, & il est bref dans une *malle*.

E, est long dans *tempête*, & il est bref dans *trompette*.

I, est long dans *gîte*, & il est bref dans *petite*.

O, est long dans *Apôtre*, & il est bref dans *dévote*.

U, est long dans *flûte*, & il est bref dans une *butte*.

AI, est long dans *maître*, & il est bref dans *parfaite*.
OI, est long dans *connoître*, & il est bref dans *affoibli*.
AU, est long dans *autre*, & il est bref dans *auditeur*.
EU, est long dans *jeûne* (abstinence), & il est bref dans *jeune* (parlant de l'âge).
IN, est long dans *vous me retintes*, & il est bref dans *lingot*.
ON, est long dans *honte*, & il est bref dans *démonté*.

On peut trouver de pareils exemples, pour les autres voyelles. Ceux qui voudront prendre une connoissance plus exacte des voyelles, ou syllabes longues & breves, pourront avoir recours à l'excellent *Traité de la Prosodie Françoise*, que M. l'Abbé d'Olivet a donnée en 1736. On y trouvera sur cette matière des regles sûres, des observations très-justes, & des recherches aussi utiles que curieuses.

La Langue Françoise admet seize sons simples exprimés par les voyelles, qui sont *a* bref & *a* long, qui ont quelque différence dans la prononciation ; *e* muet, *é* fermé, *è* ouvert, *i*, *o* bref, & *ô* long ; *u*, *eu*, *ou*, *an*, *en* avec la prononciation approchante de l'*e*, *in*, *on*, & *un*.

## Des Diphtongues.

La *diphtongue* est un assemblage de deux ou trois voyelles, qui se prononcent en une seule syllabe, & qui expriment un son double. *Exemple*. Le mot *roi* est diphtongue, parce qu'il exprime le double son de l'*o*, & de l'*e* fort ouvert ; comme s'il y avoit *roè*. Les diphtongues sont formées par la jonction, ou d'une voyelle simple avec une voyelle simple ; ou d'une voyelle simple avec une voyelle composée ; ou d'une voyelle simple avec une voyelle nasale. On en distingue donc de trois sortes ;

*Tome I.*

sçavoir, *diphtongues simples*, *diphtongues composées*, *diphtongues nasales*.

Les *diphtongues simples* se forment par la jonction d'une voyelle simple, avec une voyelle simple. Il y en a sept ; sçavoir, *ia, ie, io, oe, oi, ue*, & *ui*, comme dans les mots suivans :

IA, *diable, fiacre, liard*, &c.

IE, *piece, lumière, amitié*, &c.

IO, *fiole, pioche*, &c.

OE, *coeffe, moelle, poéle, poëte*. L'Académie écrit à présent *coiffe*.

OI, avec le son de l'*o* & de l'*e* ouvert, *boire, dévoiler, emploi*, &c.

UE, *écuelle, attribué, situé*.

UI, *nuisible, conduite, celui, aujourd'hui*, &c.

Les *dipthongues composées* se forment par la jonction d'une voyelle simple, avec une voyelle composée. Il y en a six ; sçavoir, *iai, iau, ieu, iou, oue*, & *oui*, comme dans les mots suivans :

IAI, *biaiser, niais*, &c.

IAU, *miauler, matériaux, cordiaux*, &c.

IEU, *Lieutenant, Dieu, milieu, mieux*, &c.

IOU, *chiourme* d'une galère.

OUE, *fouetter, couette, ouest, joué*.

OUI, *Louis, enfoui, oui*, &c.

Dans les quatres prémières *diphtongues composées*, la voyelle simple est avant la voyelle composée ; *i-ai, i-au, i-eu, i-ou* : dans les deux autres, elle est la dernière ; *ou-e, ou-i*.

La diphtongue du mot *ouais*, est formée de deux voyelles composées, *ou* & *ai*.

Les *diphtongues nasales* se forment par la jonction d'une voyelle simple, avec une voyelle nasale. Il y en a six ; sçavoir, *ian*, *ien*, *ion*, *oin*, *ouin*, & *uin*; comme dans les mots suivants :

IAN, *viande*, *étudiant*, *fortifiant*, &c.

IEN, avec le son d'*ian*, *patient*, *expédient*, *inconvénient*, &c.

IEN, avec le son qui approche de celui de l'*é* fermé, *bien*, *rien*, *mien*, *lien*, *sien*, *soutien*, *il convient*, &c.

ION, nous *aimions*, nous *aimerions*, nous *aimassions*, &c.

OIN, *loin*, *besoin*, *moindre*, &c.

OUIN, *babouin*, *marsouin*, &c.

UIN, *quinquagénaire*, *quinquagésime*, &c.

Observation. L'*y* dans plusieurs mots tient lieu de deux *ii*, & fait partie d'une diphtongue avec la voyelle suivante ; puisque dans les mots, *voyage*, *envoyé*, *royaume*, *ennuyeux*, *voyant*, *moyen*, *employons*, &c. on prononce *voi-iage*, *envoi-ié*, *roi-iaume*, *ennui-ieux*, *voi-iant*, *moi-ien*, *emploi-ions*, &c. Grammaire de M. Restaut, chap. I. art. III.

## *Des Consonnes.*

La *consonne*, selon la Grammaire, est une lettre qui ne produit point de son qu'avec une autre, qui doit être voyelle, ou diphtongue ; & c'est de-là que lui vient son nom de *consonne*, qui veut dire une lettre qui *rend un son*, quand elle est jointe *avec une autre*.

La division la plus naturelle des *consonnes*, est celle que font les Grammairiens Hébreux, qui ont été imités en cela, par les Grammairiens des autres Langues orientales & sçavantes. Ils divisent les *consonnes* en cinq classes, par rapport aux cinq organes principaux de la voix ; dont châcun contribue avec les quatre autres, mais plus que les quatre autres, à certaines modifications qui font cinq espèces générales de *consonnes*. Châque espèce ou châque classe renferme plusieurs *consonnes*, qui résultent des différens degrés qu'on distingue dans la même modification, ou dans les mouvemens des mêmes organes: ces organes sont le gosier, le palais, la langue, les dents, & les lèvres; les cinq espèces de *consonnes* sont les gutturales, les palatales, celles de la langue, les dentales ou les sifflantes, & les labiales.

On compte dix-sept *consonnes* dans la Langue Françoise, qui sont *b*, *c*, *d*, *f*, *g*, *k*, *l*, *m*, *n*, *p*, *q*, *r*, *s*, *t*, *x*, *z*, auxquelles il en faut ajouter trois autres, qui sont l'*h* aspirée, l'*i consonne*, & l'*v consonne*; ce qui fait en tout vingt *consonnes*: une gutturale, *h* aspirée; comme dans les mots *héros*, *hallebarde*. Cinq palatales, qui sont, *c* dur, comme on le prononce devant *a*, *o*, & *u*: *g*, *j consonne*, *k* & *q*. On peut les remarquer dans les mots suivants, *caverne*, *colere*, *curiosité*, *gendre*, *girandole*, *garentir*, *gobelet*, *guerre*, *kalendes*: quatre de la langue, qui sont *d*, *l*, *n*, *t*: quatre dentales, dont les trois dernières sont sifflantes, *r*, *s*, *x*, *z*; cinq labiales, qui sont *b*, *f*, *m*, *p*, *v consonne*.

M. l'Abbé Dangeau trouve assez raisonnable la division des *consonnes*, que les Grammairiens Hébreux ont inventée; mais il n'est pas tout-à-fait de leur avis, sur le partage qu'ils en ont fait. Pour trouver une division plus naturelle & plus juste des *consonnes*, il n'a point d'égard à leur figure, ou au caractère qui les représente; il ne considère que leur son, ou la modification qu'elles donnent au son. Sur ce principe, il trouve cinq *consonnes* labiales, qui sont *b*, *p*, *v consonne*, *f* & *m*: cinq palatales, qui sont *d*, *t*, *g*, *k*, *n*: quatre sifflantes, qui sont *f*, *z*, *j consonne*, *ch*: deux liquides, *l* & *r*: deux mouillées, qui font *gn*, ou le son qui commence la seconde syllabe d'*ignorant*; & deux *ll* mouillées, ou le son qui commence la dernière syllabe de *bouillon*; & l'*h* qui sert à marquer l'aspiration:

ce qui fait dix-huit *consonnes*, & une aspiration. Il remarque ensuite les choses suivantes. 1°. que l'*m* & l'*n* sont deux consonnes nazales, l'*m* un *b* passé par le nez, & l'*n* un *d* aussi passé par le nez ; en effet, ceux qui sont fort enrhumés prononcent *banger* pour *manger*, & *je de sçaurois* pour *je ne sçaurois*. 2°. qu'entre les *consonnes* il y en a de foibles, & de fortes ; les foibles sont *b, c, d, g, ʒ, j* ; les fortes sont *p, f, t, k, s, ch* : elles diffèrent en ce que les foibles sont précédées d'une petite émission de voix qui les adoucit. On peut ajouter que quand on dit qu'une personne parle du nez, on doit entendre cela dans un sens tout différent de celui que présentent ces paroles ; car alors le nez concourt moins à la prononciation, que si l'on ne parloit pas du nez ; puisque l'air qui ne peut passer librement par le nez est renvoyé dans la bouche, où il forme un son obtus, qu'on appelle son nazal.

Les *consonnes* sont donc des caractères destinés à représenter les articulations. On en compte communément dix-neuf, *be, cue* ou *ce, de, fe, gue,* ou *ge, he, je, ke, le, me, ne, pe, que, re, se, te, ve, xe, ʒe*.

Cette manière de dénommer les *consonnes* ne doit donc plus paroître étrange. Elle a été indiquée, il y a plus de cent ans, dans la Grammaire générale de Port-Royal ; elle a été depuis adoptée & réduite en méthode par d'habiles Maîtres ; & elle est aujourd'hui pratiquée avec beaucoup de succès.

Ces nouvelles dénominations font disparoître tous les inconvénients de la méthode ancienne. Il n'y a plus de *consonnes* féminines, plus de consonnes *demi-voyelles* ; qualification bizarre que les Anciens ont donnée à celles qui, dans l'épellation vulgaire, font entendre un *e* ouvert avant l'articulation qu'elles expriment. On ne dit plus une *esse*, une *elle*, une *emme*, dénominations qui ont fait de la lecture, l'art le plus pénible & le plus difficile : on dit tout naturellement un *fe*, un *le*, un *me*; comme un *be*, un *de*, un *te* : ce qui facilite d'autant plus la liaison des consonnes avec les voyelles, que dans l'épellation, on commence toujours par l'articulation même, après laquelle on fait entendre un *e* muet, ou plutôt un *eu* affoibli, pour la rendre sonore & sensible.

Les *consonnes* différent des voyelles, 1° en ce que le son des voyelles se forme par la seule ouverture de la bouche, & par la simple impulsion de la voix ; au lieu que le son des consonnes est produit par quelques mouvements de la langue, des dents, ou des lèvres ; & qu'il ne peut se faire entendre, qu'avec le son des voyelles.

2°. En ce que, comme nous avons dit, le son des voyelles est permanent, c'est-à-dire, qu'on peut le faire durer quelque temps ; au lieu que le son propre des consonnes, ne peut se faire entendre que dans un seul instant, & pour ainsi dire, en un seul coup de langue, ou de lèvres. Ainsi si on essaye de prolonger le son de la syllabe *ba*, sans la répéter, on voit que le son du *b* disparoît tout d'abord, & qu'il ne reste plus dans la bouche que celui de l'*a*.

Il faut pourtant en excepter les sons du *j* ou de l'*i* consonne, du *s*, du *ch*, du *f*, du *r*, du *v* ou de l'*u* consonne, & du *z*, que l'on peut continuer : mais on s'appercevra, si l'on y prend garde, que c'est nécessairement avec le son de l'*e* muet.

Vous observerez, qu'il y a quelques consonnes dont le son varie, suivant les voyelles auxquelles elles sont jointes : les voici.

*C*, se prononce comme le *k* avant les voyelles *a*, *o*, *u* : *cabinet*, *colère*, *curé*; & comme le *s* avant les voyelles *e* & *i* : *célibat*, *citoyen*. On prononce *kabinet*, *kolère*, *kuré*; & *sélibat*, *sitoyen*.

## GRAMMAIRE, CHAP. II.

Il y a quelques mots où le *c* a le son du *g* : ce sont *Claude*, *cicogne*, *second*, *secondement*, *seconder*, que l'on prononce *Glaude*, *cigogne*, *segond*, *segondement*, *segonder*. On prononce souvent de même, dans le langage familier, *sécret*, *sécrétaire*, *sécrétariat*, *secrètement*.

Quand il faut prononcer le *c* avant *a*, *o*, *u*, comme on le prononce avant *e* & *i* ; on met dessous une espèce de *c* retourné, que l'on appelle cédille, comme dans *façade*, *garçon*, *conçu*, &c.

*G*, a le son qui lui est naturel, avant les voyelles *a*, *o*, *u* : *galant*, *gosier*, *aigu* ; & le son du *j* avant les voyelles *e* & *i* : *génie*, *gibier* ; comme s'il y avoit, *jénie*, *jibier*.

Quand il faut prononcer le *g* avant *a*, *o*, *u*, comme on le prononce avant *e* & *i* ; on met un *e* entre le *g* & l'*a*, ou l'*o*, ou l'*u* ; comme dans ces mots, *mangea*, *géolier*, *gageure*, &c.

Et pour donner au *g* avant *e* & *i*, le même son rude qu'il a avant *a*, *o*, *u*, on met un *u* après le *g* ; comme dans ces mots, *guérir*, *guêpe*, *guide*, *guimpe*, &c.

Le *c* & le *g* étant après la voyelle dans la même syllabe, ont toujours leur son naturel, qui est le son rude : comme dans les mots, *défec-tueux*, *dic-ter*, *aug-menter*, *sug-gérer*, &c.

*S*, se prononce avec le son doux du *z*, quand elle est entre deux voyelles, *misère*, *visage*, *raison*, &c. Elle a ordinairement par-tout ailleurs la prononciation forte du *c* avant *e* & *i* : comme dans *salut*, *sénat*, *silence*, *consoler*, *persuader*, &c.

*T*, conserve ordinairement le son qui lui est propre ; comme dans *table*, *bonté*, *continence*, *étoffe*, *vertu*, &c. Mais lorsque *t* est suivi d'un *a*, d'un *e*, ou d'un *o* ; il se prononce presque toujours comme *ci* : *partial*, *patience*, *ambition*, &c. que l'on prononce *parcial*, *pacience*, *ambicion* ; éxcepté,

1°. Quand *ti* est précédé d'un *s*, ou d'un *x* : *bastion*, *question*, *mixtion*, &c.

2°. Quand *tie*, *tié*, ou *tier* se trouvent à la fin d'un mot, *partie*, *amitié*, *métier*, &c.

3°. Quand dans *tien* la diphtongue nasale a le son approchant de l'*e* ; comme dans *entretien*, *soutien*, *contient*, &c.

On prononce avec le son du *c*, *primatie*, *aristocratie*, *prophétie*, *ineptie*, *initier*, *balbutier*, &c.

Il y a quelques autres excéptions, que l'usage apprendra.

On trouve dans des observations manuscrites d'un habile Grammairien sur la lettre *t*, que le meilleur moyen pour éviter toute équivoque, & pour fixer dans l'écriture la prononciation de cette lettre, seroit de mettre une cédille au-dessous du *t*, dans les mots où il doit se prononcer comme *c*, ou comme deux *ss* ; de même que l'on en met une sous le *c*, pour lui ôter le son rude. L'introduction de ce nouveau caractère seroit très-utile, si l'usage pouvoit l'admettre.

*X*, est une lettre double, qui dans quelques mots a le son fort du *c*, & du *se* : comme dans *fixer*, *taxer*, *Alexandre*, que l'on prononce *ficser*, *tacser*, *Alecsandre* ; dans d'autres mots, *x* a le son du *g*, & du *z* ; comme dans *éxamen*, *éxemple*, *éxiger*, &c. que l'on prononce *egzamen*, *egzemple*, *egziger*, &c. Il a la prononciation forte du *se*, dans les mots *six*, *dix*, *soixante* ; & la prononciation du *ze*, dans *deuxième*, *sixième*, *sixain*, *dixième*, *dixaine*, *dix-huit*, *dix-huitième*, &c. C'est une faute grossière, & assez commune à Paris, de prononcer *Saxe*, *sexe*, *fixe* ; comme *Sasque*, *sesque*, *fisque* : la véritable & seule prononciation de ces mots, est *Sacse*, *secse*, & *ficse*, &c.

Il faut encore observer que la lettre *q*, qui a la prononciation du *k*, ne s'emploie pas sans être suivie d'un *u* : comme on peut le voir dans les mots *qualité*, *quête*, *quittance*, *quotidien*, &c. à moins qu'elle ne soit à la fin d'un mot, comme dans *cinq*, *coq*.

Mais

Mais l'*u* se prononce en *ou*, comme s'il y avoit *coua*, dans les mots *aquatique*, *équateur*, *équation*, *quadragénaire*, *quadragésime*, *quadrangulaire*, *quadrature*, *quadrupede*.

La première syllabe se prononce *cuin*, & la seconde *coua*, dans *quinquagénaire*, *quinquagésime*.

*Equestre*, se prononce comme *écuestre*.

Il y a encore quelques consonnes, qui ayant un son différent de celui des autres, auroient pû s'écrire avec des caractères particuliers : mais pour les exprimer, on a joint ensemble plusieurs des lettres déja établies. Ce sont *ch*, *gn*, & le *l* mouillé.

*CH*, qui se prononce comme dans les mots, *charité*, *cheval*, *chimère*, *chose*, *déchu*, &c.

Quand *ch* est suivi d'une consonne, il a le son du *k*; comme dans *chrétien*, *christianisme*, *chronique*, &c.

Il a encore le même son, dans quelques mots dérivés du grec; comme dans *archiépiscopal*, *chaos*, *chirographaire*, *chiromance*, *écho*, *eucharistie*, &c.

*GN*, qui se prononce comme dans *magnanime*, *règne*, *dignité*, *ignorance*, &c.

*GN*, se prononce assez ordinairement, dans le discours familier, comme un seul *n* dans les mots, *signer*, *assigner*, *assignation*, comme s'il y avoit *siner*, *assiner*, *assination*.

Le son du *l* mouillé se reconnoît dans les mots, *travail*, *soleil*, *orgueil*.

Quand le *l* a le son coulant & mouillé, il est toujours précédé d'un *i*; & quelquefois suivi d'un autre *l* aussi mouillé : mais on n'ajoute ce second *l* au premier, que pour le lier avec une voyelle suivante. En voici l'explication & l'exemple.

L'*i*, qui précède toujours ce *l mouillé*, est quelquefois seul, c'est-à-dire, qu'il n'est qu'à la suite d'une consonne; comme dans les mots, *péril*, *Gentilhomme*, *fille*, *famille*, &c.

*Tome I.*            K

Cet *i* est quelquefois précédé d'une voyelle simple, ou d'une voyelle composée, avec laquelle il se joint pour ne faire qu'une seule syllabe.

La voyelle simple qui précéde l'*i*, ne peut être qu'*a*, ou *e*, &c.

*A*, comme dans *émail, bail, travailler, caillou*, &c.

*E*, comme dans *pareil, vermeil, bouteille, vieillard*, &c.

La voyelle composée qui précéde l'*i*, ne peut être que *ou*, ou *eu*.

*Ou*, comme dans *bouillir, fouiller, rouille, fouillure*, &c.

*Eu*, comme dans *deuil, feuil, feuillet*, &c.

Après les consonnes *c* & *g*, quand il faut les prononcer avec le son rude, on met *ue*, au lieu de *eu*; comme dans *cercueil, orgueil, cueillir, recueil*, &c. parce que si après ces consonnes on mettoit *eu*, on pourroit prononcer *cerseuil, orjeuil*, &c. le *c* prenant le son du *s*, & le *g* celui de l'*i* consonne avant l'*e*, comme on l'a dit.

On écrit *œil*, que l'on prononce comme *euil*.

---

*PIÉCE de Lecture pour les Enfans, qui ont de la peine à prononcer les sons du* je-ja, *du* che, *du* gne, & *du* lh, ill, *&c.*

JUGEZ Lecteur, de ce que je dis; je m'imagine que les jeunes gens qui ne tâchent pas de corriger leur jargon, ne s'affranchiront jamais de leur vicieuse prononciation. Ils doivent songer chaque jour à chercher le chemin de la perfection, & commencer la journée sans chagrin, & avec joye, à quelque jeu qu'ils veuillent jouer, en noter le journal, & sur le champ juger de cette page par l'échantillon de la piéce. Voilà, mon cher Charles, le sujet dont je suis chargé de vous parler, avant que vous foyez fans cheveux, chauve & chenu, comme le Chirurgien fchifmatique, chéri du Géomètre, & charmé du fon du flageolet, & du chalumeau, qui chatouilloient l'oreille des gens de notre châloupe. Maître Georges, jaloux de fa bourgeoife, y chantoit des chanfons bachiques contre la charité envers le prochain ; cependant les Frères Prêcheurs prêchent en chaire chaque jour là-deffus, & citent les Chapitres de l'Evangile de Saint Jean, ceux de Saint Jacques, de Saint Jude, & non de Judas : pour vous rendre diligent, & digne du choix des Gentilshommes d'honneur, qui cherchent le jour à leur chaffis de papier jaune, allument la chandelle, ou la bougie du joli bougeoir d'argent, en mouchant la mêche, & ne s'approchent point du feu pour chauffer les genoux, les jambes ou la cheville du pied ; mais fe contentent de faire fécher les chemifes, chemifettes, manchettes, & chauffons, ou chauffettes de chanvre, près du chambranle de la chaude cheminée, de la chambre enrichie & enjolivée d'une riche & chère architecture, & d'une architrave fur deux chapitaux du goût de la magnifique corniche, femblable à celle de l'arche des archives du chef du château de Châlon.

L'on y boit des chopines de vin de Champagne chargé dans des paniers où il gît couché, pour mouiller les bouchons. Mais chacun n'achete pas du meilleur, ni du plus cher, comme vous jugez avec votre judicieux jugement. En cherchant votre chaffeur, & le chargeant de chaffer avec tous les chiens couchants du chenil, & laiffant japer les bichons & les tourne-broches dans le chemin du chantier, où l'on cache les bois de chênes propres aux chars, aux chariots, aux charettes, & aux charues utiles aux champs, aux Charons, aux Charpentiers, plutôt qu'aux Chapeliers où vous achetez vos chapeaux, & vos manchons plus chèrement que la chauffure charmante, enchantée & bizarre de Janot Chatelain, Géographe & Chymiste du Collége de Cholet; fans chocolat, comme celui que porte ce crocheteur fur fes crochets, dans une cruche femblable à la ruche des mouches à miel; j'en mangerois volontiers du choifi, je l'avalerois fans le macher en diablotin, ou aux piftaches; ce feroit là le prélude de mon dejeûner. Après quoi j'irois joindre les chaffeurs, monté fur mon chétif cheval au chanfreinblanc, ayant ma gibecière, & ma hache pour couper les branches qui pourroient me faire choir; car les chûtes de cheval font dangereufes, & fur-tout aux mois de Juin, de Juillet, & d'Août, que l'on cherche les chamois, les chevreuils charnus, les chevres fauvages, les chevraux chevrotant, les biches, fur les rochers, où les chameaux ne pourroient charier la charge du gibier de la journée; je ne compte point les chatshuans, les chauvefouris, les chats fauvages, les chouettes, ni les chardonnerets qui chantent joliment en cage, & grûgent peu de graine de chanvre, de veftrie, ou de gabriac, pendant que nous déjeûnons en faifant une large brêche au retranchement d'un pâté de pigeons, & mangeant de tout l'ambigu, foit jambon, fauciffe, fauciffon de toute chair de cochon, du hachis à la lèchefrite, des chateignes de la chaudière & du chaudron, des afperges, une jatte de chicorée du jardin, des chous fans chenilles, des artichaux choifis, des chardons au jus, des échaudés au fromage de Saffenage, des oranges, des alberges, des pêches, des jujubes, de la merluche, des tanches, des rougets, des anchois au pain chaplé, & bien choifi, & de tout ce qu'il y a de plus cher, malgré la cherté de chaque chofe recherchée pour manger, & pour boire des vins de l'Hermitage, de Chio, de Chypre, & des liqueurs chaudes, agréables à la bouche, qui chaffent les chagrins, attachés à la chicane des procès qui font fouvent coucher fur un chétif châlit fans chevet, & fans avoir choqué le verre. Cela fâcheroit le plus riche des Chevaliers de la Jarretière : l'un d'eux fuyant la chapelle, cherchoit le gros chapelet, où l'on chopinoit beaucoup : il y avoit un riche Juif, chef de change, qui vendoit fort cher ses lettres de change, à chaque marchand ; il chamailloit comme un charivari que l'on fit à son gendre dans un chétif hameau de la campagne, qui le lendemain portant sa marchandise au marché aux vaches, près la boucherie de la chancellerie, fut choqué par un Charlatan, qui avoit bronché en chemin, après avoir bien chancelé, & chanté contre la chaire d'un Archidiacre du voisinage, lequel chériffant la chicane, faisoit brocher des procédures, pour un fichu chifon de Geneviève sa chaffieuse chambrière, qu'on avoit caché proche un chevron, où l'on cherchoit la chappe chamarée, dont on avoit tant chucheté, sçachant que la chaise étoit brochée d'argent, au milieu du chaume, des champs, du clergé, chanceux voyant le chaperon des Consuls, le capuchon des Moines, dont les chimères sont dignes de chiquenaude, lorsqu'ils cherchent à jaser sur le chignon des jeunes vierges du village, sans pouvoir déchifrer les chifres de leur chanson, quand elles sont rangées sur leurs chaises chamarées de couleurs changeantes, voyant la jeuneffe jouer à califourchon, à l'arbre fourchu, & aux jolis jeux d'usage chaque journée, où la digestion change le chyle en sang chaud, propre au badinage d'esprit, généreux d'imagination, spirituellement échauffée, sans choquer la sagesse des sages de chaque Sénéchauffée, sans quoi la Maréchauffée feroit justice du brigandage, & de la débauche des gens de tout âge ; car le libertinage mène à la rage, & cela touche la société, qui a le privilége de châtier les jumeaux vicieux qui nagent dans le vin, au lieu de songer à leur ouvrage, sur-tout lorsqu'on les y encourage, & qu'on leur fait connoître le dommage des jours chaumés, pour le peu de badinage : chaque famille qui a des filles gentilles pour la grille, usera de l'étrille contre des drilles, qui par apostille, vont à la bastille, jouer aux quilles, un plat de lentilles, de ténilles, ou de coquilles, après la guenille, usant de becquille, dans le tems qu'on pille en Castille, avec des mignons, mauvais compagnons, chassés d'Avignon, mangeant des oignons, comme des maquignons, & des Bourguignons ; cherchez donc toujours les bonnes compagnies, sans avoir la manie des chevaliers de l'industrie.

Suivez mon conseil, & l'avis pareil, après le sommeil, à votre réveil, au vû du soleil, & de l'appareil qu'il montre vermeil, méditez de l'œil, jusqu'au gros orteil ; c'est pour ce travail, qu'on n'est point bétail ; pour l'épouventail, on est au bercail en mangeant de l'ail, en jouant au mail, admirant l'émail, autour d'un sérail, où le gouvernail est le soupirail de tout l'attirail, du moindre détail du sexe éventail, d'infini détail qu'on voit au portail, chargé du camail.

En ouvrant bien l'œil, faites un recueil, & jusqu'au cercueil, évitez l'écueil, d'être sans accueil ; mangez du cerfeuil, bannissez l'orgueil en quittant le deuil, chassant le chevreuil, laissez l'écureil ; le maître du seuil céda le fauteuil ; pour lors le genouil, est sous le vérouil, fumant du fénouil.

Faites bien des vœux, pour toucher les cieux, & fuir les jeux de tous boute-feux ; souvent sans enjeu, vous parlerez peu aux gens sans aveu, dont le désaveu n'a le cordon bleu, ornant les cheveux, chaque gordien nœud, laissez au neveu, craignez toujours Dieu.

Ils fuyent l'excès, des méchands l'accès, cherchez le succès, toujours sans procès, on seroit profès après maints progrès, pensez au décès, dont vous êtes près.

A peine est-on né qu'il faut décamper ; alors la piété trouve un bon traité, digne d'équité, de félicité, & de fainteté; la moralité, le peu de fanté, devroient nous frapper, hommes entêtés, la réalité voit l'humanité, fans fincèrité, au rang méprifé.

Eſt-ce-là la ſtatue de notre venuë! heureufe charuë, champêtre recruë, regardant les nuës, méprifant les ruës, à pas de tortuës; tu es bien venuë, & bien mieux connuë, que toute ſtatuë de notre ame nuë, aux yeux de tout ciel, ayant vin & miel, &c.

Tâchez de bien prononcer les mots terminés en *ache*, *iche*, *èche*, *oche*, *uche*. Cherchez de l'herbe dite *ache*, pour ôter la tache, que M. Gamache a ſur ſon panache, montrant ſa mouſtache, digne d'un gravache, qui fait le bravache, avec ſa rondache, même avec ſa hache, qu'il ſort de la cache, où ſa graſſe vache a rompu l'attache près de la patache, vaiſſeau des piſtaches, où le guide lâche, quelque droit arrache, dans le tems qu'on crache.

Tout le monde y triche; car chacun défriche, & dit par l'affiche qu'en vain on ſe niche; au lieu qu'on déniche d'une terre en friche, donnant des pois chiches, mangés par la biche, miſe en acroſtiche, pour un hémiſtiche; d'une rime féche, faite dans la crèche, & contre la flèche, où brûle la mèche, éclairant la brèche, & l'homme qui pêche du poiſſon qu'on lèche, le chien qu'on empêche, d'être ſi révêche; ſur-tout le dimanche, qu'on a ſa revanche, au ſon de la hanche, en mangeant l'éclanche à la ſauſſe blanche, aſſis ſur la planche, retrouſſant ſa manche, les coudées franches, pour couper la tranche, d'un pâté de tanche, mangé ſous la branche d'un arbre qui panche; dans l'endroit où bronche, le coureur qui jonche le chemin du coche, paſſant ſous la cloche, proche d'Antioche; d'où mainte caboche pluſieurs traits décoche, portant des galoches, & la double poche, fur laquelle on broche, quantité de croches, fans faire reproche, ni voir l'anicroche d'aucune bafoche; qui parle de l'arche, ou du Patriarche qui battoit la marche, & la contre-marche en changeant de marche, parlant de recherche, des dieux de la perche, faifant voir la torche, au milieu d'un porche, où chacun écorche, & pend à la fourche, tous les meaux qu'il fourche, fans fonger qu'il fâche, tout homme qui tâche d'agir fans relâche, de peur d'être lâche, en gardant la gâche de celui qui bèche, pour avoir des pêches, & des meures fraîches, par l'eau de la cruche, que caffa l'autruche, au pré que l'on fauche, à droit comme à gauche, épargnant la fouche, qu'avec foin on touche, le vin de la bouche, menant à la couche, où reftent les mouches, qui rendent farouche, non comme un cartouche dans fes efcarmouches, où le moindre clerc, abufant du fer, digne lucifer, d'un efprit légèr, fur terre & fur mèr va droit en enfer. S'il ne change d'air, voyant les éclairs, du vrai Jupiter. Je fuis, &c. *Bibliothèque des Enfants. Part. 2.*

---

## PIÉCE de lecture pour les enfants & les perfonnes, qui ont de la peine à bien prononcer le fon de la lettre R.

LE propre & vrai jour, que j'arrivai fort tard au terroir de Marfeille, je me trouvai fi brifé & fi haraffé de la rude cariole pendant la route, que je ne crus pas devoir fortir ce jour-là, de notre cabaret des trois Rois; pour aller voir les curiofités & les raretés, que les étrangers trouvent extraordinaires. Je permis à mon fcribe de courir les ruës, & les carrefours; de battre l'eftrade, pour apprendre la carte du Pays;

pourvû

pourvû qu'il retournât fur le foir auprès de fon maître. Le lendemain, après m'être promené le long du Cours, & avoir vifité les galères du port, je marchai droit vers le quartier de l'Opéra; où fans crédit, je tirai de ma bourfe trente & trois fols, pour retenir une place dans le parquet. Traverfant le partèrre, j'y reconnus un de mes braves camarades de chambrée, au fiège d'Arras, il me promit, & m'offrit tous fes fervices, même de l'argent, fi ma bourfe n'étoit pas bien garnie.

Ayant fini notre converfation, nous prêtames l'oreille, à la Tragédie d'Armide ; dont l'ouverture, les marches, les facrifices, les préludes, les ritournelles, & tout le prologue, nous charmèrent. Pour moi placé comme fur un trône, par-deffus l'orqueftre, j'admirois l'ordre & la fimétrie des riches décorations, pendant que les Acteurs & les Actrices faifoient entendre leurs voix, accompagnées de tous les inftruments les plus harmonieux, & bien d'accord ; comme des trompettes, des tambours & des fifres, des cors, des cornets, des harpes, des théorbes : cela produifoit un agréable concert, qui du creux profond de l'oreille, pénétroit dans le centre du cœur. Je vous réponds, que je répandis bien des larmes, aux graves fourdines d'Armide ; hé, qui n'en auroit pas verfé ! On promit Roland le Furieux, pour le mardi gras. Au fortir de l'Opéra, nous trottames fort, pour aller aux marionettes entendre la farce d'Arlequin, qui nous fit crever de rire, malgré le trifte accident qui arriva à un pauvre artifan, crotté comme un barbet.

De retour chez maître Grégoire, je faillis à me précipiter derrière la porte de l'écurie, en courant pour voir, fi on m'avoit abbreuvé mon maigre criquet, & garni le ratelier de fourage ; après lui avoir bien froté le gârot, avec un torchon de paille fraîche, d'orge ou de froment, de la grange du cabaretier. Il étoit déja tard, & mon ventre gargouilloit fort ; c'eft pourquoi,

*Tome I.* L

je fus trouver mon correſpondant, qui avoit réſolu de me régaler, & de me traiter ce ſoir-là, avec un drole de brigadier; qui après avoir troté toute la journée ſur une grande roſſe, avoit les membres & le corps preſque tout briſés & fracaſſés. En attendant qu'on ſervît, je le priai de me répondre, ſur une drole de queſtion; ſçavoir, ſi les Provençaux parlent & prononcent plus agréablement, ou moins groſſièrement que les Languedociens : le problème critique fut remis & renvoyé aux entretiens, & aux diſcours qui pourroient ſe tenir, après le grand repas qu'on nous avoit préparé, pour nous bien bourer le ventre. C'étoit le brave maître Charles, parent du gros trabut, grand Traiteur de la célèbre & renommée Ville d'Arles, qui avec la gaillarde margot ſa gracieuſe bruë, nous avoit dreſſé ſans grand fracas, le repas dont je vous tracerai brièvement ſur le papier, un ſimple crayon racourci; ne me reſſouvenant, que de partie des ragouts & des ſervices, dont j'ai baffré; & nullement des autres, & en poiſſon. Il étoit déja ſi tard, que nous aurions préféré de dormir au manger, & le grabat à la mangeoire; mais à force de luſtres, on nous rendit le jour, & fit réveiller, ( à la vûë des plats, ) notre apétit preſque entièrement perdu.

Dans *le premier ſervice*, il parut divers potages de ris, de vermicelli, de tortues, de turbot, de racines, de pourpier, de cardes, de raves, d'aſperges, de macreuſes, de levraux, de maquereaux, de perches, de perdrix, de grenouilles, d'épinars, d'écrevices, de citrouilles, de chevraux, d'artichaux, de brocoli; potages aux croutes farcies, aux trufes, potages à la racine royale, à la crême, à la purée verte, au gras petit-ſalé non rance, &c.

*Entrées ;* canards en ragoût, farces, galimaffrées, haricots, marinades, rouelle de veau aux huitres, rot de bif, gros morceau de bœuf gras farci, brochet frit, brochet en ragout par tronchon, carlet & cancres, cervelats, dorade en fricaffée, en tourte, harengs frais, huitres en ragout ou farcies, merluche, moruë fraîche, perches, rougets farcis, sardines, truites, écreviffes, &c.

*Hors d'œuvre :* grenadins aux poulardes, veau à la bourgeoife, perdrix à l'efpagnole, fauffiffon royal, &c.

*Second fervice ;* divers poiffons au courbouillon, frits fur le gril, à la broche; comme barbues, brochets, carpes, éperlans, turbots, falades de rayes, de fardines, de faumon frais, d'écreviffes, de racines ou d'herbages; un grand rôti de perdrix, perdreaux, levraux, laperaux, ramiers, canards, marcaffins, chevraux, ramereaux, grives, tourdres, farcelles, merles, poulardes, ortolans, cerf, &c.

*Entremèts :* langues fourrées, tourte de crême garnies de tartelettes; afperges à la crême, ris de veau, crêtes farcies en ragoût, rognon de chapons; œufs frais à la huguenote, crême brûlée, artichaux à la faingueras garnis d'artichaux frits; ramequins au fromage de roquefort, riffoles, tourtes crocantes, marmelade d'abricots, concombres, grillades, &c.

*Hors d'œuvre :* afperges en falade, trufes au courbouillon, falé en tranche, pois à la crême, cardons au parmefan, &c.

*Troifième fervice :* toute forte de fruits, de confitures & de liqueurs, abricots, bigareaux, capres, cerifes, citrons, conferves, fraifes, griottes, grofeille, macarons, marmelades, marons, meures, perdrigon, prunes de Brignoles, ratafia, roffoli, forbec, eaux de barbades, fucre d'orge, verjus; on avoit provifion de vin rouge, gris, cleret, du Rhin, de Bacara, du Nècre, d'Hongrie, de Bourgogne, de mufcat grec, du Frontignan, du Barbantane, de l'Hermitage, de Rocmaure apporté par les Patrons, qui rament fur la rivière du Rhône à Tarafcon, & à Arles; on nous régala auſſi, d'un gros bon vin de Cran; nous crevames de boire un pauvre Derviche, & un gros Caffart qui avoit la trogne d'un yvrogne, & qui dit avoir ſervi autrefois dans les Dragons rouges; & après dans les troupes de Cracovie, où il ſervit fort bien à la guerre des Grenadiers à cheval, des Cravates, & des Houzards, dans le Groënland, dans la Pruſſe, & dans les Royaumes du Nord, &c.

Après le repas, les uns repoſèrent, & ronflèrent ſur le grabat; les autres jouèrent au trictrac, au brelan, à la moure, à la mérèle; il y en eut un, qui ſe traveſtit en Praticien Turc, portant un grand turban bordé d'or & d'argent, une cravate de crépon cramoiſi, une perruque brune, entortillée d'un turban noir, portant un procès à la turque dans un ſac de maroquin gris, ou rouge; il avoit une barbe rouſſe, crepée & friſée; il revint tout croté, & fort triſte; parce qu'il avoit rencontré des droles de grivois, maſqués en crocodiles, en gruës, en griphons, & en roſſignols d'Arcadie, qui s'étoient arrêtés ſur le bord d'un roc; contre de grands, gros, gras, gris, & drus gaillards de cordonniers, &c. *Bibliothéque des enfants, ſeconde Partie.*

# CHAPITRE III.
## TERNAIRE DE LA GRAMMAIRE.
*Genre,      Nombre,      Cas.*

### GENRES.

I. LES *genres*, font des lettres qui ont des terminaisons, que l'usage donne à certains noms, pour distinguer le féminin du masculin.

Les lettres destinées à caractériser le féminin sont, ou l'*e* muet seul, qu'on ajoute à la terminaison masculine ; ou la consonne finale de la terminaison masculine, qu'on redouble, en y joignant l'*e* muet ; ou deux consonnes toujours suivies d'un *e* muet, & quelquefois précédées d'un *é* ouvert. Exemple.

1°. Dans quelques noms propres d'hommes, tels que *Louis*, *Louise* ; *Augustin*, *Augustine* ; *Henri*, *Henriette*.

2°. Dans quelques noms appellatifs, établis pour qualifier les hommes ; tels que *Marquis*, *Marquise* ; *Baron*, *Baronne* ; *Prince*, *Princesse* ; *Marchand*, *Marchande*.

3°. Dans quelques noms spécifiques d'animaux, comme *loup*, *louve* ; *chien*, *chienne* ; *chat*, *chatte* ; *tigre*, *tigresse*, &c.

Dans tous ces exemples, c'est le même mot sous deux terminaisons différentes, relatives aux individus des deux sexes ; & ce n'est que dans ces sortes de noms, que l'*e* muet est invariablement le caractère distinctif du féminin : car dans les autres, comme dans les mots d'êtres inanimés, & dans ceux qu'on appelle abstraits, l'*e* muet ne marque pas toujours le féminin, quoique les Poëtes l'aient qualifié de terminaison féminine. Nous avons, en effet, quantité de noms masculins sous cette terminaison ; & c'est encore par le secours de l'étymologie, qu'on parvient à les connoître. Elle nous apprend, que les noms de terminaison féminine, qui nous viennent du latin, & qui sont neutres dans la Langue originale, sont presque tous masculins en françois ; comme *incendie, auspice, exercice, oracle, miracle, remède, prodige, asyle, domicile, légume, volume, augure, parjure*, &c. qui descendent des mots latins, *incendium, auspicium, exercitium, oraculum, miraculum, remedium, prodigium, asylum, domicilium, legumen, volumen, augurium, perjurium*, &c.

L'étymologie nous avertit encore, que les noms de terminaison masculine, dérivés du latin, & qui sont féminins dans la langue originale, sont aussi pour la plûpart, féminins en françois ; tels sont *piété, volonté, clef, part, soif, faim, main, chair, tour, dot, nuit*, &c. qui viennent des mots latins, *pietas, voluntas, clavis, pars, sitis, fames, manus, caro, turris, dos, nox*, &c. M. *Restaut*.

## Nombres.

II. Les *nombres* sont des lettres ou des terminaisons, que l'usage donne aux noms, pour distinguer le pluriel du singulier. Les lettres destinées à caractériser le pluriel sont, *s* & *x*.

La lettre *s* s'applique, 1°. à tous les noms masculins ou féminins, terminés par l'*e* muet ; comme *homme, femme, édifice, auspice, guerre, folie ;* dont le pluriel est *hommes, femmes, édifices, auspices, guerres, folies*.

2°. A la plus grande partie des noms masculins ou féminins, terminés par toute autre lettre que l'*e* muet ; comme *bonté, cri, écho, vertu, essai, Roi, rang, bien, bœuf, honneur, soldat*, &c. qui font au pluriel, *bontés, cris, échos, vertus, essais, Rois, rangs, biens, bœufs, honneurs, soldats*, &c.

3°. Tous ceux qui ont ce caractère au singulier, gardent la même forme au pluriel ; ainsi l'on écrit également, pour les deux nombres ; un *lis*, des *lis* ; un *palais*, des *palais* ; un *discours*, des *discours* ; un *procès*, des *procès*.

A l'égard du *t*, sur la suppression duquel on est partagé, dans le pluriel des polysyllabes terminés en *ant*, ou en *ent* ; nous suivons ceux qui retiennent cette lettre dans les noms, comme dans les adjectifs ; & nous écrivons *les diamants*, *les enfants*, *les bâtiments*, *les ornements*, *des hommes savants*, *des hommes prudents* : nous n'exceptons que les deux monosyllabes *gent* & *tout* ; dont le pluriel est, *gens* & *tous*. Nous avons déjà assez de règles captieuses, sans en augmenter encore le nombre, sans nécessité.

La lettre *x*, est la caractéristique des noms, dont le singulier est terminé par l'une des trois diphtongues *au*, *eau*, *eu* : le *tuyau*, les *tuyaux* ; le *château*, les *châteaux* ; le *feu*, les *feux*.

Ceux qui ont le singulier terminé par la diphtongue *ou*, comme *caillou*, *chou*, *genou*, *trou*, *clou*, *filou*, se partagent entre les deux caractéristiques : les uns prennent *x*, comme les trois premières ; *des cailloux*, *des choux*, *des genoux* ; les autres prennent *ſ* ; *des trous*, *des clous*, *des filous*.

Ceux dont le singulier est terminé en *al*, ou en *ail*, se divisent pareillement en deux classes : les uns forment leur pluriel, en changeant *al*, ou *ail*, en *aux* ; comme l'*arsenal*, les *arsenaux* ; l'*animal*, les *animaux* ; le *cheval*, les *chevaux* ; le *travail*, les *travaux* ; le *bail*, les *baux* ; l'*émail*, les *émaux*, &c. les autres suivent la règle générale, & forment leur pluriel, par l'addition de la lettre *ſ* ; comme *bal*, *cal*, *bocal*, *mail*, *gouvernail*, *attirail*, *ſerrail*, *détail*, *portail*, *éventail*, &c. dont le pluriel est, *bals*, *cals*, *détails*, *éventails*, &c. les mots *carnaval*, *bercail*, *poitrail*, appartiennent aussi à cette dernière classe ; mais ils ne sont guère en usage au pluriel.

La lettre *x*, eſt encore la marque du pluriel des noms *aïeul*, *œil*, *ciel*; *les aïeux*, *les yeux*, *les cieux* : mais en termes d'Architecture on écrit, des *œils* de bœuf; & quand on parle de lits, de carrières, ou de tableaux, on écrit les *ciels*. Les mots *œils* & *ciels* ne ſont plus ici comme on voit, dans le ſens propre ; mais dans le ſens figuré.

La lettre *x* a pareillement lieu, dans le pluriel du nom *loi*, *des loix* ; & on la conſerve, dans tous ceux qui ont ce caractère au ſingulier : *le prix*, *les prix* ; *la voix*, *les voix* ; *une noix*, *des noix*, &c. il en eſt de même du *z*, à la fin du mot *nez* ; on écrit le *nez*, *les nez* : on retient cette lettre dans ce mot, pour avertir du ſon de l'*e* ſourd, qui s'y prononce.

Le *z* étoit encore, il n'y a pas long-tems, la caractériſtique générale d'une certaine claſſe de noms, de ceux qui ſont terminés en *é* ; tels que *préjugé*, *qualité*, *vérité* ; on formoit le pluriel de ces noms, par la ſuppreſſion de l'accent aigu ſur l'*e* final, auquel on ajoutoit un *z* ; & l'on écrivoit *des préjugez*, *des qualitez*, *des véritez*. On repréſentoit de la même manière le pluriel des adjectifs & des participes qui finiſſent en *é* : on écrivoit ; *des peuples civiliſez*, *des hommes qu'on a ſacrifiez* : mais l'uſage abandonne aujourd'hui cette pratique, & l'on écrit plus communément *préjugés qualités*, *civiliſés*, *ſacrifiés*. On préfère cette nouvelle orthographe, à l'ancienne ; parce qu'on a reconnu, qu'elle étoit beaucoup plus ſimple, plus déterminante, & plus uniforme. Plus ſimple, on laiſſe ſubſiſter l'accent aigu, que ces mots ont ſur l'*e* final au ſingulier ; & pour former le pluriel, on ne fait que joindre un *s*, comme aux noms, & aux autres adjectifs. Plus déterminante, le pluriel de ces noms & de ces adjectifs, eſt diſtingué de celui des ſecondes perſonnes des verbes & enfin plus uniforme, & ſur-tout dans le pluriel des adjectifs, que l'on marque par la même caractériſtique au maſculin & au féminin.

Quelques

GRAMMAIRE, CHAP. III.

Quelques Auteurs étendent encore ce changement, sur le pluriel des secondes personnes des verbes ; ils écrivent, *vous chantés, vous passés, vous aimeriés ;* comme *vérités, sensés, réconciliés,* avec un *e* marqué de l'accent aigu, & suivi d'un *s* : mais, outre que cette ortographe est contraire à l'usage général, & aux loix de l'analogie, elle ramene l'ancien inconvénient, sous une forme nouvelle. Il n'y a plus pareillement de distinction, entre le pluriel de ces secondes personnes, & celui des noms des adjectifs, & des participes terminés en *é* ; plus, par conséquent, de marque distinctive, pour la prononciation des finales des uns & des autres. On doit donc continuer d'écrire avec un *e*, suivi d'un *z* ; *vous aimez, vous chanterez, vous liriez. Le P. Buffier.*

### CAS.

III. Le *cas* est une manière d'exprimer les divers rapports que les choses ont les unes aux autres. Nous en parlerons dans les parties du discours.

## CHAPITRE IV.
## QUATERNAIRE DE LA GRAMMAIRE.
### SÇAVOIR.

*Lettre,*    *Syllabe,*    *Mot,*    *Discours.*

### LETTRES.

I. LA *lettre* est une figure, caractère ou trait de plume, dont un peuple est convenu, pour signifier quelque chose ; & dont l'assemblage fait connoître la pensée des uns & des autres. Les Langues sont composées de mots, les mots de syllabes, & les syllabes de *lettres.*

Tome I.      M

L'alphabet de chaque Langue est composé d'un certain nombre de ces *lettres* ou caractères, qui ont un son, une figure, une signification différentes.

Il y a peu de matières, sur lesquelles on ait autant écrit, que sur les prémières *lettres* hébraïques. Depuis Origène, Eusebe de Césarée, & Saint Jérôme, on en parle; on cherche quels sont les prémiers caractères, dont les hommes se sont servis; & par lesquels a commencé

>.................... *Cet art ingénieux*
> *De peindre la parole, & de parler aux yeux ;*
> *Et par les traits divers de figures tracées,*
> *Donner de la couleur, & du corps aux pensées.......* Boileau.

Si l'on ne remonte pas toujours jusqu'au commencement du monde, & à l'origine des *lettres* ; on demande au moins quels furent les caractères, par le moyen desquels Moïse transmit à la postérité, la Loi qu'il reçut de Dieu ; & dont les autres Historiens, ou Prophêtes de l'Ancien Testament se servirent, pour écrire leurs livres ; & l'écriture propre du Peuple Hébreu, avant la captivité de Babylone. Trois opinions principales peuvent partager sur cela les Sçavans. Car quelques-uns se sont imaginés, que les prémières *lettres* hébraïques n'étoient autres, que celles avec lesquelles nous écrivons aujourd'hui l'hébreu.

La seconde opinion est de ceux qui croyent que les *lettres* samaritaines sont les plus anciennes. Ce sentiment est aujourd'hui le plus commun, comme il est sans contredit le plus ancien.

Le troisième eu, qu'il y a eû dès le commencement deux caractères ; l'un sacré, & l'autre profane : c'est ce que soutiennent Azarias, Abdias, Postel, Buxtorf, Corringius. Mais cette distinction de deux sortes de *lettres* est chimérique.

## Grammaire, Chap. IV. 91

Crinitus dit, que Moyfe inventa les *lettres* hébraïques; Abraham, les Syriaques & les Chaldaïques; les Phœniciens, celles d'Attique, dont Cadmus apporta l'ufage en Gréce, & les Pélages le portèrent en Italie; Nicoftrata, les Latines; Ifis, les Egyptiennes; Vulfila, celles des Gots, &c. Philon attribue l'invention des *lettres*, à Abraham. Jofeph, Saint Irénée, & d'autres, à Hénoch long-tems avant le déluge: Bibliander, à Adam; Eupolème, Eufèbe, Clément d'Aléxandrie, Corneille Agrippa, &c. à Moyfe.

L'art d'affembler les *lettres*, d'en former des mots, & de combiner l'un & l'autre en une infinité de fens, eft pour les Chinois un myftère inconnu. Au lieu d'alphabet, ils fe font fervis au commencement de hiéroglyphes. Ils ont peint, au lieu d'écrire; & par les images naturelles des chofes, qu'ils formoient fur le papier, ils tâchoient d'exprimer & de communiquer aux autres leurs idées. Ainfi pour écrire un oifeau, ils en peignoient la figure; & pour fignifier une forêt, ils repréfentoient plufieurs arbres; un cercle vouloit dire le foleil, & un croiffant la lune.

Cette manière d'écrire étoit non-feulement imparfaite, mais encore très-incommode. Outre qu'on n'exprimoit qu'à demi fes penfées; ce peu même qu'on exprimoit, n'étoit jamais parfaitement conçu; & il étoit impoffible, de ne s'y pas méprendre. De plus, il falloit des volumes entiers, pour dire peu de chofes; parce que la peinture occupoit beaucoup de place.

Ainfi les Chinois changèrent peu-à-peu leur écriture, & compoferent des figures plus fimples, quoique moins naturelles; ils en inventèrent même plufieurs, pour exprimer des chofes que la peinture ne pouvoit repréfenter; comme la voix, l'odeur, les fentiments, les paffions, & mille autres objets qui n'ont point de corps & de figures.

De plusieurs traits simples, ils en firent ensuite des composés ; & de cette manière, ils multiplièrent leurs caractères à l'infini : parce qu'ils en deffinoient un & même plusieurs, pour chaque mot particulier.

Cette abondance de *lettres* est, à mon sens, la source de l'ignorance des Chinois ; parce qu'ils employent toute leur vie à cette étude ; & qu'ils n'ont presque pas le tems de songer aux autres Sciences : s'imaginant être assez sçavans, quand ils sçavent lire. Cependant il s'en faut bien qu'ils connoissent toutes leurs *lettres* : c'est beaucoup, quand après plusieurs années d'un travail infatiguable, ils en peuvent entendre quinze ou vingt mille.

Les Américains n'avoient point de *lettres*, avant la découverte de l'Amérique. Au Chily, pour tenir compte de leurs troupeaux, & conserver la mémoire de leurs affaires particulières, les Indiens ont recours à certains nœuds de laine, qui, par la variété des couleurs & des replis, leur tiennent lieu de caractère & d'écriture. La connoissance de ces nœuds, qu'ils appellent *quipon*, est une scence & un secret, que les pères ne révèlent à leurs enfans, que lorsqu'ils se croyent à la fin de leurs jours ; & comme il arrive souvent que faute d'esprit, ils n'en comprennent pas le mystère, ces sortes de nœuds leur deviennent un sujet d'erreur & de peu d'usage. *Mémoires de Trévoux.*

On dit que les Chinois ont 80 mille sortes de *lettres* ou de caractères, qui sont comme autant de hiéroglyphes. Chaque *lettre* chez eux signifie un mot, & se prononce en une syllabe. Ils écrivent avec des pinçeaux, & ils ont des *lettres* qu'on ne trace, qu'après 20, & même 24 coups de pinçeau. On voit encore des *lettres* hiéroglyphiques, sur les obélisques venus d'Egypte ; où l'on n'entend rien. On ne connoît rien aux *lettres* en chiffres, quand elles font bien faites. Le Père Kircher a prouvé que les prémières *lettres* avoient la figure des animaux.

## SYLLABE.

II. La *syllabe* est un son simple, qui ne peut se faire entendre qu'en un seul instant; ou composé, que l'on ne doit point partager en le prononçant. Exemple.

Le mot *opulent*, est composé de trois sons différents; sçavoir, *o-pu-lent*, & chacun de ces sons se prononce en un seul instant, sans qu'on puisse le partager : par conséquent *opulent*, est composé de trois syllabes.

Le mot *Dieu* renferme deux sons, qui sont *Di-eu*: cependant ces deux sons, ne font qu'une syllabe; parce qu'ils se font entendre en un seul instant, & qu'on ne doit pas les séparer dans la prononciation. Ainsi le mot *Dieu*, n'est que d'une syllabe.

On appelle *monosyllabe*, le mot qui n'est composé que d'une syllabe. Ainsi *je crains Dieu*, sont trois monosyllabes.

On appelle *dissyllabes*, les mots de deux syllabes; *trissyllabes*, ceux de trois; & *polysyllabes*, ceux de plusieurs; &c. M. *Restaut*.

## MOT.

III. Pour exprimer ses pensées par le moyen de la voix, on se sert de sons articulés, que l'on appelle *mots*. Ces sons articulés sont formés & variés par les différents mouvements de la langue & des lèvres. Les *mots* sont des signes, qui servent à faire connoître nos pensées; c'est-à-dire, ce qui se passe dans notre esprit. *Dictionn. de Trévoux.*

## DISCOURS.

IV. Le *discours* est l'assemblage des mots qui expriment nos penſées, il y a neuf parties du *diſcours* ; ſçavoir : le *nom*, l'*article*, le *pronom*, le *verbe*, le *participe*, la *prépoſition*, l'*adverbe*, la *conjonction*, l'*interjection*.

Les objets de nos penſées, ſont exprimés par le nom, le pronom, & le participe ; & les formes, ou manières des penſées, par les autres parties du *diſcours*. On ne peut dire aucune parole, qui ne ſoit compriſe ſous quelqu'une de ces neuf parties ; c'eſt-à-dire, qui ne ſoit quelqu'une de ces neuf parties : ou un *nom*, ou un *article*, ou un *verbe*, &c. Nous en traiterons particulièrement, dans le Chapitre VI.

## CHAPITRE V.
### SEPTÉNAIRE DE LA GRAMMAIRE.
### *Les ſept Caractères Proſodiques.*

LES *caractères proſodiques*, ſont ceux que l'uſage a introduits, pour règler la prononciation de certains caractères élémentaires.

Nous en diſtinguons ſept, ſçavoir : l'*accent aigu*, l'*accent grave*, l'*accent circonflèxe*, la *cedille*, l'*apoſtrophe*, la *diérèſe*, & le *tiret*.

### ACCENT AIGU.

I. L'*accent aigu*, eſt le ſigne de l'*e* fermé clair. Il ſert à le diſtinguer de tous les autres *e* : il ne ſe met que ſur cette lettre ; mais il s'y met par-tout. Soit au commencement, ſoit au milieu, ſoit à la fin des mots ; comme dans les ſuivants : *étude, agrément, beauté, général, piété, dégénéré.*

Sa figure eſt un trait, tiré obliquement de droite à gauche (¹). Si l'uſage n'a eu effectivement en vûë, en introduiſant ce ca-

# Grammaire, Chap. V.

ractère, que de défigner l'*e* fermé clair; il s'enfuit que c'eſt aller contre l'inſtitution de ce figne, que de le placer :

1°. Sur l'*e* des pénultièmes des mots *college*, *theſe*, *maniere*, *matiere*, *piege*, *fiege*, *douzieme*, *treizieme*, parce que l'*e* qu'on y prononce, eſt ouvert.

2°. Sur l'*e* final des verbes, *aimé-je ? danſé-je ?* parce qu'il eſt encore ouvert, dans cette poſition. Il feroit donc plus convenable de les marquer, dans ce cas, de l'accent grave, & d'écrire *aimè-je ? danſè-je ?* M. Reſtaut ſe trompe, en diſant que l'*e* muet, ſe change en *e* fermé dans cette occaſion; & M. du Marſais n'a pas été conféquent, quand il a dit qu'il étoit ouvert, & qu'il a continué de le marquer, de l'accent aigu.

3°. Sur l'*e* des mots *aſſés*, *clé*, *pié*, que quelques Auteurs ortographient maintenant ainſi; au lieu d'écrire *aſſez*, *clef*, *pied*, ſuivant l'ancienne pratique; parce que l'accent aigu que l'on emploie dans cette nouvelle ortographe pourroit faire prendre un ſon pour un autre; le ſon de l'*e* fermé clair, pour le ſon de l'*e* fermé ſombre; en un mot faire prononcer l'*e* d'*aſſés*, comme celui de *paſſés*; *clé* & *pié*, comme les dernières ſyllabes de *bouclé*, *copié*. L'abus que l'on fait ici de ce caractère, vient encore, de ce qu'on a confondu les deux *e* fermés. C'eſt une choſe aſſez ſingulière, qu'un ſon auſſi caractériſé que celui de l'*e* fermé ſombre, ait pû échapper juſqu'à préſent à la ſagacité de nos Grammairiens : j'en ſuis d'autant plus étonné, que l'uſage ſemble avoir pris toutes ſortes de précautions, pour le différencier. L'*e* fermé clair ne s'allie avec aucune conſonne, ſe place indifféremment par-tout, & porte par-tout l'accent aigu, pour marque diſtinctive : l'*e* fermé ſombre, au contraire, n'occupe jamais que la fin du mot, & traîne toujours une conſonne à la ſuite, qui lui ſert comme de caractériſtique; tantôt un *z*, comme dans *nez*, *aſſez*, *chantez*; tantôt un *r*, comme dans *plancher*, *sentier*, *sauter*; & quelquefois un *f*, ou un *d*, comme à la fin de *clef*, *pied*. On doit donc continuer d'écrire *assez*, *clef*, *pied*, suivant l'ancien usage ; parce que cette ortographe répond au son propre à ces mots, & le caractérise.

Il suit tout au contraire que c'est avec raison, que l'on écrit maintenant avec l'accent aigu, *blé*, *dé*, *chés*, au lieu de *bled*, *dez*, *chez*, comme on écrivoit anciennement ; parce que l'*e* que l'on prononce dans ces mots, est un *e* fermé clair. *Tant il est vrai*, dit M. du Marsais, *que c'est de la prononciation, qu'il faut tirer les règles de l'ortographe.*

Il seroit encore à desirer, que l'on en étendît l'usage sur les combinaisons de voyelles, telles que, *ai*, *ei*, *oi* ; quand elles ont la valeur de l'*e* fermé clair: comme dans les mots, *aiguiere*, *aiguille*, *plaisir*, *pays*, *veiné*, *peiné*, *foiblesse*, *roideur* ; parce que, comme ces combinaisons servent à exprimer des sons différents, & qu'elles sont, par cette raison, aussi vagues & aussi indéterminées, que l'*e* l'étoit lui-même avant l'institution des accents ; elles ont, ainsi que lui, besoin de caractéristiques qui décident & indiquent l'espèce de son que l'usage a eu intention de leur faire exprimer. L'utilité de cet expédient, se fera encore mieux sentir dans l'article suivant.

### ACCENT GRAVE.

II. L'*accent grave* est, en général, le signe de l'*e* ouvert. Il sert à le distinguer des autres *e*, & se met le plus généralement sur celui des syllabes finales, qui est suivi d'un *s* ; comme dans les mots, *près*, *très*, *progrès*, *cyprès*, *exprès*, *après*, *auprès*, *excès*, *accès*, *progrès*, *succès*, *décès*, que l'on pourroit prononcer ou comme l'*e* fermé, qui est à la fin de *prés*, substantif; ou comme l'*e* muet, qui se trouve dans *âpres*, adjectif.

L'usage évite de l'employer sur celui des monosyllabes *les*, *des*,

*des*, *mes*, *tes*, *ses*, &c ; parce que la prononciation de cet *e* varie suivant les circonstances. Dans le discours soutenu, il est toujours ouvert, soit que le mot suivant commence par une voyelle, soit qu'il commence par une consonne. Dans le discours familier, il faut distinguer : on le prononce par l'*e* fermé clair, quand la lettre initiale du mot suivant est une consonne, *les champs*, *des forêts*, *mes desseins* ; quand au contraire c'est une voyelle, on le prononce par l'*e* ouvert, *les enfants*, *des années*, *mes amis*. On doit cependant prendre garde, pour l'exactitude de la prononciation, que cet *e* ne soit point trop ouvert dans le dernier cas, ni trop fermé dans le prémier.

La figure de l'*accent grave*, est un trait tiré obliquement de gauche à droite (`).

Ce signe ne devroit avoir lieu, que sur les dernières syllabes ; parce que ce n'est proprement que dans cette position, où l'*e* ouvert peut être confondu, avec les autres *e*. Plusieurs Ecrivains cependant le placent encore sur l'*e* des pénultièmes, quand il est suivi d'une syllabe terminée par l'*e* muet ; comme dans les mots, *règle*, *zèle*, *espèce*, *sincère* : mais c'est une superfluité qui ne fait qu'embarrasser & hérisser l'écriture, sans fixer davantage la prononciation : parce que, tel est le méchanisme de l'organe de la parole, que la syllabe finale étant terminée par l'*e* muet, la prononciation de l'*e* de la pénultième est nécessairement ouvert, & ne sçauroit par conséquent être confondue avec celle des autres *e*. On pourroit réserver cet accent pour des usages plus utiles, comme nous le verrons dans un moment.

Ce signe seroit également superflu sur l'*e* ouvert, quand il est suivi d'une consonne à laquelle il s'unit, soit que cette consonne termine le mot, comme dans *chef*, *Abel*, *amer*, soit qu'elle ait à sa suite une autre syllabe, comme dans *ennemi*,

*Tome I.*

*perdre*, *eſtimer*; parce que, comme dans l'un & dans l'autre cas, la conſonne ne peut ſe prononcer ſans le ſecours de l'*e* muet, quoique non marqué; l'*e* qui la précède eſt néceſſairement ouvert, & quelquefois plus que dans le cas où cette conſonne eſt ſuivie de l'*e* muet écrit. C'eſt une ſuite de l'obſervation précédente.

Mais il y auroit quelque utilité, à le placer ſur l'*e* ouvert des ſyllabes finales terminées par une conſonne muette; comme à la fin des mots, *lègs*, *ſèp*, *jèt*, *mèts*, *ſujèt*, *goblèt*, *chenèt*, *effèt*, *placèt*, que l'on confond ſouvent avec d'autres *e*, pour n'avoir pas été déterminé par un ſigne indicatif.

Et il en réſulteroit des avantages, que je ne ſçaurois aſſez faire ſentir, ſi l'on oſoit le porter encore ſur les combinaiſons de voyelles, ainſi que ſur les aſſemblages de lettres affectées à la repréſentation de ce ſon; tels que *ai*, *aient*, *ei*, *oi*, *oit*, *oient*; comme dans les mots, *vrài*, *dàis*, *pàix*, *fàire*, *làine*, *qu'il àit*, *qu'elles àient*, *vèine*, *plèine*, *enſèigne*; *François*, *Anglòis*; *je chantòis*, *je chanteròis*, *il chantòit*, *elles chanteròient*.

Ces combinaiſons n'offriroient plus une ſorte d'énigme, également embarraſſante pour le Nationnal & pour l'Etranger: la prononciation en deviendroit fixe & uniforme, parce qu'on auroit un ſigne qui indiqueroit d'une manière préciſe, le ſon que ces aſſemblages de lettres doivent exprimer. A la vuë de la diphtongue *oi*, comme dans *François*, *Anglòis*, on prononceroit ſur le champ les finales de ces mots, comme celles de *procès*, *progrès*, ſans faire preſque attention à la combinaiſon des voyelles; on ſentiroit en même temps, que les autres mots de même terminaiſon, tels que *Danois*, *Bavarois*, qui n'auroient point ce ſigne d'indication, doivent ſe prononcer bien différemment. On auroit donc une règle ſûre, pour diſtinguer ceux de ces noms nationaux qui doivent ſe prononcer par l'*e* ouvert simple, & ceux qui doivent être prononcés par le double son *oua*.

C'est faute d'avoir eu recours à cet expédient, que nous avons plusieurs mots où cette diphtongue se trouve, qui sont douteux dans la prononciation ; c'est-à-dire, que les uns prononcent d'une façon, & les autres d'une autre ; tels que *croire, croître, noyer, nettoyer, tutoyer, adroit, étroit, froid*, &c, dans lesquels les uns prononcent cette diphtongue par l'*e* ouvert simple, comme s'il y avoit *crère, adrèt, étrèt* ; & les autres par le double son *oué*.

C'est encore à cette négligence de l'usage, que l'on doit attribuer le changement, que plusieurs mots ont essuyé dans la prononciation ; tels que *harnois, monnoie, charolois*, que nous prononçons maintenant par l'*e* ouvert simple. On auroit donc, au moyen de ces accents, des règles de prononciation constantes & uniformes : par-tout où l'on appercevroit l'accent grave sur deux, comme sur trois, & même sur cinq lettres réunies ; comme à la fin du mot *chantòient*, on prononceroit sans hésiter l'*e* ouvert ; parce que ce signe avertiroit, que ces assemblages de lettres ne représentent que ce son, & équivalent à une figure simple. Il en seroit de même de l'accent aigu ; par-tout où il en seroit placé, l'on prononceroit sur le champ l'*e* fermé.

Ce moyen seroit d'autant plus facile dans l'éxécution, qu'on ne changeroit rien à l'ortographe des lettres ; qu'on n'emploieroit que des signes connus, dont on ne feroit qu'étendre l'usage ; & que les yeux ne seroient pas plus blessés, de les voir sur des diphtongues, que sur des voyelles simples : de cette manière, les différents sons affectés à la même diphtongue, se trouveroient tous fixés & déterminés. Le son de l'*e* fermé, par éxemple, qui est attaché à la diphtongue *ai*, dans les mots *j'irái*, *j'allái*, feroit annoncé par l'accent aigu; celu de l'*e* ouvert fimple, qu'elle repréfente dans les mots *effài*, *vrài*, feroit défigné par l'accent grave; l'accent circonflêxe fur les premieres fyllabes des mots *naître*, *paître*, continueroit d'indiquer que cette diphtongue équivaut, dans cette occafion, à l'*e* ouvert grave; & lorfqu'elle n'auroit que la valeur de l'*e* muet, comme dans quelques temps du verbe *faire*, & de fes compofés *faifant*, *nous faifons*, *je faifois*, *je fatisfaifois*, elle ne porteroit aucune marque diftinctive.

On pourroit encore à peu de frais, rémédier à une autre imperfection de notre ortographe, à l'indétermination des diphtongues *ua*, *uan*, *ue*, *ui*, *uin*, qui font tantôt oculaires, & tantôt auriculaires; il ne faudroit pour cela, que les marquer d'un accent perpendiculaire, dans le cas où elles n'ont que la valeur d'un fon fimple; comme dans les mots *qualité*, *quantité*, *queftion*, *anguille*, *tarquin*, pour les diftinguer de celui où elles ont la valeur d'un double fon; comme dans *équateur*, *quantum*, *équeftre*, *aiguille*, *Quintilien*. Les yeux fe feroient encore bientôt à cette petite nouveauté, & l'on épargneroit bien des embarras & des incertitudes aux Enfans & aux Etrangers, qui ne fçavent fouvent pour laquelle de ces deux prononciations ils doivent fe décider.

## ACCENT CIRCONFLÊXE.

III. L'*accent circonflêxe* eft en général le figne des voyelles longues. Il a lieu, foit au commencement, foit au milieu, foit à la fin des mots; *ôter*, *fantôme*, *dégât*, & fe met indifféremment fur toutes les voyelles, *bâtir*, *fête*, *gîte*, *côte*, *flûte*, *abîme*.

Sa figure eft formée des deux autres accents, réunis en pointe par le haut; & féparés par le bas, comme deux rayons partant du même centre (^).

Ce figne s'emploie le plus généralement fur les voyelles longues, qui étoient autrefois fuivies d'un *s*. Cette confonne s'eft d'abord prononcée, & on la prononce même encore dans plufieurs dérivés ; comme *baftion*, *fefton*, qui viennent de *bâtir*, *fête* : elle eft enfuite devenuë muette, & purement ortographique, telle qu'elle fe trouve dans le mot *eft*, troifième perfonne du préfent du verbe être : elle s'eft confervée pendant quelque tems dans cet état, pour indiquer ou l'étymologie, ou l'ancienne prononciation ; mais enfin l'ufage l'a totalement fupprimée, comme dans les mots ci-deffous, que l'on écrivoit anciennement ainfi, *ofter*, *fantofme*, *dégaft*, *baftir*, *fefte*, *gifte*, *cofte*, *flufte*, *abyfme*.

L'*e circonflèxe* a pareillement lieu, fur la pénultième des verbes, dans les prémières & les fecondes perfonnes du pluriel du prétérit fimple ; ainfi que fur la dernière fyllabe, à la troifième perfonne du fingulier de l'imparfait du fubjonctif : *nous aimâmes*, *vous aimâtes*, *qu'il aimât* ; *nous partîmes*, *vous partîtes*, *qu'il partît* ; *nous reçûmes*, *vous reçûtes*, *qu'il reçût* ; *nous vînmes*, *vous vîntes*, *qu'il vînt*. Ces voyelles étoient auffi anciennement fuivies d'un *s* ; on écrivoit, *nous aimafmes*, *vous aimaftes*, *qu'il aimaft* ; *nous reçufmes*, *vous reçuftes*, *qu'il reçuft*.

On le met encore, fur les diphtongues *ai*, *ei*, *oi*, quand elles font longues ; & qu'elles équivalent à l'*e* ouvert grave, comme dans *maître*, *reître*, *paroître*, en obfervant de placer l'accent fur la dernière voyelle de la diphtongue. La lettre *s* entroit encore anciennement dans ces mots, & l'on écrivoit *maiftre*, *reiftre*, *paroiftre*.

Et on le place enfin fur les voyelles que l'on redoubloit autrefois, pour en marquer la longueur ; comme fur celles des prémières fyllabes des mots *âge*, *bêler*, *rôle* ; que l'on écrivoit ainfi, *aage*, *béeler*, *roole*.

Plufieurs Ecrivains font encore dans l'ufage de mettre l'*accent circonflèxe* fur les premières des mots *hotel*, *coutume*, *vous etes*, *foupirer*, *foutenir*, *plutôt*, *plupart* ; par la raifon fans doute, que ces voyelles avoient à leur fuite un *s*, qui a été fupprimé. Mais cette ortographe eft totalement contraire à l'inftitution de ce figne ; parce que dans tous ces cas, les voyelles font breves. Ce n'eft donc pas affez, pour que ce caractère puiffe avoir lieu, que la voyelle ait été autrefois fuivie d'un *s*; il faut de plus, que cette voyelle foit longue.

D'autres, pour n'avoir envifagé que cette fuppreffion, le plaçent pareillement fur l'*o* des adjectifs *notre*, *votre*, quand ils font fuivis d'un fubftantif, comme dans ces exemples : *je fuis votre ami*, *foyez notre foutien* ; mais c'eft le même abus que dans les mots rapportés ci-deffus, parce que cette voyelle eft breve, quand ces adjectifs font dans cette pofition ; elle eft longue au contraire, quand ils font employés abfolument, c'eft-à-dire, fans fubftantif, comme dans ces façons de parler *le nôtre*, *le vôtre*.

La caufe de la briéveté de l'*o* dans le pérmier cas, vient de l'empreffement où l'on eft, de parvenir au fubftantif qui eft deftiné à foutenir la voix, & de l'unir dans la prononciation à l'adjectif ; *entre lefquels*, dit M. l'Abbé d'Olivet, *il n'eft pas permis de mettre le moindre intervalle*. Voyez fon *Traité de la Profodie Françoife*, vous y trouverez plufieurs exemples de la même voyelle, qui devient longue ou breve dans le même mot, fuivant les pofitions. Cet illuftre Académicien aura à jamais la gloire d'avoir été le créateur, ou du moins le reftaurateur de la Profodie de notre Langue.

Il n'y a pas bien long-tems, qu'on employoit encore l'*accent circonflèxe* fur l'*u* des participes paffés ; *vu*, *pu*, *lu*, *fu*, *connu*, *reçu*, &c. l'ufage le fupprime aujourd'hui, parce qu'on

## GRAMMAIRE, CHAP. V. 103

a reconnu que l'*u* étoit bref dans tous ces mots, & que ce figne n'avoit que le ftérile avantage d'indiquer le retranchement de la lettre *e*, que l'on inféroit autrefois dans ces participes, pour concourir avec la voyelle *u* à former la diphtongue *eu* que l'on y prononçoit : on écrivoit alors *leu*, *veu*, *peu*, *fçeu*, *conneu*, *reçeu*, &c. & cette ortographe étoit conforme à la prononciation.

Quelques Ecrivains ont entrepris de fupprimer encore l'*e* dans *eu*, participe paffé du verbe *avoir*; mais ils n'ont point eu d'imitateurs, ou du moins n'en ont-ils eû qu'un très-petit nombre. Il y a certains mots dans lefquels l'ufage femble affecter de conferver l'ancienne ortographe. C'eft ainfi qu'en fupprimant le *s* muet dans les mots, *pâte*, *téte*, *affût*, &c; on l'a retenu dans la troifième perfonne du préfent du verbe *être*. On retient pareillement l'*y* grec au commencement du mot *yeux*, quoiqu'on le profcrive dans *ivre*, *ivoire*, *plaie*, *proie*, *païen*, &c; ce font autant de monuments antiques, auxquels il n'eft comme pas permis de toucher.

On évitera cependant deux vices qui fe font gliffés dans la prononciation, à l'occafion de cet *e* : on trouve, non-feulement dans les Provinces, mais encôre dans la Capitale, quantité de perfonnes qui prononcent le participe *eu*, ou par le fon fimple *eu*, tel qu'il eft écrit, & comme nous le prononçons dans *feu* ; ou par les deux fons *éu*, comme s'il y avoit un accent aigu fur l'*e*. On ne doit faire fentir que l'*u* dans ce mot.

Au refte, fi l'on retient l'*accent circonflêxe* fur les mots *dû*, *crû*, *mûr*, *fûr*, que l'on écrivoit auffi anciennement, *deu*, *creu*, *meur*, *feur*; c'eft moins par une raifon de quantité, ou pour annoncer la fuppreffion de l'*e* dans ces mots, que pour les diftinguer de leurs homonymes.

L'*accent circonflêxe* n'eft pas le feul figne, qui indique les voyelles longues : nous en avons un autre, qui, pour être moins apparent, ne laisse pas d'être d'un usage très-étendu, c'est l'*e* muet; & celui-ci n'a lieu que dans les dernières syllabes, comme à la fin des mots *mausolée*, *pensée*, *destinée*, *envie*, *pharmacie*, *j'étudie*, *rue*, *tortue*, *j'évalue*, *plaie*, *claie*, *j'essaie*, *joie*, *proie*, *j'emploie*, *moue*, *proue*, *j'avoue*. Ainsi, & c'est encore M. l'Abbé d'Olivet qui nous l'apprend, on doit regarder comme un principe constant dans notre Langue, qu'une voyelle ou une diphtongue est longue, lorsqu'elle est immédiatement suivie de l'*e* muet, dans une syllabe finale.

Mais cet *e* muet, n'indique qu'une certaine quantité de nos voyelles longues : *l'accent circonflexe* ne fait connoître que celles qui étoient autrefois suivies d'un *s*, ou que l'on redoubloit pour en marquer la longueur; il en reste encore un grand nombre, ou qui sont sans marque distinctive, comme les premieres des mots *vase*, *zele*, *bise*, *rose*, *rase*; ou qui sont suivies d'une consonne redoublée, qui est la marque des voyelles breves ; autre vice encore plus considérable, comme dans les mots *tasse*, *échasse*, *manne*, *flamme*, *affres*, *nefle*, *fosse*, *professe*, &c, & c'est une autre espèce d'imperfection dans notre ortographe. Il seroit encore aisé de parer à ces inconvénients ; ce seroit, ou de marquer ces voyelles longues par un trait horisontal, ou d'étendre encore ici l'usage de l'*accent circonflexe*. Par ce moyen, toutes les équivoques seroient levées, toutes les voyelles longues seroient fixées & déterminées; & la quantité, cette partie si importante de la Prosodie, seroit indiquée d'une manière simple, précise, & régulière : on pourroit même alors la trouver & l'apprendre par l'écriture.

Un autre avantage qui en résulteroit encore, c'est que la réduplication des consonnes, ce syftême si vague, si forcé, si rempli d'exceptions, que l'on prétend que nos pères ont imaginé

giné pour indiquer les voyelles breves, deviendroit abfolument inutile; parce que toutes les voyelles longues étant décidées, on n'auroit plus befoin d'un autre figne, pour défigner les breves; elles feroient fuffifamment diftinguées, par la raifon qu'elles n'auroient point la marque des longues.

A l'égard des communes c'eft-à-dire, des voyelles qui font longues ou breves à volonté, ou elles n'auroient point de figne diftinctif, ou on les indiqueroit par cette figure (*v*), c'eft ainfi qu'on les marque en grec & en latin. On pourroit en conféquence, fupprimer celles des deux confonnes que l'on n'a introduite, que pour avertir que la voyelle précédente eft breve: par cette fuppreffion, l'écriture fe trouveroit dégagée d'une foule de lettres muettes, qui ne font que la furcharger; on ne feroit plus embarraffé, pour diftinguer les occafions où l'on ne doit écrire ou prononcer qu'une de ces confonnes, de celles où l'on doit les écrire & les prononcer toutes deux; on ne les laifferoit fubfifter que dans les mots où elles feroient utiles ou néceffaires, & particulièrement dans ceux où il faut les redoubler dans la prononciation; comme dans *inné*, *erreur*, *illuftre*, *immenfe*, &c.

On ne fauroit être trop éxact dans la pratique des accents; puifque la fuppreffion ou le changement des uns ou des autres, change la nature des fons, & fouvent la fignification des mots. Que l'on fupprime, par éxemple, l'accent aigu dans le mot *créufe*, les deux fons *éu*, fe changent dans le fon fimple *eu*, & l'on prononce *creufe*. De même, fi au lieu de l'accent grave, on place l'accent aigu fur l'*e* ouvert de *près*, prépofition; on ne voit plus qu'un *e* fermé, & le nom fubftantif *prés*.

## CÉDILLE.

IV. La *cédille* eft un caractère établi, pour donner au *c* la valeur du *s* devant les voyelles *a*, *o*, *u* ; comme dans ces éxemples, *je prononçai, il menaça, François, commençons, conçu, reçu*, ou le *c* fe prononce comme un *k*, fans cette marque profodique. C'eft donc pour adoucir la prononciation de cette lettre, & lui donner la même valeur qu'elle a devant l'*e* & l'*i*, que ce figne a été introduit.

Sa figure eft un petit *s*, que l'on attache fous la lettre *c* (ç).

Avant fon inftitution, on inféroit un *e* entre le *c* & la voyelle ; & cette lettre muette produifoit le même éffet que la *cédille*. On écrivoit *nous commenceames, nous commenceons* : c'eft ainfi qu'on adoucit le *g*, dans *mangeons*, &c.

On pourroit encore tirer un autre fervice de la *cédille* en faveur des Enfans & des Étrangers, qui font fouvent embarraffés fur la manière dont ils doivent prononcer le *t* dans certains mots ; ce feroit, d'appliquer ce figne à cette lettre, quand elle a la valeur du *s* ; comme dans les mots *minutie, portion, faction, quotien*, &c. par cet expédient, fa prononciation feroit réglée ; & l'on ne confondroit plus les cas, où elle a fa valeur naturelle ; comme dans les mots, *partie, queftion, digeftion, chrétien*. Quand il en coûte fi peu, pour rémédier à des imperfections ; c'eft vouloir gratuitement les éternifer, que de les laiffer fubfifter.

### APOSTROPHE.

V. L'*apoftrophe* eft la marque de la fuppreffion d'une voyelle à la fin d'un mot immédiatement fuivi d'un autre mot qui commence par une voyelle, ou par l'*h* muet.

Sa figure eft un petit *c* retourné, qu'on élève vers le haut de la confonne, pour avertir de la fuppreffion de la voyelle ('). Il n'y a que les trois voyelles *a*, *e*, *i*, qui puiffent être fupprimées, & remplacées par l'*apoftrophe*. Ce retranchement n'a

## GRAMMAIRE, CHAP. V.

cependant pas lieu, dans tous les cas où il y a rencontre de voyelles ; mais feulement dans ceux où l'on a jugé que ce concours, occafionneroit un bâillement défagréable.

Nous n'avons que treize mots, qui foient fufceptibles de cette fuppreffion ; un terminé en *a*, onze en *e*, & un en *i* ; qui font *la, le, je, me, te, fe, ce, de, ne, que, entre, grande, fi*. Ainfi, au lieu d'écrire *la ame, la hiftoire*, on écrit *l'ame, l'hiftoire* : on écrit pareillement *l'enfant, l'homme*, pour *le enfant, le homme ; j'aime, j'honore ; il m'embraffe, il m'humilie ; il t'eftime, il s'en va ; c'eft lui, c'a été moi ; une tabatière d'or, un homme d'honneur; n'infultez point aux malheureux; qu'avez-vous prétendu faire?*

La lettre *e*, s'élide pareillement à la fin des compofés *lorfque, puifque, jufque, parce que, quoique, quelque* : l'élifion n'a cependant lieu dans ce dernier, que lorfqu'il eft fuivi du mot *un*, *quelqu'un, quelqu'une ;* dans toute autre pofition, ce mot refte dans fon entier; *il y a quelque apparence, adreffez-vous à quelque autre.* Dans ces exemples, *quelque* eft un mot unique ; mais il en forme deux dans les fuivants : *quel qu'il foit, quels qu'ils puiffent être.*

Il en eft à-peu-près de même de la prépofition *entre*, qui ne s'élide auffi que dans certaines circonftances: c'eft quand elle concourt à la compofition d'un verbe ; comme *s'entr'aimer, s'entr'aider, s'entr'égorger, entr'ouvrir.*

Plufieurs Ecrivains l'élident encore devant les mots *eux, elles, autres ;* mais l'ufage le plus général paroît être pour *entre eux, entre elles, entre autres*, fans élifion. Il femble que *l'apoftrophe* foit exclufivement propre aux monofyllabes.

Remarquez que l'*e* muet, que l'on conferve dans l'écriture devant un mot qui commence par une voyelle, fe perd toujours à la prononciation. Ainfi, quoiqu'on écrive *quelque apparence, entre une hiftoire imaginée*, l'on prononce *quelqu'apparence, entr'un'hiftoir'imaginée*.

O ij

A l'égard de l'*e* qu'on fupprime, & qu'on remplace par l'*apoſ-trophe* dans l'adjectif *grande*, devant certains fubſtantifs féminins qui commencent par une confonne ; comme dans ces façons de parler, *à grand'peine*, *on nous fait grand'chère*, *il a eu grand'peur*, *ſa grand'mère*, *la grand'Meſſe*, *la Grand'Chambre*, &c. c'eſt un abus, auquel on auroit dû s'oppoſer dans l'origine. Si l'on doit employer un ſigne dans cette occaſion, c'eſt le tiret ; parce que, dans toutes ces expreſſions, les deux mots y ſont conſidérés comme réunis, & n'en faiſant qu'un. Ce qui le prouve, c'eſt qu'on abandonne l'*apoſtrophe*, comme on abandonneroit le tiret, quand ces mêmes mots ſont employés dans tout autre ſens ; comme dans ces exemples : *cet accident me cauſe une grande peine*, *cet animal lui a fait une grande peur* ; *on chantera demain une grande Meſſe* ; *on nous a fait entrer dans une grande chambre*. Il faut excepter le mot *grand-mère* : celui-ci doit toujours prendre le tiret, parce que les deux mots qui entrent dans ſa compoſition, ſont toujours regardés comme un mot unique. Une autre ſingularité de l'uſage, contraire à la précédente, c'eſt d'écrire ſans apoſtrophe, *de onze enfants* qu'ils étoient, il en eſt mort dix ; de vingt, il n'en eſt reſté *que onze : la onzième année* ; *le oui* & *le non* ; *ce oui* ; &c. cependant l'on dit & l'on écrit avec l'apoſtrophe, *je crois qu'oui*.

Les mots *onze*, *onzième*, *oui*, ſe prononcent dans ces occaſions, comme s'ils avoient un *h* aſpiré pour lettre initiale : on prononce encore ſans éliſion, *le onze*, ou *le onzième* du mois, *la onzième* page, *la onzième* partie d'un tout ; mais on dit & l'on écrit auſſi, quoique moins généralement ; *l'onze* ou *l'onzième* du mois, *l'onzième* page, *l'onzième* entrepriſe.

Il ne reſte plus que la conjonction *ſi*, dont on ne ſupprime la voyelle, que devant *il* & *ils* : *s'il conſent, s'ils approchent* ; mais on écrit ſans éliſion, *ſi elle conſent*.

## DIÉRÈSE.

VI. La *diérèse* est un caractère établi pour faire prononcer féparément, & en différens tems, deux voyelles qui fe fuivent.

Sa figure eft formée de deux points, que l'on place horifontalement fur la voyelle que l'on veut détacher, pour la prononcer féparément (¨).

On doit donc faire ufage de la *diérèse*, toutes les fois qu'on veut féparer deux voyelles, qui naturellement feroient une diphtongue auriculaire ou oculaire ; comme dans les mots *haïr, Emaüs, Moïse, Saül, Esaü* : que l'on prononceroit comme *air, émaux, Moise, Saul, Esau*, fans ce figne de féparation

La *diérèse* doit pareillement avoir lieu à la fin des mots *aiguë, ciguë, ambiguë*, pour empêcher qu'on ne les prononce comme *begue, figue, prodigue*.

On doit encore la joindre avec l'*i*, dans les mots *aïant, païen, aïeul, faïance, laïque*; au lieu d'y employer le double *y*, & d'écrire *payen, ayeul*; parce que cette ortographe pourroit faire prononcer les premières fyllabes de ces mots ; comme celle de *pays, pai-ien, ai-ieul*.

A l'égard des mots *Bayeux, Bayonne, Blaye, Lucayes, Mayence, Mayenne*, où le double *y* n'a que la valeur de l'*i* fimple ; comme ce font des noms propres, & qu'il n'eft pas permis de rien changer dans ces mots; il feroit à propos, pour en déterminer la prononciation, de porter la *diérèse* fur ce double *y* ; pour faire voir que ce caractère eft détaché de la première fyllabe, & qu'il appartient en totalité à la fuivante.

Mais c'eft aller directement contre la deftination de ce figne, que de le mettre fur une voyelle qui fait diphtongue avec la précédente ; d'écrire, par éxemple, *Loüis, loüer, boüillon, feüille, boüe*, parce que dans ce cas, la *diérèse* pourroit faire prononcer *lo-u-is, lo-u-er, bo-u-illon, fe-u-ille, bo-u-e*.

L'emploi qu'on fait ici de la *diérèſe*, peut avoir eu quelque fondement dans le tems où l'on repréſentoit par le même caractère, le ſon *u* & l'articulation *v*; & qu'on écrivoit *rouage*, *rauage*, *Louis*, *Clouis*, *ſauuer*, *trouuer*. La *diérèſe* étoit dans ces occaſions, comme la marque diſtinctive de l'*u* voyelle; elle empêchoit qu'on ne le confondît avec le *v* conſonne, & qu'on ne prononçât *Louis*, comme *Lovis*; *bouillon*, comme *bovillon*; *feuille*, *boue*, comme *feville*, *bove*.

L'*y* grec qu'on mettoit dans certains mots à la place de l'*i* ſimple, a pû pareillement être de quelque utilité, avant la diſtinction littérale de l'*i* voyelle & du *j* conſonne, ſoit au milieu des mots, comme dans *playe*, *pluye*, *payen*, *ayeul*; ſoit au commencement, comme dans *yeux*, *yvre*, *yvraie*. Cette lettre ſervoit alors, à diſtinguer le ſon *i* de l'articulation *j*, à cauſe, dit Robert Etienne, *que y ha forme telle qu'il ne ſe peult ioindre, avec la lettre ſuyuante*. Voyez la petite Grammaire de ce célèbre Typographe, imprimée en 1569, page 11. C'étoit un expédient que nos pères avoient imaginé, pour empêcher qu'on ne prononçât *plaie*, comme *plaje*; *paien*, comme *pajen*; & qu'on ne confondît *yeux*, avec *jeux*; *ivre*, avec *jure*, que l'on écrivoit de la même manière; mais aujourd'hui que nous avons des caractères qui peignent & diſtinguent parfaitement, par la diverſité de leur forme, ces deux ſons & ces deux articulations; l'*y* grec eſt auſſi déplacé dans les uns, que la *diérèſe* eſt abuſive dans les autres. Les Protes ne ſauroient être trop en garde, contre l'aſcendant de la routine; ils doivent ſe rappeller ſans ceſſe cette maxime: qu'il faut toujours ſe conformer à l'état actuel de la Langue écrite.

C'eſt encore une autre ſorte d'abus, que de placer la *diérèſe* ſur une voyelle finale, lorſque cette voyelle ne peut ni faire diphtongue avec la précèdente, ni cauſer d'équivoque; comme fur l'*e* muet des mots *rue , iſſue , connue , joüe , proue , moue*. C'eſt une pratique non moins vicieuſe, que de l'employer avec l'*i* dans les mots *païs, moïen, roïaume*, pour y faire l'office des deux *ii*. Cette ortographe pourroit faire prononcer les premières ſyllabes de *païs, moïen*, comme celles de *haïs, Moïſe*. Le double *y* eſt donc indiſpenſable dans ces mots, & l'on doit écrire ; *pays, moyen, royaume*.

Enfin, ce ſeroit en faire un emploi inutile, que de s'en ſervir dans les mots où l'une des deux voyelles eſt un *e* fermé ; comme dans *géant, Pléiades, Briſéis, Géographie, créuſe, Enéide, poéſie, poétique* ; parce que l'accent aigu produit ici le même effet, que la *diérèſe*.

Nous avons quelques mots qui rejettent ce caractère en proſe, & qui le prennent quelquefois en vers : tels ſont *poeme, & poete*. C'eſt qu'en proſe, il y a toujours diphtongue dans ces deux mots : on y prononce toujours en un ſeul tems les deux voyelles *o e*, qui s'y rencontrent ; en changeant cependant l'*o* qui eſt une voyelle forte, dans la foible *ou*. En vers, il faut diſtinguer ſi ces mots ne forment que deux ſyllabes ; ou s'ils en font trois. Dans le premier cas il ne faut point de *diérèſe*, parce qu'il y a encore diphtongue comme en proſe ; ainſi ce ſeroit une faute, ſi on la plaçoit ſur ces mots dans les vers ſuivants.

*Tout vient dans ce grand Poeme admirablement bien.*
Th. Corn.

*Comme un Poete fameux, il ſe fait regarder.* Corn.

Dans le ſecond cas la *diérèſe* eſt néceſſaire ſur l'*e*, pour annoncer qu'il eſt ſéparé de l'*o*, & que ces deux voyelles appartiennent à deux ſyllabes différentes ; comme dans ce vers de Boileau,

*Si ſon aſtre, en naiſſant, ne l'a formé Poëte.*

Remarquez que l'*o*, retient ici sa valeur naturelle.

Les mots *boete*, *poele*, *coeffe*, *moelle*, ne doivent jamais prendre la *diérèse*, parce qu'il y a toujours diphtongues en vers comme en prose.

## Tiret.

VII. Le *tiret*, ou le signe d'union, est un trait droit horisontal, dont on se sert pour unir plusieurs mots ensemble, & n'en présenter qu'un ; comme *tou-puissant*, *porte-manteau*, *chef-d'œuvre*.

1°. On emploie le *tiret* toutes les fois que le verbe est suivi d'un pronom qui lui sert de sujet ; comme dans certaines phrases, qui commencent par l'une de ces expressions ; *à-peine-aussi*, *en-vain*, *peut-être*, *au-moins*, &c ; *à-peine voulut-il s'entendre : aussi ne devoit-il pas compter sur lui : en-vain avons-nous tâché de lui faire entendre raison : peut-être un jour, reviendra-t-il de son erreur : au-moins ne négligerai-je rien, pour la lui faire connoître.*

Dans quelques phrases elliptiques : *fût-il plus éloquent encore, puissiez-vous le détromper : dussè-je perdre son amitié.*

Dans les phrases interrogatives : *m'expliquè-je bien ? irez-vous ? avance-t-il ? le verrons-nous ? sont-elles parties ? ira-t-on ? y a-t-il quelqu'un ? sont-ce vos amis ?*

Dans quelques phrases interjectives : *je n'aurois pu, vous dis-je, y consentir ; vous aviez, dites-vous, des amis, vous auriez bien dû, disoit-il, soulager ces malheureux.*

2°. On le met pareillement, entre le verbe & le pronom qui lui sert de terme ou d'objet, quand la phrase est sous la forme impérative ; comme dans ces éxemples, *écrivez-lui : donnez-leur cette satisfaction : respectez-vous : croyez-nous : montrez-le-moi : fiez-vous-y.*

3°.

3°. Entre les racines élémentaires *ci*, *la*, *même*, & les racines précédentes qu'elles modifient ; comme *ceux-ci*, *ceux-là*, *lui-même*, *elle-même*.

4°. Entre l'adverbe *très*, & l'adjectif ou l'adverbe qui vient à sa suite ; comme dans ces façons de parler : *je suis votre très-humble*, *je suis très-respectueusement*.

On s'en sert encore, pour unir ou plusieurs noms propres qui appartiennent au même sujet ; comme *Louis-Joseph-Xavier*, ou plusieurs adjectifs numéraux, qui concourent à exprimer un nombre ; comme *quatre-vingt-dix* : *mil-sept-cent-soixante*.

Enfin, ce signe a lieu dans tous les cas où plusieurs mots réunis sont considérés comme n'en faisant qu'un ; *garde-côte*, *peut-être*, *cul-de-sac*, *arc-en-ciel*, *c'est-à-dire*, *sur-le-champ*, &c.

Quelques personnes placent le *tiret* après le *t* dans cette façon de parler ; *va-t-en*. Cette ortographe est vicieuse : c'est à l'apostrophe à paroître dans cette occasion, & l'on doit écrire *va-t'en* ; parce que le *t* est ici, par élision, pour *te*, pronom de la seconde personne. Cependant, si cette même phrase étoit énoncée sous la forme non-tutoyante, il faudroit faire usage du *tiret*, & écrire ; *allez-vous-en*.

D'autres mettent l'apostrophe après le *t*, dans les phrases interrogatives ; comme dans les suivantes : *avance-t'il ? ira-t'elle ?* C'est une autre sorte d'abus, parce qu'il n'y a point ici de voyelle supprimée. Le *t*, dans ces phrases, est une lettre purement prosodique, que l'on insère entre deux mots, pour éviter la rencontre de deux voyelles : on doit donc employer le *tiret*, & écrire ; *avance-t-il ? ira-t-elle ?*

Une autre propriété du *tiret*, & qui est totalement contraire à la première, c'est de servir de signe de division. On le met à la fin d'une ligne, pour faire connoître que le mot qui n'a pû être achevé faute de place, est coupé en deux ; qu'une partie

*Tome I.* P

précède ce signe, & que l'autre est au commencement de la ligne suivante. On peut bien partager un mot, mais on ne doit pas diviser une syllabe.

 Ces divers signes ne sont point dans l'institution primitive de notre ortographe; il n'y a pas beaucoup plus d'un siècle qu'on a commencé à s'en servir; encore n'ont-ils été introduits que de loin à loin, & à mesure que l'insuffisance de notre alphabet s'est fait sentir. C'est donc encore à la nécessité, que ces caractères doivent leur origine. En effet, plusieurs d'entre eux deviendroient inutiles, si nous avions des lettres analogues pour chacun des sons que notre Langue adopte: aussi la destination de la plûpart est-elle bien différente de celle qu'ils avoient chez les Grecs & les Latins, de qui nous les avons empruntés. L'accent aigu, par exemple, qui chez eux servoit à marquer l'élévation du ton, comme l'accent grave l'abaissement, ne sert parmi nous, qu'à distinguer deux sortes d'*e*; l'un fermé, & l'autre ouvert: ces signes tiennent donc lieu de deux autres caractères simples & analogues, qui manquent à notre alphabet. Il en est de même de l'accent circonflêxe, qui, dans la Langue Grecque & dans la Langue Latine, servoit à marquer d'abord l'élévation, & ensuite la dépression du ton sur la même voyelle. Sa principale fonction dans notre Langue est d'indiquer des nouvelles longues. *Principes généraux de l'Ortographe Françoise, 1762.*

# CHAPITRE VI.

## DUODÉNAIRE DE LA GRAMMAIRE.

*DES NEUF PARTIES DU DISCOURS, ET DES TROIS FIGURES DE LA GRAMMAIRE.*

SÇAVOIR,

*Nom, Article, Pronom, Verbe, Participe, Préposition, Adverbe, Conjonction, Interjection, Pléonasme, Syllepse, Hyperbate.*

### NOM.

I. LE *nom* est un mot qui sert à nommer, ou à qualifier quelque chose; comme *homme, ange, raisonnable, spirituel.* Le *nom* marque ou la chose même, comme la *terre*, le *soleil*, ce qu'on appelle ordinairement *substance*; ou la manière de la chose, comme d'être *rond, rouge,* &c. ce qu'on appelle *manière, qualité* ou *accident*. Il y a cette différence entre les substances & les accidents, que les substances se conçoivent distinctement, & subsistent sans les accidents; au lieu que les accidents ne peuvent se concevoir distinctement, ni subsister sans substance.

Le *nom* qui marque la chose, subsiste de lui-même dans le discours, & s'appelle *substantif.* Celui qui marque la manière de la chose, & ne subsiste dans le discours, qu'étant joint ou rapporté à la chose, se nomme adjectif: ainsi dans cet exemple, *terre ronde,* le nom de *terre* est substantif; parce qu'il marque la substance, qui se conçoit distinctement sans la rapporter à autre chofe ; ou ( ce qui eſt le même ) parce qu'il ſubſiſte de lui-même dans le diſcours.

Lorſque les *noms* adjectifs ſont conſidérés en eux-mêmes comme une choſe, & par une manière de penſer que les Philoſophes appellent *abſtraction*, & non pas comme la manière d'être d'un autre, ils deviennent ſubſtantifs.

Ainſi de *rond*, adjectif, ſe fait *rondeur*, ſubſtantif ; de *rouge*, ſe fait *rougeur* ; & de *beau*, ſe fait *beauté* ; &c.

De même lorſque les *noms* ſubſtantifs ſont employés pour marquer les manières d'être d'une choſe, ils deviennent adjectifs ; ainſi de *homme*, ſubſtantif, vient *humain*, adjectif ; d'*ange*, vient *angélique* ; de *frère*, vient *fraternel* ; &c.

## Des degrés de comparaiſon.

Comme les accidents ou qualités marquées par les noms adjectifs, ſont ſuſceptibles du plus ou du moins, l'on a compris la différence qui eſt entre elles, ſous trois degrés.

Le prémier degré de comparaiſon, qui marque la choſe dans ſa naturelle ſignification, s'appelle *poſitif* ; comme *bon*, *grand*, &c.

Le ſecond degré, qui comparant une qualité avec une autre, la met en un degré ſupérieur, ſe nomme *comparatif* ; comme *meilleur*, *plus grand*, &c.

Et le troiſième, qui met une qualité au plus haut degré, ſoit par comparaiſon, comme le *meilleur*, *le plus grand* ; ſoit ſans comparaiſon, comme *très-bon*, *très-grand*, *grandiſſime*, s'appelle *ſuperlatif*. Les noms ſubſtantifs ſont, ou propres ou appellatifs, c'eſt-à-dire, *communs*. Les noms *propres* ſont ceux qui marquent une perſonne, ou une choſe particulière pour la diſtinguer des autres de même eſpèce ; comme *Nicolas*, *Louis*, *Paris*, *Rome*, &c. Les noms *appellatifs* ſont ceux qui ſont communs à toutes les perfonnes, ou à toutes les chofes qui font de la même efpèce ; comme *Ange*, *Roi*, *Ville*, &c.

## *Des nombres fingulier & pluriel.*

Quand le nom indique un objet regardé comme unique, il eft dit être du nombre *fingulier* ; par éxemple, *un arbre*, *le temple*, &c. Quand on indique plufieurs objets, le nom eft dit être du nombre pluriel ; comme *des arbres*, *les temples*, &c.

## *Des genres mafculin & féminin.*

Les noms font en général de deux genres, du *mafculin* ou du *féminin*. On appelle genres, la divifion ou la diftinction, felon les différens fèxes. Le *mafculin* eft proprement celui qui convient aux mâles, & aux chofes qui font repréfentées fous leur figure ; comme *homme*, *cheval*, *Jupiter*, &c. Le *féminin* eft celui qui convient aux fémelles, & aux chofes repréfentées fous leur figure ; comme *femme*, *jument*, *Junon*, *Vénus*, &c ; & quoique les chofes inanimées ne conviennent pas par leur nature à l'un ou à l'autre de ces deux fèxes, on les a néanmoins rapportées, pour la commodité de l'ufage, à l'un ou à l'autre de ces deux genres.

Lorfque l'incertitude de l'ufage a fait, que les uns ont rapporté un nom à un genre, & les autres à un autre, ce nom eft devenu de genre *douteux* : tels que font en françois, les noms de *Comté*, de *Duché*, *automne*, *foudre*, &c.

## *Des Déclinaifons.*

Les changements qui arrivent dans la terminaifon des noms, forment ce qu'on appelle *déclinaifon*. Chaque changement dans la terminaiſon d'un nom s'appelle *cas*. Il y a ſix *cas*; ſçavoir

> *Le Nominatif,*
> *Le Génitif,*
> *Le Datif,*
> *L'Accuſatif,*
> *Le Vocatif,*
> *L'Ablatif.*

Le nom de chaque *cas* lui a été donné par rapport à ſon uſage.

1°. Le *nominatif* eſt la ſimple poſition du nom, ſans aucun rapport à autre choſe; comme *Dominus* (le Seigneur): ainſi appellé, parce qu'il nomme ſimplement la choſe.

2°. Le *génitif* marque le rapport d'une choſe qui appartient à une autre, en quelque manière que ce ſoit; & comme la perſonne engendrée appartient à la perſonne qui l'a engendrée, l'on appelle ce *cas* le *génitif*, ou l'*engendrant*, par rapport à cette partie de ſon uſage; *Filius Domini*, (le Fils du Seigneur); les mots *Domini* & *du Seigneur*, ſont au *génitif*.

3°. Le *Datif* marque la perſonne ou la choſe, au profit ou au dommage de laquelle, d'autres perſonnes ou d'autres choſes ſe rapportent; & comme ce qu'on donne ſe rapporte au profit de la perſonne à qui l'on donne, on a appellé ce *cas*, *Datif*, par rapport à cette partie de ſon uſage; ainſi quand on dit, *dedi librum Domino*, (j'ai donné le livre au Seigneur); *Domino* & *au Seigneur*, ſont au *Datif*.

4°. L'*Accuſatif* marque le ſujet où paſſe l'action ſignifiée par les verbes, deſquels nous parlerons ci-après. Ainſi dans cet éxemple, *amo Dominum*, (j'aime le Seigneur); l'amour qui est l'action passe au Seigneur, qui est, par conséquent, à l'*Accusatif*. Et comme ce *cas* se joint pareillement aux verbes d'accuser, pour marquer le sujet où passe l'accusation; on l'a appellé *accusatif*, quoiqu'assez mal-à-propos, par rapport à cette petite partie de son usage.

5°. Le *Vocatif*, ainsi que le marque son nom, est celui qui sert à nommer la personne à qui on s'adresse, ou la chose à qui on s'adresse, comme si c'étoit une personne; *Dominé* ( ô Seigneur. ) *Messieurs*, écoutez; *rochers*, vous êtes sourds; *bois épais*, redoublez votre ombre, &c. Dans ces exemples, *Messieurs*, *rochers*, *bois*, sont au *Vocatif*; de même que *Domine*, ô Seigneur.

6°. L'*Ablatif* est ainsi appellé, parce qu'il se joint aux verbes d'ôter & de séparer; *auferre à Domino*, ( arracher du Seigneur ); *Domino* & *du Seigneur* sont à l'*ablatif*. Mais comme ce n'est là qu'une petite partie de son usage, il faut remarquer, pour en donner une idée plus vaste & plus utile, que toutes les fois qu'un nom marque la chose de laquelle une autre est ôtée ou séparée, la raison, la manière, la cause ou l'instrument par lequel elle est ôtée, ou séparée; ce nom est à l'*ablatif*. Ainsi dans cet exemple, *j'ai ôté mon argent de la bourse avec vitesse, par crainte, avec mes doigts*, &c. ces noms *bourse*, *vitesse*, *crainte*, *doigts*, sont à l'*ablatif*. Et comme ces noms supposent nécessairement devant eux l'une de ces particules *de*, *par*, *avec*; on peut établir de là cette règle générale, que les noms qui supposent de la même manière, ou de quelque autre semblable, une de ces particules devant eux, sont pareillement à l'*ablatif*. Ces *particules* sont des prépositions, dont nous parlerons ci-après.

Dans la Langue Françoise les noms n'ont point de changement de terminaison, si ce n'est qu'ils ajoutent ordinairement un *s*, & rarement la lettre *x* au nombre pluriel, lorsqu'elle n'est pas au nombre singulier ; ainsi l'on dit, *le Seigneur*, *les Seigneurs* ; *la femme*, *les femmes* ; *le procès*, *les procès* ; *le prix*, *les prix* ; *le métal*, *les métaux* ; *l'animal*, *les animaux*, &c. De sorte que n'ayant point de *cas* par eux-mêmes, on les décline par le moyen de l'article & des prépositions qui lui sont jointes ; comme nous le montrerons ci-après, en expliquant la nature & l'usage de l'article.

### Article.

II. L'*article* est un mot qui se mettant devant le nom, détermine sa signification à être plus ou moins étendue ; en marque le genre, & sert à le décliner, dans les Langues où il n'a pas de cas par lui-même. Il y a deux articles en françois, l'article *le* masculin ; & l'article *la* féminin, qu'on appelle *défini* : & l'article *un* masculin, & *une* féminin, qu'on appelle *indéfini*. L'article *défini* est ainsi appellé, parce qu'il retient la signification vague des noms appellatifs, & fait qu'ils ne s'entendent que d'une partie des choses qu'elle comprend. L'article *indéfini* est au contraire ainsi nommé, parce qu'il laisse le nom dans sa signification vague & confuse.

Ainsi quand je dis, *un Roi prendra Mastric* ; *un* est l'article indéfini, parce qu'il ne détermine le mot à aucun Roi en particulier : mais quand je dis au contraire, *le Roi prendra Mastric* ; *le* est l'article défini, parce qu'il détermine le mot à ne signifier que le Roi de France dans le Royaume duquel je parle. Les noms propres signifiant une chose singulière & déterminée par elle-même, n'ont pas besoin de la détermination de l'article ; de sorte qu'en françois, nous nous servons seulement des prépositions *de* & *à*, &c. ainsi l'on dit *de Pierre*, *à Pierre*. L'on en use de même, toutes les fois que l'on veut laisser un nom

dans

dans la signification générale, & confuse ; comme quand on dit, *une statue de marbre* ; *quel qu'il soit* ; *un pot de vin* ; *beaucoup*, *plus*, *moins*, *trop*, *assés de richesses*, *de pauvreté*, &c. *par vertu*, *par coûtume*, &c. Il faut cependant remarquer, que quoique les particules *de* & *à* soient de véritables prépositions, comme il paroîtra par ce que nous en dirons en son lieu : néanmoins, les Grammairiens les qualifient d'*article indéfini*, qu'ils font servir pour le singulier ; & l'on se sert au pluriel, des particules *de* ou *des*.

Le second usage de *l'article*, est de marquer le genre des noms. *Le* & *un* marquent le masculin. *La* & *une* marquent le féminin ; ainsi l'on dit, *le Seigneur*, *la femme* ; *un Seigneur*, *une femme* ; de sorte que si le genre d'un nom ne peut se reconnoître par la signification, pour être d'une nature à ne se rapporter à aucun sexe, on le distingue par le moyen de *l'article*. L'article, de même que le nom, n'a par lui-même aucun cas ou changement de terminaison ; mais il reçoit seulement un *s* au pluriel ; ainsi l'on dit, singulier, *le*, *la* ; pluriel, *les*, changeant en *e*, l'*a* de l'*article* féminin. Mais *un*, *une*, n'a point de pluriel ; & au lieu de dire *uns*, *unes* comme font les Espagnols, on se sert de la particule *des* ou *de* ; de la particule *des* devant les substantifs, & de la particule *de*, quand l'adjectif précède. Exemple.

| | |
|---|---|
| *Le* Seigneur, | *les* Seigneurs. |
| *La* femme, | *les* femmes. |
| *Un* homme, | *des* hommes. |
| *Une* femme, | *des* femmes. |
| *Un* grand homme, | *de* grands hommes. |
| *Une* grande femme, | *de* grandes femmes. |

Pour marquer les cas de *l'article*, & par leur moyen les cas des noms, l'on joint aux *articles* des prépositions. Les prépofitions *par* & *avec* mifes devant l'article *le*, font encore la marque de l'ablatif, & la plus sûre; parce qu'elle n'eft nullement femblable à celle du génitif, comme il eft facile à remarquer.

## PRONOM.

III. Le *pronom* eft un mot qui fert au lieu du nom; comme lorfque pour dire, *Pierre a fait*; on dit, *il a fait*.

Le *pronom* a les mêmes qualités que le nom; comme le cas, le genre, le nombre, &c.

Il y a environ fept fortes de *pronoms*, fçavoir;

*Les Perfonnels,*
*Les Poffeffifs,*
*Les Démonftratifs,*
*Les Rélatifs.*
*Les Interrogatifs,*
*Les Indéfinis,*
*Les Numéraux.*

Les *pronoms* font ainfi appellés par rapport à leurs différents ufages, de forte que lorfque l'un vient à faire la fonction de l'autre, il en prend auffi le nom; comme on pourra le remarquer ci-après.

1°. Les *perfonnels* font ceux qui marquent les perfonnes.

Il y en a trois au fingulier, & trois au pluriel.

La *première perfonne* eft celle qui parle, c'eft-à-dire, qui dit de foi la chofe dont elle parle; comme *je lis, je marche; nous lifons, nous marchons*; &c.

La *feconde perfonne* eft celle à qui l'on parle, c'eft-à-dire, à qui l'on dit la chofe dont on parle; comme *tu lis, tu marches; vous lifez, vous marchez*; &c.

La *troisième personne* est celle de qui l'on parle ; c'est-à-dire, de laquelle on dit la chose dont il se parle ; comme *il lit, ils lisent ; elle lit, elles lisent ;* &c. ainsi,

*Moi,* ou *je* sont pour la prémière.  
*Toi, tu, vous* pour la seconde. } Du Singulier.  
*Il* & *elle* pour la troisième.  

*Nous* pour la prémière.  
*Vous* pour la seconde. } Du Pluriel.  
*Ils* & *elles* pour la troisième.  

*Se,* ou *soi* marque bien la personne, en tant qu'elle est opposée à la chose ; mais non pas dans le sens qui vient d'être expliqué.

De sorte qu'on appelle ce pronom *réciproque,* parce qu'il fait rentrer la signification dans la personne même ; exemple ; *il se tua, il se divertit, il se tourmenta,* &c.

De-là vient que les verbes auxquels ce pronom se trouve joint, se nomment *réciproques.*

Lorsque pareillement les pronoms personnels, dont nous venons de parler, ne marquent la personne qu'en tant qu'elle est opposée à la chose, ils se nomment *pronoms conjonctifs.*

Ainsi dans les exemples, *le Roi me donne, le frère te parle ; le maître nous enseigne ; le disciple vous écoute ; le père leur parle ; me, te, nous, vous* & *leur,* sont pronoms conjonctifs.

2°. Les *possessifs* sont ceux qui marquent la possession, c'est-à-dire, à qui la chose appartient ; comme *mon, ma, mien, mienne ; ton, ta, tien, tienne ; son, sa, sien, sienne ; nôtre, vôtre, leur,* pour le singulier : & *mes, miens, miennes ; tes, tiens, tiennes ; ses, siens, siennes ; nos, vos, leurs,* pour le pluriel.

3°. Les *démonstratifs* sont ceux qui désignent la chose d'une manière plus particulière, & la font voir comme présente ; tels que font, *celui-ci, celui-là, celle-ci, celle-là; ce, cet, cette, ceci, cela*, pour le singulier; & *ceux-ci, ceux-là, celles-ci, celles-là; ces*, de *ce, cet, cette*; *ces* choses-*ci*, *ces* choses-*là*, pour le pluriel.

4°. Les *rélatifs* font ceux qui ont nécessairement rapport à une chose exprimée auparavant; comme *qui, que, quoi, lequel, laquelle;* éxemples.

L'homme *qui* veut; la personne *que* vous connoissés; je m'en vais dîner, *après quoi* je vèrrai *ce qui* me reste à faire; j'ai dans mon écurie un beau cheval, *lequel* j'ai acheté cent loüis; j'ai écrit une lettre à mon frère, *dans laquelle* il vèrra; &c.

Ces pronoms-là font *purs rélatifs*, de même que ceux qui ont la même signification; comme *dont* qui signifie, *duquel* & *de laquelle;* la personne *dont* je vous ai parlé, le livre *dont* je vous ai fait le plan.

Il y en a d'autres que l'on peut appeller *rélatifs démonstratifs*, & ce font les pronoms personnels *le, la, lui, elle*, considérés comme ayant rapport à un substantif précédent; éxemples.

Apportez-moi un chapeau, je *le* mettrai, c'est-à-dire, *ce chapeau;* mon pere vient, je *le* vois; après avoir long-tems attendu mon Avocat, enfin je *lui* ai parlé; j'ai été à la campagne, & me suis promené, *elle* est je vous assure, fort belle.

Les particules *en* & *y* font aussi l'office de pronoms *rélatifs;* éxemple,

Mon cousin est venu, j'*en* apprendrai des nouvelles, c'est-à-dire, *de lui;* je vous *en* avertis, c'est-à-dire *de cela;* pensés-*y*, c'est-à-dire, *à cela*.

On peut dire la même chose de *où;* éxemple, la maison *où* j'habite, c'est-à-dire, *dans laquelle* j'habite.

Le but que je me suis proposé, ne demande pas que j'entre dans ce détail; on peut voir tout cela, dans la Grammaire du Père Buffier. La principale utilité que j'en veux retirer, c'est de

# GRAMMAIRE, CHAP. VI.

faire voir qu'on peut appeller *rélatifs* tout ce qui en fait l'office ; & cela peut fervir de principe général.

5°. Les *interrogatifs*, font ceux qui fervent à interroger ou à demander.

C'eft le pronom rélatif, *qui*, *que*, *quoi*, *quel*, *lequel*, &c. qui fait cet office ; éxemple.

*Qui* fera le Capitaine qui attaquera ? *qui* eft-ce ? *qui* êtes-vous ? *que* faites-vous ? *hé quoi !* fuis-je deftiné à fouffrir vos fredaines ? En *quoi* confifte l'intérêt de votre père ? *Lequel* de ces deux chevaux eft à vous ? *Quel* jour me viendrez-vous voir ? *Quelle* eft l'affaire qui vous retient en ce pays-ci ? *Quel* homme eft-ce-là ?

6°. Les *indéfinis* font ceux qui ne déterminent pas en particulier la perfonne, ou la chofe dont on parle ; voici une lifte des principaux.

*Quelque*, de tout genre ; *quelques*, *quelcun*, *quelcune*, *quelques-uns*, *quelques-unes*.

*Quelconque*, fans pluriel ;

*Quiconque*, de tout genre, & fans pluriel.

*Un certain*, *une certaine*, *de certains*, *de certaines*.

*Qui*, *que*, de tout genre.

*Quel que*, *quel qu'ils*, *quelle que*, *quelles*, *qu'elles*.

*Tel*, *telle*, *tels*, *telles* ; éxemples.

Il y a *quelque* bien, *quelque* vivacité, *quelques* écus, *quelques* piftoles.

*Quelqu'un* de vous gagnera ; *quelques-uns* me font venu voir ; *quelqu'une* de ces femmes m'a dit : voilà de belles fleurs, j'en voudrois avoir *quelques-unes*.

Cela ne fe peut en façon *quelconque* ; *quiconque* veut fe rendre habile, doit, &c.

Un *certain* homme, une *certaine* femme ; de *certains* hommes, de *certaines* femmes.

Je ne vois *qui que* ce foit ; *qui que* vous foyës.

*Quel que* foit votre pouvoir.

*Quel* qu'il foit, *quels* qu'ils foient ; *quelle* qu'elle foit, *quelles* qu'elles foient.

*Tel* ou *telle* rit, qui pleurera ; *tels* ou *telles* rient, qui pleureront.

7°. Les *Numéreaux*, font ceux qui marquent la quantité ou le nombre ; non pas combien il y a en particulier de chofes ou d'unités ; car c'eft le propre des nombres : mais ils défignent feulement en général, le plus ou le moins, le tout ou le rien, dans la quantité ou dans le nombre ; en voici une lifte.

*Chaque*, de tout genre & fans pluriel ; *chacun*, *chacune*, fans pluriel.

*Tout*, *tous*, *toute*, *toutes*.

*Plufieurs*, de tout genre, & fans fingulier.

*Nul*, *nuls*, *nulle*, *nulles*.

Lorfque *nul* fignifie informe, il eft adjeƐtif ; un aƐte *nul*, une fentence *nulle*, c'eft-à-dire, contre les formes prèfcrites.

*Perfonne*, de tout genre, & fans pluriel.

*Aucun*, *aucune* ; *aucuns*, *aucunes*.

## Exemples.

*Chaque* jour, *chaque* nuit.

*Chacun* dit, *chacune* à part.

*Tout* le jour, *toute* la nuit ; *tous* les jours, *toutes* les nuits.

*Plufieurs* jours, *plufieurs* nuits.

*Nul* deffein, *nulle* peine.

*Perfonne* ne vous eftime ; *qui* demande ? *perfonne*.

Il n'y en a *aucun* ou *aucune*, *aucun* homme, *aucune* femme, &c.

## VERBE.

IV. Le nom du *verbe* vient du mot *verberare*, qui fignifie *frapper* ou agiter ; parce que l'on agite l'air en parlant : & quoique les autres parties du discours ayent cet effet, le nom de *verbe* est demeuré à celle-ci, par excellence ; parce que les autres mots ne marquent presque que les objets de nos pensées ; & que le *verbe* est l'ame du discours. Il fait observer toutes les manières de la proposition.

Et comme la principale de ces manières est l'affirmation, le principal usage du *verbe* est de marquer l'affirmation ; c'est-à-dire, le jugement que nous faisons des choses : en sorte que rien ne signifie l'affirmation qui ne soit *verbe*, & il n'y a nul *verbe* qui ne serve à marquer l'affirmation.

Mais, parce qu'outre le jugement que nous faisons des choses, nous éprouvons encore certains mouvements de notre volonté vers les choses, le *verbe* sert encore à marquer la forme de ces mouvements. Nous parlerons de cet usage en parlant des *modes* : or pour l'affirmation ou jugement, trois choses sont nécessaires.

1. Le *sujet* duquel on affirme quelque chose.
2. La *chose* qu'on affirme du sujet.
3. Ce qui marque cette *affirmation*, ou attribution de la chose au sujet.

Ainsi dans ce jugement, *Pierre est amoureux ; Pierre*, est le *sujet* duquel on affirme.

L'*amour* est la chose qu'on affirme de *Pierre* ; & *est*, marque cette affirmation de l'amour de Pierre.

*Est*, est donc le *verbe*, avec lequel on peut former toutes sortes de jugements.

Mais pour abréger le discours, les hommes ont trouvé à propos de se servir de certains mots, qui marquassent tout ensemble la chose qu'on affirme du sujet, sans employer le verbe *est*.

Ainsi, au lieu de *Pierre est amoureux*, l'on dit *Pierre aime* ;

où l'on voit que le mot *aime*, marque non-seulement l'amour, mais encore l'attribution qu'on en fait à Pierre.

L'on peut donc diviser le *verbe* en deux espèces ; celui qui marque simplement l'affirmation, comme *je suis*, est verbe *substantif*.

Celui qui ajoute la signification qui lui est propre, à cette affirmation simple commune à tous les verbes, est le verbe *adjectif*.

Comme j'*aime*, qui est autant que *je suis aimant*, ou *amoureux* ; *je promene*, *je suis promenant*; *j'écris*, *je suis écrivant*; &c.

Les *verbes* adjectifs sont ou actifs, ou passifs, ou neutres.

On appelle proprement *actifs*, ceux qui signifient une action, à laquelle est opposée une passion ; comme *battre*, *être battu* ; *aimer*, *être aimé* ; soit que ces actions se terminent à un sujet, ce qu'on appelle *action réelle* ; comme *battre*, *rompre*, *tuer*, *noircir*, &c. soit qu'elles se terminent seulement à un objet, qu'on appelle *action intentionnelle* ; comme *aimer*, *connoître*, *voir*, &c.

On appelle *passifs*, ceux qui signifient une passion, à laquelle est opposée une action ; comme *être battu*, *battre* ; *être aimé*, *aimer*.

De-là est arrivé qu'en plusieurs Langues, les hommes se sont servis d'un même mot, en lui donnant diverses infléxions ou variations, pour signifier l'un & l'autre ; appellant *verbe actif*, celui qui a l'infléxion par laquelle ils ont marqué l'action ; & *verbe passif*, celui qui a l'infléxion, par laquelle ils ont marqué la passion ; *amo*, *amor*; *verbero*, *verberor*.

C'est ce qui a été en usage dans toutes les Langues anciennes, Latine, Grecque, & Orientales.

Mais les Langues vulgaires de l'Europe n'ont point de passifs, elles se servent au lieu de cela, d'un participe fait du verbe actif,

actif, qui se prend en sens passif, avec le verbe substantif *je suis*; comme *je suis battu, je suis aimé*; &c.

Les verbes *neutres*, qui sont aussi appellés *absolus* ou *intransitifs*, sont ceux dont la signification ne passe point au-dehors: soit qu'ils marquent quelque action, comme *je marche, je soupe, je dîne, je parle*, &c: soit qu'ils ne signifient point d'action, comme *je repose, je dors, je règne, j'excèlle*, &c.

Le principal usage du *verbe* étant de marquer l'affirmation, il marque par la même raison, la diversité de personnes, de nombre, de tems, & de modes ou manières.

Car un homme en affirmant, ou il parle de lui-même; & alors le sujet de la proposition est le pronom de la première personne du singulier *ego* (moi, je): ou il parle de lui & d'autres ensemble; alors c'est le pronom de la première personne du pluriel *nous*: ou il parle de celui, auquel il adresse la parole; alors le sujet de la proposition est le nom de la seconde personne du singulier *tu, toi*; *vous*: ou de celui-là & d'autres ensemble; & c'est la seconde personne du pluriel *vous*: ou bien il ne parle ni de lui, ni de la personne à qui il s'adresse; & alors c'est le pronom de la troisième personne, qui se joint à tous les autres sujets de la proposition; soit personnes, soit choses, lorsqu'elles ne sont pas exprimées elles-mêmes; *il* ou *elle*, quand le sujet s'entend d'un seul; *ils* ou *elles*, quand il s'entend de plusieurs.

Or pour se dispenser de mettre toujours ces pronoms, on a donné, dans les Langues anciennes, au mot qui signifie l'affirmation, une certaine terminaison qui marque ces trois différens cas dont nous venons de parler.

De sorte qu'un seul mot fait seul une proposition; *video* (je vois), *vides* (tu vois), *videt* (il voit ou elle voit); *videmus* (nous voyons), *videtis* (vous voyez), *vident* (ils ou elles voyent).

Tome I. R

Néanmoins les Langues vulgaires, & sur-tout la nôtre, ne laissent pas de joindre ces pronoms aux verbes, ainsi qu'on vient de le voir dans l'éxemple précédent ; quoiqu'en Italien & en Gascon, on s'en dispense fort souvent.

L'affirmation pouvant encore se faire selon les divers tems, puisque l'on peut assurer d'une chose, qu'elle est, qu'elle a été, ou qu'elle sera ; de-là est venu, qu'on a encore donné d'autres infléxions ou variations aux verbes, pour signifier ces divers tems.

Le *présent* marque que la chose est, ou que l'action se fait actuellement ; comme *je suis*, *j'aime*.

Le *prétérit* ou *passé* marque qu'elle est achevée & accomplie ; comme *j'ai aimé*.

Le *futur* ou *avenir* marque que la chose qui n'est pas encore, sera, & qu'elle doit arriver ; comme *je serai*, *j'aimerai*.

Mais le prétérit se divise en quatre espèces différentes ; car une chose peut être considérée comme précisément faite, &c. c'est ce qu'on appelle en François, & dans la plûpart des Langues vulgaires, *passé défini* ; éxemple, *j'ai fait*, *j'ai dit*, &c. ou comme indéterminément faite, & c'est ce qu'on nomme *passé indéfini* ; éxemple, *je fis*, *je dis*, &c.

Ou bien comme présente, à l'égard d'une chose déja passée ; & c'est ce qu'on appelle *tems imparfait* ; comme *j'aimois* ; c'est-à-dire, lors de telle ou telle chose passée, *je faisois* actuellement celle-ci.

Ou enfin comme déja passée, à l'égard d'une chose aussi passée ; comme *j'avois aimé*, *j'avois écrit* ; c'est-à-dire, lors de telle chose, que je considère comme passée, celle-ci étoit déja faite auparavant ; & c'est ce qu'on appelle *plus que parfait*.

Nous venons de remarquer, que les *verbes* ont reçu différentes infléxions, selon que l'affirmation regarde différentes personnes, & différents tems.

Mais comme il y a des affirmations simples, qui expriment simplement les choses; comme *Pierre aime, Pierre a aimé, Pierre aimera*: & d'autres modifiées, qui dépendent ou de quelque circonstance, ou de quelque condition; comme *s'il aime, quoiqu'il ait aimé, quand il aura aimé*:

Pour distinguer ces dernières affirmations des prémières, on a doublé les infléxions des mêmes tems.

Les unes servent pour les simples affirmations, & c'est ce qu'on appelle *mode indicatif*; c'est-à-dire, qui montre simplement la chose.

Les autres modifiées, & c'est ce qu'on appelle *mode subjonctif* & *conjonctif*; c'est-à-dire, dépendant de quelque circonstance ou condition, qui sont ordinairement marquées par les conjonctions, *si*, *que*, *quoique*, &c.

De plus, outre l'affirmation, l'action de notre volonté se peut prendre pour une manière de notre pensée, & les hommes ont besoin de faire entendre ce qu'ils veulent, aussi-bien que ce qu'ils pensent: or on peut vouloir une chose en plusieurs manières; & je vais parler de celles qui se rapportent à mon dessein.

Quelquefois nous voulons des choses qui ne dépendent pas de nous; & alors nous les voulons par un simple souhait, & les infléxions que quelques Langues, comme la Grecque, ont inventées pour distinguer cette forme de pensée, s'appelle *mode optatif*, c'est-à-dire, *desirant*.

Il y a même des infléxions dans notre Langue, dans l'Espagnole & dans l'Italienne, qui peuvent se rapporter à ce mode; puisque les tems imparfaits & plus que parfaits y sont triples: éxemple, *j'aimbois, que j'aimasse, j'aimerois*. Le prémier peut se prendre pour l'expression simple, ou mode indicatif; le second pour la modifiée, ou mode subjonctif; & le troisième pour celle qui marque le defir ; c'eſt-à-dire, le mode optatif.

On peut dire la même choſe du plus que parfait ; *j'avois aimé, que j'euſſe aimé, j'aurois aimé.*

On confond ce mode avec le ſubjonctif, dans la plûpart des Grammaires Françoiſes, & peut-être aſſez mal-à-propos.

D'autres fois nous voulons des choſes qui dépendent d'une ou de pluſieurs perſonnes, de qui nous pouvons les obtenir ; & alors nous ſignifions la volonté que nous avons qu'ils les faſſent, ou par prière, ou par commandement ; & c'eſt pour marquer ce mouvement qu'on a inventé le mode qu'on appelle *imparfait*, qui n'a point de première perſonne au ſingulier ; parce qu'on ne ſe prie point, & qu'on ne ſe commande point proprement à ſoi-même.

Les Langues vulgaires n'ont point d'infléxion particulière pour ce mode ; ce que nous faiſons en François pour le marquer, eſt de prendre la ſeconde perſonne du pluriel, & même la prémière, ſans pronoms qui les précèdent.

Ainſi *vous aimez*, eſt une ſimple affirmation, ou le mode indicatif ; *aimez*, un mode impératif ; *nous aimons*, l'indicatif ; *aimons*, l'impératif.

Mais quand on commande par le ſingulier, ce qui eſt fort rare, on ne prend pas la ſeconde perſonne *tu aimes*, mais la prémière ; *aime*.

A ces quatre modes on joint encore *l'infinitif*, mais à la réſerve qu'il a une infléxion particulière ; il n'a rien qui puiſſe le faire paſſer pour un mode, puiſqu'étant indéfini, il ne marque ni nombre, ni tems, ni perſonne, ni manière ; comme *aimer* : auſſi on s'en ſert fort ſouvent comme d'un nom dans les Langues vulgaires ; exemple, *le boire, le manger*, &c.

Cependant l'uſage a fait qu'on l'a mis au rang des modes dans toutes les Grammaires.

Nous devons recueillir de ce qui vient d'être dit, que l'efsentiel du *verbe* eft de marquer l'affirmation & fes principaux accidents; de le faire, en défignant la perfonne, le nombre & le tems.

Les différentes infléxions des *verbes* dans leurs tems & modes, s'appellent *conjugaifon*; comme celles des noms dans leurs cas, s'appellent *déclinaifon*.

Nous allons donner des éxemples, pour conjuguer prémièrement les deux *verbes* auxiliaires *avoir*, & *être*: l'on verra enfuite comment ils entrent dans la conjugaifon des autres.

## CONJUGAISON DU VERBE AUXILIAIRE AVOIR.

### INDICATIF.

#### Présent.

*Singulier.*

J'ai. Tu as. Il *ou* elle a.

*Pluriel.*

Nous avons. Vous avez. Ils *ou* elles ont.

#### Imparfait.

J'av*ois*. Tu av*ois*. Il av*oit*. Nous av*ions*. Vous av*iez*. Ils av*oient*.

#### Prétérit.

J'eu*s*. Tu eu*s*. Il eu*t*. Nous eû*mes*. Vous eû*tes*. Ils eu*rent*.

#### Prétérit indéfini.

J'*ai* eu. *Tu as* eu. *Il a* eu. *Nous avons* eu. *Vous avez* eu. *Ils ont* eu.

#### Prétérit antérieur.

Quand j'*eus* eu. *Tu eus* eu. *Il eut* eu. *Nous eûmes* eu. *Vous eûtes* eu. *Ils eurent* eu.

#### Plusque-parfait.

J'*avois* eu. *Tu avois* eu. *Il avoit* eu. *Nous avions* eu. *Vous aviez* eu. *Ils avoient* eu.

#### Futur.

J'aur*ai*. Tu aur*as*. Il aur*a*. Nous aur*ons*. Vous aur*ez*. Ils aur*ont*.

#### Futur passé.

Quand j'*aurai* eu. *Tu auras* eu. *Il aura* eu. *Nous aurons* eu. *Vous aurez* eu. *Ils auront* eu.

#### Conditionnel présent.

J'aur*ois*. Tu aur*ois*. Il aur*oit*. Nous aur*ions*. Vous aur*iez*. Ils aur*oient*.

#### Conditionnel passé.

J'*aurois* ou j'*eusse* eu. *Tu aurois* ou *tu eusse* eu. *Il auroit* ou *il eût* eu. *Nous aurions* ou *nous eussions* eu. *Vous auriez* ou *vous eussiez* eu. *Ils auroient* ou *ils eussent* eu.

### IMPÉRATIF.

#### Présent *ou* Futur.

Aie. Qu'il ai*t*. Ay*ons*. Ay*ez*. Qu'ils ai*ent*.

# CONJUGAISON DU VERBE AUXILIAIRE AVOIR.

## SUBJONCTIF.
### ou
## CONJONCTIF.

### PRÉSENT ou FUTUR.

Il faut que j'*aie*. Que tu *aies*. Qu'il *ait*. Que nous *ayions*. Que vous *ayiez*. Qu'ils *aient*.

### IMPARFAIT.

Il falloit que j'*eusse*. Que tu *eusses*. Qu'il *eût*. Que nous *eussions*. Que vous *eussiez*. Qu'ils *eussent*.

### PRÉTÉRIT.

Il a fallu que j'*aie* eu. Que tu *aies* eu. Qu'il *ait* eu. Que nous *ayions* eu. Que vous *ayiez* eu. Qu'ils *aient* eu.

### PLUSQUE-PARFAIT.

Il auroit fallu que j'*eusse* eu. Que tu *eusses* eu. Qu'il *eût* eu. Que nous *eussions* eu. Que vous *eussiez* eu. Qu'ils *eussent* eu.

## INFINITIF.
### PRÉSENT.
Avoir.

### PRÉTÉRIT.
Avoir eu.

## PARTICIPE ACTIF.
### PRÉSENT.
Ayant.

### PRÉTÉRIT.
Ayant eu.

## PARTICIPE PASSIF.
### PRÉSENT.
Eu, eue.

## GÉRONDIF.
Ayant.

## CONJUGAISON DU VERBE AUXILIAIRE ÊTRE.

### INDICATIF.

#### PRÉSENT.

Je suis. Tu es. Il *ou* elle est. Nous sommes. Nous êtes. Ils *ou* elles sont.

#### IMPARFAIT.

J'étois. *Tu étois.* Il étoit. Nous étions. Vous étiez. Ils étoient.

#### PRÉTÉRIT.

Je fus. *Tu fus.* Il fut. Nous fûmes. Vous fûtes. Ils furent.

#### PRÉTÉRIT INDÉFINI.

J'ai été. *Tu as été. Il a* été. Nous avons été. Vous avez été. Ils ont été.

#### PRÉTÉRIT ANTÉRIEUR.

Quand j'eus été. *Tu eus été. Il eut* été. Nous eûmes été. Vous eûtes été. Ils eurent été.

#### PLUSQUE-PARFAIT.

J'avois été. *Tu avois* été. *Il avoit* été. Nous avions été. Vous aviez été. Ils avoient été.

#### FUTUR.

Je serai. Tu seras. Il sera. Nous serons. Vous serez. Ils seront.

#### FUTUR-PASSÉ.

Quand j'aurai été. Tu auras été. *Il aura* été. Nous aurons été. Vous aurez été. Ils auront été.

#### CONDITIONNEL PRÉSENT.

Je serois. Tu serois. Il seroit. Nous serions. Vous seriez. Ils seroient.

#### CONDITIONNEL PASSÉ.

J'aurois ou *j'eusse* été. *Tu aurois* ou *tu eusses* été. *Il auroit* ou *il eût* été. Nous aurions ou *nous eussions* été. Vous auriez ou *vous eussiez* été. Ils auroient ou *ils eussent* été.

# GRAMMAIRE, CHAP. VI.

## CONJUGAISON DU VERBE AUXILIAIRE ÊTRE.

### IMPÉRATIF.

**PRÉSENT** *ou* **FUTUR.**

Sois. Qu'il soit. Soyons. Soyez. Qu'ils soient.

### SUBJONCTIF, *ou* CONJONCTIF.

**PRÉSENT** *ou* **FUTUR.**

Il faut que je sois. Que tu sois. Qu'il soit. Que nous soyons. Que vous soyez. Qu'ils soient.

**IMPARFAIT.**

Il falloit que je fusse. Que tu fusses. Qu'il fût. Que nous fussions. Que vous fussiez. Qu'ils fussent.

**PRÉTÉRIT.**

Il a fallu *que j'aie été*. *Que tu aies été*. *Qu'il ait été*. *Que nous ayions été*. *Que vous ayiez été*. *Qu'ils aient été*.

**PLUSQUE-PARFAIT.**

Il auroit fallu *que j'eusse été*. *Que tu eusses été*. *Qu'il eût été*. *Que nous eussions été*. *Que vous eussiez été*. *Qu'ils eussent été*.

### INFINITIF.

**PRÉSENT.**

Être.

**PRÉTÉRIT.**

Avoir été.

### PARTICIPE ACTIF.

**PRÉSENT.**

Étant.

**PRÉTÉRIT.**

Ayant été.

### PARTICIPE PASSIF.

**PRÉSENT.**

Été.

### GÉRONDIF.

Étant.

*Nota.* Il est à propos de *conjuguer* aussi les verbes des quatre Conjugaisons ; sçavoir *aimer*, *finir*, *recevoir*, & *rendre*. Les voici.

*Tome I.*

# GRAMMAIRE, CHAP. VI.
## PRÉMIÈRE CONJUGAISON.

### INDICATIF.

#### PRÉSENT.

J'aime. Tu aimes. Il aime. Nous aimons. Vous aimez. Ils aiment.

#### IMPARFAIT.

J'aimois. Tu aimois. Il aimoit. Nous aimions. Vous aimiez. Ils aimoient.

#### PRÉTÉRIT.

J'aimai. Tu aimas. Il aima. Nous aimâmes. Vous aimâtes. Ils aimèrent.

#### PRÉTÉRIT INDÉFINI.

J'ai aimé. Tu as aimé. Il a aimé. Nous avons aimé. Vous avez aimé. Ils ont aimé.

#### PRÉTÉRIT ANTÉRIEUR.

Quand j'eus aimé. Tu eus aimé. Il eut aimé. Nous eûmes aimé. Vous eûtes aimé. Ils eurent aimé.

#### PRÉTÉRIT ANTÉRIEUR INDÉFINI.

Quand j'ai eu aimé. Tu as eu aimé. Il a eu aimé. Nous avons eu aimé. Vous avez eu aimé. Ils ont eu aimé.

#### PLUSQUE-PARFAIT.

J'avois aimé. Tu avois aimé. Il avoit aimé. Nous avions aimé. Vous aviez aimé. Ils avoient aimé.

#### FUTUR.

J'aimerai. Tu aimeras. Il aimera. Nous aimerons. Vous aimerez. Ils aimeront.

#### FUTUR-PASSÉ.

Quand j'aurai aimé. Tu auras aimé. Il aura aimé. Nous aurons aimé. Vous aurez aimé. Ils auront aimé.

#### CONDITIONNEL PRÉSENT.

J'aimerois. Tu aimerois. Il aimeroit. Nous aimerions. Vous aimeriez. Ils aimeroient.

# PREMIÈRE CONJUGAISON.

CONDITIONNEL PASSÉ.

J'aurois ou j'eusse aimé. Tu aurois ou tu eusses aimé. Il auroit ou il eût aimé. Nous aurions ou nous eussions aimé. Vous auriez ou vous eussiez aimé. Ils auroient ou ils eussent aimé.

IMPÉRATIF.

PRÉSENT ou FUTUR.

Aime. Qu'il aime. Aimons. Aimez. Qu'ils aiment.

SUBJONCTIF
*ou*
CONJONCTIF.

PRÉSENT ou FUTUR.

Il faut que j'aime. Que tu aimes. Qu'il aime. Que nous aimions. Que vous aimiez. Qu'ils aiment.

IMPARFAIT.

Il falloit que j'aimasse. Que tu aimasses. Qu'il aimât. Que nous aimassions. Que vous aimassiez. Qu'ils aimassent.

PRÉTÉRIT.

Il a fallu *que j'aie* aimé. *Que tu* aies aimé. *Qu'il ait* aimé. *Que nous ayions* aimé. *Que vous ayiez* aimé. *Qu'ils aient* aimé.

PLUSQUE-PARFAIT.

Il auroit fallu *que j'eusse* aimé. *Que tu eusses* aimé. *Qu'il eût* aimé. *Que nous eussions* aimé. *Que vous eussiez* aimé. *Qu'ils eussent* aimé.

INFINITIF.

PRÉSENT.

Aimer.

PRÉTÉRIT.

Avoir aimé.

PARTICIPE ACTIF.

PRÉSENT.

Aimant.

PRÉTÉRIT.

Ayant aimé.

PARTICIPE PASSIF.

PRÉSENT.

Aimé, aimée, ou *étant aimé*, aimée.

PRÉTÉRIT.

Ayant été aimé ou aimée.

GÉRONDIF.

En aimant ou aimant.

## SECONDE CONJUGAISON.

### INDICATIF.

#### PRÉSENT.

Je fin*is*. Tu fin*is*. Il fin*it*. Nous finiss*ons*. Vous finiss*ez*. Ils finiss*ent*.

#### IMPARFAIT.

Je finiss*ois*. Tu finiss*ois*. Il finiss*oit*. Nous finiss*ions*. Vous finiss*iez*. Ils finiss*oient*.

#### PRÉTÉRIT.

Je fin*is*. Tu fin*is*. Il fin*it*. Nous fin*îmes*. Vous fin*îtes*. Ils fin*irent*.

#### PRÉTÉRIT INDÉFINI.

*J'ai* fini. *Tu as* fini. *Il a* fini. *Nous avons* fini. *Vous avez* fini. *Ils ont* fini.

#### PRÉTÉRIT ANTÉRIEUR.

Quand *j'eus* fini. *Tu eus* fini. *Il eut* fini. *Nous eûmes* fini. *Vous eûtes* fini. *Ils eurent* fini.

#### PRÉTÉRIT ANTÉRIEUR INDÉFINI.

Quand *j'ai eu* fini. *Tu as eu* fini. *Il a eu* fini. *Nous avons eu* fini. *Vous avez eu* fini. *Ils ont eu* fini.

#### PLUSQUE-PARFAIT.

*J'avois* fini. *Tu avois* fini. *Il avoit* fini. *Nous avions* fini. *Vous aviez* fini. *Ils avoient* fini.

#### FUTUR.

Je finir*ai*. Tu finir*as*. Il finir*a*. Nous finir*ons*. Vous finir*ez*. Ils finir*ont*.

#### FUTUR PASSÉ.

Quand *j'aurai* fini. *Tu auras* fini. *Il aura* fini. *Nous aurons* fini. *Vous aurez* fini. *Ils auront* fini.

#### CONDITIONNEL PRÉSENT.

Je finir*ois*. Tu finir*ois*. Il finir*oit*. Nous finir*ions*. Vous finir*iez*. Ils finir*oient*.

#### CONDITIONNEL PASSÉ.

*J'aurois* ou *j'eusse* fini. *Tu aurois* ou *tu eusses* fini. *Il auroit* ou *il eût* fini. *Nous aurions* ou *nous eussions* fini. *Vous auriez* ou *vous*

## SECONDE CONJUGAISON.

eussiez fini. *Ils auroient* ou *ils eussent* fini.

### IMPÉRATIF.
#### Présent *ou* Futur.

Finis. Qu'il finisse. Finissons. Finissez. Qu'ils finissent.

### SUBJONCTIF
*ou*
### CONJONCTIF.
#### Présent *ou* Futur.

Il faut que je finisse. Que tu finisses. Qu'il finisse. Que nous finissions. Que vous finissiez. Qu'ils finissent.

#### Imparfait.

Il falloit que je finisse. Que tu finisses. Qu'il finît. Que nous finissions. Que vous finissiez. Qu'ils finissent.

#### Prétérit.

Il a fallu que j'aie fini. Que tu aies fini. Qu'il ait fini. Que nous ayions fini. Que vous ayiez fini. Qu'ils aient fini.

#### Plusque-Parfait.

Que j'eusse fini. Que tu eusses fini. Qu'il eût fini. Que nous eussions fini. Que vous eussiez fini. Qu'ils eussent fini.

### INFINITIF.
#### Présent.

Finir.

#### Prétérit.

Avoir fini.

### PARTICIPE ACTIF.
#### Présent.

Finissant.

#### Prétérit.

Ayant fini.

### PARTICIPE PASSIF.
#### Présent.

Fini; Finie, ou *étant* fini, finie.

#### Prétérit.

Ayant été fini ou finie.

### GÉRONDIF.

En finissant ou finissant.

## TROISIÈME CONJUGAISON.

### INDICATIF.
#### Présent.

Je reçois. Tu reçois. Il reçoit. Nous rece*vons*. Vous rece*vez*. Ils reço*ivent*.

#### Imparfait.

Je reçe*vois*. Tu reçe*vois*. Il reçe*voit*. Nous reçe*vions*. Vous reçe*viez*. Ils reçe*voient*.

#### Prétérit.

Je reçus. Tu reçus. Il reçu*t*. Nous reçû*mes*. Vous reçû*tes*. Ils reçu*rent*.

#### Prétérit Indéfini.

J'*ai* reçu. Tu *as* reçu. Il *a* reçu. Nous *avons* reçu. Vous *avez* reçu. Ils *ont* reçu.

#### Prétérit Antérieur.

Quand j'*eus* reçu. *Tu eus* reçu. Il *eut* reçu. Nous *eûmes* reçu. Vous *eûtes* reçu. Ils *eurent* reçu.

#### Prétérit Antérieur Indéfini.

Quand j'*ai eu* reçu. *Tu as eu* reçu. *Il a eu* reçu. *Nous avons eu* reçu. *Vous avez eu* reçu. *Ils ont eu* reçu.

#### Plusque-Parfait.

J'*avois* reçu. *Tu avois* reçu. *Il avoit* reçu. *Nous avions* reçu. *Vous aviez* reçu. *Ils avoient* reçu.

#### Futur.

Je reçev*rai*. Tu reçev*ras*. Il reçev*ra*. Nous reçev*rons*. Vous reçev*rez*. Ils reçev*ront*.

#### Futur Passé.

Quand j'*aurai* reçu. *Tu auras* reçu. *Il aura* reçu. *Nous aurons* reçu. *Vous aurez* reçu. *Ils auront* reçu.

#### Conditionnel Présent.

Je reçev*rois*. Tu reçev*rois*. Il reçev*roit*. Nous reçev*rions*. Vous reçev*riez*. Ils reçev*roient*.

#### Conditonnel Passé.

J'*aurois* ou j'*eusse* reçu. *Tu aurois* ou *tu eusses* reçu. *Il auroit* ou

## TROISIÈME CONJUGAISON.

*il eût* reçu. *Nous aurions* ou *nous eussions* reçu. *Vous auriez* ou *vous eussiez* reçu. *Ils auroient* ou *ils eussent* reçu.

### IMPÉRATIF.
#### Présent *ou* Futur.

Reçois. Qu'il reçoive. Recevons. Recevez. Qu'ils reçoivent.

### SUBJONCTIF
*ou*
### CONJONCTIF.
#### Présent *ou* Futur.

Il faut que je reçoive. Que tu reçoives. Qu'il reçoive. Que nous recevions. Que vous receviez. Qu'ils reçoivent.

#### Imparfait.

Il falloit que je reçusse. Que tu reçusses. Qu'il reçût. Que Nous reçussions. Que vous reçussiez. Qu'ils reçussent.

#### Prétérit.

Il a fallu que j'aie reçu. Que tu aies reçu. Qu'il ait reçu. Que nous ayions reçu. Que vous ayiez reçu. Qu'ils aient reçu.

#### Plusque-Parfait.

Il auroit fallu que j'eusse reçu. Que tu eusses reçu. Qu'il eût reçu. Que nous eussions reçu. Que vous eussiez reçu. Qu'ils eussent reçu.

### INFINITIF.
#### Présent.

Recevoir.

#### Prétérit.

*Avoir* reçu.

### PARTICIPE ACTIF.
#### Présent.

Recevant.

#### Prétérit.

*Ayant* reçu.

### PARTICIPE PASSIF.
#### Présent.

Reçu, reçue, ou *étant* reçu, reçue.

#### Prétérit.

*Ayant été* reçu *ou* reçue.

### GÉRONDIF.

En recevant ou recevant.

## QUATRIÈME CONJUGAISON.

### INDICATIF.

#### PRÉSENT.

Je rends. Tu rends. Il rend. Nous rendons. Vous rendez. Ils rendent.

#### IMPARFAIT.

Je rendois. Tu rendois. Il rendoit. Nous rendions. Vous rendiez. Ils rendoient.

#### PRÉTÉRIT.

Je rendis. Tu rendis. Il rendit. Nous rendîmes. Vous rendîtes. Ils rendirent.

#### PRÉTÉRIT INDÉFINI.

J'ai rendu. Tu as rendu. Il a rendu. Nous avons rendu. Vous avez rendu. Ils ont rendu.

#### PRÉTÉRIT ANTÉRIEUR.

Quand j'eus rendu. Tu eus rendu. Il eut rendu. Nous eûmes rendu. Vous eûtes rendu. Ils eurent rendu.

#### PRÉTÉRIT ANTÉRIEUR INDÉFINI.

Quand j'ai eu rendu. Tu as eu rendu. Il a eu rendu. Nous avons eu rendu. Vous avez eu rendu. Ils ont eu rendu.

#### PLUSQUE-PARFAIT.

J'avois rendu. Tu avois rendu. Il avoit rendu. Nous avions rendu. Vous aviez rendu. Ils avoient rendu.

#### FUTUR.

Je rendrai. Tu rendras. Il rendra. Nous rendrons. Vous rendrez. Ils rendront.

#### FUTUR PASSÉ.

Quand j'aurai rendu. Tu auras rendu. Il aura rendu. Nous aurons rendu. Vous aurez rendu. Ils auront rendu.

#### CONDITIONNEL PRÉSENT.

Je rendrois. Tu rendrois. Il rendroit. Nous rendrions. Vous rendriez. Ils rendroient.

#### CONDITIONNEL PASSÉ.

J'aurois ou j'eusse rendu. Tu

## GRAMMAIRE, CHAP. VI.
# QUATRIÈME CONJUGAISON.

*aurois* ou *tu eusses* rendu. *Il auroit* ou *il eût* rendu. *Nous aurions* ou *nous eussions* rendu. *Vous auriez* ou *vous eussiez* rendu. *Ils auroient* ou *ils eussent* rendu.

### IMPÉRATIF.

#### PRÉSENT *ou* FUTUR.

Rends. Qu'il rende. Rendons. Rendez. Qu'ils rendent.

### SUBJONCTIF
ou
### CONJONCTIF.

#### PRÉSENT *ou* FUTUR.

Il faut que je rende. Que tu rendes. Qu'il rende. Que nous rendions. Que vous rendiez. Qu'ils rendent.

#### IMPARFAIT.

Il falloit que je rendisse. Que tu rendisses. Qu'il rendît. Que nous rendissions. Que vous rendissiez. Qu'ils rendissent.

#### PRÉTÉRIT.

Il a fallu *que j'aie* rendu. *Que tu aies* rendu. *Qu'il ait* rendu. *Que nous ayions* rendu. *Que vous ayiez* rendu. *Qu'ils aient* rendu.

#### PLUSQUE-PARFAIT.

Il auroit fallu *que j'eusse* rendu. *Que tu eusses* rendu. *Qu'il eût* rendu. *Que nous eussions* rendu. *Que vous eussiez* rendu. *Qu'ils eussent* rendu.

### INFINITIF.

#### PRÉSENT.

Rendre.

#### PRÉTÉRIT.

Avoir rendu.

### PARTICIPE ACTIF.

#### PRÉSENT.

Rendant.

#### PRÉTÉRIT.

Ayant rendu.

### PARTICIPE PASSIF.

#### PRÉSENT.

Rendu, rendue, ou *étant* rendu, rendue.

#### PRÉTÉRIT.

Ayant été rendu ou rendue.

### GÉRONDIF.

En rendant ou rendant.

## PRÉMIÈRE CONJUGAISON.

| 1. | 2. | 3. | 4. | 5. |
|---|---|---|---|---|
| er. | ant. | é. | e. | ai. |
| aimer. | aimant. | aimé. | j'aime. | j'aimai. |

Tous les Verbes de la première Conjugaison, qui font en très-grand nombre, fuivent cette règle générale pour leurs temps primitifs, excepté feulement *aller* & *puer*.

## SECONDE CONJUGAISON.

| 1. | 2. | 3. | 4. | 5. |
|---|---|---|---|---|
| ir. | iffant. | i. | is. | is. |
| finir. | finiffant. | fini. | je finis. | je finis. |

### PRÉMIÈRE DIFFÉRENCE.

| 1. | 2. | 3. | 4. | 5. |
|---|---|---|---|---|
| ir. | ant. | i. | s. | si. |
| fentir. | fentant. | fenti. | je fens. | je fentis. |

Les Verbes de cette prémière différence perdent au préfent de l'indicatif la confonne qui précède *ir* de l'infinitif. Bouillir, je bous. Dormir, je dors. Mentir, je mens. Partir, je pars. Se repentir, je me repens. Servir, je fers. Sortir, je fors.

### SECONDE DIFFÉRENCE.

| 1. | 2. | 3. | 4. | 5. |
|---|---|---|---|---|
| enir. | enant. | enu. | iens. | ins. |
| tenir. | tenant. | tenu. | je tiens. | je tins. |
| venir. | venant. | venu. | je viens. | je vins. |

*Bénir* a fes infléxions comme *finir*.

### TROISIÈME DIFFÉRENCE.

| 1. | 2. | 3. | 4. | 5. |
|---|---|---|---|---|
| rir. | rant. | ert. | re. | ris. |

| | | | | |
|---|---|---|---|---|
| couvrir. | couvrant. | couvert. | je couvre. | je couvris. |
| fouffrir. | fouffrant. | fouffert. | je fouffre. | je fouffris. |

*appauvrir* a ſes temps primitifs comme *finir*.

Les Verbes irréguliers de la ſeconde conjugaiſon, c'eſt-à-dire, ceux dont les temps primitifs ne peuvent ſe ranger ſous aucune des quatre eſpèces précédentes, ſont, *courir, cueillir, faillir, fuir, haïr, mourir, ouïr, querir, acquérir, ſaillir, treſſaillir, vêtir, revêtir.*

## TROISIÈME CONJUGAISON.

| 1. | 2. | 3. | 4. | 5. |
|---|---|---|---|---|
| evoir. | evant. | u. | ois. | us. |
| reçevoir. | reçevant. | reçu. | je reçois. | je reçus. |

Les Verbes irréguliers de cette troiſième Conjugaiſon, ſont, *avoir, choir, déchoir, échoir, falloir, mouvoir, pleuvoir, pouvoir, ſavoir, ſeoir, s'aſſeoir, ſurſeoir, valoir, voir, pouvoir, vouloir.*

## QUATRIÈME CONJUGAISON.

| 1. | 2. | 3. | 4. | 5. |
|---|---|---|---|---|
| dre. | dant. | du. | ds. | dis. |
| rendre. | rendant. | rendu. | je rends. | je rendis. |
| répondre. | répondant. | répondu. | je réponds. | je répondis. |

### PRÉMIÈRE DIFFÉRENCE.

| 1. | 2. | 3. | 4. | 5. |
|---|---|---|---|---|
| indre. | ignant. | int. | ins. | ignis. |
| craindre. | craignant. | craint. | je crains. | je craignis. |
| peindre. | peignant. | peint. | je peins. | je peignis. |
| joindre. | joignant. | joint. | je joins. | je joignis. |

### SECONDE DIFFÉRENCE.

| 1. | 2. | 3. | 4. | 5. |
|---|---|---|---|---|
| aire. | aiſant. | u. | ais. | us. |
| plaire. | plaiſant. | plu. | je plais. | je plus. |
| taire. | taiſant. | tu. | je tais. | je tus. |

## GRAMMAIRE, CHAP. VI.

### TROISIÈME DIFFÉRENCE.

| 1. | 2. | 3. | 4. | 5. |
|---|---|---|---|---|
| uire. | uifant. | uit. | uis. | uifis. |
| produire. | produifant. | produit. | je produis. | je produifis. |

### QUATRIÈME DIFFÉRENCE.

| 1. | 2. | 3. | 4. | 5. |
|---|---|---|---|---|
| aître, ou oître. | aiffant, ou oiffant. | u. | ais. ou ois. | us. |
| repaître. | repaiffant. | repu. | je repais. | je repus. |
| connoître. | connoiffant. | connu. | je connois. | je connus. |
| paroître. | paroiffant. | paru. | je parois. | je parus. |

Les Verbes irréguliers de cette quatrième Conjugaifon, font, *battre*, *boire*, *braire*, *bruire*, *circoncire*, *clore* ou *clorre*, *conclure*, *confire*, *coudre*, *croire*, *dire*, *maudire*, *écrire*, *être*, *exclure*, *faire*, *frire*, *lire*, *luire*, *mettre*, *moudre*, *naître*, *nuire*, *prendre*, *rire*, *rompre*, *foudre*, *abfoudre*, *réfoudre*, *fuffire*, *fuivre*, *traire*, *vaincre*, *vivre*.

## VERBES IRRÉGULIERS

### De la prémière Conjugaifon.

| 1. | 2. | 3. | 4. | 5. |
|---|---|---|---|---|
| aller. | allant. | allé. | je vais. | j'allai. |
| puer. | puant. | pué. | je pus. | je puai. |

## VERBES IRRÉGULIERS

### De la feconde Conjugaifon.

| 1. | 2. | 3. | 4. | 5. |
|---|---|---|---|---|
| courir. | courant. | couru. | je cours. | je courus. |
| cueillir. | cueillant. | cueilli. | je cueille. | je cueillis. |
| faillir. | faillant. | failli. | je faux. | je faillis. |
| fuir. | fuyant. | fui. | je fuis. | je fuis. |

GRAMMAIRE, CHAP. VI.

| | | | | |
|---|---|---|---|---|
| haïr. | haïssant. | haï. | je hais. | |
| mourir. | mourant. | mort. | je meurs. | je mourus. |
| ouïr. | oyant | ouï. | j'ois. | j'ouïs. |
| querir. | | | | |
| acquérir. | acquérant. | acquis. | j'acquiers. | j'acquis. |
| faillir. | faillant. | failli. | je faille, *ou* je faillis. | je faillis. |
| tressaillir. | tressaillant. | tressailli. | je tressaille. | je tressaillis. |
| vêtir. | vêtant. | vêtu. | je vêts. | je vêtis. |
| revêtir. | revêtant. | revêtu. | je revêts. | je revêtis. |

## VERBES IRRÉGULIERS
### *De la troisième Conjugaison.*

| 1. | 2. | 3. | 4. | 5. |
|---|---|---|---|---|
| avoir. | ayant. | eu. | j'ai. | j'eus. |
| choir. | | chu. | | |
| déchoir. | | déchu. | je déchois. | je déchus. |
| échoir. | échéant. | échu. | j'échois. | j'échus. |
| falloir. | | fallu. | il faut. | il fallut. |
| mouvoir. | mouvant. | mu. | je meus. | je mus. |
| pleuvoir. | pleuvant. | plu. | il pleut. | il plut. |
| pouvoir. | pouvant. | pu. | je puis. | je pus. |
| savoir. | sachant. | su. | je sais. | je sus. |
| seoir. | séant, *ou* séyant. | sis. | je sieds. | |
| s'asseoir. | s'asséyant. | assis. | je m'assieds. | je m'assis. |
| surseoir. | sursoyant. | sursis. | je sursois. | je sursis. |
| valoir. | valant. | valu. | je vaux. | je valus. |
| voir. | voyant. | vu. | je vois. | je vis. |
| pourvoir. | pourvoyant. | pourvu. | je pourvois. | je pourvus. |
| vouloir. | voulant. | voulu. | je veux. | je voulus. |

# GRAMMAIRE, CHAP. VI.
## VERBES IRRÉGULIERS
### De la quatrième Conjugaison.

| 1. | 2. | 3. | 4. | 5. |
|---|---|---|---|---|
| battre. | battant. | battu. | je bats. | je battis. |
| boire. | buvant. | bu. | je bois. | je bus. |
| braire. | | | je brais. | |
| bruire. | bruyant. | | | |
| circoncire. | | circoncis. | je circoncis. | je circoncis. |
| clore, ou clorre. | | clos. | je clos. | |
| conclure. | concluant. | conclu. | je conclus. | je conclus. |
| confire. | confisant. | confit. | je confis. | je confis. |
| coudre. | cousant. | cousu. | je couds. | je cousis. |
| croire. | croyant. | cru. | je crois. | je crus. |
| dire. | disant. | dit. | je dis. | je dis. |
| maudire. | maudissant. | maudit. | je maudis. | je maudis. |
| écrire. | écrivant. | écrit. | j'écris. | j'écrivis. |
| être. | étant. | été. | je suis. | je fus. |
| exclure. | excluant. | exclus. | j'exclus. | j'exclus. |
| faire. | faisant. | fait. | je fais. | je fis. |
| frire. | | frit. | je fris. | |
| lire. | lisant. | lu. | je lis. | je lus. |
| luire. | luisant. | lui. | je luis. | |
| mettre. | mettant. | mis. | je mets. | je mis. |
| moudre. | moulant. | moulu. | je mouds. | je moulus. |
| naître. | naissant. | né. | je nais. | je naquis. |
| nuire. | nuisant. | nui. | je nuis. | je nuisis. |
| prendre. | prenant. | pris. | je prends. | je pris. |
| rire. | riant. | ri. | je ris. | je ris. |
| rompre. | rompant. | rompu. | je romps. | je rompis. |
| soudre. | | | | |

| | | | | |
|---|---|---|---|---|
| abfoudre. | abfolvant. | abfous. | j'abfous. | |
| réfoudre. | réfolvant. | { réfous, ou réfolu. } | je réfous. | je réfous. |
| fuffire. | fuffifant. | fuffi. | je fuffis. | je fuffis. |
| fuivre. | fuivant. | fuivi. | je fuis. | je fuivis. |
| traire. | trayant. | trait. | je trais. | |
| vaincre. | vainquant. | vaincu. | | je vainquis. |
| vivre. | vivant. | vécu. | je vis. | je vécus. |

## PARTICIPE.

V. Le *participe* est un mot adjectif formé du verbe, ainsi de *j'aime* se forment les participes *aimant*, *aimé*, *aimée*; de *je lis* se forment les participes *lifant*, *lu*, *lue*.

Il est ainsi appellé, parce qu'étant un nom, il participe encore de la nature du verbe ; en ce qu'il marque le temps, & signifie la même chose que le verbe; à la réferve de l'affirmation, & de la défignation des trois différentes perfonnes, qui fuit l'affirmation.

De forte qu'il ne peut faire une propofition, ( ce qui est le propre du verbe, ) qu'en y ajoutant le verbe.

Ainsi pour faire une propofition de *Pierre aimant*, il faut néceffairement y ajouter *est* ; *Pierre est aimant*, au lieu que *aime* fait feul la même propofition *Pierre aime*.

## ADVERBE.

VI. L'*Adverbe* est un mot indéclinable, qui fe joint quelquefois aux noms adjectifs, mais ordinairement aux verbes; & c'est de-là qu'il est appellé *adverbe*, pour en déterminer, modifier, ou fpécifier la fignification par rapport au lieu, au temps, à la quantité ou manière, au nombre, à l'ordre, & à plufieurs autres défignations particulières ; comme d'affirmer, de nier, de douter, d'interroger; de reſſemblance, de démonſtration, d'exhortation, & autres ſemblables, qu'il n'eſt pas néceſſaire de ſpécifier ici.

| ADVERBES. | EXEMPLES. |
|---|---|
| Adverbes de lieu... | Pierre étudie, a étudié, ou étudiera *ici*, *là*, *ailleurs*, *loin*, *en bas*, &c. |
| Adverbes de temps. | *Maintenant*, *long-temps*, *toujours*, *jamais*, *aujourd'hui*, *demain*, *autrefois* : &c. |
| De quantité . . . . | *Peu*, *beaucoup*, *aſſés*, *autant*, *plus*, *moins*, &c. |
| De qualité. . . . . | *Ardemmant*, *négligeament*, &c. |
| De manière. . . . . | *A propos*, *à la hâte*, *à contre-cœur*, &c. |
| De nombre. . . . . | *Une fois*, *deux fois*, *pluſieurs fois*, &c. |
| D'ordre. . . . . . . | *Prémièrement*, *tour-à-tour*, *par ordre*, *enſuite*, &c. |
| De choſe oppoſée.. | *Pêle-mêle*, *ſans deſſus deſſous*, *à rebours*, &c. |
| D'affirmer. . . . . | *Oui*, *aſſurément*, *certainement*, &c. |
| De nier. . . . . . . | *Non*, *nullement*, &c. |
| De douter . . . . . | *Peut-être*, *comment*, *cela ſe peut-il*, &c. |
| De vraiſſemblance.. | *Apparament*, *vraiſemblablement*, &c. |
| De reſſemblance..., | *De même que*, *pareillement*, &c. |
| D'oppoſition . . . . | *Autrement*, *diverſement*, *au contraire*, &c. |
| De démonſtration... | *Voici*, *voilà* ; &c. |
| D'interroger . . . . | *Pourquoi ? à quoi bon ? combien ? comment ?* &c. |

L'*adverbe*, ou le modificatif du verbe s'exprime ou en un mot, ou en pluſieurs mots regardés comme un ſeul, par rapport à ce qu'ils ſignifient en ces occaſions ; ces mots ſont toujours unis enſemble, n'expriment que ce qui eſt, ou ce qui pourroit être ſignifié par un ſeul mot ; exemples, *gaiement*, *de gaieté de cœur*, *juſtement*, *avec juſtice*, &c.

## PRÉPOSITION.

VII. Les *prépoſitions* ſont des mots indéclinables, qui ſervent à marquer les rapports, que les choſes ont les unes avec les autres ; elles ſont ainſi appellées, parce qu'elles ſe mettent devant.

Je vais marquer les principaux de ces rapports, les *prépoſitions*

# GRAMMAIRE, CHAP. VI.

*tions* avec les éxemples qui peuvent les faire mieux comprendre.

| Prépositions. | | Éxemples. |
|---|---|---|
| Rapport de lieu.... | { dans..... | Il est *dans* Paris. |
| | en...... | Il est *en* Italie. |
| | à...... | Il est *à* Rome. |
| De situation...... | { hors..... | Cette maison est *hors* la Ville. |
| | sur...... | Il est *sur* mer. |
| | sous..... | Tout ce qui est *sous* le ciel. |
| | vis à vis... | Ma maison est *vis à vis* le Temple. |
| D'ordre........ | { devant.... | Un tel marchoit *devant* le Roi. |
| | après.... | Un tel marchoit *après* le Roi. |
| | chés..... | Il est *chés* le Roi. |
| De temps....... | { avant..... | *Avant* la guerre. |
| | Pendant... | *Pendant* la guerre. |
| | depuis.... | *Depuis* la guerre. |
| Du terme où l'on tend. | { vers..... | L'aimant se tourne *vers* le Nord. |
| | envers.... | Son amour *envers* Dieu. |
| D'où l'on vient..... | de...... | Il part *de* Paris. |
| De la cause efficiente... | par...... | Maison bâtie *par* un Architecte. |
| De la cause finale..... | pour..... | *Pour* y loger. |
| D'union........ | avec..... | Les soldats *avec* leurs Officiers. |
| De séparation..... | sans..... | Les soldats *sans* leurs Officiers. |
| D'éxception...... | outre..... | Compagnie de 100 soldats *outre* les Officiers. |
| D'opposition...... | contre.... | Soldats révoltés *contre* leurs Officiers. |
| De permutation..... | pour..... | Rendre un prisonnier *pour* un autre. |
| De conformité.... | selon..... | *Selon* la raison. |
| D'étendue...... } | jusques.... | { *Jusques* à la mer. |
| De profondeur.... } | | { *Jusqu'*aux entrailles. |
| De pénétration.... | à travers.... | *A travers* le corps. |

## CONJONCTION.

VIII. Les *conjonctions* sont des mots indéclinables, qui servent à joindre les mots avec les mots, les phrases avec les phrases; & même à passer d'une période à une autre, ou pour mieux dire, à lier le sens dans le discours.

Tome I.            V

Il y en a de plusieurs sortes, & qui ont différens noms par rapport à leurs différentes fonctions ; je vais marquer les principales avec des éxemples à côté, pour les rendre plus intelligibles.

| Conjonctions. | | Éxemples. |
|---|---|---|
| Copulatives, pour unir les choses... | Et. . . . . . | Vous & votre frère êtes coupables. |
| | aussi. . . . . | J'avoue aussi ingénuement. |
| | que. . . . . | Que je suis. |
| Disjonctives, pour séparer les choses.. | ni. . . . . . | Je n'ai fait ni bien ni mal. |
| | ou. . . . . . | Ce Juge est ignorant ou malin. |
| Adversatives, pour marquer quelque opposition . . . . | soit que. . . . | Soit qu'il vous écoute, ou qu'il ne le fasse pas. |
| | mais. . . . . | Il est foible, mais il est adroit. |
| | néanmoins... | Il pleut, néanmoins je vais sortir. |
| Causales pour rendre raison. . . . | parce que. . . . | On l'a châtié, parce qu'il le méritoit. |
| | puisque. . . . . | Puisque vous le trouvez mauvais. |
| | d'autant que.. | J'en ferai pire, d'autant que je le méprise. |
| | à cause que... | Je le dis, à cause qu'il en fait un bon usage. |
| Conditionnelles, &c. . . . . . . . | afin que. . . . . | Je le ferai, afin que vous soyés content. |
| | car. . . . . . | Je le crois, car vous êtes soupçonneux. |
| | à la charge que. . . . | Je vous pardonne, à la charge que vous ferés cela. |
| | à condition... | Je vous instruirai, à condition que vous écouterez. |
| | Si. . . . . . | Si vous le désaprouvés, je m'en retourne. |
| | pourvu que... | A la bonne heure, pourvu que vous y soyés. |
| | donc. . . . . | Vous n'étudiés jamais, vous êtes donc un ignorant. |
| | de sorte que... | De sorte que votre père en sera fâché. |
| | si bien que... | Si bien que si vous êtes sage, on vous louera. |
| | c'est pourquoi. | On m'appelle, c'est pourquoi je vous quitte. |
| | or est-il que... | L'homme doit étudier, or est-il que vous êtes un homme ; donc vous devés étudier. |
| | tant y a que.. | Nous disputames long-tems, le détail en seroit long ; tant y a que nous tombames d'accord, que, &c. |

| | |
|---|---|
| *en effet*.... | *En effet* il faudroit être fou pour y réfister. |
| *au refte*..... | *Au refte*, après notre conférence, nous rencontrames la perfonne qui, &c. |
| *quoique*..... | *Quoique* vous foyez mauvais fils, je veux être bon père. |
| *nonobftant*.... | Je le ferai, *nonobftant* vos manières. |
| *encore que*.... | *Encore que*, ou *bien que* je puffe m'en difpenfer, je veux pourtant le faire. |
| *bien que*.... | |

## INTERJECTION.

IX. Les *interjections* font des mots indéclinables, qui s'entremêlent dans le difcours, & fervent à marquer les diverfes affections ou paffions de celui qui parle.

*Ah*.... Monfieur, foyez le bien-venu.
*Helas* ! je fuis bien malheureux.
*Ha* ! ah, mon Dieu, dit un homme qui fouffre.
*He*.... que deviendrai-je ?
*Fi, fi*.... le vilain.
*Oh* !.... le méchant homme.
*Ah* !.... voila qui eft beau.
*Hola*.... approchez-vous, venez ici.
*Courage*.... mes amis, ne nous rebutons pas.
*Bon*.... cela va bien.

## PLÉONASME.

X. Le *pléonafme* eft une figure de mots, qui fe fait quand on fe fert de mots inutiles & fuperflus, pour mieux exprimer fa penfée. On l'appelle auffi *rédondance*. Ces phrâfes ne font point des *pléonafmes* : *je l'ai vû de mes propres yeux* : il n'y a point là de mots fuperflus, puifqu'au contraire ils font tous néceffaires, pour donner une plus forte affûrance de ce que l'on affirme.

La façon de parler qui a quelque chose de plus qu'il ne faut, s'appelle aussi *pléonasme* ou *abondance* ; comme en latin, *vivere vitam*, &c. Je ne sache pas que nous ayons de pareils exemples en françois, si ce n'est ceux où le pronom est répété, pour donner plus de grace ou de force à l'expression ; comme, *le voilà ce perfide ;* où *le* qui semble inutile quant à la construction, ne l'est pas par rapport au sens qui en a plus d'énergie. *Diction. de Trévoux.*

## Syllepse.

XI. La *syllepse* est une façon de parler, qui s'accorde plus avec nos pensées, qu'avec les mots du discours ; ensorte qu'il y a quelque disproportion & disconvenance entr'eux ; comme quand on dit, *il est six heures* ; car selon la règle de la construction régulière, il faudroit dire *elles sont six heures*, &c. mais parce que ce que l'on prétend, n'est que de marquer un tems précis, & une seule de ces heures, sçavoir la sixième ; la pensée qui se jette sur celle-là, sans regarder aux mots, fait que l'on dit, *il est six heures*, plutôt que *elles sont six heures. Une infinité de personnes croient que vous êtes coupable.* Selon la construction régulière il faudroit dire *croit*, en faisant accorder le verbe avec *infinité* qui est au singulier ; mais on a égard au mot *personnes*, qui est le mot principal, & qui frappe le plus celui qui parle.

La façon de parler qui retranche quelque chose du discours, s'appelle *ellipse* ou *défaut* ; comme lorsqu'on sous-entend le verbe, ce qui est ordinaire en latin, moins commun en italien, & fort rare dans la Langue françoise, dont le génie est d'exprimer toutes choses, & dans leur ordre naturel ; si ce n'est dans les proverbes ; comme, *à bon chat, bon rat*, on sous-entend *il faut ; à bon entendeur, demi mot,* l'on sous-entend *suffit.*

Et lorsqu'on sous-entend le nominatif, ce qui est encore plus commun en latin, affés ordinaire en italien & en gafcon, mais très-rare en françois ; fi ce n'eft dans les occafions, où le rélatif *qui* tient lieu en quelque manière du nominatif fous-entendu ; comme, *qui terre a, guerre a ;* on fous-entend *il. Qui dort, dine ;* on fous-entend *il.*

Et dans le cas où la conjonction joint le fecond verbe au nominatif du pluriel ; exemple, *mes amis vinrent me trouver de bon matin, & me dirent* ; on fous-entend *ils.*

Lorfqu'on fous-entend le fubftantif, dont l'adjectif eft exprimé : *mémoire du reçu & du dépenfé ,* on fous-entend le mot *argent. Il fait beau ,* on fous-entend *tems.*

## Hyperbate.

XII. L'*hyperbate* eft une conftruction figurée, qui renverfe l'ordre légitime & naturel du difcours : c'eft un vice dans la Langue françoife, qui aime particulièrement la netteté & la clarté. Cependant elle fert à animer le difcours, & elle eft propre à exprimer une paffion violente, & à repréfenter plus vivement l'agitation de l'efprit.

Les Latins ne parlent prefque jamais autrement, foit en profe, foit en vers ; les Italiens fort fouvent, & les François prefque jamais, fi ce n'eft en vers. Pour dire, *il faudroit avoir un autre appartement, loin de la rue, dans l'enclos d'un logement vafte ;* Boileau a dit,

> Il faudroit dans l'enclos, d'un vafte logement,
> Avoir loin de la rue, un autre appartement.

*Obfervations.* Il n'eft pas permis de fe fervir dans ces conftructions figurées, d'autres expreffions que de celles que l'ufage autorife : ceux qui fouhaiteront un plus grand détail, le trouveront dans les Grammaires du P. Buffier, & de M. du Marfais.

## SECOND DUODÉNAIRE DE LA GRAMMAIRE.
### Douze Signes de Ponctuation.

Sçavoir,

| | |
|---|---|
| *Virgule,* | *Trois Points,* |
| *Point & Virgule,* | *Parenthèse,* |
| *Deux Points,* | *Guillemets,* |
| *Point absolu,* | *Le Petit que,* |
| *Point interrogatif,* | *Longue,* |
| *Point exclamatif,* | *Brève.* |

LES signes de ponctuation sont des caractères établis, pour distinguer les différens sens du discours.

Nous en comptons douze : *la virgule, le point avec la virgule, les deux points, le point simple* ou *absolu, le point interrogatif, le point exclamatif, les trois points, la parenthèse, les guillemets, le petit que, la longue, & la brève.*

, ; : . ? ! ... () »« atq; — ‿

Les quatre prémiers caractères sont rangés, selon la gradation des fins des sens qu'ils distinguent : ils indiquent les divers dégrés d'étendue que ces sens ont les uns à l'égard des autres.

Les trois suivans ne sont que des modifications du point absolu, comme les cinq derniers des extensions de la virgule, & des marques de quantité.

Les principales vues de l'usage, en introduisant ces différens signes, ont été,

1°. De diriger l'Écrivain, en lui prescrivant l'ordre qu'il

doit mettre, & la clarté qu'il doit répandre dans le difcours.

2°. De guider le Lecteur, en l'avertiffant des paufes qu'il doit faire, & des tons qu'il doit prendre en le prononçant.

3°. De foutenir & d'intéreffer l'Auditeur, en foulageant fon attention, & en éclairant fon intelligence.

Telles font les caufes générales de l'inftitution de ces caractères. Paffons maintenant à leurs ufages.

### VIRGULE.

I. La *virgule* marque le moins confidérable de tous les fens, & demande, en conféquence, la moindre de toutes les paufes; une paufe légère & prefque infenfible, fuffifante cependant, pour faire entendre que le fens qu'elle termine, eft détaché de celui qui précède, ou qui fuit.

Sa figure eft un petit *c* contourné (,).

On s'en fert 1°. pour diftinguer le fujet, auquel on adreffe la parole; comme dans ces exemples : *réveillez-vous enfin, braves guerriers. Soldats, voici l'ennemi : fouvenez-vous que vous êtes François.*

Que tu fais bien, Racine, à l'aide d'un Acteur<br>
Émouvoir, étonner, ravir un fpectateur ! *Boil.*

2°. Pour diftinguer les parties fimilaires d'une phrâfe, qui concourent à rendre complèxe le fujet ou l'attribut, ou toute partie déterminante de l'un ou de l'autre. *Les Généraux, les Officiers & les Soldats, ont combattu avec la plus grande ardeur. Le Soldat victorieux fond fur le camp des ennemis, fe répand de tous côtés, tue tout ce qu'il rencontre, emporte tout ce qu'il trouve. Ce Général a la générofité de Scipion, la prudence de Fabius, l'activité de Céfar.*

Il faut obferver, qu'on ne fait point ufage de la *virgule*, quand il n'y a que deux parties liées par l'une des conjonctions *&*, *ni*, *ou*; comme dans ces éxemples : *l'exercice & la frugalité fortifient le tempéramment. Je ne puis le voir ni lui écrire. Il faut renoncer à fes préjugés ou à la connoiffance du vrai.* Mais il faudroit l'employer, fi les parties que ces conjonctions uniffent, étoient accompagnées de circonftanciels, ou de phrafes incidentes; comme dans ces éxemples : *l'exercice que l'on prend à la chaffe, & la frugalité qu'on obferve dans les repas, fortifient le tempéramment. Je ne puis le voir dans l'état où je fuis, ni lui écrire fur l'affaire dont vous m'avez parlé. Il faut renoncer à fes préjugés, ou s'attendre à ne parvenir jamais à la connoiffance du vrai.*

3°. Pour diftinguer les circonftanciels, quand il y a tranfpofition.

*Pour avoir l'eftime du grand nombre, il faut du mérite & de la fortune. Il a donné, en combattant, mille preuves de valeur.*

4°. Pour féparer une phrafe incidente, quand elle exprime une propriété ou une qualité, & qu'elle laiffe le fujet dans toute l'étendue de fa fignification, comme dans ces éxemples : *la valeur, que le génie guide & éclaire, furmonte les plus grandes difficultés. La critique, qui fe plaît à mordre fur tout, a refpecté vos ouvrages.*

Mais il ne faudroit point de *virgule*, fi cette phrafe acceffoire reftraignoit la fignification du fujet, & ne formoit avec lui qu'une idée totale ; comme dans ces éxemples : *la conduite que vous tenez déconcerte vos ennemis. La perfonne qui vous protège eft un citoyen bien eftimable.*

Quand la phrafe incidente eft d'une certaine longueur, on peut mettre une *virgule* entre cette phrafe & l'attribut; non pour partager le fens qui eft indivifible, mais pour indiquer le repos.

5°. Pour féparer une phrafe interjective. *Un homme, quelque mérite qu'il ait, ne peut plaire à tout le monde. L'amitié,* dit Cicéron, *eft un des plus riches préfens que nous aient fait les Dieux immortels.*

6°.

## GRAMMAIRE, CHAP. VI.

6°. Pour féparer les deux membres d'une période, quand ils font courts, & qu'ils n'ont point de parties fubalternes diftinguées par la *virgule*. *Le vulgaire compte les hommes, l'homme d'État les pèfe.*

### POINT ET VIRGULE.

II. Le *point avec la virgule* marque un fens un peu plus étendu que le précédent. Il fe met entre des phrafes corrélatives & dépendantes les unes des autres, & demande un repos un peu plus marqué, que celui de la virgule.

Sa figure eft un point avec la virgule deffous (;).

On s'en fert 1°. pour féparer les deux membres d'une période, dont l'un eft le correctif, ou l'oppofé de l'autre. *L'homme a bien trouvé des moyens pour fe préferver de la férocité des animaux; mais il n'en a pas encore découvert pour fe garantir de la malignité de fes femblables.*

2°. Lorfque le prémier de ces membres renferme des parties fubalternes, féparées par la virgule. *Dans une profpérité fuivie, nous ne pouvons guère démêler le caractère de nos amis; quelquefois des vues d'intérêt attirent auprès de nous, des gens qui fuient au prémier revers qui nous arrive; comme ces oifeaux de paffage, qui difparoiffent avec le beau temps.*

3°. Pour diftinguer les parties d'une énumération, quand elles font accompagnées de circonftanciels, ou de phrafes acceffoires. *Ils (les délateurs) refroidiffent la bienveillance qu'on avoit pour ceux qu'ils décrient fourdement; ils ôtent aux uns leurs protecteurs; ils privent les autres des graces qu'ils étoient prêts de recevoir; ils mettent des obftacles inconnus à leur établiffement & à leur fortune,* &c.

### DEUX POINTS.

III. Les *deux points* marquent un fens qui approche encore

*Tome I.*                       X

plus du complet, que les deux prémiers. Ils ont lieu, entre des phrases indépendantes les unes des autres, mais qui concourent à former un sens total.

La figure de ce signe est formée de deux points, placés perpendiculairement l'un sur l'autre ( : ).

On s'en sert 1°. pour distinguer deux phrases, dont l'une sert d'extension ou d'explication à l'autre. *Un homme brave qui ne fait rien, est comme celui qui a de la force sans adresse : l'un se précipite sans raison, & l'autre se fatigue sans nécessité.*

2°. Pour séparer les exemples & les passages qu'on annonce, ou les paroles que l'on met dans la bouche d'un autre. *Tout le monde connoît ces vers de Boileau :*

> Fuyez sur-tout, fuyez ces basses jalousies :
> Des vulgaires esprits, malignes frénésies ; &c.

*Alors le Chef des Républicains s'avança & parla ainsi : que n'avons-nous pas fait pour éviter cette guerre ? Les Dieux nous sont témoins*, &c.

3°. Pour séparer un membre de période, qui est à la suite d'un ou de plusieurs autres, distingués par le point avec la virgule. *Supposez tous les hommes bienfaisans & justes ; qu'ils soient tous portés à se faire tout le bien qu'ils peuvent ; à se rendre réciproquement tout ce qu'ils se doivent ; vous lierez la société par des nœuds qui la rendront aussi sûre qu'utile : mais avec ces avantages, elle aura toujours ses peines & ses désagrémens, s'il n'y règne un esprit de tolérance mutuelle.*

## POINT ABSOLU.

IV. Le *point* est la marque d'un sens complet & fini : comme il emporte le plus haut degré de distinction, il éxige la plus grande de toutes les pauses. On le place à la fin de toutes les phrafes, dont le fens eſt totalement rempli; & qui n'a de liaiſon avec ce qui fuit, que par l'analogie des penſées.

Voici ces quatre prémiers caractères, raſſemblés dans un même éxemple, ſelon l'ordre de leur gradation. *Quoiqu'on ait reçu de bons principes, & qu'on ait été bien dirigé dans les prémières années de l'éducation ; il arrive que l'on s'égare encore quelquefois : mais on revient bien-tôt de ſes erreurs.*

Le *point* ſe met encore après les abréviations ; mais après les chiffres, on commence à ſuivre la ponctuation régulière.

Dans le ſtyle concis & coupé, quand les phraſes tendent au même but ; on emploie plus volontiers les deux points, que le *point* ſimple.

### Point interrogatif.

V. Le *point interrogatif* eſt le ſigne de l'interrogation. Son uſage eſt de faire voir que la phraſe qu'il termine eſt énoncée ſous la forme interrogatoire. Il demande une pauſe à peu près ſemblable à celle qu'on obſerve, après un ſens complet & fini ; & de plus un certain ton de voix, qui réponde à l'eſpèce de ſentiment dont celui qui parle, eſt affecté.

Sa figure eſt un point, ſur lequel on place une ſorte de petit s contourné ; comme à la fin des phraſes ſuivantes. *Juſques à quand abuſera-t-il de notre patience ? L'auriez-vous cru capable d'un pareil procédé ?*

Quand la phraſe eſt d'une certaine étendue, on ſe ſert du point abſolu, au lieu de l'*interrogatif.*

### Point exclamatif.

VI. Le *point exclamatif* eſt le ſigne de l'exclamation : il fait connoître que la phraſe eſt ſous la forme exclamative. Il a beaucoup d'affinité avec le point interrogatif : il éxige à peu près le même repos ; & de plus un ton, un geste, & même une attitude, qui peignent & caractérisent le genre de passion dont celui qui parle est agité : comme la joie, la tristesse, le plaisir, la douleur, &c.

Sa figure est un point sur lequel on élève un petit perpendiculaire ; comme à la fin des exemples suivans : *Quels ennemis n'avons-nous pas eu à combattre ! Qu'il est difficile de triompher de l'envie !*

Ce signe se placeroit immédiatement après les mots qui expriment l'exclamation, s'ils étoient accompagnés d'une phrase interrogative, comme dans ces exemples : *helas ! qu'ont-ils prétendu faire ?*

Qui frappe l'air, bon Dieu ! de ces lugubres cris ? *Boil.*

### Trois Points.

VII. *Les trois points* sont le signe de l'interruption. Ils avertissent que le discours n'est que commencé, & que le sens est interrompu : ils éxigent une pause un peu plus marquée que les deux caractères précédens.

La figure de ce signe est formée de plusieurs points placés horisontalement à la suite les uns des autres ; comme dans cet éxemple.

Mais je devois parler ; le nom de fils peut-être. . . .<br>
Hèlas ! que m'eût servi de le faire connoître ( 1 ).<br>
( 1 ) *Arsame, dans Rhadamiste & Zénobie ; Acte 3. Scène 4.*

### Parenthèse.

VIII. La *parenthèse* est le signe de l'interposition : elle avertit que la phrase, ou les mots qu'elle enferme, sont détachés de ce qui précède & de ce qui suit ; que c'est une remarque hors d'œuvre, insérée dans le corps du discours, pour en interrompre le sens & y jetter un plus grand jour. Elle demande un petit repos avant & après, & un ton de voix différent de celui dont on prononce la phrase principale.

Sa figure est formée de deux sortes de crochets, qui se répondent l'un à l'autre par leur côté concave ; comme dans ces exemples : *elles* (les lettres) *nous donnent de l'éclat dans la prospérité, & sont une ressource, une consolation dans l'adversité. Voyez-vous cette Ville* (*c'étoit Carthage, il me la montroit du haut des cieux, où je me croyois avec lui, dans un endroit tout semé de brillantes étoiles*) *voyez-vous cette Ville, qui, forcée par moi à obéir au Peuple Romain, ressuscite nos guerres anciennes*, &c?

Ce signe n'est plus guère d'usage que dans les interpositions, qui interrompent & coupent pour ainsi dire, le discours ; ou qui sont d'une certaine étendue, comme dans les exemples que nous venons de rapporter. Quand l'interposition est courte, & qu'elle a une sorte de liaison avec la phrase principale, on se sert de deux virgules à la place des deux crochets ; comme dans l'exemple suivant : *on a bien plus d'obligation*, disoit Caton, *à des ennemis durs & mordans, qu'à ces sortes d'amis qui paroissent la douceur même : ceux-là nous disent souvent la vérité, ceux-ci ne la disent jamais.*

La phrase interjective, *disoit Caton*, est séparée par deux virgules, qui font comme on voit, le même effet que la parenthèse. *M. Douchet.*

### Guillemets.

IX. Les *guillemets* (terme d'Imprimerie) sont la marque d'une citation. Ce signe a beaucoup d'analogie avec la parenthèse. On le place au commencement & à la fin du discours cité ; & de plus à la marge, vis-à-vis de chaque ligne, jusqu'à ce que la citation soit finie. Il exige une pause un peu plus sensible, que celle de la parenthèse ; & un ton de voix différent de celui, dont on prononce ce qui précède & ce qui fuit.

Sa figure est formée de deux doubles *cc*, qui se répondent par leur côté convèxe. ( " " )

Voici comme M. l'Abbé de Vertot parle des mœurs des Romains : " Les prémiers Romains étoient tous Laboureurs, &
" les Laboureurs étoient tous Soldats : leur habillement étoit
" grossier, la nourriture simple & frugale, le travail assidu,
" &c. ".

Les citations qu'on insère dans le texte, ne se marquent pas toujours par des guillemets : souvent on se contente de les souligner, comme dans l'écriture ordinaire ; ou de les distinguer par le caractère italique, comme dans l'Impression. On se sert encore de ces deux moyens, pour indiquer les mots d'un discours, sur lesquels on veut faire porter une attention particulière.

Il est encore une autre manière de distinguer le sens du discours, c'est par l'*alinea* ; c'est-à-dire, par une nouvelle ligne que l'on commence après plusieurs sens complets & finis ; pour faire voir que le nouveau sens qu'on va exprimer, n'a de liaison avec ce qui précède, que par la convenance de la matière. On observe de laisser en blanc l'espace d'un mot, avant que de commencer la ligne, pour rendre la distinction plus sensible.

On se sert de l'*alinea*, pour distinguer les divers objets que l'on traite ; les différentes considérations qu'on peut faire sur ces objets : en un mot on en fait usage toutes les fois que cette sorte d'indication peut contribuer à la netteté du discours. *Principes sur l'Ortographe.*

## Petit que.

X. Le *petit que*, est le *que* abrégé de *atq;* avec le point & la virgule.

LONGUE.

XI. La *longue*, &c.

BRÈVE.

XII. La *brève*. Ces deux signes ne se mettent guère que dans les Livres qui traitent de la poësie, pour instruire les versificateurs des syllabes longues & brèves ; on les met au-dessus de chaque syllabe.

*Observation.* La ponctuation est absolument nécessaire pour donner non-seulement l'intelligence du texte, mais encore le ton initial, final & médial de la lecture : on n'a pas assez de caractères, pour marquer toutes les inflexions de voix ; & je suis surpris que les Poëtes, les Comédiens & les Orateurs n'en aient pas inventé d'autres, pour faciliter la lecture & la déclamation de leurs piéces, auxquelles on ne peut donner le vrai ton à livre ouvert, avec la seule ponctuation ordinaire. Les Hébreux avoient environ vingt-cinq accens, pour faciliter la lecture de leur langue : & à peine faisons-nous un bon usage de nos trois accens. C'est le plus ou le moins des idées, qui augmente ou qui diminue la force de la ponctuation ; & c'est aussi l'agrément & la variété de la ponctuation, qui dirigent ou qui guident le Lecteur. Pour apprendre la pratique de la bonne ponctuation, il faut prendre des Livres bien ponctués ; comme ceux de M. l'Abbé Rollin, & chercher la raison de tous les usages & signes. *M. Dumas.*

FIN DE LA GRAMMAIRE.

TABLETTES

Page 168.

## FABLE.

Ce médaillon est l'Allégorie des quatre Élémens, les quatre premières Divinités, et les plus anciennes du Paganisme. Jupiter couronné tenant son sceptre, armé de ses foudres et supporté par un aigle, désigne l'Élément du Feu. Junon couronnée, et tenant un sceptre au bout duquel est une colombe, supportant de la main gauche une grenade, et à ses cotés un paon, nous représente l'Élément de l'Air. L'arc en ciel et le soleil levant, désignent la Lumière. Neptune monté sur sa conque armé de son trident, dirigeant et piquant trois chevaux marins, exprime bien naturellement l'Élément de l'Eau, et l'agitation des Mers.

 La Statue de la Diane d'Éphèse posée sur un cube, portant sur la tête une grande tour à plusieurs étages, sur chaque bras des lions, sur la poitrine et sur l'estomac un grand nombre de mamelles. Tout le bas du corps est parsemé de différens animaux, de boeufs ou taureaux, de cerfs, de sphinx, d'insectes &c. Tous Symboles qui ne signifient autre chose que la Nature elle même, ou la Terre avec ses productions.

 L'ove est surmonté de deux flambeaux allumés: le Feu. Les deux côtés de l'ove garnis de plumes de paon; l'Air. Fleurs et fruits de toute espèce: la Terre. Coquilles, corail et joncs marins; l'Eau.

Tome I.

# LA FABLE.

Les Anciens peuples nés dans les climats soumis au règne de l'imagination, et guidés par les poètes, confirent les dogmes de la religion, les découvertes de la philosophie, les vérités de l'histoire, à des fictions souvent destituées de vraisemblance. Cependant cette espèce d'instruction confond perpétuellement la physique avec la théologie, la fable avec l'histoire, et les divinités poétiques avec la véritable.

## Unité.
*Chaos.*

## Binaire.
*Nature, Cybèle.*

autre Binaire. *Les Dieux Lares, Les Dieux Pénates.*

## Ternaire.
Les trois Empires du Monde.

*Jupiter, Neptune, Pluton.*
Le Ciel, la Terre. | la Mer. | les Enfers.

## Quaternaire.
*Osiris, Isis, Orus, Apis ou Sérapis.*
Feu. Air. Eau. Terre.

*Vulcain, Junon, Thétis, Cérès.*

## Septénaire.
Les sept grands Dieux.

*Saturne, Jupiter, Mars, Apollon, Vénus, Mercure, Diane.*

## Duodénaire.
Les douze petits Dieux.

Le Génie, Vesta, Pallas, Proserpine, Bacchus, Pan, Cupidon, Esculape, Janus, Vertumne, Sylvain, Priape.
Les douze Dieux inférieurs.
Bellone, Éole, Plutus, Momus, Iris, Flore, Pomone, Thémis, Hébé, Ganimède, Hélène, Castor et Pollux.

Tome I.

# TABLETTES ANALYTIQUES ET MÉTHODIQUES,
*SUR*
## DIVERSES SCIENCES ET BEAUX ARTS.

## *FABLE.*

## DISCOURS PRÉLIMINAIRE
### *Sur la Mythologie.*

SOUS le nom de *Mythologie* je n'entends pas seulement l'histoire fabuleuse des Dieux, des demi-Dieux, & des Héros de l'Antiquité Profane ; quoique ce soit là proprement le fonds de cette Sçience, comme son nom même le signifie ; j'y comprends encore tout ce qui a quelque rapport à la religion Payenne : c'est-à-dire, tous les différents systèmes de Théologie, & tous les dogmes monstrueux qui se sont établis successivement dans les différents âges du Paganisme : les mystères & les cérémonies du culte dont étoient honorées ces prétendues Divinités : les fêtes & les jeux : les sacrifices & les victimes : les Temples, les Autels, les Trépieds, & les instrumens des sacrifices : les bois sacrés : les Statues & généralement tous les symboles sous lesquels l'Idolâtrie s'est perpétuée parmi les hommes, durant un si grand nombre de Siècles.

Quoique la religion & le bon sens nous ayent entiérement désabusés de toutes ces erreurs ; & que nous ne les regardions plus depuis long-tems que comme autant d'absurdités ou de chimères, il n'est pas inutile pour cela d'en être instruit ; ne fût-ce que pour mieux sentir, par la comparaison, le bonheur que nous avons d'être éclairés de la vérité, & de l'avoir pour guide. Je suis même persuadé que cette connoissance est très-propre à nous affermir dans la Religion chrétienne ; car, pour me servir de la belle réflèxion du sçavant Abbé Gédoin (sur un semblable sujet,) » quand, dit-il, on considère sérieusement
» que les Peuples les plus éclairés de l'Univers, les Grecs &
» les Romains si vantés, leurs Sages mêmes & leurs Philoso-
» phes ont pensé pitoyablement de la Divinité, ont adoré
» l'ouvrage de leurs mains, ont rendu les honneurs divins à
» des hommes dont ils avoient fait eux-mêmes l'apothéose, &
» qu'ils avoient vûs sujets à toutes les foiblesses humaines ; ne
» doit-on pas naturellement conclure, que l'homme par lui-
» même est incapable de penser comme il faut du souverain
» Être ; qu'il avoit besoin de la révélation : que la vraie Reli-
» gion est un don de Dieu : que la Religion chrétienne est
» la seule véritable ; puisque c'est la seule révélée, la seule qui
» donne des idées nobles & justes de la Divinité. Tel est le
» prémier fruit qu'un Chrétien doit tirer de la lecture de toutes
» ces Fables.

En second lieu, la *Mythologie* fait une partie considérable des Belles-Lettres, dans lesquelles vous ne sçauriez faire aucun progrès, non pas même y être initiés, sans une connoissance particulière des Fables anciennes. Les Ouvrages des Grecs & des Romains que la haute Antiquité nous a transmis, & dont l'intelligence fait la principale étude des Gens de Lettres, peut-on entendre parfaitement ces ouvrages, fi on n'eft au fait des myftères & des coûtumes religieufes, auxquelles ils font de continuelles allufions ? Les Arts les plus agréables, la Poëfie, la Peinture, la Sculpture, d'où tirent-ils leurs principaux ornemens ? N'eft-ce pas de la *Mythologie*, & n'en ont-ils pas fait fouvent même le fond de leurs productions ? Qu'eft-ce que repréfentent le plus ordinairement les Statues & les Peintures qui embélifsent nos galleries, nos plafonds, nos jardins; finon des fujets tirés de la Fable ? Quels noms font plus fouvent répétés dans notre Poëfie Dramatique & Lyrique, que ceux d'Hercule & de Philoctete, d'Achille & de Pyrrhus, d'Hector & d'Andromaque, d'Agamemnon & de Priam, d'Iphigénie & d'Orefte, d'Œdipe, &c. . . . . fans parler des Divinités qu'on y fait intervenir à tout propos?

J'ajoute enfin que la *Mythologie* eft devenue aujourd'hui d'un ufage fi fréquent dans nos écrits, & jufques dans nos converfations, que quiconque la néglige, doit craindre avec raifon, de paffer pour être dépourvû des lumières les plus communes, qu'on acquiert dans l'éducation.

Les fources où j'ai puifé mes matériaux, font tous les Auteurs de l'antiquité; mais principalement les Poëtes, que je regarde avec fondement comme les Pères de la Fable, & les Auteurs de prefque toutes les fuperftitions payennes : *les Antiquités Grecques & Romaines, expliquées par les figures* de Dom Bernard de Montfaucon, fruit d'une prodigieufe lecture & d'une vafte érudition, mais auquel le Public n'a pas rendu, ce me femble, toute la juftice qu'il mérite ; ce recueil m'a été d'un très-grand fecours, & j'ai ufé de fes recherches avec d'autant plus de liberté, qu'un Livre de quinze volumes *in-folio* ne peut être entre les mains de la Jeuneffe ; & que d'ailleurs de plus

Y ij

habiles que moi ont emprunté de ce fçavant Religieux, peut-être la meilleure partie de leur érudition ; enforte que nous pourrons nous rencontrer fouvent dans nos extraits, parce que nous aurons puifé à la même fource.

# FABLE.
## DE LA FABLE.

ON entend par ce terme l'Hiftoire fabuleufe des Divinités du Paganifme. Cette hiftoire n'eft autre chofe qu'un recueil informe & bifarre des événements arrivés dans ces tems obfcurs qui fuivirent le déluge, pendant les prémiers établiffements que les enfants de Noé firent en divers Pays : mais tous ces différents faits font la plûpart tronqués, altérés, & furchargés de circonftances fabuleufes : ainfi le déluge de Deucalion n'eft autre chofe que l'hiftoire défigurée de celui de Noé : la Fable des Géans qui efcaladèrent le ciel, eft un refte de la tradition du deffein infenfé que conçurent les enfants des hommes, de bâtir la tour de Babel : il en eft de même des autres. Cependant, quoique tous les faits que rapporte la Fable ne foient que des fictions, c'eft une néceffité d'en être inftruit. Sans cette lumière les ouvrages de Peinture & de Sculpture, & tout ce que les Beaux Arts ont imaginé pour immortalifer les Héros, font des énigmes ; comme ils le font effectivement pour les ignorans. Un homme au contraire qui fçait la Fable, goûte une forte de fatisfaction, lorfqu'en entrant dans les Maifons Royales ou des Princes, ou en parcourant des Galleries de Peinture, ou en fe promenant dans les Jardins publics, en un mot dans les lieux où les Souverains ont répandu des marques de leur magnificence, il pénètre au prémier afpect les fujets que repréfentent les différens chefs-d'œuvre de Peinture & de

Sculpture, au lieu d'y fixer des regards stupides à la manière du vulgaire. Enfin sans cette lumière, on ne peut entendre les Poëtes.

Quoique la Fable soit une fiction, elle ne laisse pas de nous représenter plusieurs vérités, & de nous apprendre de belles règles de Morale. Entre les Fables, il n'y en a point de plus excellentes que celles d'Ovide ; parce qu'on en peut tirer une Morale qui a beaucoup de rapport avec celle de l'Écriture-Sainte, & qu'il est impossible d'acquérir une parfaite connoissance des Poëtes, sans celle des Métamorphoses.

On en est assez persuadé, puisque tous les gens d'esprit qui destinent leurs enfans aux Belles-Lettres, ne manquent pas de leur faire enseigner la Fable. Mais soit que l'on trouve peu de maîtres qui la possédent bien, ou qu'il y ait peu de livres qui en parlent assez succintement, sans rien obmettre d'essentiel : on ne voit pas un grand nombre de personnes qui la sçachent parfaitement.

Cet Ouvrage sera propre pour les Maîtres & pour les Écoliers, puisque les uns y trouveront exactement tout ce qu'il faut enseigner, & les autres ce qu'ils doivent apprendre.

Le peu d'explication & de morale qu'on a mis à la fin de chaque article suffira pour faire comprendre, qu'elles ont été inventées afin d'instruire les enfans sans les fatiguer : c'est pourquoi il faut observer, en les leur enseignant, de n'en point faire une occupation sérieuse, mais feindre de les divertir.

Les Fables ont été inventées pour aider la foiblesse des enfans, qui ne pouvant pas encore soutenir la gravité des préceptes, ni s'embarrasser d'une longue suite de règles de Morale, reçoivent les premières impressions de la vertu, lors même qu'ils s'imaginent qu'on ne songe qu'à les amuser. Elles servent d'enveloppe à d'importantes vérités, & l'utile y est déguisé sous l'appas du plaisir.

*Nota.* Il n'eſt point de ſujet ſur lequel l'antiquité payenne ait imaginé autant de Fables, que ſur la nature de Dieu. L'idée du prémier Être s'étant inſenſiblement effacée de l'eſprit des hommes, ils l'attachèrent d'abord à des objets ſenſibles : les Aſtres, ſur-tout le Soleil & la Lune, dont l'éclat frappoit le plus vivement, & dont les influences paroiſſent agir plus immédiatement ſur nous, attirèrent les prémiers hommages, & furent les prémiers Dieux.

De l'adoration des aſtres, on vint à celle des élémens, des fleuves, des fontaines, puis des Souverains & des Hommes illuſtres, & enfin à celle de toute la nature. Tel fut le progrès de l'eſprit humain ſur la divinité, dans le commun des hommes; mais les Philoſophes & les Sages du Paganiſme ne ſe moquoient-ils pas des fables populaires, & n'avoient-ils pas des idées plus ſaines de la nature divine ? Pour peu qu'on éxamine leurs opinions, on verra que ſi elles s'écartent des préjugés vulgaires, elles n'en ſont peut-être pas moins ridicules ni moins extravagantes.

Les uns vouloient que Dieu ne fût autre choſe que la matière toute ſeule, privée de ſentiment & de raiſon : matière infinie & éternelle, qui avoit pû former le monde ; ſoit que l'un des quatre élémens produiſît tous les autres, ſelon Thalès & Anaximène ; ſoit que la matière étant partagée en une infinité d'atômes ou corpuſcules mobiles, ils ayent pris des formes régulières, à force de voltiger fortuitement dans le vuide, comme l'a cru Épicure.

Les autres frappés du bel ordre qu'il y a dans l'Univers, comprirent qu'il devoit être l'effet d'un principe intelligent ; mais ne concevant rien qui ne fût matériel, ils crûrent que l'intelligence faiſoit partie de la matière, & ils attribuèrent cette perfection au feu de l'Éther, qu'ils regardoient comme l'océan de toutes les ames ; ce fut l'opinion des Stoïciens.

# FABLE.

D'autres Philosophes sentirent, que l'intelligence devoit être distinguée de la matière; mais ils la séparèrent si bien, qu'ils prétendirent que cette matière éxistoit indépendamment de l'intelligence, dont le pouvoir se bornoit à mettre les corps en ordre & à les animer: ce fut le sentiment des Platoniciens.

Enfin une quatrième classe des Philosophes, & c'est le plus grand nombre, celle des Académiciens & des Athées, ne pouvant se former l'idée d'un Dieu qui fût ou une matière inanimée, ou une intelligence matérielle; ou un esprit qui n'est point auteur de la matière qu'il met en mouvement: ces Philosophes, dis-je, nioient hardiment, que Dieu fût rien de tout cela: mais en même tems, ils ne se flattoient pas d'avoir rien trouvé de meilleur.

C'est à eux que Cicéron applique la réponse que fit le Poëte Simonide au Tyran Hiéron, qui lui avoit demandé ce que c'est que Dieu. D'abord il demanda un jour pour y penser: le lendemain, deux autres jours: & comme il doubloit chaque fois le nombre des jours qu'il demandoit, Hiéron voulut en sçavoir la cause; *parce que*, dit-il, *plus j'y fais réflexion, plus la chose me paroît obscure.*

Quant aux Poëtes du Paganisme, comment parlent-ils de la Divinité? Ils la distribuent entre tous les êtres animés & inanimés, possibles & impossibles: ils font de leurs Dieux des monstres: ils en représentent de ronds, de quarrés, de triangulaires, de boiteux, d'aveugles: ils parlent d'une manière bouffone des amours d'Anubis avec la Lune: ils disent que Diane eut le fouët, ils font faire à Jupiter son testament sur le point de mourir: ils font battre les Dieux, & les font blesser par des hommes; ils les font fuir en Egypte, où ils sont obligés, pour se cacher, de se revêtir de la peau des crocodiles & des lézards: Appollon pleure Esculape, Cybèle Atys; l'un chassé du ciel, est obligé de garder les troupeaux ; l'autre réduit à travailler à des ouvrages de maçonnerie, n'a pas le crédit de se faire payer : l'un est Musicien, l'autre Forgeron ; l'autre Sage-Femme. En un mot on leur donne des emplois ridicules : ce qui sent plutôt la bouffonnerie du Théatre, que la majesté divine.

# CHAPITRE PRÉMIER.
## UNITÉ DE LA FABLE.
### Le Chaos.

LE *chaos*, selon les Poëtes ( & entr'autres selon Hésiode dans sa Théogonie, & Ovide au commencement de ses Métamorphoses, ) est une masse informe & grossière, ou un mêlange confus de toutes choses, qui servit de matière prémière à la production du monde. Il n'y avoit point, dit Ovide, de Soleil qui fît le jour, ni de Lune qui éclairât la nuit : la terre n'étoit pas encore suspendue au milieu de l'air qui l'environne ; & la mer n'étoit pas encore renfermée dans des bords. Par-tout où il y avoit de la terre, il y avoit de l'air & de l'eau : ainsi la terre n'avoit point de fermeté, l'eau n'étoit pas navigable, l'air n'étoit point éclairé ; enfin il n'y avoit rien dans l'Univers qui eût quelque forme. Mais, poursuit-il, un Dieu sépara le ciel d'avec la terre, & la terre d'avec les eaux ; & il tira de l'air ce qu'il y avoit de plus pur, pour en faire l'élément du feu. Par cette description il est aisé de voir que les anciens Payens avoient quelque connoissance des Livres de Moyse, & qu'ils avoient communiqué avec les Hébreux ; car ce récit fabuleux du *chaos* paroît avoir été tiré de la véritable histoire de la création du monde, que Moyse nous décrit au commencement de la Génèse.

## CHAPITRE II.
### BINAIRE DE LA FABLE.
*Nature,*                                        *Cybelle.*

### NATURE.

I. La *Nature*, felon les Poëtes, eft tantôt mère, tantôt fujétte, ou fille ; & tantôt compagne de Jupiter. Au fentiment des anciens Philofophes, la *nature* étoit le Dieu de l'Univers, qu'ils prenoient pour le monde ou l'affemblage de tous les êtres, & qu'ils appelloient le monde. La *nature* étoit auffi fignifiée par les fymboles de la Diane d'Éphèfe.

### CYBELLE.

II. *Cybelle* qu'on appelloit ordinairement la mère des Dieux, & la grande mère, a été crûe femme de Saturne par les Anciens, qui lui donnoient divers noms d'Ops, de Rhée, ou d'Indymène, de Bérécynthia, de bonne Déeffe ; ils la repréfentoient auffi couronnée de tours, avec une clef à la main & un habit peint de diverfes fleurs. Elle étoit affife fur un char traîné par quatre Lions. Le pin lui étoit confacré ; & Atys, qu'elle avoit aimé, fut métamorphofé en cet arbre. Les Prêtres de cette Déeffe étoient Eunuques, & lui faifoient des facrifices, dont Tertullien fe mocque dans fon apologétique, auffi-bien que de ceux qui les offroient.

La Théologie des Payens, qui cachoit fouvent quelque vérité naturelle dans fes myftères fabuleux, nous apprend que cette Déeffe dite *Cybelle*, ( ou à caufe d'un mont de ce nom où elle avoit fes facrifices, ou à caufe du mot de *Cube* ) étoit la terre qui produit toutes chofes. C'eft pour cette raifon qu'ils la

*Tome I.*                                                  Z nommoient aussi la grande-mère. Sa couronne de Tours & de Villes, fait voir que la terre en est couverte. La clef qu'on lui met à la main, marque que durant l'hyver elle renferme toute cette fécondité de semences qui dans le printems commencent à germer, & alors on dit que la terre s'ouvre. Cet habit peint qu'on lui donne, ne peut mieux convenir qu'à la terre, qui est émaillée de tant de sortes de fleurs. Les quatre animaux qui tirent son char, marquent les quatre saisons de l'année, durant lesquelles la terre nous paroît si différente. Quelques autres les prennent pour les quatre qualités de la terre; pour les quatre élémens; ou pour les quatre vents principaux : & si les Anciens avoient connu l'Amérique, nous les pourrions encore comparer aux quatre parties du monde, où la terre a partout une fécondité si dissemblable.

## AUTRE BINAIRE DE LA FABLE.
### *Les Dieux Lares, les Dieux Pénates.*

#### LES DIEUX LARES.

I. Les *Lares* étoient les Dieux domestiques, les Génies de chaque maison, comme les gardiens des familles. Apulée dit que les *Lares* n'étoient autre chose que les ames de ceux qui avoient bien vécu, & bien rempli leur carrière. Au contraire ceux qui avoient mal vécu, erroient vagabonds, & épouvantoient les hommes. Selon Servius, le culte des Dieux *Lares* est venu de ce que l'on avoit coutûme autrefois d'enterrer les corps dans les maisons; ce qui donna occasion au Peuple crédule, de s'imaginer que leurs ames y demeuroient aussi, comme des Génies secourables & propices; & de les honnorer en cette qualité. On peut ajouter que la coutûme s'étant ensuite introduite d'enterrer les morts sur les grands chemins, ce pourroit bien être de-là qu'on prit occasion de les regarder aussi comme les Dieux des chemins. C'étoit le sentiment des Platoniciens, qui des ames des bons, faisoient les *Lares*; & les *Lémures*, des ames des méchans.

Les *Lares*, dit Plaute, étoient représentés anciennement sous la figure d'un chien, sans doute parce que les chiens font la même fonction que les *Lares*, qui est de garder la maison; & on étoit persuadé que ces Dieux en éloignoient tout ce qui auroit pû nuire. Leur place la plus ordinaire dans les maisons étoit derrière la porte, ou autour du foyer. Quand les jeunes garçons étoient devenus assez grands pour quitter les balles, (qu'on ne portoit qu'en la première jeunesse) ils les pendoient au col des Dieux *Lares*. « Trois garçons, revêtus de tuniques » blanches entrèrent, dit Pétrone, deux desquels mirent sur la » table les *Lares* ornés de balles; l'autre tournant avec une » coupe pleine de vin, crioit; *que ces Dieux soient propices.* » Les esclaves y pendoient aussi leurs chaînes, lorsqu'ils recevoient la liberté.

La victime qu'on offroit aux *Lares* étoit un porc, quand on leur sacrifioit en public. Mais en particulier, on leur offroit presque tous les jours du vin, de l'encens, une couronne de laine, & un peu de ce qu'on servoit à la table. On les couronnoit de fleurs, & sur-tout de violette, de myrthe & de romarin. On leur faisoit de fréquentes libations, on alloit même jusqu'aux sacrifices. Les statues de ces Dieux étoient en petit, on les tenoit dans un oratoire particulier : on avoit un soin extrême de les tenir proprement ; il y avoit même ( du moins dans les grandes maisons ) un domestique uniquement occupé au service de ces Dieux ; c'étoit la charge d'un affranchi chez les Empereurs. Cependant il arrivoit quelquefois, qu'on perdoit le respect à leur égard dans certaines occasions, comme à la mort de quelques perfonnes chères ; parce qu'alors on accufoit les *Lares* de n'avoir pas bien veillé à leur confervation ; & de s'être laiffé furprendre par les Génies malfaifans. Un jour Caligula fit jetter les fiens par la fenêtre ; parce, difoit-il, qu'il étoit mécontent de leur fervice.

On diftinguoit plufieurs fortes de *Lares*, outre ceux des maifons, qu'on appelloit auffi familiers : les *Lares* publics, qui préfidoient aux bâtimens publics : les Lares de Ville, *urbani* : ceux des carrefours, *compitales* : les Lares des chemins, *viales* : les Lares de la campagne, *rurales* : les Lares ennemis, *hoftilii*, ceux qui avoient foin d'éloigner l'ennemi.

Les douze grands Dieux étoient mis, même au nombre des *Lares*. Afconius Pedianus, expliquant le *Diis Magnis* de Virgile, prétend que les grands Dieux font les *Lares* de la Ville de Rome. Janus, au rapport de Macrobe, étoit un des Dieux *Lares*, parce qu'il préfidoit aux chemins. Appollon, Diane, Mercure étoient auffi réputés *Lares*, parce que leurs Statues fe trouvoient au coin des rues, ou fur les grands chemins. En général tous les Dieux qui étoient choifis pour Patrons & Tutélaires des lieux, & des Particuliers, tous les Dieux dont on éprouvoit la protection, en quelque genre que ce fût, étoient appellés *Lares*. Properce nous dit, que ce furent les *Lares* qui chaffèrent Annibal de devant Rome ; parce que ce furent quelques phantômes nocturnes, qui lui donnèrent de la frayeur.

Les *Lares* avoient un Temple à Rome dans le champ de Mars. On les y honnoroit fous le nom de *Grondiles*, c'eft-à-dire, *grognants*, comme font les porcs ; c'eft Romulus qui leur donna ce nom, en mémoire de la truie qui avoit mis bas trente petits cochons en une feule fois. Ils avoient auffi une fête particulière, qui arrivoit le onze avant les calendes de Janvier. Macrobe l'appelle la folemnité des petites Statues, *celebritas Sigillariorum*. On honoroit ces Dieux chaque jour dans les maisons particulières, où il y avoit une espèce d'oratoire qu'on appelloit *Laraire*. Ce que dit Lampride du *Laraire* d'Aléxandre Sévère, mérite d'avoir place ici. Lorsque cet Empereur se trouvoit dans les dispositions nécessaires, il sacrifioit le matin dans son *Laraire*, où il avoit placé les grands hommes que leur sainteté avoit fait mettre au rang des Dieux ; à Appollonius de Tyane, à Abraham, à Orphée, à Aléxandre le Grand, au Christ.

Il est singulier de trouver ce dernier nom parmi les Divinités d'un Prince Payen. Outre ce *Laraire*, il en avoit un autre, où il mettoit les grands hommes qu'il n'avoit pas déifiés : tels étoient Virgile, Cicéron, Achille & autres. Marc Aurele avoit un *Laraire*, où il mettoit les grands hommes, & ceux qui avoient été ses Maîtres en différens genres de Littérature : il portoit tant d'honneur à ses Maîtres, dit Lampride son Historien, qu'il tenoit leurs statues d'or dans son *Laraire* ; & se rendoit même à leurs tombeaux, pour les honorer encore : en leur offrant des sacrifices & des fleurs.

## Les Dieux Pénates.

II. Les Dieux *Pénates* étoient regardés ordinairement, comme les Dieux de la patrie ; mais on les prenoit aussi fort souvent pour les Dieux des maisons particulières ; & en ce sens là ils ne différoient point des Lares. « Les Romains, dit
» Denys d'Halicarnasse, appellent ces Dieux, *Pénates* : ceux qui
» ont tourné ce nom en Grec, les ont appellés, les uns les
» Dieux paternels, les autres les Dieux originaires ; ceux-ci
» les Dieux des possessions, quelques-uns les Dieux secrets ou
» cachés ; les autres, les Dieux défenseurs. Il paroît que chacun
» a voulu exprimer quelques propriétés particulières de ces

» Dieux, mais dans le fond il femble qu'ils veuillent tous dire
» la même chofe ».

Le même Auteur donne la forme des Dieux *Pénates* apportés de Troie, telle qu'on la voyoit dans un Temple près du Marché Romain ; c'étoit, dit-il, deux jeunes hommes affis, armés chacun d'une pique.

Les *Pénates* Troyens, dit Macrobe, avoient été tranfportés par Dardanus, de la Phrygie dans la Samothrace ; Enée les apporta depuis de Troie en Italie. Il y en a qui croient que ces *Pénates* étoient Apollon & Neptune ; mais ceux qui ont fait des recherches plus éxactes, difent que les *Pénates* font les Dieux par lefquels feuls nous refpirons, defquels nous tenons le corps & l'ame. Comme Jupiter, qui eft la moyenne région éthérée ; Junon, c'eft-à-dire, la plus baffe région de l'air avec la terre ; & Minerve, qui eft la fuprême région éthérée. Tarquin inftruit dans la religion des Samothraces, mit ces trois Divinités dans le même Temple, & fous le même toît. Ces Dieux Samothraciens, ou les *Pénates* des Romains, continue Macrobe, s'appelloient les grands Dieux, les bons Dieux, & les Dieux puiffans.

Dans la fuite on appella plus particulièrement Dieux *Pénates*, tous ceux que l'on gardoit dans les maifons. Suetone nous dit que dans le Palais d'Augufte, il y avoit un grand appartement pour les Dieux *Pénates*. Une palme, dit-il, étant née devant fa maifon, dans la jointure des pierres, il la fit apporter dans la cour des Dieux *Pénates*, & eut grand foin de la faire croître.

Comme il étoit libre à chacun, de fe choifir fes protecteurs particuliers ; les *Pénates* domeftiques fe prenoient parmi les grands Dieux, & quelquefois parmi les hommes déifiés. Par une Loi des douze Tables, il étoit ordonné de célébrer religieusément les sacrifices des Dieux *Pénates* ; & de les continuer sans interruption dans les familles, de la manière que les chefs de ces familles les avoient établis. Les prémiers *Pénates* ne furent d'abord que les mânes des ancêtres, que l'on se faisoit un devoir d'honorer ; mais dans la suite, on y associa tous les Dieux.

On plaçoit les Statues des *Pénates* dans le lieu le plus secret de la maison ; là, on leur élevoit des autels ; on tenoit des lampes allumées, & on leur offroit de l'encens, du vin, & quelquefois des victimes. La veille de leurs fêtes, on avoit soin de parfumer leurs Statues, même de les enduire de cire pour les rendre luisantes. Pendant les Saturnales, on prenoit un jour pour célébrer la fête des *Pénates* : & de plus tous les mois, on destinoit un jour pour honorer ces Divinités domestiques. Ces devoirs religieux étoient fondés sur la grande confiance que chacun avoit en ses *Pénates*, qu'on regardoit comme les protecteurs particuliers des familles, de sorte qu'on n'entreprenoit rien de considérable sans les consulter, comme des Oracles familiers.

## CHAPITRE III.
### TERNAIRE DE LA FABLE.

*Jupiter,*     *Neptune,*     *Pluton.*

#### JUPITER.

I. LEs Payens nommoient *Jupiter* le père des Dieux & des hommes ; il étoit fils de Saturne & de Cybèle. On dit que celle-ci s'apperçut que son mari dévoroit ses enfans, d'abord qu'elle en étoit délivrée ; & que craignant pour *Jupiter* & pour Junon, qu'elle venoit de mettre au monde, elle lui supposa un caillou que Saturne dévora. Cependant *Jupiter* fut élevé dans la Crète parmi les cris des Corybantes, pour empêcher que ses cris ne le découvrissent à son père ; & on le nourrit du lait de la chèvre Amalthée, depuis changée en constellation.

Les Anciens lui ont donné divers noms ; quelques-uns ont crû qu'il y avoit eu trois *Jupiters*, comme Cicéron ; & d'autres qui ont fait une supputation plus juste, en ont compté jusqu'à trois cens, qui font partie de ce grand nombre de trente mille Dieux, que reconnoissoit le Paganisme. On attribue pourtant toutes les actions de ces différents *Jupiters* à un seul, qui remporta la victoire sur les Titans & sur les Géans ; qui fut père de Mercure, d'Apollon, de Minerve, & qui, pour satisfaire ses amours & tromper ses maîtresses, se transforma tantôt en cygne, tantôt en taureau ; puis en aigle, en bélier, en serpent, en pluie d'or.

La Théologie Payenne le considéroit comme la pure intelligence qui a créé le monde. C'est pour cela qu'on le nomma
*Mœragète*

*Mœragète* ou Conducteur des Parques, comme celui qui dispose de tout ce que notre seul défaut de lumière, & la pure foiblesse de notre esprit a fait appeller fatalité & destin. Pausanias assure, que les Grecs donnoient trois yeux à une statue de *Jupiter*, pour marquer sa connoissance de tout ce qui se passe dans le Ciel, sur la terre, & dans les enfers; ce qui peut encore être rapporté au temps passé, au présent, & à l'avenir.

La Fable dit que *Jupiter* étant devenu grand, chassa son père Saturne ( qui lui dressoit des embûches, pour lui faire perdre la vie & la couronne ) ; & qu'il partagea l'Empire du monde avec ses deux frères. *Jupiter* eut le Ciel & la terre : Neptune eut la mer en partage : & Pluton fut Roi des enfers.

Les Poëtes ajoûtent que *Jupiter* fut le mari de toutes les femmes, attribuant à un seul ce que plusieurs avoient fait; & qu'il se métamorphosa, tantôt en satyre, pour forcer Antiopé; tantôt en bœuf, pour enlever Europe ; tantôt en cygne, pour abuser de Léda ; tantôt en pluie d'or, pour corrompre Danaé ; & en plusieurs autres figures, qui marquent les moyens dont il se servoit, & que l'on explique dans la Mythologie.

Le prémier nom de ce Dieu étoit *Jovis*, auquel ajoutant *Pater*, on fit *Jupiter*; & il y a apparence qu'il fut reconnu pour le prémier des Dieux, à cause du rapport de *Jovis* avec *Jéhova*, qui étoit le nom que les Hébreux donnoient au vrai Dieu. Ce Dieu des Payens avoit son sépulcre dans l'Isle de Crète, & Varron assure qu'on l'y voyoit de son temps.

On répréfentoit *Jupiter* assis dans un thrône d'yvoire, tenant un sceptre en sa main gauche, & un foudre à la droite qu'il lançoit sur les Géans ; avec un aigle entre ses jambes, qui portoit Ganymède.

Selon les Physiciens, par *Jupiter* il faut entendre le ciel ou l'air. Quelques-uns néanmoins ont voulu que ce fût le Soleil,

& Platon étoit de ce sentiment. D'autres ont cru que *Jupiter* n'étoit autre chose que l'âme du monde, laquelle conduit les cieux & les astres, & fait agir les Elémens.

## Neptune.

II. *Neptune* estimé Dieu de la mer, étoit fils de Saturne & d'Ops, frère de Jupiter & de Pluton. Il épousa Amphitrite, & eut diverses maîtresses qui lui firent plusieurs enfans. On dit qu'ayant été chassé du ciel avec Apollon, pour avoir conspiré contre Jupiter, il bâtit les murailles de Troye. Il eut encore dispute avec Minèrve, pour donner le nom à Athènes; où il fit naître un cheval avec un coup de trident. C'est pour cette raison que les Anciens lui sacrifioient cet animal; & que les Romains avoient institué les jeux *Circenses*, où l'on faisoit des courses de chevaux à l'honneur de *Neptune*.

*Neptune* fut un des Princes Titans, qui dans le partage que les trois frères firent de l'Univers, c'est-à-dire, du vaste empire des Titans, eut pour son lot la mer, les isles, & tous les lieux qui en sont proches : c'est pourquoi il fut regardé comme le Dieu de la mer. Selon Diodore, *Neptune* fut le prémier qui s'embarqua sur la mer avec l'appareil d'une armée navale ; Saturne lui avoit donné le commandement de sa flotte, avec laquelle il eut toujours soin d'arrêter toutes les entreprises des Princes Titans, & d'empêcher les établissemens qu'ils vouloient faire dans quelques Isles : & lorsque Jupiter son frère, qu'il servit toujours très-fidèlement, eut obligé ses ennemis à se retirer dans les Pays occidentaux, il les y serra de si près, qu'ils ne pûrent jamais en sortir : ce qui donna lieu à la Fable qui porte, que *Neptune* tenoit les Titans enfermés dans l'enfer, & les empêchoit de remuer.

*Neptune* a été un des Dieux du Paganisme des plus honorés;

les Lybiens le regardèrent comme leur plus grande divinité, il y eut en Gréce & dans l'Italie, fur-tout dans les lieux maritimes, un grand nombre de Temples élevés en fon honneur, des Fêtes & des Jeux; en particulier les Jeux Ifthmiques, & ceux du Cirque à Rome lui fûrent fpécialement confacrés fous le nom d'Ippius, parce qu'il y avoit des courfes de chevaux. Les Romains même avoient tant de vénération pour ce Dieu, qu'outre les Neptunales qu'ils célébroient en fon honneur au mois de Juillet, ils lui avoient encore confacré tout le mois de Février, pour le prier d'avance d'être favorable aux navigateurs, qui dès le commencement du printems fe difpofoient aux voyages de mer.

Ce qu'il y avoit de fingulier, c'eft que comme on croyoit que *Neptune* avoit formé le prémier cheval, les chevaux & les mulets couronnés de fleurs demeuroient fans travailler pendant les Fêtes de ce Dieu, & jouiffoient d'un repos que perfonne n'ofoit troubler. Les victimes ordinaires de ce Dieu étoient le cheval & le taureau. Les Arufpices lui offroient le fiel des victimes, par la raifon que l'amertume de ce vifcère convenoit à l'eau de la mer. Platon dans fon Critias nous apprend que *Neptune* avoit un Temple magnifique dans l'Ifle Atlantique, où l'or, l'argent & les plus précieux métaux brilloient par-tout.

On trouve *Neptune* repréfenté ordinairement tout nud & barbu, tenant un trident fon fymbole le plus commun, & fans lequel on ne le voit guères. Il paroit tantôt affis, tantôt debout fur les flots de la mer, fouvent fur un char traîné par deux ou quatre chevaux; ce font quelquefois des chevaux ordinaires, quelquefois des chevaux marins, qui ont la partie fupérieure de cet animal, pendant que tout le bas fe termine en queue de poiffon.

Dans un ancien monument, *Neptune* eft affis fur une mer

tranquille, avec deux Dauphins qui nâgent fur la fuperficie de l'eau, ayant près de lui une proüe de navire chargé de grains ou de marchandifes, ce qui marquoit l'abondance que procure une heureufe navigation. Dans un autre monument, on le voit affis fur une mer agitée avec le trident planté devant lui, & un oifeau monftrueux à tête de dragon, qui femble faire effort pour fe jetter fur lui, pendant que *Neptune* demeure tranquille, & paroît même détourner la tête ; c'étoit pour exprimer que ce Dieu triomphe également des tempêtes & des monftres de la mer.

Ajoutons aux monumens de pierre ou d'airain, un monument plus durable encore ; c'eft la belle defcription que Virgile nous fait du cortége de ce Dieu, quand il va fur la mer. « *Neptune*, » dit-il, fait atteler fes chevaux à fon char doré, & leur aban- » donnant les rênes, il vole fur la furface de l'onde. A fa pré- » fence les flots s'applaniffent, & les nuages fuient. Cent monf- » tres de la mer fe raffemblent autour de fon char : à fa droite, » la vieille fuite de Glaucus, Palémon, les légers Tritons : à fa » gauche, les Néréides ».

## Pluton.

III. *Pluton* étoit fils de Saturne, frère de Jupiter & de Neptune ; il eut en partage les enfers, comme fes frères le ciel & la mer. On le repréfentoit fur un chariot tiré par quatre chevaux noirs, & tenant des clefs à la main ; pour dire qu'il avoit la clef de la mort, & que les chevaux couroient dans les quatre âges de l'homme. Les Poëtes ont auffi feint qu'il ravit Proferpine, fille de Cérès.

On eftime que *Pluton* inventa les pompes funèbres & les cérémonies des enterremens, ce qui fit dire qu'il étoit le Dieu des enfers. D'autres le confondent avec *Plutus* Dieu des richeffes, qu'Ariftophane fait aveugle, pour dire qu'il ne fe communique ni au mérite, ni à la vertu. On le croyoit le Dieu des richeffes, d'où il a tiré fon nom de *Pluton*, parce qu'il avoit des mines en Épire, où il faifoit travailler : & c'eft de-là auffi qu'eft venuë l'opinion des Poëtes, qui plaçent les enfers fous la terre. Ils le repréfentent auffi aveugle, parce que, difent-ils, il comble de biens les plus indignes, & laiffe dans le befoin ceux qui ont le plus de mérite.

Ce Dieu étoit généralement haï, ainfi que tous les Dieux infernaux, parce qu'on le croyoit infléxible, & qu'il ne fe laiffoit jamais toucher aux prières des hommes. C'eft pour cela qu'on ne lui érigeoit ni temple, ni autel ; & qu'on ne compofoit point d'hymne en fon honneur. On ne lui immoloit que des victimes noires ; & la victime la plus ordinaire étoit le taureau. La principale cérémonie dans fes facrifices, confiftoit à répandre le fang des victimes dans des foffes près de l'autel; comme s'il avoit dû pénétrer jufqu'au fombre royaume de ce Dieu. Tout ce qui étoit de mauvaife augure, lui étoit fpécialement confacré.

Tous les Gaulois fe vantent, dit Céfar dans fes Commentaires, de defcendre de *Pluton*, fuivant la doctrine de leurs Druïdes : c'eft pourquoi ils comptent les efpaces du tems, non par les jours, mais par les nuits : les jours de la naiffance, les mois & les années commencent chez eux par la nuit, & finiffent par le jour. Il faut que *Pluton* ait été un des principaux Dieux des anciens Gaulois, quoique Céfar ne le dife pas ; puifqu'ils le croyoient leur père, & fe glorifioient d'être defcendus de lui.

# CHAPITRE IV.
## QUATERNAIRE DE LA FABLE.

Les quatre principaux Dieux des Égyptiens.

SÇAVOIR,

*Osiris*,  *Isis*,  *Orus*,  *Apis* ou *Sérapis*.

OSIRIS.

I. OSIRIS étoit un des grands Dieux des Égyptiens ; & le plus généralement honoré dans tout le Pays. On dit, qu'il étoit fils de Saturne & de Rhéa, frère & époux d'Isis; mais selon les Historiens, il étoit fils de Phoronée, Roi d'Argos : ayant laissé le royaume à Égialée son frère, il alla s'établir en Égypte ; où il régna avec Isis dans une grande union, s'appliquant l'un & l'autre à polir leurs sujets, à leur enseigner l'agriculture, & plusieurs autres arts nécessaires à la vie.

Après cela, il se proposa d'aller conquérir l'Univers ; moins par la force des armes, que par la douceur de la persuasion: & pour cela, il se mit en campagne, avec une armée toute composée d'hommes & de femmes, laissant la régence de son royaume à Isis son épouse, assistée de Mercure & d'Hercule; dont le prémier étoit Chef de son Conseil ; & l'autre Intendant des Provinces.

Il parcourut d'abord l'Éthiopie, où il fit élever des digues contre les inondations du Nil : de-là il traversa l'Arabie, les Indes, vint ensuite en Europe ; parcourut la Thrace & les contrées voisines, laissa par-tout des marques de ses bienfaits, ramena les hommes alors entiérement sauvages aux douceurs de la société civile ; leur apprit l'agriculture, à bâtir des Villes

& des Bourgs, & revint comblé de gloire; après avoir fait élever par-tout des colonnes & d'autres monumens, fur lefquels étoient gravés fes exploits; & voilà les conquêtes tant vantées par les Poëtes, du Bacchus Grec.

Ce Prince de retour en Égypte, trouva que fon frère Typhon avoit fait des brigues contre le Gouvernement; & qu'il s'étoit rendu redoutable. *Ofiris* qui avoit l'ame pacifique, chercha à calmer cet efprit ambitieux; mais il ne put fe garantir de fes embûches. Typhon l'ayant invité un jour à un grand feftin, propofa après le repas aux conviés, de fe mefurer dans un coffre d'un travail exquis, promettant de le donner à celui qui feroit de même grandeur. *Ofiris* s'y étant mis à fon tour, les conjurés fermèrent le coffre; & le jettèrent dans le Nıl. Ifis informée de la fin tragique de fon époux, fit chercher fon corps; & après des peines infinies, elle le trouva fur les côtes de la Phénicie, où les flots l'avoient jetté: elle le rapporta à Abydon, Ville d'Égypte fur le Nil, où elle lui fit élever un magnifique monument, puis elle s'occupa du foin de venger fa mort.

Les Égyptiens pour conferver la mémoire des bienfaits qu'ils avoient reçus de ce Prince, lui rendirent les honneurs divins, fous le nom de Sérapis leur grande Divinité: & comme *Ofiris* leur avoit enfeigné l'agriculture, ils lui donnèrent des bœufs pour fymbole. On le repréfentoit avec une efpèce de mître fur la tête, de deffous laquelle fortoient deux cornes: il tenoit de la main gauche un bâton recourbé comme une croffe; & de la droite, une efpèce de fouët à trois cordons. C'eft qu'*Ofiris* étoit pris pour le Soleil; auquel on donnoit un fouët, pour animer les chevaux qui traînoient le char dont il fe fervoit pour faire fa courfe.

*Ofiris* fe voit encore fouvent repréfenté avec la tête d'épervier ; parce que, dit Plutarque, cet oiseau a la vûe perçante & le vol rapide ; ce qui convient au Soleil. Ajoutons qu'Isis & *Osiris* étoient les deux principaux Dieux, sur lesquels rouloit toute la Théologie Égyptienne : & à parler éxaƈtement, ils étoient tous les Dieux du Paganisme ; toutes les Divinités particulières de l'un & de l'autre sèxe n'étant que des attributs d'*Osiris* & d'Isis.

## Isis.

II. *Isis*, Divinité Égyptienne : on ne convient pas de son origine, mais elle est beaucoup plus ancienne que l'Io des Grecs. Plutarque dit, qu'elle étoit fille de Saturne & de Rhéa; & qu'elle eut pour frère & pour mari Osiris. Il ajoute, suivant une tradition extravagante, qu'*Isis* & Osiris conçus dans le même sein, s'étoient mariés dans le ventre de leur mère ; & qu'*Isis* en naissant, étoit déjà grosse d'un fils.

Ils règnèrent en Égypte, vivants dans une parfaite union ; s'appliquant l'un & l'autre à polir leurs sujets, à leur enseigner l'agriculture, & les autres arts nécessaires à la vie. Osiris ayant perdu la vie par les embûches de Typhon son frère, *Isis* après l'avoir long-tems pleuré, lui fit de magnifiques funérailles, vengea sa mort en poursuivant le tyran ; & après l'avoir fait périr, elle gouverna l'Égypte durant la minorité de son fils Orus.

Après sa mort, les Égyptiens l'adorèrent avec son mari ; & parce qu'ils s'étoient appliqués pendant leur vie à enseigner l'agriculture, le bœuf & la vache devinrent leurs symboles. On institua des fêtes en leur honneur, dont une des principales cérémonies fut l'apparition du Bœuf Apis. On publia dans la suite, que les ames d'*Isis* & d'Osiris étoient allées habiter dans le soleil & dans la lune : puisqu'ils étoient devenus eux-mêmes

ces

## Fable, Chap. IV.

ces aftres bienfaifans ; enforte qu'on confondoit leur Culte, avec celui du Soleil & de la Lune.

Les Égyptiens célébroient la Fête d'*Ifis*, dans le tems qu'ils la croyoient occupée à pleurer la mort d'Ofiris ; c'étoit le tems que l'eau du Nil commençoit à monter ; ce qui leur faifoit dire, que le Nil après s'être groffi des larmes d'*Ifis*, inondoit & fertilifoit leurs terres.

*Ifis* paffa enfuite pour être la Déeffe univerfelle, à laquelle on donnoit différens noms, fuivant fes différens attributs. Écoutons Apulée, qui fait ainfi parler cette Déeffe : « je fuis la Nature, Mère de toutes chofes ; maîtreffe des élémens, le commencement des fiécles, la Souveraine des Dieux, la Reine des Mânes, la première des Natures céleftes, la face uniforme des Dieux & des Déeffes ; c'eft moi qui gouverne la fublimité lumineufe des Cieux, les vents falutaires des Mers, le filence lugubre des Enfers. Ma Divinité unique, mais à plufieurs formes, eft honorée avec différentes Cérémonies, & fous différents noms. Les Phrygiens m'appellent la pénultième mère des Dieux ; ceux de Crète, Diane Dictymne ; les Siciliens, Proferpine Stygienne ; les Eleufiniens, l'Ancienne Cérès, d'autres Junon ; d'autres, Bellone ; quelques-uns, Hécaté. Il y en a auffi qui m'appellent Rhamnufion ; mais les Égyptiens m'honorent avec des Cérémonies qui me font propres ; & m'appellent de mon véritable nom, la Reine *Ifis* ». On a trouvé une ancienne infcription, qui confirme l'idée d'Apulée : *Déeffe Ifis, qui eft une, & toutes chofes.*

Les Grecs qui vouloient ramener toute l'Antiquité à leur propre Hiftoire, ont prétendu qu'*Ifis* étoit la même qu'Io, fille d'Inachus ; quoique leurs Fables ne fe reffemblent en rien : c'eft pour cela qu'on trouve quelques ftatues d'*Ifis*, avec des cornes de vaches ; quoiqu'on les prenne auffi pour les cornes ou le croiffant de la Lune.

*Tome I.*     B b

*Isis* étoit sur-tout honorée à Bubaste, à Copte & à Aléxandrie. « A Copte, dit Élien, on honore la Déesse *Isis* en bien
» des manières : une entr'autres, est le Culte que lui rendent les
» femmes, qui pleurent la perte de leurs maris, de leurs en-
» fans & de leurs frères. Quoique le pays soit plein de grands
» Scorpions, dont la piquure donne promptement la mort, &
» sans remède : & que les Égyptiens soient fort attentifs à les
» éviter ; ces pleureuses d'*Isis*, quoiqu'elles couchent à platte
» terre, qu'elles marchent pieds nuds, & même pour ainsi dire,
» sur ces Scorpions pernicieux, n'en souffrent jamais de mal.
» Ceux de Copte honorent aussi les Chevrettes, disant que la
» Déesse *Isis* en fait ses délices ; mais ils mangent les chevreuils ».

Un homme étant entré dans le temple d'*Isis* à Copte, pour sçavoir ce qui se passoit dans les Mystères de cette Déesse, & en rendre compte au Gouverneur ; il en fut en effet témoin, s'acquitta de sa commission ; mais il mourut aussi-tôt après, dit Pausanias. « Lequel ajoute à cette occasion : il semble qu'Homère
» ait eu raison de dire, que l'homme ne voit point les Dieux im-
» punément ». Les Romains adoptèrent avec beaucoup de répugnance le Culte d'*Isis* : il y fut long-tems proscrit, peut-être à cause de ses figures bizarres ; mais après qu'il eut forcé les obstacles, il s'y établit si bien, qu'un grand nombre de lieux publics à Rome prirent le nom d'*Isis*. Il est vrai qu'on donna à ses statues une forme plus supportable.

Le symbole le plus familier d'*Isis*, est le Sistre, qu'on lui mèt à la main. C'est un instrument long avec un manche, le milieu en est vuide, & la partie d'en-haut plus large que celle d'en-bas, finit ordinairement en demi-cercle. Ce milieu vuide est traversé de baguettes de fer, ou de bronze ; tantôt de trois, tantôt de quatre. Plutarque dit, qu'au haut du Sistre, on représentoit un chat, qui avoit une face d'homme ; ou au lieu du chat, un sphinx, une fleur de lotus, un globe. L'usage du Sistre dans les Mystères d'*Isis*, étoit comme celui de la cymbale dans ceux de Cybèle ; pour faire du bruit, dans les temples & dans les processions : ces Sistres rendoient un son à-peu-près semblable à celui des castagnettes.

Ajoutons enfin, que le Culte d'*Isis* passa d'Égypte jusques dans les Gaules. On croit même, que la Ville de Paris en a pris son nom ; & qu'il y avoit à Issi près de Paris, un Temple d'*Isis* ; comme plusieurs monumens en font foi.

## Orus.

III. *Orus*, fils d'Osiris & d'Isis, fut, dit-on, le dernier des Dieux qui régnèrent en Égypte. Il fit la guerre au tyran Typhon, qui avoit fait périr Osiris ; & après l'avoir vaincu & tué de sa main, il monta sur le trône de son père. Mais il succomba ensuite sur la puissance des Princes Titans, qui le mirent à mort. Isis sa mère, qui possédoit les secrets les plus rares de la Médecine, celui même de rendre immortel, ayant trouvé le corps d'Orus dans le Nil, lui rendit la vie ; & lui procura l'immortalité, en lui apprenant dit Diodore, la Médecine & l'Art de la divination. Avec ces talens, *Orus* se rendit célèbre, & combla l'Univers de ses bienfaits.

Les figures d'*Orus* accompagnent souvent celles d'Isis, dans les monumens Égyptiens. Il est ordinairement représenté sous la figure d'un jeune enfant ; tantôt vêtu d'une tunique, & tantôt emmailloté & couvert d'un habit bigarré en losenges. Il tient de ses deux mains un bâton, dont le bout est terminé par la tête d'un oiseau, & par un fouët. Plusieurs habiles Mythologues croient qu'*Orus* est le même qu'Harpocrate ; & que l'un & l'autre ne sont que des symboles du Soleil.

## Apis ou Sérapis.

IV. *Apis*, célèbre Divinité des Égyptiens. C'étoit un Bœuf qui avoit certaines marques fur le corps, & que toute l'Égypte regardoit comme un Dieu : il repréfentoit, difoit-on, l'ame du Grand Ofiris, qui s'y étoit retirée préférablement à tous les autres animaux ; parce qu'il étoit le fymbole de l'Agriculture, que ce Prince avoit pris tant de foin de perfectionner. Ce Bœuf devoit être noir par-tout le corps, avec une marque blanche & quarrée fur le front : il devoit avoir fur le dos la figure d'un aigle ; un nœud fous la langue, de la figure de l'efcarbot ; les poils de la queue doubles, & une marque blanche fur le côté droit, qui devoit reffembler au croiffant de la Lune. Enfin, la géniffe qui le portoit, devoit l'avoir conçu d'un coup de tonnerre.

Comme il eft difficile de croire que ces marques fe trouvaffent naturellement, il n'eft pas douteux que les Prêtres les imprimoient à quelques jeunes veaux, qu'ils faifoient nourrir fecrettement ; & s'ils demeuroient quelquefois long-tems à faire paroître leur Dieu *Apis* ; c'étoit pour ôter le foupçon de cette fupercherie.

Quand on avoit découvert un taureau propre à repréfenter *Apis* ; avant de le conduire à Memphis, on le nourriffoit pendant quarante jours dans la Ville du Nil ; & il y étoit fervi par des femmes ; elles feules avoient même la liberté de le voir, & paroiffoient devant lui d'une manière très-indécente. La quarantaine expirée, on le mettoit dans une barque, où il y avoit une niche dorée pour le reçevoir ; c'eft ainfi qu'il defcendoit le Nil jufqu'à Memphis.

A fon arrivée, les Prêtres l'alloient recevoir en grande pompe, fuivis d'une foule de peuple qui s'empreffoient de l'approcher : on croyoit que les enfans, qui avoient fenti fon haleine, devenoient capables de prédire l'avenir. Il étoit conduit dans le Temple d'Ofiris, où il avoit deux fuperbes étables : Hérodote ne parle que d'une, qui étoit un ouvrage de Pfamméticus ; laquelle au lieu de colonnes, étoit foutenue de ftatues coloffales, de douze coudées ou de dix-huit pieds de hauteur.

Ce Bœuf étoit prefque toujours renfermé dans une de fes loges, & ne fortoit que rarement ; fi ce n'eft dans un préau, où les étrangers avoient la liberté de le voir. Dans les occafions où on le promenoit par la Ville, il étoit efcorté d'Officiers qui éloignoient la foule ; & précédé d'enfans, qui chantoient des hymnes à fa louange.

Selon les Livres facrés des Égyptiens, ce Bœuf ne devoit vivre qu'un certain tems ; quand il touchoit à ce terme, les Prêtres le conduifoient fur le bord du Nil : & le noyoient avec beaucoup de cérémonie. On l'embaumoit, & on lui faifoit des Obféques magnifiques : la dépenfe étoit fi peu épargnée, que ceux qui étoient commis à fa garde, s'y ruinoient ordinairement. Du tems de Ptolomée Lagus, on emprunta cinquante talens pour les frais de fes Obféques.

Après la mort du Bœuf *Apis*, le peuple pleuroit & fe lamentoit, comme fi Ofiris venoit de mourir ; toute l'Égypte étoit dans un grand deuil, jufqu'à ce qu'on eût fait paroître fon fucceffeur : alors on commençoit à fe réjouir, comme fi le Prince fût reffufcité lui-même, & la fête duroit fept jours.

Cambife Roi de Perfe, à fon retour d'Éthiopie, trouvant le peuple occupé à célébrer la fête de l'apparition d'*Apis*, crut qu'on fe réjouiffoit de la difgrace qu'il venoit d'effuyer dans fon expédition ; il fit amener devant lui le prétendu Dieu, à qui il donna un coup d'épée dont il mourut, fit fuftiger les Prêtres ; & ordonna à fes foldats de maffacrer tous ceux qui célébreroient cette fête.

Les Égyptiens confultoient *Apis* comme un Oracle ; lorfqu'il prenoit ce qu'on lui préfentoit à manger, c'étoit une réponfe favorable ; & on regardoit comme un mauvais préfage le refus qu'il en faifoit. Pline obferve, qu'il ne voulut pas manger ce que Germanicus lui offrit, & que ce Prince mourut bientôt après. Il en étoit de même des deux loges qu'on lui avoit bâties ; lorfqu'il entroit dans une, c'étoit un bon augure pour l'Égypte : & un mauvais, quand la fantaifie le conduifoit dans l'autre. Ceux qui venoient le confulter, approchoient l'oreille de la bouche du Dieu ; enfuite fe fermoient les deux oreilles jufqu'à ce qu'ils fuffent fortis de l'enceinte du Temple, & prenoient pour la réponfe du Dieu la première chofe qu'ils entendoient

## AUTRE QUATERNAIRE DE LA FABLE.

### Les quatre Élémens,

#### Sçavoir,

*Feu*,        *Air*,        *Eau*,        *Terre.*

#### Du Feu.

I. Le Culte du *feu* fuivit de près celui qu'on rendit au Soleil, par qui l'Idolâtrie a commencé dans le monde : comme il eft le plus noble des élémens, & une vive image du Soleil, toutes les Nations fe font accordées à l'adorer. Chez les Chaldéens, le plus ancien Peuple connu après le Peuple Hébreu, la Ville d'Ur fut ainfi appellée, à caufe qu'on y adoroit le *feu*. Mais le lieu du monde où l'on révéra davantage cet élément, étoit la Perfe.

Il y avoit des Enclos fermés de murailles & fans toît, où l'on faifoit affiduement du *feu*, & où le Peuple dévot venoit en foule à certaines heures pour prier. Les perfonnes qualifiées fe ruinoient à y jetter des effences précieufes & des fleurs odoriférantes ; ce qu'elles regardoient comme un des plus beaux droits de la Nobleffe. Ces enclos ou ces Temples découverts ont été connus des Grecs, fous le nom de *Pyréia* ou *Pyratéia* ; les Voyageurs modernes en parlent auffi, comme des plus anciens monumens de l'Idolâtrie du *feu*.

Quand les Perfes fentoient un de leurs Rois près de la mort, ils éteignoient le *feu* dans toutes les Villes principales ; & pour le rallumer, il falloit que fon fucceffeur fût couronné.

On s'imaginoit que le *feu* avoit été apporté du Ciel, & mis fur l'autel du prémier Temple, que Zoroaftre avoit fait bâtir dans la Ville de Xis en Médie. On n'y jettoit rien de gras ni d'impur ; on n'ofoit pas même le regarder fixément. Pour en impofer davantage, les Prêtres Payens, toujours fourbes & impofteurs, entretenoient ce *feu* fecrètement, & faifoient accroire au Peuple qu'il étoit inaltérable, & fe nourriffoit de lui-même ; cette erreur n'avoit pas moins lieu à Athènes dans le Temple de Minerve, à Delphes dans celui d'Apollon, & à Rome dans celui de Vefta.

Les Romains qui adoptèrent les Idolâtries les plus groffières, ne manquèrent pas celle du *feu*. D'où vient qu'on ne voyoit autrefois aucun Sacrifice, ni aucune Cérémonie religieufe où il n'entrât du *feu* ; & que celui qui fervoit à parer les Autels & à confumer les victimes, étoit traité avec refpect ; fi ce n'eft par une fuite du premier Culte qu'on a rendu à cet élément ?

Vefta qui fignifie *feu*, a été une des plus anciennes Divinités du Paganifme ; elle étoit honorée à Troye long-tems avant la ruine de cette Ville ; & l'on croit qu'Énée apporta en Italie fa ftatue & fon Culte : c'étoit un de fes Dieux Pénates. Vefta devint une Divinité fi confidérable, que quiconque ne lui facrifioit point, paſſoit pour un impie. Les Grecs commençoient & finiſſoient tous leurs ſacrifices par honorer Veſta, & l'invoquoient la première avant tous les Dieux. Son Culte conſiſtoit principalement à garder le *feu* qui lui étoit conſacré, & à prendre garde qu'il ne s'éteignît, ce qui faiſoit le premier devoir des Veſtales.

Numa Pompilius fit bâtir à Rome un Temple à Veſta, & le fit conſtruire preſque en la forme d'un Globe, non, dit Plutarque, pour ſignifier par-là que Veſta fût le Globe de la terre; mais que par ce Globe il marquoit tout l'Univers, au milieu duquel étoit le *feu*, qu'il appelloit Veſta.

C'eſt dans ce Temple, que l'on entretenoit le *feu* ſacré avec tant de ſuperſtition, qu'il étoit regardé comme un gage de l'Empire du monde : que l'on prenoit pour un pronoſtic malheureux s'il venoit à s'éteindre : & qu'on expioit cette négligence avec un ſoin & des inquiétudes infinis. Lorſque ce *feu* s'éteignoit, on ne pouvoit pas le rallumer d'un autre *feu* ; il falloit, dit Plutarque, en faire de nouveau, en expoſant quelque matière propre à prendre *feu* au centre d'un vaſe concave, préſenté au Soleil. ( Les Miroirs concaves étoient donc dès-lors en uſage. )

Feſtus prétend que ce nouveau *feu* ſe faiſoit par le frotement d'un bois propre à cela, en le perçant. Sans même que le *feu* s'éteignît, on le renouvelloit tous les ans le premier jour de Mars.

Anciennement, chez les Grecs & chez les Romains, il n'y avoit d'autre image ni ſymbole de Veſta, que ce *feu* gardé ſi religieuſement ; & ſi on en fit depuis des ſtatues, elles repréſentoient Veſta la Terre, plutôt que Veſta le *feu* ; mais il y a apparence, qu'on les confondit enſuite l'une avec l'autre.

Le Temple de Veſta à Rome étoit ouvert à tout le monde pendant le jour; mais il n'étoit permis à aucun homme d'y paſſer

passer la nuit; le jour même les hommes ne pouvoient entrer dans l'intérieur du Temple. Ce n'étoit pas seulement dans les Temples, qu'on conservoit le *Feu* sacré de Vesta, mais encore à la porte de chaque maison particulière, d'où vient le nom de Vestibule.

Numa en bâtissant un Temple à Vesta, établit quatre Vestales pour le servir. Tarquin l'ancien en ajouta deux autres, & c'est à ce nombre qu'elles furent toujours fixées depuis. On les choisissoit depuis six ans jusqu'à dix : leur naissance devoit être sans tache, & leur corps sans défaut : elles devoient être d'honnête famille Romaine ; car celles de toutes les autres Villes de l'Empire en étoient exclues.

C'étoit le souverain Pontife qui les recevoit, & quand on ne se présentoit pas volontairement pour remplir la place vacante, il faisoit choix de vingt jeunes filles de l'âge requis, qu'on faisoit tirer au sort, & celle sur laquelle il tomboit étoit reçue. Auguste voyant, que peu de gens de naissance s'empressoient de présenter leurs filles pour être Vestales, permit aux filles d'affranchis d'y être admises.

On les obligeoit de garder la Virginité pendant trente ans, après lesquels il leur étoit libre de se marier. Les dix premières années étoient employées à apprendre les devoirs & les Cérémonies de leur ministère : les dix suivantes, à les exercer ; & les dix dernières, à les enseigner aux novices.

Aussi-tôt qu'une fille étoit reçue Vestale, on lui rasoit les cheveux pour marque de tout affranchissement ; comme on faisoit à l'égard des esclaves que leur maître mettoit en liberté ; car dès-lors elle n'étoit plus sous la puissance paternelle ; & toute jeune qu'elle étoit, elle avoit le pouvoir de tester, & de donner son bien à qui elle vouloit : mais si elle mouroit Vestale sans avoir fait son testament, l'Ordre en héritoit.

*Tome I.*           C c

Leur habillement n'avoit rien de triste ni d'auſtère. C'étoit une eſpèce de rochet blanc, par-deſſus lequel elles mettoient une mante de pourpre longue & ample, qui ne portoit ordinairement que ſur une épaule pour avoir un bras libre. Leur coëffure leur laiſſoit le viſage à découvert, & quelquefois elles faiſoient ſervir leurs cheveux à l'ornement de leurs têtes, les friſant & les ajuſtant avec art.

La plus ancienne des Veſtales prenoit la qualité de très-Grande, *Maxima*; comme le prémier Pontife prenoit le titre de *Maximus*. Elle avoit une ſupériorité abſolue ſur les autres. La fonction des Veſtales étoit de faire des vœux, des prières & des ſacrifices pour la proſpérité & pour le ſalut de l'État, d'entretenir le *Feu* ſacré, & de garder le Palladium. Celles qui par négligence ou autrement laiſſoient éteindre le *Feu* de Veſta qui devoit être éternel, étoient punies du fouet par le ſouverain Pontife, qui ſeul avoit le droit de les châtier, & qui étoit leur Juge naturel, avec le Collége des Pontifes.

Quand quelqu'une étoit convaincue de n'avoir pas gardé ſon vœu de Virginité, elle étoit punie d'un genre de mort particulier, de même que le complice de ſon crime. On le faiſoit fouetter juſqu'à ce qu'il expirât ſous les coups ; & pour elle on faiſoit creuſer une eſpèce de caveau, dans un endroit de la Ville proche la Porte Colline, où après y avoir mis un petit lit, une lampe allumée, un peu de pain & d'eau, du lait & de de l'huile, on l'y faiſoit deſcendre ; enſuite on fermoit l'entrée de ce caveau, qui lui ſervoit de ſépulture.

C'étoit alors que la conſternation étoit générale, toute la Ville étoit ce jour-là en deuil, les boutiques étoient fermées : il y règnoit un morne ſilence, qui marquoit une profonde triſteſſe, & l'on croyoit l'État menacé de quelque grand malheur.

On remarque, que dans l'eſpace d'environ mille ans que cet

Ordre subsista, depuis Numa jusqu'à Théodore le Grand qui l'abolit, il n'y en eut que dix-huit qui fûrent convaincues & punies d'adultère.

Si la punition des fautes étoit rigoureuse dans cet Ordre, les honneurs dont elles jouissoient étoient aussi très-distingués, & leurs prérogatives très-considérables. Le respect qu'on avoit pour une Vestale étoit si grand, que lorsque les premiers Magistrats, les Consuls même les rencontroient, ils leur cédoient le pas, & faisoient baisser leurs faisçeaux devant elles. Des Licteurs marchoient devant elles, pour leur faire faire place & pour les garder; depuis qu'il étoit arrivé qu'on avoit fait violence à une Vestale, qui revenoit le soir de souper en Ville, quiconque auroit osé faire insulte à une Vestale étoit puni de mort.

Quand l'Ordre se fut enrichi par les pieuses libéralités des Romains, les Vestales ne paroissoient en public, qu'accompagnées d'un cortége nombreux de domestiques, de l'un & de l'autre sexe. Elles avoient d'ailleurs beaucoup de liberté: car elles pouvoient recevoir chez elles les hommes pendant le jour, & les femmes en tout tems: elles pouvoient aller souper chez leurs parens & leurs amis: elles étoient libres d'assister aux spectacles, où elles avoient des places distinguées.

Parmi les privilèges qu'on leur avoit accordés, elles en avoient un qui leur étoit particulier: car si elles trouvoient en leur chemin quelque coupable qu'on menât au supplice, il avoit aussi-tôt sa grace; pourvu que la Vestale assurât, que c'étoit le pur hazard qui avoit fait naître cette rencontre.

Leur témoignage étoit pareillement reçu en justice, & l'opinion qu'on avoit de leur probité le rendoit respectable. Quand il survenoit quelque différend entre des personnes du premier rang, on se servoit d'elles pour le pacifier. On déposoit entre leurs mains les testamens, comme dans un asyle sacré & inviolable; on leur avoit accordé par honneur le droit de sépulture dans la Ville, ce qu'on ne permettoit que très-rarement, même à ceux qui avoient rendu de grands services à l'État; enfin elles étoient entretenues & défrayées aux dépens du Public.

### DE L'AIR.

II. Les Grecs adoroient l'*Air*, quelquefois sous le nom de Jupiter, qu'ils prenoient pour l'Air le plus pur ou l'*Æther*; quelquefois sous le nom de Junon, qu'ils prenoient pour l'*Air* grossier qui nous environne : & souvent ils en faisoient une Divinité particulière, à laquelle ils donnoient la Lune pour femme, & la Rosée pour fille. Fable physique qui n'a pas besoin d'explication. Il y avoit des Divinations par le moyen de l'*Air*, qui se faisoient ou en observant le vol des Oiseaux & les cris de quelques Animaux; ou à l'occasion des Météores & des Comètes; ou sur l'inspection des Nuées; ou en examinant de quel côté venoit le Tonnerre. Ménélas, dans l'Iphigénie d'Euripide, atteste l'*Air* témoin des paroles d'Agamemnon; mais Aristophane fait un crime à Euripide, de ces sermens par l'*Air*.

### DE L'EAU.

III. Cet Élément a été des premières Divinités du Paganisme: Thales de Milet, après les plus anciens Philosophes, enseignoit que l'*Eau* étoit le principe de toutes choses, qu'elle avoit la meilleure part à la production des corps, qu'elle rendoit la Nature féconde, nourrissoit les plantes & les arbres; & que sans elle la Terre seche, brûlée & sans aucun suc, demeureroit stérile, & ne présenteroit qu'un desert affreux.

Les Grecs avoient pris cette opinion des Égyptiens. En effet, comme les Égyptiens voyoient que c'est le Nil, qui cause la fertilité de leurs terres, ils pouvoient s'imaginer très-naturellement, que l'*Eau* eſt le principe de toutes choſes. Auſſi avoient-ils l'*Eau* en grande vénération, & ſe diſtinguoient même dans le Culte qu'ils rendoient à cet Élément, dit Saint Athanaſe, qui étoit Égyptien.

Les anciens Perſes avoient un très-grand reſpect pour l'*Eau*, lui offroient des ſacrifices; & pouſſoient même la ſuperſtition, ſelon Hérodote, juſqu'à n'oſer cracher dans l'*Eau*, s'y baigner, s'y laver les mains, y jetter la moindre ordure; non pas même s'en ſervir pour éteindre le feu. Les Grecs & les Romains étoient trop ſuperſtitieux pour n'avoir pas adopté le Culte rendu aux *Eaux*. L'Antiquité nous fournit mille exemples de ce Culte établi chez eux; leurs Temples renfermoient les Statues des Fleuves & des Fontaines, comme celles des autres Dieux; on leur avoit conſacré des Autels, & on leur y faiſoit des Libations & des Sacrifices.

En général, les Payens croyoient que les *Eaux* de la Mer & des Fleuves avoient la vertu d'effacer les péchés. *Non je ne penſe pas*, dit Sophocle, *que toutes les Eaux du Danube & du Phaſe puiſſent laver toutes les horreurs de la déplorable maiſon de Labdacus.*

Du Culte rendu à l'*Eau* en général, on deſcendoit aux *Eaux* de la Mer, des Fleuves & des Fontaines, qu'on voulut ſpécialement diviniſer : & enfin on créa un Dieu ſouverain des *Eaux*, le maître des autres Divinités Aquatiques.

## DE LA TERRE.

IV. Il y a eu peu de Nations payennes, qui n'aient rendu un Culte religieux à la *Terre* : les Égyptiens, les Syriens, les Phrygiens, les Scythes, les Grecs & les Romains ont adoré la *Terre*, & l'ont miſe avec le Ciel & les Aſtres au nombre des plus anciennes

Divinités. Héfiode dit, qu'elle nâquit immédiatement après le Chaos : qu'elle époufa le Ciel, & qu'elle fut mère des Dieux & des Géans, des biens & des maux, des vertus & des vices. On lui fait auffi époufer le Tartare, & le Pont ou la Mer, qui lui firent produire tous les monftres que renferment ces deux Élémens ; c'eft-à-dire, que les Anciens prenoient la *Terre* pour la Nature ou la mère univerfelle des chofes, celle qui produit & nourrit tous les êtres ; c'eft pourquoi on l'appelloit communément la Grande mère : elle avoit plufieurs autres noms, Titée ou Titéia, Ops, Tellus, Vefta, & même Cybèle : car on a fouvent confondu la *Terre* avec Cybèle.

Les Philofophes les plus éclairés du Paganifme croyoient que notre ame étoit une portion de la Nature divine, dit Horace. Le plus grand nombre s'imaginoit, que l'homme étoit né de la *Terre* imbibée d'eau, & échauffée par les rayons du Soleil. Ovide a compris l'une & l'autre opinion dans ces beaux vers où il dit, *que l'homme fut formé de la Terre, foit que l'Auteur de la Nature l'eût compofé de cette femence divine qui lui eft propre ; ou de ce germe renfermé dans le fein de la Terre, lorfqu'elle fut féparée du Ciel.*

Paufanias parlant d'un Géant Indien d'une taille extraordinaire, ajoute : « Si dans les premiers tems la *Terre* encore toute
» humide, venant à être échauffée par les rayons du Soleil, a
» produit les premiers hommes ; quelle partie de la *Terre* fut ja-
» mais plus propre à produire des hommes d'une grandeur ex-
» traordinaire, que les Indes, qui encore aujourd'hui engendrent
» des animaux tels que les Éléphans ».

Il eft fouvent parlé dans la Mythologie des Enfans de la *Terre* : en général, lorfqu'on ne connoiffoit pas l'origine d'un homme célèbre, c'étoit un Fils de la *Terre* ; c'eft-à-dire, qu'il étoit né dans le pays, mais qu'on ignoroit fes parens.

La *Terre* eut des Temples, des Autels, des Sacrifices, & même des Oracles : à Sparte il y avoit un Temple de la *Terre* qu'on nommoit *Gasepton*, je ne sçais pas pourquoi. A Athènes on sacrifioit à la *Terre*, comme à une Divinité qui présidoit aux nôces. En Achaïe sur le fleuve Crathis étoit un Temple célèbre de la *Terre*, qu'on appelloit la Déesse au large sein, sa Statue étoit de bois. On nommoit pour sa Prêtresse une femme, qui dès ce moment étoit obligée de garder toujours la chasteté, encore falloit-il qu'elle n'eût été mariée qu'une fois ; & pour s'assurer de la vérité, on lui faisoit subir une terrible épreuve, sçavoir, de boire du sang de taureau : si elle étoit coupable de parjure, ce sang devenoit pour elle un poison mortel.

Les Romains avoient fait bâtir un Temple à la Déesse *Tellus* ou la *Terre* ; mais les Historiens ne nous apprennent point quelle figure on donnoit à la Déesse ; il y avoit plusieurs attributs de Cybèle, qui ne lui convenoient que par rapport à la *Terre* ; comme le Lion couché & apprivoisé, pour nous apprendre qu'il n'est point de Terre si stérile & si sauvage, qui ne puisse être bonifiée par la culture : le Tambour symbole du globe de la *Terre* : les Tours sur la tête, pour représenter les Villes semées sur la surface de la *Terre*.

Avant qu'Apollon fût en possession de l'Oracle de Delphes, c'étoit la *Terre* qui y rendoit ses Oracles, & qui les prononçoit elle-même, dit Pausanias ; mais elle étoit en tout de moitié avec Neptune. Daphné, l'une des Nymphes de la montagne, fut choisie par la Déesse *Tellus* pour présider à l'Oracle. Dans la suite *Tellus* céda tous ses droits à Thémis sur Delphes, & celle-ci à Apollon.

Entre les souhaits qu'on faisoit aux morts chez les Anciens, un des plus communs étoit celui-ci : que la *Terre* vous soit légère, *sit tibi Terra levis*. Ce qu'on exprimoit souvent par les seules

» particulière des immortels, elles avoient si bien appris l'art
» de leur maître, qu'elles travailloient près de lui, & lui ai-
» doient à faire ces ouvrages surprenans, qui étoient l'admira-
» tion des Dieux & des hommes . . . . . . . Pour faire les armes
» d'Achille, il retourne à sa forge, approche d'abord ses souf-
» flets du feu, & leur ordonne de travailler : en même tems ils
» soufflent dans vingt fourneaux, & accommodent si bien leur
» souffle aux desseins du Dieu, qu'ils lui donnent le feu fort
» ou foible, selon qu'il en a besoin. Il jette des barres d'airain
» & d'étain, avec des lingots d'or & d'argent, dans ces four-
» naises embrasées ; il place une grande enclume sur son pied,
» prend d'une main un pesant marteau, de l'autre de fortes te-
» nailles, & se met à travailler au bouclier, qu'il fait d'une gran-
» deur immense & d'une étonnante solidité ».

Cicéron reconnoît plusieurs *Vulcains*. Le premier étoit fils du Ciel, le second du Nil, le troisième de Jupiter & de Junon, & le quatrième de Ménalius. C'est ce dernier qui habitoit les Isles Vulcanies. Mais un *Vulcain* plus ancien que tous ceux-là, ou si l'on veut, le *Vulcain* fils du Ciel est le Tubalcain de l'Écriture-Sainte ; qui s'étant appliqué à forger le fer, est devenu le modèle & l'original de tous les autres, selon quelques Mythologues modernes.

Le *Vulcain* fils du Nil avoit régné le premier en Égypte, selon la tradition des Prêtres : & ce fut l'invention même du Feu, qui lui procura la Royauté. Car, au rapport de Diodore, le Feu du ciel ayant pris à un arbre sur une montagne, & ce Feu s'étant communiqué à une forêt voisine, *Vulcain* accourut à ce nouveau spectacle ; & comme on étoit en hyver, il se sentit très-agréablement réchauffé. Ainsi quand le Feu commençoit à s'éteindre, il l'entretenoit en y jettant de nouvelles matières, après quoi il appella ses compagnons pour venir profiter avec lettres initiales S. T. T. L. Et quand on vouloit faire des imprécations contre quelqu'un, qu'on avoit haï pendant sa vie ; on disoit au contraire : que la *Terre* vous soit pesante, *fit tibi Terra gravis* : S. T. T. G. On en trouve plusieurs exemples dans les anciens Poëtes, Ovide, Catulle, &c.

## AUTRE QUATERNAIRE DE LA FABLE.

*Vulcain,*     *Junon,*     *Océan & Thétis,*     *Cérès.*

### VULCAIN.

I. *Vulcain* étoit fils de Jupiter & de Junon, ou, selon quelques Mythologues, de Junon seule. Cette Déesse honteuse d'avoir mis au Monde un fils si mal fait, dit Homère, le précipita dans la Mer, afin qu'il fût toujours caché dans ses abysmes. Il auroit beaucoup souffert, si la belle Thétis & Eurynome, fille de l'Océan, ne l'eussent recueilli : il demeura neuf ans dans une grotte profonde, occupé à leur faire des boucles, des agraffes, des colliers, des bracelets, des bagues & des poinçons pour les cheveux.

Cependant la Mer rouloit ses flots impétueux au-dessus de sa tête, & le cachoit si bien, qu'aucun des Dieux ni des hommes ne sçavoient où il étoit, si ce n'est Thétis & Eurynome. *Vulcain* conservant dans son cœur du ressentiment contre sa mère pour cette injure, fit une chaise d'or avec un ressort, & l'envoya dans le Ciel. Junon qui ne se méfioit pas du présent de son fils, voulut s'y asseoir, & y fut prise comme dans un trébuchet: il fallut que Bacchus enyvrât *Vulcain*, pour l'obliger à venir délivrer Junon, qui avoit préparé à rire à tous les Dieux par cette aventure.

Le même Homère en deux autres endroits dit, que ce fut Jupiter qui précipita *Vulcain* du sacré Parvis. Un jour que le Père des Dieux, irrité contre Junon de ce qu'elle avoit excité une tempête, pour faire périr Hercule, l'avoit suspendue au milieu des airs avec deux pesantes enclumes aux pieds ; *Vulcain* voulut aller au secours de sa mère : Jupiter le prit par un pied, & le précipita du Ciel dans l'Isle de Lemnos, où il tomba presque sans vie, après avoir roulé tout le jour dans la vaste étendue des airs. Les Habitans de Lemnos le relevèrent & l'emportèrent ; mais il demeura toujours boiteux de cette chûte. Cependant par le crédit de Bacchus, *Vulcain* fut rappellé dans le Ciel, & rétabli dans les bonnes graces de Jupiter, qui lui fit épouser la plus belle de toutes les Déesses, Venus mère d'Amour, ou selon Homère, la charmante Claris, la plus belle des Graces.

*Vulcain* dans le Ciel se bâtit un Palais tout d'airain, & parsemé de brillantes Étoiles. C'est-là que ce Dieu forgeron, d'une taille prodigieuse, tout couvert de sueur, & tout noir de cendre & de fumée, s'occupoit sans cesse après les soufflets de sa Forge, à mettre en pratique les idées que lui fournissoit la sçience divine.

Thétis l'alla voir un jour pour lui demander des armes pour Achille. « *Vulcain* aussi-tôt se lève de son enclume, dit Homè-
» re, il boite des deux côtés, & avec ses jambes frêles & tor-
» tues, il ne laisse pas de marcher d'un pas ferme. Il éloigne ses
» soufflets du feu, & les met avec tous ses autres instrumens
» dans un coffre d'argent ; avec une éponge il se nettoie le visa-
» ge, les bras, le col & la poitrine ; il s'habille d'une robe
» magnifique, prend un sceptre d'or, & en cet état il sort de
» sa forge. A cause de son incommodité, à ses deux côtés mar-
» choient pour le soutenir, deux belles esclaves toutes d'or ; fai-
» tes avec un art si divin, qu'elles paroissoient vivantes. Elles
» étoient douées d'entendement, parloient, & par une faveur

*Tome I.*

La *Terre* eut des Temples, des Autels, des Sacrifices, & même des Oracles : à Sparte il y avoit un Temple de la *Terre* qu'on nommoit *Gasepton*, je ne sçais pas pourquoi. A Athènes on sacrifioit à la *Terre*, comme à une Divinité qui présidoit aux nôces. En Achaïe sur le fleuve Crathis étoit un Temple célèbre de la *Terre*, qu'on appelloit la Déesse au large sein, sa Statue étoit de bois. On nommoit pour sa Prêtresse une femme, qui dès ce moment étoit obligée de garder toujours la chasteté, encore falloit-il qu'elle n'eût été mariée qu'une fois ; & pour s'assurer de la vérité, on lui faisoit subir une terrible épreuve, sçavoir, de boire du sang de taureau : si elle étoit coupable de parjure, ce sang devenoit pour elle un poison mortel.

Les Romains avoient fait bâtir un Temple à la Déesse *Tellus* ou la *Terre* ; mais les Historiens ne nous apprennent point quelle figure on donnoit à la Déesse ; il y avoit plusieurs attributs de Cybèle, qui ne lui convenoient que par rapport à la *Terre* ; comme le Lion couché & apprivoisé, pour nous apprendre qu'il n'est point de Terre si stérile & si sauvage, qui ne puisse être bonifiée par la culture : le Tambour symbole du globe de la *Terre* : les Tours sur la tête, pour représenter les Villes semées sur la surface de la *Terre*.

Avant qu'Apollon fût en possession de l'Oracle de Delphes, c'étoit la *Terre* qui y rendoit ses Oracles, & qui les prononçoit elle-même, dit Pausanias ; mais elle étoit en tout de moitié avec Neptune. Daphné, l'une des Nymphes de la montagne, fut choisie par la Déesse *Tellus* pour présider à l'Oracle. Dans la suite *Tellus* céda tous ses droits à Thémis sur Delphes, & celle-ci à Apollon.

Entre les souhaits qu'on faisoit aux morts chez les Anciens, un des plus communs étoit celui-ci : que la *Terre* vous soit légère, *sit tibi Terra levis*. Ce qu'on exprimoit souvent par les seules lettres initiales S. T. T. L. Et quand on vouloit faire des imprécations contre quelqu'un, qu'on avoit haï pendant sa vie ; on difoit au contraire : que la *Terre* vous foit pefante, *fit tibi Terra gravis* : S. T. T. G. On en trouve plufieurs éxemples dans les anciens Poëtes, Ovide, Catulle, &c.

## AUTRE QUATERNAIRE DE LA FABLE.

*Vulcain,     Junon,     Océan & Thétis,     Cérès.*

### VULCAIN.

I. *Vulcain* étoit fils de Jupiter & de Junon, ou, felon quelques Mythologues, de Junon feule. Cette Déeffe honteufe d'avoir mis au Monde un fils fi mal fait, dit Homère, le précipita dans la Mer, afin qu'il fût toujours caché dans fes abyfmes. Il auroit beaucoup fouffert, fi la belle Thétis & Eurynome, fille de l'Océan, ne l'euffent recueilli : il demeura neuf ans dans une grotte profonde, occupé à leur faire des boucles, des agraffes, des colliers, des braçelets, des bagues & des poinçons pour les cheveux.

Cependant la Mer rouloit fes flots impétueux au-deffus de fa tête, & le cachoit fi bien, qu'aucun des Dieux ni des hommes ne fçavoient où il étoit, fi ce n'eft Thétis & Eurynome. *Vulcain* confervant dans fon cœur du reffentiment contre fa mère pour cette injure, fit une chaife d'or avec un reffort, & l'envoya dans le Ciel. Junon qui ne fe méfioit pas du préfent de fon fils, voulut s'y affeoir, & y fut prife comme dans un trébuchet : il fallut que Bacchus enyvrât *Vulcain*, pour l'obliger à venir délivrer Junon, qui avoit préparé à rire à tous les Dieux par cette aventure.

Le même Homère en deux autres endroits dit, que ce fut Jupiter qui précipita *Vulcain* du facré Parvis. Un jour que le

Père

Père des Dieux, irrité contre Junon de ce qu'elle avoit excité une tempête, pour faire périr Hercule, l'avoit fufpendue au milieu des airs avec deux pefantes enclumes aux pieds; *Vulcain* voulut aller au fecours de fa mère : Jupiter le prit par un pied, & le précipita du Ciel dans l'Ifle de Lemnos, où il tomba prefque fans vie, après avoir roulé tout le jour dans la vafte étendue des airs. Les Habitans de Lemnos le relevèrent & l'emportèrent ; mais il demeura toujours boiteux de cette chûte. Cependant par le crédit de Bacchus, *Vulcain* fut rappellé dans le Ciel, & rétabli dans les bonnes graces de Jupiter, qui lui fit époufer la plus belle de toutes les Déeffes, Venus mère d'Amour, ou felon Homère, la charmante Claris, la plus belle des Graces.

*Vulcain* dans le Ciel fe bâtit un Palais tout d'airain, & parfemé de brillantes Étoiles. C'eft-là que ce Dieu forgeron, d'une taille prodigieufe, tout couvert de fueur, & tout noir de cendre & de fumée, s'occupoit fans ceffe après les foufflets de fa Forge, à mettre en pratique les idées que lui fourniffoit la fçience divine.

Thétis l'alla voir un jour pour lui demander des armes pour Achille. « *Vulcain* auffi-tôt fe lève de fon enclume, dit Homè-
» re, il boite des deux côtés, & avec fes jambes frêles & tor-
» tues, il ne laiffe pas de marcher d'un pas ferme. Il éloigne fes
» foufflets du feu, & les met avec tous fes autres inftrumens
» dans un coffre d'argent; avec une éponge il fe nettoie le vifa-
» ge, les bras, le col & la poitrine; il s'habille d'une robe
» magnifique, prend un fceptre d'or, & en cet état il fort de
» fa forge. A caufe de fon incommodité, à fes deux côtés mar-
» choient pour le foutenir, deux belles efclaves toutes d'or ; fai-
» tes avec un art fi divin, qu'elles paroiffoient vivantes. Elles
» étoient douées d'entendement, parloient, & par une faveur

» particulière des immortels, elles avoient si bien appris l'art
» de leur maître, qu'elles travailloient près de lui, & lui ai-
» doient à faire ces ouvrages surprenans, qui étoient l'admira-
» tion des Dieux & des hommes . . . . . . . Pour faire les armes
» d'Achille, il retourne à sa forge, approche d'abord ses souf-
» flets du feu, & leur ordonne de travailler : en même tems ils
» soufflent dans vingt fourneaux, & accommodent si bien leur
» souffle aux desseins du Dieu, qu'ils lui donnent le feu fort
» ou foible, selon qu'il en a besoin. Il jette des barres d'airain
» & d'étain, avec des lingots d'or & d'argent, dans ces four-
» naises embrasées ; il place une grande enclume sur son pied,
» prend d'une main un pesant marteau, de l'autre de fortes te-
» nailles, & se met à travailler au bouclier, qu'il fait d'une gran-
» deur immense & d'une étonnante solidité ».

Cicéron reconnoît plusieurs *Vulcains*. Le premier étoit fils du Ciel, le second du Nil, le troisième de Jupiter & de Junon, & le quatrième de Ménalius. C'est ce dernier qui habitoit les Isles Vulcanies. Mais un *Vulcain* plus ancien que tous ceux-là, ou si l'on veut, le *Vulcain* fils du Ciel est le Tubalcain de l'Écriture-Sainte ; qui s'étant appliqué à forger le fer, est devenu le modèle & l'original de tous les autres, selon quelques Mythologues modernes.

Le *Vulcain* fils du Nil avoit régné le premier en Égypte, selon la tradition des Prêtres : & ce fut l'invention même du Feu, qui lui procura la Royauté. Car, au rapport de Diodore, le Feu du ciel ayant pris à un arbre sur une montagne, & ce Feu s'étant communiqué à une forêt voisine, *Vulcain* accourut à ce nouveau spectacle ; & comme on étoit en hyver, il se sentit très-agréablement réchauffé. Ainsi quand le Feu commençoit à s'éteindre, il l'entretenoit en y jettant de nouvelles matières, après quoi il appella ses compagnons pour venir profiter avec lui de fa découverte. L'utilité de cette invention, jointe à la Sa-geffe de fon Gouvernement, lui mérita après fa mort, non-feu-lement d'être mis au nombre des Dieux ; mais même d'être à la tête des Divinités Égyptiennes.

Le troifième *Vulcain* fils de Jupiter & de Junon, fut un des Princes Titans, qui fe rendit illuftre dans l'art de forger le fer. Diodore de Sicile dit, « que *Vulcain* eft le premier Auteur des » ouvrages de fer, d'airain, d'or, d'argent, en un mot de tou-» tes les matières fufibles. Il enfeigna tous les ufages que les » ouvries & les autres hommes peuvent faire du Feu. C'eft pour » cela que tous ceux qui travaillent en Métaux, ou plutôt les » hommes en général, donnent au Feu le nom de *Vulcain*, & » offrent à ce Dieu des Sacrifices, en reconnoiffance d'un pré-» fent fi avantageux ». Ce Prince ayant été difgracié, fe retira dans l'Ifle de Lemnos où il établit des Forges ; & voilà le fens de la Fable de *Vulcain* précipité du Ciel en Terre : peut-être étoit-il effectivement boiteux.

Les Grecs mirent enfuite fur le compte de leur *Vulcain*, tous les ouvrages qui paffoient pour des chefs-d'œuvres dans l'art de forger : comme le Palais du Soleil, les Armes d'Achille, celles d'Enée, le fameux Sceptre d'Agamemnon, le Collier d'Hermio-ne, la Couronne d'Ariadne, &c.

Les Anciens monumens repréfentent ce Dieu d'une manière affez uniforme : il y paroît barbu, la chevelure un peu négli-gée, couvert à demi d'un habit qui ne lui defcend qu'au-deffus du genou, portant un bonnet rond & pointu, tenant de la droite un marteau, & de la gauche des tenailles.

Quoique tous les Mythologues difent *Vulcain* boiteux, fes images ne le repréfentent pas tel : les anciens Peintres & Sculp-teurs ou fupprimoient ce défaut, ou l'exprimoient peu fenfible. « Nous admirons, dit Cicéron, ce *Vulcain* d'Athènes fait par

» Alcamène : il est debout & vêtu ; il paroît boiteux, mais sans
» aucune difformité ».

Les Égyptiens peignoient *Vulcain* en marmouzet. Cambise, dit Hérodote, étant entré dans le Temple de *Vulcain* à Memphis, se moqua de sa figure, & fit des éclats de rire. « Il ressem-
» bloit, dit-il, à ces Dieux que les Phéniciens appellent Pataï-
» ques, & qu'ils peignent sur la proue de leurs Navires : ceux
» qui n'en ont point vû entendront ma comparaison, si je leur
» dis, que ces Dieux sont faits comme des pygmées ». Le Temple de *Vulcain* à Memphis devoit être de la dernière magnificence, à en juger par le récit d'Hérodote. Les Rois d'Égypte se firent gloire d'embellir à l'envi les uns des autres cet édifice, commencé par Ménès, le premier des Rois connus en Égypte.

Ce Dieu eut plusieurs Temples à Rome ; mais le plus ancien bâti par Romulus, étoit hors de l'enceinte de la Ville ; les Augures ayant jugé, que le Dieu du Feu ne devoit pas être dans la Ville même. Tatius lui en fit pourtant bâtir un dans l'enceinte de Rome ; c'étoit dans ce Temple, que se tenoient assez souvent les assemblées du Peuple, où l'on traitoit les affaires les plus graves de la République : les Romains ne croyant pas pouvoir invoquer rien de plus sacré, pour assurer les décisions & les traités qui s'y faisoient, que le Feu vengeur dont ce Dieu étoit le symbole.

On avoit coutume dans ses Sacrifices de faire consumer par le Feu toute la victime, ne réservant rien pour le festin sacré ; ensorte que c'étoient de véritables Holocaustes. Ainsi le vieux Tarquin, après la défaite des Sabins, fit brûler en l'honneur de ce Dieu, leurs armes & leurs dépouilles. Les Chiens étoient destinés à la garde de ses Temples ; & le Lion qui dans ses rugissemens semble jetter du Feu par la gueule, lui étoit consacré. On avoit aussi établi des Fêtes en son honneur, dont la principale étoit celle pendant laquelle on couroit avec des torches allumées, qu'il falloit porter fans les éteindre jufqu'au but marqué.

On regarda comme fils de *Vulcain*, tous ceux qui fe rendirent célèbres dans l'art de forger les métaux ; comme Oténus, Albion, & quelques autres. Brontéus & Ericthonius ont paffé pour fes véritables enfans.

### JUNON.

II. *Junon* étoit fille de Saturne & de Rhéa, fœur de Jupiter, de Neptune, Pluton, Vefta & Cérès. Les Samiens difoient qu'elle étoit née chez eux, ceux d'Argos leur difputoient cet honneur : quoi qu'il en foit, entre les furnoms locaux de *Junon*, les plus fameux font la Samienne & l'Argolique. Elle fut nourrie, felon Homère, par l'Océan & par Téthys fa femme ; felon d'autres par Eubœa, Porfymna & Acréa, filles du fleuve Aftérion. D'autres difent que ce furent les Heures, qui prirent foin de fon éducation.

Jupiter devint amoureux de fa fœur *Junon*, & la trompa, dit la Fable, fous le déguifement d'un Coucou : ce Dieu ayant rendu l'Air extrêmement froid, fe changea en Coucou ; & s'alla repofer fur le fein de *Junon*, qui le reçut volontiers. Figure Poëtique, qui nous laiffe entrevoir le fuccès d'une intrigue. Il l'époufa enfuite dans les formes, & leurs nôces furent célébrées, felon Diodore, fur le territoire des Gnoffiens, près du fleuve Thérène ; où l'on voyoit encore de fon tems un Temple entretenu par des Prêtres du Pays. Pour rendre ces nôces plus folemnelles, Jupiter ordonna à Mercure d'y inviter tous les Dieux, tous les Hommes, tous les Animaux. Tout s'y rendit, excep à la Nymphe Chéloné qui en fut punie.

Jupiter & *Junon* ne firent pas bon ménage enfemble, c'étoient des querelles & des guerres perpétuelles ; *Junon* étoit souvent en débat avec Jupiter; celui-ci la battoit & la maltraitoit en toutes manières, jufqu'à la fufpendre une fois entre le Ciel & la Terre avec une chaîne d'or, & lui-mettre une enclume à chaque pied. Vulcain fon fils ayant voulu la dégager de-là, fut culbuté d'un coup de pied du Ciel en Terre.

Le penchant que Jupiter avoit pour les belles mortelles, excita fouvent la jaloufie & la haine de *Junon*. Mais les Mythologues difent auffi, que la Déeffe donnoit bien quelquefois occafion à la colère de fon mari; non-feulement par fa mauvaife humeur, mais par quelques intrigues galantes qu'elle eut avec le Géant Eurymédon, & avec plufieurs autres. Elle confpira auffi avec Neptune & Minerve, pour détrôner Jupiter, & le charger de liens: mais Thétis la Néréide amena au fecours de Jupiter le formidable Briarée, dont la feule préfence arrêta les pernicieux deffeins de *Junon* & de fes adhérens. *Junon* perfécuta toutes les maîtreffes de fon mari, & tous les enfans qui nâquirent d'elles.

On dit qu'en général elle haïffoit toutes les femmes galantes: ce fut pour cela, ajoute-t-on, que Numa leur défendit à toutes fans éxception, de paroître jamais dans les Temples de *Junon*. La même Fable ajoute, qu'il y avoit près d'Argos une Fontaine où Junon fe lavoit tous les ans, & y redevenoit Vierge.

On ne convient pas des Enfans qu'eut *Junon*. Héfiode lui en donne quatre; fçavoir, Hébé, Vénus, Lucine & Vulcain, d'autres y joignent Mars & Typhon; encore allégorife-t-on ces générations, en difant que *Junon* devint mère d'Hébé en mangeant des laitues; de Mars en touchant une fleur; de Typhon en faifant fortir de la Terre des vapeurs, qu'elle reçut dans fon fein.

Comme on donnoit à chaque Dieu quelqu'attribut particulier, *Junon* avoit en partage les Royaumes, les Empires & les richesses ; c'est aussi ce qu'elle offrit à Pâris, s'il vouloit lui adjuger le prix de la beauté. On croyoit aussi qu'elle prenoit un soin particulier des parures & des ornemens des femmes : c'est pour cela, que dans ses Statues ses cheveux paroissoient élégamment ajustés. On disoit, comme une espèce de proverbe, que les coëffeuses présentoient le miroir à *Junon*. Elle présidoit aux mariages, aux nôces, aux accouchemens.

De toutes les Divinités du Paganisme, il n'y en avoit point dont le Culte fût plus solemnel, & plus généralement répandu que celui de *Junon*. L'Histoire des prétendus prodiges qu'elle avoit opérés, & des vengeances qu'elle avoit tirées des personnes qui avoient osé la mépriser, ou même se comparer à elle, avoit inspiré tant de crainte & tant de respect, qu'on n'oublioit rien pour l'appaiser & pour la fléchir, quand on croyoit l'avoir offensée.

Son Culte n'étoit pas renfermé dans l'Europe seule, il avoit pénétré dans l'Asie, sur-tout dans la Syrie, dans l'Égypte & dans l'Empire de Carthage. On trouvoit par-tout dans la Gréce & dans l'Italie des Temples, des Chapelles, ou des Autels dédiés à cette Déesse ; & dans les lieux considérables, il y en avoit plusieurs. Mais elle étoit principalement honorée à Argos, à Samos, à Carthage.

Ordinairement *Junon* est peinte en Matrône qui a de la majesté, quelquefois un Sceptre à la main, une Pique, avec une Couronne radiale sur la tête. Elle a auprès d'elle un Paon, son oiseau favori ; & qui ne se trouve jamais avec une autre Déesse. L'Épervier & l'Oison lui étoient aussi consacrés, & accompagnent quelquefois ses Statues.

Les Égyptiens lui avoient consacré le Vautour. On ne lui sacrifioit point des Vaches, parce que dans la guerre des Géans contre les Dieux, *Junon* s'étoit cachée en Égypte sous la figure d'une vache. Le dictame, le pavot, la grenade étoient les plantes ordinaires que les Grecs lui offroient, & dont ils ornoient ses Autels & ses Images. La victime la plus ordinaire qu'on lui immoloit, étoit l'Agneau femelle : cependant au prémier jour de chaque mois, on lui immoloit une Truie.

Quant au nom de *Junon*, il vient, dit Varron, du mot *juvare*, qui veut dire faire du bien : il a par conséquent la même étymologie, que celui de Jupiter, *juvans Pater*.

## Océan, Mèr, Téthys.

III. Les Poëtes avoient personnifié l'*Océan*. La Terre, dit Hésiode, eut de son mariage avec Uranus l'*Océan* aux gouffres profonds. Ensuite on a dit que l'*Océan* étoit le Père non-seulement de tous les Dieux, mais de tous les Êtres ; ce qui doit s'entendre en ce sens, que l'Eau contribue plus elle seule à la production & à la nourriture des corps, que tout le reste de la nature ; ou bien, suivant la doctrine du Philosophe Thalès, que l'Eau étoit la matière première, dont tous les corps étoient composés.

D'anciens monumens nous représentent l'*Océan*, sous la figure d'un vieillard assis sous les ondes de la Mèr avec une pique à la main, ayant près de lui un monstre marin. Ce vieillard tient une urne ou vase, & verse de l'Eau symbole de la Mèr, des Fleuves & des Fontaines : Homère fait faire aux Dieux de fréquens voyages chez l'*Océan*, où ils passoient douze jours de suite parmi la bonne chère & les festins.

Le Poëte fait allusion à une ancienne coûtume de ceux qui habitoient sur les bords de l'*Océan* Atlantique, qui, au rapport de Diodore, célébroient dans une certaine saison de l'année des Fêtes solemnelles, pendant lesquelles ils portoient en procession la Statue de Jupiter & des autres Dieux, leur offroient

des

des Sacrifices, faisoient en leur honneur de grands festins. Ce que les Grecs disoient du Nil, qui a porté chez eux le nom d'*Océan*. *Moréry*.

### Mèr.

Non-seulement la *Mèr* avoit des Divinités qui présidoient à ses Eaux, mais elle étoit elle-même une grande Divinité, à laquelle on faisoit de fréquentes libations. On ne s'embarquoit guères, sans avoir fait auparavant des Sacrifices aux Eaux de la *Mèr*. Lorsque les Argonautes furent prêts de mettre à la voile, Jason ordonna un sacrifice solemnel pour se rendre la Divinité de la *Mèr* favorable; chacun s'empressa de répondre aux vœux du chef de cette entreprise: on éleva un Autel sur le bord de la *Mèr*. Après les oblations ordinaires, le Prêtre répandit dessus de la fleur de farine, mêlée avec du miel & de l'huile, immola deux bœufs aux Dieux de la *Mèr*, & les pria de leur être favorables pendant leur navigation.

Ce Culte de la *Mèr* étoit fondé sur l'utilité qu'on en retiroit; & plus encore sur les merveilles qu'on y remarquoit: l'incorruptibilité de ses Eaux causée par leur salure, le flux & reflux qui leur perpétue le mouvement, l'irrégularité de ce mouvement plus ou moins grand dans les différens quartiers de la Lune, comme dans les différentes saisons: le nombre prodigieux & la variété des monstres qu'elle enfante, la grandeur énorme de quelques-uns de ces poissons: tout ce merveilleux produisit l'adoration de cet Élément. Pour les Égyptiens, ils avoient la *Mèr* en abomination; parce qu'ils croyoient qu'elle étoit Typhon, un de leurs anciens Tyrans. *Noël le Comte*.

### Téthis.

*Téthys* fille du Ciel & de la Terre, épousa l'Océan son frère, & devint mère de trois mille Nymphes appellées les *Océanides*.

Tome I.              E e

On lui donne encore pour enfans, non-seulement les Fleuves & les Fontaines, mais encore la plûpart des personnes, qui avoient régné ou habité sur les côtes de la mèr ; comme Prothée, Ethra mère d'Atlas, Persée mère de Circé, &c.

On dit que Jupiter ayant été lié & garoté par les autres Dieux, Téthys avec l'aide du géant Égéon, le remit en liberté ; c'est-à-dire, qu'en prenant *Téthys* pour la Mèr, Jupiter trouva le moyen de se sauver par mèr de quelques embuches que lui avoient tendues les Titans, à qui il faisoit la guerre ; ou bien en prenant cette guerre du côté de l'Histoire, quelque Princesse de la famille des Titans employa des secours étrangers pour délivrer Jupiter de quelque péril.

Mais *Téthys*, selon les apparences, n'est qu'une Divinité purement Physique ; son nom provient d'un mot grec qui signifie Nourrice ; parce qu'elle étoit la Déesse de l'humidité, qui est ce qui nourrit & entretient tout. *L'Abbé de Clauftre.*

## Cérès.

IV. *Cérès* fille de Saturne & d'Ops, sœur de Jupiter & de Neptune, fut mère de Proserpine, que Pluton lui ravit. Les Anciens la considéroient comme Déesse des grains & des fruits, & celle qui avoit appris aux hommes l'Art de cultiver la Terre ; ayant pour ce dessein voyagé long-tems avec Bacchus. Ils célébroient des Fêtes en son honneur, lui consacroient des Serpens, & le Pavot, à cause de la fécondité de ses grains : ils lui sacrifioient la Truye.

*Cérès* voulant retrouver sa fille Proserpine, ( que Pluton selon la Fable, lui avoit enlevée ) alluma deux flambeaux sur le mont Ethna pour la chercher nuit & jour par toute la Terre. Dans cette recherche elle vint à la Cour du Roi d'Eleusis en Attique, & ayant offert de nourrir son fils Triptolème, elle voulut le rendre immortel, le nourriſſant durant le jour de lait divin, & le cachant la nuit dans le feu. Le Roi s'étonnant de voir ſi-tôt croître cet enfant, qui avoit quelque choſe de fort extraordinaire, épia une nuit la nourrice, & vit qu'elle le mettoit dans le feu; ce qui lui fit jetter un cri de frayeur qui le découvrit, & fut cauſe de ſa perte: car cette Déeſſe irritée de ſa curioſité, le fit auſſi-tôt mourir. Pour ce qui eſt du jeune Triptolême, elle lui enſeigna la manière de labourer la Terre, & d'y Semer le blé; & l'ayant mis ſur un char tiré par des Serpens aîlés, elle l'envoya par-tout l'Univers pour enſeigner l'Agriculture à tous les hommes.

Ovide dit que *Cérès* a été la première qui a fait labourer les champs; qui a donné des bleds pour la nourriture des hommes; & qui par ſes bonnes loix leur a enſeigné la juſtice, & la ſociété de la vie. Il ajoute qu'ayant été contrainte de retourner en Sicile, la Nymphe Aréthuſe lui découvrit que Proſerpine avoit été enlevée par Pluton; elle obtint de Jupiter que ſa fille lui ſeroit renduë, ſi elle n'avoit rien mangé dans les Enfers: qu'y étant deſcenduë, Aſcalaphe fils d'Achéron & d'Orphné, une des Nymphes infernales, déclara qu'il avoit vû Proſerpine cueillir une grenade dans les jardins de Pluton, & qu'elle en avoit ſuçé ſept grains; de quoi cette Déeſſe fut ſi indignée qu'elle le changea en Hibou, oiſeau de mauvais augure: & qu'enfin Jupiter pour conſoler ſa ſœur *Cérès*, lui accorda que ſa fille demeureroit ſix mois dans les Enfers avec ſon mari, & ſix mois dans le Ciel avec ſa mère.

D'autres prennent *Cérès* pour la Terre, qui eſt la mère nourrice des hommes. On l'a nommée Theſmophore ou Légiſlatrice, parce que depuis qu'elle eut enſeigné la manière de cultiver la Terre, les hommes qui vivoient auparavant ſans loix, commencèrent à poſer des limites, & à diviſer leurs champs; d'où l'on veut que le Droit & les Loix ayent pris leur origine.

On faifoit anciennement préfider *Cérès* à toute l'œconomie champêtre, & Paufanias fait mention d'un Autel, où on lui offroit des fruits, des arbres, du miel, de la laine, & autres chofes de cette nature : des Serpens, une Truye pleine, fur-tout du Pavot, mais point de vin ; de-là vient que Plaute parlant d'une certaine nôce où il n'y avoit point de vin, dit plaifament que c'étoient des nôces de *Cérès*. Elle étoit repréfentée dans un chariot tiré par deux Dragons, tenant des têtes de pavots en une main, & une torche ardente en l'autre, avec une gerbe de blé fur la tête.

## CHAPITRE V.
### SEPTÉNAIRE DE LA FABLE.
#### LES SEPT GRANDS DIEUX:

Sçavoir,

*Saturne*, *Jupiter*, *Mars*, *Apollon*,
*Venus*, *Mercure*, *Diane*.

#### SATURNE.

I. SATURNE que les Payens ont confidéré comme le Père des Dieux, étoit fils du Ciel, & frère de Titan. Celui-ci étoit fon frère aîné, il lui céda ce droit, à condition qu'il n'élèveroit jamais aucun enfant mâle, & que l'Empire du monde retourneroit aux fiens. *Saturne* l'accorda; & fçachant d'ailleurs qu'un de fes fils le devoit détrôner, il avoit coûtume de les dévorer auffi-tôt que leur mère s'en étoit délivrée : mais fa femme trouva le moyen de les enlever, & elle les faifoit nourrir en fecret par des perfonnes qui lui étoient affidées. Titan averti de cette supercherie, se mit à la tête de ses enfans, fit la guerre à *Saturne*; & l'ayant pris le retint en prison, jusqu'à ce que Jupiter étant devenu grand, l'en délivra. Mais *Saturne* se souvenant qu'un de ses fils le devoit faire descendre du trône, travailla à se défaire de Jupiter, qui l'ayant chassé de son Royaume, l'obligea de se retirer en Italie, où Janus le reçut ; aussi y apporta-t-il le siécle d'Or.

Les Poëtes ont mêlé, à ce qu'on dit de *Saturne*, des Fables mystérieuses, qui faisoient la Théologie des Payens. On dit que *Saturne* apporta l'âge d'Or en Italie, parce qu'il y apprit aux habitans l'Art de cultiver la terre ; il les civilisa, leur donna des loix & des préceptes de morale. On dit même, qu'il trouva l'invention de marquer le cuivre, de donner une forme à la Monnoie, où d'un côté il fit graver sa tête, & de l'autre le navire qui l'avoit amené en Italie.

Les Poëtes le font père de Jupiter, de Neptune, de Pluton, & de Junon ; frère de Titan, & d'Opis ou Rhéa, qu'il prit pour pour femme. Plusieurs Mythologistes croyent que *Saturne* n'étoit autre chose que le Tems, disant qu'il fut ainsi appellé ; parce qu'il se remplit & se rassasie d'Années.

De-là est venu qu'on a feint que *Saturne* dévoroit ses enfans; & qu'on lui a mis une Faulx à la main, pour marquer qu'il détruit & abbat tout. D'autres sont d'avis que *Saturne* a été ainsi nommé, du mot latin *Satus*, qui signifie l'action de semer & de planter, parce qu'il fut le premier qui enseigna l'Agriculture en Italie ; pour cette même raison on lui a donné une Faulx, qui est un instrument de la moisson.

Ceux qui s'appliquent à pénétrer plus avant dans le sens des Fables, disent que *Saturne* étoit le même qu'Adam. Qu'il étoit nommé *Saturne*, de *Satus*, parce que c'est lui qui a été le premier père des Hommes, le premier Jardinier, le premier Laboureur: Qu'il étoit appellé fils du Ciel, parce qu'il avoit été formé de la main de Dieu: & que l'âge d'Or fut véritablement de son Temps sur la terre avant le péché. Enfin selon la Sibylle Erythrée, *Saturne* fut le premier qui régna dans le Monde, ce qui convient proprement à Adam. *Moréry.*

### Jupiter.

II. *Jupiter* fils de Saturne & de Rhéa, auroit été dévoré par son père dès sa naissance, dit la Fable, si sa mère au lieu de l'enfant ne lui eût donné une pierre, qu'il engloutit sur le champ. Saturne faisoit ce traitement à tous ses enfans, parce que le Ciel & la Terre lui avoient prédit, qu'un de ses fils lui ôteroit l'Empire. Rhéa pour sauver l'enfant dont elle étoit enceinte, se retira en Créte, où elle accoucha dans un antre appellé Dicté, & donna l'enfant à nourrir aux Curétes & aux Nymphes *Mélisses*, qui le firent alaiter par la chèvre *Amalthée*. Les Curétes se tenoient dans l'antre, armés de piques & de boucliers qu'ils faisoient retentir, de peur que Saturne n'entendît la voix de l'enfant.

Lorsque *Jupiter* fut devenu grand, il s'associa avec *Métis*, c'est-à-dire la Prudence, & donna à son père un breuvage qui lui fit vomir premièrement la pierre, & ensuite tous ses enfans qu'il avoit dévorés. Alors aidé de ses frères, il attaqua Saturne & les Titans. Après une guerre de dix ans, la Terre prédit à *Jupiter* qu'il remporteroit la victoire, s'il pouvoit délivrer ceux qui étoient renfermés dans le Tartare, & les faire venir à son secours.

Il l'entreprit, & en vint à bout. Alors les Cyclopes donnèrent à *Jupiter* le Tonnère, l'Éclair & la Foudre; avec ses armes il vainquit les Titans, & les enferma dans le Tartare: ensuite il partagea avec ses frères l'Empire du monde, il donna celui de la Mèr à Neptune, celui des Enfers à Pluton, & prit pour sa part l'Empire du Ciel.

A la guerre des Titans succéda la révolte des Géans enfans du Ciel & de la Terre. *Jupiter* en fut effrayé, parce qu'un ancien Oracle portoit que les Géans feroient invincibles contre toute sa puissance, si elle n'étoit soutenue par un mortel. Hercule fut donc appellé à la défense du père des Dieux, & les Géans exterminés.

*Jupiter* fut marié sept fois, selon Hésiode: il épousa successivement Métis, Thémis, Eurinomé, Cérès, Mnémosine, Latone, & Junon qui fut la dernière de ses femmes. Il eut un bien plus grand nombre de maîtresses, & des unes & des autres nâquirent beaucoup d'enfans, qui ont presque tous été mis au rang des Dieux & des demi-Dieux. Je ne ferai ici que les indiquer.

Il eut de Léda Castor & Pollux: d'Europe, Minos & Rhadamante: de Calysto, Arcas: de Niobé, Pélasgus: de Lardane, Sarpédon & Argus: d'Alcmène, Hercule: d'Antiope, Amphion & Zéthus: de Danaë, Persée: d'Iodame, Deucalion: de Carné, Britomarte: de Schytinide, Mégare: de Protogénie, Ethilie & Memphis: de Torédie, Arcésilas: d'Ora, Colax: de Cyrno, Cyrné: d'Élèctre, Dardanus: de Thalie, les Palices: de Garamantis, Hyarbas, Phyle & Pilumnus: de Cérès, Proserpine: de Mnémosine, les neuf Muses: de Maïa, Mercure: de Sémélé, Bacchus: de Dioné, Vénus: de Métis, Minerve: de Latone, Apollon & Diane: d'Hybris, le Dieu Pan: & enfin de Junon, Mars & Vulcain.

*Jupiter* tenoit le premier rang parmi les Divinités du Paganisme: on l'appelloit le père & le Souverain des Dieux & des hommes. Son Culte a toujours été le plus solemnel & le plus universellement répandu. Il eut trois fameux Oracles, celui de *Dodone*, celui de *Libye*, & celui de *Trophonius*. Les victimes les plus ordinaires qu'on immoloit à ce Dieu étoient la Chèvre, la Brebis, & le Taureau blanc, dont on avoit soin de dorer les cornes. Souvent sans aucune victime on lui offroit de la farine, du sel & de l'encens; mais on ne lui sacrifioit point de victimes humaines.

L'éxemple seul de Lycaon qui, selon Pausanias, lui immola un enfant; ou selon Ovide, un prisonnier de guerre, ne fut pas suivi: & ce Prince par son horrible sacrifice s'attira l'indignation de toute la terre. Parmi les arbres, le Chêne & l'Olivier lui étoient consacrés. Personne n'honoroit ce Dieu plus particulièrement & plus chastement, dit Cicéron, que les Dames Romaines. *Diction. de Mythologie.*

## MARS.

III. *Mars* le Dieu des batailles, des combats & des querelles, étoit, selon Homère & tous les Poëtes Grecs, fils de Jupiter & de Junon. Ce n'est que parmi les Poëtes Latins qu'on trouve la Fable ridicule qui dit, que Junon piquée de ce que Jupiter avoit mis au monde Minerve sans sa participation, avoit voulu à son tour concevoir & engendrer sans le concours d'un mâle. La Déesse Flore lui montra une fleur qui croissoit dans les champs d'Olène, & dont le seul attouchement produisoit cet admirable effet.

Cette Fable n'a été inventée, dit Bocace, que sur le caractère féroce de *Mars*, qu'on n'a pu croire fils d'un Prince aussi poli que Jupiter. Junon fit élever le jeune *Mars* par Priape, de qui il apprit la Danse & les autres exercices du corps, comme les préludes de la Guerre. C'est pour cela, dit Lucien, qu'en Bithynie on offroit à Priape la dixme des dépouilles qui étoient consacrées au Dieu *Mars*.

Les principales aventures de *Mars* sont, son jugement au Conseil

Conseil des douze Dieux pour la mort d'Allyrothius : la mort de son fils Ascalaphus qu'il veut venger contre l'ordre de Jupiter : sa blessure par Dioméde : son combat contre Minèrve, & son adultère avec Vénus.

*Mars* ayant appris qu'Allyrothius fils de Neptune avoit fait violence à Alcippe, vengea l'outrage fait à sa fille, en tuant l'auteur du crime. Neptune désespéré de la mort de son fils, fit appeller *Mars* en jugement devant les douze Dieux du Ciel, & l'obligèrent de défendre sa cause ; *Mars* se défendit si bien qu'il fut absous. Cette aventure attribuée à *Mars*, doit s'entendre de quelque Guerrier accusé de meurtre devant le Sénat d'Athènes ; & comme les Juges qui travaillèrent à cette cause étoient au nombre de douze, & des Principaux d'Athènes ; on dit que c'étoit devant les douze Dieux.

Ascalaphus fils de *Mars*, qui commandoit les Béotiens au siége de Troye, ayant été tué, le Dieu en fut si pénétré de douleur, que sans craindre le ressentiment de Jupiter qui avoit défendu aux Dieux de prendre parti pour ou contre les Troyens, « il ordonne à la Fureur & à la Fuite, dit Homère, d'atteler son » char, & prend ses armes éclatantes. Il alloit dans ce moment » allumer dans l'esprit de Jupiter, une colère bien plus furieuse, » si la Déesse Minèrve n'eût couru sur le champ après lui. Elle lui » arracha son casque, son bouclier & sa pique, & d'un ton plein » d'aigreur elle lui dit : furieux & insensé que vous êtes, ne con- » servez-vous donc plus aucun respect pour le Maître des Dieux, » & avez-vous oublié sa défense ? Retenez le ressentiment que » vous inspire la mort de votre fils : de plus braves que lui ont » déja mordu la poussière ou la mordront bientôt. Est-il possible » dans les sanglans combats, de sauver de la mort tous les fils » des mortels ? En finissant ces mots, elle ramena *Mars*, & le » fit asseoir malgré sa fureur ».

*Tome I.*          F f

*Mars* ayant pris parti pour les Troyens contre la parole qu'il en avoit donnée à Minèrve, cette Déeffe excite Diomède à aller combattre contre le Dieu même des combats. Ne craignez, lui dit-elle, ni le Dieu *Mars*, ni aucun des immortels, pouffez vos chevaux droit à lui, & frappez-le de près fans refpecter ce furieux, cette Pefte publique, qui fait tant de maux à tous les mortels.

*Mars* n'eut pas plutôt apperçu Diomède, qu'il marcha contre lui, & lui allongea un grand coup de pique, que la Déeffe eut foin de détourner. Diomède à fon tour lui porte un auffi grand coup ; Minerve conduit la pique, & la fait entrer bien avant au-deffous des côtes : elle fait une cruelle bleffure au Dieu, & déchire fon beau corps.

*Mars* en la retirant jette un cri épouvantable, & tel que celui d'une Armée qui marche pour charger l'ennemi. Il s'élève auffi-tôt vers l'Olympe au milieu d'un tourbillon de pouffière, & le cœur ferré de douleur & de trifteffe, il montre à Jupiter le fang immortel qui coule de fa bleffure, & lui porte fes plaintes contre Diomède, & contre Minerve qui l'a enhardi à ce combat. « Jupiter le regardant avec des yeux de colère : in-
» conftant ! perfide ! lui dit-il, de tous les Dieux qui habitent
» l'Olympe, tu m'es le plus odieux : tu ne prens jamais plaifir
» qu'à la Difcorde, à la Guerre & aux Combats . . . . . Cepen-
» dant parce que c'eft fon fils, il ordonne au Médecin des Dieux
» de le guérir. Péon met fur fa bleffure un baume exquis, qui
» le guérit fans peine ; car dans un Dieu, il n'y a rien qui foit
» mortel ».

Homère fait chanter à Ulyffe par un Chantre divin les amours de *Mars* & de Vénus. Ce Dieu avoit eu une première fois les faveurs de la Déeffe dans l'appartement même de Vulcain. Le Soleil qui les vit, en alla d'abord avertir le mari, qui outré de l'offense, & l'esprit plein de grands desseins de vengeance, se mit à forger des liens indissolubles pour arrêter les coupables.

Il étendit ses liens tout autour du lit, & les disposa de manière que par un secret merveilleux, ils devoient envelopper les deux amans dès qu'ils seroient couchés. C'étoient comme des toiles d'araignée, mais d'une si grande finesse, qu'ils ne pouvoient être apperçus d'aucun homme, non pas même d'un Dieu, tant ils étoient imperceptibles, & se déroboient aux yeux les plus fins.

Quand le piége fut tendu, Vulcain fit semblant d'aller à Lemnos : les amans en furent informés, & ne tardèrent pas à se voir : le Soleil qui faisoit sentinelle pour le mari, l'avertit du succès de ses piéges. Vulcain à cette vue est saisi de fureur, & se met à crier avec tant de force qu'il assemble tous les Dieux de l'Olympe. La plûpart rient de l'aventure, & les moins sévères témoignent qu'ils ne seroient pas fâchés d'être deshonorés à ce prix.

Neptune est le seul qui ne rit point; mais cependant il prie instamment Vulcain de délier *Mars*, en lui promettant de sa part une entière satisfaction; Vulcain à la prière de Neptune & sous sa caution délie ces merveilleux liens. Les captifs mis en liberté s'envolent aussi-tôt, l'un dans la Thrace & l'autre à Paphos.

Paléphate explique cette Fable en disant que Sol fils de Vulcain Roi d'Égypte, voulant faire observer à la rigueur la loi de son père contre les adultères, & ayant été informé qu'une Dame de la Cour avoit commerce avec un courtisan, entra la nuit dans sa maison, & l'ayant surprise avec son amant, la punit sévèrement, ce qui lui attira la bienveillance du Peuple. C'est l'équivoque du nom de Sol ou Soleil, dit l'Auteur, qui a pu donner lieu à la Fable d'Homère.

Les anciens monumens repréſentent Mars ſous la figure d'un grandhomme armé d'un Caſque, d'une Pique & d'un Bouclier, tantôt nud, tantôt avec l'habit militaire, même avec un manteau ſur les épaules, quelquefois barbu, mais aſſez ſouvent ſans barbe. Il y en a qui lui mettent un Bâton de commandement à la main.

*Mars* vainqueur paroît portant un Trophée, & *Mars* Gradivus dans l'attitude d'un homme qui marche à grands pas. Quelquefois il a ſur la poitrine une Égide avec la tête de Méduſe. Les anciens Romains, dit Varron, adoroient *Mars* ſous la forme d'une Pique, avant qu'ils euſſent appris à donner une forme humaine à leurs Dieux. Chez les Scythes, c'étoit une Épée qui figuroit *Mars*.

Il ne paroît pas que le Culte de *Mars* ait été fort répandu dans la Gréce : car Pauſanias qui fait mention de tous les Temples des Dieux & de toutes les Statues qu'ils avoient dans la Gréce, ne parle d'aucun Temple de *Mars*; mais ſeulement de deux ou trois de ſes Statues. C'eſt chez les Romains principalement qu'il faut chercher le Culte de ce Dieu, parce qu'il n'y a point de lieu où il ait été autant honoré qu'à Rome : les Romains regardoient ce Dieu comme le père de Romulus, & le protecteur de leur Empire. Parmi les Temples qu'il eut à Rome, celui qu'Auguſte lui dédia après la bataille de Philippes ſous le nom de *Mars* le Vengeur, étoit des plus célèbres.

Vitruve dit qu'ordinairement les Temples de *Mars* étoient hors des murs, afin qu'il n'y ait point de diſſenſion entre le Peuple, & qu'il ſoit là comme un rempart pour délivrer les murs des périls de la guerre. Mais cet uſage n'étoit pas ſuivi par-tout, puiſqu'à Halicarnaſſe, ſelon le même Vitruve, le Temple de *Mars* dont la Statue étoit coloſſale, étoit ſitué au milieu de la forrereſſe. Les Saliens Prêtres de *Mars*, formoient à Rome un Collége sacerdotal très-considérable.

On immoloit à *Mars* le Taureau, le Verrat, le Bélier : quelques-uns lui immoloient des Chevaux ; les Lusitaniens lui offroient en sacrifice des Boucs & des Chevaux, & même leurs ennemis captifs. Les Cariens lui sacrifioient des Chiens, & les Scythes des ânes. Les Saracores, dit Elien, lui immoloient les ânes les plus gras qu'ils pouvoient trouver. Les Lacédémoniens tenoient sa Statue liée & garrotée, afin que ce Dieu ne les abandonnât pas dans les guerres qu'ils avoient à soutenir. *Banières.*

### APOLLON.

IV. *Apollon*, fils de Jupiter & de Latône, nâquit dans l'Isle de Délos. Parmi les Dieux il n'en est aucun, dont les Poëtes ayent publié tant de merveilles, que d'*Apollon.* Selon eux, il excella dans tous les beaux Arts, tels que la Poësie, la Musique, l'Éloquence, ce qui fit dire qu'il les avoit inventés : & qu'il fut regardé comme le Dieu protecteur des Poëtes, des Musiciens & des Orateurs. Les Muses étoient aussi sous sa protection, il présidoit à leurs concerts.

Il n'y avoit aucun des Dieux qui possédât comme lui l'Art de connoître l'avenir, aussi fut-il celui de tous qui eut un plus grand nombre d'Oracles. A tant de perfections on joignoit la Beauté, les Graces, l'Art de charmer les oreilles, autant par la douceur de son éloquence, que par les accords harmonieux de sa Lyre, qui enchantoient également les hommes & les Dieux.

*Apollon* ayant été chassé du Ciel, pour avoir tué les Cyclopes Ministres de la colère de Jupiter contre Esculape, se retira chez Admète Roi de Thessalie, & prit soin de ses troupeaux ; ce qui le fit honorer depuis, comme Dieu des bergers. De chez Admète, il alla au service de Laomédon, & lui aida à bâtir les murs de Troye.

Après quelques années d'éxil, Jupiter le rétablit dans les droits de la Divinité, & lui donna le foin de répandre la Lumière dans l'Univers. *Apollon* eut des Oracles fans nombre, dont les plus célèbres furent ceux de Delphes, de Claros, de Ténédos, &c. Il eut des Temples dans toute la Grèce & dans toute l'Italie.

Voffius croit qu'*Apollon* eft un perfonnage métaphorique, qui n'eft autre que le Soleil ; il eft fils de Jupiter, c'eft-à-dire, de l'auteur de l'Univers : fa mère eft *Latône*, nom qui fignifie *caché*, parce qu'avant l'éxiftence du Soleil tout étoit dans l'obf-curité du Cahos. Il nâquit à *Délos* ; ce mot fignifie *manifefta-tion*, parce que la Lumière de cet Aftre éclaire tout le monde.

On le repréfente toujours jeune & fans barbe, parce que le Soleil ne vieillit, & ne s'affoiblit point. L'Arc & les Flèches d'*Apollon* fignifient les rayons du Soleil. *Apollon* eft le Dieu de la Médecine, parce que le Soleil fait croître les plantes.

Cicéron croit que non-feulement *Apollon* a éxifté, mais encore qu'il y en a eu plufieurs de même nom, dont on a confondu les actions. *Apollon* qui fut banni du Ciel, eft un *Apollon*, Roi d'Arcadie, qui fut chaffé du trône pour avoir voulu gouverner fes fujets avec trop de févérité. Il fe retira effectivement à la Cour d'Admète, qui le reçut favorablement, & lui donna en fouveraineté une partie de la Theffalie : & comme le nom de Roi & de Pafteur font fouvent fynonymes, on a dit qu'il avoit été berger des troupeaux d'Admète, parce qu'il fut Roi d'une partie des Theffaliens. *Moréry*.

## Vénus.

V. *Vénus* une des Divinités les plus célébrées dans l'antiquité payenne, fut formée, felon Héfiode, de l'Écume de la mèr, & du Sang des parties mutilées de Cœlus : de ce mêlange affreux, nâquit la plus belle des Déeffes aux environs de Cythère. Les

Fleurs naiſſoient ſous ſes pas : accompagnée de Cupidon ſon fils, des Jeux, des Ris, & de tout l'Attirail de l'amour, elle fit également la joie & le bonheur des hommes & des Dieux : les Heures chargées du ſoin de ſon éducation, la conduiſirent dans le Ciel, où tous les Dieux charmés de ſa beauté la demandèrent en mariage.

Telle eſt la tradition la plus communément reçue dans la Grèce, ſur l'origine de *Vénus*. *Vénus* Marine, ou *Vénus* ſortant du ſein de la Mèr : c'eſt ſous cette idée que les Poëtes, les Peintres, les Sculpteurs nous la repréſentent.

Auſone parlant de la *Vénus* d'Apelles, « voyez, dit-il, » comme cet excellent Maître a parfaitement exprimé cette Eau » pleine d'écume, qui coule au travers de ſes mains & de ſes » cheveux, ſans rien cacher de leurs graces : auſſi dès que Pallas » l'eut apperçue, elle tint à Junon ce diſcours : Cédons, cédons, » ô Junon ! à cette Déeſſe naiſſante, tout le prix de la Beauté. »

Les anciens monumens nous font voir cette Déeſſe ſortant de la Mèr, tantôt ſoutenue ſur une grande coquille par deux Tritons, & tenant ſes grands cheveux dont elle fait découler l'écume : tantôt montée ſur un Dauphin, ou ſur une Chèvre marine, eſcortée des Néréides & des Amours.

Homère a ſuivi une tradition moins bizarre ſur *Vénus*, & nous a dit qu'elle étoit fille de Jupiter & de Dioné. Platon en ſon Banquet diſtingue deux *Vénus* : l'une eſt cette ancienne *Vénus*, dit-il, dont on ne connoît point la mère, & que nous appellons *Vénus* la Céléſte : & cette autre *Vénus* récente, fille de Jupiter & de Dioné, que nous nommons *Vénus* la Vulgaire.

Mais ſi nous en croyons pluſieurs Mythologues modernes, il n'a jamais éxiſté d'autres *Vénus*, qu'Aſtarté femme d'Adonis; dont le Culte fut mêlé avec celui de la Planette de ce nom. Ce Culte paſſa de Phénicie dans les Iſles de la Grèce, & ſur-tout dans celle de Cythère, où il fut d'abord adopté : & le Temple de Cythère a passé pour le plus ancien de tous ceux que *Vénus* a eus dans la Grèce. Ce qui fit dire, que la Déesse avoit pris naissance dans la Mèr, près de cette Isle.

*Vénus* fut regardée comme une des plus grandes Déesses, & comme elle favorisoit les passions infâmes, on l'honora d'une manière digne d'elle. Ses Temples ouverts à la prostitution, apprirent au monde corrompu, que pour reconnoître dignement la Déesse d'Amour, il ne falloit avoir aucun égard aux régles de la Pudeur : les filles se prostituoient publiquement dans les Temples, & les femmes mariées n'y étoient pas plus chastes.

Amathonte, Cythère, Paphos, Gnide, Idalie, & les autres lieux consacrés spécialement à cette Déesse, se distinguèrent par les Désordres les plus infâmes.

*Vénus* présidoit aux Mariages, mais plus particulièrement aux Commerces de galanterie : c'est pour cela, qu'on lui donne une Ceinture mystérieuse, appellée communément le Ceste de *Vénus*.

« Cette Ceinture étoit, dit Homère, d'un tissu admirablement
» diversifié : là se trouvoient tous les charmes les plus séduc-
» teurs, les attraits, l'amour, les desirs, les amusemens, les en-
» tretiens secrets, les innocentes tromperies, & le charmant ba-
» dinage, qui insensiblement surprend l'esprit & le cœur des
» plus sensés ».

Junon voulant plaire à Jupiter, prie *Vénus* de lui prêter sa Ceinture : la Déesse de Cythère la lui offre sur le champ, en lui disant : « Recevez ce tissu, & le cachez dans votre sein : tout
» ce que vous pouvez desirer s'y trouve ; & par un charme se-
» cret qu'on ne peut expliquer, il vous fera réussir dans toutes
» vos entreprises ».

On consacre à cette Déesse, parmi les fleurs la Rose, parmi les

arbres

arbres le Myrthe, parmi les oiseaux les Cygnes, les Moineaux, & sur-tout les Colombes.

Entre les Statues de *Vénus* qui nous restent, la plus belle est la *Vénus* de Médicis qui est encore à Florence : on prétend, que l'art n'a jamais rien produit de plus excellent. On en voit une autre qui est appuyée sur une colonne, ayant un globe à ses pieds, marque de son empire sur le cœur des mortels.

M. Mafféi nous présente une *Vénus* ancienne, qui semble être faite pour ce passage de Térence ; *sine Cerere & Baccho, friget Venus*. Elle est accompagnée de deux Cupidons, tenant un Thyrse environné de pampres de vigne & de grappes, couronnée d'épis de bled ; à la main droite elle a trois flèches, pour marquer peut-être qu'elle décoche plus sûrement ses traits, quand Cérès & Bacchus sont de la partie.

Apulée nous dit, que quatre Colombes tiroient le char de *Vénus*. On en voit souvent sur sa main ; quelquefois ce sont des Cygnes, & même des Moineaux qui tirent le char. *Moréri*.

## Mercure.

VI. *Mercure* est celui de tous les Dieux, à qui la Fable donne plus d'emploi & de fonctions ; il en avoit de jour, il en avoit de nuit.

*Mercure* étoit donc le Ministre & le Messager fidèle de tous les Dieux, mais plus particulièrement de Jupiter son père ; il les servoit avec un zèle infatigable, même dans des emplois peu honnêtes. C'étoit lui qui étoit chargé du soin de conduire les âmes des morts dans les Enfers, & de les ramener. Il étoit le Dieu de l'Éloquence, & de l'Art de parler ; le Dieu des Voyageurs, des Marchands, & même des filoux. Ambassadeur & Plénipotentiaire des Dieux, il se trouvoit dans tous les traités de paix & d'alliance.

*Tome I.* G g

Tantôt on le voit accompagner Junon, ou pour la garder, ou pour veiller à sa conduite; tantôt Jupiter l'envoie pour entamer quelque intrigue avec une nouvelle maîtresse. Ici, c'est lui qui transporte Castor & Pollux à Pallène. Là, il accompagne le char de Pluton qui enlève Proserpine. Les Dieux embarrassés de la querelle mue entre les trois Déesses au sujet de la Beauté, l'envoient avec elles au Berger Paris pour assister au jugement.

Écoutons *Mercure* se plaindre lui-même à sa mère, de la multitude de ses fonctions. Lucien le fait ainsi parler. « Y a-t'il dans » le Ciel un Dieu plus malheureux que moi, puisque j'ai tout » seul plus d'affaires que tous les autres Dieux ensemble ? Pre- » mièrement, il me faut lever dès le point du jour pour net- » toyer la salle du festin, & celle des assemblées. Après cela, » il faut me trouver au lever de Jupiter pour prendre ses ordres, » & les porter de côté & d'autre. Au retour, je sers de Maître » d'hôtel; quelquefois d'Échanson; au moins faisois-je ce métier » avant la venue de Ganymède. Mais ce qui m'incommode le » plus, c'est que la nuit même, lorsque tout le monde repose, » il me faut aller mener un convoi de morts aux Enfers, & as- » sister à leur jugement; comme si tout le jour, je n'étois pas » assez occupé à faire le métier de Sergent, d'Athlète, d'Ora- » teur, & plusieurs autres semblables ».

Malgré tant de services qu'il rendoit à Jupiter, à toute la Cour célèste, il ne conserva pas toujours les bonnes graces de son père, qui le chassa du Ciel: & pendant son éxil, il fut réduit à garder les troupeaux avec Apollon aussi disgracié.

On fait de *Mercure* le Dieu des voleurs, & suivant cette idée, on lui donne plusieurs traits de filouteries. Lucien les a rassemblés dans un joli Dialogue entre Vulcain & Apollon.

#### Vulcain.

« Apollon, as-tu vu le petit *Mercure* ? comme il est beau, comme il sourit à tout le monde ? Il fait assez voir ce qu'il sera un jour, quoique ce ne soit encore qu'un enfant.

#### Apollon.

« L'appelles-tu enfant, lui qui est plus vieux que Japhet en malice.

#### Vulcain.

« Quel mal peut-il avoir fait ? il ne fait encore que de naître.

#### Apollon.

« Demandez-le à Neptune, dont il a emporté le Trident ; à Mars, de qui il a pris l'Épée ; sans parler de moi, dont il a dérobé l'Arc & les Fléches.

#### Vulcain.

» Quoi ! un enfant encore au maillot ?

#### Apollon.

» Tu verras ce qu'il sçait faire, s'il t'approche.

#### Vulcain.

» Il est déja venu chez moi.

#### Apollon.

» Et ne t'a-t'il rien pris ?

#### Vulcain.

» Non, que je sçache.

### APOLLON.

» Regarde bien par-tout.

### VULCAIN.

» Je ne vois point mes Tenailles.

### APOLLON.

» Je gage, qu'on les trouvera dans ses langes.

### VULCAIN.

Quoi! il est déja si adroit, ce petit voleur? je crois qu'il a » appris à voler dans le ventre de sa mère.

### APOLLON.

« Il a bien d'autres qualités, tu vois comme il cause, il sera » un jour grand Orateur, & même bon Lutteur si je ne me » trompe ; car il a déja donné le croc en jambe à Cupidon : & » comme les Dieux en rioient, & que Vénus le prit pour le » baiser, il lui déroba son Ceste : il eût emporté le Foudre de Ju- » piter, s'il n'eût été trop chaud & trop pesant; mais il lui en- » leva son Scèptre.

### VULCAIN.

» Voilà un hardi petit galant.

### APOLLON.

» Il est aussi Musicien.

### VULCAIN.

» Comment cela?

### APOLLON.

« Il a fait un instrument de la coquille d'une Tortue, dont il

» joue en perfection ; jufqu'à me rendre jaloux, moi qui fuis le
» Dieu de l'harmonie. Sa mère dit qu'il ne dort pas même la
» nuit, & qu'il va jufqu'aux Enfers pour faire quelque butin :
» car il a une Verge d'une grande vertu, dont il rappelle les
» morts à la vie, & conduit les vivans au tombeau ».

Ce vol du Trident de Neptune, des Fléches d'Apollon, de l'Épée de Mars, & de la Ceinture de Vénus, fignifie, dit-on, qu'il étoit habile navigateur, adroit à tirer de l'arc, brave dans les combats ; & qu'il joignoit à ces qualités toutes les graces & les agrémens du difcours.

Apollodore fait mention d'un autre vol que fit *Mercure* à Apollon. « Il fortit du berçeau, dit-il, pour aller enlever les
» bœufs d'Apollon : il les fit marcher à reculons, pour tromper
» ceux qui voudroient le fuivre à la pifte ; il en emmena une
» partie à Pyle, & mit les autres dans une caverne : il en im-
» mola deux, dont il mangea une partie des chairs, & brûla le
» refte. Apollon vient redemander fes bœufs, & trouve *Mer-*
» *cure* dans le berçeau : il difpute contre l'enfant, le menace s'il
» ne lui rend pas fon troupeau : enfin par compofition, *Mercure*
» fait préfent à Apollon du nouvel inftrument qu'il avoit inven-
» té, & Apollon lui cède fes bœufs ».

Cette Fable fe trouve figurée dans un monument, où l'on voit *Mercure* préfenter à un bœuf un bouquet d'herbes ; le bœuf qui étoit couché fe leve actuellement, attiré par les herbes qui étoient apparemment celles qui font le plus au goût de l'animal.

*Mercure* en qualité de grand Négociateur des Dieux & des hommes, porte le *Caducée* fymbole de paix. Il a des aîles fur fon bonnet, & quelquefois à fes pieds ; affez fouvent fur fon Caducée, pour marquer la légereté de fa courfe. On voit dans quelques monumens une Chaîne d'Or qui fort de fa bouche, & qui s'attache aux oreilles de ceux qu'il veut conduire ; pour signifier qu'il enchaînoit les cœurs & les esprits par la douceur de son Éloquence.

On le repréfente en jeune homme, beau de vifage, d'une taille dégagée ; tantôt nud, tantôt avec un manteau fur les épaules, mais qui le couvre peu. Il a fouvent un bonnet qu'on appelle Pétafe, où font attachées fes aîles. Il eft rare de le voir affis ; fes différens emplois au Ciel, fur la Terre & dans les Enfers, le tenoient toujours dans l'action.

Il y a des figures qui le repréfentent avec la moitié du vifage claire, & l'autre noire & fombre ; pour exprimer qu'il eft tantôt dans le Ciel ou fur la Terre, & tantôt dans les Enfers où il conduifoit les ames. La vigilance que tant de fonctions demandoient, fait qu'on lui donne un Coq pour fymbole : dans un monument on le voit marcher devant un Coq beaucoup plus grand que lui, & qui tient un épi au bec ; ce qui pourroit marquer, que la plus grande des qualités de *Mercure* eft la Vigilance ; & l'épi au bec veut dire peut-être, que ce n'eft que la vigilance qui produit l'Abondance des chofes néceffaires à la vie. Le Bélier eft encore un animal qui va fouvent avec *Mercure*, parce qu'il eft, felon Paufanias, le Dieu des Bergers.

*Mercure* étoit la Divinité tutélaire des Marchands : Feftus croit même que fon nom latin vient des Marchands ou des marchandifes. C'eft à ce titre qu'on lui met une Bourfe à la main : c'eft fon fymbole le plus ordinaire, fymbole qui étoit bien propre à lui attirer les dévots : car qui eft-ce qui ne court pas après le Dieu qui porte la Bourfe ? C'eft pourquoi Oppien appelle *Mercure* le plus grand des fils de Jupiter, & le plus admirable génie pour le Gain.

Il y en a qui lui mettent la Bourfe à la main gauche, & à l'autre un Rameau d'olivier & une Maffue ; cette maffue seroit-elle, dit un nouveau Mythologue, le fymbole de la Force &

de la Vertu, néceſſaires pour le trafic ; c'eſt-à-dire, de la bonne foi entre les Marchands, & de la force pour ſupporter les déſaſtres, les pertes & les travaux qui ſe rencontrent dans les voyages de Commerce où il faut beaucoup de conſtance & de fermeté. Le Rameau d'olivier marque la Paix non-ſeulement utile, mais néceſſaire pour le Commerce.

Les Marchands célébroient une Fête en l'honneur de *Mercure* le 15 de Mai, auquel jour on lui avoit dédié un Temple dans le grand Cirque, l'an de Rome 675. Ils ſacrifioient à ce Dieu une Truie pleine, & s'arroſoient de l'eau d'une fontaine nommée *Aqua Mercurii*, qui étoit à la porte Capenne, priant *Mercure* de leur être favorable dans leur Trafic, & de leur pardonner les ſupercheries qu'ils y feroient, comme Ovide le rapporte en ſes faſtes.

Les anciens Hiſtoriens, comme Hérodote & Diodore, nous parlent du *Mercure* Égyptien, comme d'un des plus grands hommes de l'antiquité. Il fut ſurnommé Triſmégiſte, c'eſt-à-dire, trois fois grand. Il étoit l'ame des conſeils d'Oſiris & de ſon gouvernement ; il s'appliqua à faire fleurir les Arts & le Commerce dans toute l'Égypte ; il acquit de profondes connoiſſances dans les Mathématiques, & ſur-tout dans la Géométrie ; il apprit aux Égyptiens la manière de meſurer leurs terres, dont les limites étoient ſouvent dérangées par les accroiſſemens du Nil ; afin que chacun pût reconnoître la portion qui lui appartenoit : il inventa les premiers caractères des lettres, & régla, dit Diodore, juſqu'à l'harmonie des mots & des phraſes ; il inſtitua pluſieurs pratiques touchant les Sacrifices & les autres parties du Culte des Dieux. Enfin on le fait Auteur d'un grand nombre de livres ſur la Théologie, l'Aſtronomie & la Médecine, qui ſont perdus depuis long-tems.

Le *Mercure* des Grecs, fils de Jupiter & de Maïa, devint

célèbre parmi les Princes Titans. C'étoit un Prince artificieux & diffimulé : il voyagea plus d'une fois en Égypte, pour s'inftruire dans les mœurs de cet ancien peuple, & fur-tout dans la Sçience de la Magie où il excella dans la fuite : auffi fut-il regardé comme le grand Augure & le Devin des Princes Titans qui le confultoient inceffamment. Ce qui a donné lieu aux Poëtes de le faire paffer pour l'Interprète des Dieux. On lui attribue l'invention de la Lyre, de la Mufique, du Commerce, de la Médecine, de la Lutte, de la Magie, & de plufieurs autres Arts. *Dictionn. de la Fable.*

### DIANE.

VII. Les Poëtes & la plûpart des anciens Auteurs ont regardé *Diane* comme fille de Jupiter & de Latône, fœur d'Apollon : c'eft à celle-là qu'on a rendu les honneurs divins, bâti des Temples, & érigé des Autels. On dit que lorfque fa mère accoucha de deux jumeaux, *Diane* fortit la première, & qu'elle fervit à fa mère de Sage-Femme, pour accoucher d'Apollon fon frère. Elle fut témoin des grandes douleurs que fa mère fouffrit en accouchant d'Apollon : cela lui donna une fi grande averfion du mariage, qu'elle obtint de Jupiter fon père la grace de garder une Virginité perpétuelle, de même que Minèrve fa fœur : c'eft pourquoi l'Oracle d'Apollon appella ces deux Déeffes les Vierges blanches.

L'amour qu'elle eut pour la Chafteté lui fit choifir pour compagnes des Vierges, à qui elle faifoit obferver la Chafteté avec beaucoup de régularité ; témoin l'hiftoire de Callifto & celle d'Actéon. Cependant on dit qu'elle avoit été amoureufe d'Endymion ; & Virgile a dit, qu'elle fe laiffa furprendre par le Dieu d'Arcadie, qui transformé en un beau bélier, entraîna la Déeffe dans le fond d'un bois, où elle ne dédaigna pas de répondre aux vœux de Pan.          Son

Son occupation la plus ordinaire étoit la Chaſſe ; c'eſt pour cela qu'on l'a regardée comme la Déeſſe de la Chaſſe, des Forêts & des Montagnes, & qu'on la repréſente ordinairement avec l'Arc & la Trouſſe, en habit court pour la Chaſſe ; ayant un Chien à ſes côtés ou à ſes pieds, quelquefois traînée dans un char par des Cerfs blancs, quelquefois montée elle-même ſur un Cerf, & d'autres fois courant à pied avec ſon Chien.

Comme on la prenoit auſſi pour la Lune, on la voit aſſez ſouvent avec un Croiſſant ſur la tête, ou bien ſans Croiſſant, couverte d'un grand voile tout parfemé d'Étoiles.

*Diane* fut la grande Divinité non-ſeulement des Éphéſiens, mais de toute l'Aſie mineure : on l'appelloit par excellence la Grande *Diane*. Ce que rapporte Saint Paul de la ſédition excitée par les Orfévres de cette Ville, qui gagnoient leur vie à faire de petites ſtatues d'argent de *Diane*, eſt bien propre à nous prouver la célébrité du Culte de la grande Déeſſe. Auſſi ſon Temple a-t-il paſſé pour une des ſept Merveilles du monde : toute l'Aſie concourut, dit Pline, pendant deux cens vingt ans à l'orner & à l'enrichir : il renfermoit des richeſſes immenſes.

Pour placer au-deſſus de la porte du Temple une pierre d'une groſſeur énorme, Pline raconte fort ſérieuſement que l'Architecte déſeſpérant d'en venir à bout, la Déeſſe lui apparut la nuit, l'exhorta à ne pas perdre courage, & l'aſſura que ſes efforts ſeroient ſecondés : en effet le lendemain matin, la pierre vint ſe placer d'elle-même au lieu où elle devoit être.

Un autre conte du même Pline ſur ce ſujet, eſt que l'eſcalier par lequel on montoit juſqu'au faîte du Temple, étoit fait d'un ſeul Sep de vigne.

La Statue originale que la Déeſſe eut dans ce Temple d'Éphéſe, étoit d'Ébène, ſelon Pline, ou de bois de Cédre, ſelon Vitruve. On en fit dans la ſuite une infinité de copies de toute grandeur & de toutes fortes de matières. Le corps de la Statue eft divifé par bandes, enforte que la Déeffe y paroît comme emmaillotée. Elle porte fur la tête une grande Tour à plufieurs étages, fur chaque bras des Lions, fur la poitrine & fur l'eftomac un grand nombre de Mamelles. Tout le bas du corps eft parfemé de différens animaux, de Bœufs ou Taureaux, de Cerfs, de Sphinx, de Cancres, d'Abeilles, d'Infectes, &c. On y voit même des Arbres & d'autres plantes ; tous Symboles qui ne fignifient autre chofe que la Nature elle-même, ou le Monde avec fes productions. C'étoit-là la Divinité qu'on adoroit à Éphèfe fous le nom de *Diane*.

Tout le monde fçait que ce fameux Temple fut brûlé par Eroftrate ou Eratoftrate, homme inconnu, qui s'avifa de ce crime pour rendre fon nom célèbre dans la poftérité. Les Éphéfiens défendirent fous de grandes peines, qu'on prononçât jamais fon nom, pour le fruftrer du fruit de fa malice : ce qui n'a pas empêché qu'il fe foit confervé, avec l'Hiftoire de l'incendie du Temple.

Timée, dans Cicéron, après avoir raconté que la nuit qu'Aléxandre vint au monde, le Temple de *Diane* brûla à Éphèfe, ajoute « qu'en cela il n'y a rien d'étonnant, parce que *Diane* » qui voulut fe trouver aux couches d'Olympias, étoit abfente » de chez elle pendant l'incendie de fon Temple ».

Plutarque rapportant cette penfée dans la vie d'Aléxandre, la juge d'un froid capable d'éteindre l'embrafement dont il s'agit : & le Père Bouhours qui la condamne auffi, trouve la réflèxion de Plutarque mille fois plus fauffe & plus froide que celle de Timée. *Panthéon Myftique*, *du P. Pomey*.

## CHAPITRE VI.
### DUODÉNAIRE DE LA FABLE.
#### LES DOUZE PETITS DIEUX:
Sçavoir,

| | | | |
|---|---|---|---|
| *Le Génie,* | *Vesta,* | *Pallas,* | *Proserpine,* |
| *Bacchus,* | *Pan,* | *Cupidon,* | *Esculape,* |
| *Janus,* | *Vertumne,* | *Sylvain,* | *Priape.* |

#### LE GÉNIE.

I. LE *Génie* est un certain esprit, que les anciens Payens croyoient avoir soin de la personne, de la chose ou du lieu, dont il étoit le *Génie*. Car selon la superstition des Idolâtres, non-seulement chaque homme avoit son *Génie* ; mais aussi les arbres, les fontaines, les maisons, les villes, & les Royaumes.

Il étoit appellé *Génie* (de l'ancien mot latin *Geno*, qui signifie engendrer : ) parce qu'il commençoit ses soins dès la naissance de celui qui étoit sous sa protection : ou parce qu'il naissoit avec lui : ou parce qu'il présidoit à la naissance de toutes les choses du Monde. Plutarque dit, que ces *Génies* étoient de certains Démons ou Esprits, qui tenoient le milieu entre les Dieux & les hommes. Plusieurs ont cru, que chaque homme en avoit deux ; l'un Bon, qui l'éxcitoit à la vertu : & l'autre Mauvais, qui le portoit au vice. D'autres n'ont donné deux *Génies* qu'aux maisons, où il y avoit des gens mariés

Les Historiens rapportent, que Socrate avoit un *Génie* familier. Ils assurent la même chose de Pythagore, & de plusieurs autres grands hommes. Plutarque dit dans le traité, dont le titre est : *pourquoi les Oracles ont cessé ?* que ce silence des Oracles venoit de ce que les *Génies* de ces lieux avoient changé de demeure. On représentoit le *Génie* sous différentes figures : quelquefois comme un Enfant ou un jeune homme, quelquefois comme un Vieillard : mais le plus souvent sous la forme d'un Serpent. On le couronnoit de feüilles de Plane. Dans les Sacrifices qu'on lui faisoit, on ne lui offroit ordinairement que du Vin, des Fleurs, & de l'Encens ; parce que les Anciens faisant des Sacrifices à ce Dieu le jour de leur naissance, ils ne vouloient pas répandre du sang, en immolant des Victimes le même jour qu'ils avoient reçu la vie. Quelquefois néanmoins on lui sacrifioit un jeune Porc.

Les Auteurs font mention de deux Temples fort magnifiques, qu'on lui avoit bâtis à Rome, & à Aléxandrie. Il faut ajoûter ici la coûtume des Romains, de jurer par le *Génie* de leurs Empereurs ; ce qu'ils faisoient avec tant de respect & de vénération, qu'ils n'osoient violer ce serment : & d'ailleurs ceux qui se parjuroient étoient condamnés au foüet. C'est pourquoi plusieurs faisoient difficulté de jurer par le *Génie* du Prince : & l'on remarque que l'Empereur Caligula fit mourir quelques Romains, qui refusoient de faire ce serment. *Moréri.*

## Vesta.

II. *Vesta*, Déesse de la Terre, est quelquefois considérée comme fille, & quelquefois comme mère de Saturne ; ce qui étoit mystérieux dans la Religion des Payens. Numa Pompilius, second Roi des Romains, lui consacra un Feu éternel ; & pour le conserver, il établit des Prêtresses nommées Vestales, qui pouvoient se marier après avoir passé trente ans dans la garde de ce Feu. Elles étoient châtiées rigoureusement, quand elles le laissoient éteindre ; & on ne le pouvoit rallumer qu'avec le Feu du Ciel, ou avec les rayons du Soleil. On les enterroit toutes vives, quand elles péchoient contre la Pureté.

Les Romains célébroient au mois de Juin, en l'honneur de la Déesse *Vesta* : ils faisoient des Festins dans la rue devant leur porte, & choisissoient quelques mèts qu'ils envoyoient au Temple de cette Déesse. On conduisoit par la Ville plusieurs ânes couronnés de fleurs, & ayant des Colliers composés de certains morçeaux de Pâte en forme de petits pains ronds. Les Moulins étoient aussi ornés de bouquets, & ne travailloient point ce jour-là. Les Dames Romaines alloient les pieds nuds au Temple de *Vesta*, & au Capitole, où il y avoit un Autel à Jupiter *Pistor*, c'est-à-dire, *Boulanger*. On remarque dans l'histoire, que Brutus se rendit maître de l'Espagne le jour de cette fête. *Ibidem*.

## PALLAS.

III. *Pallas* est un des noms qu'on donnoit à Minèrve. On la consideroit comme la Déesse de la Guerre, aussi ce nom est tiré d'un mot grec, qui signifie *Darder*. Les Troyens avoient la Statue de *Pallas*, dite *Palladium*, à laquelle le salut de leur Ville étoit attaché.

*Palladium* étoit une Statue de la Déesse *Pallas*, représentée avec une Pique à la main qu'elle remuoit de temps en temps, en tournant aussi les yeux. Cette Statuë qui étoit de bois, étoit tombée du Ciel à ce que l'on croyoit, lorsque l'on bâtissoit le Temple de cette Déesse dans la Citadelle de Troye; & elle s'y étoit placée, avant que ce Temple fût couvert. L'oracle d'Apollon que l'on consulta alors, répondit que la Ville seroit imprenable, tant que ce présent du Ciel y seroit conservé; & qu'elle seroit ruinée, si on la transportoit hors des murailles. Pendant le siège de la ville de Troye, Diomède & Ulysse Capitaines Grecs, entrèrent dans la Citadelle par des conduits sous terre, & ayant tué la garnison du Château, enlevèrent le *Palladium* dans leur camp.

On en gardoit un à Rome dans le Temple de la Déesse Vesta : & quelques Auteurs disent, que c'étoit la véritable statuë de *Pallas*. Sur quoi *Vinés* remarque que il y avoit deux *Palladium* à Troye ; l'un qui étoit conservé comme une chose sacrée, & l'autre qui étoit une figure faite à la ressemblance du premier, laquelle étoit exposée à la vüe du public : Qu'Ulysse enleva le *Palladium* fait sur le modèle de celui qui étoit tombé du Ciel ; mais que le véritable fut transporté en Italie par Énée, avec les Dieux Pénates, & les autres Dieux tutélaires de la Ville de Troye.

On fit à Troye plusieurs Cérémonies pour consacrer cette Statuë : & lorsqu'elle fut apportée à Rome, on en fit tailler plusieurs en bois en la même manière ; afin que la ressemblance de ces figures empêchât ceux qui voudroient l'enlever, de reconnoître le véritable *Palladium*. Il y a eu aussi autrefois un *Palladium* dans la Citadelle d'Athènes, qui étoit dédié à Minèrve. *Histoire des Oracles. M. de Fontenelle.*

## PROSERPINE.

IV. *Proserpine*, fille de Cérès, fut enlevée par Pluton Dieu des Enfers. Après cela il l'épousa ; mais Cérès ne pouvant se passer de voir sa fille, fit un accord avec Pluton, & on résolut que *Proserpine* passeroit six mois de l'année avec son mari, & qu'elle seroit durant les autres six mois avec sa mère sur la Terre. Voilà la Fable, en voici le sens.

Cérès, qui est prise pour la Terre, donne la vie à *Proserpine* qui est la Semence : & elle demeure durant les six mois de l'hyver dans le sein de la Terre ; mais elle pousse au Printemps, & paroît durant les autres six mois. *J. Baudouin. Exp. des Fables.*

## Fable, Chap. VI.

### Bacchus.

V. *Bacchus* étoit fils de Jupiter & de Sémélé, selon Orphée dans une de ses hymnes; mais dans une autre, il le fait fils du même Jupiter & de Proserpine. Quoi qu'il en soit, l'épithète que les Poëtes Grecs & Latins donnent à *Bacchus*, qui signifie qu'il a eu deux mères, ne se doit pas expliquer à la rigueur, comme s'il avoit eu deux mères en effet; mais seulement par allusion à l'office de mère, que Jupiter lui rendit: car la Fable porte, que de peur qu'il ne fût consumé par le feu avec sa mère Sémélé, à qui la curiosité de voir Jupiter dans l'appareil de sa divinité coûta la vie; il le tira de son ventre, & le cacha dans sa cuisse, pour achever ce qui lui restoit à faire des neuf mois. Orphée ajoûte, que Sabasius cousut *Bacchus* dans la cuisse de Jupiter.

Après qu'il fut né, Ino sa tante le nourrit en cachette, & le mit ensuite entre les mains des Nymphes, qui eurent soin de son éducation. Méléagre croit qu'elles le tirèrent elles-mêmes du milieu des flammes, sans qu'il ait jamais été cousu dans la cuisse de Jupiter. Et Damarchus dit, qu'il fut élevé par les Heures, filles de Jupiter & de Thémis.

Lucien dit que *Bacchus* ne fut pas plutôt venu au monde, que Mercure le porta aux Nymphes dans une Ville d'Arabie, voisine de l'Égypte, appellée Nisa: ce qui est conforme au témoignage d'Orphée, qui dit, que *Bacchus* fut élevé en Égypte.

D'autres ont cru que les Hyades furent les nourrices de *Bacchus*, suivant le rapport d'Apollodore.

Pausanias écrit, que c'étoit un bruit commun parmi les Habitans de Patras, que *Bacchus* avoit été élevé en leur pays, dans la ville de Mésatis; & que peu s'en fallut qu'il ne fût pris par les Pans, qui lui dressoient continuellement des embûches.

Les autres difent, qu'il fut élevé dans l'ifle de Naxos. Mais Sidonius Antipater veut qu'il ait été Thébain, de même qu'Hercule ; & Lucien affûre que fa mère étoit de Syrophœnicie.

Ce qui a donné lieu à cette diverfité d'opinions touchant ce Pays & l'éducation de *Bacchus*, eft, qu'il y en a eu plufieurs qui ont porté ce nom : & Cicéron en fait le dénombrement. Il fe trouve des Auteurs qui difent qu'auffi-tôt que *Bacchus* fut né, Mercure le porta par l'ordre de Jupiter dans l'ifle d'Eubée, où il le mit entre les mains de Macris fille d'Ariftée, qui frotta d'abord fes lèvres avec du miel ; & commença ainfi à le nourrir. Ils ajoutent que Junon s'en étant apperçuë, & ne pouvant fouffrir que l'enfant d'une femme de mauvaife vie fût élevé dans une Ifle qui lui étoit confacrée, en fit fortir Macris, qui fe retira dans le Pays des Phéagues, où elle éleva *Bacchus* dans une Caverne qui avoit deux portes.

On le peignoit tout jeune, ayant le corps tendre & délicat ; on le mettoit entre les belles Divinités : ce qui répond mal à la figure qu'on lui donne aujourd'hui. Toute l'hiftoire fabuleufe de *Bacchus* fe voit au long dans Diodore & dans Nonnus, où il décrit fes exploits & fes principales actions ; comme fes voyages dans les Pays les plus éloignés, les Victoires qu'il remporta dans les Indes ; l'Art de planter la vigne, de Moiffonner, & de Négocier, qu'il enfeigna aux hommes.

Les Prêtreffes de ce Dieu tiroient leur nom du fien, & s'appelloient *Bacches*, ou *Bacchantes* ; & de deux ans l'un, lui alloient offrir des Sacrifices fur le Parnaffe, montagne de Béotie. Elles s'affembloient auffi en foule tous les trois ans fur la montagne de Cythéron, portant des Thyrfes à la main pour y célébrer, avec de grands cris & des hurlemens étranges, la Fête que les Anciens appelloient *Orgies* ou *Bacchanales*.

Tous les Auteurs attribuent ordinairement le Thyrfe à *Bacchus*
&

& aux *Bacchantes*. C'étoit une manière de petite Lance ou bâton, couvert de feüilles de vignes & de lierre mêlées enfemble, ayant au bout une pointe en forme de Pomme de pin.

Suidas parlant du Thirfe, le nomme le bâton de *Bacchus*, ou la Lampe que l'on portoit à l'honneur de ce Dieu. La folie d'Antigonus & d'Antoine peut encore appuyer tous ces témoignages. Le premier voulant repréfenter *Bacchus*, mit fur fa tête une Couronne de lierre, & prit un Thyrfe à la place du fcèptre. L'autre pour foutenir le nom de *Bacchus*, qu'il avoit commandé qu'on lui donnât, mit du lierre à l'entour de fa tête, il la couvrit d'une Couronne d'or, & tenant un Thyrfe à la main, il fe fit porter par la Ville d'Aléxandrie ; comme s'il eût été *Bacchus* lui-même.

*Bacchus* n'avoit pas feul la gloire de porter le Thyrfe ; les *Bacchantes* comme il a été remarqué, le portoient auffi. Plufieurs anciens Auteurs nous apprennent même, que par la vertu du Thyrfe, elles faifoient des prodiges furprenans. Dans Euripide, une *Bacchante* n'a pas plutôt donné un coup de Thyrfe à un rocher, qu'elle en fait fortir une Fontaine d'eau ; une autre ne l'a pas fi-tôt jetté à terre, que *Bacchus* en fait réjaillir une Fontaine de vin.

On appella *Bacchanales*, les Fêtes de *Bacchus*. Quinte-Curfe parle d'une montagne des Indes, que ceux du Pays appellent *Meros* ; c'eft d'où les Grecs, dit-il, ont inventé la Fable, que *Bacchus* étoit forti de la Cuiffe de Jupiter ; parce que *Meros* en Grec fignifie Cuiffe. Ce fut là que les Soldats s'avifèrent de cüeillir des feüilles de vigne & de lierre, & de s'en faire des guirlanlandes, courants çà & là par la forêt comme des infenfés. Les montagnes & les vallées retentiffoient de voix confufes de tant de milliers d'hommes, qui adoroient le Dieu tutélaire de ce Bocage ; & toute l'armée fut ainfi occupée durant dix jours au fervice de *Bacchus*.

Tome I.

On repréfentoit ce Dieu dans un Char de triomphe, traîné tantôt par des Panthères, tantôt par des Tigres, qui lui étoient particulièrement confacrés ; comme un Emblème des effets du vin, qui felon les fujets où il agit, dompte quelquefois les hommes les plus farouches, & quelquefois les rend furieux : ce qu'en termes de débauche, on appelle ordinairement *vin de Songe, & vin de Lion*. Dans cet équipage il étoit accompagné de Silène courbé fur un âne, & d'une troupe de Satyres & de Bacchantes qui marchoient devant & derrière, & faifoient des cris horribles.

Il n'y eut que les Scythes feuls, qui ne voulûrent point reconnoître *Bacchus* ; difant que c'étoit une chofe ridicule d'adorer un Dieu, qui rendoit les hommes infenfés & furieux. On tient que le Culte de cette fauffe Divinité a pris fon origine des Indiens, & qu'un certain Eleuther a été le premier qui lui a dreffé une Statuë ; il a enfeigné de quelle manière on le devoit adorer.

*Bacchus* avoit deux Temples à Rome ; l'un dans le fecond quartier de la Ville, (où felon Georges Fabrice eft à préfent l'Églife de Sainte Conftance) hors de la Porte Viminale : l'autre de beaucoup plus petit, étoit dans le fixième quartier, où on lui avoit dreffé un Autel commun avec Proferpine. Les Indiens l'adoroient fous le nom de *Dionifius*; les Égyptiens, fous celui d'*Ofiris* ; les Romains, fous celui de *Liber* ; & les Grecs lui en donnèrent plufieurs.

Toute cette Hiftoire fabuleufe de *Bacchus* demanderoit de longues réflexions, mais je la réduirai à deux articles ; le premier de la naiffance & de l'éducation de *Bacchus*, & le fecond des *Bacchanales*.

Si l'on trouve dans les autres Fables quelque chofe de Phyfique, de Moral & d'Hiftorique ; on ne trouve rien dans celle-ci, qui ne touche la Nature.

Il n'y a personne qui ne sçache que par *Bacchus*, on entend le vin ; car de tous les Dieux des Payens il n'y en a point qui soit plus connu, & qui ait mieux conservé son pouvoir & son crédit. Sémélé mère de *Bacchus* est donc prise pour la Terre, qui produit la Vigne ; & qui la rend féconde par sa graisse, & par son humidité. Et quand on dit que Jupiter enferma *Bacchus* dans sa Cuisse, l'ayant tiré du ventre de sa mère ; on veut montrer par cette fiction, que quand la Vigne a poussé sa grappe, & qu'elle a crû un certain tems, il faut qu'il vienne de la chaleur pour faire meurir le raisin, & que cette chaleur soit modérée. On nous figure cette espèce de chaleur par Jupiter qui enferma *Bacchus* dans sa Cuisse ; parce que le sang est plus modéré en cet endroit du corps qu'en pas un autre ; & c'est pour cette raison qu'on dit que Jupiter est père de *Bacchus*.

Outre que la Vigne ne peut bien venir qu'en des lieux chauds, ou pour le moins aux endroits où le chaud est modéré ; la Fable semble ne vouloir enseigner autre chose, en disant, que quand Jupiter vint voir Sémélé, il n'y vint pas avec ce Foudre dont il renversa les Géans, mais avec un foudre plus doux. Au reste on peut ici remarquer, que *Bacchus* nâquit deux fois, aussi l'appelle-t-on l'Enfant deux fois né ; & l'on prétend peut-être montrer par cette double naissance, que la Vigne a été connuë aussibien devant le déluge qu'après le déluge.

On dit qu'après qu'il fut né, on le donna à nourrir aux Nymphes. Quelques-uns tiennent que c'est pour représenter la fraîcheur & l'humidité modérée ; car si la Vigne, qui est l'arbre le plus humide de tous, a modérement de l'eau, son fruit en devient meilleur, & grossit en même tems : mais d'autres disent que les Antres des Nymphes où il fut conservé, & dont il est parlé dans cette Fable, ne sont autre chose que les Caves où l'on met le vin pour le conserver ; & qui sont, pour ainsi dire, les Grottes de *Bacchus*. *Diction. Histor.*

## Pan

VI. *Pan* Dieu des Pasteurs, a été aussi considéré comme le Dieu de la Nature; ce que son nom sembloit marquer, car *Pan* en Grec signifie *tout*. C'est pourquoi on composoit son image des principales choses qui se voyoient dans le Monde. On le représentoit avec des Cornes, pour marquer, dit-on, les rayons du Soleil, & les Cornes de la Lune. Son visage étoit tout enflammé, pour imiter l'Élément du Feu. Il avoit l'estomac couvert d'Étoiles, pour figurer le Ciel. Ses cuisses & ses jambes étoient veluës & hérissées pour marquer les Arbres, les Herbes, & les Bêtes. Il avoit des pieds de Chèvre, pour montrer la solidité de la Terre. Sa Flûte représentoit l'harmonie que les Cieux font, selon l'opinion de quelques anciens Philosophes. Son Bâton recourbé signifioit la révolution des années.

Les Anciens croyoient que *Pan* couroit la nuit par les Montagnes; d'où est venu que l'on a appellé Terreur *panique*, une épouvante dont on est saisi pendant l'obscurité de la nuit, ou par une imagination sans fondement; ce qui est souvent arrivé à des Armées fort nombreuses, qu'une semblable Terreur a jettées tout-à-coup dans la consternation.

On dit que *Pan* accompagna Bacchus dans les Indes, & qu'il l'aida beaucoup à remporter tant de Victoires: on a crû aussi que c'étoit par son secours que les Athéniens avoient gagné la bataille contre les Perses dans la Plaine de Marathon. Car on dit que Miltiade étant prêt à se battre contre l'ennemi, *Pan* parût à la tête de l'armée sous l'apparence d'une Stature plus qu'humaine; & qu'ayant fait sonner aux Trompettes & aux Cors un air qui inspiroit de l'Horreur, toute l'armée des Perses prit l'épouvante: d'où quelques-uns disent qu'est venu le mot de Terreur *panique*. *Mélange Curieux*.

## Cupidon.

**VII.** *Cupidon* ou l'*Amour*, eſt ce Dieu que les Anciens nous repréſentent ſi diverſement en ſa naiſſance & en ſes progrès. Platon le fait fils de la Pauvreté, & de Porus fils du Conſeil & de l'Abondance : Héſiode, du Chaos & de la Terre : Sapho, du Ciel & de la Terre : Alcée, de Zéphire & de la Diſcorde : Simonides, de Mars & de Vénus : Acuſilaüs, de l'Air & de la Nuit : Alcméon, de Flore & de Zéphire. Le même Platon avoüe encore qu'il y a deux ſortes d'*Amour* : le premier eſt fils de Vénus Uranie, c'eſt-à-dire, Célèſte : le ſecond eſt ſorti de Vénus Terreſtre ou Marine, née de l'écume de la Mer.

On le repréſente ordinairement ſous la figure d'un bel Enfant aîlé, & tout nud ; dont la chair eſt de la couleur des roſes, avec les yeux voilés ; tenant un Arc bandé d'une main, un Flambeau allumé de l'autre ; & portant une Trouſſe pleine de flèches à ſes côtés.

Il ne ſera pas difficile de donner un beau jour à ces Peintures ingénieuſes des Anciens, ſi nous les conſidérons dans leurs ſens. Ils nous ont repréſenté deux ſortes d'*Amour*, pour nous exprimer qu'il n'y a rien dans le Monde qui ne ſoit bon de ſoi-même, & qui ne puiſſe devenir criminel, par le mauvais uſage que les méchans en font.

Ainſi le premier *Amour* eſt fils de Vénus Uranie, pour dire qu'il n'a rien que de bon, de célèſte, de ſpirituel & d'épuré. Platon le conſidérant de cette façon, ſoûtient qu'il eſt un Dieu Grand & merveilleux, qui porte au bien & à l'honnête, qui met en paix les hommes, qui change la ruſticité en politeſſe, qui appaiſe les diſcordes, qui unit les cœurs, qui incline à la douceur, qui adoucit la cruauté, qui conſole les affligés, qui redonne la force aux âmes laſſées ; & qui rend enfin la vie parfaitement heureuse. Zénon l'appelle un Dieu d'amitié & de liberté, de paix & de concorde, de bonheur & de consolation, de science & de vertu. Pour cela les Athéniens avoient élevé dans l'Académie sa Statuë dédiée à Pallas, voulant dire qu'il étoit un Dieu sçavant ; & celui qui a été l'Inventeur des belles choses.

Ceux de Samos lui consacroient une Fête, qu'ils appelloient *la Fête de la Liberté*, quoiqu'on le considère ordinairement comme la Source des Captivités & de la Servitude. Athénée conclut, que ce Dieu a toutes les perfections, & point de défauts. On le fait encore fils du Ciel & de la Terre ; ou pour dire, qu'il faut que le Ciel l'inspire à nos cœurs ; ou pour marquer, la force de cette inclination que les uns ont recherchée dans les Astres ; les autres dans Dieu même.

On nous représente cet *Amour* sous la figure d'un bel Enfant, pour faire voir que tout doit commencer par lui ; & qu'il est le premier pas qu'on fait aux Grandes choses ; comme l'Enfance est le premier âge de la vie. Il est nud, & cela signifie qu'il n'emprunte rien de personne pour venir à bout de ce qu'il veut; & que sa simplicité & ses forces lui suffisent, pour éxécuter ce qu'il a dessein d'entreprendre. On lui met un Bandeau devant les yeux, pour montrer qu'il est immortel ; & qu'il est lui-même la véritable Source de tout ce qu'il invente. La couleur de sa chair est une peinture de la Modestie & de la Pudeur. Son Flambeau apprend qu'il éclaire toutes choses ; & ses Flèches expriment cette éloquence invincible, qui touche les cœurs, & qui les tire après soi.

Si nous considérons après cela l'*Amour* fils de Vénus Marine, nous serons obligés d'avouër que c'est lui qui corrompt, qui séduit, qui ruine la Société ; & fait mépriser ce qu'il y a de plus louable dans le Monde. Il ne fait jamais que des Dé-

Fable, Chap. VI.

fordres où il se trouve ; les Crimes font ses compagnons inséparables.

C'est pour cela que les Anciens l'ont tantôt représenté, comme fils de la Nuit ou de la Pauvreté ; (tantôt comme sorti de la Dissension & des Procès ;) & qu'ils l'ont fait suivre de la Douleur, des Inimitiés & de la Fiévre ; pour dire qu'il est la Source des Désordres qui s'entretiennent dans les ténébres & dans l'erreur ; & qu'il n'est pas une simple maladie, mais un composé de toutes sortes de maux. Il est nud, parce que celui qui aime donne toutes choses, se dépouille de ses biens, revèle son secret, témoin Samson ; & devient enfin le véritable fils de l'Indigence & de l'Indiscrétion. Il est Enfant, à cause qu'il manque de Raison & de Jugement. On le peint aveugle, afin d'exprimer sa Préoccupation & son ignorance, pour connoître les défauts de l'objet aimé. Ses aîles marquent son Inconstance & sa légèreté; comme il arriva à Amnon. Son Flambeau fait voir qu'il est un Incendiaire public ; & ses Flèches assûrent qu'il est la Source des Passions, qui tyrannisent l'âme, & qu'il ne peut faire que du mal par ses coups. *Moréri.*

### Esculape.

VIII. *Esculape* qu'on fait Dieu de la Médecine, étoit fils d'Apollon & de la Nymphe Coronis, qu'Homère dit être fille du Roi Phlégias. Il fut tiré du sein de sa mère, qu'Apollon tua ; parce qu'elle lui avoit violé la foi, en s'abandonnant à un certain Ischis fils d'Élate.

Pausanias rapporte les divers sentimens des Anciens, touchant la naissance d'Esculape, & comme ayant été mis au Monde, une Chèvre d'un Pasteur qu'il nomme Aresthanas, le nourrit sous la conduite de son Chien ; & que ce Berger ayant voulu enlever l'Enfant, une Clarté extraordinaire lui fit perdre la connoiffance du lieu, où il l'avoit vû. Lactance rapporte auffi cette naiffance, après Cicéron & d'autres.

Il fut donné à Chiron en Theffalie, qui eft celui qu'on nomme le Centaure, qui eut foin d'Achille. Il lui apprit la Médecine, felon Plutarque & Pindare. Il guérit par cette Sçience des maladies fi défefpérées, que Jupiter indigné de ce qu'il avoit donné la fanté à Hyppolite fils de Théfée, ou aux filles de Prœtus, l'écrafa d'un coup de Foudre; & Apollon le mit dans le Ciel, où il eft parmi les Aftres.

Les Hiftoriens Romains rapportent, que la Ville de Rome étant affligée de pefte, l'Oracle répondit que pour guérir, il falloit amener Efculape d'Épidaure; & que les Peuples de cette dernière Ville s'étant oppofés aux deffeins des Romains, il paffa dans leur Navire en forme de Dragon; & qu'il fe choifit une place dans une Ifle que le Tibre faifoit, où l'on lui bâtit un Temple.

Homère donne deux fils à *Efculape*, tous deux fameux Médecins; l'un nomme Machaon, & l'autre Podalire; deux filles, Hygée & Jafo. Cicéron parle de quelques Médecins de ce nom; le premier fils d'Apollon, le fecond frère de Mercure, un troifième fils d'Arfippe & d'Arfinoé, dont le Tombeau fe voyoit en Arcadie. C'eft celui qui fut le premier, qui commença de purger & d'arracher les dents.

Paufanias rapporte affez éxaêtement toutes ces chofes, & fait mention des Temples qu'on avoit bâti à *Efculape* ; qu'on faifoit le Dieu de la Médecine, en lui attribuant ce que les autres de fon nom avoient fait.

Parmi les chofes que les Anciens lui confacroient; le Coq, la Chèvre, le Corbeau, étoient les plus confidérables. Si l'on veut chercher quelques vérités parmi la confufion de ces Fables, il ne fera pas difficile de la rençontrer. *Efculape* eft crû

fils

fils d'Apollon & de Coronis, pour exprimer, comme le remarque Paufanias; un Air bien tempéré, qui vient de l'impreffion du Soleil ou d'Apollon. Ses deux filles font Hygée & Jafo; dont l'une fignifie *la Santé*, & l'autre *la Guérifon*. Le Bâton entouré d'un Serpent, que les Médecins lui donnoient, fait voir que la Médecine eft le Soutien de la vie; mais qu'elle doit être éxercée avec difcrétion & prudence, qui nous eft fignifiée par le Serpent; ou bien que cette Science admirable fait changer de peau, comme ce Reptile fe dépoüille de la fienne, outre qu'elle a des vertus admirables.

On lui confacroit la Chèvre, parce que la chaleur extraordinaire de cet Animal fait qu'il eft toujours malade, & même en fiévre; comme le remarquent les Médecins. On offroit le Corbeau, que les Anciens confidéroient dans les Prédictions, pour faire voir que la Science des Corps doit prévenir les accidens à venir, felon la remarque même d'Hippocrate; & enfin le Coq étoit ajouté, pour exprimer cette éxacte vigilance, qui eft néceffaire dans les maladies; ou, pour me fervir de la penfée de Plutarque dans le Traité des Oracles de la Pythie, pour défigner le matin: & faire voir que ce tems dans le calme des humeurs, eft le plus propre pour appliquer les Remèdes. *Noël le Comte*.

### JANUS.

IX. *Janus* premier Roi d'Italie, qui civilifa les Peuples de ce Pays par fa prudence & par fa vertu, affocia Saturne au Gouvernement de fon Royaume, lorfque Jupiter l'eut chaffé. Après fa mort on l'adora comme un Dieu, & on le repréfenta avec deux Vifages; parce que felon Plutarque, il avoit donné une autre face à fon Royaume, en introduifant une vie civile parmi ces Peuples fauvages.

D'autres difent, que c'étoit pour fignifier fon Règne avec

Saturne : & que pour cette même raison, la Monnoie de ce temps-là étoit marquée d'une Image à deux têtes, qui étoient celles de *Janus* & de Saturne, avec un Navire sur le revers, qui montroit l'arrivée de Saturne en Italie par Mèr.

Ce Dieu présidoit au Commencement & à la Fin de toutes choses ; c'est pourquoi on disoit aussi, qu'il ouvroit & qu'il fermoit l'Année ; & lorsque l'on entreprenoit une Guerre, on ouvroit les portes de son Temple à Rome, que l'on refermoit quand la Paix étoit faite. On peut remarquer ici que ce Temple des Romains fut fermé trois fois ; la première, sous le règne de Numa : la seconde, après la seconde guerre Punique : & la troisième, après la Bataille d'Actium, entre Auguste & Marc-Antoine. Parce qu'il présidoit à l'Ouverture & au Commencement des choses, on lui mettoit un Bâton à la main droite, & une Clef à la main gauche.

Ceux qui tâchent de trouver la vérité de l'Histoire dans les fictions de la Fable, disent que l'ancien *Janus* est le même que Noë ; & qu'il fut ainsi appellé du mot Hébreu *Jajin*, qui signifie Vin ; parce qu'il avoit le premier planté la vigne. Qu'il fut représenté avec deux Visages, parce qu'il avoit vû l'ancien Monde avant le Déluge, & le nouveau Monde après que les Eaux se furent retirées. Qu'on lui donnoit un Navire, à cause de l'Arche où il avoit été sauvé. Qu'il présidoit au Commencement & à la Fin, parce qu'il avoit vû la Fin du premier Monde, & le Commencement du second, lequel il avoit en quelque façon ouvert ; c'est pourquoi on lui mettoit une Clef à la main. *Moréri.*

### VERTUMNE.

X. *Vertumne* étoit Dieu des Jardins, ainsi appellé parce qu'il se changeoit en toutes sortes de formes. Les Poëtes le font mari de Pomone Déesse des Fruits.

On célébroit à Rome les Fêtes Vertumnales, à l'honneur du Dieu *Vertumne*; que quelques-uns ont crû avoir été ainsi appellé du mot Latin *Vertere*, tourner, changer; parce qu'ils le faisoient présider au Trafic & au Commerce, où l'on change les Marchandises.

D'autres ont crû qu'il présidoit aux pensées des hommes qui sont changeantes. Mais la plus commune opinion est, qu'il étoit reconnu pour le Dieu des Jardins; & que comme une autre Protée, il prenoit telle forme qu'il vouloit. On célébroit ses Fêtes au mois d'Octobre, parce que l'Automne étant le temps où on recueille les Fruits; on rendoit graces à cette Divinité, de ce qu'elle les avoit conservés jusqu'à une parfaite maturité.

### SYLVAIN.

XI. *Sylvain* Dieu Champêtre, que les Latins estimoient présider aux Forêts, aux Troupeaux, & aux Bornes des terres. Quelques-uns le font fils de Faune : mais Plutarque dit, qu'il étoit né de l'inceste de Valéria, avec Valérius son père. On dit que ce Dieu aima fort un jeune garçon, nommé Cyparisse; lequel ayant été transformé en Cyprès par Apollon, il porta toûjours depuis en sa main du Cyprès. *L'Abbé Baniér.*

### PRIAPE.

XII. *Priape* Dieu des Anciens, qu'ils faisoient fils de Bacchus & de Vénus; & qui présidoit aux Jardins. Il étoit adoré à Lampsaque. C'est tout ce qu'il faut sçavoir de *Priape*, que les Payens, & sur-tout les Poëtes n'ont nommé & consulté, que pour parler de quelque chose de Sale.

## AUTRE DUODÉNAIRE DE LA FABLE.

### Les douze Dieux inférieurs.

Sçavoir,

| | | |
|---|---|---|
| *Bellone,* | *Éole,* | *Plutus,* |
| *Momus,* | *Iris,* | *Flore,* |
| *Pomone,* | *Thémis,* | *Hébé,* |
| *Ganimède;* | *Hélène,* | *Castor* & *Pollux.* |

### BELLONE.

I. *Bellone* fille de Phoreys & de Céto, étoit sœur de Mars; ou selon quelques-uns sa femme. On la dépeint comme une Divinité guerrière qui préparoit le chariot & les chevaux de Mars, lorsqu'il partoit pour la guerre : armée d'un Fouët ou d'une Torche, les cheveux épars, elle excitoit les Guerriers dans les Combats.

*Bellone* avoit un Temple à Rome, dans lequel le Sénat donnoit audience aux Ambassadeurs : à la porte étoit une petite colomne qu'on nommoit la Guerrière, & à laquelle on jettoit une Lance toutes les fois qu'on déclaroit la guerre. Cette Déesse étoit regardée comme égale en puissance à Mars, Dieu de la guerre. On l'honoroit à Comane d'un Culte particulier. Les Poëtes la confondent quelquefois avec Pallas. *Montfaucon.*

### ÉOLE.

II. *Éole* fils d'Hipotès, descendant de Deucalion, a passé pour fils de Jupiter à cause de sa grande Sagesse, & pour Dieu des Vents, parce qu'il s'appliqua à observer la nature des Vents; & qu'il poussa si loin ses connoissances sur cet Élément, qu'à l'aide d'un peu d'Astronomie & par l'inspection du flux &

reflux de la Mèr, il prédifoit fouvent avec juſteſſe, quel Vent devoit fouffler pendant quelques jours. Pluſieurs perſonnes qui le conſultèrent fur la Navigation, ſe trouvèrent bien de ſes conſeils, il n'en fallut pas davantage pour en faire le Dieu des Vents, comme s'il en diſpoſoit à ſon gré.

Il vivoit du tems de la guerre de Troye, & règnoit fur les Iſles Vulcanies nommées de ſon nom *Éoliennes*. « Dans un » Antre vaſte & profond, *Éole* tient tous les Vents enchaînés, » dit Virgile, tandis que les montagnes qui les renferment, re-» tentiſſent au loin de leurs mugiſſemens. Ce Dieu qui les gou-» verne, aſſis fur la plus élevée de ces montagnes, appaiſe leur » furie, & s'oppoſe à leurs efforts; s'il ceſſoit un moment de » veiller fur eux, le Ciel, la Terre, la Mèr, tous les Elémens » feroient confondus. La Sageſſe de Jupiter qui a prévu ce dan-» ger, les a empriſonnés dans des Cavernes obſcures, & les a » chargés du poids des plus hautes montagnes. Il leur a en » même-tems donné un Roi, qui fçût à propos ſuivant les Loix » qui lui feroient preſcrites, les retenir dans leurs priſons, ou » les mettre en liberté ». Junon voulant éloigner Énée de l'I-talie, pria *Éole* d'éxciter une tempête : auſſi-tôt il enfonce ſa Lance dans le flanc de la montagne, il l'entr'ouvre. Toüs les Vents à l'inſtant ſortent impétueuſement de leurs Cavernes, & ſe répandant fur la Terre & fur la Mèr, éxcitent la plus af-freuſe tempête.

Ulyſſe étant venu conſulter *Éole* fur ſon voyage, & lui de-mander les moyens de faire une heureuſe navigation; *Éole* lui donna les Vents enfermés dans une peau de Bouc, & lia lui-même cet Outre dans ſon Vaiſſeau avec un cordon d'argent, afin qu'il n'en échappât pas la moindre haleine ; il laiſſa ſeule-ment en liberté le Zéphire, auquel il donna ordre de conduire les Vaiſſeaux. Mais les Compagnons d'Ulyſſe s'imaginant que cet Outre renfermoit des tréfors, dont Ulyſſe ne vouloit pas leur faire part, prirent le tems qu'il étoit endormi pour ouvrir l'Outre ; & dans le moment les Vents fortirent avec fureur, & éxcitèrent une horrible tempête, qui les fit preſque tous périr. Cela veut dire ſimplement, qu'Ulyſſe qui avoit confulté *Éole*, n'ayant pas ajouté foi à ſes conſeils ; & étant demeuré ſur Mèr plus long-tems qu'il ne falloit, eſſuya une rude tempête qui fit périr ſa Flotte à la vûe d'Itaque.

Homère ajoute qu'*Éole* voyant revenir Ulyſſe après la tempête, le renvoya avec indignation, comme un homme chargé de la colère des Dieux. Enfin on donne à *Éole* douze enfans, ſix filles & ſix garçons, qui s'étoient mariés enſemble, les frères avec les ſœurs. Ce ſont apparemment les douze Vents principaux, qui ſe mêlent ſouvent dans les Orages. *J. Baudouin.*

### Plutus.

III. *Plutus* Dieu des Richeſſes, étoit mis au nombre des Dieux infernaux ; parce que les Richeſſes ſe tirent du ſein de la Terre, ſéjour de ces Divinités. Héſiode le fait naître de Cérès & de Jaſion dans l'Iſle de Crète ; peut-être parce que ces deux Perſonnages s'étoient appliqués toute leur vie à l'Agriculture, qui procure les plus ſolides Richeſſes.

Ariſtophane dans ſa Comédie de *Plutus*, dit que ce Dieu dans ſa jeuneſſe avoit très-bonne vûe ; mais qu'ayant déclaré à Jupiter qu'il ne vouloit aller qu'avec la Vertu & la Science, le Père des Dieux jaloux des gens de bien, l'avoit aveuglé pour lui ôter le diſcernement : & Lucien ajoute, que depuis ce tems-là il va preſque toujours avec les méchans ; « car comment un » aveugle comme moi, pourroit-il trouver un homme de bien » qui eſt une choſe ſi rare ; mais les méchans ſont en grand » nombre, & ſe trouvent par-tout ; ce qui fait que j'en rencon-» tre toujours quelqu'un ».

Lucien fait encore *Plutus* boiteux ; « c'est pourquoi je mar-
» che lentement quand je vais chez quelqu'un., je n'arrive que
» fort tard, & souvent quand on n'en a plus besoin. Mais lors-
» qu'il est question de retourner, je vais vîte comme le vent ;
» & l'on est tout surpris, qu'on ne me voit plus. Mais, lui dit
» Mercure, il y a des gens à qui les biens viennent en dormant:
» oh! alors je ne marche pas, dit *Plutus*, mais l'on me porte. »

*Plutus* avoit une Statue à Athènes sous le nom de *Plutus*
*Clairvoyant* : elle étoit sur la Citadelle dans le Fort, derrière
le Temple de Minerve, où l'on tenoit les Tréfors publics; *Plutus* étoit placé là, comme pour veiller à la garde de ces tréfors.
Dans le Temple de la Fortune à Thèbes, on voyoit cette Déesse
tenant *Plutus* entre ses bras sous la forme d'un enfant, comme
si elle étoit sa nourrice ou sa mère. A Athènes la Statue de la
Paix tenoit le petit *Plutus* dans son sein, symbole des Richesses
que donne la Paix. *Diction. de la Fable.*

### Momus.

IV. *Momus* fils du Sommeil & de la Nuit, selon Héfiode,
passoit chez les Grecs & les Romains pour le Dieu de la Raille-
rie & des bons mots. Satyrique jusqu'à l'excès, il ne laissoit rien
échapper ; & les Dieux même étoient l'objet de ses plus sanglantes Railleries.

*Momus*, par éxemple, trouvoit à redire que les Dieux en
formant l'homme, ne lui eussent pas fait une petite ouverture,
ou une petite porte à la poitrine ; afin qu'on eût pû voir dans le
cœur ce qu'ils pensoient. C'est de cette manière de reprendre
les Défauts d'autrui, que *Momus* tire son nom. *De Lavaur.*

### Iris.

V. *Iris* fille de Thaumas & d'Élèctra, étoit la Messagère des

Dieux ; & principalement de Junon, comme Mercure l'étoit de Jupiter. On la repréfente fous la figure d'une jeune Perfonne, avec des aîles brillantes de mille couleurs, toujours affife auprès du Trône de Junon, & toute prête à exécuter fes ordres. Son emploi le plus important, étoit d'aller couper le Cheveu fatal des femmes qui alloient mourir ; comme Mercure étoit chargé de faire fortir des Corps, les âmes des hommes prêts à mourir.

C'eft ainfi que dans Virgile, Junon voyant Didon lutter contre la mort, après s'être poignardée, envoya *Iris* du haut de l'Olympe pour dégager fon âme des liens de fon corps ; en lui coupant le Cheveu que Proferpine n'avoit pas voulu couper, parce que cette mort n'étoit pas naturelle. *Iris* dans fes momens de repos avoit foin de l'appartement de fa Maîtreffe, de faire fon Lit, de l'habiller ; & lorfque Junon revenoit des Enfers dans l'Olympe, c'étoit *Iris* qui la purifioit avec des parfums.

*Iris* eft une Divinité purement Phyfique, prife pour l'Arc-en-Ciel ; on la fait fille de Thaumas, dont le nom tiré du Grec fignifie *admirer* ; pour marquer qu'il n'y avoit rien de plus admirable, que cet Arc formé par les gouttes d'eau d'un nuage oppofé au Soleil ; on nomme fa mère Élèctra, qui fignifie *Splendeur du Soleil :* & on lui donne pour fœur Aëllo, qui veut dire *Tempête ;* parce qu'il faut en effet pour former ce Météore, que le Soleil luife dans un tems difpofé à la pluie ou à l'orage. Comme Junon eft la Déeffe de l'Air, *Iris* en eft la Meffagère pour annoncer fes volontés ; parce que l'Arc-en-Ciel nous annonce le changement de l'Air. *L'Abbé Peluche.*

## FLORE.

VI. *Flore* étoit une Nymphe des Ifles Fortunées, dit Ovide, dont le nom Grec étoit Chloris, & que les Latins changèrent

en

en celui de *Flore* ; sa beauté lui ayant attiré les regards de Zéphire, elle en fut aussi-tôt aimée ; elle veut éviter ses poursuites, mais Zéphire plus léger qu'elle, l'atteint & l'enlève pour en faire son épouse. Il lui donne pour douaire l'Empire sur toutes les Fleurs, & la fait jouir d'un éternel Printemps.

Le Culte de cette Déesse étoit établi chez les Sabins, long-tems avant la Fondation de Rome. Tatius Collègue de Romulus, adopta cette Divinité des Sabins, & lui consacra un Temple à Rome. Justin nous apprend, que les Phocéens qui bâtirent Marseille, honoroient la même Déesse ; & Pline parle d'une Statue de cette Déesse, de la main de Praxitele : ce qui prouve que son Culte avoit été aussi célèbre dans la Gréce, d'où il avoit passé dans l'Italie.

Dans la suite une Courtisane du nom de *Flore*, ou selon quelques Auteurs appellée *Larentia*, qui avoit gagné beaucoup de bien, ayant institué le Peuple Romain son héritier, fut mise par reconnoissance au rang des Divinités de Rome, & son Culte fut confondu avec celui de l'ancienne *Flore* : on célébra en son honneur de nouveaux Jeux Floraux, & l'on joignit aux Jeux innocens de l'ancienne Fête, des infamies dignes de la nouvelle *Flore*. La dépense de ces Jeux fut prise dans les commencemens sur le bien qu'avoit laissé la Courtisane ; & dans la suite, on y employa les amendes & les confiscations auxquelles on condamnoit ceux qui étoient convaincus de Péculat.

*Flore* eut un Temple à Rome vis-à-vis le Capitole. Cicéron & Ovide l'appellent la Mère *Flore*. On la représente couronnée de Fleurs, tenant de la main gauche une Corne d'abondance pleine de Fleurs de toute espèce. *L'Abbé de Claustre.*

## POMONE.

VII. *Pomone* étoit une belle Nymphe, dont tous les Dieux

Champêtres disputoient la conquête : son adresse à cultiver les Jardins, sur-tout les Arbres fruitiers, autant que sa Beauté & ses agrémens, leur avoit inspiré ces tendres sentimens.

Vertumne sur-tout cherchoit à lui plaire, & pour avoir occasion de la voir souvent, il prenoit différentes figures. Enfin s'étant métamorphosé un jour en une Vieille femme, il trouva le moyen de lier conversation avec elle ; & après lui avoir donné mille louanges sur ses charmes, & sur ses talens pour la vie champêtre, il lui raconta tant d'aventures funestes à celles qui comme elle se refusoient à la tendresse, & marquoient du mépris pour leurs amans ; qu'enfin il la rendit sensible, & devint son époux.

Cette *Pomone* peut avoir été quelque belle Personne qui avoit du goût pour la vie champêtre, & qui s'appliqua sur-tout à la culture des Arbres Fruitiers, ce qui lui mérita dans la suite les honneurs Divins. Ovide dit que *Pomone*, une des plus diligentes Hamadryades, cultivoit avec beaucoup de soin & d'industrie les Jardins & les Arbres, sur-tout les Pommiers ; d'où elle a pris son nom de *Pomone*.

On la représentoit assise sur un grand Panier plein de Fleurs & de Fruits, tenant de sa main gauche quelques Pommes & de la droite un Rameau ; on lui donnoit un habit qui lui descendoit jusqu'aux pieds, & qu'elle replie par-devant pour soutenir des Pommes & des branches de Pommier. Elle eut à Rome un Temple & des Autels : son Prêtre portoit le nom de *Flamen Pomonalis*, & lui offroit des Sacrifices pour la conservation des Fruits de la Terre. *Diction. de Mythologie.*

## THÉMIS.

VIII. *Thémis* fille du Ciel & de la Terre, ou d'Uranus & de Titaïa, étoit sœur aînée de Saturne, & tante de Jupiter. Elle se distingua par sa Prudence & par son amour pour la Justice ; c'est elle, dit Diodore, qui a établi la Divination, les Sacrifices, les Loix de la Religion ; & tout ce qui sert à maintenir l'ordre & la paix parmi les hommes.

Elle régna dans la Thessalie, & s'appliqua avec tant de sagesse à rendre la Justice à ses Peuples ; qu'on la regarda toujours depuis comme la Déesse de la Justice, dont on lui fit porter le nom. Elle s'appliqua aussi à l'Astrologie, & devint très-habile dans l'Art de prédire l'avenir ; & après sa mort elle eût des Temples, où se rendoient des Oracles.

Pausanias parle d'un Temple & d'un Oracle qu'elle avoit sur le Mont Parnasse, de moitié avec la Déesse Tellus, & qu'elle céda ensuite à Apollon. *Thémis* avoit un autre Temple dans la Citadelle d'Athènes, à l'entrée duquel étoit le tombeau d'Hypolite.

La Fable dit, que *Thémis* vouloit garder sa Virginité ; mais que Jupiter la força de l'épouser, & lui donna trois filles ; l'Équité, la Loi, & la Paix. C'est une emblême de la Justice qui produit les Loix & la Paix, en rendant à chacun ce qui lui est dû. Hésiode fait encore *Thémis* mère des Heures & des Parques.

*Thémis*, dit Festus, étoit celle qui commandoit aux hommes de demander aux Dieux ce qui étoit juste & raisonnable : elle préside aux Conventions qui se font entre les hommes, & tient la main à ce qu'elles soient observées. *Histoire des Oracles.*

### HÉBÉ.

IX. *Hébé* Déesse de la Jeunesse, étoit fille de Jupiter & de Junon selon Homère ; c'est la même que les Latins appellent *Juventas* ou *Juventus*. D'autres lui donnent une Origine plus extraordinaire. Junon, disent-ils, jalouse de Jupiter qui avoit produit tout seul la sage Minerve, voulut produire à son tour de la même manière, & mit au monde la belle *Hébé*.

On conte encore cela d'une autre façon. Junon invitée par Apollon à un festin dans le Palais de Jupiter, y mangea des Laitues Sauvages; & devint d'abord enceinte, ayant été stérile jusqu'à ce temps-là, elle accoucha d'*Hébé*. Jupiter charmé de sa Beauté, lui donna l'honorable fonction de servir à boire aux Dieux & aux Déesses; mais s'étant laissée tomber par hazard & d'une manière peu décente, un jour qu'elle servoit les Dieux dans un grand Festin, Jupiter lui ôta son emploi qu'il donna à Ganimède.

Junon la retint à son service, & lui donna le soin d'atteler son Char, comme on le voit dans Homère. Hercule déifié après sa mort, étant monté au Ciel, Jupiter lui donna *Hébé* en mariage; de laquelle il eut, selon Apollodore, une fille nommée Aléxiare, & un fils appellé Anicétus. On l'a mariée ainsi à Hercule, parce que la Jeunesse se trouve ordinairement avec la Vigueur & la Force. A la prière d'Hercule elle rajeunit Iolas. Voici comme Euripide dans ses Héraclides, Acte 4. raconte ce prodige. « Iolas passoit proche de Pallène, lieu consacré à
» Minerve, il apperçoit le Char du Roi d'Argos : incontinent
» il invoque Jupiter & la Déesse *Hébé*, il les prie de le rajeu-
» nir pour un jour, afin de venger Hercule. Prodige incroya-
» ble! on voit à l'instant deux Astres s'arrêter sur le Char de
» Iolas, & le couvrir d'un nuage épais. C'étoient, disent les
» Sages, Hercule lui-même & son épouse *Hébé*. Le nuage se
» dissipe, & l'on voit Iolas en sortir sous la forme d'un jeune
» Homme plein de vigueur & de feu. Il vole vers Eurysthée,
» il le rencontre aux Rochers de Sçiron; il le saisit dans son
» Char, & l'emmène en son camp chargé de chaînes ».

Cela veut dire que ce Prince déja avancé en âge, avoit retrouvé la Vigueur de la Jeunesse, lorsqu'il vint combattre contre Eurysthée.

On repréfente *Hébé* avec des habits de différentes couleurs, & une Couronne de fleurs fur la tête. Elle a plufieurs Temples, un entr'autres à Corinthe, qui avoit le privilège des Afyles. *P. Brumoy.*

## GANIMÈDE.

X. *Ganimède* fils de Tros Roi de Troye, étoit d'une fi grande beauté, que Jupiter en voulut faire fon Échanfon. Un jour que le jeune Phrygien chaffoit fur le Mont Ida, ce Dieu fous la forme d'un Aigle l'enleva dans l'Olympe, & le plaça au nombre des douze Signes du Zodiaque, fous le nom de Verfeau.

On voit dans un ancien monument un Aigle avec les aîles éployées, enlevant *Ganimède* qui tient de la main droite une Pique, fymbole du Dieu qui l'enlève; & un Pot à verfer du Vin, qui marque l'Office d'Échanfon que *Ganimède* alloit faire. Cette Fable eft fondée fur un fait Hiftorique.

Tros ayant envoyé en Lydie fon fils *Ganimède* avec quelques Seigneurs de fa Cour, pour offrir des Sacrifices dans un Temple confacré à Jupiter; Tantale Roi de ce Pays qui ignoroit le motif du Roi de Troye, prit les Troyens pour des efpions; & ayant fait arrêter le jeune *Ganimède*, le retint en prifon, ou peut-être le fit fervir d'Échanfon à fa Cour.

Des Auteurs difent, qu'il fut réellement enlevé par ordre de Tantale, repréfailles de quelque'autre enlèvement, & que l'Aigle de la Fable marque la vîteffe avec laquelle il fut emporté. Il y eut à ce fujet une longue Guerre entre les deux Princes, & entre leurs defcendans; qui ne fe termina que par la ruine de Troye. Tantale avoit le furnom de Jupiter. *Moréri.*

## HÉLÈNE.

XI. *Hélène* étoit, felon la plus commune opinion, fille de Jupiter & de Léda femme de Tyndare, & fœur de Clytemneftre, de Caftor & de Pollux. Plufieurs ont dit qu'elle étoit fille de Jupiter & de Némésis, & que Léda n'étoit que fa nourrice; d'autres au rapport d'Athénée la font naitre d'un Œuf qui tomba du Ciel de la Lune, dans le fein de Léda.

Sa Beauté fit tant de bruit dès fes premières années, que Théfée la fit enlever du Temple de Diane où elle danfoit; quoiqu'elle n'eût encore que dix ans, ou même fept felon quelques-uns. Mais s'il eft vrai ce que dit Paufanias, que Théfée en partant peu après pour l'Épire, la laiffa groffe entre les mains d'Éthra fa mère; & qu'*Hélène* après avoir été ramenée à Sparte par fes frères, y accoucha d'une fille: il faut fuppofer que cette Princeffe étoit plus âgée au temps de fon premier enlévement.

Elle fut enfuite recherchée en mariage par un grand nombre de Princes, & comme Tyndare ne fçavoit quel parti prendre, parce qu'il craignoit d'irriter ceux à qui il ne la donneroit pas; il s'avifa par le confeil d'Ulyffe de faire jurer tous les Prétendans, que quand fa fille auroit fait choix de l'un d'eux pour fon époux; ils fe joindroient tous à cet époux, pour le défendre contre ceux qui voudroient la lui difputer. Et voilà dit-on, ce qui engagea toute la Grèce dans la caufe de Ménélas.

Paris ayant fait un voyage à Sparte pendant l'abfence de Ménélas, devint amoureux de la belle *Hélène*; & s'en étant fait aimer, de concert avec elle il l'enleva de Sparte; & l'emmena à Troye, dont cet enlévement caufa la Ruine.

Homère femble vouloir la juftifier de ce premier reproche, en infinuant qu'elle avoit été furprife par Paris, & qu'elle n'avoit point confenti à l'enlèvement: ce que quelques-uns de fes Commentateurs expliquent en difant, que Paris ne pût vaincre les froideurs d'*Hélène*, jufqu'à ce que Vénus pour le favorifer lui eût donné les traits de Ménélas; & qu'alors *Hélène* trompée par cette reſſemblance au mari abſent, ne fit pas difficulté de le ſuivre, & d'aller juſqu'à ſes Vaiſſeaux ; & que Paris ne ſe fit connoître à elle, que quand il fut en pleine mèr.

Paris ayant perdu la vie, ſes frères ſe diſputèrent la poſſeſſion d'*Hélène*, & Déiphobe l'emporta ſur les autres ; mais il eut bientôt lieu de ſe repentir de la préférence : car la nuit que Troye fut priſe, *Hélène* pour ſe réconcilier avec ſon premier mari, lui livra indignement le Prince Troyen ; & eut le bonheur de faire regarder à Ménélas comme une marque de ſa tendreſſe, le ſacrifice de ce troiſième mari.

Homère fait raconter à *Hélène*, que pendant le ſiège de Troye Ulyſſe déguiſé en mandiant, l'étoit venu voir ; & lui avoit fait connoître qu'elle ſeroit bientôt délivrée de ſes Ravisſeurs. « J'en reſſentis, dit-elle, une extrême joie dans mon cœur;
» car entièrement changée, je ne deſirai rien tant que de retour-
» ner à Lacédémone ; & je pleurois amèrement les malheurs
» où la Déeſſe Vénus m'avoit plongée, en me mettant dans
» cette Terre Étrangère ; & en me faiſant abandonner mon
» Palais, ma fille, & mon mari qui en eſprit, en beauté & en
» bonne mine ne cédoit à aucun homme du Monde ». Ménélas ſe réconcilia donc ſans beaucoup de peine avec ſa femme, & la ramena chez lui fort humainement.

Euripide n'en convient pas, & dit au contraire dans ſes Troades, que Ménélas en renvoyant *Hélène* au ſortir de Troye, menaça de la tuer ; & qu'elle eut beſoin de grandes ſupplications pour obtenir ſon pardon.

En effet Pauſanias fait mention d'une Statue de Ménélas pourſuivant *Hélène* l'épée à la main ; mais le Poëte ajoute dans ſon Andromaque, que l'épée lui tomba des mains lorſqu'il vit venir à lui cette Femme Enchantereſſe, & qu'il reçut ſes embraſſements.

*Hélène* retourna donc à Sparte avec Ménélas, & ils y vécurent ensemble plusieurs années dans une parfaite union; si nous en croyons Homère. Après qu'il fut mort, Nicostrate & Mégaponthe fils naturel de Ménélas la chassèrent de Lacédémone: elle se retira dans l'Isle de Rhodes chez Polixe sa parente, par les ordres de laquelle elle périt malheureusement; car on la pendit à un arbre.

Pline nous conte qu'auprès du Chêne où elle fut pendue, il nâquit de ses larmes une Plante nommée *Hélénéion*, qui avoit la vertu d'embellir les Femmes, & de rendre gais ceux qui en mettoient dans leur vin. Telle est la Tradition la plus commune sur l'Histoire d'*Hélène*. Mais Hérodote & Euripide en suivent d'autres toutes différentes.

Hérodote raconte qu'étant en Égypte, il avoit demandé aux Prêtres Égyptiens si *Hélène* avoit été véritablement enlevée; & que ces Prêtres lui avoient répondu, que la vérité de ce fait avoit été confirmée à leurs Anciens par Ménélas même; que Paris retournant chez lui avec elle, avoit été jetté par la tempête sur la côte d'Égypte, & conduit à Memphis devant Protée; qui lui reprocha fortement le crime & la lâche perfidie dont il s'étoit rendu coupable, en enlevant la femme de son Hôte, & avec elle tous les Biens qu'il avoit trouvés dans sa maison: que Protée en chassant Paris de ses États, avoit retenu *Hélène* avec toutes ses Richesses, pour les restituer à leur légitime possesseur: que les Grecs avoient mené une grosse armée devant Troye: qu'avant de commencer les hostilités, ils avoient envoyé à Priam des Ambassadeurs, (du nombre desquels étoit Ménélas), redemander *Hélène* : que les Troyens avoient répondu que cette Princesse étoit en Égypte chez le Roi Protée : que les Grecs prirent cette réponse pour une moquerie, mais qu'après la Ville prise, ils trouvèrent que cela étoit vrai; & qu'*Hélène*
étoit

étoit effectivement à Memphis: que Ménélas y alla fur le champ, & qu'elle lui fut rendue.

A ce récit des Prêtres Égyptiens, Hérodote ajoute ces réflèxions. « Si *Hélène* avoit été à Troye, dit-il, les Troyens l'au-
» roient rendue malgré Paris ; car Priam & tous les autres Prin-
» ces de fa famille n'étoient pas affez fous pour hazarder la
» ruine du Royaume, dans la feule vûe de lui conferver fa Maî-
» treffe ; & quand même ils fe feroient d'abord opiniâtrés à la
» retenir, ils auroient changé de fentiment après leurs premiè-
» res pertes, & fur-tout après la mort de deux ou trois fils de
» Priam tués dans le Combat : d'ailleurs ce n'étoit pas Paris qui
» devoit règner après Priam, mais Hector ; & Hector n'auroit
» pas eu la complaifance de fe facrifier pour l'injuftice de fon
» frère. Mais les Troyens ne pûrent lui rendre *Hélène*, ni per-
» fuader qu'ils ne l'avoient pas ; la Providence conduifant cela
» de cette manière, ajoute-t-il, afin que Troye fût faccagée &
» ruinée de fond en comble ; & qu'elle apprît à tous les Hom-
» mes, que les grandes injuftices attirent enfin des Dieux de
» grandes punitions.

A ce raifonnement d'Hérodote, on pourroit oppofer ce que dit Homère de la belle *Hélène* ; « que les Vieillards Confeil-
» lers de Priam n'eûrent pas plutôt apperçu *Hélène*, que frappés
» d'admiration, ils fe dirent les uns aux autres : faut-il s'étonner
» que les Grecs & les Troyens fouffrent tant de maux, & de-
» puis fi long-tems pour une Beauté fi parfaite : elle reffemble
» véritablement aux Déeffes immortelles.

Euripide nous préfente l'Hiftoire de cette Princeffe d'une autre façon bien plus fingulière ; *Hélène Vertueufe*, c'eft ce qu'on ne voit chez aucun autre Auteur ancien.

*Hélène* dans l'Acte premier de la Tragédie qui porte fon nom, « protefte que ce n'eft point elle qui fut enlevée par le

*Tome I.*                                M m

» Prince Troyen, mais un Fantôme tout femblable à elle ; &
» cela parce que Junon piquée de voir Vénus remporter la
» palme de la Beauté, voulut tromper Paris par cette fauſſe
» apparence d'*Hélène*. Cette erreur, dit-elle, devint toutefois
» bien funeſte à la Grèce & à la Phrygie; car il n'y a eu ni
» Phrygien ni Grec, qui n'ait crû voir *Hélène* dans Troye. Ce-
» pendant des milliers d'hommes ont été les Victimes d'une
» guerre de dix ans : Troye eſt devenue la proie des flammes,
» & toute la Grèce a été bouleverſée par un Fantôme ».

Platon ſemble avoir adopté la même Tradition d'Euripide, puiſqu'au Livre neuvième de ſa République, il compare les hommes qui courent après des plaiſirs vains & paſſagers, aux Troyens qui combattoient, ſelon Steſichore qu'il cite, pour le Fantôme d'*Hélène*; croyant avoir la vraie *Hélène*, qu'ils n'a-voient pas. Cette Fable venoit apparemment des Lacédémo-niens qui étoient intéreſſés à la faire croire, pour ſauver l'hon-neur d'*Hélène* ſi décriée par toute la Grèce, & de Ménélas qui avoit eu la foibleſſe de ſe racommoder avec elle après l'avoir retrouvée.

Mais comment ſe trouvoit-elle donc en Égypte à l'inſçu des Grecs & des Troyens ? C'étoit Mercure, dit le Poëte, qui par l'ordre de Junon, enleva la Reine de Sparte, tandis qu'elle cueilloit des Roſes, & la tranſporta dans l'Iſle de Pharos en Égypte : Ménélas après la ruine de Troye, s'en retournoit en Grèce avec le Fantôme d'*Hélène* qu'il avoit enlevé aux Troyens, lorſque la tempête le jetta ſur la côte d'Égypte : il apprend qu'il y a au Palais du Roi, une Princeſſe Grecque nommée *Hé-lène* fille de Tyndare; il va la voir, il reconnoît ſa femme, & *Hélène* ne le reconnoît pas moins : mais ne pouvant concevoir qu'il y ait deux *Hélènes*, il ſe croit trompé par un ſonge; la vé-ritable *Hélène* lui explique le ſecret de l'énigme : mais il ne ſa contente pas de ce récit, lorſqu'un Officier de ſa ſuite criant au Prodige, lui vient dire que vainement les Grecs ont eſſuyé tant de maux à Troye; qu'il n'y a plus d'*Hélène* pour Ménélas; qu'elle s'eſt évanouie dans les Airs après avoir dit ces paroles : « Grecs & Phrygiens qui avez péri pour moi aux rives » du Scamandre, que je plains votre illuſion ! Junon vous abu- » ſoit, vous crûtes *Hélène* au pouvoir de Paris, il ne la poſſéda » jamais ; pour moi ma deſtinée eſt remplie, & je retourne » dans les Airs dont je ſuis formée : mais apprenez que la fille » de Tyndare étoit innocente ».

Ménélas pleinement convaincu par ce récit, ſe rend à l'évidence du Miracle, & ne ſonge plus qu'aux moyens d'emmener à Sparte ſa vertueuſe épouſe. Tel eſt le ſujet de la Tragédie d'*Hélène* dans Eurypide.

Ce fut ſur ce fondement que les Lacédémoniens conſacrèrent un Temple à *Hélène*, où elle étoit honorée comme une Déeſſe, dit Pauſanias. Hérodote ajoute qu'on l'invoquoit, pour rendre beaux les enfans difformes.

Une femme de Sparte extrêmement riche, dit-il, étant accouchée d'une fille la plus laide de toutes les Créatures; une perſonne inconnue apparut à la nourrice, qui lui conſeilla de la porter ſouvent dans le Temple de la Déeſſe *Hélène*, & elle devint ſi belle dans la ſuite, qu'Ariſton Roi de Sparte en devint amoureux & l'épouſa.

Si ce prétendu Miracle eût été bien avéré, & que l'officieuſe Nourrice n'eût pas changé l'enfant, le Temple d'*Hélène* auroit été aſſurément le plus fréquenté de tous les Temples de la Grèce.

## Castor & Pollux.

XII. *Caſtor* & *Pollux* étoient ſurnommés *Dioſcures*, qui ſignifie *fils de Jupiter*, nom qu'ils méritèrent par leurs belles actions ; & *Tyndarides*, parce que Léda leur mère étoit femme de Tyndare Roi de Sparte. On les appelle aussi quelquefois les Castors, *Castores* du nom du premier.

Dès qu'ils furent nés, Mercure les apporta à Pallène pour y être nourris & élevés. Ils allèrent tous deux à la conquête de la Toison d'Or, & ce fut dans cette expédition qu'ils se distinguèrent principalement. Au retour de ce Voyage, ils s'attachèrent à donner la chasse aux Corsaires qui infestoient l'Archipel : ce qui les fit passer après leur mort pour des Divinités favorables aux Nautoniers. On dit que dans une Tempête on vit deux Feux voltiger autour de la tête des *Tyndarides*, & un moment après l'Orage cessa. On regarda depuis ces Feux qui paroissent souvent sur la Mer, dans les tems d'orage, comme les Feux de *Castor* & *Pollux* : lorsqu'on en voyoit deux, c'étoit une marque de beau tems ; s'il n'en paroissoit qu'un, c'étoit un signe certain d'une prochaine Tempête ; & alors on invoquoit ces deux Héros.

On est encore aujourd'hui dans la même opinion sur le présage de ces Feux, qu'on appelle les Feux de S. Elme, & S. Nicolas.

Les deux frères ayant été invités aux nôces de leurs deux cousines Phœbé & Hilaire, les enlevèrent à leurs futurs maris, & les épousèrent eux-mêmes : cette violence fut cause de la mort de *Castor*, qui fut tué quelque tems après par un des deux époux.

Comme *Pollux* passoit pour être immortel étant fils de Jupiter, on dit qu'il pria son père de le faire mourir lui-même, ou de partager son immortalité avec son frère. Jupiter exauça sa prière, de manière que lorsque *Castor* recouvreroit la vie, son frère la perdroit : & quand *Pollux* reviendroit en ce monde, *Castor* rentreroit dans le Royaume des morts.

Cette fiction est fondée sur ce que ces deux Princes après

## Fable, Chap. VI.

leur mort, ayant été mis au rang des Dieux, ils formèrent dans le Ciel le Signe des Gémeaux; & que l'âme des deux Étoiles qui le composent, se cache sous l'horizon lorsque l'autre paroît.

Les Romains renouvelloient tous les ans à la Fête des *Tyndarides* le souvenir de cette fiction, en envoyant près de leur Temple un homme avec un bonnet semblable au leur, monté sur un Cheval, & qui en conduisoit un autre à la main, sur lequel il n'y avoit personne; voulant marquer par-là, que des deux frères il n'en paroissoit jamais qu'un à la fois.

Leur Apothéose suivit de près leur mort; & ils furent comptés au nombre des Grands Dieux de la Grèce : on leur éleva un Temple à Sparte lieu de leur naissance, & à Athènes qu'ils avoient sauvée du pillage. Les Romains les eûrent aussi en grande vénération, & leur élevèrent un Temple par lequel on avoit coûtume de jurer : le Serment des hommes étoit *Ædopol*, c'est-à-dire, Temple de *Pollux* ; & celui des femmes *Æcastor*, ou Temple de *Castor*.

Justin dit, que dans une bataille des Locriens contre les Crotoniates, on vit deux jeunes hommes montés sur deux Chevaux blancs, qu'on prit pour *Castor* & *Pollux* ; l'Histoire fait mention de plusieurs de ces apparitions : c'étoient, dit Pausanias, de jeunes gens qui se revêtoient de Tuniques blanches, ayant sur la tête des Tocques semblables à celles que portoient les Tyndares, & en imposoient ainsi aux hommes crédules.

Enfin on représentoit ces deux Héros sous la figure de deux jeunes hommes, avec un Bonnet sur le haut duquel étoit une Étoile, étant à cheval pour l'ordinaire, ou en ayant un près d'eux. *Castor* est surnommé le *Dompteur de Chevaux*, parce qu'il se distingua dans l'Art de dompter les Chevaux, & à la Course : *Pollux* étoit regardé comme le *Patron des Athlètes*, parce qu'il avoit remporté le prix aux Jeux Olympiques. *Moréri.*

Fin de la Fable.

Page 278.

## RHÉTORIQUE.

    Cette Déesse assise sur une chaire, annonce la supériorité des Orateurs. Ses superbes habillemens désignent la majesté du stile; sa belle chevelure exprime les beautés de l'Éloquence: les foudres qu'elle tient de la main droite, sont de puissantes armes pour dissiper l'erreur, la fraude, et les ténèbres de l'ignorance. le caducé de Mercure qu'elle porte de la main gauche, est le simbole du Dieu de l'Éloquence. la lyre à sept cordes entrelassée de fleurs de toute espèce, est l'allégorie simple et naturelle de la Poësie.

    Ovide, Hésiode, et Nazianzène entendent par la Chimere,* les trois parties de la Rhétorique. la Judicielle exprimée par le Lion; à cause de la frayeur qu'elle donne aux criminels. la Démonstrative figurée par la Chèvre; parceque l'orateur se réjouit pour ainsi dire, et prend plaisir à se donner carrière. la Délibérative désignée par le Dragon ou Serpent; pour nous faire comprendre la diversité des argumens, et longs circuits, dont il faut user en persuadant.

   * Animal fabuleux, portant trois têtes; celle du Lion, de la Chèvre, et du Dragon ou Serpent.

Tome I.

# RHÉTORIQUE.

*C'est une Déesse assise sur une chaise, parée de superbes habillements, ornée d'une très belle chevelure, ayant en tête une couronne d'immortalité; tenant de la main droite des foudres, de la gauche le caducée de mercure. On voit à ses pieds une lyre à sept cordes, entrelassée de fleurs de toutes espèces.*

## Unité.
l'Éloquence.

## Binaire.
Prose, Poësie.

## Ternaire.
Trois parties de la Réthorique. . . . . . l'Invention, la disposition, l'élocution.
Trois Genres de la Réthorique. . . . . . le Délibératif, le démonstratif, le judiciaire.
Trois Genres du Stile. . . . . . le Sublime, le simple, le médiocre.

## Quaternaire.
Quatre points principaux qui entrent dans la Composition de tout discours.

| Arguments | Exemples | | Pensées | | Périodes |
|---|---|---|---|---|---|
| | Semblables, | Dissemblables. | Vraies, grandes, théâtres. | Nouvelles, agréables, naturelles, ingénieuses. | à deux membres, à trois membres, à quatre membres. |

## Septénaire.
Sept espèces d'Amplifications.
Amplifier un sujet, par correction, gradation, comparaison, induction, par sa nature et ses propriétés, par un certain amas de pensées.

| Autre Septén.<sup>re</sup> | Exorde, Narration, Côfirmatiô Refutatiô, Peroraiô | | Tropes, | | Figures. | | |
|---|---|---|---|---|---|---|---|
| | Preuves sans art, Preuves artificielles. | | Métaphore, Allegorie, Synecdoche | Métonymie, hypallage, hyperbole, Periphrase. | Figures de Pensées. | | Fig. de mots |
| | | | | | Interrogation, Subjection, Prolepse, Correction. | Dubitation, Communication, Suspension, Concession. | Doute, Prosopopée, Imprecation, Exclamation. | Apostrophe, Hypotipose, Prétermission, Réticence. | Répétition, Allusion, Gradation, Antithèse. |

## Duodénaire.
Douze sortes de Discours.
Harangue, déclamation, panégyrique, généthliaque, gratulation, invective, oraison, exhortation, dissuasion, épître, préface, dialogue.

Tome I.

# TABLETTES ANALYTIQUES
## ET MÉTHODIQUES,
*SUR*
## DIVERSES SCIENCES ET BEAUX ARTS.

# *RHÉTORIQUE.*

## DISCOURS PRÉLIMINAIRE
*Sur la Rhétorique.*

E mot de Rhétorique n'a point d'autre idée dans la Langue Grecque d'où il est emprunté, sinon que c'est l'Art de dire ou de parler. Il n'est pas néceffaire d'ajoûter, que c'est l'*Art de bien parler pour perfuader.* Il est vrai que nous ne parlons, que pour faire entrer dans nos fentimens ceux qui nous écoutent ; mais puifqu'il ne faut point d'Art pour malfaire, & que c'eft toujours pour aller à fes fins qu'on l'employe ; le mot d'Art dit fuffifamment tout ce qu'on voudroit de plus.

Rien de fi important que de fçavoir perfuader. C'eft de quoi il s'agit dans le commerce du monde : aufli rien de plus utile que la Rhétorique ; & c'eft lui donner des bornes trop étroites, que de la renfermer dans le Barreau & dans les chaires de nos Églises. J'avoue qu'elle éclate en ces lieux. C'est le plaisir d'entretenir un grand Auditoire dont on est admiré, qui fait qu'on l'étudie, & qu'on recherche avec empressement les Livres qui l'enseignent. On se dégoûte bientôt de ces Livres, quand on reconnoît que pour les avoir lûs, on n'est pas devenu plus éloquent ; c'est se préoccuper mal-à-propos que de s'imaginer, qu'après avoir compris les règles de la Rhétorique, on doit être un parfait Orateur ; comme s'il suffisoit de lire un Livre de Peinture, pour être éxcellent Peintre.

Une Rhétorique peut-être bien faite sans qu'on en retire du fruit, lorsqu'à la lecture de ses préceptes on ne joint point celle des Orateurs, & l'éxercice. Néanmoins on ne peut dissimuler que de la manière dont on traite la Rhétorique, elle est presque inutile ; car outre qu'on n'y rend point de raison de ce que l'on enseigne, il semble qu'elle ne soit faite que pour ceux qui parlent dans un Barreau, à qui même elle sert peu, n'ouvrant leur esprit que pour trouver des choses triviales qu'ils auroient pû ignorer, & qu'il faudroit taire ; comme nous le remarquons en éxpliquant sommairement les lieux communs qui font la plus grande partie des Livres de Rhétorique.

Quoi qu'il en soit de ces Livres, l'Art de parler est très utile, & d'un usage fort étendu. Il renferme tout ce qu'on appelle en François, *Belles-Lettres*; en Latin & en Grec, *Philologie*; ce mot Grec signifie l'*amour des mots*. Sçavoir les Belles-Lettres ; c'est sçavoir parler, écrire, ou juger de ceux qui écrivent : or cela est fort étendu ; car l'Histoire n'est belle & agréable que lorsqu'elle est bien écrite. Il n'y a point de Livre qu'on ne lise avec plaisir, quand le style en est beau. Dans la Philosophie même, quelque austère qu'elle soit, on y veut de la politesse. Ce n'est pas sans raison ; car, comme je crois l'avoir dit ailleurs,

l'Éloquence

l'Éloquence est dans les Sçiences ce que le Soleil est dans le monde. Les Sçiences ne sont que ténèbres, si ceux qui les traitent ne sçavent pas écrire.

L'Art de parler s'étend ainsi à toutes choses. Il est utile aux Philosophes, aux Mathématicens. La Théologie en a besoin, puisqu'elle ne peut éxpliquer les vérités spirituelles, qui sont son objet, qu'en les revêtant de paroles sensibles. Certainement nous aurions un plus grand nombre de bons Écrivains, si on avoit découvert les véritables fondemens de cet Art.

Ce qui est d'une grande considération, c'est que l'Art de parler, traité comme il le doit être, peut donner de grandes Ouvertures pour l'étude de toutes les Langues, pour les parler purement & poliment, pour en découvrir le génie & la beauté. Car quand on a bien conçu ce qu'il faut faire pour éxprimer ses pensées, & les différens moyens que la nature donne pour le faire ; on a une connoissance générale de toutes les Langues, qu'il est facile d'appliquer en particulier à celle qu'on voudra apprendre.

Quand la Rhétorique ne donneroit que des connoissances spéculatives qui ne rendent pas Éloquent celui qui les posséde, la lecture n'en seroit pas inutile. Car pour découvrir la nature de cet Art, je fais plusieurs réflèxions importantes sur notre esprit, dont le Discours est l'image ; lesquelles pouvant contribuer à nous faire entrer dans la connoissance de ce que nous sommes, méritent que l'on y fasse attention. Outre cela, je suis persuadé qu'il n'y a point d'esprit curieux qui ne soit bien aise de connoître les raisons, que l'on rend de toutes les règles que l'Art de parler prescrit. Lorsque je parle de ce qui plait dans le Discours, je ne dis pas que c'est *un je ne sçai quoi*, qui n'a point de nom ; je le nomme, & conduisant jusques à la source de ce plaisir, je fais appercevoir le principe des règles que suivent ceux qui sont agréables.

Cet Ouvrage sera donc utile aux jeunes Gens qu'il faut accoûtumer à aimer la Vérité, & à consulter la Raison pour penser & agir selon sa Lumière. Les Raisonnemens que je fais ne sont point abstraits. J'ai tâché de conduire l'esprit à la connoissance de l'Art que j'enseigne, par une suite de Raisonnemens faciles ; ce que les Maîtres ne font pas avec assez de soin. L'on se plaint tous les jours qu'ils ne travaillent point à rendre juste l'esprit de leurs Disciples ; ils les instruisent comme l'on feroit de jeunes Perroquets : ils ne leur apprennent que des noms ; ils ne cultivent point leur Jugement, en les accoûtumant à raisonner sur les petites choses qu'ils leur enseignent ; d'où vient que les Sciences gâtent souvent l'esprit, au lieu de le former.

Les exemples seroient nécessaires ; j'en aurois donné davantage si je n'avois craint de grossir mon Ouvrage. Les Maîtres pourront aisément y suppléer ; & ils le doivent faire : car comme Saint Augustin le remarque très-judicieusement, *quand on a un peu de feu, on profite beaucoup plus en lisant une Pièce d'Éloquence, qu'en apprenant par cœur des préceptes.*

Il faut donc que les Maîtres fassent lire à leurs Disciples les excellentes Pièces d'Éloquence, & qu'ils ne se servent de la Rhétorique que pour leur faire remarquer les traits éloquens des Auteurs qu'ils leur font voir ; ce qui ne se peut bien faire qu'en lisant les Pièces toutes entières. Les parties détachées qu'on en propose pour exemple, perdent leurs graces quand elles sont hors de leur place : séparées du reste du corps, elles sont pour ainsi dire, sans vie. Mon Ouvrage, comme je l'ai insinué, ne regarde pas seulement les Orateurs ; mais généralement tous ceux qui parlent & qui écrivent, les Poëtes, les Historiens, les Philosophes, les Théologiens.

# RHÉTORIQUE.

LA *Rhétorique* est un Art qui enseigne à bien parler, à haranguer, à dire les choses propres pour persuader.

Avant que de passer outre, arrêtons-nous ici pour considérer quelle est la fin de la perfection de l'Art que nous traitons; ou quelle idée nous devons avoir de la Beauté naturelle de la *Rhétorique*. Je ne dirai point, que la Beauté en général consiste dans un *je ne sçai quoi*; car il me semble que je puis dire ce que c'est. La Beauté plaît, & ce qui est bien ordonné plaît; ce qui me persuade, que l'Ordre & la beauté sont presqu'une même chose. Ce n'est pas ici le lieu de rechercher la cause du plaisir qu'on ressent, lorsqu'on voit les choses bien rangées. L'homme étant fait pour être heureux en possédant Dieu qui est essentiellement l'Ordre, il falloit que tout ce qui approche de l'Ordre commençât son Bonheur.

Or, l'idée que nous avons de l'Ordre, c'est que les choses ne sont bien ordonnées que lorsqu'elles ont un rapport à leur tout, & qu'elles conspirent pour atteindre leur fin. Quand cela arrive, les choses deviennent agréables, quoiqu'elles ne le soient pas d'elles-mêmes; ce qui marque que nous sommes portés par une inclination naturelle à aimer l'Ordre.

La Peinture le fait voir : il y a des Tableaux qui ne représentent que des objets, pour lesquels on a de l'aversion. Cependant comme la fin de cet Art est de représenter les choses au naturel, si chaque trait qu'on apperçoit exprime la pensée du Peintre, & que tout corresponde à son dessein, son Ouvrage charme. Ce qui plaît n'est pas la vûë d'un Serpent qui est peint, on frémit quand on en voit un; mais ce qui fait plaisir, c'est l'esprit du Peintre qui a sçû atteindre la fin de son Art. Aussi n'y en prend-t'on, qu'à proportion que se découvre cette adresse. Sans cela on n'est satisfait que de la vivacité des Couleurs, qui font des impressions agréables sur les Sens.

Il en est de même de l'Architecture. La vûe d'un Palais fait selon toutes les règles de l'Art, ne plaît, que lorsqu'on n'apperçoit la fin que l'Architecte s'est proposée : qu'on voit qu'il rapporte toutes choses avec esprit à cette fin : qu'on conçoit qu'il ne pouvoit pas y arriver par des voies plus simples ; & qu'il n'a rien fait, dont il ne puisse donner de bonnes raisons.

Nous parlons pour éxprimer nos pensées, & pour communiquer les mouvemens de notre volonté ; car nous desirons qu'on ait avec nous les mêmes mouvemens, vers l'objet de nos pensées & le sujet de notre discours. Sa Beauté ne peut donc consister, que dans ce rapport éxact que toutes ses parties ont avec cette fin. Il est Beau, lorsque tous les termes dont il est composé, donnent des idées si justes des choses, qu'on les voit telles qu'elles sont ; & qu'on sent pour elles toutes les affections de celui qui parle. C'est son jugement qui plaît, quand il ne fait rien qu'avec raison, que tous ses termes sont choisis, qu'ils sont propres & bien arrangés. C'est ce que nous admirons dans un Discours. Car enfin, ce n'est pas le son des paroles qui en fait la beauté ; autrement on trouveroit plus beau le chant des Rossignols, que les Discours les plus éloquens. Quoiqu'un Auteur ne rapporte que des bagatelles, s'il en fait une Peinture éxacte, & qu'ainsi il arrive à la fin qu'il a en vûe ; ceux qui sont capables d'appercevoir son Art, prennent plaisir à l'entendre.

Prévenons-nous donc de cette Vérité, que c'est la justesse qui fait la solide Beauté d'un Discours ; que pour bien parler, il faut être Sage ; car c'est la Sagesse qui dispose les choses, & les conduit à leur fin.

*Scribendi recte, sapere, est & principium & fons.*

Horace n'a jamais rien dit, qui foit d'un meilleur fens. L'Imagination eft néceffaire : on ne peut éxprimer que ce que l'on conçoit. Ce qui eft maigre & eftropié dans l'Imagination de l'Orateur, l'eft dans fes paroles. Il faut donc fe repréfenter les chofes dans leur état naturel, & concevoir pour elles des mouvemens raifonnables ; employant enfuite des termes qui les portent à l'efprit de celui qui écoute, telles qu'on les penfe.

Perfonne ne parle bien, n'écrit bien, qu'à proportion qu'il approche de cette fin. Il plaît à ceux qui découvrent, qu'il ne pouvoit pas trouver des termes qui diftinguaffent mieux ce qu'il falloit marquer : qu'il ne pouvoit pas placer fes termes dans un lieu où ils fiffent un plus grand effet ; où ils s'accommodaffent mieux pour rendre la prononciation facile & coulante : qu'il a pris le tour le plus naturel & le plus court. Car outre qu'il ne faut rien faire d'inutile, il eft certain que l'efprit n'aime pas qu'on l'amufe. Quelque vîteffe qu'ait la langue, fes mouvemens font encore trop lents pour fuivre la vivacité de l'efprit. Ainfi c'eft une grande faute, que de dire plufieurs paroles, lorfqu'une fuffit.

Je ne puis donner d'avis plus important dans ce commencement que celui-ci, que l'on n'eft Éloquent qu'après avoir acquis une grande jufteffe d'efprit : qu'on doit faire une attention continuelle en parlant, fi l'on ne s'écarte point de la fin où l'on doit aller, fi on y va effectivement. La Raifon nous éclaire, il faut marcher à fa Lumière : tout ce que nous dirons dans la fuite de cet Ouvrage ne fera que pour faire remarquer ce qu'elle dicte.

Je fouhaiterois qu'avant que de quitter ce Chapitre, on le lût plus d'une fois ; & qu'on éxaminât fi ce que je dis eft folide, en faifant l'effai fur quelque expreffion, qui paffe pour élégante; comme eft celle-ci du commencement de la Génèfe. *Dieu dit : que la lumière fe faffe, & la lumière fe fit.* Longin, ce célèbre Rhéteur, donne cette expreffion pour éxemple d'une penfée

Sublime. Or pourquoi l'est-elle Sublime ? c'est-à-dire excellèmment belle ? si ce n'est, parce qu'elle donne une haute idée de la Puissance du Créateur ; ce que Moyse vouloit faire : c'étoit-là sa fin.

Comme nous l'avons dit, il faut avoir de l'Imagination pour se bien représenter ce qu'on veut exprimer. Il faut sçavoir la Langue, dans laquelle on écrit. Mais ce qui fait qu'entre ceux qui entendent parfaitement une Langue, & qui ont une Imagination vive & délicate, il y en a peu qui réussissent ; c'est qu'on n'écrit pas, avec tout le Jugement qui seroit nécessaire.

Pour faire un Discours, quand il ne seroit que d'une page, il faut y employer un grand nombre de mots qu'il faut placer à propos. Il n'y a que ceux qui l'aient expérimenté, qui comprennent combien il faut d'étenduë d'esprit ; combien il faut d'application ; à combien de choses il faut faire attention en même tems : combien il faut faire de réflèxions différentes, pour ne rien dire que de raisonnable. Il y a toûjours quelque petite chose qui échappe. Aussi on ne fait rien qui mérite d'être lû, à moins que de passer les yeux plusieurs fois sur son Ouvrage, & de consulter en différens tems la Raison ; pour voir si on a bien compris, ce qu'on a crû qu'elle dictoit. Rien ne nous doit plaire, que ce qu'elle approuve. *P. Lamy.*

# CHAPITRE PREMIER.
## UNITÉ DE LA RHÉTORIQUE.
### ÉLOQUENCE.

L'*Éloquence* est l'Art de persuader par le charme du Discours, & les tours adroits qu'on employe pour y parvenir. Cet Art a ses règles : elles sont la matière de la Rhétorique, ou de l'Art oratoire. Ces règles ne sont point arbitraires : elles sont le fruit des observations, que d'habiles Gens ont faites sur les Discours des plus grands Orateurs.

Celui qui se propose de devenir Éloquent, doit tendre à faire une vive émotion sur les esprits, & les persuader : il doit donc pour cela faire usage des règles, que les Maîtres de l'Art ont données sur ce sujet ; & voir par quels ressorts les Discours de nos grands Orateurs ont produit de si grands effets. C'est à l'École de ces Hommes illustres qu'il doit se former : il ne doit donc pas se contenter d'établir des Raisonnemens justes, pour prouver ce qu'il a en vûe ; il faut qu'il travaille à acquérir l'Élégance du style : cette Élégance consiste dans le Choix des mots, dans la Variété du style, dans le bon usage des Figures ; il doit, à la vérité, avoir en main de Fortes raisons ; mais il doit sçavoir les peindre, les orner, les relever par de vives Couleurs, les animer par la Force, & les graces de l'Expression ; autrement son Discours seroit comme un Corps sans vie : en un mot, il doit tourner ses Preuves en Sentimens.

Les hommes qui se sont rendus célèbres chez les Anciens par leur *Éloquence*, sont Démosthène, parmi les Grecs ; & Cicéron, parmi les Latins. Chez les Modernes, & depuis un Siècle, on en compte plusieurs parmi les Prédicateurs François ;

& particulièrement Bossuet, Mascaron, Bourdaloue, la Rue, Massillon; dans le Barreau, le Maitre, Patru, d'Aguésseau; & de nos jours, Messieurs Laverdy, Cochin, Le Normand, & plusieurs autres. *Manuel de l'Homme du Monde.*

## CHAPITRE II.
### BINAIRE DE LA RHÉTORIQUE.

*Prose,*          *Poësie.*

#### PROSE.

I. LA *Prose* est le langage ordinaire des hommes, qui n'est point gêné par les mesures & les rimes que demande la Poësie, qui est le mot opposé. Quoique la *Prose* ait des liaisons qui la soutiennent, & une structure qui la rend nombreuse; elle doit paroître fort libre, & n'avoir rien qui sente la gêne. On a comparé les Écrivains en *Prose*, aux gens de pied, qui marchent plus tranquillement & avec moins de bruit. *Trévoux.*

#### POËSIE.

II. On doit faire remonter la naissance de la *Poësie* à celle du Monde. En effet l'homme sorti des mains du Créateur, a été saisi d'étonnement à la vûe des Merveilles qui s'opéroient devant lui; & dans le transport de sa Reconnoissance & de son admiration, sa bouche a dû éxprimer les sentimens de son cœur & les ravissemens de son esprit. Les premiers accens de sa voix ont rendu hommage au Maître de l'Univers; la *Poësie* a été le premier Langage de l'homme, parce qu'elle est le Langage le plus noble, le plus sublime, & celui qui naît de l'Enthousiasme & de l'Inspiration.

*Moyse,*

Moyſe, dont les Écrits ſont les plus anciens qui ſoient parvenus juſqu'à nous, a compoſé en vers, ſelon le ſentiment de quelques Sçavants, la plus grande partie de ſes Ouvrages contenus dans le Pentateuque; & il fait connoître que la *Poëſie* étoit en uſage avant lui, puiſqu'il ſe contente de déſigner par les verſets, un nombre de Cantiques que le Peuple ſçavoit.

Quelle *Poëſie* plus belle, plus majeſtueuſe, plus élevée que celle des deux magnifiques Cantiques, où Moyſe chante le Paſſage de la Mèr Rouge; ſur-tout du ſecond, qui commence par ces mots: *audite verba quæ loquor*, &c. A éxaminer ainſi la *Poëſie* dans ſa ſource, il faut dire qu'elle eſt conſacrée à publier les louanges de Dieu; mais on tranſporta dans la ſuite à la Créature, un Tribut qui devoit être réſervé au Créateur.

D'abord la *Poëſie* fut employée à célébrer les fauſſes Divinités du Paganiſme, & par degrés elle deſcendit aux Enfans des Dieux, aux Fondateurs des Empires, aux Héros, & à tous ceux qui s'étoient faits un grand nom; enfin elle s'avilit juſqu'à déifier les paſſions, & à préparer une conquête facile au vice, en charmant l'eſprit.

On n'ignore point en quelle vénération la *Poëſie* étoit chez les Hébreux, les Égyptiens, les Grecs, les Romains, & pour tout dire en un mot, chez les Peuples de la Terre qui ont eu des mœurs policées: & même c'eſt une remarque qui a été faite, & que l'Hiſtoire vérifie; que le premier éclat qui perce les ténèbres de l'ignorance où un Peuple eſt plongé, vient de la *Poëſie*: c'eſt à elle à annoncer en quelque ſorte les Sçiences & les Beaux Arts, & à préparer les eſprits à les reçevoir.

Si l'on conſidère combien de qualités la *Poëſie* éxige, & qu'un Poëte doit réunir la fécondité de l'Invention, la nobleſſe des Sentimens, la grandeur de l'Expreſſion avec un Anthouſiaſme qui ſemble approcher de l'Inſpiration Divine; alors on conviendra que ce bel Art est un Don du Ciel, & que le nombre des bons Poëtes doit être bien petit. *M. de Fontenelle.*

## CHAPITRE III.
### TERNAIRE DE LA RHÉTORIQUE.
#### Sçavoir:

*L'Invention*,      *la Disposition*,      *l'Élocution.*

#### Invention.

I. L'*Invention* est la partie de la Rhétorique qui donne des préceptes, pour aider à trouver les pensées qui doivent composer le Discours. La Clarté est le caractère de la Vérité. Lorsque son évidence est dans le dernier degré, les plus opiniâtres sont obligés de quitter les armes, & de s'y soumettre. Personne osera-t-il nier, que le tout ne soit plus grand que sa partie : que les parties prises ensemble n'égalent leur tout. Quelquefois on détourne la vûe, pour ne pas appercevoir des vérités claires qui blèssent. Mais enfin, lorsque leur éclat, malgré toutes nos fuites, vient à frapper nos yeux ; il faut se rendre, & la langue ne peut démentir l'esprit.

Pour persuader ceux qui nous contestent quelque Proposition, parce qu'elle leur semble douteuse & obscure ; il faut se servir d'une ou de plusieurs Propositions, qui ne souffrent aucune difficulté, & leur faire voir que cette Proposition contestée est la même, que celles qui sont incontestables. Les Juges de Rome doutoient, si Milon avoit commis un crime en tuant Clodius. Ils ne doutoient point, qu'il ne fût permis de repousser la force par la force. Cicéron voulant donc prouver l'innocence de l'accusé, il leur étale ces deux Propositions ; *qu'on peut tuer* celui qui nous veut ôter la vie : *que Clodius vouloit ôter la vie à Milon.* L'une est claire, l'autre est obscure ; l'une contestée, l'autre reçûe : étant bien éclaircies, la conséquence étoit claire & certaine, que Milon en tuant Clodius, n'avoit fait que repousser la force par la force, ce qui étoit excusable.

C'est à la première Partie de la Philosophie, qu'on appelle *Logique*, à donner les règles du Raisonnement. C'est pourquoi vous pouvez commencer à reconnoître dès l'entrée de ce Discours, que pour traiter l'Art de persuader dans toute son étenduë, il faudroit embrasser plusieurs autres Arts, ce qui ne pourroit se faire sans confusion. La matière de l'Art de persuader n'est point limitée. Cet Art se fait paroître dans les Chaires de nos Églises, dans le Barreau, dans toutes les Négociations, dans les Conversations même. En un mot, le but que nous avons dans tout le commerce de la vie, est de persuader ceux avec qui nous traitons, & de les faire tomber dans nos sentimens.

Pour être donc parfait Orateur, & parler utilement sur toutes les matières qui se présentent, comme les Rhéteurs prétendent que leurs Disciples le peuvent faire ; il faudroit posséder toutes les connoissances, & n'ignorer rien. Car enfin un homme n'est capable de raisonner, que lorsqu'il connoît à fond le sujet sur lequel il parle, & qu'il a l'esprit plein de Vérités constantes, de Maximes indubitables, dont il peut tirer des conséquences propres à décider la question qui est agitée. Par exemple, un Théologien raisonne bien & persuade, lorsqu'il tire des Saintes Écritures, des Pères, des Conciles & de la Tradition, les témoignages propres pour faire voir, que son sentiment a toujours été celui de l'Église.

Enfin l'*Invention* est la recherche & le choix des Argumens dont l'Orateur doit se servir, des lieux qu'il doit traiter. Elle est le premier des devoirs de l'Orateur. Cicéron avoit fait quatre Livres de l'*Invention* ; il ne nous en reste que deux en Poësie, c'est tout ce que le Poëte ajoûte au Sujet Historique qu'il a choisi, & le tour qu'il y donne.

## Disposition.

II. La *Disposition* est l'Ordre, le Rang & la Situation des choses. Un des grands points de l'Éloquence, c'est de faire une belle *Disposition* de son Discours. Pour persuader, il faut aussi disposer les Auditeurs à écouter favorablement les choses dont on doit les entretenir. Il faut leur donner quelque connoissance de l'affaire que l'on traite, afin qu'ils sçachent de quoi il s'agit.

On ne doit pas se contenter d'établir ses propres preuves, il faut renverser celles des adversaires : & lorsqu'un Discours est grand, & qu'il a sujet de craindre qu'une partie des choses qu'on a dites avec étenduë, ne se soient échappées de la mémoire des Auditeurs ; il est bon sur la fin de dire en peu de mots, ce qu'on a dit plus au long.

## Élocution.

III. L'*Élocution* consiste à orner les raisons que l'on a inventées & disposées dans un Ordre naturel, & à leur donner un tour & des graces qui gagnent l'esprit & le cœur. Les moyens principaux d'y parvenir, sont la solidité des Pensées, la beauté des Expressions, le nombre & l'harmonie des Périodes, la propriété des styles & l'usage judicieux des Figures.

L'*Élocution* est trop avantageuse à un Orateur pour être traitée en peu de paroles. Il y a une Éloquence dans les yeux, & dans l'air de la Personne, qui ne persuade pas moins que les raisons. Un Orateur qui a cet air est applaudi aussi-tôt qu'il commence. Les meilleurs Pièces sont méprisées dans la bouche de celui qui prononce mal. Les hommes se contentent de l'apparence des choses. Dans le monde ceux qui parlent avec un ton ferme & élevé, & qui ont l'air agréable, sont assurés de remporter la Victoire. Peu de Personnes sont usage de leur Raison. On ne se sert ordinairement que des Sens : on n'examine pas les choses que dit un Orateur : on en juge avec les yeux & avec les oreilles. S'il contente les yeux, s'il flatte les oreilles, il sera Maître du cœur de ses Auditeurs.

La nécessité de prendre les hommes par leur foible, oblige donc notre Orateur zélé pour la Vérité ; à ne pas négliger la Prononciation. Il y a sans doute de certains défauts, des postures indécentes, ridicules, affectées, basses, qui ne se peuvent souffrir, & des tons de voix qui blessent les oreilles, & qui les fatiguent. Il n'est pas nécessaire que je spécifie ces choses, elles se remarquent assez. Les sentimens, les affections de l'âme ont un ton de voix, un geste & une mine qui leur sont propres. Ce rapport des choses & de la manière de prononcer, fait les bons Déclamateurs. Ils étudient le ton de voix qu'ils doivent prendre, leurs gestes. Ils sçavent quand ils doivent s'animer, & parler avec véhémence. Un Prédicateur qui crie toujours, est importun. Il doit élever ou rabaisser sa voix, selon les impressions que ses paroles doivent faire. Tout doit être étudié dans un homme qui parle en Public, son geste, son visage ; & ce qui rend cette Étude difficile, c'est que si elle paroissoit, elle ne feroit plus son effet.

Il faut employer l'Art, & il n'y a que la Nature qui doive paroître ; aussi c'est elle qu'il faut étudier. Quand elle agit, quand elle nous fait parler, le seul air avec lequel nous parlons, le ton de la voix, font autant & plus que nos paroles. Ceux qui nous voyent, sçavent ce que nous voulons dire avant que de nous avoir entendu. Jamais Orateur ne réüssit, que quand il a acquis d'être ainsi naturel. Il peut dire ce qu'il a appris par mémoire, mais il faut qu'il paroisse le faire, comme si la Nature seule sans Art & sans préparation le faisoit parler.

Dieu ayant fait les hommes pour vivre ensemble dans une grande union, il les a tellement disposés, qu'ils prennent les sentimens de ceux avec qui ils vivent. On s'afflige avec une personne qui paroît affligée : on a de la joie avec ceux qui rient. Les signes naturels des passions font impression sur ceux qui les voyent, & à moins qu'ils ne fassent de la résistance, ils s'y laissent aller. Ainsi tout homme qui parle naturellement, selon les Sentimens qu'il a dans le cœur, ne manque point de toucher sans qu'il y pense : ceux qui l'écoutent, prennent ses mêmes Sentimens.

Comme les hommes n'agissent presque point par raison, que c'est l'imagination ou les sens qui les gouvernent ; on voit que ceux qui sçavent représenter au-dehors les Sentimens qu'ils veulent inspirer, ne manquent point de réussir. Les Déclamateurs ordinaires n'affectent qu'une prononciation éclatante, qui effectivement donne de l'admiration ; & en cela ils réussissent : car comme naturellement on parle avec un ton élevé, & avec des gestes extraordinaires de ce qui est extraordinaire, & dont on est surpris, quand un Déclamateur ouvre la bouche fort grande, qu'il fait de grands gestes, le Peuple ne manque pas de croire qu'il dit de grandes choses.

Il faut déclamer comme on parle, faisant paroître qu'on est persuadé des Sentimens qu'on veut inspirer. Alors, comme on vient d'en donner la raison, les Auditeurs sont portés par la Nature à prendre ces sentimens. Il y a peu de gens qui déclament naturellement : on s'imagine que pour bien faire, il faut faire quelque chose d'extraordinaire. Au contraire on fait toujours mal, quand on ne suit point la Nature.

Il est rare que ceux qui récitent les Pièces apprises par mémoire, ayent un grand talent pour la prononciation. Ils disent les choses comme la mémoire leur rend, mais l'âme ne prend pas les mouvemens selon l'ordre qu'elles ont été couchées sur le papier, & qu'elles sont dans la mémoire. Il est donc difficile sans un grand Art, de feindre des mouvemens qu'on n'a pas : & il est rare que les Auditeurs ressentent les effets de cette sympatie mutuelle, qui fait prendre les mouvemens de ceux qui paroissent touchés. *Port Royal.*

## AUTRE TERNAIRE DE LA RHÉTORIQUE.

### Les trois Genres de la Rhétorique ;

Sçavoir,

*Le Genre Délibératif, le Démonstratif, le Judiciaire.*

#### Genre Délibératif.

I. Le *Genre Délibératif* s'applique à prouver, ou à persuader quelque chose à une Assemblée, afin de l'obliger à la mettre en éxécution. Le *Genre Délibératif* étoit fort en vogue chez les Grecs & chez les Romains, quand les Orateurs haranguoient le Peuple. *Trévoux.*

Le *Genre Délibératif* s'occupe aussi, de ce qui est utile ou nuisible. On propose par éxemple, une entreprise : est-elle utile ? ne l'est-elle pas ? Il s'agit de déclarer la guerre pour venger une injure reçuë : il faut éxaminer avec soin ce qu'il y a à craindre, & ce qu'il y a à espérer : quelles sont les ressources de l'État & celles de l'Ennemi ; si le dommage auquel on s'expose ne sera point plus grand, que celui qu'on a reçu.

Quoique les éxemples soient d'un très-grand poids dans le *Genre Délibératif,* parce que rien ne détermine les hommes à faire une chose, comme de leur montrer que d'autres l'ont faite avant eux, & s'en sont bien trouvés ; cependant il est bon de voir quels éxemples on cite, & à qui on les cite ; car les Esprits ne sont pas tous disposés de la même façon. Ou ce sont plusieurs Personnes assemblées en Corps, qui délibèrent ; ou ce sont des Particuliers ; lequel des deux que l'on suppose, on a besoin d'un égal discernement. Vous ne haranguerez pas un Prince, comme un simple Particulier ; ni un Vieillard, comme un jeune Homme.

On aura donc égard au séxe, à l'âge, à la dignité, & surtout aux Mœurs ; qui est ce qui nous distingue le plus. La Vertu se persuade aisément, à qui aime la Vertu ; mais il sera difficile de la faire embrasser à des hommes vicieux & corrompus. Pour y réussir, il faut premièrement éviter les reproches trop durs, & se donner bien de garde de leur faire sentir le peu d'estime que l'on a pour eux. En second lieu, on les engagera à faire le bien, non pour l'amour du bien, des hommes de ce caractère sont peu touchés d'une vue si pure ; mais, ou par le soin de leur réputation ; ou, si cela ne les pique pas assez, par les avantages qu'ils en retireront ; ou enfin, & c'est peut-être le plus sûr, par la considération des malheurs dont ils sont menacés, s'ils prènnent un parti contraire à celui que nous leur conseillons.

Il faut aussi user de ménagement pour des Personnes qui ont l'honneur en recommandation. Si vous conseillez donc à Cicéron de recourir à la clémence de Marc-Antoine, ou même, de brûler ses Philippines, pour obtenir sa grace qui lui est offerte à ce prix, vous ne devez pas insister sur l'amour de la vie. Car, supposé que ce motif ait à le toucher, il le touchera bien sans que vous lui en parliez ; mais vous pourrez fort bien l'exhorter à conserver ses jours pour l'amour de la République ; il aura

besoin

besoin d'un prétèxte comme celui-là, pour ne pas rougir de telles prières. César délibère s'il prendra le Diadême. Voulez-vous l'y engager ? Dites-lui que Rome ne peut déformais se passer d'un Maître. Quiconque médite un crime, ne cherche qu'à le faire avec moins de honte.

Mais il est de conséquence aussi, que celui qui conseille ne sorte point de son caractère. Si c'est un homme de poids, que l'âge, l'expérience, une haute réputation, les emplois, la naissance rendent recommandable ; on attendra de lui toute autre chose, que l'on ne feroit d'un homme ordinaire. Au contraire, un Orateur qui n'est relevé par aucun de ces avantages, sera obligé de s'y prendre d'une manière plus douce & plus modeste. Ce qui s'appelle Liberté dans l'un, passeroit pour Témérité dans l'autre. Au premier, la seule Autorité suffit; & le second n'est pas trop Fort, avec toute la raison possible.

Tite-Live, lorsqu'il faisoit parler un Romain, un Carthaginois, un Patricien, ou un Plébéïen, ne pensoit pas de même dans ces différentes occasions : mais travaillant d'après l'idée qu'il s'étoit fait de leur fortune, de leurs actions, de leurs mœurs, il les représentoit au naturel ; de sorte qu'en leur prêtant son génie, il les faisoit parler beaucoup mieux qu'ils n'eussent fait : mais pourtant sur le ton qu'il leur convenoit de faire.

Ce genre n'a pas toujours besoin d'un Éxorde en forme ; par la raison que tout homme qui demande Conseil, est censé disposé à écouter. Alors il n'est question, que de trouver un Début naturel. Par la même raison, la Narration au moins de la chose sur laquelle on délibère, devient inutile ; car celui qui cherche conseil, sçait quel en est le sujet. *M. Gardin.*

A l'égard de la manière de traiter le *Genre Délibératif*, Cicéron nous dit : *que l'Orateur y parle toujours avec dignité ; que des Pensées judicieuses fassent l'Ornement de son Discours, plutôt que des Expressions fleuries.*

Tome I.                                                       P p

## Genre Démonstratif.

II. Le *Démonſtratif* eſt un des trois Genres d'Éloquence, dans lequel l'Orateur applique ſon Art à faire des Panégyriques, ou des Invectives. *Trévoux.*

Le propre du Panégyriſte eſt d'Amplifier & d'Orner ſon ſujet. L'Orateur chargé de louer un grand Homme, éxaminera d'abord ſa naiſſance : s'il eſt ſorti d'un Sang illuſtre, il fera voir qu'il a égalé la gloire de ſes Ancêtres ; s'il eſt né de parens obſcurs, il le louera d'avoir illuſtré ſon Nom par l'éclat de ſes actions.

On loue de même les Mœurs, les Actions d'éclat, la Conduite extérieure, la Vie privée, l'Eſprit, les Graces, & les Vertus. On obſervera auſſi, que plus un Trait eſt ſingulier, plus il donne de plaiſir & d'admiration à l'Auditeur ; comme ſi l'on montre qu'un tel eſt le ſeul, ou le premier qui ait jamais fait telle choſe ; ou du moins que fort peu de gens en peuvent partager la gloire avec lui ; ou qu'il a paſſé de beaucoup notre attente : ou que c'eſt une entrepriſe qui n'a point été ſuggérée par un eſprit d'intérêt ; mais par une Élévation d'âme, qui fait que l'on s'oublie ſoi-même pour penſer aux autres.

S'agit-il de blâmer ? on tient le même Ordre, les couleurs ſeulement ſont différentes : car ſi une baſſe naiſſance en pluſieurs, fait qu'on les mépriſe ; la Nobleſſe auſſi en pluſieurs, ne ſert qu'à rendre leurs vices & plus remarquables, & plus odieux.

Le *Genre Démonſtratif* éxige des Termes nobles & magnifiques, des Périodes nombreuſes, des Figures brillantes ; en un mot toutes les richeſſes de l'Éloquence. On aura ſoin auſſi de flatter ſon Auditeur par quelques Louanges délicates ; car c'eſt le moyen d'en être écouté favorablement : mais autant qu'il eſt poſſible, ces Louanges même ſeront liées avec le ſujet. *Préceptes de Quintilien.*

## Genre Judiciaire.

III. Le *Genre Judiciaire* eſt celui qui enſeigne à défendre un Accuſé, ou à le convaincre.

On demande, par éxemple, qui a tué ? L'accuſateur dit, c'eſt vous. L'accuſé répond, ce n'eſt pas moi. Il s'agit de prouver le fait. Eſt-ce vous ? n'eſt-ce pas vous ? Il faut réunir les Circonſtances qui établiſſent la vérité ou la fauſſeté du fait. *C'étoit votre ennemi, vous l'aviez menacé, vous étiez dans le même lieu, vous l'avez pû ſans peine, vous y étiez intèreſſé*, &c. toutes Circonſtances qui prouvent que c'eſt vous.

On les réfute par d'autres Circonſtances qui ne peuvent s'allier avec le fait : *j'étois à cent lieues de-là le jour du meurtre*, & autres choſes ſemblables. Mais j'avoue que je l'ai tué, parce que j'en avois le droit. *Clodius*, par éxemple, *m'attaque, il veut m'aſſaſſiner ; je me défends, il y périt ; les Loix m'accordent ma grace, ou plutôt déclarent que je ne ſuis point coupable*.

La Queſtion de Nom a pour objet de décider la qualité de la choſe, laquelle étant décidée, toute conteſtation finit. *Telle démarche d'un Soldat eſt-elle déſertion ? ne l'eſt-elle pas ?* Il ne s'agit que du Nom : quand il ſera décidé, tout ſera dit.

## AUTRE TERNAIRE DE LA RHÉTORIQUE.

### Les trois Genres du Style.

Sçavoir,

*Le Sublime*,   *le Simple*,   *le Médiocre*.

### Du Style.

Le Diſcours eſt le Caractère de l'âme ; notre Humeur ſe peint dans nos paroles, & chacun ſans y penſer ſuit le *Style* auquel ſes Diſpoſitions naturelles le portent. Elles ſont toutes différentes dans chaque homme : c'eſt pourquoi il y a autant de différens *Styles*, qu'il y a des perſonnes qui parlent, ou qui écrivent. De-là vient encore que chaque Climat a une manière de parler qui lui eſt particulière. Car, comme ordinairement ceux qui ſont d'un même Pays, ont beaucoup de rapport dans leur tempérament, ils ont auſſi des manières de parler aſſez ſemblables, & conformes à ce tempérament qui leur eſt commun. Les Eſpagnols, par exemple, qui ſont tous graves, choiſiront bien plutôt des Mots dont la cadence ſera majeſtueuſe, & des Expreſſions nobles ; que des Mots doux & languiſſans, & des Expreſſions délicates comme feroient les Italiens.

 Les Orientaux qui ont l'imagination chaude & pleine d'Images, ne parlent que par Métaphores & par Allégories ; parce que lorſqu'ils ſe propoſent de traiter quelque ſujet, auſſi-tôt leur Imagination leur préſente mille Images qui ont du rapport à ce ſujet ; dont ils peuvent tirer pluſieurs Métaphores. Ainſi, ſi ce ſujet eſt peu ſenſible, comme ces Images ſont fort vives, qu'elles frappent fortement leur eſprit, & le tournent pour ainſi dire vers elles ; ils ſont bien plutôt portés à ſe ſervir du nom de ces Images avec leſquelles ce ſujet a rapport, que du nom propre. Ils quittent donc les Expreſſions naturelles, pour employer celles qui ſont Figurées ; c'eſt ce qui rend leur *Style* obſcur, à ceux qui n'ont pas une Imagination auſſi prompte qu'eux ; car pour pénétrer dans le véritable ſens de leurs Paroles, il ne faut preſque jamais conſidérer ce qu'elles ſignifient naturellement ; mais ce qu'elles peuvent ſignifier priſes dans un ſens Métaphorique, qu'il n'eſt pas facile d'apperçevoir : parce que les Métaphores dont ils ſe ſervent, ſont tirées d'objets qui ne nous frappent pas auſſi vivement qu'ils en ſont frappés. Ainſi nous ne pouvons pas découvrir d'abord la Liaiſon qu'ils ont avec la choſe, qui eſt le ſujet du Diſcours.

Cela fe remarque dans les Poëfies, que nous avons des Orientaux : L'Écriture-Sainte nous en fournit même des éxemples dans les Cantiques de Salomon. Nous fommes furpris d'abord, que ce Prince, en décrivant les Beautés de fon époufe, compare fon vifage à la Tour du Mont Liban, qui faifoit façe à la Ville de Damas; & fes dents à une troupe de Brebis nouvellement tonduës, qui fortent du bain : mais avec un peu d'application on pénètre dans fa Penfée, & l'on apperçoit qu'en même-tems qu'il penfe aux Beautés de fon époufe, il eft frappé des Images de ce qu'il avoit vû de plus beau. La Tour du Liban fe préfente à fon imagination, qui faifoit une façe extraordinairement belle à la Ville de Damas ; il eft frappé de la Blancheur des Brebis qui fortent du bain, & commencent à fe revêtir d'une nouvelle toifon.

Les Septentrionaux n'ont pas tant de feu : leur Imagination ne reçoit pas une fi grande variété d'Images. Quand ils penfent à un fujet, ils en font occupés ; ainfi s'ils fe fervent de Métaphores, ils ne les prennent que de chofes qui ont une liaifon fort étroite avec ce qui fait le principal fujet de leur Difcours. C'eft pourquoi leur *Style* eft fimple, naturel, & s'entend facilement. Ils fe donnent tout le tems qui eft néceffaire, pour expliquer les chofes qu'ils propofent. Ce que les Orientaux ne peuvent faire, étant emportés par la vivacité de leur Imagination, qui les oblige de quitter ce qu'ils avoient commencé de dire, pour paffer tout d'un coup à d'autres chofes.

Les anciens Rhéteurs diftinguent en trois claffes les différens *Styles*, que les différentes inclinations des Peuples leur font aimer.

Le premier eft l'*Afiatique*, Élevé, Pompeux, Magnifique. Les Peuples de l'Afie ont été toujours ambitieux, leur Difcours éxprime leur humeur, ils aiment le Luxe; leurs paroles font accompagnées de plusieurs vains Ornemens, qu'une humeur sévère ne peut souffrir.

Le second *Style* est l'*Attique*: les Athéniens étoient plus réglés dans leurs manières de vivre: aussi sont-ils plus éxacts, & pour ainsi dire plus Modestes dans leurs Discours.

Le troisième est le *Style Rhodien*: les Rhodiens tenoient de l'humeur ambitieuse & passionnée pour le Luxe des Asiatiques, & de la Modestie des Athéniens: leur Style caractérise leur humeur; il garde un milieu entre la liberté du *Style Asiatique*, & la retenuë du *Style Attique*.

Les Maîtres de l'Art ont réduit les manières d'Écrire sous trois Genres. Le Style *Sublime*, le Style *Simple*, & le Style *Médiocre*. *Trévoux*.

### Style Sublime.

I. Apelles pour faire le portrait de son ami Antigonus, qui avoit perdu l'œil gauche à l'Armée, le peignit de profil, faisant seulement paroître la partie du visage de ce Prince qui étoit sans difformité. Il faut imiter cet Artifice. Quelque noble que soit le sujet dont on veut donner une haute idée, on ne peut réussir qu'en le faisant voir par la plus Belle de ses faces. Les plus Belles choses ont leurs imperfections; cependant la moindre tache qu'on découvre dans ce qu'on estimoit auparavant, est capable de faire perdre toute l'estime qu'on en avoit conçuë. Après avoir dit mille Belles choses; si on ajoûte quelque chose de bas, il se trouvera des esprits assez malins pour ne faire attention qu'à cette bassesse, & oublier tout le reste. On ne doit rien dire qui démente ce que l'on a dit, & qui détruise la première Idée qu'on a donnée.

Il faut s'attacher à tourner les Choses dont on veut donner une Grande idée, de manière qu'elles paroissent par leur Bel endroit. Zeuxis, pour repréſenter Hélène auſſi belle que les Poëtes Grecs la font dans leurs Vers, étudia les traits naturels des plus belles Perſonnes de la Ville où il faiſoit cet Ouvrage ; & donna à ſon Hélène toutes les Graces que la Nature avoit partagées entre un grand nombre de femmes bien faites. Lorſqu'on eſt donc Maître de ſon ſujet, qu'on peut ajoûter ou retrancher : qu'un Poëte, par exemple, entreprène de faire une deſcription d'une Tempête; il doit conſidérer tout ce qui arrive dans les Tempêtes, les circonſtances, les ſuites, pour rapporter ce qui eſt de plus extraordinaire & de plus ſurprenant ; comme le fait l'Auteur des vers ſuivans :

> Comme l'on voit les flots ſoulevés par l'Orage,
> Fondre ſur un Vaiſſeau qui s'oppoſe à leur rage ;
> Le Vent avec fureur dans les voiles frémit,
> La Mer blanchit d'écume, & l'Air au loin gémit :
> Le Matelot troublé, que ſon Art abandonne,
> Croit voir dans chaque flot la Mort qui l'environne.

Les Expreſſions du *Style Sublime* doivent être Nobles, & capables de donner cette Haute idée, qu'on enviſage comme ſa Fin. Quoique la Matière ne ſoit pas également noble dans toutes ſes parties, néanmoins il faut garder une certaine Uniformité du Style. Dans un Palais il y a des appartemens auſſi-bien pour les derniers Officiers, que pour ceux qui approchent de la perſonne du Prince. Il y a des Salles, & des Écuries. Les Écuries ne doivent pas être bâties avec autant de magnificence que les Salles ; cependant il y a quelque proportion entre tous les Compartimens de cet édifice ; & chaque partie, pour baſſe qu'elle ſoit, fait aſſez voir de quel tout, elle eſt partie. Ainſi dans le *Style Sublime*, quoique les Expreſſions doivent répondre à la matière : il faut néanmoins parler des choſes qui ne ſont que médiocres, avec un Air qui les relève de leur baſſeſſe ; parce qu'ayant deſſein de donner une Haute idée de ſon ſujet, il eſt néceſſaire que tout porte, pour ainſi dire, ſes livrées; & lui faſſe honneur: & que l'Ouvrage entier faſſe connoître dans toutes ſes parties, la qualité de ce ſujet.

Le *Genre Sublime* eſt celui qui par la majeſté & l'élévation des Penſées, la richeſſe & la force des Expreſſions, la vivacité des Mouvemens, la nobleſſe & la beauté des Images, élève l'âme au-deſſus des Sens; & la remplit d'un certain Enthouſiaſme mêlé de plaiſir, de reſpect, de ſurpriſe & d'admiration. Vous diriez d'un Fleuve impétueux qui emporte tout, juſqu'aux pierres & aux rochers; qui dans ſa Fureur, s'indigne qu'on veuille franchir ſon étenduë, rompt ſes Ponts & ſes Digues, ne connoît d'autres Rives que celles qu'il ſe fait lui-même, s'enfle & s'irrite de plus en plus dans ſon Cours. Quelques éxemples feront ſentir la Nature du *Genre Sublime*.

Boſſuet, dans ſon Hiſtoire Univerſelle s'éxprime ainſi: *Tout étoit Dieu, excepté Dieu même; & le Monde que Dieu avoit fait pour manifeſter ſa Puiſſance, ſembloit être devenu un Temple d'Idoles.*

Et Racine, dans ſa Tragédie d'Eſther.

> Que peuvent contre lui (*contre Dieu*) tous les Rois de la Terre?
> En vain ils s'uniroient pour lui faire la Guerre.
> Pour diſſiper leur Ligue il n'a qu'à ſe montrer.
> Il parle, & dans la Poudre il les fait tous rentrer.
> Au ſeul ſon de ſa voix la Mer fuit, le Ciel tremble.
> Il voit comme un Néant tout l'Univers enſemble.
> Et les foibles Mortels, vains jouëts du Trépas,
> Sont tous devant ſes yeux, comme s'ils n'étoient pas.

Un éxemple du vrai *Sublime*, eſt celui-ci tiré de l'Œdipe de Sophocle. Le voici ſelon la Traduction de M. Boivin. Le Chœur

Chœur apoſtrophe la Juſtice ſuprême, la Loi naturelle, & lui parle ainſi:

> Chaſte mère de l'Innocence,
> Loi pure, tu n'eſt point l'Ouvrage des Mortels.
> Le Ciel t'a donné la naiſſance :
> Tu dois avec les Dieux partager nos Autels.
> Tu rends leurs honneurs immortels ;
> Tu fais éclater leur puiſſance.
> Loi divine, immuable Loi,
> Ni le tems ni l'oubli, ne peuvent rien ſur toi.

Cette idée de la Loi naturelle, fille du Ciel, immortelle comme Dieu même, & auſſi incapable que lui d'affoibliſſement, eſt grande, noble, admirable. Voilà du *Sublime*.

Le trait de Moyſe, *Dieu dit, que la lumière ſoit*: eſt *Sublime* dans le même genre. La Puiſſance de Dieu obéie dans le moment par le Néant même, y eſt exprimée d'une manière qui nous la fait admirer : & la brièveté de l'expreſſion contribue encore au *Sublime*, en atteignant, autant qu'il eſt poſſible, par ſa rapidité, à celle de la choſe même. Si une Idée grande & noble, & propre par elle-même à éxciter l'admiration, eſt encore revêtue de grandes & de vives Images capables de faire tableau ; alors l'Idée acquiert plus d'éclat, & l'effet en eſt plus grand.

L'Écriture-Sainte eſt pleine de ces traits de grandeur, qui nous pèignent la Majeſté de Dieu d'une façon qui ſubjugue l'eſprit & l'imagination tout enſemble, & qui nous porte au Reſpect & à l'adoration. Racine a recueilli pluſieurs de ces traits dans les Chœurs de ces deux Piéces Saintes. Je me contenterai de cette Stance, du quatrième Cantique.

> O Sageſſe, ta parole
> Fit éclorre l'Univers,

> Posa sur un double Pôle,
> La Terre au milieu des Mers.
> Tu dis, & les Cieux parûrent,
> Et tous les Astres concourûrent.
> En leur Ordre se placer.
> Avant les Siècles tu règnes,
> Et qui suis-je, que tu daignes
> Jusqu'à moi t'abaisser ?

Voici quelques exemples du *Sublime* de sentiment. Pompée ayant défait Tigranes Roi d'Arménie, ne le souffrit pas long-tems à ses pieds, & lui remit sa Couronne sur la tête. *Il le rétablit dans sa première Fortune, jugeant qu'il étoit aussi Beau de faire des Rois, que d'en Vaincre.*

L'inflexible Brutus, oubliant qu'il est Père, pour se souvenir qu'il est Citoyen, condamne à une mort infâme un fils unique, & exhale sa mourante tendresse pour ce fils infortuné, par ce sentiment héroïque :

> Approche, triste objet d'horreur & de tendresse !
> Approche, cher appui, qu'espéroit ma Vieillesse !
> Viens embrasser ton Père, il t'a dû condamner ;
> Mais, s'il n'étoit Brutus, il t'alloit pardonner.

Ces mots de Joad dans Athalie, sont dans le *Genre Sublime* de sentiment.

> Je crains Dieu, cher Abner, & n'ai point d'autre crainte.

## STYLE SIMPLE.

II. Il faut que les Mots conviennent aux choses : ce qui est Grand, demande des mots qui donnent de grandes idées : c'est ce qui est difficile, non pour le choix de la matière, mais pour l'Élocution. Il faut avoir une connoissance parfaite de la Langue dans laquelle on écrit, pour écrire simplement & se soutenir sans tomber. Il y a des termes & des tours qu'on n'employe que dans les grandes occafions ; ce qui fait le *Style Sublime*, ce font les Métaphores, les Figures où l'on a une grande liberté. Mais quand il s'agit de dire quelque chofe *Simplement*, c'eſt-à-dire, d'en parler comme l'on parle ordinairement ; on eſt affujetti à l'uſage ordinaire, qu'il faut par conféquent poſſéder en perfection pour réuſſir dans le *Style Simple*. C'eſt pourquoi on eſtime plus pour la pureté de la Langue, les Lettres que Cicéron écrivoit à ſes amis, que ſes Harangues. Il en eſt de même de ce que Virgile a écrit dans ce Style ; comme font ſes Bucoliques.

Le Caractère *Simple* a donc ſes difficultés. Le choix des choſes n'y eſt pas difficile, comme nous l'avons dit, puiſqu'elles doivent être Communes & ordinaires ; mais c'eſt ce qui le rend difficile : car la grandeur des choſes éblouït, & cache les défauts d'un Écrivain. Quand on parle de choſes Rares & extraordinaires, on peut employer des Métaphores ; parce que l'uſage ne donne point d'Expreſſions aſſez fortes. Le Diſcours peut être enrichi de Figures, parce que ce qui eſt grand on ne l'enviſage guères tranquillement, & ſans reſſentir des Mouvemens d'admiration, d'amour ou de haine, de crainte ou d'eſpérance. Au contraire, ſi l'on n'a pour objet que des choſes Communes, on eſt obligé de n'employer que les termes propres & ordinaires : il n'eſt pas permis de figurer ſon Diſcours, il faut parler *ſimplement* ; ce qui n'eſt pas ſans difficulté. Car enfin, ceux qui écrivent ne peuvent ignorer que la liberté de recourir aux Figures eſt ſouvent commode, pour s'exempter de la peine de rechercher des mots propres qui ne ſe trouvent pas toujours. L'Expérience fait connoître qu'il eſt plus facile de faire des Figures, que de parler naturellement.

J'ai toujours obfervé, que c'eſt le Caractère des petits génies que l'affectation dans le Diſcours ; un eſprit élevé, ſolide, n'établit pas ſa réputation ſur des Phraſes, ſur des Expreſſions qui n'ont que le tour de Rare. Pourquoi ne pas dire les choſes d'une manière naturelle ? Pourquoi dire obſcurément, *que nous nous devenons plus chers, à meſure que nous ſommes plus près de nous perdre* : pour dire que quand on eſt vieux, & ſur le point de mourir ; on ménage davantage la vie ? Cette penſée eſt-elle ſi Rare, ſi myſtérieuſe, qu'il la fallût ainſi envelopper.

Le fameux Longin remarque qu'un Diſcours tout *Simple*, éxprime quelquefois mieux la choſe, que toute la Pompe & tout l'Ornement : qu'on le voit dans les affaires de la vie ; une choſe énoncée d'une façon ordinaire ſe faiſant plus aiſément croire ; car les Expreſſions *Simples* marquent un homme qui dit bonnement les choſes, & qui n'y entend point de fineſſe. Je ſuppoſe, que ces Expreſſions renferment un ſens qui n'a rien de groſſier ni de trivial : cet avis eſt de la dernière importance pour les Converſations & pour les Compoſitions ; on doit par-tout éviter ce qui s'appelle Phraſe, & faire conſiſter l'eſprit à dire des choſes raiſonnables ; & à les dire d'une manière naturelle, en ſe ſervant de termes propres que l'uſage a établi, ſans en affecter d'autres.

C'eſt donc dans ce que nous appellons le *Style Simple*, qu'un honnête homme doit s'éxercer particulièrement. Or, il y a bien de la différence entre la *Simplicité* & la baſſeſſe qui n'eſt jamais bonne, & qu'il faut éviter. La matière du *Style Simple* n'a aucune élévation ; mais ce n'eſt pas à dire que le Diſcours qui l'éxprime doive être vil & mépriſable. Elle ne demande pas les Pompes & les ornemens de l'Éloquence, ni d'être revêtuë d'habits magnifiques ; mais auſſi elle rejette les façons de parler baſſes ; elle veut que les habits qu'on lui donne ſoient propres & honnêtes : & ce qu'il faut bien remarquer, c'eſt que dans ce Style on peut être Sublime ; penſer & parler ſublimement.

Voici un exemple bien frappant du *Genre Simple* ; il eſt tiré de Pline. Un eſclave qui s'étoit tiré de ſervitude, ayant acheté un petit champ, le cultiva avec tant de ſoin, qu'il devint le plus fertile de tout le Pays. Un tel ſuccès lui attira la Jalouſie de tous ſes voiſins, qui l'accuſèrent d'uſer de Magie, & d'employer des Sortilèges, pour procurer à ſon petit champ une ſi étonnante fertilité, & pour rendre leurs terres ſtériles. Il fut appellé en jugement devant le Peuple Romain. Le jour de l'aſſignation étant venu, il comparut. Il amena avec lui ſa fille, qui étoit une groſſe Payſanne très-laborieuſe, bien nourrie & bien vêtue. Il fit apporter tous ſes inſtrumens de labour qui étoient en fort bon état, des Hoyaux très-peſans, une Charruë bien équipée & bien entretenuë ; il fit auſſi venir ſes Bœufs qui étoient gros & gras. Puis ſe tournant vers les Juges : *Voilà*, dit-il, *mes Sortilèges & la Magie que j'employe pour rendre mon champ fertile. Je ne puis pas*, continua-t'il, *vous produire ici mes ſueurs, mes veilles, mes travaux de jour & de nuit* : il fut abſous d'une commune voix.

Il n'y a perſonne qui à la ſimple lecture de ce récit, ne ſoit frappé de la Beauté de cette réponſe, *voilà mes Sortilèges & la Magie que j'employe pour rendre mon champ fertile*. Cette Beauté conſiſte dans la naïveté ſeule de cette penſée, & dans une ingénieuſe Simplicité, puiſée dans la nature même, qui plaît & qui charme. Qu'on ſubſtitue à ce peu de paroles ſi ſimples & ſi peu recherchées, le Diſcours le plus ſpirituel & le plus orné qu'il ſoit poſſible d'imaginer ; on ôte à la réponſe du Payſan toute ſa grace.

On donne ce Quatrain comme un Chef-d'œuvre en naïveté.

L'expression en est *Simple*, mais la pensée du Poëte surprend, & donne en un mot plus d'Idée, que ne feroit un long Discours.

> Colas est mort de maladie ;
> Tu veux que j'en pleure le Sort ;
> Hé bien, que veux-tu que j'en die ?
> Colas vivoit ; Colas est mort.

## Style Médiocre.

III. Je ne dirai rien du *Style Médiocre*, parce qu'il suffit de sçavoir qu'il consiste dans une médiocrité qui doit participer de la grandeur du Caractère Sublime, & de la simplicité du Caractère Simple. Virgile nous a donné l'exemple de ces trois Caractères. Son Énéide est dans le Caractère Sublime : il n'y parle que de Combats, de Siéges, de Guerres, de Princes, de Héros. Tout y est magnifique ; les sentimens & les paroles : la grandeur des Expressions répond à la grandeur du sujet. On ne lit rien dans ce Poëme qui soit ordinaire. Ce Poëte ne se sert point de termes que l'usage de la lie du Peuple ait, pour ainsi dire, profanés. S'il est obligé de nommer les choses Communes, il le fera par quelque tour particulier, par quelque Trope ; par exemple, pour *panis*, du pain ; il mettra *Cérès*, qui étoit parmi les Payens, la Déesse des Bleds.

Le Caractère des Églogues est Simple. Ce sont des Bergers qui parlent, qui s'entretiennent de leurs Amours, de leurs Troupeaux, de leurs Campagnes d'une manière Simple, & qui convient à des Bergers.

Les Géorgiques sont d'un Caractère *Médiocre*. La matière qu'il traite n'approche pas de celle de l'Énéide. Virgile ne parle point dans cet Ouvrage de ces grandes Guerres, de ces sanglans Combats, & de l'établissement de l'Empire Romain, qui font le sujet de son Énéide ; mais aussi les Géorgiques ne font pas ravalées jufques à la condition des Bergers. Car dans ces Livres il pénètre dans les caufes les plus cachées de la Nature, il découvre les Myftères de la Religion des Romains ; il y mêle de la Philofophie, de la Théologie, de l'Hiftoire : ce qui l'oblige à tenir un *Milieu* entre la Majefté de fon Énéide, & la Simplicité de fes Bucoliques.

C'eft dans ce Style qu'on doit le plus s'éxercer. Le Style grand & Sublime n'eft que pour les chofes fort extraordinaires, & par conféquent qui font hors de l'ufage Commun. La plûpart des chofes qui font le fujet de nos Entretiens & de nos Difcours, font *Médiocres*. La queftion eft donc de les envifager telles qu'elles font, d'en juger raifonnablement. Il y a des efprits de travers qui prennent les chofes tout autrement qu'elles ne font. Tantôt les colines leur paroiffent des montagnes ; ils fe récrient fur tout : & tantôt ils regardent avec froideur, les chofes qui font les plus dignes d'admiration.

Il y a auffi des efprits groffiers qui ne découvrent rien, non pas même ce qui leur faute aux yeux. Un honnête homme, c'eft-à-dire, un homme qui a du jugement, qui eft délicat, voit ce que font les chofes, il ne lui échape rien ; & enfuite il s'en forme des Idées véritables. S'il en parle, il le fait naturellement, éxprimant les Idées qu'il en a, avec les termes qui font faits pour ces idées ; de forte qu'on voit dans fon Style un Efprit raifonnable & naturel qui n'outre rien, qui juge des chofes comme il faut ; qui ne les fait point plus grandes ni plus petites qu'elles font, & qui en parle dans les termes dont on fe fert, lorfqu'on n'y cherche point de façon ; qu'on n'affecte rien, qu'on fuit la raifon, la bienféance, l'ufage des honnêtes gens. C'eft là le Caractère d'un efprit poli, qu'on prend dans la Converfation de ceux qui ont l'efprit naturel, bien fait ; & que par conféquent on ne fe peut empêcher d'aimer & d'honorer : ce qui leur fait donner le nom d'Honnêtes gens, à cause de l'Honneur dont ils se rendent dignes.

Revenons à notre *Style Médiocre*, où les Graces & les brillans se présentent de toutes parts, & néanmoins sans excès. Il tient comme le milieu entre les deux autres, c'est pourquoi on l'appelle le *Genre Tempéré*. Il n'a ni la délicatesse du Simple, ni la force foudroyante du Sublime. Il en approche sans leur ressembler. Il admet tous les ornemens de l'Art, la beauté des Figures, l'éclat des Métaphores; il cherche à plaire par des riantes Digressions, par le brillant des Pensées, par l'élégance de la Composition. Il coule doucement néanmoins, semblable à une belle Rivière, dont l'eau est claire & pure; & que de vertes Forêts ombragent des deux côtés.

Cicéron faisant l'éloge des Lettres, nous donne un bel éxemple du Genre orné. *La Jeunesse trouve dans l'étude des Lettres une nourriture délicieuse; la Vieillesse, un éxercice qui l'amuse: elles répandent un nouvel éclat sur la Prospérité; elles nous servent d'asyle & de consolation dans l'Adversité; elles nous charment dans l'intérieur de nos Maisons; elles ne nous embarrassent point au-dehors; elles veillent avec nous, elles voyagent, elles demeurent à la Campagne avec nous.* Pro Arch. Poët. n. 16.

*Il me paroît*, dit Costar, *que c'est un grand avantage d'être porté au bien sans nulle peine; & il me semble que c'est un Ruisseau tranquille, qui suivant sa pente naturelle, coule sans obstacle entre deux Rives fleuries. Je trouve au contraire que ces Gens vertueux par raison, qui font quelquefois de plus belles choses que les autres, font de ces Jets-d'eau où l'Art fait violence à la Nature, & qui après avoir jailli jusqu'au Ciel, s'arrêtent bien souvent par le moindre obstacle.*

Despréaux a parfaitement éxprimé ce Brillant moins pompeux

RHÉTORIQUE, CHAP. IV.   313

peux & moins magnifique, en parlant de l'Idylle dans sa Poëtique.

Telle qu'une Bergère, au plus beau jour de Fête,
De superbes rubis ne charge point sa tête,
Et sans mêler à l'Or l'éclat des diamans,
Cueille en un champ voisin ses plus beaux Ornemens :
Telle, aimable en son air, mais humble dans son Style,
Doit éclater sans pompe une élégante Idylle.
Son tour Simple & naïf n'a rien de fastueux,
Il n'aime point l'orgueil d'un vers présomptueux.
Il faut que sa douceur flatte, chatouille, éveille ;
Et jamais de grands mots n'épouvante l'oreille.

## CHAPITRE IV.
### QUATERNAIRE DE LA RHÉTORIQUE.

Quatre Points principaux, qui entrent dans la Composition de tout Discours.

SÇAVOIR,

*Arguments,   Exemples,   Pensées,   Périodes.*

ARGUMENTS.

I. L'*Argument* est une manière de prouver l'un par l'autre, & qui assure ce qui est douteux par ce qui ne l'est pas. Voici, par exemple, comme on argumentera : *Puisqu'il faut honorer Père & Mère, combien n'est pas criminel un fils qui les outrage ?* Car de ce qu'il faut honorer ses père & mère, on infère avec raison, qu'un fils qui les outrage est très-coupable. Pour bien manier les *Arguments*, il faut étudier la nature de châque chose, & les effets qu'elle a coûtume de produire ; car

*Tome I,*                                   R r

c'est de-là que naît la vraisemblance. On prouvera, par exemple, qu'*un Père n'est pas l'auteur de la mort de son fils, parce qu'un Père aime naturellement ses enfans. Il n'est pas probable qu'un homme ait trahi sa Patrie, puisqu'il ne lui en pouvoit revenir aucun bien*, & autres semblables.

Les *Arguments* naissent de la considération *des Personnes*, ou de la considération *de la Chose*.

Pour trouver les *Arguments* qui naissent de la considération *de la Personne*, on examinera :

1°. La *Naissance* ; parce qu'ordinairement les Enfans sont censés ressembler à leurs Pères & à leurs Ancêtres.

2°. La *Nation* ; car châque Nation a ses Mœurs, & vous ne persuaderez point la même chose d'un Romain & d'un Carthaginois.

3°. Le *Sexe* ; ainsi la violence sera plus croyable dans un homme.

4°. L'*âge* ; une chose convient à un âge, & non à un autre.

5°. La *Fortune* ; parce que telle chose est probable dans un homme Riche & puissant, laquelle ne l'est pas dans un homme Pauvre & dénué de tout secours.

6°. La *Condition* ; car la différence est grande entre un homme connu & un homme obscur ; entre un Magistrat & un Particulier ; entre un Père & un Fils ; un Citoyen & un Étranger.

7°. Le *Naturel & les Inclinations* ; car l'avarice, la colère, la bonté d'âme, la cruauté, & autres semblables, rendent souvent certaines choses probables. Il en est de même de la manière de vivre ; selon qu'elle est somptueuse, ou sordide, ou règlée.

8°. Enfin la *Profession* ; car celui qui vit à la Campagne, & celui qui fréquente la Ville ; le Marchand & l'Homme de guerre, pensent & agissent différemment.

On tire en second lieu des *Argumens* de la considération *de la Chose*. Toute action souffre naturellement ces questions : *pourquoi on l'a faite ? où ? quand ? comment ? & par quel moyen on l'a faite.*

On éxaminera donc 1°. *les causes d'un action*, soit qu'elle soit faite ou à faire. Par éxemple, *on ne doit pas traiter de sacrilège un homme qui a pris des Armes que l'on gardoit dans un Temple, puisque c'étoit pour repousser les Ennemis de la Patrie.*

2°. Le *Lieu* ; car une action est plus ou moins probable, suivant la situation des lieux où l'on prétend qu'elle soit faite. On éxaminera donc, si c'est un lieu fréquenté ou desert, proche ou éloigné ; favorable à un dessein, ou contraire.

Cicéron insiste avec beaucoup de force sur cette réflèxion, pour prouver que Clodius a été l'agresseur. On éxaminera de même, si c'est un Lieu Profane ou Sacré. *Vous avez dérobé l'argent d'un Particulier, mais vous l'avez dérobé dans un Temple ; ce n'est point un larcin, c'est un sacrilège.* Quelquefois aussi la Circonstance du lieu suffit, pour rendre une personne ou plus recommandable, ou plus odieuse. On rendoit le crime de Milon plus atroce, en lui imputant d'avoir fait assassiner Clodius sur la sépulture même de ses pères. Ce *lieu* est d'une extrême conséquence dans les Délibérations.

3°. On éxamine *les circonstances du tems*. Ce lieu est d'une grande étenduë, puisque presque tous les *Arguments* naissent, ou *de ce qui précède*, ou *de ce qui accompagne*, ou *de ce qui suit*. 1°. *De ce qui précède*. Par éxemple, vous l'aviez menacé, vous êtes sorti pendant la nuit, & vous avez pris les devants, pour l'aller attendre sur le chemin. 2°. *De ce qui accompagne*. On a entendu du bruit, des clameurs & des cris. 3°. *De ce qui suit*. Vous vous êtes tenu caché, vous avez pris fuite, son corps est devenu tout livide.

4°. On éxamine *les facilités & le pouvoir* : c'est ainsi que

Cicéron prouve que Milon n'a point dreſſé d'embûches à Clodius ; * *d'un côté*, dit-il, *Clodius à cheval, bien accompagné, prêt à tout entreprendre, & ſans rien qui l'embarraſſe ; de l'autre, Milon en chaiſe avec des femmes, & enveloppé dans ſon manteau. Qui des deux, Meſſieurs, penſerons-nous qui ait eu deſſein d'attaquer l'autre ?* Aux *facultés* il faut joindre *les moyens* ou *les inſtruments*, que l'on a mis en uſage pour éxécuter une action.

Il y a encore d'autres Sources, d'où l'on peut tirer les *Arguments*, telles que ſont *la Définition*. Fléchier prouve qu'il faut beaucoup d'Art pour conduire une Armée, en définiſſant ce que c'eſt qu'une Armée. * *En effet*, dit-il, *qu'eſt-ce qu'une Armée ? c'eſt un Corps animé d'une infinité de paſſions différentes, qu'un homme habile fait mouvoir pour la défenſe de la Patrie ; c'eſt une troupe d'hommes armés qui ſuivent aveuglément les Ordres d'un Chef, dont ils ne ſçavent pas les intentions ; c'eſt une Multitude d'âmes pour la plûpart viles & mercénaires, qui ſans ſonger à leur propre réputation, travaillent à celle des Rois & des Conquérans ; c'eſt un Aſſemblage confus de libertins qu'il faut aſſujettir à l'obéiſſance, de lâches qu'il faut mener au combat, de téméraires qu'il faut retenir, d'impatiens qu'il faut accoûtumer à la conſtance.* Donc il faut beaucoup d'Art, pour conduire une Armée.

*L'énumération des Parties.* Cicéron prouve par l'énumération des Parties, qu'Antoine n'eſt pas Conſul. *Negat hoc Decius Brutus Imperator, negat Gallia, negat cuncta Italia, negat Senatus, negatis vos ; quis igitur illum Conſulem putat ?*

*Les Semblables.* Si un Procureur doit donner caution, de même celui qui agit comme Procureur.

*Les Diſſemblables.* Tertullien prouve par le Diſſemblable, que la Vertu des Chrétiens eſt au-deſſus de celle des plus Sages Philoſophes du Paganiſme. * *Parlerez-vous de l'humilité de vos*

Sages? Il eſt vrai que votre Diogène foula aux pieds les plus célèbres ornemens de Platon, par un orgueil plus fin, mais non pas moins criminel que celui qu'il condamnoit ; mais un Chrétien eſt humble, ſans affectation au milieu des perſonnes les plus viles & les plus pauvres. Direz-vous que la fidélité de vos Philoſophes étoit inviolable ? Qui ne ſçait qu'Anaxagoras retint un dépôt, que ſes hôtes lui avoient confié ? Mais un Chrétien eſt fidèle, même à ſes plus cruels ennemis : & ne dites pas qu'il y a des Chrétiens déréglés ; car ſçachez que dès-lors qu'ils ſont déréglés, ils ne ſont plus Chrétiens, & ceſſent de paſſer pour tels parmi nous. Mais il n'en eſt pas ainſi de vos Philoſophes ; car tout ſcélérats qu'ils ſont, ils ne laiſſent pas d'avoir parmi vous le nom de Sages ; tant il y a peu de reſſemblance entre un Philoſophe & un Chrétien, entre un Diſciple de la Grèce & un Diſciple de Jeſus-Chriſt.

Les *Contraires*. Si la Guerre eſt la cauſe de nos maux, la Paix en ſera le remède.

Les *Contradictoires*. Par exemple ; un fils qui aime ſon père, ne peut pas être accuſé d'attenter à ſa vie.

Il y a auſſi *le lieu des Comparatifs*, ou *de Comparaiſon* ; par le moyen duquel en comparant *le petit au grand*, ou *le grand au petit*, ou *le pareil avec ſon pareil* ; on confirme l'un par l'autre. On argumente ainſi, 1°. du grand au petit ; *eſt-il étonnant, qu'une choſe qui eſt capable d'étonner des Armées entières, jette l'épouvante parmi les Gens de Robe ?* 2°. Du petit au grand : *Voyez, Clodius, s'il vous étoit facile d'obtenir cette Charge, puiſque celui qui de votre propre aveu devoit l'emporter ſur vous, ne l'a pas obtenuë.* 3°. De pareil à pareil. *Un ſupplice que la Loi ordonne contre celui qui a tué ſon Père, n'eſt-il pas cenſé ordonné contre celui qui a tué ſa Mère.*

Il faut faire attention, que tous ces lieux ne peuvent pas trouver place en toute ſorte de ſujets ; & qu'il ne faut pas en compofant, fe faire une Loi de les paffer en revûe les uns après les autres ; fi ce n'eft quand on commence, & qu'on n'a encore ni facilité, ni expérience. *Précèptes de Quintilien.*

### Exemples.

II. *Les Éxemples* font des preuves que l'A**.** eft obligé d'emprunter pour l'appliquer à fon fujet. L'*Éxemple* eft une citation d'un fait Hiftorique, ou communément reçu, faite à deffein de perfuader.

Il faut prendre garde fi ce Fait eft entièrement femblable, ou s'il ne l'eft qu'en partie ; afin de l'emprunter tout entier, ou de n'en prendre que ce qui convient.

Toutes les chofes comprifes dans ce genre de preuves font néceffairement, ou *Semblables*, ou *Diffemblables* : *Semblables*, *comme c'eft avec juftice que Saturnius a été tué ; ainfi le fûrent les Gracques.* *Diffemblables*, comme *ces Tableaux, ces Statues, que Marcellus rendoit à nos ennemis ; Verrés, Meffieurs, les enlevoit à nos Alliés.* Voilà pour le Genre Judiciaire.

Il en eft de même dans le Démonftratif, à l'égard des actions, qui font à louer ou à blâmer. Et dans le Genre Délibératif, qui regarde l'avenir, rien ne perfuade tant que de citer des *Éxemples* des chofes femblables, qui font déja arrivées. Comme fi pour prouver que Denis demande des Gardes, non pour la fûreté de fa Perfonne, mais pour s'en fervir à mettre fes Peuples fous le joug de la tyrannie : j'allègue l'*Exemple* de Pififtrate, qui par le même moyen ufurpa la Suprême Puiffance.

Il faut remarquer que les *Éxemples*, qui ne font pas tout-à-fait pareils, font les meilleurs pour éxhorter. C'eft pourquoi fi vous éxhortez quelqu'un à faire une action courageufe, les noms d'Horace & de Torquatus, auront moins de pouvoir fur fon esprit, que l'*éxemple* de cette femme qui tua Pyrrhus de sa propre main. Les *Éxemples* les plus récents, & les plus connus font plus d'impreſſion.

Il y a auſſi des *Éxemples* du plus au moins, & du moins au plus. Cicéron dans la défenſe de Milon, cite un Bel *éxemple* du plus au moins. * *Nos Ennemis ſoutiennent que tout homme qui confeſſe avoir fait un meurtre, eſt indigne de vivre. Ces ignorans ſongent-ils bien dans quelle Ville ils parlent ainſi ? Dans Rome, où le premier Procès Criminel qu'on ait vû, eſt celui de ce Citoyen Romain, M. Horace, qui avoit tué ſa propre ſœur ; & qui ne laiſſa pas d'être abſous dans l'Aſſemblée du Peuple, lors même que la Ville ne jouiſſoit pas encore de la liberté dont elle jouit à préſent.*

Enſuite un *éxemple* du moins au plus, par ces paroles qu'il met dans la bouche de Milon. *J'ai tué, oui Meſſieurs, j'ai tué ; non pas Spurius Melius, qui pour avoir dépenſé tout ſon bien à faire des largeſſes au Peuple, fut ſoupçonné de vouloir ſe rendre trop puiſſant ; non pas Tibérius Gracchus, qui deſtitua ſon Collégue de ſon emploi dans une Aſſemblée ſéditieuſe. Les meurtriers de ces deux hommes ont rempli l'Univers de la gloire de leur nom ; mais Clodius, car il pourroit l'avouer, puiſqu'il auroit par cette action préſervé ſa Patrie du péril dont elle étoit menacée ; mais un infâme qui a voulu profaner nos ſaintes Cérémonies par un adultère*, &c.

Quelquefois on raconte les faits tels qu'ils ſont dans l'Hiſtoire ; quelquefois on ſe contente de les indiquer, ſelon qu'ils feront plus ou moins connus, ou ſelon que l'utilité & la bienſéance le demanderont.

Après l'*Éxemple*, l'eſpèce de Similitude qui a le plus de force, eſt celle qui ſe tire des choſes preſque pareilles ; & qui n'eſt mêlée d'aucune Métaphore. Telle eſt celle-ci : *Comme dans les*

*Élections ceux qui ont accoûtumé de vendre leurs suffrages, ne pardonnent pas volontiers aux prétendants qui ne daignent pas les acheter ; de même, Messieurs, ces Juges iniques étoient venus avec un dessein formé de perdre l'Accusé.*

La Comparaison prend les choses de plus loin. Comme dans cet éxemple : *En effet, si les Gens de mèr, au retour d'un voyage de long cours, ont cette bonté pour ceux qui s'embarquent de les avertir de la Tempête, des Pirates, & des Ecueils qu'ils ont à craindre, par la seule inclination que nous avons à secourir ceux qui courent même fortune que nous : moi, Messieurs, qui après avoir été tant de fois battu de la Tempête, me vois enfin sur le point de surgir heureusement au Port ; quel sentiment dois-je avoir pour un homme qui va s'exposer à tant de dangers, en courant une mèr aussi orageuse que l'est aujourd'hui notre République.* M. Gardin, dans ses préceptes tirés de Quintilien.

### PENSÉES.

III. Les *Pensées* sont les Conceptions de l'âme. Elles forment le fonds & comme le corps du Discours ; les mots n'en font que le vêtement & la parure. Les Expressions les plus choisies & les plus brillantes, si elles sont dépourvûes de Sens, ne doivent être regardées que comme un son vuide & méprisable, qui n'a rien que de ridicule & d'insensé. Au contraire, il faut faire cas des *Pensées* & des Raisons solides, quoique destituées de tout ornement. En un mot, l'Orateur peut donner quelque soin aux mots, mais il doit sa principale attention aux Choses ; ses *Pensées* doivent être simples, naturelles, intelligibles. Elles ne doivent point être affectées ni recherchées, & comme amenées par force, pour faire montre d'esprit ; mais elles doivent naître toujours du fond même de la matière qui y est traitée, dont elles paroissent si inséparables, qu'on ne voit pas comment les choses auroient pû se dire autrement,

trement, & que chacun s'imagine qu'il les auroit dites de la même manière. *Le P. Bouhours.*

### Pensées Vraies.

On entend par *Pensée vraie*, une Pensée qui représente les Choses fidèlement & telles qu'elles sont. Nous avons un bel exemple d'une *Pensée vraie* dans l'Épigramme Latine sur Didon. Pour la bien entendre, il faut supposer ce que raconte l'Histoire, que Didon se sauva en Afrique avec toutes ses Richesses, après que Sichée eût été tué ; & ce que feint la Poësie, qu'elle se tua elle-même après qu'Énée l'eût quittée.

*Infelix Dido, nulli bene nupta marito ;*
*Hoc pereunte, fugis ; hoc fugiente, peris.*

Pauvre Didon, où t'a réduite
De tes maris le triste sort ?
L'un en mourant cause ta fuite ;
L'autre en fuyant cause ta mort.

### Pensées Nouvelles.

Une Pensée est nouvelle, lorsque le tour est Nouveau. Un exemple fera mieux comprendre ce que c'est, *la mort n'épargne personne.* Voilà une Pensée fort vraie ; mais c'est une Pensée bien commune : Horace l'a rendue Nouvelle par le tour qu'il lui a donné :

*Pallida mors æquo pulsat pede Pauperum Tabernas ;*
*Regumque Turres.*

*Hor. Lib. 1. Od. 4.*

Malherbe a pris un autre tour :

Le Pauvre en sa cabane où le chaume le couvre
    Est sujet à ses Loix ;
Et la Garde qui veille aux barrières du Louvre
    N'en défend pas nos Rois.

## Pensées Grandes.

On entend par une Pensée majestueuse, celle qui ne représente à l'esprit que de Grandes choses. Sénèque a employé une Pensée Grande & sublime, quand il a dit que * *Cicéron est le seul esprit, qu'ait eu le Peuple Romain égal à son Empire.*

Cicéron parle bien noblement de Céfar en difant, ** « qu'il » n'étoit pas néceffaire d'oppofer les Alpes aux Gaulois, ni le » Rhin aux Allemands ; que quand les Montagnes les plus hau- » tes feroient applanies ; quand les Fleuves les plus profonds » feroient à fec, l'Italie n'auroit rien à craindre ; & que les belles » Actions, les Victoires de Céfar la défendroient beaucoup » mieux, que les remparts dont la Nature l'a fortifiée elle-même.

Boffuet, dans l'Oraifon Funèbre de la Reine d'Angleterre, Henriette de France, s'éxprime ainfi : *Son grand Cœur a furpaffé fa Naiffance : toute autre place qu'un Trône eût été indigne d'elle.*

## Pensées Agréables.

On appelle *Penfées agréables*, celles où il y a quelque chofe de doux, de tendre & de gracieux. Plufieurs chofes contribuent à l'Agrément des Penfées.

1°. Les Comparaifons tirées des Sujets fleuris & délicieux. *Cette belle eau*, dit Balzac, parlant d'une petite Rivière, *aime tellement ce Pays, qu'elle fe divife en mille branches, & fait une infinité d'ifles & de tours afin de s'y amufer davantage.*

2°. Les Fictions ingénieufes. Ce font pour l'efprit autant de Spectacles divertiffans, qui ne manquent point de plaire aux perfonnes éclairées. Pline le jeune, éxhortant par fon éxemple Corneille Tacite à étudier jufques dans la chaffe, lui dit que s'il porte toujours avec lui des Tablettes, * *il éprouvera que Mi-*

*nerve n'habite pas moins les Forêts & les Collines, que Diane.* Cette Fiction est très-agréable.

3°. L'Agrément des Pensées naît de l'Opposition, sur-tout dans celles qui ont deux sens, & comme deux faces. Sénèque dit *qu'une grande fortune est une grande servitude. Qu'on fait quelquefois toutes sortes de bassesses & d'actions serviles pour Règner.* Quelqu'un a dit, que *le corps & l'âme sont deux ennemis qui ne se peuvent quitter, & que ce sont deux amis qui ne se peuvent souffrir.*

### Pensées Délicates.

On appelle *Pensées délicates*, celles qui sont renfermées en peu de paroles, & dont le sens n'est pas si visible ni si marqué. Elles le laissent seulement entrevoir, pour nous donner le plaisir de le découvrir tout-à-fait. Ce petit mystère est comme l'âme de la Délicatesse des Pensées ; quelques exemples rendront la chose plus claire. Pline le Panégyriste dit à Trajan, qui avoit refusé long-tems le titre de Père de la Patrie, & qui ne voulut le recevoir que quand il crut l'avoir mérité : *Vous êtes le seul à qui il est arrivé d'être Père de la Patrie, avant que de le devenir.*

Le Fleuve qui rendoit l'Égypte fertile par ses inondations règlées, ne s'étant point débordé une fois ; Trajan envoya des Bleds en abondance au secours des Peuples, qui n'avoient pas de quoi vivre. *Le Nil*, dit le même Auteur, *n'a jamais coulé plus abondamment pour la gloire des Romains.* Il n'y a pas moins de Délicatesse, dans la Louange que Cicéron donne à César. *Vous avez coûtume de n'oublier rien, que les Injures.*

### Pensées Naturelles.

On entend par *Pensées naturelles*, celles qui sont éloignées de toute Affectation, de toute sorte de Rafinement, & de tous ces Brillans qui n'ont rien que de puéril ; enfin du Phœbus & du Galimathias. Plutarque condamne la Penſée fameuſe d'un Hiſtorien, ſur l'incendie du Temple d'Éphèſe ; *qu'il ne falloit pas s'étonner que ce Temple magnifique conſacré à Diane, eût été brûlé la nuit même qu'Aléxandre vint au monde ; parce que la Déeſſe ayant voulu aſſiſter aux couches d'Olympias, fut ſi occupée qu'elle ne pût éteindre le feu.* Mais il eſt ſurprenant que Plutarque, ce Cenſeur ſi auſtère, ait oublié ſa ſévérité ; en ajoutant que *la réflèxion de l'Hiſtorien eſt ſi froide, qu'elle ſuffiſoit pour éteindre l'incendie.*

## Penſées Ingénieuſes.

Une *Penſée ingénieuſe* eſt celle qui dépend plutôt de la manière de penſer ou de conçevoir une choſe, que des Termes & de l'Expreſſion. Quand on a dit, par éxemple, *que pour bien ſervir le Public, il faut avoir quelquefois le courage de lui déplaire.* Et cette autre Penſée ; *il ne fut jamais Juge de profeſſion ; mais ſa Vertu le rendit Arbitre de toutes les grandes affaires* . . . . . .

Il faut obſerver que les *Penſées ingénieuſes* ſe doivent regarder comme les yeux de l'Éloquence. Or il ne faut pas que les yeux ſoient ſemés en tous les endroits du Corps ; car les autres parties ne feroient plus leurs fonctions : cette Réflèxion eſt de Quintilien. *M. Gardin.*

## PÉRIODES.

IV. Nous ſommes obligés de prendre haleine de temps en temps. La néceſſité qu'il y a de ſe faire entendre, fait que l'on s'arrête ordinairement à la fin de châque Expreſſion pour reſpirer ; afin que ces repôs de la voix ſervent en même temps à rendre le Diſcours plus clair, & à reprendre de nouvelles forces pour parler plus long-temps. La Voix ne se repose pas également à la fin de tous les Sens. Dans une Sentence qui a beaucoup de Sens, on se repose un peu à la fin de châque Sens; mais ce repos n'empêche pas qu'on ne s'apperçoive fort bien, qu'on a dessein d'aller plus loin.

La partie d'un Sens parfait qui fait partie d'un autre plus grand Sens, est appellée par les Grecs & par les Latins *incisum*. Quand on entend prononcer la partie d'un Sens entier, l'oreille n'est point contente; parce que la prononciation demeure suspenduë, jusqu'à ce que le Sens soit achevé. Exemple. *Puisque c'est une Vertu Royale de faire le bien, lors même qu'on est méprisé;* les oreilles sont attentives & appliquées à entendre la suite. Les Grecs & les Latins appellent un Sens parfait, *membrum*, membre. Les oreilles sont satisfaites après avoir entendu le Membre d'une Sentence: néanmoins elles desirent encore quelque chose de plus parfait, comme on le sent dans ces paroles. *Si l'effronterie étoit aussi avantageuse à ceux qui parlent dans le Barreau devant les Juges, que l'est la hardiesse aux Voleurs dans les lieux écartés:* Vous pouvez juger par vos oreilles que ce Sens parfait contente, mais qu'il n'ôte pas le desir de quelque chose de plus accompli; & que l'on desire entendre le Corps de la Sentence, après avoir entendu ce Membre.

La Voix ne peut se reposer qu'en se rabaissant, ni recommencer sa course qu'en s'élevant; c'est pourquoi dans châque Membre il y a deux parties, une élévation & un rabaissement de Voix: la Voix ne se repose entièrement qu'à la fin de la Sentence, & elle ne se rabaisse qu'en achevant de prononcer une Sentence qu'elle avoit commencée. Lorsque les Membres qui composent le Corps d'une Sentence sont égaux, & que la Voix en les prononçant se repose par des intervalles égaux, s'élève & se rabaisse avec proportion; l'Expression de cette Sentence se nomme *Période* : c'est un mot qui vient du Grec, & qui signifie *Circuit*. Les *Périodes* entourent & renferment tous les Sens, qui sont les Membres du Corps de la Sentence qu'elles comprennent. L'Artifice dont nous parlons ici, consiste à rendre égales les Expressions de châque Membre d'une Sentence ; à proportionner ces parties du Discours où l'on reprend haleine; où l'on finit un Sens pour en recommençer un autre.

1°. Pour composer une *Période*, ou, ce qui est la même chose, pour éxprimer une Sentence qui est composée de deux ou de plusieurs Sens particuliers, avec cet Art, que les Expressions de cette Sentence ayent les conditions nécessaires pour plaire aux oreilles ; il faut premièrement que ces Expressions ne soient point trop longues, & que toute la *Période* soit proportionnée à l'haleine de celui qui la doit prononçer. Il faut envisager tout ce que contient la Sentence que l'on veut comprendre dans une *Période*, choisir des Expressions serrées ou étenduës ; retrancher ou ajouter : afin qu'elle ait sa juste longueur. Mais on doit prendre garde de ne point inférer des paroles inutiles & sans force pour remplir le vuide de la *Période*, & en achever la cadence, *inania complementa, & Ramenta numerorum*.

2°. Les Expressions des Sens particuliers qui sont les Membres du corps de la Sentence, doivent être renduës égales, afin que la Voix se repose à la fin de ces Membres par des intervalles égaux. Plus cette égalité est éxacte, plus le plaisir en est sensible; comme on le peut voir dans cet éxemple. *Hæc est enim non facta, sed nata Lex ; quam non didicimus, accepimus, legimus; verùm ex Naturâ ipsâ arripuimus, hausimus, expressimus : ad quam non docti, sed facti ; non institui, sed imbuti sumus.*

Une *Période* doit avoir tout au moins deux Membres, & quatre pour le plus. Les *Périodes* doivent avoir au moins deux

Membres, puifque leur Beauté vient de l'égalité de leurs Membres. Or l'égalité fuppofe pour le moins deux Termes. Les Maîtres de l'Art ne veulent pas qu'on faffe entrer dans une *Période* plus de quatre Membres; parce qu'étant trop longue, la prononciation en feroit forcée; par conféquent elle déplairoit aux oreilles, puifqu'un Difcours qui incommode celui qui parle, ne peut être agréable à celui qui l'écoute.

4°. Les Membres d'une *Période* doivent être liés fi étroitement, que les oreilles apperçoivent l'égalité des intervalles de la prononciation. Pour cela les Membres d'une *Période* doivent être unis par l'unité d'une feule Sentence, du Corps de laquelle ils font Membres. Cette union eft très-fenfible, car la Voix ne fe repofe à la fin de châque Membre, que pour continuer plus loin fa courfe : elle ne s'arrête entièrement qu'à la fin de toute la Sentence. On peut dire que la Voix roule en prononçant une *Période*, qu'elle fait comme un cercle qui en renferme tout le Sens : ainfi les oreilles fentent facilement la diftinction, & l'union de fes Membres.

5°. La Voix s'élève & fe rabaiffe dans châque Membre : les deux parties où fe font les inflèxions doivent être égales, afin que les degrés d'élévation & de rabaiffement fe répondent. En prononçant une *Période* entière, on élève la Voix jufqu'à la moitié de la Sentence, & elle fe rabaiffe dans l'autre moitié. Ces deux parties qui font appellées *Membres*, doivent fe répondre par leur égalité.

6°. Pour la Variété, elle fe trouve dans une *Période* en deux manières; dans le Sens, & dans les Mots. Premièrement, les Sens de châque Membre de la *Période* doivent être différens entr'eux. Dans le Difcours la Variété s'y rencontre d'elle-même : on ne peut exprimer les différentes Penfées de fon efprit, qu'on ne fe ferve de différens mots. Outre cela on peut composer une *Période* de deux Membres, tantôt de trois, tantôt de quatre. Les *Périodes* égales ne doivent pas se suivre de fort près, il est bon que le Discours coule avec plus de liberté. Une égalité trop éxacte des intervalles de la respiration, pourroit devenir ennuyeuse.

Voici quelques passages de Cicéron, que j'ai pris pour éxemple des *Périodes* Latines, parce que la Cadence de nos Françoises n'est pas si sensible. Exemple de *Périodes* de deux Membres. 1. *Quid tam est admirabile, quàm ex infinita multitudine hominum existere unum*, 2. *Qui id quod omnibus naturâ sit datum, vel solus, vel cum paucis facere possit.*

La *Période* suivante a trois Membres. 1. *Nam cùm antea per ætatem hujus auctoritatem loci contingere non auderem*, 2. *Statueremque nihil huc nisi perfectum industriâ, elaboratum ingenio afferri oportere*; 3. *Meum tempus omne amicorum temporibus transmittendum putavi.*

Celle-ci est de quatre Membres. 1. *Si quantum in agro, locisque desertis audacia potest*, 2. *Tantum in foro ac in judiciis impudentia valeret*; 3. *Non minus in causa cederet Aulus Cæcinna Sexti Æbutii impudentiæ*, 4. *Quantum in vi facienda cessit audaciæ.*

Quelquefois l'on termine la fin de châque Membre d'une *Période*, par des terminaisons presque semblables; ce qui fait qu'il se trouve une égalité dans les chutes de ces Membres, & que l'harmonie de la *Période* est plus sensible; comme vous pouvez remarquer dans les éxemples que nous venons de rapporter. Toutes les *Périodes* ne sont pas également étudiées.

Le soin que l'on a de placer à propos les repos de la Voix dans les *Périodes*, fait qu'elles se prononçent sans peine. Nous avons remarqué, que les choses les plus aisées à prononcer, sont aussi les plus agréables à l'oreille. C'est cette raison qui oblige les Orateurs à parler *Périodiquement*. Les *Périodes* soûtiennent

le

le Difcours : elles fe prononçent avec une Majefté qui donne du poids aux Paroles. Mais il eft bon de remarquer, que cette Majefté eft hors de faifon ; lorfque l'on fuit le mouvement de fa paffion, dont la précipitation ne fouffre aucune manière réglée d'arranger & de compofer fes Mots. Un Difcours également Périodique ne peut fe prononcer qu'avec froideur. Les *Périodes* comme j'ai dit, ne font bonnes, que lorfque l'on veut parler avec Majefté, ou plaire aux oreilles. On ne peut pas courir ; & en même tems marcher en Cadence.

C'eft dans cette jufte mefure des intervalles où le Sens finit, qu'il paroît fi un homme fçait écrire. C'eft le fin de l'Art, de fçavoir couper les Sens à propos ; & de donner une jufte étendue à leurs Expreffions. C'eft autre chofe d'écrire, que de parler. Le ton de la Voix, l'air du Vifage, les Geftes font connoître ce qu'on veut faire entendre, & fuppléent à tout ; ôtent les équivoques, empêchent que le Difcours ne paroiffe fans force & fans liaifon, rude, embarraffé. Un Difcours écrit n'a pas les mêmes avantages. Il eft obfcur, il eft ennuyeux, il eft infupportable, fi la compofition eft fans Art, fi les Mots font mal rangés, compofés de Voyelles qui fe mangent, qui fe confondent ; & de Confonnes qui ne peuvent s'allier, qui fe choquent ; fi tantôt on prend haleine, parce qu'il y a trop de Paroles pour chaque Sens ; ou que les Sens foient coupés, & finiffent trop tôt ; de forte qu'il femble que ce Difcours ne forte de la bouche que par Secouffes, comme une liqueur fort d'une bouteille ; il n'y a point de Lecteur qui n'en foit rebuté.

Le Style doit être égal, & doux. Pour cela il faut éviter, ce qui arrête ou précipite trop la prononciation ; mais fur toutes chofes, il faut avoir égard à la jufte mefure des intervalles, dans lefquels la Voix fe repofe à la fin de châque Sens ; étendant ou referrant l'Expreffion ; afin que cela fe faffe avec pro-

*Tome I.*            T t

portion ; que ces intervalles ne foient ni trop éloignés , ni trop proches ; que le Difcours fe foûtienne , & qu'il ne tombe pas. C'eſt en cela que confiſte l'Art. *P. Lamy.*

## CHAPITRE V.
### SEPTÉNAIRE DE LA RHÉTORIQUE.

Sept efpèces d'Amplifications ;

Sçavoir,

*Amplifier un Sujet,*  *Induction ,*
*Par Correction ,*  *Par fa Nature & fes Propriétés.*
*Gradation ,*  *Par un certain Amas de Penſées.*
*Comparaifon ,*

#### AMPLIFICATIONS.

I. L'*Amplification* confiſte à montrer la Grandeur d'une chofe qu'on regarde comme petite , ou la Petitefſe de ce que l'on croit être confidérable. Ainfi , fi je veux amplifier cette Penfée , *Dieu punira les méchans & récompenfera les bons ;* je montrerai combien eſt Grande la Juſtice de Dieu, qu'elle eſt infinie , qu'elle eſt la fource de toute Juſtice , & autres chofes femblables. Je ferai de même voir, quelle fera la récompenfe & la punition des uns & des autres.

Il ne fuffit pas d'avoir trouvé de bons moyens & des preuves folides , de les avoir rangées dans l'Ordre qui leur convient, de les avoir bien unies enfemble : il faut fçavoir les développer & leur donner une juſte étenduë , pour en faire fentir tout le poids , & pour en tirer tout l'avantage poffible ; c'eſt ce qu'on appelle ordinairement *Amplification.* C'eſt en cela que confiſte principalement l'Art de l'Orateur.

A plusieurs preuves, par lesquelles Cicéron avoit montré que Milon étoit bien éloigné d'avoir formé le dessein de tuer Clodius, il ajoûte une réfléxion tirée de la circonstance du temps; & il demande s'il est vraisemblable, qu'à la veille presque des Assemblées du Peuple Romain où se devoient donner les Charges, Milon qui songeoit à demander le Consulat, eût été assez imprudent pour aliéner de lui tous les Esprits par un si lâche assassinat. *Præsertim, Judices, cum honoris amplissimi contentio & dies comitiorum subesset.* Cette réfléxion est fort sensée; mais si l'Orateur s'étoit contenté de la montrer simplement, sans lui prêter le secours de l'Éloquence, elle n'auroit pas fort touché les Juges. Il l'a donc fait valoir d'une manière merveilleuse, en montrant, comment dans une telle conjonĉture on est circonspeĉt & attentif jusqu'au scrupule, à ménager les bonnes graces & les suffrages des Citoyens. * *Je sçai jusqu'où va la timidité de ceux qui briguent les Charges, & combien la demande du Consulat entraîne avec elle de soins & d'inquiétudes. Nous craignons non-seulement ce qu'on peut nous reprocher ouvertement, mais ce qu'on peut penser de nous en secret & dans le fond du cœur. Le moindre bruit, la Fable la plus vaine & la moins fondée, nous allarme & nous déconcerte. Nous étudions avec inquiétude, les yeux, les regards, les paroles de tout le monde. Car rien n'est si délicat, si fragile, si incertain, ni si variable; que la volonté des Citoyens à l'égard de quiconque prétend aux Charges Publiques. Non-seulement ils s'irritent & s'offensent de la faute la plus légère: ils conçoivent même souvent de capricieux & d'injustes dégoûts pour les plus belles actions.*

Est-il possible de mieux peindre, d'un côté la bisarre légéreté du Peuple; de l'autre, les craintes & les inquiétudes continuelles de ceux qui briguoient ces Suffrages? Il conclud ce Raisonnement d'une manière encore plus vive, en demandant s'il y a la moindre vrai-femblance, que Milon uniquement occupé depuis si long-tems de l'attente de ce grand jour, eût osé se préfenter devant l'Augufte Affemblée du Peuple, les mains encore fumantes du fang de Clodius, & portant fur fon front & dans toute fa contenance l'orgueilleux aveu de fon crime. *Hunc diem igitur campi fperatum atque exoptatum fibi proponens Milo, cruentis manibus fcelus & facinus præ fe ferens & confitens, ad illa Augufta Centuriarum Aufpicia veniebat? Quam hoc non credibile?* Rollin.

On peut amplifier une Penfée de plufieurs manières.

I. La première manière dépend du Nom qu'on donne aux Chofes. Par exemple, lorfqu'en parlant d'un homme qui n'eft que bleffé, nous difons qu'il a été affaffiné; ou d'un méchant homme, que c'eft un brigand; & au contraire d'un homme qui a fait violence à quelqu'un, qu'il l'a pouffé; ou de celui qui en a bleffé un autre, qu'il l'a frappé.

II. On amplifie *par Correction*, comme fi les premiers termes n'étoient pas affez forts. * *Qui penfez-vous, Meffieurs, que nous venons accufer à votre Tribunal? un Voleur, un Adultère, un Sacrilége, un Meurtrier? Non, Meffieurs; mais un Raviffeur; mais l'Ennemi juré de l'Honneur des Femmes; mais un Impie qui a profané tout ce que nous avons de plus Saint, de plus inviolable; mais un homme que nos Citoyens & nos Alliés regardent comme leur plus cruel Boureau.*

III. On amplifie *par Gradation*, lorfque nous difons plufieurs chofes qui enchériffent les unes fur les autres. C'eft ainfi que Cicéron amplifie la crapule d'Antoine, & la néceffité honteufe, où il fût de vomir. * *Mais dans l'Affemblée du Peuple Romain! un homme chargé de l'intérêt public! un Meftre de Camp Général de la Cavalerie!* Chaque mot va, comme on voit, en augmentant. Car de foi c'eft une chofe honteufe que de boire à tel excès, que l'on foit obligé de vomir, fût-on feul & en fon particulier ; à plus forte raifon en Compagnie, & dans l'Affemblée du Peuple, & du Peuple Romain ; beaucoup plus encore pour un homme public, qui repréfente en qualité de Meftre de Camp Général de la Cavalerie.

IV. On amplifie *par Comparaifon*, comme dans cet éxemple de Cicéron, pris au même endroit : ** *Si cela vous étoit arrivé à table, dans quelqu'un de ces repas monftrueux qui vous font fi familiers, il n'y a perfonne qui ne rougît pour vous ; mais dans l'Affemblée du Peuple Romain !* Il en eft de même de ce qu'il dit à Catilina ; *Si mes Domeftiques, mes Efclaves me craignoient, comme vous craignent tous vos Citoyens, j'abandonnerois ma maifon.*

V. On amplifie *par Induction*. Cicéron prouve qu'Antoine avoit fait un furieux excès, puifqu'une nuit ne fut pas capable de rabattre les fumées des viandes & du vin dont il étoit plein ; mais que le lendemain même fon eftomac, cet eftomac d'Athlète s'en trouva encore furchargé. *Tu iftis faucibus, iftis lateribus, ifta gladiatoriâ totius corporis firmitate, tantum vini in Hippiæ nuptiis hauferas, ut tibi neceffe effet in Populi Romani confpectu vomere poftridie.*

Le même Orateur pouvoit-il rien imaginer de plus fort touchant le Luxe de Marc-Antoine, que ce qu'il en raconte, quand il dit : *Vous euffiez vû les chambres de fes Efclaves tapiffées des plus riches Tapifferies du Grand Pompée.* Des chambres d'Efclaves tapiffées, & tapiffées des plus riches Tapifferies, & des plus riches Tapifferies du Grand Pompée ! il n'y a rien audelà. Mais qu'étoit-ce donc de l'appartement d'Antoine ? Car fi le Luxe règnoit à cet excès chez les Efclaves, que ne doit-on pas fe figurer du Maître ?

VI. On amplifie *une chofe par fa Nature, ou fes Propriétés :*

en découvrant jufqu'à quel point, elle a les bonnes ou les mauvaifes qualités qu'elle peut, ou doit avoir. Par éxemple, on fera voir la Beauté, ou la noirceur d'une Action; par la connoiffance qu'en avoit celui qui l'a faite, par la manière dont il s'y eft porté, par les motifs qui l'ont fait agir.

VII. On peut enfin compter pour un feptième Genre d'Amplification, *un certain Amas de Penfées & d'Expreffions* qui confpirent à faire fentir la même chofe. Car encore, que ni ces Penfées, ni ces Expreffions ne s'élèvent point par degrés; cependant l'objet fe trouve groffi & comme hauffé par cet affemblage. * *Pourquoi donc, vous qui parlez, Tuberon, avez-vous tiré l'Épée à la Bataille de Pharfale? Qui vouliez-vous percer? Quel étoit votre deffein quand vous combattiez ainfi? Votre bras, vos yeux, cette ardeur qui vous tranfportoit alors, qui cherchoient-ils? Que prétendiez-vous? que vouliez-vous?* Pro Lig. n. 9.

Quand il s'agit d'exténuer les chofes, on s'y prend à-peu-près de la même manière. Car il y a autant de degrés pour defcendre, que pour monter. *Abrégé de Rhétorique, tiré des Préceptes de Quintilien.*

## AUTRE SEPTÉNAIRE DE LA RHÉTORIQUE.

Sçavoir,

*Éxorde, Narration, Confirmation, Réfutation, Peroraifon, Tropes, Figures.*

### ÉXORDE.

I. L'*Éxorde* eft deftiné à difpofer les Auditeurs ou les Juges à nous écouter favorablement, dans toute la fuite du Difcours.

L'Orateur doit fe propofer trois chofes dans l'*Éxorde*, ou

## Rhétorique, Chap. V.

l'Entrée de fon Difcours ; qui font la Faveur, l'Attention, & la Docilité des Auditeurs. Il gâgne ceux à qui il parle & acquiert leur Faveur, en leur donnant d'abord des marques fenfibles, qu'il ne parle que par un zèle fincère de la Vérité, & par un amour du bien public. Il les rend Attentifs, en prenant pour *Éxorde* ce qu'il y a de plus Noble, de plus Éclatant dans le Sujet qu'il traite ; & qui par conféquent peut éxciter le defir d'entendre la fuite du Difcours.

Un Auditeur eft docile lorfqu'il aime, & qu'il eft Attentif. L'amour lui ouvre l'Efprit, & le dégageant de toutes les préoccupations avec lefquelles on écoute un ennemi, elle le difpofe à reçevoir la Vérité. L'Attention lui fait perçer dans les chofes les plus obfcures. Il n'y a rien de caché qui ne fe découvre à une perfonne qui s'applique, & qui s'attache aux chofes qu'elle veut connoître.

J'ai dit, qu'il étoit bon de furprendre d'abord fes Auditeurs, en plaçant quelque chofe de Noble à l'entrée de fon Difcours; mais il faut auffi prendre garde, de ne pas promettre plus qu'on ne peut tenir : & qu'après s'être élevé dans les nuës, on ne foit contraint de ramper par terre. Un Orateur qui commence d'un Ton trop élevé, éxcite dans l'Efprit de fes Auditeurs une certaine jaloufie, qui fait qu'ils fe préparent à le critiquer ; & qu'ils conçoivent le deffein de ne le pas épargner, en cas qu'il ne foutiènne pas ce ton.

La Modeftie fied fort bien en commençant, & gâgne un Auditoire. Outre cela, c'eft aller contre la Raifon que de commençer d'abord par des Mouvemens extraordinaires, avant que d'avoir fait paroître qu'on en ait fujet. Un Auditeur Sage ne peut conçevoir que du mépris d'un homme qui lui paroît s'emporter fans raifon. Auffi les Maîtres donnent cette règle, qu'il faut commençer fimplement. Ils traitent de Ridicules ceux qui commencent d'une manière trop élevée, qui promettent beaucoup, & donnent peu; de qui on peut dire.

> *Quid dignum tanto feret hic promiſſor hiatu ?*
> *Parturiunt montes; naſcetur ridiculus mus.*

Ce n'eſt pas que le commencement d'un Diſcours doive être ſans Art, puiſque tout dépend de ce commencement. Si un Orateur ne tourne vers lui l'Eſprit de ſes Auditeurs, c'eſt en vain qu'il parle; & il ne le peut faire, qu'en leur donnant de la Curioſité. Il eſt donc obligé de faire paroître extraordinaire, ce qu'il va dire. On n'eſt point touché de ce qui eſt commun.

Mais la principale choſe que doit faire un Orateur, c'eſt de prévenir d'abord ſes Auditeurs de quelque Maxime claire, évidente, qui les frappe; d'où il puiſſe conclure dans la ſuite, ce qu'il veut prouver. S'il les trouve prévenus de quelque Sentiment contraire à ceux qu'il leur veut inſpirer, c'eſt pour lors qu'il doit employer l'Adreſſe; car s'il ne peut leur ôter ces Sentimens, il faut au moins qu'il les détourne, afin qu'ils ne lui ſoient point oppoſés. Les *Exordes* doivent être propres, & c'eſt le Sujet même qui les doit fournir. Tous ces Préambules qui peuvent être communs à toutes ſortes de matières, ſont inutiles & ennuyeux.

Tout ce que l'on peut dire de Raiſonnable, touchant la manière de commencer un Diſcours; c'eſt que, lorſqu'on a un Sujet à traiter, il faut examiner les diſpoſitions de ceux à qui l'on va parler: & voir ce qui leur peut être agréable, ce qui leur déplaît, ce qui les gâgne. Il n'y a point de Sujet qui n'ait pluſieurs faces, & qu'on ne puiſſe tourner en différentes manières. Quand on a du Jugement, on voit comment il faut prendre un *Exorde* par rapport à la fin qu'on doit enviſager; c'eſt-à-dire, pour ouvrir le cœur auſſi-bien que les oreilles, de ceux

qu'on

qu'on a pour Auditeurs. C'eſt par conſéquent du Sujet même, *ex viſceribus cauſæ*, qu'il faut tirer un *Éxorde* ; ce qu'on ne peut faire qu'après qu'on a médité ce Sujet, & qu'on a trouvé l'endroit par lequel il le faut faire paroître.

C'eſt pourquoi l'*Éxorde* devroit être la dernière choſe dans le Projet, quoique la première dans le Diſcours ; car il faut qu'on y voie en quelque manière tout le Sujet. C'eſt une Diſpoſition, une Entrée dans tout ce qui ſe dira. *Principium aut rei totius quæ agitur ſignificationem habeat, aut Aditum ad cauſam.* Les Éxemples ſont plus utiles que les Préceptes ; mais quand il eſt queſtion de faire remarquer l'adreſſe dont un Orateur s'eſt ſervi, il ne faut pas ſe contenter de propoſer le commencement de ſon Diſcours, il faut rapporter l'état de toute l'affaire ſur laquelle il a parlé, afin de faire remarquer avec quel Art il traite ſon Sujet ; comme il le fait d'abord paroître par la plus belle de toutes ſes faces, pour rendre ſes Auditeurs attentifs, & les prévenir de Sentimens favorables. *Art de parler. Liv.* v. *Chap.* xvii.

## NARRATION.

II. La *Narration* eſt l'Expoſition d'une choſe faite, ou ſuppoſée faite. En général le but de celui qui Raconte eſt d'inſtruire & de plaire, c'eſt-à-dire, de faire bien connoître la choſe dont il s'agit, & de le faire avec agrément pour celui qui lit, ou qui écoute ; ce qui ne peut s'éxécuter, qu'en la repréſentant éxactement à l'eſprit par une Peinture fidèlle de tout ce qui lui appartient, & en y jettant avec diſcrétion tous les ornemens qui conviennent à la matière. Éxemple. Un Orateur qui nous diroit qu'*une Ville a été priſe d'aſſaut*, ne feroit pas beaucoup d'impreſſion ſur notre Eſprit, en éxprimant la choſe d'une manière ſi vague & ſi ſuccinte ; quoi qu'après tout, cette Expreſſion comprenne tous les malheurs que peut rassembler un pareil sort; mais s'il développe cette idée, quels maux n'exposera-t-il pas à nos yeux ? *Une Ville n'est guères florissante, qui va être réduite en cendres ; l'embrasement des Maisons & des Temples ; le renversement des Édifices ; un bruit confus & universel que forment mille & mille clameurs, les uns fuyant à l'aventure, sans sçavoir où ils vont ; les autres qui embrassent pour la dernière fois leurs parens, & qui veulent mourir entre leurs bras ; d'un côté des femmes & des enfans qui gémissent ; de l'autre, des vieillards qui n'ont vécu si long-tems, que pour être témoins de la désolation de leur Patrie ; le pillage de tout ce qu'il y a de Profane & de Sacré ; l'avidité du Soldat qui court après sa proie ; de malheureux Citoyens chargés de fers qui marchent tristement devant leur Vainqueur ; des Mères arrachant leurs enfans d'entre les mains du Soldat cruel qui veut les égorger ; enfin le carnage toujours prêt à recommencer à la moindre espérance de butin.* Tout cela est compris dans l'idée *d'une Ville prise d'assaut*. Cependant il y a bien de la différence entre dire la chose en gros, & l'exposer en détail.

Il faut aussi observer en faisant le Détail d'un fait, de ne pas le faire tomber indifféremment sur toutes sortes de circonstances. Telle partie demande d'être développée, & telle autre n'en a pas besoin. Dans celle même que l'on détaille, il ne faut pas aller à l'infini. Exemple. Si j'ai essuyé quelque grande Tempête, il ne suffira pas de dire en un seul mot, *nous fûmes battus de l'Orage*. Pour rendre la chose plus intéressante, je peindrai le *Ciel se couvrant de nuages ; les Vents soufflant avec furie ; les flots de la Mèr boulversés ; mon Vaisseau tantôt élevé fort haut, & un moment après précipité dans l'abîme ; les Matelots troublés, les Passagers dans une frayeur extrême ;* & généralement tout ce qui a coûtume d'accompagner une violente Tempête.

Fléchier, dans l'Oraiſon Funèbre du Vicomte de Turenne, racontant la mort de cet Illuſtre Général, ramaſſe ainſi parmi les Circonſtances de ce triſte évènement les Sentimens de ceux qui en fûrent les premiers Spectateurs. *Turenne meurt, tout ſe confond, la Fortune chancèle, la Victoire ſe laſſe, la Paix s'éloigne, les bonnes intentions des Alliés ſe rallentiſſent, le courage des Troupes eſt abatu par la douleur, & ranimé par la vengeance ; tout le Camp demeure immobile. Les bleſſés penſent à la perte qu'ils ont faite, & non aux bleſſures qu'ils ont reçuës. Les pères mourans envoyent leurs fils pleurer ſur leur Général mort. L'Armée en deuil eſt occupée à lui rendre les Devoirs Funèbres, & la Renommée qui ſe plait à répandre dans l'Univers les accidens extraordinaires, va remplir toute l'Europe du récit glorieux de la vie de ce Prince, & du triſte regrèt de ſa mort.*

Les Rhéteurs demandent trois choſes dans une *Narration;* qu'elle ſoit Courte, qu'elle ſoit Claire, qu'elle ſoit Probable.

Elle eſt Courte lorſqu'on dit tout ce qu'il faut, & que l'on ne dit que ce qu'il faut ; car on ne doit pas juger de la brièveté d'une *Narration* par le nombre des paroles, mais par l'éxactitude à ne rien dire que ce qui eſt néceſſaire.

La Clarté eſt une ſuite de cette éxactitude, le nombre des choſes inutiles étouffe une Hiſtoire, & empêche qu'elle ne repréſente éxactement à l'eſprit, l'action qu'elle raconte.

Il n'eſt pas difficile à notre Orateur de rendre Vraiſemblable ce qu'il dira, puiſqu'il n'y a rien de ſi ſemblable à la Vérité qu'il défend, que la Vérité même. Cependant pour cela il faut un peu d'adreſſe, & il eſt évident qu'il y a de certaines circonſtances qui toutes ſeules ſeroient ſuſpectes, & ne pourroient être cruës ſi elles n'étoient ſoûtenuës par d'autres. Pour faire donc paroître une *Narration* vraie comme elle l'eſt en effet, il ne faut pas oublier ces Circonſtances. M. Gardin.

## RHÉTORIQUE, Chap. V.
### CONFIRMATION.

III. Sçavoir établir par des Raisonnemens solides la Vérité, renverser le Mensonge qui lui est opposé, c'est ce que la Logique enseigne. C'est d'elle qu'il faut apprendre à Raisonner. Cependant nous pouvons donner ici quelques règles, qui pourront suppléer en quelque manière à la Logique, que ceux qui lisent cet Ouvrage n'ont peut-être point encore étudiée.

Premièrement, il faut étudier son Sujet, faire attention à toutes ses parties, les envisageant toutes; afin d'appercevoir quel chemin l'on doit prendre, ou pour faire connoître la Vérité, ou pour découvrir le Mensonge. Cette règle ne peut être pratiquée que par ceux qui ont une grande étenduë d'Esprit, qui se sont éxercés à résoudre des Questions difficiles, à percer les choses les plus cachées, qui sont rompus dans les affaires, qui d'abord qu'on leur propose une difficulté, quoiqu'embarrassée, en trouvent aussi-tôt le dénouëment; & ayant l'Esprit plein de Vûës & de Vérités, apperçoivent sans peine des Principes incontestables pour prouver les choses dont la Vérité est cachée, & convaincre de faux celles qui sont fausses.

La seconde règle regarde la clarté des Principes sur lesquels on appuye son Raisonnement. La cause de tous les faux Raisonnemens, c'est la facilité qu'on a de supposer vraies, les choses les plus douteuses. Les hommes se laissent éblouïr par un faux éclat, dont ils ne s'apperçoivent que lorsqu'ils se trouvent précipités dans de grandes absurdités, & obligés de consentir à des Propositions évidemment fausses, s'ils ne se rétractent.

La troisième règle regarde la liaison des Principes, avec leurs Conséquences. Dans un Raisonnement éxact, les Principes & les Conséquences sont si étroitement liés, qu'on est obligé d'accorder la Conséquence, ayant consenti aux Principes; puisque les

Principes & la Conséquence ne sont qu'une même chose ; ainsi vous ne pouvez pas raisonnablement nier, ce que vous avez une fois accordé. Si vous avez accordé qu'il soit permis de repousser la force par la force, & d'ôter la vie à un ennemi, lorsqu'il n'y a point d'autre moyen de conserver la sienne ; après qu'on vous aura prouvé que Milon en tuant Clodius n'a fait que repousser la force par la force, vous êtes obligés d'avoüer que Milon est innocent ; parce qu'effectivement en consentant à cette proposition, qu'il est permis de repousser la force par la force, vous consentez que Milon n'est point coupable d'avoir tué Clodius qui lui vouloit ôter la vie ; la liaison de ce Principe & de cette Conséquence étant manifeste.

Il y a bien de la différence entre la manière de raisonner des Géomètres, & celle des Orateurs. Les Vérités de Géométrie dépendent d'un petit nombre de Principes : celles que les Orateurs entreprennent de prouver, ne peuvent être éclaircies que par un grand nombre de Circonstances qui se fortifient, & qui ne seroient pas capables de convaincre, étant détachées les unes des autres. Dans les Preuves les plus solides, il y a toujours des difficultés qui fournissent matière de chicaner aux opiniâtres, qu'on ne peut vaincre qu'en les accablant par une foule de paroles, par un éclaircissement de toutes leurs difficultés & de toutes leurs chicanes. Les Orateurs doivent imiter un Soldat qui combat son ennemi. Il ne se contente pas de lui faire voir ses armes, il l'en frappe, il s'étudie à le prendre par son défaut, par où il lui fait jour, il évite les coups que cet ennemi tâche de lui porter.

Il y a de certains tours & de certaines manières de proposer un Raisonnement, qui font autant que le Raisonnement même ; qui obligent l'Auditeur de s'appliquer, qui lui font appercevoir la force d'une Raison, qui augmentent cette force, qui difpofent fon Efprit, le préparent à reçevoir la Vérité, le dégagent de fes premières paffions, & lui en donnent de nouvelles. Ceux qui fçavent le fecret de l'Éloquence, ne s'amufent jamais à rapporter un tas ou une foule de Raifons : ils en choififfent une bonne, & la traitent bien. Ils établiffent folidement le principe de leur Raifonnement, ils en font voir la Clarté avec étenduë. Ils montrent la liaifon de ce Principe avec la Conféquence qu'ils en tirent, & qu'ils vouloient démontrer. Ils éloignent tous les obftacles qui pourroient empêcher qu'un Auditeur ne fe laiffât perfuader. Ils répètent cette Raifon tant de fois, qu'on ne peut en éviter le coup. Ils la font paroître fous tant de façes, qu'on ne peut l'ignorer ; & ils la font entrer avec tant d'adreffe dans les Efprits, qu'enfin elle en devient la maîtreffe

La *Confirmation* fervant à établir nos prétentions : elle devient la partie la plus néceffaire de l'Art Oratoire. Elle employe quelquefois les Preuves fans Art ; on appelle ainfi celles qui ne tiennent rien de l'Art : telles que font *la Renommée, les Témoins, les Autorités, les Sermens, les Préjugés*, & autres femblables.

Quoique ces Preuves par elles-mêmes ne tiennent rien de l'Art, on peut cependant enfeigner la manière de les combattre ou de les foutenir. L'un dira, par éxemple, *que la Renommée eft le confentement univerfel, & comme le témoignage public de toute une Ville, de tout un Royaume* ; l'autre au contraire, dira *que c'eft toujours un bruit incertain, & fouvent répandu fans fondement, qui doit fa naiffance à la malignité des uns, & fon progrès à la crédulité des autres ; que l'homme Sage eft expofé tous les jours à ces mauvais bruits par l'artifice de fes ennemis ou de fes envieux, à qui le Menfonge ne coûte rien.*

Comme on fait l'éloge *des Témoins*, de même on peut détruire leur témoignage par l'idée peu avantageufe qu'on donnera d'eux; ce que l'on peut dire pour ou contre chacun d'eux en particulier, doit se tirer de leur propre personne, & non d'ailleurs. On éxaminera donc, si les *Témoins* sont liés d'amitié avec l'Accusateur, ou s'ils ont des inimitiés avec l'Accusé; si ce n'est point la faveur, ou la crainte, ou l'avarice, ou l'amitié, ou la haine, ou l'ambition, qui les fait parler. S'il y a des *Témoins* de part & d'autre, on éxaminera lesquels sont plus gens de bien, & avancent des choses plus vrai-semblables.

On fera de même valoir *les Autorités* des personnes graves, leurs Sentimens, leurs discours, &c. Par éxemple, si je parle des misères de la vie, ne ferai-je pas impression sur les Esprits, en citant l'éxemple de ces Peuples qui versent des larmes, quand un homme vient au monde; & qui se réjouissent, quand il en sort?

Un homme qui offrira sans nécessité d'affirmer une chose avec *Serment* en Justice, doit paroître suspect; parce qu'il montre par-là, combien il fait peu de cas d'une action si Religieuse.

A l'égard *des Préjugés*, l'Orateur y donnera du poids, en faisant considérer l'autorité de ceux qui ont parlé, & la conformité de l'affaire dont il s'agit, avec celle sur laquelle ils ont prononcé. On les combattra par des réfléxions contraires.

## RÉFUTATION.

IV. Dans la *Réfutation* l'Orateur détruit les Preuves, & les Raisonnemens de son Adversaire. La *Réfutation* se traite de la même manière que la Confirmation; car les Argumens qu'on y employe se tirent des mêmes Sources. Pensées, Style, Figures, tout est égal en l'un & en l'autre.

On réfute son Adversaire de plusieurs manières. Quand l'objection est susceptible d'une *Réfutation*, on la détruit par des argumens contraires. Cicéron réfute Chrysogon, en prouvant que Roscius n'est pas l'auteur de la mort de son père, puisqu'il étoit à Amérie, lorsque l'assassinat fut commis à Rome.

Tantôt on excuse le fait, comme Cicéron dans son Discours pour Milon, où il dit, que Clodius étant l'agresseur, Milon a bien pû se défendre.

Tantôt on porte adroitement l'esprit des Juges sur d'autres matières, qui nous font honneur, sans faire attention aux reproches qu'on nous fait. Ce fut ainsi que le Grand Scipion confondit le Tribun du Peuple, qui l'accusoit de mauvaise administration des deniers publics. Le Héros monta dans la Tribune, & ne daignant pas honorer d'une réponse l'invective de son Accusateur: *Tribuns du Peuple*, dit-il, *& vous Citoyens, c'est à pareil jour qu'aujourd'hui que j'ai vaincu Annibal & les Carthaginois en Afrique. Un si heureux jour ne doit point se passer en disputes, en discussions, & en procès. Ainsi je m'en vais de ce pas au Capitole, rendre mes hommages au Grand Jupiter, & à tous les autres Dieux qui président dans ce Temple.* A ces mots le Peuple le suivit, & l'Accusateur lui-même fut obligé de suivre le Peuple.

Quelquefois on rétorque l'Argument de son Adversaire. Protagore, Philosophe & Rhéteur, étoit convenu avec son Disciple d'une somme qui seroit payée par celui-ci, lorsqu'il auroit gâgné une Cause. Le tems paroissant trop long au Maître, il lui fit un Procès, & voici son Argument. *Ou vous perdrez votre Cause, ou vous la gâgnerez ; si vous la perdez, il faudra payer en vertu de la Sentence des Juges ; si vous la gâgnez, il faudra payer en vertu de notre convention.* Le Disciple répondit, *ou je perdrai ma Cause, ou je la gâgnerai ; si je la perds, je ne vous dois rien en vertu de notre convention ; si je la gâgne, je ne vous dois rien en vertu de la Sentence des Juges.* Précèptes de Rhétorique, tirés de Quintilien.

PERORAISON

## Peroraison ou Épilogue.

V. Un Orateur qui appréhende que les choses qu'il a dites ne s'échappent de la mémoire de son Auditeur, doit les renouveller avant que de finir son Discours. Il se peut faire qu'il ait été distrait pendant quelque temps, & que la quantité des choses qu'il a rapportées n'ait pû trouver place dans son esprit ; ainsi il est à propos qu'il fasse comme une espèce d'abrégé qui ne charge point la mémoire.

Tout ce grand nombre de Paroles, ces Amplifications, ces Redites ne sont que pour convaincre davantage les Auditeurs. Après leur avoir fait comprendre nettement toutes choses, afin que cette conviction dure toujours, il faut faire ensorte qu'ils ne perdent pas facilement le souvenir de ce qu'ils ont entendu. Pour cela il faut faire ce petit abrégé, & cette petite Répétition dont je viens de parler, d'une manière animée, & qui ne soit point ennuyeuse ; réveillant les mouvemens qu'on a excités, & r'ouvrant, pour ainsi dire les plaies qu'on a faites. Mais la lecture des Orateurs, sur-tout de Cicéron qui excelle particulièrement dans ses *Épilogues*, vous fera connoître mieux que mes Paroles, avec quel Art on doit ramasser dans cette partie, ce qui est répandu dans tout le Discours. Exemple.

« Mais c'en est assez sur le sujet, & peut-être même que
» nous nous sommes trop étendus, sur des choses qui pourroient
» lui paroître étrangères. Que me reste-t-il donc, si-non de
» vous conjurer, Messieurs, d'user envers Milon d'une clé-
» mence à laquelle ce Généreux Citoyen ne veut point avoir
» recours, & que je n'implore que malgré lui. Cette constance
» doit même agir auprès de vous en sa faveur ; nous regardons
» avec mépris un Gladiateur qui demande la vie à genoux, &
» nous nous déclarons au contraire pour celui qui paroît la

» méprifer. Milon, ce digne Citoyen, n'auroit-il pas le même
» fort ? Ces Paroles que je lui entends répéter tous les jours,
» m'accablent, & me font mourir.... Où eft donc le Sénat ?
» Où font ces Chevaliers Romains ? où eft donc cette voix,
» cette Éloquence, Cicéron, feroit-elle fans effet pour moi
» feul, moi qui me fuis expofé pour vous aux plus grands dan-
» gers ? Ce font-là, Meffieurs, les Difcours qu'il me tient; non
» les larmes aux yeux comme je vous l'ai répété, mais avec la
» contenance que vous lui voyez. Quoiqu'il arrive, jamais il
» n'oubliera vos bienfaits. Les hommes Sages & Courageux,
» ajoute-t-il, ne recherchent pas tant la récompenfe d'une belle
» action, que la douceur de l'avoir méritée ; d'ailleurs en peut-
» on une plus grande que cette gloire qui nous fait vivre après
» la mort.... à préfent même mon nom eft porté aux extrémi-
» tés du monde, par-tout ce n'eft que Fêtes & Réjouiffances à
» la mort de Clodius. ».

« Je ne puis que vous louer Milon d'une fi grande conftance,
» mais les Regrets que j'ai de me voir féparé de vous en font
» d'autant plus amers ; enfin fi le coup partoit de mes ennemis :
» mais comment me confoler ; ce font mes Amis qui me frap-
» pent ? Quel crime ai-je donc commis ? & faut-il que la peine
» en retombe fur la tête de Milon. Il me refte donc pour toute
» confolation, ô mon cher Milon, de n'avoir rien négligé pour
» votre défenfe ; mon corps, mes biens, ma famille, s'il faut
» même la vie de quelqu'un, je facrifie la mienne aujourd'hui
» pour vous. Et vous braves Guerriers ? fouffrirez-vous qu'à vos
» yeux & les armes à la main ; fouffrirez-vous dis-je, que l'on
» chaffe indignement de la Ville, un homme d'une telle vertu.
» O malheureux que je fuis, que répondrai-je à mes enfans qui
» vous regardent comme leur père....! Quel fi grand crime
» ai-je donc commis, Meffieurs, lorfque j'ai étouffé cette conf-

» piration qui menaçoit la Patrie d'une perte totale ; c'eſt-là la
» ſource de ces chagrins qui me dévorent. Que les Dieux im-
» mortels ne permettent-ils ; (ſouffrez-moi ces termes ô ma chère
» Patrie, car je crains qu'en parlant ainſi pour Milon je ne vous
» trahiſſe ; ) que les Dieux ne permettent-ils que Clodius vive,
» qu'il ſoit Conſul, Dictateur même ; mais non, Milon s'y op-
» poſe, il aime mieux périr que ſa Patrie. Quoi donc un ſi grand
» homme laiſſera dans ſa Patrie, un auſſi beau monument de ſon
» zèle ; & vous ne ſouffrirez pas que ſon corps y ait un tom-
» beau ! La Terre ingrate qui chaſſera ce Citoyen ! La Terre
» infortunée qui le perdra ........! Mais je finis, les larmes
» me coupent la parole. Je vous conjure donc, Meſſieurs, de
» prononcer avec toute liberté : celui qui a choiſi les Juges les
» plus Sages de la République, ne pourra qu'approuver leurs
» Sentimens ».

## Trôpes.

VI. Les *Trôpes* ne ſe diſent que dans l'École. C'eſt une élocution, par laquelle la propre & la naturelle ſignification d'un
mot eſt changée en une autre. Par exemple, on appelle un
grand Capitaine, *un Foudre de Guerre*. Cette manière de s'expliquer eſt figurée, & ces mots qu'on tranſporte de la choſe
qu'ils ſignifient proprement, à un autre qu'ils ne ſignifient qu'indirectement, ſont appellés *Trôpes* ; c'eſt-à-dire, termes dont on
change & on renverſe l'uſage.

Les *Trôpes* ne ſignifient les choſes auxquelles on les applique, qu'à cauſe de la liaiſon & du rapport que ces choſes ont,
avec celles dont ils ſont le propre nom. C'eſt particulièrement
dans les *Trôpes*, que conſiſtent les Richeſſes & la Variété du
Langage ; mais on ne doit les employer, que pour expliquer ce
qu'on n'auroit pû repréſenter qu'imparfaitement avec les termes

ordinaires. Les *Trôpes* doivent être clairs ; ils font vicieux, s'ils font obfcurs ; ou tirés de trop loin. L'idée du *Trôpe* doit être tellement liée avec celle du nom propre, qu'elles fe fuivent ; & qu'en excitant l'une des deux, l'autre foit renouvellée. Il ne faut pas que l'ufage en foit trop fréquent, ni qu'ils foient trop hardis ; ou s'ils le font un peu, il faut les tempérer par quelques Expreffions qui faffent comprendre qu'on a été comme contraint de s'en fervir. *M. du Marfais.*

## TRÔPES DIFFÉRENTS.

Sçavoir,

*Métaphore.*        *Hypallage.*
*Allégorie.*         *Hyperbole.*
*Synècdoche.*     *Périphrafe.*
*Métonymie.*

### MÉTAPHORE.

La *Métaphore* fe fait, quand le nom propre d'une chofe fe tranfporte à une autre ; & que cette autre eft plus élégament expliquée par le nom tranfpofé qu'on lui applique, que par celui qu'elle pourroit avoir naturellement ; comme quand on dit, la lumière de l'Efprit ; brûler d'Amour ; flotter entre l'Efpérance & la Crainte.

La *Métaphore* eft la plus commune des Figures de Rhétorique, & celle dont on entend parler par ce mot figurément. Quelquefois il n'y a rien qui exprime mieux les Chofes, qu'une *Métaphore* continuée. Elle eft une fimilitude abrégée ; enforte qu'on tranfporte une fignification de fon Sujet propre, à un Sujet étranger. Comme elle eft inventée pour mettre les objets devant les yeux, elle eft d'autant plus parfaite, qu'elle les marque plus vivement, en les repréfentant en mouvement & en action.

Les *Métaphores* ne doivent avoir rien de rude, ni d'écarté; rien qui s'élève au-deffus de la Simplicité du naturel; enforte qu'elles ne paroiffent *Métaphores* qu'à ceux qui les regardent de près, elles doivent être fuivies dans le même genre : elles font vicieufes fi on les prend de deux Chofes différentes. C'eft leur propre de relever & d'annoblir les Expreffions baffes. Le P. Bouhours dit dans fes nouvelles Remarques, qu'un des Artifices de Voiture pour affaifonner les Proverbes les plus fades, étoit de les renverfer, & de les détourner par le moyen de la *Métaphore* de leur fignification ordinaire. Il n'y a rien de plus agréable qu'une *Métaphore* bien fuivie, & rien qui le foit moins qu'une trop pouffée. Elles ne doivent pas être pouffées trop loin : autrement elles dégénèrent en ce qui s'appelle froid, dès qu'on n'y garde point de mefure. Cela s'entend fi l'on parle férieufement, & fur un ton grave : car fi l'on badine, ou fi l'on plaifante, il eft permis de s'émanciper davantage.

Les Penfées les plus fauffes & les plus outrées, ne laiffent pas quelquefois d'avoir un Sens vrai. Les *Métaphores* ne font point au gré de notre Langue, fi elles ne font fort modeftes. Le Cardinal Duperron prefcrit cette règle pour les *Métaphores*; c'eft qu'elles defcendent du genre à l'efpèce, & qu'elles ne doivent point remonter de l'efpèce au genre. On dit figurément, les Liens de la Société ; mais non pas les cordes humaines qui nous attachent les uns aux autres, parce que Lien eft un genre, & corde eft une efpèce. Saint Auguftin, & les Théologiens à fon exemple, ont appellé par Figure & par *Métaphore* la Manducation du Sacrement accompagnée de Foi, Manducation Spirituelle.

On appelle les Rois, les Chefs de leur Royaume ; parce que,

comme le Chef commande à tous les Membres du Corps, les Rois commandent à leurs Sujets. L'Écriture-Sainte appelle élégamment le Ciel durant une féchéreffe, un Ciel d'airain. On dit d'une maifon qu'elle eft riante, lorfque la vûe en eft agréable, & femblable en quelque manière à cet agrément qui paroît fur le vifage de ceux qui rient. *Art de parler.*

## ALLÉGORIE.

L'*Allégorie* fe fait, lorfqu'en parlant on femble dire toute autre chofe que ce que l'on dit en effet, comme l'étymologie de ce mot le marque ; c'eft une continuation de plufieurs Métaphores, comme dans cette *Allégorie* que fait Ifaïe chap. 5. *Mon bien-aimé avoit une Vigne fur un lieu élevé, gras & fertile. Il l'environna d'une haie, il en ôta les pierres, & la planta d'un plan très-rare & excellent : il bâtit une Tour au milieu, & il y fit un Preffoir ; il s'attendoit qu'elle porteroit de bons fruits ; & elle n'en a porté que de fauvages. Maintenant donc, vous Habitans de Jérufalem, & vous Hommes de Juda, foyez les Juges entre moi & ma Vigne. Qu'ai-je dû faire de plus à ma Vigne que je n'aye point fait ? Eft-ce que je lui ai fait tort d'attendre qu'elle portât de bon raifin, au lieu qu'elle n'en a produit que du mauvais ? Mais je vous montrerai maintenant, ce que je m'en vais faire à ma Vigne. J'en arracherai la haie, & elle fera expofée au pillage : je détruirai tous les murs qui la défendent, & elle fera foulée aux pieds. Je la rendrai toute deferté, & elle ne fera point taillée, ni labourée : les ronces & les épines la couvriront ; & je commanderai aux Nuées de ne pleuvoir plus fur elle.* Ce qu'Ifaïe ajoûte fait affez connoître, que ce Difcours eft une *Allégorie. La Vigne*, dit-il, *du Seigneur des Armées eft la Maifon d'Ifraël, & les Hommes de Juda étoient le plan auquel il prenoit fes délices : j'ai attendu qu'ils fiffent des actions juftes.*

L'*Allégorie* a beaucoup de rapport avec la Métaphore ; souvent même ce n'est qu'un enchaînement de Métaphores bien soutenuës. Comme dans cet endroit de Cicéron : *Quel Détroit, quelle Mèr pensez-vous, Messieurs, qui soit aussi Orageuse que l'Assemblée du Peuple ? Non, Messieurs : l'une dans son flux & son reflux n'a pas plus de flots, de changement, d'agitation ; que l'autre dans ses suffrages a d'inconstance, de trouble, & de mouvemens divers. Souvent il ne faut qu'un jour ou qu'une nuit, pour donner une nouvelle face aux affaires. Quelquefois même la moindre nouvelle, le moindre bruit qui se répand, est un Vent subit qui change les Esprits, & renverse les Délibérations.* Pro Muren. n. 35.

Fléchier, parlant de l'Instruction, qui disposa le Duc de Montausier à faire abjuration de l'Hérésie, s'exprime ainsi : *Prêtres de Jesus-Christ, prenez le Glaive de la parole, & coupez sagement jusqu'aux racines de l'Erreur, que la Naissance & l'Éducation avoient fait croître dans son âme.*

La Fontaine, dans son Élégie sur la disgrace de M. Fouquet, exprime par une *Allégorie* bien noble, la dangereuse confiance que la faveur inspire :

<blockquote>
Lorsque sur cette Mèr, on vogue à pleines voiles,<br>
Qu'on croit avoir pour soi les Vents & les Étoiles,<br>
Il est bien mal-aisé de règler ses desirs ;<br>
Le plus Sage s'endort sur la foi des Zéphirs.
</blockquote>

L'*Allégorie* pour être plus belle, doit être ingénieusement continuée. L'Ancien Testament est une perpétuelle *Allégorie* des Mystères contenus dans le Nouveau. L'usage des *Allégories* ne s'est introduit que fort tard parmi les Payens ; c'est-à-dire, lorsque les Philosophes voulûrent rendre raison des Fables, & des anciennes Histoires des Dieux. Il fallut faire accroire à ceux qui étoient choqués de ces abfurdités, que les Poëtes avoient penfé toute autre chofe que ce qu'ils avoient dit, & de-là vient le mot d'*Allégorie*. Car un Difcours qui, à le prendre dans fon Sens propre, fignifie toute autre chofe que ce que l'on veut dire, eft ce qu'on appelle proprement une *Allégorie*.

Ainfi parmi les Grecs on tourna l'Hiftoire en *Allégorie*, de peur que l'on ne crût que les Dieux de la Grèce avoient été des hommes affez corrompus. Les Juifs trouvèrent cette mé-thode d'expliquer la Religion admirable, & s'en fervirent pour interpréter les Livres Sacrés d'une manière plus conforme au goût des Payens. Clément d'Aléxandrie donna beaucoup dans les *Allégories*. Origène qui avoit l'Imagination vive & féconde, eft tout plein d'*Allégories*. P. Lamy.

## SYNÈCDOCHE.

La *Synècdoche* eft une efpèce de Métonymie, par laquelle on met le nom du tout pour celui de la partie, ou celui de la partie pour le nom du tout: comme quand on dit l'*Europe*, pour la France; ou la *France*, pour l'*Europe*: le *Roffignol*, pour un Oifeau en général; ou *Oifeau*, pour *Roffignol*; *Arbre*, pour une efpèce d'Arbres en particulier; ou une efpèce d'Arbres, pour toutes fortes d'Arbres. On dit en parlant d'un Roffignol en particulier, d'un Chêne en particulier: *voilà un bel Oifeau*: *voilà un bel Arbre*: fe fervant avec cette liberté du nom de la partie pour fignifier le tout, & du nom du tout pour fignifier la partie.

On dit bien en profe *un toit*, pour *une maifon*; & *un fer*, pour *une épée*; auffi ne dira-t-on pas *une poupe*, pour *un Vaif-feau*; ni *un Sapin*, pour *une planche*. Mais on eft plus libre de changer le fingulier en pluriel, & le pluriel en fingulier; Tite-Live dit fouvent, *Romanus prælio victor*, pour dire, *Romani Victores*.

*Victores*. Et Cicéron a dit au contraire dans une Lettre à Brutus, *nous avons impofé au Peuple, & l'on a trouvé que nous étions Orateurs*, quoiqu'il ne parlât que de lui. C'eft une manière de s'exprimer qui eft non-feulement belle dans le Style foutenu, mais qui eft reçue auffi dans le Difcours familier. *M. Gardin.*

On rapporte à la *Synècdoche*, la liberté que l'on prend de mettre un Nombre certain & déterminé, pour un Nombre qu'on ne fçait pas précifément. On dira : cette maifon a cent belles avenuës, lorfqu'elle en a plufieurs ; & qu'on n'en fçait pas le nombre. Quand auffi pour faire un Compte rond, on ajoûte ou l'on retranche, ce qui empêcheroit que le compte ne fût rond. S'il y a quatre-vingt-dix-neuf ans, trois mois, quinze jours : on dira librement, il y a cent ans. *Trévoux.*

## MÉTONYMIE.

La *Métonymie* eft le Trôpe le plus étendu, & qui comprend fous lui plufieurs autres efpèces. *Métonymie* fignifie un Nom pour un autre. Toutes les fois qu'on fe fert d'un autre Nom que de celui qui eft propre, cette manière de s'exprimer s'appelle une *Métonymie* ; comme quand on dit : *Céfar a ravagé les Gaules, tout le monde lit Cicéron ; Paris eft allarmé* : il eft évident que l'on veut dire, que l'Armée de Céfar a ravagé les Gaules : que tout le monde lit les Ouvrages de Cicéron : que le Peuple de Paris eft dans une grande crainte.

La *Métonymie* fe fait donc quand il y a quelque changement de Noms, comme quand on mèt l'Inventeur pour la chofe inventée ; Bacchus pour le vin ; Cérès pour le pain ; le contenant pour le contenu, comme un verre pour le vin qui eft dedans ; ou l'effet pour la caufe ; ou le Capitaine pour les Soldats ; la Grèce pour les Grecs ; l'Auteur pour fon Ouvrage ; & dans les Phrafes contraires en mille occafions. Il y a une fi grande

*Tome I.*

liaison entre le Chef & son Armée, entre un Auteur & ses Écrits, entre une Ville & ses Citoyens; qu'on ne peut penser à l'un, que l'idée de l'autre ne se présente aussi-tôt. Ainsi ce changement de Nom ne cause aucune confusion. *Art de parler.*

## HYPALLAGE.

L'*Hypallage* est un Trôpe, par lequel il se fait un changement dans la Construction des mots : Virgile a dit, *dare classibus austros* : l'ordre naturel demandoit qu'il dît plutôt, *dare classes austris* : mettre à la voile. Le même Poëte a dit :

*Et cum frigida mors animâ seduxerit artus.*

Après que la froide mort aura séparé de mon âme les membres de mon corps : il est plus naturel de dire, aura séparé mon âme de mon corps : le corps demeure, & l'âme quitte. Et ailleurs, parlant d'Énée & de la Sybille qui conduisit ce Héros dans les Enfers,

*Ibant obscuri solâ sub nocte per umbram.*

Au lieu de dire, *ibant soli sub obscurâ nocte.*

Ce Trôpe n'a pas seulement lieu dans les Poëtes. Cicéron, dans son Disconrs pour Marcellus, dit à César, qu'on n'a jamais vû dans la Ville son Épée vuide du fourreau : *gladium vaginâ vacuum in Urbe non vidimus.* Abrégé de Rhétorique.

## HYPERBOLE.

L'*Hyperbole* est un Trôpe qui représente les Choses ou plus grandes, ou plus petites qu'elles ne sont dans la vérité. On employe les *Hyperboles*, lorsque les termes ordinaires sont ou trop foibles, ou trop forts ; & qu'ils ne se trouvent pas proportionnés à notre idée : ainsi craignant de ne pas dire assez, on dit plus. Comme si je veux exprimer la vîtesse d'un excellent Coureur; je dirai qu'il va *plus vîte que le vent*. Si je parle d'une personne qui marche avec une extrême lenteur ; je dirai qu'elle marche *plus lentement qu'une tortuë*. On peut dire que ces Expreſſions ſont des Menſonges ; mais ces menſonges ſont fort innocens, puiſque leur fin c'eſt la Vérité. Ces *Hyperboles*, comme il paroît dans les éxemples que nous venons de propoſer, font concevoir que la vîteſſe de l'un eſt bien grande, & que la lenteur de l'autre eſt extrême ; puiſque l'on dit du premier, qu'il va *plus vîte que le Vent* ; & de l'autre, qu'il marche *plus lentetement qu'une Tortuë*. On pardonne ces excès ; parce qu'en ſe ſervant des termes ordinaires, on ne diroit pas aſſez, & il eſt à propos de dire plus que moins. C'eſt pourquoi S. Jean n'a pas fait de difficulté de dire à la fin de ſon Évangile : *Jeſus a fait tant d'autres choſes, que ſi on les rapportoit en détail, je ne crois pas que le Monde entier pût contenir les Livres qu'on en écriroit.*

Quelquefois on joint deux *Hyperboles* de ſuite, ce qui donne encore plus de force au Diſcours ; comme lorſque Cicéron dit en parlant de Marc-Antoine : *Y a-t-il un Gouffre, une Charibde qui ſoit comparable à la Gourmandiſe de cet homme ? Mais que dis-je une Charibde ? c'étoit tout au plus un animal. Non, Meſſieurs, je ne ſçais ſi l'Océan, tout inſatiable qu'il eſt, pourroit engloutir en ſi peu de tems, tant de choſes ſi éloignées & répanduës en tant d'endroits différens.* Phil. II. n. 67.

Mais une des plus belles *Hyperboles*, c'eſt celle dont ſe ſert Pindare. Car, pour nous donner une idée de la Rapidité avec laquelle Hercule vient fondre ſur les Méropes, qui habitoient l'Iſle de Cors ; il ne le compare ni au Feu, ni aux Vents, ni à la Mèr, mais à la Foudre ; comme ſi ces autres Choſes étoient trop foibles, & que celle-la ſeule pût égaler la force & l'impétuoſité de ce Héros.

C'eſt à ſon éxemple que Cicéron dit dans une de ſes Verrines : *On voyoit dans la Sicile, non pas un Denis, ni un Phalaris, car cette Iſle a produit pluſieurs Tyrans plus cruels les uns que les autres ; mais malgré la diſtance des tems, un nouveau Monſtre, compoſé de cette ancienne férocité, qui avoit comme établi ſon ſiège en ces lieux. Je ne penſe pas en effet, que jamais Scylle ni Charybde ayant été ſi terribles aux Vaiſſeaux, que Verrès ſe l'étoit rendu dans ce même Détroit.* Verr. 5. n. 145.

## Périphrase.

La *Périphraſe* eſt un détour, que l'on prend pour éviter de certains mots qui ont des idées choquantes ; & pour ne pas dire de certaines Choſes, qui produiroient de mauvais effets. Cicéron étant obligé d'avouer que Clodius avoit été tué par Milon, ſe ſert d'adreſſe. *Les Serviteurs de Milon*, dit-il, *étant empêchés de ſecourir leur Maître, que Clodius ſe vantoit d'avoir tué, & le croyant, ils firent dans ſon abſence, ſans ſa participation & ſans ſon aveu, ce que chacun auroit attendu de ſes Serviteurs dans une occaſion ſemblable.* Il évite ces noms odieux de tuer, ou de mettre à mort.

La *Périphraſe* eſt particulièrement d'uſage, lorſqu'on eſt contraint de parler de Choſes qui pourroient ſallir l'Imagination, ſi on les éxprimoit naturellement. Il faut les déſigner par des Circonſtances & des Qualités qui leur ſont propres, & qui ne laiſſent point de mauvaiſes impreſſions dans l'Eſprit. Il n'étoit pas fort néceſſaire de traduire cet endroit d'une des Odes d'Anacréon, où ce Poëte fait le portrait de Vénus qui ſe baigne, ou qui traverſe quelque bras de Mèr à la nage. Mais celui qui a fait cette Traduction, le fait avec toute la circonſpection poſſible, uſant de *Périphraſe*.

Sur la Mèr il la repréſente
Tout auſſi Belle, auſſi Charmante

## RHÉTORIQUE, CHAP. V.

Qu'elle est là-haut parmi les Dieux ;
Sans que de sa Beauté célèste,
Il cache aux regards curieux,
Que ce qu'un usage modeste
Dérobe d'ordinaire aux yeux.

Quelquefois aussi l'on n'y cherche que l'Ornement du Discours. Mascaron, dans l'Oraison Funèbre du Vicomte de Turenne, au lieu de dire, le Roi donne une place à ses Cendres dans le tombeau des Rois, s'exprime ainsi : *le Roi, pour donner une marque immortelle de l'estime & de l'amitié, dont il honoroit ce Grand Capitaine, donne une place illustre à ses glorieuses Cendres parmi ces Maîtres de la Terre, qui conservent encore dans la magnificence de leurs Tombeaux une Image de celle de leurs Trônes.* Fléchier, au lieu de dire l'Armée des Allemands, s'est servi de cette *Périphrase*. *Déja prenoit l'essort pour se sauver dans les montagnes cet Aigle, dont le vol avoit d'abord effrayé nos Provinces.* Et ailleurs au lieu de dire des Canons : *ces Foudres de Bronze que l'Enfer a inventés, pour la destruction des hommes, tonnoient de toute part.*

Quelquefois enfin on se sert de *Périphrase*, pour adoucir des Propositions dures : Manlius sçavoit combien le nom de Roi étoit capable de révolter les Romains : il vouloit cependant les porter à lui donner cette Qualité. Il le fait d'une manière adroite en se contentant de prendre le titre de Protecteur ; mais en leur insinuant que celui de Roi, qu'il se donne bien garde de nommer, le mettroit plus en état de leur rendre service. *Je me déclare le Protecteur & le Patron du Peuple ; c'est le Nom que mon zèle pour vos intérêts me fait prendre. Pour vous, si vous voulez donner plus de relief à votre Chef par quelque Titre plus noble, & par quelque Dignité plus brillante ; vous n'en trouverez en lui que plus de secours & de force, pour obtenir ce que vous souhaitez.* Liv. Lib. 6. n. 18.

## Les Trôpes doivent être clairs.

C'est particulièrement dans les *Trôpes* que consistent les Richesses du Langage. Aussi comme le mauvais usage des grandes Richesses cause le dérèglement des États; le mauvais usage des *Trôpes* est la Source de quantité de fautes que l'on commèt dans le Discours; c'est pourquoi il est important de bien règler cet usage. Premièrement, l'on ne doit employer les *Trôpes* que pour exprimer ce qu'on n'auroit pû représenter qu'imparfaitement avec des termes ordinaires; & lorsque la nécessité oblige de se servir de *Trôpes*, il faut qu'ils ayent ces deux Qualités. La première qu'ils soient clairs : la seconde, qu'ils soient proportionnés à l'idée qu'ils doivent réveiller.

Trois Choses empêchent les *Trôpes* d'être clairs : la première, s'ils sont tirés de trop loin, & pris de Choses qui ne donnent pas occasion à l'âme de penser d'abord à ce qu'il faut qu'elle se représente, pour découvrir la Pensée de celui qui parle : comme si on appelloit une maison de débauche, *les Syrtes de la Jeunesse* ; on ne pourroit pénétrer le Sens de cette Métaphore, qu'après avoir rappellé dans sa mémoire, que les Syrtes sont des Bancs de Sable proche de l'Afrique fort dangereux, ce que tout le monde ne sçait pas; au lieu qu'en nommant cette maison *l'Écueil de la Jeunesse*, ce que l'on a voulu signifier, est aussi-tôt apperçû. Il n'y a personne qui ne comprène d'abord ce qu'on a voulu dire.

Pour éviter ce défaut, on doit tirer les Métaphores de Choses sensibles qui soient sous les yeux, & dont l'Image par conséquent se présente d'elle-même sans qu'on la cherche. En voulant indiquer une Personne dont le nom ne m'est pas connu, je me rendrois Ridicule, si je me servois de certains Signes obscurs qui ne donneroient aucune occasion facile à ceux qui m'écouteroient, de se former une idée de cette Personne. Mais ce défaut que l'on évite avec tant de soin dans la Conversation, est recherché comme une Vertu par un très-grand nombre d'Auteurs. Il y a des Personnes qui prennent plaisir à faire venir de loin toutes leurs Métaphores, & qui les empruntent de Choses inconnuës, pour faire paroître leur érudition. S'ils parlent d'une Province, ils lui donnent par *Synècdoche* le Nom d'une de ses parties qui sera la moins connuë. Leurs *Trôpes* viennent tous du fond de l'Asie, de l'Afrique. Il faut pour les entendre sçavoir le Nom des plus petits Villages, de toutes les Fontaines, de toutes les Collines du Pays dont ils parlent. Ils ne nomment jamais une Personne par son nom, mais par celui de l'ayeul de ses ayeuls, faisant une vaine montre des connoissances qu'ils ont de l'Antiquité.

1°. La Sagesse Divine qui s'accommode à la capacité des hommes, nous donne dans les Livres Sacrés un exemple de ce soin, qu'on doit avoir de se servir des Choses connuës à ceux qu'on instruit, lorsqu'il est question de leur faire comprendre quelque chose de difficile. Ceux qui ont l'Esprit petit, & qui cependant osent critiquer l'Écriture, condamnent les Métaphores & les Allégories qui y sont prises des Champs, des Pâturages, des Brebis, des Chaudières, & des Marmites. Ils ne prennent pas garde que les Israëlites étoient tous Bergers, & qu'ainsi il n'y avoit rien qui leur fût plus connu que le ménage de la Campagne. Les Prêtres à qui l'Écriture s'adressoit particulièrement, étoient perpétuellement occupés à tuer des Bêtes dans le Temple, à les écorcher, & à les faire cuire dans les grandes Cuisines qui étoient autour du Temple. Les Écrivains Sacrés ne pouvoient donc pas choisir des Choses, dont les Images se présentassent plus facilement à l'Esprit des Israëlites.

2°. L'idée du *Trôpe* doit être tellement liée avec celle du

Nom propre, qu'elles se suivent ; & qu'en éxcitant l'une des deux, l'autre soit renouvellée. Ce défaut de Liaison est la seconde chose qui rend les *Trôpes* obscurs. Cette Liaison est, ou naturelle, ou artificielle. J'appelle Liaison naturelle celle qui se trouve, lorsque les Choses signifiées par les Noms propres & par les Métaphoriques, ont un rapport si naturel qu'elles se ressemblent ; & qu'elles dépendent les unes des autres ; comme quand on dit d'un homme, qu'il a des bras d'Airain, pour dire que ses bras sont forts : on peut appeller naturelle, la Liaison qui est entre ce *Trôpe* & son Nom propre. J'appelle Liaison artificielle, celle qui a été faite par l'usage. C'est la coûtume d'appeller *un Arâbe*, un homme avec lequel on ne peut traiter : c'est un terme usité, la coûtume qu'on a de s'en servir dans ce Sens, fait que l'idée de ce mot *Arâbe*, réveille celle d'un homme intraitable. Une Liaison artificielle est plutôt apperçuë qu'une Liaison naturelle ; parce que cette première ayant été établie par l'usage, on y est plus accoûtumé.

3°. L'usage trop fréquent des *Trôpes* est la troisième chose qui les rend obscurs. Les Métaphores les plus claires ne signifient les Choses qu'indirectement. L'idée naturelle de ce que l'on n'exprime que par Métaphore, ne se présente à l'Esprit qu'après quelque réfléxion ; on s'ennuie de toutes ces réfléxions, & l'on souhaite que celui que l'on écoute, épargne la peine de deviner ses Pensées. Mais quand nous condamnons le trop fréquent usage des *Trôpes*, nous parlons de ceux qui sont extraordinaires. Il y en a qui ne sont pas moins usités que les termes naturels ; ainsi ils ne peuvent jamais obscurcir le Discours.

L'on ne doit jamais se servir d'Expressions métaphoriques qui ne soient pas ordinaires, sans y avoir préparé les Lecteurs. Un *Trôpe* doit être précédé des Choses, qui empêchent de prendre le change ; & la suite du Discours doit faire connoître, qu'il ne faut pas s'arrêter à l'idée naturelle qu'il présente. A

A moins que d'être extravagant, ou de vouloir prendre plaisir à n'être pas entendu; on ne continuë point depuis le commencement d'un Discours, ou d'un Livre jusqu'à la fin, dans de perpétuelles Allégories. Nous ne pouvons connoître la Pensée d'un homme que lorsqu'il nous en donne, au moins quelquefois, des Signes naturels; & qui ne seroient point équivoques. Comment sçavons-nous qu'une Personne se joüe, & ne parle pas sérieusement; sinon parce que nous l'avons vû sérieux dans d'autres occasions ? Comment distingue-t-on un Bâteleur qui fait le Fou, d'avec un Fou véritable ? N'est-ce pas parce que l'on voit que ce Bâteleur ne joüe ce personnage, que pendant un peu de temps; & qu'un Fou est toujours Fou ? Quand donc on prétend qu'un Auteur n'a jamais exprimé ses Pensées que par des Métaphores, on le juge capable d'une extravagance qui est presque inoüie; à moins que quelque trait de Politique, ne l'obligeât à obscurcir son Discours. *Art de parler*.

## FIGURES.

VII. La *Figure* est un Ornement, ou un Tour du Discours différent de celui qu'on employe, quand on parle naturellement, & sans émotion. Quand on fait parler une Personne émüe de passion, il faut donner à son Discours toutes les *Figures* propres à donner une éxacte Peinture de cette passion. On ne doit employer les grandes *Figures*, que dans les grandes occasions. Elles servent à ébranler l'âme, & à y imprimer plus fortement la Vérité. Il ne faut pas qu'elles soient trop compassées, & trop mesurées; les *Figures* réveillent l'Esprit, & le frappent si vivement, qu'elles l'obligent à être Attentif. Un Discours dépouillé de toutes sortes de *Figures* est froid & languissant. En matière de *Figures*, la Nature de l'Esprit humain & l'Ordre de nos Pensées, est, qu'elles ne se portent jamais tout-d'un-coup aux Métaphores extraordinaires, hardies & violentes; on y va par degrés, on s'en approche peu-à-peu, à mesure que l'Esprit s'échauffe, d'Expressions en Expression, d'Idée en Idée jusqu'à la plus forte. Une *Figure* opiniâtrée, lâsse, dégoûte, refroidit l'Esprit; & éfface d'elle-même toute l'idée qu'elle avoit pû produire.

Pour entrer dans une véritable connoissance de toutes ces *Figures* dont nous allons donner une Liste, il suffit de remarquer que ce sont des Tours ou manières de parler, que la Passion fait prendre comme nous venons de dire. Ces Tours étant différens, les Maîtres de l'Art leur ont donné des Noms différens, il est peu important pour la Pratique de l'Éloquence de sçavoir le nom de toutes ces *Figures*; comme il n'est pas nécessaire pour bien combattre, que l'on sçache le nom de toutes les postures, qu'un Corps adroit & bien éxercé prend dans le Combat. Cependant comme c'est un Langage ordinaire dans les Sciences, il y a quelque nécessité de ne pas ignorer ce que veulent dire tous ces Noms; ainsi l'on ne doit pas trouver mauvais, si je m'arrête à les expliquer. Les réfléxions que j'ajoûte à ces explications ne seront pas inutiles.

## FIGURES.

| FIGURES DE PENSÉES. | | | | FIG. DE MOTS. |
|---|---|---|---|---|
| Interrogation. | Dubitation. | Ironie. | Apostrophe. | Répétition. |
| Subjection. | Communication. | Prosopopée. | Hypotipose. | Allusion. |
| Prolèpse. | Suspension. | Imprécation. | Prétermission. | Gradation. |
| Correction. | Concession. | Exclamation. | Réticence. | Antithèse. |

### INTERROGATION.

L'*Interrogation* règne presque par-tout, dans un Discours figuré. La Passion porte continuellement vers ceux que l'on veut persuader, & fait qu'on leur adresse tout ce que l'on dit. Aussi cette Figure eſt merveilleuſement utile, pour appliquer les Auditeurs à ce qu'on veut qu'ils entendent. Voici l'éxemple d'une *Interrogation* très-animée ; c'eſt David qui ſe plaint à Dieu dans le neuvième Pſeaume, de ce qu'il ſemble avoir abandonné les Innocens affligés.

>Quoi ? Seigneur, eſt-ce ainſi que tu veux t'éloigner
>  Du Juſte en ſa miſère ?
>Eſt-ce ainſi que tu veux d'un Sauveur & d'un Père
>  Les tendres ſoins lui témoigner ?
>Il gémit ſous le faix de ſes vives douleurs ;
>  Son ennui le conſume ;
>Tandis que le Méchant plus fier que de coûtume,
>  Rit & triomphe de ſes pleurs.

Quelquefois l'*Interrogation* ſert à marquer l'indignation, Abner s'étoit plaint qu'on ne voyoit plus de Miracles ; Joad plein d'une ſainte indignation, lui répond :

>Et quel tems fut jamais ſi fertile en Miracles ?
>Quand Dieu par plus d'effets montra-t-il ſon pouvoir ?
>Auras-tu donc toujours des yeux pour ne point voir,
>Peuple ingrat ? quoi toujours les plus grandes Merveilles,
>Sans ébranler ton Cœur frapperont tes oreilles ?

Quelquefois l'*Interrogation* eſt une eſpèce d'Apoſtrophe, que celui qui parle ſe fait à lui-même, ou aux autres. On ne peut nier, que ces ſortes de Figures ne donnent beaucoup plus de Mouvement, d'action & de force au Diſcours. Il n'y a rien qui imite mieux la Paſſion, que cette manière vive & violente de ſe faire des *Interrogations*, & de ſe répondre ſur le champ à ſoi-même. On le peut remarquer dans ces vers de Racine :

>Hé bien Titus, que viens-tu faire ?
>Bérénice t'attend ; où vas-tu Téméraire ?

Tes adieux sont-ils prêts ? t'es-tu bien consulté ?
Ton cœur te promet-il assez de Cruauté ?
Car enfin au Combat qui pour toi se prépare ?
C'est peu d'être constant, il faut être Barbare.

## Subjection.

La *Subjection* est une Figure par laquelle l'Orateur s'interroge lui-même, ou l'Adversaire ; & répond en même temps, comme dans la première Catilinaire. *Qui est-ce donc qui vous retient ? est-ce la coûtume de nos Ancêtres ? Mais on a souvent vû dans cette République, même des simples Particuliers, arracher la vie à des Citoyens pernicieux. Sont-ce les Loix portées touchant le supplice des Citoyens Romains ? Mais jamais dans cette Ville, ceux qui se sont révoltés contre la République n'ont joui du droit de Citoyen. Craignez-vous de devenir odieux à la Postérité ? En vérité, le Peuple Romain qui vous a fait passer si rapidement par toutes ses Dignités, & vous a élevé au Pouvoir suprême ; vous qui n'êtes connu que par vous-même, qui ne tirez aucun éclat, aucune recommandation de vos Ancêtres ; reçoit pour tant de bienfaits une reconnoissance bien singulière, si vous abandonnez le salut de la République par la crainte de la haine, ou des périls où vous pourriez être exposé.* Catil. I. n. 28.

Fléchier, dans l'Oraison Funèbre du Premier Président de Lamoignon, s'exprime ainsi : *Quelles pensez-vous que furent les Voies, qui conduisirent cet illustre Magistrat à des fins si Nobles ? La Faveur ? Il n'avoit d'autre relation à la Cour, que celle que lui donnoient ou ses Affaires ou ses Devoirs. Le Hazard ? On fut long-tems à délibérer, & dans une affaire aussi délicate, on crut qu'il falloit tout donner au Conseil, & ne rien laisser à la Fortune. La Cabale ? Il étoit du nombre de ceux qui n'avoient suivi que leur Devoir.*

## PROLÈPSE.

On appelle *Prolèpse* cette Figure que l'on fait, lorsque l'on prévient ce que les Adversaires pourroient objecter ; & *Upobole* la manière de répondre à ces objections que l'on a prévenuës. Je trouve dans Saint Paul un exemple de ces deux Figures. Ce Saint parlant de la Résurrection future, s'objecte une difficulté qu'on pouvoit lui proposer, & il y répond : *Mais quelqu'un me dira, en quelle manière les Morts ressuscitent-ils ? & quel sera le corps dans lequel ils reviendront ? Insensés que vous êtes, ne voyez-vous pas, que ce que vous semez dans la Terre ne reprend point de Vie, s'il ne meurt auparavant ; & quand vous semez, vous ne semez pas le corps de la Plante qui doit naître, mais la Graine seulement : comme du Bled, ou quelque autre chose.*

Voici un autre Exemple de Boileau.

>  . . . . Mais direz-vous, pourquoi cette furie ?
> Quoi ! pour un maigre Auteur, que je glose en passant,
> Est-ce un crime après tout & si noir & si grand ?
> Hé qui voyant un Fat s'applaudir d'un Ouvrage,
> Où la droite Raison trébuche à chaque page,
> Ne s'écrie aussi-tôt, l'impertinent Auteur !
> L'ennuyeux Ecrivain ! le maudit Traducteur !
> A quoi bon mettre au jour tous ces Discours frivoles,
> Et ces Riens enfermés dans de grandes Paroles ?

## CORRECTION.

La *Correction* est une Figure par laquelle, l'Orateur corrige sa Pensée ou ses Paroles, comme trop foibles, ou peu convenables. Exemple de Fléchier, dans l'Oraison Funèbre du Vicomte de Turenne. *La gloire des Actions du Grand Turenne efface celle de sa Naissance, & la moindre Louange qu'on peut lui donner, c'est d'être sorti de l'Ancienne & Illustre Maison de la*

*Tour-d'Auvergne*, qui a mêlé son sang à celui des Rois & des Empereurs, qui a donné des Maîtres à l'Aquitaine, des Princes à toutes les Cours de l'Europe, & des Reines même à la France. Mais que dis-je ? il ne faut pas l'en louer ici. Quelque glorieuse que fût la Source dont il sortoit, l'Hérésie des derniers tems l'avoit infecté. Cette Figure est d'un grand secours pour les Transitions, quand elle est amenée naturellement.

## DUBITATION.

Les Mouvemens des Passions ne sont pas moins changeans & inconstans, que les flots d'une Mèr agitée : ainsi ceux qui s'y abandonnent sont dans une perpétuelle inquiétude. Tantôt ils veulent, tantôt ils ne veulent pas. Ils prennent un dessein, & puis ils le quittent ; ils l'approuvent, & ils le rejettent presque en même tems. En un mot, l'inconstance des Mouvemens de leur Passion pousse leurs Esprits de différens côtés. Elle les tient suspendus dans une irrésolution continuelle, & se joue d'eux comme les Vents se jouënt des vagues de la Mèr. La Figure qui représente dans le Discours ces irrésolutions, est appellée *Doute ;* dont vous avez un bel éxemple dans la Peinture que fait Virgile des inquiétudes de Didon, sur ce qu'elle devoit faire ; quand elle se vit abandonnée par Énée.

> Hélas ? s'écria-t-elle au fort de sa misère,
> Quel projet désormais me reste-t-il à faire ?
> Chez les Rois mes Voisins mon cœur humble & confus,
> Ira-t-il s'exposer au hazard d'un refus :
> Eux dont j'ai tant de fois avec tant d'insolence,
> Méprisé la recherche, & bravé la puissance ?
> Irai-je en Suppliant, à la honte des miens ?
> Implorer la pitié des superbes Troyens ?
> Trop aveugle Didon, puis-je après cette injure,
> Ne pas connoître encore cette Race parjure ?

Et comment mes soupirs pourroient-ils retenir
Ceux, de qui mes bienfaits n'ont pû rien obtenir ?
Ou bien irai-je enfin jusqu'au bout de la Terre,
Avec tous mes Sujets leur déclarer la Guerre ?
Mais comment voudroient-ils à travers les dangers,
Poursuivre ma vengeance en des Bords étrangers ;
Eux que leur intérêt, & que leur propre vie
Ont à peine arraché du sein de leur Patrie ?
Mourons donc : puisqu'enfin en l'état où je suis ;
La mort est l'espoir seul qui reste à mes ennuis.

Autre Exemple de Tite-Live ; c'est Scipion qui parle à ses Soldats. *Aujourd'hui & les Pensées & les Expressions me manquent pour vous parler. Je ne sçais même, quel nom je dois vous donner. Vous appellerai-je Citoyens ? Vous vous êtes révoltés contre votre Patrie. Soldats ? vous avez secoué le joug de l'Autorité de votre Général, & violé la Religion du Serment qui vous lioit à lui. Ennemis ? l'Extérieur, les Visages, l'Habillement, annoncent des Citoyens : les Actions, les Discours, les Complots, me montrent en vous des Ennemis.* Tite-Live. Lib. 28. n. 27.

## Communication.

La *Communication* se fait lorsqu'on délibère avec ses Auditeurs, qu'on demande quel est leur Sentiment. *Que feriez-vous, Messieurs, dans une occasion semblable ? Quelle autre mesure prendriez-vous, que celles qu'a prises celui que je défends ?* C'est une espèce de *Communication* que fait S. Paul, lorsque dans le sixième Chapitre de l'Épître aux Romains, après leur avoir rapporté les avantages de la Grace, & les misères qui suivent le péché ; il leur demande : *Quel fruit tiriez-vous donc alors, de ces désordres dont vous rougissez maintenant ; puisqu'ils n'avoient pour fin que la Mort ?*

Autre Exemple de Despréaux :

> Voulez-vous donc sçavoir, si la Foi dans votre âme
> Allume les ardeurs d'une sincère flamme ?
> Consultez-vous vous-même à ces Règles soumis ?
> Pardonnez-vous sans peine à tous vos Ennemis ?
> Combattez-vous vos sens ? Domptez-vous vos foiblesses ?
> Dieu dans le Pauvre est-il l'objet de vos largesses ?
> Enfin dans tous ses points pratiquez-vous la Loi ?
> Oui, dites-vous : allez, vous l'aimez ; croyez-moi.
> Qui fait éxactement ce que la Loi commande,
> A pour moi, dit ce Dieu, l'Amour que je demande.

### SUSPENSION.

Lorsqu'on commence un Discours de telle sorte, que l'Auditeur ne sçait pas ce que doit dire celui qui parle, & que l'attente de quelque chose de grand le rend attentif ; cette Figure est appellée *Suspension*. En voici une de Brébœuf dans ses Entretiens Solitaires. Il parle à Dieu.

> Les Ombres de la nuit à la Clarté du jour,
> Les transports de la rage aux douceurs de l'Amour,
> A l'étroite amitié, la Discorde ou l'Envie,
> Le plus bruiant Orage au calme le plus doux :
> La douleur au plaisir, le trépas à la vie
> Sont bien moins opposés que le Pécheur à vous.

Autre Exemple. *L'œil n'a point vû, l'oreille n'a point entendu, & le cœur de l'homme n'a jamais conçu ; ce que Dieu a préparé pour ceux qui l'aiment.*

### CONCESSION.

La *Concession* est une Figure par laquelle nous laissons, ou les Juges, ou nos Adversaires maîtres de croire, ou de faire ce qu'ils voudront sur de certaines choses. En voici un Exemple.

Rousseau

Rousseau raille finement par une *Concession* badine les prétendus Beaux Esprits, qui de leur pleine autorité, s'érigent en Juges Souverains du Parnasse :

>Ah ! mes Amis, un peu moins de superbe :
>Vous avez lû quelque Ode de Malherbe ?
>Soit : Richelet jâdis en racourci
>Vous a de l'Art des Règles dégrossi ?
>Je le veux bien : vous avez sur la Scène
>En vers bouffis fait hurler Melpomène ?
>C'est un grand point ; mais ce n'est pas assez :
>Ce métier-ci n'est ce que vous pensez ;
>Minèrve à tous ne départ ses Largesses ;
>Tous sçavent l'Art, peu sçavent les Finesses.

### IRONIE.

L'*Ironie* est la Figure dont se sert l'Orateur pour insulter à son Adversaire, le railler & le blâmer ; en faisant semblant de le louer. Elle consiste bien plus dans le Ton, que dans les Paroles. Voici un Exemple de ces sortes d'*Ironie*.

>Hé bon jour, Monsieur le Corbeau,
>Que vous êtes joli, que vous me semblez beau ?

Les contre Vérités sont les plus fortes *Ironies*.

>Quinaut est un Virgile :
>Boursaut, comme un Soleil, en nos ans a paru,
>Pélletier écrit mieux qu'Ablancourt ni Patru.
>Cotin à ses Sermons traînant toute la Terre,
>Fend les flots d'Auditeurs pour aller à sa Chaire.

Rousseau raille finement les Déïstes & les prétendus Esprits forts, dans son Épître à M. Racine le fils :

>Tous ces Objets de la crédulité,
>Dont s'infatue un Myftique entêté,

Pouvoient jâdis abufer des Cyrilles,
Des Auguftins, des Léons, des Baziles ;
Mais quant à vous, Grands Hommes, Grands Efprits,
C'eft par un noble & généreux mépris
Qu'il vous convient d'extirper ces Chimères,
Épouventails d'enfans & de Grand-mères.

## PROSOPOPÉE.

Quand une Paffion eft violente, elle rend infenfés en quelque façon ceux qu'elle poffède. Pour lors on s'entretient avec les Morts & avec les Rochers, comme avec des Perfonnes vivantes : on les fait parler comme s'ils étoient animés. C'eft de-là que cette Figure s'appelle *Profopopée*; parce qu'on fait une Perfonne, de ce qui n'en eft pas une : comme dans l'Éxemple fuivant, où un Étranger ayant été accufé d'homicide, parce qu'on le trouva feul enterrant un homme mort, ce que la Charité lui avoit fait faire : *Jufte Dieu*, dit-il, *Protecteur des Innocens, permettez que l'Ordre de la Nature foit troublé pour un moment; & que ce cadavre déliant fa langue, reprènne l'ufage de la parole. Il me femble que Dieu accorde ce Miracle à mes prières : ne l'entendez-vous pas, Meffieurs, comme il publie mon innocence, & déclare les Auteurs de fa mort? Si c'eft un jufte reffentiment,* dit-il, *contre celui qui m'a mis dans le tombeau, qui vous anime, tournez votre colère contre ce Calomniateur qui triomphe maintenant dans une entière affurance, après avoir chargé cet innocent du poids de fon crime.*

La *Profopopée* donne du Sentiment aux Chofes infenfibles. Éxemple. Fléchier, dans l'Oraifon Funèbre du Vicomte de Turenne ; *à ces cris Jérufalem redoubla fes pleurs ; les voûtes du Temple s'ébranlèrent ; le Jourdain fe troubla, & tous ces Rivages retentirent du fon de ces lugubres paroles ;* COMMENT EST MORT CET HOMME PUISSANT, QUI SAUVOIT LE PEUPLE D'ISRAEL ?

La *Profopopée* fait parler les abſens, comme les préſens. Cicéron mèt dans la bouche de Milon un Diſcours plein de Grandeur, & en même tems très-touchant. *Je dis Adieu, & je prends congé de mes Citoyens, en faiſant des Vœux pour leur proſpérité. Qu'ils ſoient à couvert de tout danger, qu'ils ſoient floriſſans, qu'ils ſoient heureux. Que Rome, cette Ville ſi belle, & qui eſt ma chère Patrie, ſubſiſte toujours; de quelque manière qu'elle m'ait traité. Que mes Concitoyens jouiſſent de la tranquillité de la République, & puiſqu'il ne m'eſt pas permis d'en jouir avec eux, qu'ils en jouiſſent ſans moi; mais cependant, c'eſt par moi qu'ils en jouiront. Pour moi je me retirerai & m'éloignerai.* Pro Mil. n. 93.

La *Profopopée* fait parler les Choſes inanimées. Exemple. Boileau fait ainſi parler la Molleſſe :

> La Molleſſe, en pleurant, ſur un bras ſe relève,
> Ouvre un œil languiſſant, & d'une foible voix,
> Laiſſe tomber ces mots qu'elle interrompt vingt fois.
> O nuit! que m'as-tu dit? Quel Démon ſur la Terre
> Souffle dans tous les cœurs la Fatigue & la Guerre?
> Hélas! qu'eſt devenu ce tems, cet heureux tems,
> Où les Rois s'honoroient du nom de Fainéans;
> S'endormoient ſur le trône, & me ſervant ſans honte,
> Laiſſoient leurs Sceptres aux mains, ou d'un Maire ou d'un Comte?
> Aucun ſoin n'approchoit de leur paiſible Cour.
> On repoſoit la nuit, on dormoit tout le jour.
> Seulement au Printems, quand Flore dans les Plaines
> Faiſoit taire des Vents les bruyantes haleines,
> Quatre Bœufs attelés, d'un pas tranquille & lent,
> Promenoient dans Paris le Monarque indolent.
> Ce doux Siècle n'eſt plus.

## IMPRÉCATION.

L'*Imprécation* eſt une Malédiction; ou un Souhait qu'on fait contre quelqu'un, afin qu'il lui arrive quelque mal. Didon fait de grandes *Imprécations* contre Énée & contre Rome, avant que de mourir. On en fait quelquefois par manière de Jurement, & pour confirmation de ce qu'on dit. *Que je ne puisse jamais entrer en Paradis, si cela n'est vrai.* M. Saint-Amant fait une *Imprécation* contre la Ville d'Évreux ; parce que de son tems il y avoit plus de trente Églises, & pas un pauvre Cabaret.

Corneille fait ainsi parler Camille dans la Tragédie des Horaces :

Tigre altéré de sang, qui me défends les larmes.

. . . . . . .

Puissent tant de malheurs accompagner ta vie,
Que tu tombes au point de me porter envie.

. . . . . . .

Rome, l'unique objet de mon ressentiment !
Rome, à qui vient ton bras d'immoler mon Amant !
Rome, qui t'a vû naître, & que ton cœur adore !
Rome enfin, que je haïs parce qu'elle t'honore !
Puissent tous ses Voisins ensemble Conjurés,
Sapper ses fondemens encore mal assurés ;
Et si ce n'est assez de toute l'Italie,
Que l'Orient contre elle à l'Occident s'allie ;
Que cent Peuples unis des bouts de l'Univers,
Passent pour la détruire & les Monts & les Mers ;
Qu'elle-même sur soi renverse ses murailles,
Et de ses propres mains déchire ses entrailles :
Que le courroux du Ciel allumé par mes Vœux,
Fasse pleuvoir sur elle un Déluge de Feux.
Puissai-je de mes yeux y voir tomber la Foudre,
Voir ses maisons en cendre & tes Lauriers en poudre :
Voir le dernier Romain à son dernier soupir :
Moi seule en être cause, & mourir de plaisir.

## Exclamation.

L'*Exclamation* eſt une Voix pouſſée avec force. Lorſque l'âme vient à être agitée de quelque violent mouvement, les Eſprits animaux courans par toutes les parties du corps, entrent en abondance dans les muſcles qui ſe trouvent vers les conduits de la Voix, & les font enfler ; ainſi ces conduits étant rétrécis, la Voix ſort avec plus de vîteſſe & d'impétuoſité au coup de la paſſion, dont celui qui parle eſt frappé. Chaque flot qui s'élève dans l'âme eſt ſuivi d'une *Exclamation.* Le Diſcours d'une Perſonne paſſionnée eſt plein d'*Exclamations* ſemblables ? *Hélas ! ah ! mon Dieu ! ô Ciel ! ô Terre !* Il n'y a rien de ſi naturel. Nous voyons qu'auſſi-tôt qu'un Animal eſt bleſſé & qu'il ſouffre, il ſe mèt à crier ; comme ſi la Nature lui faiſoit demander du ſecours.

Voici comme Corneille s'exprime dans ſa Tragédie des Horaces.

> O mon fils ! ô ma joie ! ô l'honneur de mes jours !
> O d'un état panchant l'ineſpéré ſecours !
> Vertu digne de Rome, & Sang digne d'Horace !
> Appui de ton Pays, & Gloire de ta race !

Voltaire, dans la mort de Céſar, fait ainſi parler Brutus au moment qu'il reconnoît que Céſar eſt ſon père.

> Ah ! Sort épouvantable, & qui me déſeſpère !
> O Serment ! ô Patrie ! ô Rome toujours chère !
> Céſar . . . . . ah malheureux ! j'ai trop long-tems vêcu.

## Apostrophe.

L'*Apoſtrophe* ſe fait lorſqu'un homme étant extraordinairement émû, il ſe tourne de tous côtés ; il s'adreſſe au Ciel, à la Terre, aux Rochers, aux Forêts, aux Choſes inſenſibles, auſſi-bien qu'à celles qui font fenfibles. Il ne fait aucun difcernement dans cette émotion ; il cherche du fecours de tous côtés : il s'en prend à toutes Chofes comme un enfant qui frappe la terre où il eſt tombé. C'eſt ainfi que David au 1. Chapitre du 2. Livre des Rois, étant vivement affligé de la mort de Saül & de Jonathas, fait des Imprécations contre les Montagnes de Gelboë, qui avoient été le Théatre funèſte de cet accident.

*Et vous Montagnes de Gelboë, que jamais la Rofée & la Pluie ne vous rafraichiffent ; que jamais on ne trouve de Moiffons fur vos funeftes côteaux, qui ont vû la fuite de tant de Capitaines d'Ifraël ; & qui ont été teints de leur fang. L'Apoftrophe* fignifie *Converfion.*

Ifaïe apoſtrophe le Ciel & la Terre pour les prier de donner le Meffie, qu'il attendoit avec tant d'impatience. *Cieux, envoyez d'en-haut votre Rofée, & que les Nuées faffent defcendre le Jufte comme une pluye ; que la Terre s'ouvre, & qu'elle germe le Sauveur.*

Démoſthène parlant aux Athéniens, dit : *Non, Meffieurs, vous n'avez point failli : j'en jure par les Mânes de ces Grands Hommes qui ont combattu pour la même caufe dans les Plaines de Marathon, à Salamine, & devant Platée.*

Boffuet s'exprime ainfi : *Princeffe, dont la deftinée eft fi grande, & fi glorieufe ; faut-il que vous naiffiez en la puiffance des Ennemis de votre maifon ? ô Éternel ! veillez fur elle : Anges Saints, rangez à l'entour vos Efcadrons invifibles, & faites la garde autour du Berceau d'une Princeffe fi grande, & fi délaiffée.*

## HYPOTYPOSE.

Les objets de nos Paffions font prefque toujours préfens à l'Efprit. Nous croyons voir & entendre ceux à qui l'Amour nous attache.

Nous penſons auſſi fortement à ceux que nous croyons nous vouloir nuire.

> Je les vois, je les vois s'apprêter au carnage,
> Comme des Lions rugiſſans, &c.

C'eſt pourquoi toutes les Deſcriptions que l'on fait de ces objets, ſont vives & éxactes; comme celle que fait Oreſte dans Euripide, des Furies de l'Enfer qu'il craint:

> Mère cruelle, arrête, éloigne de mes yeux
> Ces Filles de l'Enfer, ces Spectres odieux.
> Ils viennent, je les vois : mon ſupplice s'apprête,
> Mille horribles Serpens leur ſifflent ſur la tête.

Ces Deſcriptions qui ſont ſi vives, ſe diſtinguent des Deſcriptions ordinaires. Elles ſont appellées *Hypotypoſes*, parce qu'elles figurent les Choſes, & en forment une Image qui tient lieu des Choſes mêmes ; c'eſt ce que ſignifie ce nom Grec *Hypotypoſe*. David parlant du ſecours que Dieu lui devoit donner contre ſes Ennemis, & que ſa foi & ſon eſpérance lui rendoient préſent, s'explique, comme ſi ces Ennemis étoient déja abatus à ſes pieds.

> Tu m'entens, les voilà qui tombent,
> Ces hommes pleins d'iniquité :
> Tu confonds leur témérité,
> Et malgré leur orgueil ſous ta main ils ſuccombent.

Boileau fait ainſi parler la Molleſſe :

> La Molleſſe oppreſſée
> Dans ſa bouche à l'inſtant ſent ſa langue glacée,
> Et laſſe de parler, ſuccombant ſous l'effort,
> Soupire, étend les bras, ferme l'œil, & s'endort.

Cette Figure ſe diviſe en pluſieurs eſpèces : tantôt c'eſt la Peinture du caractère, & des mœurs d'une Perſonne. C'eſt ainſi que Bossuet peint le caractère de Cromwel : *Un homme s'est rencontré d'une profondeur d'esprit incroyable, Hypocrite rafiné, autant qu'habile Politique ; capable de tout entreprendre, & de tout cacher ; également actif, infatigable dans la Paix & dans la Guerre ; qui ne laissoit rien à la Fortune de ce qu'il pouvoit lui ôter par conseil & par prévoyance ; mais au reste si Vigilant & si prêt à tout, qu'il n'a jamais manqué aucune des occasions, qu'elle lui a présentées ; enfin un de ces Esprits Remuants & audacieux, qui semblent être nés pour changer le Monde.*

Tantôt c'est le récit d'un fait particulier : c'est ainsi que Josabet décrit la manière, dont elle sauva Joas du carnage :

> Hélas ! l'état horrible, où le Ciel me l'offrit,
> Revient à tout moment effrayer mon Esprit ;
> De Princes égorgés la chambre étoit remplie.
> Un Poignard à la main l'implacable Athalie
> Au carnage animoit ses barbares Soldats,
> Et poursuivoit le cours de ses assassinats.
> Joas laissé pour mort frappa soudain ma vûë ;
> Je me figure encore sa Nourrice éperduë,
> Qui devant les Boureaux s'étoit jettée en vain,
> Et foible le tenoit renversé sur son sein.
> Je le pris tout sanglant, & baignant son visage
> Mes pleurs du sentiment lui rendirent l'usage.
> Et soit frayeur encore, ou pour me caresser,
> De ses bras innocens je me sentis presser.

Tantôt enfin c'est la Description d'un lieu : telle est la Peinture, que fait Fléchier des Hôpitaux, dans l'Oraison Funèbre de la Reine : *Voyons-la dans ces Hôpitaux, où elle pratiquoit ses miséricordes publiques ; dans ces Lieux, où se ramassent toutes les infirmités & tous les accidens de la vie humaine, où les gémissemens & les plaintes de ceux qui souffrent, remplissent l'âme d'une tristesse importune ; où l'Odeur, qui s'éxhale de tant de corps languissans,*

languissans, portent dans le cœur de ceux qui les servent, le dégoût & la défaillance; où l'on voit la Douleur & la Pauvreté exèrcer à l'envie leur funeste empire: & où l'image de la misère & de la mort entre presque par tous les sens.

## Prétermission.

La *Prétermission* est une Figure de Rhétorique, quand on fait semblant de ne vouloir pas parler d'une chose dont on fait pourtant une mention sommaire; ce qui se dit soit en bien, soit en mal. Exemple. *Je ne dirai point qu'il est Vaillant, qu'il est Docte*, &c. les plus adroites loüanges se font par la *Prétermission*.

Fléchier dans l'Oraison Funèbre du Vicomte de Turenne: *N'attendez pas, Messieurs, que j'ouvre ici une Scène tragique; que je représente ce Grand homme étendu sur ses propres Trophées; que je découvre ce Corps pâle & sanglant, auprès duquel fume encore la Foudre qui l'a frappé, que je fasse crier son Sang comme celui d'Abel, & que j'expose à vos yeux les tristes Images de la Religion & de la Patrie éplorée.*

## Réticence.

La *Réticence* est une Figure de Rhétorique, par laquelle on fait une mention légère d'une chose; & on la fait entendre, en disant qu'on veut l'omettre, & qu'on n'en veut point parler. *Je ne dirai rien de la Noblesse de ses Ancêtres, je ne m'arrêterai point à parler de son courage, je veux seulement loüer sa piété*, &c. voilà une *Réticence*.

La *Réticence* est aussi une Figure, qui par un silence affecté en dit plus que les Paroles les plus fortes; comme dans cet Exemple: *Pensez-vous, Messieurs, qu'il eût jamais osé faire mention de cette Loi, dont Clodius se glorifie d'être l'Auteur, qu'il* eût jamais osé ouvrir la bouche, si Milon vivoit encore ; pour ne pas dire, s'il étoit actuellement Consul ? Car tous tant que nous sommes, il n'en est, je crois aucun, qui . . . . . . je n'ose pas dire tout ce que je pense.

Et dans le Panégyrique de S. Thomas de Cantorbéry ; *ils arrivent, ils entrent dans l'Eglise où le Saint célébroit l'Office, & s'avancent vers lui ; la fureur dans le cœur, le feu dans les yeux, le Fer à la main, sans respect des Autels, ni du Sanctuaire de Jesus-Christ, ni de ses Ministres . . . . . Vous entendez presque le reste, Messieurs, & je voudrois pouvoir me dispenser de vous rapporter un si pitoyable Spectacle.*

Cette Figure est très-commode pour passer d'une chose à une autre.

## FIGURES DE MOTS.

Sçavoir,

*Répétition, Allusion, Gradation, Antithèse.*

### RÉPÉTITION.

La *Répétition* est une Figure fort ordinaire dans le Discours de ceux qui parlent avec chaleur, & qui desirent avec passion, qu'on entende les Choses qu'ils veulent faire concevoir. Quand on est aux prises avec son Ennemi, on ne se contente pas de lui faire une seule blessure, on lui porte plusieurs coups ; & de crainte qu'un seul ne fasse pas l'effet qu'on attend, on lui en donne plusieurs. Aussi en parlant, si l'on craint que les premières paroles n'ayent pas été entenduës, on les répète, ou bien on dit les mêmes Choses en différentes manières.

La Passion occupe l'Esprit de ceux dont elle s'est renduë maîtresse. Elle imprime fortement les Choses qui l'ont fait naître dans l'âme ; ainsi il ne faut pas s'étonner qu'en étant plein, on en parle plus d'une fois.

La *Répétition* se fait en deux manières; ou en répétant les mêmes mots, ou en répétant les mêmes Choses en différens termes. Ces Vers de David, où il parle de l'assurance qu'il a dans les Promesses que Dieu lui a faites de le secourir, serviront d'Exemple de la première espèce de *Répétition*.

> Les Loix de son amour sont des Loix éternelles;
> Toujours dans mon malheur je l'aurai pour appui:
> Toujours son bras Puissant vengera mes querelles;
> Il me sera toujours, ce qu'il m'est aujourd'hui.

Pour Exemple de la seconde espèce, j'ai choisi ces beaux Vers de S. Prosper; dans lesquels il éxprime en différentes manières cette seule Vérité, que nous ne faisons aucun bien que par le secours de la Grace Divine.

> Grand Dieu, quoique t'oppose une Erreur téméraire;
> Si l'Homme fait le Bien, toi seul le lui fais faire:
> Ton Esprit pénétrant dans les replis du cœur
> Pousse la volonté vers son Divin Moteur.
> Ta Bonté nous donnant ce que tu nous demandes;
> Pour accomplir nos Vœux forme encore nos demandes.
> Tu conserves tes Dons par ton Puissant secours,
> Tu fais notre mérite, & l'augmentes toujours:
> Et dans ce dernier prix qui tout autre surpasse,
> Couronnant nos Travaux, tu couronnes ta Grace.

En répétant les mêmes paroles, on les peut disposer avec tant d'Art; que se répondant les unes aux autres, elles fassent une Cadence agréable aux oreilles.

Quelquefois la *Répétition* se fait au commencement des phrases; par Exemple: *Rien ne fera donc impression sur votre esprit? ni ce Corps de Troupes, qui veille pendant la nuit sur le Mont Palatin, ni la Garde qui se fait dans toute la Ville, ni l'effroi du Public, ni le concours des Gens de bien qui se réunissent contre vous, ni ce lieu même choisi, parce qu'il est fortifié, pour tenir la présente Assemblée ; ni enfin les visages & les regards de tous ceux qui m'écoutent, & qui ne vous voyent qu'avec indignation ?* Catil. I. n. 1.

Quelquefois elle se fait à la fin : par Exemple. *Qui sont ceux qui ont compté pour rien de rompre les Traités de Paix ? Les Carthaginois. Qui sont ceux qui nous ont fait une guerre cruelle & sanglante ? Les Carthaginois. Qui sont ceux qui ont ravagé l'Italie ? Les Cartaginois. Qui sont ceux qui demandent qu'on leur pardonne ? Les Carthaginois.* Auth. ad Heren. 4. cap. 13.

Cette Figure est très-propre pour insister fortement sur quelque Vérité. Pline l'ancien, parlant de la Terre : *Voilà*, dit-il, *où nous cherchons à nous établir & à nous enrichir : voilà où nous voulons être les Maîtres & dominer ; voilà ce qui agite le Genre humain par de si violentes secousses ; voilà ce qui est l'objet de notre Ambition, la matière de nos Disputes, la cause de tant de Guerres sanglantes, même entre des Concitoyens & des frères.*

Et Despréaux dans une de ses Satyres :

> L'argent ! l'argent, dit-on ; sans lui tout est stérile.
> La Vertu sans l'argent n'est qu'un meuble inutile.
> L'argent en honnête homme érige un Scélérat.
> L'argent seul au Palais, peut faire un Magistrat.

Retrancher de tous ces endroits la *Répétition*, c'est en affoiblir toute la force.

## ALLUSION.

L'*Allusion* est une Figure qui se fait par un jeu de Mots presque semblables. L'affectation des *Allusions* est extrêmement vicieuse en France. Et même sans affectation, elles passent pour froides, à moins qu'elles ne soient fort heureuses. Mais on peut élégamment faire *Allusion* à quelque Apophtègme, à quelque

Histoire, à quelque Coûtume ; lorsqu'on dit quelque chose qui y a du rapport : & qu'on veut faire entendre au Lecteur, ou à l'Auditeur, qu'on y a pensé en l'écrivant.

Telle est la Réponse d'un grand Seigneur, qui ayant été long-tems Favori de son Prince, & n'étant plus si fort en Crédit, trouva sur les degrés comme il descendoit de chez le Roi, son nouveau Concurrent qui montoit ; & qui lui demanda, si chez le Roi il y avoit quelque chose de nouveau ; *Rien du tout*, dit-il, *sinon que je descends, & que vous montez*.

## GRADATION.

La *Gradation* est une Figure de Rhétorique, lorsqu'on apporte des preuves montant par degrés, & en disant des Choses qui enchérissent sur celles qu'on a déja dites.

M. Gillet nous fournit un bel Éxemple de la *Gradation* dans un de ses Plaidoyers : *Après avoir passé de l'Amour à l'Indifférence, il s'est fait dans les Sentimens de son cœur une malheureuse Gradation, de la Froideur au Mépris, du Mépris à la Haine, & de la Haine aux derniers Outrages.*

Comme l'Art se fait un peu trop sentir dans la *Gradation*, il n'en faut user que rarement.

## ANTITHÈSE.

Les *Antithèses* ou Oppositions, les Comparaisons, les Similitudes qui sont des Figures propres à représenter les Choses avec clarté, sont les effets de cette forte impression que fait sur nous l'objet de la Passion qui nous anime ; & dont par conséquent il est facile de parler clairement & éxactement, l'ayant présent devant les yeux de l'âme. On sçait que les Choses opposées se font appercevoir les unes les autres : la blancheur éclate auprès de la noirceur. Voici un Éxemple d'une *Antithèse* que je tire de S. Profper, il parle de ceux qui agiffent fans être pouffés par le Saint-Efprit.

> Leur âme en cet état recule en s'avançant,
> En voulant monter tombe, & perd en amaffant :
> Comme elle fuit l'attrait d'une lueur trompeufe,
> Sa lumière l'offufque, & la rend ténébreufe.

Ce Paffage du Chapitre troifième d'Ifaïe, que vous allez lire, contient de fort belles *Antithèfes* : *Parce que les Filles de Sion fe font élevées, qu'elles ont marché la tête haute en faifant des Signes des yeux, & des geftes des mains ; qu'elles ont mefuré tous leurs pas, & étudié toutes leurs démarches ; le Seigneur rendra chauve la tête des Filles de Sion, & il arrachera tous leurs cheveux. En ce jour-là le Seigneur leur ôtera leurs Chauffures magnifiques, leurs Croiffans d'Or, leurs Colliers, leurs Filèts de Perle, leurs Braffelèts, leurs Coëffes, leurs Rubans de cheveux, leurs Jarretières, leurs Chaînes d'Or, leurs Boëtes de Parfum, leurs Pendans d'oreilles, leurs Bagues, les Pierreries qui leur pendent fur le front, leurs Robes magnifiques, leurs Écharpes, leurs beaux Linges, leurs Poinçons de Diamans, leurs Miroirs, leurs Chemifes de grand prix, leurs Bandeaux, & leurs Habillemens légers contre le chaud de l'Été. Et leur Parfum fera changé en puanteur ; leur Ceinture d'Or en une corde ; leurs Cheveux frifés en une tête nuë & fans cheveux ; & leurs riches Corps de Cotte en un Cilice.*

Le Sonnet fameux de l'Avorton contient de fort belles *Antithèfes* ou Oppofitions. Une fille enceinte pour fauver fon honneur, fit mourir fon fruit dans fon fein. Le Poëte parle, ou fait parler cette fille à cet Avorton :

> Toi qui meurs avant que de naître,
> Affemblage confus de l'être & du néant,

Triste Avorton, informe enfant,
Rebut du Néant & de l'Être.
Toi que l'Amour fit par un crime,
Et que l'honneur défait par un crime à son tour,
Funèste Ouvrage de l'Amour,
De l'honneur funèste Victime,
Laisse-moi calmer mon ennui.
Et du fond du Néant où tu rentre aujourd'hui,
Ne trouble point l'horreur dont ma faute est suivie.
Deux Tyrans opposés ont décidé ton Sort:
L'Amour malgré l'honneur te fait donner la vie,
L'honneur malgré l'Amour te fait donner la mort.

Je ne voudrois pas soûtenir que ce Sonnet soit également beau en toutes ses Pensées, & à couvert d'une Critique raisonnable.

Autre Éxemple. Démosthène dans sa Harangue pour Ctésiphon : *Vous teniez l'École*, dit-il à Eschine, *pour gâgner votre vie, & moi j'avois des Maîtres que je payois ; vous serviez de Valet dans les Temples, & je vous obligeois de me servir ; vous fîtes ensuite le métier de Scribe, & c'étoit moi qui vous faisois travailler ; vous fîtes celui de Danseur sur le Théatre, & c'étoit moi qui faisois la dépense de ce Divertissement pour le Peuple ; vous fûtes Greffier, & moi j'étois Juge, & je prononçois les Arrêts ; vous devîntes Comédien, & j'étois du nombre des Spectateurs ; vous ne faisiez que les derniers rôles, encore ne pouvoit-on vous souffrir; j'étois du nombre de ceux qui vous siffloient.*

Voici une *Antithèse* dans un autre genre, elle est du Père Bourdaloue, dans son Sermon sur la Résurrection : Ecce locus, ubi posuerunt eum : *Ces paroles sont bien différentes de celles que nous voyons communément gravées sur les Tombeaux des hommes. Quelques Puissans qu'ils ayent été, à quoi se réduisent ces magnifiques Éloges qu'on leur donne; & que nous lisons sur ces superbes Mausolées, que leur érige la Vanité humaine ? A cette Inscription*, HIC JACET ; *ce Grand, ce Conquérant, cet Homme tant vanté dans le monde, est ici couché sous cette Pierre, & enseveli dans la poussière, sans que tout son Pouvoir & toute sa Grandeur l'en puissent tirer. Mais il en est bien autrement à l'égard de Jesus-Christ ; à peine a-t-il été enfermé dans le Sein de la Terre, qu'il en sort dès le troisième jour, Victorieux & Triomphant ; en sorte que ces Femmes Dévotes qui le viennent chercher, & qui ne le trouvant pas, en veulent sçavoir des nouvelles ; n'en apprennent rien autre chose, sinon qu'il est ressuscité, & qu'il n'est plus là*; NON EST HIC : *au lieu donc que la gloire des Grands du Siècle se termine au Tombeau, c'est dans le Tombeau que commence la gloire de ce Dieu-Homme ; c'est-là, c'est pour ainsi parler, dans le centre même de la foiblesse qu'il fait éclater toute sa Force, & jusque entre les bras de la mort, qu'il reprend par sa propre Vertu une Vie bienheureuse* ET IMMORTELLE. Abrégé de Rhétorique.

Les Rhéteurs ont encore différentes Figures, qui sont des espèces de Répétition, des Noms particuliers qu'ils trouvent dans la Langue Grecque. Ils nomment *Anaphore* la répétition d'un même mot qui recommence une Période ou un Vers. *Épistrophe*, c'est quand on finit par les mêmes Paroles. *Symploque*, l'union de l'*Anaphore* & de l'*Épistrophe*. Ils nomment *Épanalipse*, la répétition qui se fait au commencement d'une Période précédente, & à la fin de celle qui suit. L'*Anadiplose*, c'est tout le contraire. Lorsque l'on répète tout de suite le même mot, qu'on les joint ; c'est ce qu'on nomme *Conjonction* en Latin, & en Grec *Épizeuse*. Si on répète ce qu'on augmente, c'est une *Gradation*. Quand on retourne au même mot, c'est *Épanode* ou *Retour*. Il y a des Répétitions, où ce n'est pas le même mot qui est répété ; mais seulement le même Son, ou la même Terminaison, ou la même Syllabe, ou la même Lettre ; ce qui se peut

faire

## RHÉTORIQUE, Chap. V.

faire en différentes manières auxquelles les Rhéteurs donnent des Noms. Il n'eſt pas néceſſaire d'en charger ſa mémoire. Voſcius les explique, & il en donne des Éxemples dans ſes Commentaires de Rhétorique.

Je n'ai pas deſſein de comprendre toutes les eſpèces poſſibles de ces Figures. J'ai crû qu'il ſuffiroit d'en donner quelques Éxemples. Ces Expreſſions qui ſont figurées en cette manière, peuvent être eſtimables, à cauſe du Sens qu'elles renferment ; mais il eſt évident que ces Figures ne méritent par elles-mêmes, qu'une médiocre eſtime.

L'Artifice qu'on emploie pour les produire eſt trop ſenſible, & pour parler franchement, trop groſſier ; auſſi notre Langue qui eſt naturelle, ne les aime pas ; & nos excellens Auteurs les évitent avec plus de ſoin, que quelques Écrivains ne les recherchent. A peine les ſouffrent-ils, lorſqu'elles ſe préſentent elles-mêmes, & qu'elles ſe placent ſans qu'ils s'en apperçoivent. Les petits Eſprits aiment ces Figures, parce que ce foible Artifice eſt aſſez proportionné à leur force, & conforme à leur génie. *Puerilibus ingeniis hoc gratiùs, quo propiùs eſt.*

Il n'y a rien de ſi facile que de figurer un Diſcours en cette manière ; c'eſt pourquoi ceux qui ne ſont pas capables d'une véritable Éloquence, s'attachent à ces Figures. Ils les aiment ; parce qu'ils les remarquent, & qu'ils les imitent facilement.

Un Eſprit ſolide éxamine de quoi il s'agit, & après il s'y applique. Les Choſes ne ſont belles, que par rapport à leur fin ; c'eſt cette fin qu'il conſidère. Que ſert un jeu de Paroles à la clarté du Diſcours ? Si la matière eſt ſérieuſe, il eſt hors de ſaiſon : on ne jouë point, quand on a en tête une affaire importante. Cependant je ne ſuis pas ſi Critique, pour condamner toutes ces Figures. Elles ſont Belles quand elles ne ſont pas recherchées, qu'il ne paroît pas que l'Auteur, au lieu de s'appliquer à la Vérité, s'est amusé à badiner. Il y a des Répétitions figurées qui sont naturelles & élégantes, comme celles-ci :

*Les Grands se plaisent dans les défauts, dont il n'y a que les Grands qui soient capables.*

*L'Amour propre est plus habile, que le plus habile homme du Monde.*

*J'oublie que je suis malheureux, quand je songe que vous ne m'avez pas oublié.*

*Il s'est efforcé de connoître Dieu, qui par sa Grandeur est inconnu aux Hommes; & de connoître l'Homme, qui par sa Vanité est inconnu à lui-même.*

Nous pouvons comparer toutes ces Figures à celles d'un Parterre. Comme celles-ci plaisent à la vûe par leur variété, & par cet Ordre avec lequel elles sont disposées ingénieusement; les Sons ou les Mots dont un Discours est composé, étant figurés de la manière dont nous venons de le dire, ils sont agréables aux oreilles.

On les peut aussi comparer à ces Figures qu'on voit sur les Ouvrages de la Nature, où il semble qu'elle ait voulu se joüer en prenant plaisir à les diversifier. Un Voyageur se délasse quelquefois en considérant une Coquille, une Fleur. Un Lecteur mélancolique est aussi réveillé par cet arrangement figuré de Mots. Ces Figures renouvellent son Attention, & ces petits Jeux ne lui sont pas désagréables.

J'ai remarqué quelques-unes de ces Figures dans les Livres Sacrés, particulièrement dans le Texte original d'Isaïe, qui est le plus Éloquent de tous les Prophètes. Les Pères ne les rejettent point, soit pour s'accommoder à leur Siècle qui y prenoit plaisir ; soit parce que l'on retient mieux une Sentence, dont l'Expression a quelque Cadence. *Art de parler.*

## CHAPITRE VI.
### DUODÉNAIRE DE LA RHÉTORIQUE.
#### Douze espèces de Discours.

Sçavoir,

*Harangue*,            *Déclamation*,         *Panégyrique*,
*Généthliaque*,     *Gratulation*,           *Invective*,
*Oraison*,                *Exhortation*,         *Dissuasion*,
*Épître*,                   *Préface*,                 *Dialogue*.

#### Harangue.

I. LA *Harangue* est le Discours que fait un Orateur en Public. Les Présidens & Avocats Généraux, en font dans leurs Assemblées aux Mercuriales; les Capitaines à leurs Soldats avant la Bataille.

Cela se dit aussi des Complimens un peu étendus, que les Peuples ou les Magistrats, font aux Princes qui passent par leurs Villes; ou en d'autres occasions, pour leur témoigner leur Respect & leur Obéissance, ou la joie qu'ils ont de leurs Victoires, ou Prospérités, ou de leur Arrivée.

On dit d'un Historien, qu'il fait des *Harangues* directes; quand il rapporte les *Harangues* qu'ont dit, ou pû dire les Princes ou les Capitaines en certaines occasions : & des *Harangues* indirectes; celles où il ne fait que rapporter les principaux points de ce qu'ils ont dit : par Exemple, *il leur représenta que c'étoit leur intérêt, qu'il étoit de l'honneur de la Nation*, &c.

On n'approuve point les *Harangues* directes dans l'Histoire. Cicéron n'approuve point ces fastueux Ornemens, & il est vrai qu'ils ne font guères dans la vraifemblance de l'Hiftoire ; furtout quand on fuppofe des *Harangues* un peu longues, faites à la tête d'une Armée prête à combattre. On ne les pardonne pas à un Poëte tel qu'Homère, & bien moins à un Hiftorien. De plus, on voit bien que ces *Harangues* font faites à plaifir, & qu'il n'eft pas même fouvent poffible, que l'Hiftorien ait eu des Mémoires pour les compofer. Cependant il y a fouvent des Hiftoriens Grecs & Latins, qui ont fait de fi belles *Harangues*, & les ont remplies de réfléxions fi juftes, de Faits fi curieux, de Termes fi choifis ; qu'on eft ravi qu'ils fe foient avifés d'en faire. On n'a pas les mêmes égards pour les Hiftoriens modernes.

### DÉCLAMATION.

II. La *Déclamation* eft un Difcours prononcé en Public, fur le ton d'Orateur. Il fe dit particulièrement de ces Éxercices, & *Déclamations* qui fe font par les Écoliers pour apprendre à parler en Public.

La *Déclamation* parmi les Grecs étoit devenue un Art de parler indiftinctement fur toutes fortes de matières ; de faire paroître jufte, ce qui étoit injufte ; & de triompher des meilleures Raifons. Ce genre de *Déclamations* étoit très-propre à corrompre les Efprits, en les accoûtumant à cultiver l'Imagination, plutôt qu'à former le Jugement ; & à chercher plutôt des vraifemblances pour éblouïr, que de folides Raifons pour perfuader.

Les *Déclamations* n'ont été introduites que pour éxèrçer l'Efprit des jeunes Gens, fur des Sujets qui puiffent tomber dans l'ufage ordinaire. Le Plaidoyer d'un Avocat n'eft qu'une perpétuelle *Déclamation* contre fes Parties.

### PANÉGYRIQUE.

III. Le *Panégyrique* eft un Difcours fait à la loüange d'une

Personne ; ou d'une Vertu extraordinaire, ou qu'on veut faire passer pour telle. L'Imagination a plus de part aux *Panégyriques*, que la Raison ; ce sont des Hyperboles continuelles.

Rien n'est plus ennuyeux qu'un *Panégyrique* mal fait ; ceux des Saints doivent être des Tableaux exposés aux yeux des Peuples, pour les porter à les imiter. Il n'y a point de plus beau *Panégyrique* des Grands Hommes, que leurs Actions.

Un Éloge ennuyeux, un froid Panégyrique,<br>
Peut pourrir à son aise au fond d'une Boutique.

. . . . . . . . .

Cherche donc un Héros, qui t'offre plus qu'un nom ;<br>
Et de qui pour Garant ayant la Foi Publique,<br>
Le Peuple ait avant toi fait le Panégyrique.

## GÉNÉTHLIAQUE.

IV. La *Généthliaque* est un Discours fait sur la Naissance de quelque Prince, auquel on promet de grands Avantages, de grandes Prospérités, de grandes Victoires par une espèce de Prédiction.

## GRATULATION.

V. La *Gratulation* est un Discours pour témoigner à quelcun, qu'on est bien aise d'une bonne Fortune qui lui est nouvellement arrivée. Les Princes s'envoyent des Ambassadeurs pour se féliciter sur leurs Mariages, sur leur Avénement à la Couronne ; le Discours de ces Ambassadeurs s'appelle *Gratulation*.

## INVECTIVE.

VI. L'*Invective* est un Discours par lequel on blâme, on décrie quelque Personne ou quelque Chose. Les Ouvrages critiques des Auteurs sont de perpétuelles *Invectives*, ils sont féconds en ce genre.

### ORAISON.

VII. L'*Oraison* est un Discours étudié & poli, qu'on prononce en Public ; ou qui est composé à ce dessein. On prononce des *Oraisons Funèbres* aux Obsèques des Grands, qui contiennent leurs Éloges. Valérius Publicola fut le premier parmi les Romains, qui fit une *Oraison Funèbre* aux Obsèques de Brutus. Au commencement on n'en fit que pour les hommes. Ensuite on commença à en faire pour les Dames, parce qu'elles avoient contribué généreusement de leurs Joyaux pour faire un présent, que l'on vouloit envoyer à Delphes.

Les Anciens appelloient aussi *Oraisons*, les Plaidoyers & les Harangues qu'ils faisoient au Peuple, & les autres Compositions d'Éloquence ; comme les *Oraisons* d'Isocrate, de Démosthène, de Cicéron.

### EXHORTATION.

VIII. L'*Exhortation* est un Discours qui tend à persuader quelcun, de faire quelque chose qui est honnête, avantageuse. C'est aussi un petit Sermon qui se fait avec plus de familiarité, & plus en particulier, que ceux qui se font dans les Chaires ; qui excite à pratiquer les Vertus Chrétiennes, les Éxercices de Piété.

### DISSUASION.

IX. La *Dissuasion* est un Discours qui détourne, & empêche de faire quelque chose. Le Genre Délibératif consiste en deux parties ; en la *Dissuasion*, & en la Persuasion.

### ÉPÎTRE.

X. L'*Épître* eſt ce qu'un Auteur mèt à la tête de ſon Livre, & par laquelle il l'offre, il le dédie à la Perſonne à qui cette *Épître* eſt adreſſée. L'Auteur d'un Ouvrage qui traite des Conquêtes de Céſar, ou des Aventures d'Hyppolite, ne fait point de difficulté de dire à un Prince, en lui dédiant ſon Livre : *Voici le Vainqueur des Gaules qui vient vous rendre ſes hommages. Hyppolite ſort du fond des Bois, dans le deſſein de vous faire ſa Cour.* Il n'y a rien de plus faux que cela, & c'eſt ſe mocquer, que de confondre le Livre qu'on dédie avec le Héros qui fait le ſujet du Livre ; à moins que l'Auteur par une eſpèce de Fiction ne faſſe parler ſon Héros, ou ſon Héroïne ; au lieu de parler lui-même : comme l'a fait ſpirituellement un de nos Poëtes, en faiſant imprimer une Pièce de Théâtre.

Cependant Voiture confond le Héros avec le Roman, & prend l'un pour l'autre dans deux de ſes Lettres.... Si j'oſois condamner Voiture, je dirois qu'en ces Rencontres il s'oublie un peu, & ſort du Caractère de véritable Bel Eſprit : mais j'aime mieux dire qu'il ſe joüe agréablement de ſon Sujet, & que des Lettres Galantes ne demandent pas une Vérité auſſi auſtère que des *Épîtres* Dédicatoires, qui ſont d'elles-mêmes grâves & ſérieuſes. L'*Épître* Dédicatoire n'eſt pas une choſe aiſée ; on s'eſt déja ſervi de tous les tours de ſoupleſſe qui y peuvent entrer.

### PRÉFACE.

XI. La *Préface* eſt un Avertiſſement qu'on met au commencement d'un Livre, pour inſtruire le Lecteur, de l'Ordre & de la Diſpoſition qu'on y a obſervé ; de ce qu'il a beſoin de ſçavoir, pour en tirer de l'utilité : & lui en faciliter l'intelligence. On fait ſouvent des *Préfaces* pour ſe loüer ſoi-même, ou pour faire l'Apologie de ſes fautes ; alors elles ſont ennuyeuſes, & preſque aussi grosses que le Livre. Une *Préface* sage, judicieuse, & bien entenduë est un Chef-d'œuvre.

<blockquote>
Un Auteur à genoux dans une humble Préface,<br>
Au Lecteur qu'il ennuye à beau demander grace.
</blockquote>

### Dialogue.

XII. Le *Dialogue* est un Entretien de deux ou de plusieurs Personnes, soit de vive Voix, soit par Écrit. Toute l'Antiquité la plus éclairée a cultivé heureusement ce genre d'Écrire si insinuant. Ils voyoient par Expérience, qu'une longue & uniforme Discusion de Dogmes subtils & abstraits, est seche & fatiguante : on y languit, rien ne délasse : un Raisonnement en demande un autre ; un Auteur parle sans cesse tout seul. Le Lecteur rebuté, de ne rien faire qu'écouter sans parler à son tour, lui échappe ; on ne le suit qu'à demi.

Au contraire, faites parler tour à tour plusieurs hommes avec des Caractères bien gardés, le Lecteur s'imagine faire une véritable Conversation, & non pas une étude. Tout l'intéresse, tout réveille sa Curiosité, tout le tient en suspens. Tantôt il a la joie de prévenir une Réponse, & de la trouver dans son propre fonds ; tantôt il goûte le plaisir de la surprise, par une Réponse décisive qu'il n'attendoit pas. Ce que l'un dit, le presse d'entendre ce que l'autre va dire. Il veut voir la fin, pour découvrir quel est celui qui répond à tout ; & auquel l'autre ne peut donner une entière Réponse. Ce Spectacle est une espèce de Combat, dont le Lecteur se trouve le Spectateur & le Juge. Si on doute du grand pouvoir de l'Art du *Dialogue* ; on n'a qu'à se ressouvenir des profondes impressions, que les Lettres à un Provincial ont faites dans le Public.

Le Saint-Esprit même n'a pas dédaigné de nous enseigner par des *Dialogues* ; la Patience, dans le Livre de Job ; le Parfait Amour de Dieu, dans le Cantique des Cantiques. Saint Justin

Juſtin Martyr a ouvert ce chemin dans ſa Controverſe contre les Juifs ; & Minucius Félix le ſuit dans la ſienne contre les Idolâtres. C'eſt ainſi qu'Origène a crû pouvoir mieux réfuter l'erreur de Marcion. Le Grand Saint Athanâſe n'a crû rien diminuer de la Majeſté des Myſtères de la Foi, en la ſoûtenant par la familiarité de ſes *Dialogues*. Saint Baſile a choiſi ce genre d'écrire, comme le plus propre pour nous donner ces Règles qui ont éclairé tout l'Orient. L'Art du *Dialogue* a été éxcellemment mis en œuvre par Saint Grégoire de Nazianze, & par ſon frère Céſaire, pour les plus hautes Vérités.

Le Grand Saint Grégoire Pape, a crû le *Dialogue* digne de la Gravité du Siège Apoſtolique, pour publier les mèrveilles de Dieu. Les *Dialogues* de Saint Maxime ſur la Trinité ſont célèbres dans toute l'Égliſe. Saint Anſelme montre la force de ſon Génie dans les ſiens, ſur les Vérités fondamentales de la Religion. Tous les Siècles ſont pleins de ſemblables Éxemples.

Les *Dialogues* de M. de Cambray ne ſeront pas moins chèrs à la Poſtérité, que ſes admirables Défenſes de la Religion. L'Antiquité Profane avoit auſſi employé l'Art du *Dialogue*, non-ſeulement dans les Sujets Badins & Comiques, comme a fait Lucien ; mais dans les plus ſérieux & les plus abſtraits. Tels ſont les *Dialogues* de Platon, & ceux de Cicéron ; qui roulent tous ſur la Philoſophie, ou ſur la Politique.

Outre M. de Fénélon, nous avons auſſi pluſieurs Auteurs qui ont pris ce tour ; M. Paſchal, dans les Provinciales ; le P. Bouhours, dans les Entretiens d'Ariſte & d'Eugène, & dans la manière de bien penſer ; M. Fontenelle, dans ſes *Dialogues* des Morts ; &c. *Trévoux.*

Nous finirons cette Rhétorique par l'analyſe de l'Oraiſon Funèbre de M. de Turènne, par M. Fléchier ; pour montrer aux jeunes Gens la manière dont il faut lire les Auteurs, &

celle dont ils doivent Composer. Voici quel en est le sujet.

### ARGUMENT.

Jamais aucune mort n'a fait verser des larmes ni plus abondantes, ni plus sincères que celle de Henri de la Tour d'Auvergne, Vicomte de Turènne ravi à la France ; lorsque seul, il faisoit trembler toutes les Puissances Ennemies, qu'il tenoit leurs Troupes comme dans les fers, & l'Europe entière en admiration : sa perte fût pour l'État une calamité publique. Louis le Grand l'a pleuré, & tout le Royaume avec lui.

Ce Prince nâquit à Sedan le 11 Septembre 1611, du Maréchal Duc de Bouillon Prince de cette Ville, & d'Elizabeth de Nassau sœur du Comte Maurice Prince d'Orange. Dès l'âge de quatorze ans il porta les Armes sous son oncle. Dans l'impatience d'être à rien faire, il quitta la Hollande en 1634, & rechercha le service de la France. Ses grandes Actions en Italie sous les Ordres de M. le Comte de Harcourt lui méritèrent le Commandement. Il fut envoyé sur le Rhin en 1643, où il rétablit à ses dépens l'Armée qu'on lui avoit confiée. Il eût une très-grande part aux Victoires que M. le Prince de Condé remporta dans ces Provinces sur les Allemands, & les Espagnols.

Pendant les Guerres Civiles en 1652, qui affligèrent si cruellement la France, il la soutint seul contre les Princes. En 1672 il accompagna le Roi à la guerre contre les Hollandois. L'année suivante il chassa avec une poignée de monde jusqu'à Berlin, l'Électeur de Brandebourg qui étoit venu au secours des Hollandois, & l'obligea à demander la Paix : il assura la Franche-Comté à la France ; soumit l'Alsace, & défit avec vingt mille hommes, l'Armée des Alliés qui étoit de soixante-dix mille. Il poursuivoit le Général Montécuculli, & le tenoit enfermé ;

lorsqu'il fut emporté d'un coup de Canon, le 28 de Juillet 1675.

Ses principales Victoires sont celles d'Arras, des Dunes, de Sentzein, de la Delbourg, d'Enzhein, de Mulhausen, & de Turchein; mais il y a une infinité d'autres Actions qui méritent d'autant plus d'estime, qu'elles n'ont pas ces dehors frappants qui saisissent le Vulgaire.

Le fond de son caractère étoit une Douceur, qu'il a porté jusqu'à la tendresse d'un Père pour ses Soldats, un Désintéressement qui ne lui a permis de connoître d'autre bien, que celui de sa Patrie; ni d'autre Gloire, que celle de son Roi; une Prudence qui ne lui a jamais laissé donner rien au hazard, & qu'il a fait (après Dieu) l'Auteur de ses Exploits; une Piété enfin si sincère qu'elle l'a conduit dans le sein de l'Église, hors de laquelle il avoit eu le malheur de naître : de ces quatre Vertus sortent toutes ces qualités admirables, qui ont mis ce Grand Homme hors de tout parallèle avec les premiers Capitaines.

La confiance dont Louis le Grand l'a honoré pendant sa vie, les larmes qu'il a répandues à sa mort, sa Mémoire toujours récente, seront à jamais pour lui un Monument encore plus magnifique; que ce superbe Mausolée où il repose à Saint-Denis, avec les Fondateurs de la Monarchie.

### Analyse.

#### Exorde.

1°. L'Orateur commence par un parallèle de son Héros avec Judas Machabée, dont il détaille les grandes Actions, exprime les pieux Sentimens; & peint la mort & le deuil qui l'a suivi. Rien n'est plus vif ni plus touchant, que cette image.

2°. Pour appliquer ce Riche passage de l'Écriture qui fait son Texte; il demande à ses Auditeurs, si déja ils n'ont pas reconnus celui dont il doit parler, auquel pour reſſembler à Machabée il ne manque qu'un Éloge digne de lui.

3°. Il donne une idée de ſon ſujet, & en fait voir la richeſſe.

4°. Il exprime les regrèts d'une ſi grande perte. Là par une vile apoſtrophe, il s'adreſſe aux Puiſſances Ennemies de la France, qui vivent, tandis qu'il pleure la mort d'un Capitaine ſi pieux. Cette Périphraſe eſt très-délicate.

5°. Il partage ſon Diſcours en trois Parties. Cet Homme Puiſſant *triomphe des Ennemis de l'État par ſa valeur; des Paſſions de l'âme par ſa Sageſſe; des Erreurs & des Vanités du Siècle par ſa Piété.* Ce qu'il propoſe enſuite en pluſieurs phraſes équivalentes; & ſe concilie l'attention de ſon Auditeur, par la grandeur des Vertus dont il va lui parler.

### Première Partie.

*Triomphe des Ennemis de l'État par ſa Valeur.*

1°. L'Orateur avant de prouver la Propoſition, annonce qu'il ne louera pas ſon Héros, comme on louë les autres hommes par la Naiſſance dont il fait connoître pourtant la Nobleſſe; puiſque quelqu'illuſtre qu'elle ſoit, il en eſt plutôt à plaindre qu'à louer, infecté qu'elle étoit alors de l'Héréſie.

2°. Pour prouver la Valeur de M. de Turènne, il commence par ſes premières Campagnes ſous le Comte Maurice; on remarque dès-lors en lui, une Intrépidité & une Prudence qui annonçent ce qu'il doit être un jour. Ce morceau eſt embelli d'une riche Comparaiſon tirée d'un Fleuve qui s'étend, & fait plus de bien à meſure qu'il s'éloigne de ſa ſource.

3°. Il prouve cette même Valeur par les Exploits de ſon Héros en France, à Caſal, à Thurin, ſous le Comte de Harcourt: en Allemagne où il commande en Chef: on voit en ces endroits du Discours un portrait achevé d'un Capitaine accompli.

4°. Par ce zèle & cette prudence qui l'a fait triompher avec une poignée de monde, & en plusieurs occasions des Rebelles; au Pont de Gergeau, à Bléno-sur-la-Loire, à Éstampes, à Villeneuve-Saint-Georges, &c. Rien n'est plus ingénieux, que la manière dont l'Orateur glisse sur la faute que fit M. de Turènne en quittant le service de la France; il se contente de la faire entrevoir, & le mèt aussi-tôt à la tête des Armées du Roi.

5°. Après avoir exposé dans une énumération, les grands avantages que la France a tirés de tant de services pour rétablir l'ordre de la subordination, il vient aux Guerres Étrangères; aimant mieux dérober quelque chose à la gloire de son Héros, que d'arrêter plus long-tems son Auditeur sur ce triste objet. C'est dans ces Guerres sur-tout, que la Valeur de ce Grand Homme se déploye; Valeur qu'il définit, & par les qualités qu'elle ne doit point avoir, qu'on ne lui attribue pourtant que trop souvent; & par celle qui en fait l'essence, mais que l'on ne connoît pas assez.

6°. Pour la démontrer, il mèt sous les yeux les principales Expressions de son Héros en Flandre, le Secours d'Arras, la Retraite de Valenciennes, la Bataille des Dunes, & par le témoignage du Roi d'Espagne Philippe IV. qui l'avoit si souvent allarmé. J'entrerois dans tout ce détail, dit l'Orateur, si l'Éloquence de la Chaire étoit propre au récit des Batailles: transition qui le conduit à faire voir, quelle est la Générosité chrétienne.

7°. Il montre à quel degré elle se trouve en M. de Turènne, d'où il vient naturellement à sa modération dans les Chocs les plus vifs. Il fait voir que son unique but étoit le bien Public, & la gloire de son Roi; qu'il n'a eu d'autres règles que la Sagesse; comme on va le voir dans la seconde Partie.

SECONDE PARTIE.

### Triomphe des Passions par sa Sagesse.

1°. L'Orateur fait voir combien est nécessaire la Sagesse dans un homme qui commande, ce qu'il applique à son Héros ; il prouve par les différentes conjonctures où il s'est trouvé, jusqu'où il a porté cette Vertu.

2°. Il rappelle à ses Auditeurs le danger où se vit la France, lorsque tout le Corps Germanique s'avançoit contre elle. Il demande, quel homme il falloit opposer à tant de forces réunies ; un Homme qui n'oublia rien d'utile & de nécessaire, & ne fit rien de superflu. Or quel autre pouvoit-on choisir que ce Grand Homme ? Ce qu'il traite par une énumération de ses principaux Exploits, qu'il ne fait qu'indiquer, ne pouvant entrer dans un si grand détail. Cet endroit est relevé d'une apostrophe aux Villes & aux Provinces de France, que l'Ennemi s'étoit déja partagé ; comptant trop sur le petit nombre de nos Troupes, & & se défiant trop peu de la Sagesse de notre Capitaine.

3°. Il prouve cette Sagesse, par la difficulté qu'il y a de conduire une Armée, dont il donne une parfaite description. M. de Turrènne s'attache tous ces différens Caractères ; c'est un autre Abraham au milieu de sa famille. Ses Soldats l'aiment comme leur père. Détail de leur zèle. Raisons qui les y portoient. Ce qui produit différentes Antithèses. Cette espèce de Chaîne qui lui attachoit ainsi tous les cœurs, étoit sa Bonté & sa justice. L'Orateur louë ici M. Mascaron Évêque de Tulle, qui s'applique particulièrement dans son Oraison Funèbre de M. de Turrènne, à développer ses qualités intérieures.

4°. Cette Sagesse éclate dans l'usage généreux que M. de Turrènne a fait des honneurs, & des bienfaits du Roi. Rien n'est plus délicat que l'Éloge que l'Orateur donne en passant à ce grand Prince : elle éclate dans le Récit modeste de ses Actions, dans sa vie privée, & dans la manière dont il use envers les envieux.

5°. Elle se montre sur-tout dans son Retour sincère à l'Église, il surmonte tous les obstacles, & ce que l'Amour propre a de plus séduisant. C'est par-là qu'il triomphe des Erreurs & des Vanités du Siècle ; Sujet de la troisième Partie.

L'Orateur dans sa transition prend un ton plus élevé, ayant à parler de plus grandes Actions, de plus nobles Motifs, d'une Protection de Dieu plus visible.

### Troisième Partie.

*Triomphe des Erreurs & des Vanités du Siècle par sa Piété.*

1°. L'Orateur fait voir que sans la Religion, il ne peut y avoir de vrai Éloge ; puisqu'il n'est point d'Actions louables, que celles qu'elle consacre. C'est donc, parce que M. de Turrènne est sorti de l'Erreur, qu'il mérite d'être loué par un Ministre du Dieu de Vérité.

2°. Il prouve que sa Conversion a été sincère par son désintéressement, sa soumission, son humilité, son zèle à ramener les Brebis égarées. Zèle dont il décrit les effets, en s'adressant aux Évêques qui en ont été les Témoins par ses aumônes ; par cette ardeur qu'il montra à la Guerre de Hollande. Cet endroit est rehaussé d'un très-beau parallèle de M. de Turrènne, avec M. le Cardinal de Bouillon son neveu.

3°. Cette Piété a paru dans les Armées, où il s'est distingué sur tous les autres Capitaines par la pureté de ses intentions. Sa Foi vive, sa Confiance en Dieu, qui lui a mérité dans ses dernières Campagnes tant & de si glorieux succès : desquels il rapportoit toute la gloire à Dieu ; parole de ce Grand Homme, à Cintrein.

4°. C'est particulièrement au milieu de ses Victoires les plus éclatantes, que l'on a remarqué cette Piété : Vainqueur, il ne perd rien de son humilité ; or combien est-il difficile de ne rien accorder à l'Amour propre dans ces circonstances : c'est ce que l'Orateur amplifie, avec son habileté ordinaire.

5°. Il fait voir que c'est dans ces dispositions, que M. de Turrènne passa le Rhin, & trompe la vigilance d'un Général habile : il fait une peinture vive de la triste situation où étoient les Ennemis ; & sur les grands avantages que la France avoit à espérer ; il mesure la perte qu'elle va faire : il s'adresse à Dieu, & exprime l'effet redoutable de sa Justice : après avoir ainsi annoncé la mort de son Héros ; il le montre, sans paroître le vouloir, étendû sur ses Trophées. Rien n'est plus pathétique que ces Sentimens. Après quoi il détaille les suites de cette funeste mort. Les Ennemis enflés, nos Soldats abattûs. La France entière dans la consternation. Les soupirs, les regrèts de toutes les Provinces. Il faut lire ce morceau pour en sentir les Beautés.

6°. Il s'adresse à Dieu, & lui demande, après s'être excusé de sa témérité ; pourquoi donc on le perd dans la nécessité la plus pressante. Après plusieurs interrogations, où il interprète la volonté de Dieu en faveur de son Héros ; il lui demande si ce ne seroit point pour nous punir, d'avoir mis trop de confiance en un Homme. Il fait une comparaison, pour exprimer que c'est nous-mêmes, qui forgeons de nos crimes la Foudre dont Dieu nous frappe ; d'où il passe à sa Peroraison.

### PERORAISON.

1°. L'Orateur exhorte son Auditoire, à tirer de sa douleur des motifs

motifs de pénitence. Il fait voir à quoi aboutiffent toutes les Grandeurs humaines, leurs Vanités : Gloire, Exploits héroïques, fuperbes Tombeaux, qu'eft-ce que tout cela aux yeux de Dieu ?

2°. S'adreffant à la Mort. Il fe plaint de fa cruauté, & de tous les éxemples édifians qu'elle a ravi par ce Coup inattendu. Il montre par les Difpofitions Chrétiennes où étoit fon Héros, quel Modèle on auroit eû en lui d'une entière réfignation. Ce qu'il prouve par les violens defirs qu'il avoit de fe retirer du tumulte, pour ne vivre que pour Dieu : douces efpérances qui l'entreténoient à la tête des Armées.

3°. Il finit en s'adreffant au Seigneur, il le conjure de reçevoir dans le fein de la Gloire, cette âme qui n'eût été bientôt occupée que des Penfées de l'Éternité. Il remèt avec un nouvel Art comme fous les yeux du Seigneur, les différentes actions de Piété de ce Grand Homme ; & pour achever de le fléchir, il lui préfente le Sang que Jefus-Chrift a verfé pour lui : enfuite fe tournant vers les Miniftres du Seigneur, il les exhorte à redoubler leurs Vœux, pour que ce Prince qui leur a procuré trois fois la Paix fur la Terre, l'obtienne dans le Ciel pour toute l'Éternité.

FIN DE LA RHÉTORIQUE.

Page 402.

## POËSIE.

C'est une Déesse assise au pied d'un Chêne, couronnée de laurier, écrivant avec la plus grande attention sur une tablette. Trois Génies sont autour d'elle: l'un armé d'un Casque, habillé à la Romaine, aïant à ses pieds un Sceptre et une Couronne; Génie de la Tragédie. L'autre assis au pied de la Déesse, tenant de la main droite la marotte du Dieu Momus, de la gauche un masque; Génie de la Comédie. Le troisième est un petit Satyre, jouant de l'Instrument à sept tuyaux du Dieu Pan; Génie de la Satyre. Le lointain représente le mont Parnasse; Pégase s'élançant dans les airs, et d'un coup de pied fait jaillir la Fontaine d'Hypocrène. Le Temple d'Appollon est décoré de douze colonnes corinthiennes, surmontées d'un dôme plat en forme de Rotonde.

L'Ove est orné d'une Lyre entrelassée de couronnes de laurier et de myrthe, casque, épée, chapeau de Bergère et sa houlette; Symboles bien naturels du Poëme Héroique, et de la Pastoralle.

Tome I.

# TABLETTES ANALYTIQUES ET MÉTHODIQUES,
*SUR*
## DIVERSES SCIENCES ET BEAUX ARTS.

## PETIT TRAITÉ
*DE LA POËSIE FRANÇOISE.*

## CHAPITRE PREMIER.
### DE LA RIME.

LA *Rime* n'est rien autre chose, qu'un même Son à la fin des Mots. Elle est de deux sortes, *Masculine* & *Féminine*.

La *Féminine* est celle qui finit par un *e* muet, soit qu'il y ait une consonne après ; comme *Princes*, *Provinces*, *chaîne*, *peine*.

*Exemple du Singulier.*

Telle qu'une Bergère aux plus beaux jours de Fête,
De superbes Rubis ne charge point sa tête.

*Autre Exemple du Pluriel.*

Craignez d'un vain plaisir les trompeuses amorces,
Et consultez long-tems votre Esprit & vos Forces.

E e e ij

### Autre Exemple du Verbe au Pluriel.

C'est peu qu'en un Ouvrage où les fautes fourmillent,
Des traits d'Esprit semés de tems en tems petillent.

La *Rime Masculine* renferme toutes les autres terminaisons; comme desir, soupir, Troupeaux, Chalumeaux, Rois, Loix, disoit, lisoit.

### Exemple.

C'est en vain qu'au Parnasse un téméraire Auteur,
Pense de l'Art des Vers atteindre la Hauteur.

### Autre.

La Nature fertile en Esprits excellens,
Sçait entre les Auteurs partager les talents.

### Autre.

Malherbe d'un Héros peut vanter les Exploits,
Racan chanter Philis, les Bergers & les Bois.

La *Rime Masculine* pour être bonne, doit avoir la dernière syllabe entièrement semblable.

### Exemple.

Dans son Génie étroit il est toujours Captif,
Pour lui Phœbus est Sourd, & Pégaze est Rétif.

La *Rime Féminine* doit avoir les deux dernières syllabes entièrement semblables; comme Songe, Mensonge.

### Exemple.

Gardez qu'une Voyelle à courir trop hâtée,
Ne soit d'une Voyelle en son chemin heurtée.

Quand la Consonne de la dernière syllabe dans les *Rimes*

# POESIE, CHAP. I.

Masculines & l'avant dernière dans les *Féminines* ne seroit pas la même ; elle seroit bonne : pourvû que les syllabes ayent un même son ; si cependant l'une de ces trois conditions se rencontre.

1°. Si le Son est plein ; comme *valeur*, *honneur*.

### Exemple.

Voulez-vous du Public mériter les Amours,
Sans cesse en écrivant variez vos Discours.

### Autre.

O vous donc ! qui brûlant d'une ardeur périlleuse,
Courez du bel Esprit la Carrière épineuse.

2°. Si ce sont des Monosyllabes ; comme *Loi*, *Roi*, *moi*, *toi*.

### Exemple.

Prenez mieux votre ton, soyez simple avec Art,
Sublime sans orgueil, Agréable sans fard.

### Autre.

Tel vous semble applaudir, qui vous raille & vous joüe,
Aimez qu'on vous conseille, & non pas qu'on vous loüe.

3°. Si les *Rimes* sont rares ; comme *soupirs*, *loisirs*.

### Exemple.

Un Flatteur aussi-tôt cherche à se récrier,
Chaque Vers qu'il entend le fait extasier.

C'est à la Prononciation & non à l'écriture, qu'il faut avoir égard pour la *Rime*. Ainsi *Famille* & *Ville* ne riment point : au contraire *constant*, *attend* riment fort bien.

Si les Syllabes ne sont composées que d'une lettre, la *Rime* ne vaut rien. Ainsi *sanctifia* & *agréa*, *sanctifier* & *agréer* ne riment point. Outre l'*e* muet, il en eſt deux autres; l'*é* fermé, comme *vanité*, *triomphé*; & l'*è* ouvert, comme *enfèr*, *fuccès*. Les deux *èr* ne riment point enſemble; comme *enfèr*, avec *triomphèr*.

Les Syllabes brèves ne riment point avec les longues; comme *fait* avec *plaît*; *Abbeſſe* avec *Richeſſes*; *baſſe* avec *maſſe*.

Les Mots qui ont un *s* à la fin, ou un *nt* ne riment point avec ceux qui n'en ont point; comme *tu te vante*, *ils mentent*. La troiſième perſonne de l'Imparfait du Subjonctif, par Éxemple, *qu'il charmât*; ne rime point avec celle de l'Indicatif qui eſt bref, *il aima*.

Un Mot ne rime point avec lui-même, ni le Simple avec le Compoſé; comme *mettre*, *démettre*: ni les Compoſés l'un avec l'autre; comme *refaire*, *défaire*: excèpté lorſque la ſignification eſt différente; comme *garder*, *regarder*.

La plus grande Beauté de la *Rime* Françoiſe, eſt de n'être point forcée; c'eſt-à-dire, qu'elle doit s'accorder avec le bon Sens.

*Éxemple.*

Quelque Sujet contraire, ou Plaiſant, ou Sublime,
Que toujours le bon Sens s'accorde avec la Rime.

Ainſi il vaut mieux ſe donner quelque liberté dans la *Rime*, pour favoriſer le Sens & la Penſée; que de la gâter, ou l'affoiblir par trop d'éxactitude à Rimer.

Les Vers dont les Hémiſtiches riment avec la fin, ſont Ridicules; comme

En toute Liberté, je dis la Vérité.

## CHAPITRE II.
### Du nombre des Syllabes.

Il y a cinq sortes de Vers Réguliers, ceux de douze Syllabes que l'on nomme Héroïques ou Aléxandrins.

*Exemple.*

A quoi bon tant d'efforts, de larmes & de cris,
Cotin, pour faire ôter ton nom de mes Ouvrages?
Si tu veux du Public éviter les Outrages,
Fais effaçer ton nom de tes propres Écrits.

Ceux de dix Syllabes, qu'on appelle Vers communs.

*Exemple.*

Si toutefois comme on voit tous les jours,
Un homme à table éxerce ses Discours,
Sur quelqu'Intrigue ou Conté de la Ville.

Ceux de huit Syllabes.

*Exemple.*

Je trouve dans cette Maxime
Tous les Précèptes réunis,
Tout ce que je sens, je l'exprime :
Ne sens-je plus rien ; je finis.

Ceux de sept Syllabes.

*Exemple.*

On dit que l'Abbé Daguète
Prêche les Sermons d'autrui,
Pour moi qui sçait qu'il les achète,
J'ose assurer que c'est à lui.

Ceux de fix.

*Exemple.*

Convertis leur Audace,
En un morne Sommeil.

Ceux de deux, de trois, de quatre, de cinq & de neuf Syllabes ne font prefque en ufage, que pour les Chants.

La dernière Syllabe des Vers féminins, qui eft un *e* muet ne fe compte pas.

Les Muettes s'élident quand ils font fuivis d'une Voyelle ou d'un *h* muet; comme *éternelle amitié, frivole honneur*. Mais s'ils font fuivis d'une Confonne ou d'un *h* afpiré, il n'y a plus d'élifion; & ils fe prononcent. Comme: *je parle de Céfar, je chante ce Héros*.

L'*h* eft muet quand il vient du Latin; comme *honneur, homme, hiftoire*: il eft afpiré quand il n'en vient point; comme *hazard, honte, harrangue, haïr*: Harpie en eft excèpté, & peu d'autres; Héros eft auffi afpiré, *fes Compofés héroïques. Héroïdes, Héroïfme* ne le font pas dans les mots, où l'on ne diftingue pas aifément le nombre des Syllabes. Il faut confulter l'oreille.

1°. L'*é* fermé précédé d'une Voyelle, fait tout feul une Syllabe à la fin d'un mot; comme *vérifié*: excèptez *amitié, inimitié, moitié, pié, pitié*.

2°. L'*e* muet à la fin d'un mot, fait feul une Syllabe; comme *vie, joue*: mais au milieu, il eft mieux de le fupprimer; ainfi *enjouement, j'oublierai*, feront de trois Syllabes; & *payement*, de deux.

3°. *éau* à la fin d'un mot, ne fait qu'une Syllabe; comme *fléau*.

4°. *eux* précédé d'une Voyelle, fait feul une Syllabe; comme *odieux*: excèptez *Cieux, lieu, Dieu, vieux, mieux, yeux*.

5°.

5°. *iel* ne fait qu'une Syllabe ; comme *Ciel, miel, fiel.*
6°. *ieu* ne fait qu'une Syllabe : excèpté *lieu.*
7°. *ier* ne fait qu'une Syllabe ; excèpté les Verbes & les noms suivans. *Baudrier, Bouclier, Calendrier, Entier, Levrier, Meurtrier, Ouvrier, Sanglier, Peuplier* ; selon le Sentiment le plus commun.
8°. *iez* dans les Vers ne fait qu'une Syllabe ; excèptez le présent de l'Indicatif & de l'Impératif *priez, obliez.* Quelques-uns excèptent encore *devriez, perdriez, voudriez.*
9°. *ion* à la fin, fait deux Syllabes dans les noms *ambition* ; & une dans les Verbes *nous voulions.*
10°. *Suis, fuir, fier, liard, oüi,* sont plutôt d'une Syllabe, que de deux. *Boëte, coëffe, fièvre, lièvre, moëlle, viande,* sont de deux Syllabes. *Poëte & Poëme* n'en ont aussi que deux pour l'ordinaire.
11°. *Paisan, violant, violon,* se font bien rarement de deux Syllabes. Quelques bons Auteurs n'ont pas toujours observé ces règles, mais c'est une Licence.

# CHAPITRE III.
## DE LA CÉSURE.

LEs Vers de dix & de douze Syllabes doivent avoir une *Césure*, qui les coupe en deux Hémistiches, ou demi Vers. Dans ceux de douze Syllabes, elle doit être après la sixième, & dans ceux de dix, après la quatrième.

*Éxemple.*

Un Sot trouve toujours, | Un plus Sot qui l'admire.

*Tome I.*          F f f

*Autre.*

Mais il est bon | d'avoir de la vertu.

Cette *Césure* s'appelle aussi Repos, non qu'il faille que le Sens soit fini ; mais qu'il soit suspendu de telle sorte, qu'on puisse l'y arrêter ; & pour cela prenez garde à trois choses.

1°. Que ce Repos ne tombe pas sur les Monosyllabes *pour*, *qui*, *est*, *n'y*, *a*, *&*, & autres semblables.

*Exemple.*

Votre inimitié qui causa tous nos Malheurs.

2°. Qu'il ne tombe pas sur un *e* muet.

*Exemple.*

Méprisons mon âme les Promesses du Monde.

3°. Qu'il ne sépare pas certains Mots, qui naturellement doivent être joints, comme la Proposition d'avec son Régime ; le Verbe d'avec son Cas ; le Substantif d'avec son Adjectif ; les Articles d'avec leur Nom.

*Exemple.*

Elle viendra devant que la Semaine passe.

*Autre.*

Rien ne donne un bonheur constant que la Vertu.

Cependant si le Cas ou l'Adjectif étoit assez long pour achever le Vers, la *Césure* seroit bonne.

*Exemple.*

Il est une ignorance & Sainte & Salutaire.

# CHAPITRE IV.
### Des Défauts des Vers.

LE premier est d'être Rude & désagréable ; ainsi il faut éviter avec soin le concours de certains Mots & de certaines Lettres, qui rendent la prononciation rude ; & sur-tout celui des Voyelles, que les Latins appellent *Hiatus*.

Quand on met une Voyelle devant une autre, ou devant un *h* muet.

*Exemple.*

L'on ne peut approcher sans sentir leur atteinte.

*Autre.*

Dites-moi où il faut que je cherche Cléandre.

*Autre.*

Le vrai honneur n'est plus que Bagatelle.

Il faut dire la même chose de la Conjonction, &c.

*Exemple.*

Qui sçait & aime Dieu possède toute chose.

Mais une Voyelle peut bien se mettre devant un *h* aspiré.

*Exemple.*

Jeune & Vaillant Héros dont la haute Sagesse.

Le second défaut est d'être languissant & peu soutenû, ce qui peut venir sur-tout de trois causes.

1°. Quand l'*e* muet ne s'élide point.

### Exemple.

Lorsque l'Année recommence
La Vie ne peut plaire.

2°. Quand il y a trop de Monosyllabes.

### Exemple.

Plus fréquens & plus prompts que ne le sont les Morts.

3°. Quand la Rime tombe, & ne se soutient pas ; comme dans les Pronoms *mien*, *tien*, *sien* ; dans les Terminaisons en *ion*, & *ront*, *era*, passion, desireront, tombera.

### Exemple.

Croyez-moi, résistez à ses intentions,
Dérobez au Public vos occupations.

Le troisième *Défaut* est d'être négligée, ce qui paroît surtout, quand il y a des Mots qui ne sont mis que pour rimer ; quand la même Rime vient trop souvent ; & quand le commencement des Vers rime avec la fin ; ou les deux premiers hémistiches ensemble.

### Exemple.

Le Sort ne nous suit pas, mes enfans, il nous traîne.
Les Rois comme Forçats, sont liés à sa chaîne.

A moins cependant, que ce ne soit pas répétition.

### Exemple.

Qui cherche vraiment Dieu, dans lui seul se repose ;
Et qui craint vraiment Dieu, ne craint rien autre chose.

Le quatrième *Défaut* est d'avoir une construction peu naturelle ; comme quand on retranche les articles des Noms, dans les endroits où ils sont nécessaires.

*Exemple.*

L'excès de gloire est crime en matière d'État.
*Vous diriez mieux.* Trop de gloire est un crime.

Ou bien quand il y a des Transpositions forcées, qui embarrassent le Sens : Voici les permises.

1°. Mettre le Nominatif après le Verbe.

*Exemple.*

C'est par-là qu'un Auteur, que presse l'indigence,

2°. Le Génitif devant le Nom qui le régit.

*Exemple.*

Peut des Astres malins corriger l'influence.

3°. Le Cas devant son Verbe.

*Exemple.*

A la gloire des Lis, je consacre ces Vers.

Le cinquième *Défaut* est d'enjamber les uns sur les autres ; c'est-à-dire, lorsque le Sens n'étant pas fini à la fin d'un Vers, va finir au commencement de l'autre ; ou même à la fin.

*Exemple.*

Aussi-tôt le Tyran se fit voir enflammé
De colère.

Il faut aussi éviter les Phrases qui sentent la Prose : comme *c'est pourquoi, puisque ; car, en effet* : &c.

# CHAPITRE V.
## Du Mélange des Vers, & des Rimes.

Parmi les différens Ouvrages en Vers, il y en a qui font compofés de Vers égaux : comme la Tragédie, le Poëme Épique, la Satyre : les autres reçoivent des Vers inégaux ; c'eft-à-dire, de différents nombres de Syllabes que l'on peut mêler comme l'on veut.

*Exemple.*

La Mort ne refpecte perfonne,
Tout l'Éffort des Humains n'interrompt point fes Loix ;
Et de la même Faulx la cruelle moiffonne,
Les jours des Bergers & des Rois.

On peut auffi fe fervir des Rimes fuivies, ou mêlées. On appelle Rime fuivie, quand il y en a toujours deux Mafculines, & deux féminines alternativement. Pour les Rimes mêlées, il faut garder les trois règles fuivantes.

1°. Que le mélange ne fe faffe qu'entre deux Rimes Mafculines, & l'autre féminines ; & où il y ait au moins quatre Vers.

2°. Qu'il n'y ait jamais de fuite, plus de deux Rimes de même efpèce.

3°. Que fi la dernière des Rimes mêlées eft Mafculine, le Vers qui fuivra foit Féminin ; & au contraire fi elle eft Féminine, l'autre doit être Mafculin.

*Exemple.*

La Mort a des Rigueurs à nul autre pareilles ;
On a beau la prier

La Cruelle qu'elle est, se bouche les oreilles,
 Et nous laisse crier.
Le Pauvre en sa Cabanne où le chaume le couvre,
 Est sujèt à ses Loix :
Et la Garde qui veille aux Barrières du Louvre
 N'en défend pas nos Rois.

*Fin du petit Traité de la Poësie Françoise.*

TABLETTES

Page 416.

## AGRICULTURE.

l'Agriculture couronnée de plusieurs Tours, annonce le bien qu'elle procure aux Villes. La Guirlande de fleurs dont elle est parée, exprime bien naturellement leur Culture, et ses soins. Ce jeune Olivier prest a planter, signifie la Paix qu'elle souhaite ardemment, Abondance, et Joye. Le Cadran des 12 signes du Zodiaque, enseigne les travaux de la Campagne, pendant les 12 mois de l'Année. Le Mouton qui saute sur ses genoux désigne la Fécondité; le Chien qui la regarde attentivement, nous fait entendre la Fidélité et la Garde qu'elle exige: le Lion endormi a ses pieds, lequel ne vient que des Pays éloignés, enseigne aux Hommes qu'il n'y a aucun lieu sur la Terre, qu'on ne doive labourer et faire valoir. Les Principaux et gros Outils sur lesquels elle est assise, signifient les sueurs, les peines, les fatigues du Cultivateur. Le Nil entouré de petits enfants, et représenté dans le loingtain, annonce la plus grande Abondance et Fertilité. L'Ove est orné de fleurs, fruits, épis de bled, raisins et pampres de vigne; voila les Richesses précieuses et nécessaires, qu'elle procure aux Mortels.

Tome I.

## AGRICULTURE.

*C'est une Déesse parée avec des guirlandes de fleurs, assise sur les plus gros outils du labourage, côme charrue, herse, rouleau, hotte, faulx et fléau; tenant de la main droite un jeune olivier prêt à planter; elle suporte de la gauche un cadran en forme de cercle, divisé en 12 parties; sur chacune desquelles sont peints les 12 signes du zodiaque: à son côté gauche on apperçoit un mouton qui monte sur ses genoux; du côté droit est un Chien qui la regarde attentivement; et un Lion.*
— Le Nil.

### Unité.
la Récolte.

### Binaire.
l'utile, l'agréable.

### Ternaire.
Les grains, les légumes, les fruits.

### Quaternaire.
Les bleds, les prés, les vignes, les bois.
Travaux à faire pendant le printems, l'été, l'automne, et l'hyver.

### Septénaire.
Labourer, fumer, semer, tailler, greffer, planter, arroser.
Jachères, landes, espaliers, contre-espaliers, couches, boutures, marcottes.

### Sept espèces de Greffes.
Greffe en fente, greffe en couronne, greffe en flûte, greffe en écusson, greffe à œil courant ou poussant, greffe à œil dormant, greffe par approche ou en arc.

### Duodénaire.

| Travaux à faire pendant les mois. | Douze gros outils pour l'Agriculture. | Douze petits outils pour les Jardins. |
|---|---|---|
| de janvier, février, mars, avril, may, juin, juillet, août, septembre, octobre, novemb., décemb.e | Pressoir, charrue, charette, herse, rouleau, faulx, fléau, rateau, pioche, houe, semoir, cultivateur. | Bêche, fourche, civière, brouette, pelle, croissant, serpette, scie à main, houlette, greffoir, plantoir, sarcloir. |

# TABLETTES ANALYTIQUES
## ET MÉTHODIQUES,
*SUR*
### DIVERSES SCIENCES ET BEAUX ARTS.

## *AGRICULTURE.*

## DISCOURS PRÉLIMINAIRE
### *Sur l'Agriculture.*

'*Agriculture* est la Source des véritables Biens & des Richesses qui ont un prix réel, & qui ne dépendent pas de l'opinion des hommes, qui suffisent à la nécessité, & même aux délices ; qui font qu'un Royaume n'a pas besoin d'Étrangers ; qui sont le principal revenu du Prince, & qui lui tiennent lieu de tous les autres, s'ils viennent à lui manquer.

Quand les Mines d'Or & d'Argent seroient épuisées, & que les espèces seroient péries ; quand les Perles & les Diamans seroient cachés dans le sein de la Mèr & de la Terre ; quand le Commerce seroit interdit avec les Voisins ; quand tous les

*Tome I.*           G g g

Arts, qui n'ont d'autres objets que l'Embelliſſement & la Parure, ſeroient abolis; la Fécondité ſeule de la Terre tiendroit lieu de tout : elle fourniroit une matière abondante aux Tributs, & elle ſerviroit à nourrir, & le Peuple, & les Armées qui le défendroient.

L'*Agriculture*, à la rigueur, eſt donc ſeule Néceſſaire; & néanmoins dans preſque tous les États, c'eſt elle qui eſt la moins protégée. Un des grands moyens pour faire refleurir l'*Agriculture*, ſeroit, de faire enſorte que châque Père de Famille qui demeure dans les Bourgades ou les Hameaux, eût quelque portion de terre qui lui appartînt en propre; afin que ce champ qui lui eſt plus chèr qu'aucun autre, fût cultivé avec ſoin; que ſa Famille s'y intéreſſât, qu'elle s'y attachât, qu'elle y ſubſiſtât, & qu'elle fût par-là retenuë dans le Pays.

En effet, lorſque les gens de la Campagne ne ſont pas dans leur bien, & qu'ils ſont ſimplement à Gage ou Fermiers; ils n'y donnent qu'une partie de leurs ſoins, & travaillent même à regrèt. Une mauvaiſe Année, ou une Guerre les diſperſe & les chaſſe; parce qu'ils ne tiennent point à chaque lieu par des racines : s'ils demeurent, ils ſont à charge à leurs Maîtres qui ſont obligés de les nourrir; & s'ils ſe retirent, ils périſſent de miſère & de faim : aucun d'eux n'a de reſſource pour l'avenir, parce que tout ce qu'il peut faire eſt de vivre : aucun ne l'affectionne, parce qu'il eſt comme Étranger dans la Terre qu'il cultive. Aucun n'eſt rappellé, après que la Diſette ou la Guerre a ceſſé; parce qu'il n'a plus d'intérêt à revenir, & qu'un autre a pris ſa place. Ainſi un Accident paſſager dépeuple le Pays, & fait périr pluſieurs Familles; qu'un Héritage paternel auroit conſervées en les retenant, ou en les invitant à retourner.

Un moyen pour conſerver aux Habitans de la Campagne leurs héritages, c'eſt que les Tributs ſoient proportionnés avec les forces de ces mêmes Habitans ; car s'ils font arbitraires & excessifs, ils contraindront les Propriétaires de vendre leurs fonds fans en pouvoir acquérir d'autres ; puifque la taxe fur tous fe trouve généralement trop forte.

Au lieu donc de furcharger les Fermiers ; le Prince doit rendre leur Condition douce, par la diminution des Tributs fur les Perfonnes & fur les Terres ; afin que ceux qui font laborieux puiffent épargner quelque chofe, & acquérir quelque Fond de leurs épargnes ; à quoi ils ne manquent pas dès qu'ils le peuvent : il doit les foulager, quand ils ont une nombreufe Famille, & qu'ils font âgés ; car c'eft en menant une Vie dure, & en fe refufant prefque tout ; qu'ils peuvent payer leurs Maîtres, & faire fubfifter leur propre Famille.

On doit fçavoir gré en général, à tous ceux qui portent le Poids des plus grands travaux ; & qui mènent une Vie dure & laborieufe, pour mettre en valeur les Terres dont fe nourriffent les Perfonnes riches ; qui avec leur Or & toutes les Richeffes, mourroient de faim fans cette fécondité : il ne faut pas ôter le Pain, à ceux qui le donnent aux autres ? les premières Perfonnes qui y ont droit, font ceux qui arrofent les Fruits de la Terre de leurs Sueurs ; & c'eft une cruelle Inhumanité que de s'engraiffer de leurs peines, & de les laiffer dans l'indigence. *Inftit. d'un Prince.*

Les Terres médiocres peuvent être bonnifiées par une Culture affiduë ; il n'en eft aucune, dans ce qu'on mèt au rang des mauvaifes, qui ne puiffe être mife en rapport par l'Induftrie & la Patience de l'homme. La Nature nous démontre par fes feuls efforts, qu'on peut tirer parti de tout : il eft peu de Terreins fablonneux qui ne foient couverts de Brandes, & où il ne croiffe des Pins, & autres Arbres. Les Montagnes les plus élevées, du moins dans nos Climats tempérés, fe couvrent d'elles-mêmes d'Arbres & de Verdure ; & mille éxemples nous montrent, que les Rochers les plus arides peuvent être fertilifés par le travail.

La nature des Terres eft telle en France, qu'à la réferve de quelques Dunes au bord de la Mèr, & de quelques Roches efcarpées, en petit nombre ; il n'y a peut-être pas un pouce de Terrein, qui ne pût être mis en valeur. *Ami des Hommes.*

L'*Agriculture* eft donc d'une plus grande Conféquence, que bien des gens ne s'imaginent ; car cette Science a des rapports avec toutes les parties de l'État : il n'y en a aucune qui n'en dépende, & qui ne lui doive fon Origine & fes Progrès ; Alimens, Population, Arts, Commerce, Navigation, Armées, Revenus, Richeffes, tout marche à la fuite de l'*Agriculture.* Plus elle eft floriffante, plus un État a de Reffources & de vigueur. *M. de Fontenelle.*

# CHAPITRE PREMIER.
## UNITÉ DE L'AGRICULTURE.
### La Récolte.

CE Terme s'applique en général, au Tems où l'on recueille les Grains. C'eft auffi le But, le terme & la fin, que tout homme fe propofe, pour acquérir & jouir des biens ; dont Dieu Auteur de la Nature & Maître de ce grand Univers, lui en a donné la jouiffance & l'ufufruit.

Préfages d'une bonne *Récolte.* Lorfque l'Hyver a été froid & fec, & qu'il eft tombé des Neiges qui ont féjourné fur la Terre, & fe font imbibées infenfiblement fans dégel marqué ; & qu'après cela le froid ou la féchereffe ont empêché les herbes de pouffer avant le Printems, on peut efpérer une bonne *Récolte* en tout genre ; parce que la Terre s'est reposée, & qu'elle ne s'est point fatiguée à pousser inutilement de trop bonne heure : tous les Sels y sont, ils n'ont point été léssivés par des pluies trop abondantes, & prématurées.

On pense ordinairement que dans dix ans, nous avons une très-mauvaise *Récolte ;* deux fort médiocres, cinq ordinaires, & deux abondantes : cette Combinaison s'accorde à-peu-près avec l'expérience. *Du Cultivateur.*

# CHAPITRE II.
## BINAIRE DE L'AGRICULTURE.
*L'Utile, l'Agréable.*

### L'UTILE.

I. PAR le Terme *Utile*, relativement à l'Agriculture, l'on entend le *Potager*. C'est en effet celui où l'on cultive les Légumes, & les autres Herbes qui servent à la Cuisine. Un *Potager* ne fait pas, à la vérité, une impression éblouissante, comme le Parterre : mais il attache plus long-tems les Spectateurs ; parce qu'il renferme dans son sein une infinité de Plantes, qui servent de Nourriture à l'homme, & même de Remède.

Un *Potager*, pour être bien situé, doit avoir un bon fond de Terre ; c'est-à-dire, qui tienne le milieu entre la Terre serrée, & la Terre légère : être dans une exposition favorable, telle que celle du Midi, & au défaut, celle du Levant ; la pire est le Nord : avoir un Terrein bien distribué, & la commodité de l'Eau. On doit garantir le *Potager* des Vents les plus à craindre, à l'aide d'une Muraille fort élevée ; ou en le plaçant, si on peut, à l'abri d'une Colline.

Pour bien diftribuer un *Potager*, on doit d'abord prendre le Terrein fuffifant le long des quatre murs; 1°. pour y mettre des Arbres en Efpaliers; 2°. pour les Plattebandes qui doivent règner autour des Quarrés, & dans le milieu defquelles on mèt des Arbres en Buiffon; 3°. pour les Allées, le long defquelles on fait des Bordures; ou de Fraifiers, ou de Violettes. Enfin, fi le Jardin eft fpacieux, on partage tout le Terrein du milieu en quatre grands Quarrés; que l'on divife, fi on veut, en quatre autres plus petits: on pratique deux petites Allées; l'une fur la longueur du Terrein, l'autre fur fa largeur.

C'eft fur ces divers Quarrés; que l'on diftribuë, par un éxact allignement, les Planches fur lefquelles on fait venir les Plantes Potagères. Ces Planches font des Quarrés ordinairement de la même longueur, que le Quarré même dont elles font partie; & larges de quatre pieds. On fême, ou l'on plante fur châcune de ces Planches, les Plantes Potagères; chacune en fa Saifon : ainfi, il doit y avoir un Quarré pour les Laituës; un pour les Afperges; deux pour les Artichaux; un pour les Pois, Féves & Haricots; un pour le Perfil, Cerfeuil, Pimprenelle; & ainfi des autres : on y mèt ordinairement des Herbes fines en Bordure.

Comme il y a des Plantes paffagères, on doit fçavoir combien de tems, chaque Planche occupe l'endroit où elle eft mife; pour y en mettre auffi-tôt d'autres à la plaçe, afin qu'il ne refte point de Terre inutile : ainfi, le Quarré des Laituës qu'on replante pour le Printems, peut être employé en Chicorée blanche pour l'Automne & l'Hyver : celui des Pois, pour les Choux d'Hyver; ainfi des autres. Au refte, les Allées & les Sentiers doivent être toujours tenus plus hauts que les Quarrés. *M. de la Quintinie.*

## L'AGRÉABLE.

II. Par le Terme *Agréable*, on entend la Pièce d'un Jardin qui s'offre la première à la vûë; & que l'on nomme *Parterre*: on le place auprès du corps de Logis. Un *Parterre* doit être diversifié : il convient qu'on y voye à la tête un Bassin, ou Pièce d'Eau : toute son étenduë doit offrir un Tableau gracieux, par des pièces de Broderie ou de Gazon, garnies d'Ifs, de Caisses & de Pots de Fleurs; le tout sur un beau Sable jaune : il doit être deux fois plus long que large, si le Terrein le permèt.

On peut le faire de trois manières. 1°. En *Broderie*; c'est-à-dire, avec des enroulemens de Buis, des Plattebandes de Fleurs, des Massifs chargés de Gazon dans le milieu; & des petits Sentiers qui séparent les Quarrés ou Divisions, que l'on fait avec du Buis nain. 2°. A l'*Angloise*; ils passent pour les plus simples : les Compartimens en sont tracés avec du Buis, & remplis de Gazon. 3°. En *Compartimens*; le Dessin de ceux-ci est répété par Symétrie, tant en haut qu'en bas : ils sont ornés d'une Broderie légère, de Pièces de Gazon, d'Enroulemens, de Plattebandes.

Les Fleurs ordinaires du *Parterre* sont 1°. des Tulippes communes, des Narcisses blancs & jaunes, des Jacinthes, d'Étoiles, de Couronnes Impériales, de Totus Albus, des Jonquilles, des Annémones simples. C'est sur les Plattebandes des *Parterres*, qu'on doit planter les Oignons de ces Fleurs : on en mèt deux rangs, & à six pouces du Buis. 2°. Des Lillas, du Genêt d'Espagne, des Marguerittes, des Pensées, des Crocus; car ils fleurissent plus promptement que les Graines : des Œillets d'Espagne, des Rosiers Panachés, des Lys, des Soleils, des Giroflées musquées jaunes, des Roses Trémières, des Belles-de-Nuit ; & autres Fleurs vivaces, qui réſiſtent à l'Air & au Brouillard : on plante celles-ci au milieu des Platte-bandes : on y mèt auſſi de gros Œillets communs, des Croix de Jeruſalem, des Immortelles, des Amaranthes, des Tricolors, des Roſes d'Inde, des Œillets d'Inde. On doit ſemer au Printems ces ſortes de Fleurs, & lorſque l'Air eſt un peu tempéré. *L'Agronome.*

## CHAPITRE III.
### TERNAIRE DE L'AGRICULTURE.

*Les Grains,*       *les Légumes,*       *les Fruits.*

### LES GRAINS.

I. ON entend par ce Terme, tout ce qui ſort des Épis de quelque eſpèce qu'ils ſoient. On les diſtingue en gros & en menus : les gros *Grains* ſont le Bled & le Seigle : les menus *Grains* ſont l'Orge, l'Avoine, les Pois, le Millet, les Veſces, le Maïs. On ſème les gros *Grains* en Automne, & les menus au mois de Mars.

Il y a deux cauſes de la deſtruction des *Grains*, ſçavoir ; 1°. la corruption occaſionnée par la fermentation; 2°. celle qui eſt produite par les Inſectes, ſans compter les Rats, les Souris; dont on ne peut ſe préſerver qu'avec de grandes précautions. Parmi les Inſectes les plus communs, ſont les Charanſons, qu'on appelle en certains Pays la *Cadelle*, & les Teignes ; ou Vers qui ſe ſe changent en petits Papillons, après s'être nourris de Farine.

Les Greniers où l'Air s'échauffe beaucoup, ſont plus infectés de Charanſons, que ceux qui s'entretiennent frais. La méthode ordinaire pour ſe préſerver de ces Inſectes, eſt de remuer &

de cribler fréquemment les *Grains*. Il y a des personnes qui emploient des Parfums & des Herbes Aromatiques : d'autres prétendent qu'il est plus avantageux de rafraîchir les *Grains* par l'air des Soufflets ; mais qu'on doit commencer par étuver les *Grains* : d'autres que l'Étuve seule suffit ; mais il est plus sûr de réunir les deux pratiques, pour parvenir à une conservation plus sûre. *Maison Rustique.*

## LES LÉGUMES.

II. On donne ce nom aux Fèves, Lentilles, Pois, Haricots, &c. Voilà un nouveau moyen d'avoir des Légumes & des Herbes Potagères de meilleur goût ; c'est-à-dire, d'un meilleur suc, & à moins de frais, que dans les Jardins Potagers ordinaires.

Au lieu d'un seul Jardin Potager, faites trois Jardins ou Clos : cultivez-y alternativement des Herbes, ou des *Légumes*, ou du Grain ; & les laissez reposer ensuite, de manière que de ces trois Jardins, il y en ait chaque année un en *Légumes*, un autre en Grain, & le troisième en repos. Chacun de ces trois Clos doit avoir trois ou quatre Arpens. Donnez d'abord à la Terre un bon labour : mettez-y dix charretées de Fumier par Arpent, chaque charretée contenant quinze à vingt quintaux, & cela de trois en trois ans seulement : le Fumier de Cheval est le meilleur à cette Terre. Au mois de Mars donnez-lui un second labour, & au commencement d'Avril un troisième. Plantez-y tout de suite les *Légumes* que vous voudrez cultiver : ne faites qu'une récolte de ces *Légumes* sur cette Terre, après laquelle, & dans le mois de Septembre, vous labourerez de nouveau la Terre pour y mettre du Grain ; qui viendra très-beau.

On peut pratiquer pour les Plantes Potagères qui demandent

de passer l'Hyver en terre, des Plattebandes le long des murs, & à l'aspect du Midi ou du Couchant : on pourra aussi choisir un coin dans châque Clos, destiné pour les Artichaux, les Asperges, & autres Plantes qui demeurent dans la même place pendant plusieurs années; & on ne les changera que tous les quatre à cinq ans, pour les avoir plus belles. *Dictionnaire Œconomique*

## Les Fruits.

III. Entre les *Fruits* on distingue 1°. les *Fruits* à noyau; comme sont les Prunes, Cerises, Pêches, Abricots. 2°. Les *Fruits* à pépin; comme les Fraises, Framboises, Groseilles, Pommes, Poires. 3°. Les *Fruits* d'Hyver, & les *Fruits* d'Été; à cause qu'on mange les uns en Hyver, les autres en Été. Les plus estimés sont les Pêches, les Abricots, les Poires, les Pommes. Pour avoir de beaux *Fruits*, il faut qu'ils soient greffés châcun selon son espèce.

On ne doit les cueillir qu'au point de leur maturité. Les *Fruits* d'Été se cueillent plutôt que ceux d'Automne, & ceux d'Automne plutôt que ceux d'Hyver. On connoît la maturité des *Fruits* rouges à la couleur, & celle des Pêches & des Abricots, lorsqu'en les tâtant doucement auprès de la queue, ils obéissent sous le pouce; alors il faut les détacher de l'Arbre, mais fort doucement. A l'égard du Brugnon, de la Pêche violette & du Pavie; on ne les doit cueillir que lorsqu'ils se détachent d'eux-mêmes : on cueille les *Fruits* d'Automne & d'Hyver vers le milieu de Septembre, lorsque l'année a été chaude & séche; les Poires d'Hyver & les Pommes, à mi-Octobre; mais le Bon Chrétien d'Hyver plus tard.

Si Septembre & Octobre sont froids & humides, il faut cueillir les Poires plus tard : en quelque Saison qu'on les cueille, il faut pour cela choisir de beaux jours, & faire enforte que toutes les Poires aient leur queue. Lorfque les *Fruits* font cueillis, on les porte à la Fruiterie : les Poires d'Automne, d'Hyver, &c. y acquièrent une parfaite maturité ; on connoît qu'elles font mûres, lorfqu'elles obéiffent un peu en les tâtant.

A l'égard des *Fruits* qu'on veut garder fecs ; fi ce font des Cerifes, on doit faire choix des plus groffes, les ranger à côté l'une de l'autre fur des Claies, & les mettre dans un Four, dont on vient de tirer le pain ; on les y laiffe tant qu'il conferve fa chaleur, puis on les retire pour les retourner ; & on les remèt encore une fois au Four, après quoi on les ferre en lieu propre & fec.

On fait de même pour les Prunes, Abricots, Brugnons & Pêches, après en avoir fait fortir doucement le noyau par le côté de la queue : on peut faire ainfi des Pruneaux de prefque toutes les Prunes. A l'égard des Poires, il faut, avant de les mettre au Four, les peler, & les faire amollir dans l'eau bouillante. Pour les Pommes, on ne les pèle point ; on en ôte feulement le trognon : quant aux Figues, on ne doit cueillir que celles qui font au point de leur maturité, & qui ont à l'œil une larme de Sirop : on les mèt fur le côté dans une Corbeille garnie de feuilles : on peut auffi les faire fécher au Four : en ce cas, il ne faut pas les cueillir ni trop vertes, ni trop mûres.

Voulez-vous recueillir tous les ans d'excellents *Fruits* ? ôtez de vos plus beaux Arbres à fruit toute la terre qu'ils avoient autour d'eux & fur leurs racines, à la profondeur d'un pied en certains endroits ; & de neuf à dix pouces feulement dans d'autres, felon que leurs racines font plus ou moins enfoncées. Faites cette opération à la diftance de douze pieds de l'Arbre de tous côtés : à la place de la terre enlevée, mettez-en d'autre de bonne qualité, & qui n'ait rien produit depuis un an : pratiquez cette méthode tous les ans au mois d'Octobre, & vous aurez toujours d'excellent *Fruit*, & en abondance.

Cette découverte intéressante doit faire conclure, 1°. qu'on ne devroit jamais cultiver, ni laisser croître aucunes Plantes au pied des Arbres à *Fruit*, parce qu'elles ne font qu'appauvrir le terrein : 2°. qu'on doit avoir à sa portée une bonne terre à pouvoir substituer, au lieu de celle qu'on ôtera au pied des Arbres. En faisant ce changement seulement tous les trois ans, les Arbres donneront toujours de bonnes récoltes : mais il faut aussi élever les Arbres en Buisson, ou en forme de Vases ; parce que c'est la meilleure de toutes les méthodes, pour donner de l'air aux *Fruits*. *L'Agronome.*

# CHAPITRE IV.
## QUATERNAIRE DE L'AGRICULTURE.

### SÇAVOIR,

*Les Bleds, les Prés, les Vignes, les Bois.*

### LES BLEDS.

I. LE germe du *Bled* qu'on a semé, commence pour l'ordinaire vingt-quatre heures après, à percer le sac de la Graine, & à se dégager : il met dehors sa racine & sa tige ; le cinquième & sixième jour, il commence à pousser une petite pointe de verdure hors de la Terre.

On reconnoît la bonté du *Bled* par le nombre des pains qu'il rend : ainsi les pains qui sont faits d'un *Bled* bien nourri, & venu dans un bon terroir, sont plus gros & plus pesants ; parce qu'il faut moins d'eau pour pétrir la farine, qu'il n'en faudroit pour des *Bleds* d'une qualité inférieure.

Bien des circonftances contribuent à la qualité du *Bled*, telles que le climat, le terroir, la difpofition des années, le foin du Laboureur à préparer la Terre. Le meilleur Froment eft celui qui eft pefant, compact, bien mûr, bien doré, ni trop ancien, ni trop nouveau : il doit être fec, confervant néanmoins une forte de fraîcheur, que les Marchands appellent *avoir de la main*, ou de l'amitié.

Les Cultivateurs entendus éxigent encore, que le Grain foit uni à la fuperficie ; c'eft-à-dire, qu'il ne foit point échaudé, que fa couleur foit d'un jaune clair & brillant ; car s'il eft d'un blanc marte, ils jugent que le Grain a été mouillé ; fi elle eft d'un jaune foncé, ils difent qu'il eft glacé ; mais le dernier défaut n'eft pas fi confidérable : car les Grains glacés germent fort bien, ils fourniffent de bonne farine, font de bon pain. Les années trop féches ou trop humides font contraires au Froment. *L'Agronome.*

Pour les femailles des *Bleds*, la plûpart des Laboureurs ; & principalement ceux qui ont des terres médiocres en bonté, achètent d'autres *Bleds* pour femer, que celui qu'ils recueillent.

Avant de femer le *Bled*, il faut ce qu'on appelle l'*échauder*; c'eft-à-dire, le faire tremper quelque tems dans de l'eau de Chaux; cela le rend plus gros & enflé, & par conféquent le fait mieux germer & multiplier.

Il faut huit boiffeaux de *Bled* au moins, pour femer un Arpent de Terre.

L'Échaudage augmente le *Bled* de deux Boiffeaux au moins par Septier ; les femailles des *Bleds* fe font aux environs des Vendanges, jufqu'à la Saint Martin & Saint André ; le plutôt qu'on les peut faire eft toujours le meilleur, quand le tems eft beau & propre.

Le Herfage des *Bleds* doit être bien fait, afin qu'étant entièrement couvert de terre, les Pigeons, Corbeaux, Corneilles, & Oiseaux, ne mangent pas la semence.

Il faut avoir le soin de faire échardonner & élésner les *Bleds*, auparavant que le tuyau ne monte, & qu'il ait des épis ; & de faire épamper ceux qui sont trop forts, afin qu'ils ne versent point par terre, ce qui cause un grand dommage.

Un bon Arpent de *Bled* peut rapporter deux cens Gerbes, & le cent de Gerbes peut rendre trois Septiers-Mine le cent. L'Arpent de *Bled* le plus médiocre peut rapporter cent Gerbes, qui peuvent rendre deux Septiers. *Parfait Œconome.*

## Les Prés.

II. Les *Prés* sont les Biens de Campagne les plus estimés, parce qu'ils ne coûtent presque rien, qu'ils rapportent tous les ans des Récoltes abondantes, qu'ils servent à la nourriture des Bestiaux ; & qu'on en tire de l'argent par la vente qu'on en fait. On en distingue de plusieurs sortes.

1°. Les *Prés* à Foin ou *Prés* naturels : ce sont des Terres qui sans semaille, produisent d'elles-mêmes de l'herbe qu'on fauche, une ou plusieurs fois l'an.

2°. Les Pacages ou *Pâtis* ; ce sont des Pâturages humides où l'on mèt les Bestiaux pour s'y engraisser.

3°. Les *Prés* cultivés ; ce sont ceux où l'on seme certaines herbes, comme le Trefle, le Sainfoin, la Luzerne que l'on cultive avec soin.

4°. Les *Prairies* flotantes : ce sont celles que l'on peut couvrir d'eau sur la fin de l'Hyver, quand on est dans le voisinage de quelque Rivière ou grand Étang ; par des rigolles qu'on en tire, qui distribuent l'eau dans le *Prez* : ces sortes de *Prés* donnent trois fois plus d'herbe que les autres.

Les *Prés* se fauchent ordinairement aux environs de la Saint

Jean-Baptiste, ainsi que les Sainfoins; quand on connoît leur maturité, & par le plus beau tems qu'on peut.

## *Pour rendre le Foin bon & vendable, il le faut façonner ainsi.*

Lorsque l'Herbe est fauchée, il faut la laisser sécher un peu de tems; & quand le dessus est sec, on le fanne & retourne de l'autre côté avec des fourches de bois, afin de le faire sécher tout-à-fait; ce que l'on réitère plusieurs fois, en cas qu'il en soit besoin.

Après que le Foin est bien sec, on le met en *Chaîne*; c'est-à-dire en grandes rangées : & ensuite en *Villotes*, qui sont de petits tas fort près les uns des autres; de ces tas, l'on en fait les *Meules* en forme de pain de sucre, c'est-à-dire en pointe; afin que lorsque la pluie vient, elle puisse tomber & couler au long; elle ne gâtera en tout cas que la superficie.

Il faut faire les *Meules* plus grandes que l'on pourra, & les laisser quelque peu de tems sans botteler; parce que cela rafine le Foin. Ensuite l'on fait botteler & arriver le Foin, le plus promptement & en plus beau tems que l'on peut : car quand le Foin est mouillé, cela lui ôte la couleur.

Il y a une autre manière, quand on a des commodités & lieux propres : c'est que lorsque le tems se trouve inconstant, & qu'on voit le Foin sec, il le faut faire charier sans botteler; & le faire mettre dans un lieu sec & à couvert, en l'entassant comme des Gerbes de Bled, pour le faire botteler ensuite à loisir.

Cette Maxime n'est point à rejetter; parce que cela met le Foin hors de hazard d'être mouillé & gâté; & lorsqu'il est ainsi à couvert, il est en sûreté, & hors de l'inconstance du tems, qui se rencontre quelque-fois bien fâcheux. *Maison Rustique.*

## Les Vignes.

III. La *Vigne* est, entre les Plantes, celle de la plus longue durée, & la plus fertile dans sa vieillesse. Les qualités de la Terre de la *Vigne* sont :

1°. La meilleure est celle qui est douce, légère, plus sèche qu'humide, mélangée de petits Cailloux, & même de Pierres à fusil ; celle qui est mêlée de petites Pierres blanches, dont le fond est jaunâtre, fait du Vin fort délicat.

2°. Un Terrein mêlé de Sable & de Terre est encore bon, ou une Terre pierreuse dont le Caillou est terreux sans être sec.

3° Une Terre trop forte, comme sont les Terreins plats & bas, ne conviennent point à la *Vigne* ; car ils ne produisent pas le tiers de fruits que produisent les autres. Si on a une *Vigne* dans un Terroir de cette nature, ou bien humide, & qui s'affaisse à la moindre pluie ; on doit labourer la Terre à un demi-pied de profondeur, & répandre dessus un demi-pied de Terre légère au-dessus du Sable : on peut encore y semer du Grain pour le dégraisser.

4°. Les Terres argilleuses jusqu'à la surface, ou bien Prés, ne valent rien pour la *Vigne*, sur-tout quand l'Argile est tenace ; ni les Terres fortes, parce qu'elles tiennent de la nature des argilleuses ; ni les Terres marneuses, à moins que la Marne ne soit à trois ou quatre pieds au-dessous.

L'exposition au Midi est en général la plus avantageuse. L'Assiette la plus heureuse pour la *Vigne*, est celle des Côteaux ; ou d'une Colline un peu élevée, applatie & un peu arrondie dessus, parce que le Soleil la voit de tous côtés, & que l'eau en descend facilement ; car l'eau abondante est toujours défavorable à la *Vigne*.

La première Façon, ou le premier Labour qui se donne aux

*Vignes*, eft ce qu'on appelle le *Terfage*. Il fe fait d'ordinaire après les Vendanges; néanmoins il y a bien des gens qui font donner cette Façon devant Vendanges, & cette Maxime n'eft point à rejetter: parce que non-feulement ce Labour fait dans le tems du Fruit, en ôte les Herbes, qui caufent bien fouvent de la pourriture aux Raifins; mais encore il les fait profiter, & groffir davantage.

On *provigne* depuis le quinze Décembre, quand on le peut, & que les Gelées ne font pas trop fortes, jufqu'au quinze Février, & même jufqu'en Mars. Chaque Foffe doit avoir au moins trois brins, jufqu'à cinq.

On taille la *Vigne* en Février, Mars, & jufqu'à la fin d'Avril. En faifant cette Façon, il faut laiffer au moins fur chaque Scèp, un *Courfon*, & une *Sautelle*; longue, s'il fe peut, pour être enterrée. On prétend que le Vin qui provient des *Vignes* taillées en *Courfon* eft bien meilleur, & a plus de délicateffe que celui qui vient de *Sautelles*; mais le rapport n'eft pas fi grand.

Le deuxième Labour, que l'on appelle le *Hoüage*, fe fait après la Taille; & fe rachève au commencement de Mai.

Il faut que les *Sautelles* laiffées pour coucher en terre, y foient mifes au plus tard au quinze Mai, & les autres liées aux Échalas dans le même tems. Il faut avoir l'œil, que les Vignerons ne lèvent les *Sautelles*, dont la plûpart font commerce; ce qui caufe un grand dommage à la Vigne.

Les *menuës Façons*, que l'on appelle ordinairement *les Façons de la Femme*, parce qu'elles fe font ordinairement par des Femmes, font l'Ébourgeonage, Liage, & Redreffage. Pour faire ces *menuës Façons*, il faut prendre des Femmes qui les entendent bien; & principalement l'*Ébourgeonage*, qui eft la Façon la plus délicate à faire.

*Tome I.*  I ii

Le dernier Labour, que l'on appelle le *Binage*, se commence dans le mois de Juin; & s'achève au plus tard dans la fin de Juillet, sans être remis après l'Août. *L'Agronome.*

La règle la plus ordinaire des Vendanges, est de les commencer les derniers; à moins que le Fruit ne pourrisse, ou qu'il arrive quelqu'autre accident, qui oblige nécessairement à le cueillir. Et si au contraire les Vendanges sont tardives, il faut vendanger des premiers; & cela suivant l'ancien Proverbe des bonnes Femmes, qui dit: *Vendanges tôt, vendange tard; & vendanges tard, vendange tôt.*

Il faut cueillir le Raisin par le plus beau tems qu'on peut; le Vin en est toujours meilleur. *Parfait Œconome.*

### Pour faire le Vin Blanc, bon & potable.

Il faut faire fouler à mesure que les Hôteurs apportent, & on fait tirer & entonner le Vin promptement, de crainte qu'il ne jaunisse; cela le rend plus blanc, & plus délicat: ou bien les Hôteurs, en apportant les Raisins de la Vigne, jettent directement leur hôtée dans la Cuve; & quand elle est presque pleine de Vendange, on la fait fouler à force d'Hommes, nuds pieds; & l'on en tire le Vin à mesure que l'on foule, ou quand la Cuvée est foulée.

Lorsque la Vendange est ainsi dans la Cuve; on peut tirer le Vin qui provient du Raisin sans être foulé, & l'entonner également; c'est-à-dire, établir autant de Tonneaux que vous estimez avoir de Vin, & mettre chacun deux Sçeaux tour-à-tour, jusqu'à ce que le tout soit plein, dans chaque Tonneau où l'on veut mettre le Vin de cette Cuvée; afin de le rendre pareil en bonté, & rachever d'emplir chaque Tonneau du Vin provenu du Raisin foulé.

Après le Foulage fait, & le Vin tiré; on retrousse le Marc,

on le laisse égouter suffisamment : puis on le fait porter sur le Pressoir, pour en faire le Marc à l'ordinaire. Il y a quelques Vignerons qui prétendent, que le Vin qui égoûte après le Marc retroussé, mis & entonné à part, est fort délicat & prompt à boire.

Quand il se rencontre que quelques Piéces de votre Vin entonné, ou du Pressurage, ont quelques défectuosités ; on les marque, pour les repasser sur le Marc du Vin rouge. Il faut remplir souvent les Vins blancs, pour les exciter à jetter toute la vilainie qui est dans le Vin ; & le laisser bouillir & jetter, jusqu'à ce que vous reconnoissiez qu'il ne bouille plus. Pour lors vous mettez sur les Trous des Tonneaux, des Feuilles de Vigne & des Tuileaux dessus : après cela on les sable, avec du Sable qu'on met dessus les Feuilles ; & on les laisse ainsi quelque tems, jusqu'à ce que vous bondonniez votre Vin. *Maison Rustique.*

## Vin Rouge.

Le Raisin noir veut être cueilli par le plus beau tems ; parce qu'il prend couleur davantage. L'on ne le foule point dans la Fouloire comme le Blanc ; mais les Hôteurs le jettent à mesure qu'il vient de la *Vigne*, dans la Cuve ; & quand elle est presque pleine, on le laisse sans fouler, jusqu'à ce qu'on entende que cela bouille un peu : marque que la Vendange s'échauffe. On fait en ce cas fouler cette Vendange dans la Cuve à force d'homme, comme au Vin blanc ; & on laisse cuver le Vin, jusqu'à ce qu'il soit fait ; & qu'on reconnoisse que le Marc commence à baisser, & qu'il ne bouille plus.

On laisse cuver le Vin tout au moins vingt-quatre heures : lorsqu'on le veut faire de garde, & fort en couleur, il faut le laisser cuver jusqu'à ce qu'on reconnoisse qu'il n'a plus de douceur. Lorſqu'on veut faire du Vin plus délicat & plus aimable à boire, on le tire quand il a encore de la douceur ; & qu'il n'a cuvé que vingt-quatre heures au plus. Cette Maxime fait, que le Vin n'eſt pas ſi fort en couleur ; mais auſſi il n'eſt pas ſi dur, & en eſt plus délicat à boire. *Diction. Œconomique.*

Il y a des gens qui, quand la Cuve eſt dans la force de ſa chaleur, font renfoncer le Marc avec une pêle ; afin de donner davantage de la Couleur au Vin. Il y en a d'autres qui prétendent, que ce renfoncement le fait quelquefois aigrir ; & ils ſe contentent de mettre une Couverture par-deſſus la Cuve : ce qui fait, que cela donne non-ſeulement plus de chaleur au Vin ; mais que l'eſprit du Vin ne s'exhale point, & reſte toujours dans ſa maſſe ; ce qui lui conſerve par conſéquent ſa force.

On tient encore pour Maxime, qu'auſſi-tôt que la Cuve eſt pleine, il faut la fouler autour, pour la préparer à bien bouillir ; & avoir ſoin pendant qu'il boût, de faire tremper le Raiſin : & lorſqu'il eſt bien écumé, & que cette écume ſe retire ; il le faut prendre dans ſon feu, & le tirer.

Le Vin étant fait, on l'entonne dans chaque Tonneau également, à trois ou quatre Sçeaux preſque pleins ; & on les rachève d'emplir du dernier Vin qui ſort de la Cuve : parce qu'il ſe trouve toujours plus couvert que le premier tiré ; & cela, afin de le rendre égal en qualité & en couleur. *Parf. Œconome.*

## Les Bois.

IV. Les *Bois* ſont au rang des Biens de Campagne les plus lucratifs : parce qu'il s'en fait une grande conſommation ; que le débit en eſt facile ; qu'ils demandent moins de dépenſe ; & ſont ſujets à moins d'accidents, que les autres ſortes de productions.

1°. Les Terres propres à mettre en *Bois* doivent être d'une qualité médiocre ; telles ſont celles qui ne ſont pas bien fertiles ; & on doit réserver les meilleures pour les Grains, Foins, ou autres Productions.

2°. Si ce font des Terres humides, & dans des fonds; on y doit planter des Peupliers, Saules, & autres Arbres aquatiques : dans les grasses & mitigées ; des Ormes & des Frênes : dans les fortes ; des Chênes & des Châteigniers : dans les légères ; des Pins, des Sapins, &c. Au reste, il faut trois ou quatre pieds de profondeur de bonne Terre, pour les gros Arbres qui poussent en ligne perpendiculaire leurs principales racines ; ce qu'on appelle *Pivoter*.

Les *Bois* réussissent également dans les Plaines, & sur les Côteaux : les plus beaux Arbres pour les Forêts, sont le Chêne, le Châteignier ; ensuite l'Orme, le Sapin, le Frêne, le Charme, l'Érable. On connoît qu'un *Bois* est bon, lorsque les Arbres sont de belle venuë, drus, bien vifs, sans Ronces ni Genêt ; & qu'il n'y en a pas un trop grand nombre de vieux.

Les *Bois taillis* sont ordinairement d'un bon revenu. Il se trouve des années où leur pousse est sujette à quelques infortunes, causées par les Chenilles, hannettons, & autres petits Animaux qui mangent & gâtent le bourgeon ; cela l'empêchant de pousser vigoureusement à son ordinaire ; mais cela n'arrive pas toujours.

La Manière la plus sûre de faire un *Bois*, est par des Plants enracinés, forts, & d'une belle venuë ; car celle du Plan de semence, est infiniment longue & moins sûre. On doit choisir des Plants jeunes, qui ayent la tige droite, & haute d'un pied & demi ; beaucoup de racines & bien nourries, sans mousse ni nœuds ; & tout fraîchement arrachés lorsqu'on les plante.

On doit les planter en Novembre & Décembre, dans les fonds pierreux ou légers : en Décembre & Janvier, dans ceux qui sont humides ; & par le tems qui ne soit ni trop froid ni trop pluvieux ; on doit planter de bonne heure ceux qui fleuriffent plutôt que les autres, comme font tous les Fruits à noyau.

On plante à la main les Plants enracinés dans des Rigolles. Cette Méthode eft plus ufitée que celle des Foffes : les Rigolles doivent être larges de deux pieds & demi, & profondes de deux ; faites au cordeau en forme de Rayons à planter la Vigne. On laiffe un pied de diftance entre chaque Foffe : on met la terre de deffus à un des côtés de la Rigolle, & celle du fond de l'autre côté. On doit auparavant bien labourer & fumer la Terre, & avoir émondé les Plants ; c'eft-à-dire, couper toutes les mauvaifes racines. Avant de placer les Plants, on doit mettre deux doigts de bonne Terre, au fond des Rigolles. *Diction. Œconomique.*

Lorfqu'on veut faire un *Bois Taillis*, on doit prendre des Plants d'un pied & demi de haut, les étêter, & y laiffer les chicots : les efpacer d'un pied & demi, & mettre deux pieds entre les rangs ; on ne doit les laiffer fortir de Terre qu'à la hauteur de quatre ou cinq doigts, afin qu'ils s'écartent en buiffon ; mais auffi on ne doit pas les mettre trop avant.

S'il s'agit d'un *Bois de Haute Futaye*, les Plants doivent être de fix pieds de haut, & gros comme le bras par le bas ; on ne les étête point, afin que la tige foit droite, & on ne leur donne guères plus d'un pied de Terre : mais on doit les lier à quelques pieux fichés en Terre pour les rafermir ; ils doivent être efpacés de fix pieds. On doit coucher les belles racines tout de leur long à droite & à gauche, & les charger doucement de Terre en les preffant avec la main. En général plus les Rigolles ont d'étenduë, plus le Plan vient vîte. *M. de la Quintinie.*

On doit cultiver les *Bois* nouvellement plantés ; & 1°. les arrofer dans le mois de Mars par un tems doux, & leur donner encore cinq ou fix arrofements pendant l'Été, lorfqu'il eft long ; 2°. Leur donner deux légers labours par an, l'un au mois d'Avril par un tems humide, & l'autre au mois de Septembre ; tant pour détruire les mauvaises herbes, que pour ranimer la substance de la Terre, & faire croître le *Bois* plus vîte. 3°. continuer ces mêmes soins pendant quatre ou cinq ans : au bout de ce tems émonder les Plants à haute tige dans le mois de Mars. Un Taillis peut donner à dix ans, une Coupe abondante ; après laquelle on doit lui donner un labour.

Touts *Bois* un peu grands, doivent être divisés en certaines portions ; & on n'en peut couper chaque année qu'une quantité : c'est ce qu'on appelle *mettre en Coupe règlée* ou *Venté*. L'Ordonnance défend qu'on coupe les Taillis avant neuf ans ; ensuite on peut les couper en Vente règlée tous les neuf à dix ans.

Lorsqu'on en veut faire une *Futaye*, on le laisse croître sans le couper pendant trente ans, ou du moins vingt-sept ; & jusqu'alors on l'appelle *Taillis* : ce n'est que d'un beau *Taillis* qu'on fait une *Futaye*. Pour sçavoir si on laissera croître un *Bois* en *Futaye*, ou si on le coupera en *Taillis* ; on doit éxaminer & connoître la nature du fonds ; le nombre de ce qu'il y aura en *Futaye* ou en *Taillis* ; l'âge & la nature du *Bois*, les Places vuides, les endroits où les Arbres ne viennent pas bien. On doit éclaircir le Plan destiné pour *Futaye* avant qu'il ait trois ans ; n'en laisser qu'une seule Tige sur un pied, de peur qu'ils ne croissent en touffes, & les élaguer avec soin : l'usufruitier d'une Terre n'en peut rien couper. *Maison Rustique*.

Lors de la Coupe des *Bois*, l'usage est de laisser douze à seize Baliveaux par Arpent de Brin ou sur Souche ; s'il ne s'en trouve de Brin avec tous les anciens & modernes Baliveaux qui se trouveront dans les Coupes ; à peine & pour éviter à des dommages & intérêts. L'Ordonnance des Eaux & Forêts portent seize Baliveaux par Arpent.

## Qualités & Propriétés des Bois.

Du *Bois* de Chêne; il s'en fait des Poutres grosses & moyennes, Pannes, Sablières, Poteaux, Solives, Faîtes, Chevrons, & autres Piéces de Charpenterie; comme auſſi des Auges à Moulins, Écrouës, Vis, & autres Piéces pour les Preſſoirs; des Planches, Échallats, Lattes, & autres menuës choſes: & du reſte, qui n'eſt pas propre à ce que deſſus; l'on en fait *Bois* de Corde, Fagots, Bourrées, & autres menus *Bois*.

L'Orme eſt fort recherché, principalement par les Charons: l'on en fait des Planches, des Moyeux, des Jantes pour les Rouës, des Timons, des Roulons, des Écrouës, Vis, & autres Piéces pour les Preſſoirs & Bâtiments.

Des Noyers, Poirriers, & Pommiers; l'on en fait des Planches, du Poteau quarré, de la Membrure, des Courbes, & autres Piéces de Sçiage; pour des Meubles, Armoires, Bureaux, Cabinets, & autres Ouvrages de Menuiſerie de cette nature.

L'on fait du Frêne; des Brancards, des Timons de Chaiſes & Carroſſes, & du Cercle de toutes ſortes.

L'Érable eſt un *Bois* fort dur, beau & marbré, propre pour toutes ſortes d'Armes.

Les *Bois blancs* de toutes ſortes: comme l'Aûne, Tremble, Bouleau, & autres de cette nature; ſont propres pour les Tourneurs, pour faire *Bois* de Chaiſe à s'aſſeoir, Rouëts, Devidoirs, & autres Uſtenciles de ménage; comme auſſi on en fait des Sabots. *Parfait Œconome.*

CHAPITRE

# CHAPITRE V.
## SEPTÉNAIRE DE L'AGRICULTURE.

Sçavoir,

*Labourer*,    *Fumer*,    *Semer*,    *Tailler*,
*Greffer*,    *Planter*,    *Arroser*.

### LABOURER.

I. LE premiér principe de l'Agriculture est de *Labourer*. L'objet qu'on se propose en labourrant les Terres, est de faciliter la multiplication de petites Racines qui conduisent à la Plante le Suc nourricier; car les Racines s'étendent à des distances plus grandes qu'on ne croiroit; & au lieu de deux ou trois tuyaux que chaque Grain produit par la culture ordinaire, il s'en éleveroit dix ou douze; & même plus, si les *Labours* étoient multipliés. L'eau est un véhicule nécessaire, pour que les Sucs nourriciers passent dans les Plantes; mais d'un autre côté sans une chaleur convenable, cette Eau leur seroit nuisible: il faut donc faciliter, le plus qu'il est possible, l'introduction de l'Eau & des Rosées de la Terre; ainsi que celle des Rayons du Soleil: or rien n'est plus propre à produire ces effets, que de réduire la Terre en molécules les plus petites qu'il est possible; & plus on les divise, plus on met le terrein en état de fournir de la nourriture aux Plantes; & c'est l'effet que produisent les *Labours* multipliés. Un autre effet qu'ils produisent encore, est de détruire les mauvaises Herbes; car lorsqu'une Terre est bien nette, le Végétal s'approprie toute la substance de cette Terre.

Les *Labours* rendent les Terres plus fertiles que ne fait le Fumier, & font bien moins difpendieux ; car la Charuë ou Bêche ne divifent pas feulement les Molécules de la Terre, elles les changent de place, & renverfent le terrein ; la Terre foulevée fe laiffe pénétrer par les Rofées, les Pluies, & les Rayons du Soleil. *L'Agronome.*

On donne trois ou quatre *Labours* aux Terres qu'on deftine pour le Froment : on a même éprouvé, que fi on double le nombre des *Labours*, les Terres en feront plus fertiles, que fi elles avoient été beaucoup fumées.

Les *Labours* des Jardins fe font ordinairement à la Bêche, ou à la Houë : le premier *Labour* confifte dans le défrichement du Jardin ; on le fait dans un tems fec pour les Terres humides ou fortes, il doit être profond ; & donné dans un tems humide pour les Terres légères & pierreufes.

On donne quatre, & même jufqu'à cinq & fix *Labours* par An aux Arbres Fruitiers ; au Printems, à la Saint Jean, à la fin d'Août, & avant l'Hyver ; mais on ne doit jamais les *Labourer* quand ils font en fleur.

On doit *Labourer* fouvent les Plantes potagères ; ce *Labour* doit être fait à la Bêche, lorfqu'on veut planter ou femer ; on en doit faire de profonds au milieu des quarrés, & de légers parmi les menus Légumes ; on Serfoüit, ou on Bêche les Plantes qui font près les unes des autres : on divife pour cela les quarrés dans leur largeur en diverfes Planches de quatre à cinq pieds, féparées par de petits Sentiers. *Parf. Œconome.*

### FUMER.

1°. *Fumer* eft procurer de l'Amendement aux Terres. Il y en a de différentes fortes ; les *Fumiers* conviennent à une certaine Terre ; & les autres, à une autre.

2°. Le *Fumier* de Vache eft gras & rafraîchiffant : il convient aux Terres séches, maigres & sablonneuses: on doit le mêler avec ces sortes de Terres, & on choisit pour cela un tems sombre; on doit l'enterrer avant l'Hyver, afin qu'il conserve sa chaleur.

Celui de Mouton est fort chaud, & a beaucoup de Sels; il est bon pour les Terres froides & maigres.

Celui de Cheval a les mêmes qualités, mais il n'est pas gras comme les précédents: il est propre pour les Terres labourables, principalement celles qui sont fortes & humides, & pour les Potagers; mais non pour les Arbres: on doit l'employer de bonne heure.

Ceux de Mulet & d'Asne sont à-peu-près de la même nature.

Celui de Pigeon est le plus chaud de tous: il est propre aux Terres humides & aux vieux Arbres; mais on doit le mêler avec d'autres, ou le laisser jetter son Feu; car il brûleroit les semences.

Celui du Cochon est froid, & le moins estimé de tous; mais mêlé avec d'autres, on l'employe pour les Terres brûlantes, & aux Arbres qui ont jaunis par trop de sécheresse.

Les Boües des Ruës & des grands Chemins, après qu'on les a fait sécher par tas, font un grand bien aux pieds des Arbres; ainsi qu'aux fonds de Terre usée: il en est de même des Cendres, sur-tout pour les Figuiers.

2°. Les Gazons brûlés avec toutes sortes de mauvaises Herbes.

3°. Les Terres neuves, & particulièrement celles qui touchent à la surface, sont excellentes pour Amender celles qui sont usées.

Au reste, les *Fumiers* qui ne valent rien pour les Jardins, sont les Curures de Colombiers & de Poulailliers; le *Fumier* de Porc, les Éxcréments des Animaux aquatiques, ceux des Lapins, & ceux de l'Homme. En général, les *Fumiers* les plus pourris, comme de la troisième année sont les meilleurs ; mais on ne doit pas les mettre pourrir dans un endroit où il y a de la pente, de peur que l'eau qui y tombe, n'emporte tout le Sel du Fumier, & le meilleur de la substance ; il ne faut pas aussi l'enterrer trop dans la Terre.

Lorsqu'on veut *Fumer* amplement pour corriger le défaut d'un Fonds, on ne doit pas mettre le *Fumier* au fonds des Tranchées ; mais il faut le répandre au haut du Taillis qui se fait par les Terres, que l'on jette à mesure que l'on fait les Tranchées ; & par-là, le *Fumier* se trouve mêlé dans la Terre. C'est ainsi qu'on doit *Fumer* tant les quarrés pour les Potagers, que les Tranchées pour les Espaliers.

On ne doit point employer de *Fumier* qu'il ne soit bien fait ; c'est-à dire, que les pailles ne soient entièrement corrompuës par la fiente & l'urine des Bestiaux ; on ne doit pas non plus l'employer dans les Terres tout chaud, sortant de l'Écurie.

On ne doit jamais employer les *Fumiers* d'étable, qu'ils n'ayent le tems de fermenter & de pourrir ; car ils empêchent la Végétation plutôt que de la faciliter ; sur-tout lorsqu'ils sont enfoüis dans la terre au sortir des Étables, & immédiatement avant qu'on sème le Bled ou autres Grains ; leur chaleur est capable de brûler les racines ; la graine des mauvaises herbes, dont le *Fumier* non pourri est plein, végète & peut remplir les Terres de salleté ; il y a des personnes qui font mettre tout le *Fumier* de leurs Écuries sous des Hangards, & qui y font porter toutes les urines de la maison, & toutes les eaux de savonnage : ensuite ils font porter ce *Fumier* en Janvier sur le Bled verd, & le répandent également. M. *de la Quintinie.*

### SEMER.

III. L'action de *Semer* est une des plus importantes Opérations de l'Agriculture. Il y a fur cette matière des règles qu'il eſt abſolument néceſſaire de bien ſçavoir, & de pratiquer.

1°. Avant de *Semer*, on doit connoître la Qualité de la Terre, pour ſçavoir l'eſpèce & la quantité de Grains qu'il faut : on doit même s'aſſurer de la Qualité de la Terre où le Bled a été recueilli, lorſqu'on l'achète pour le *Semer*.

2°. Lui avoir donné tous les Labours néceſſaires. 3°. Choiſir le meilleur Bled, de quel que ce ſoit. Le bon Froment, par éxemple, doit être d'un gris blanchâtre ; rond, beau, peſant, ſonnant, ferme ſous la dent. Il doit être parfaitement criblé, & purifié de toutes Graines étrangères : il vaut mieux que le Bled deſtiné à ſervir de *Semence*, ſoit tiré d'un terroir diſtant de quelques lieuës, de celui où il doit être employé ; & que ce ſoit d'une Terre plus maigre : il faut même, s'il eſt poſſible, qu'il provienne d'une Terre inférieure de quelques degrés, à celle où l'on veut l'employer.

Il eſt fort avantageux de tirer les *Semences* des Pays, où les Plantes ſe plaiſent particulièrement ; & de *Semer* le Bled dans un Terrein d'une nature contraire, à celui d'où il a été tiré : c'eſt le moyen d'avoir une bien plus grande Récolte.

Il eſt d'uſage dans la plûpart des Provinces de France, de faire paſſer la *Semence* par une Leſſive de Chaux vive ; ce qu'on appelle *Échaulage*. Pour cet effet, on le met tremper durant cinq ou ſix heures dans une Saumure faite exprès : d'autres mettent le Bled dans des Mannes, & ils écument les Grains qui ſurnagent : d'autres arroſent le Grain en tas avec cette eau ; ou bien ils répandent deſſus de la Chaux en poudre, & ils le remuent bien.

En général on peut *Semer* fort bien pendant ſix ſemaines, dans les mois de Septembre & Octobre : on doit commencer par les Plaines ; car elles veulent être *Semées* plutôt : le Bled

Semé de bonne heure, lève mieux. Il y a des circonſtances, où l'on eſt forcé de remettre cette Opération à une autre ſaiſon. 1°. A cauſe des Pluies trop abondantes. 2°. Lorſqu'on a à *Semer* dans une Terre chaude, graveleuſe, pierreuſe ; de peur que le Bled ne pouſſe trop, avant le Printems. 3°. Lorſque la Terre a rapporté l'année précédente, du Sainfoin ou autre fourrage ; car il faut avoir le tems de préparer le Terrein. 4°. Lorſqu'elle a apporté des Navets, qu'on a fait manger aux Beſtiaux. 5°. Lorſqu'elle a été nouvellement défrichée, ſoit qu'elle fût en Prairie ou en Bois. Dans tous ces cas, on doit différer à *Semer* juſqu'en Décembre, & même Février.

L'ordre qu'on doit garder pour les Bleds, eſt de commencer par le Seigle ; enſuite l'Eſcourgeon, le Méteil, les Peautres, enfin le Froment : on doit *Semer* celui-ci en Terre graſſe & humide, & après la pluie. A l'égard des Bleds appellés *Mars*, qui ſe ſement au Printems : on commence par le Froment de Mars ; il veut une Terre graſſe, & demande les mêmes cultures que les autres Fromens. Enſuite, & au commencement d'Avril, le Bled de Turquie ou Maïs, le Millet, le Panis ; on finit par le Sarraſin.

A l'égard de la manière de *Semer* les différentes Graines pour les Plantes, on doit ſçavoir qu'il faut *Semer* chaque eſpèce de Graine à la profondeur qui lui convient ; pour cela, on fait pluſieurs trous avec divers Plantoirs, qu'on enfonce les uns plus profondément que les autres : on y *Sème* les Graines qu'on veut éprouver ; & quand elles ſont germées, on voit quelle eſt la profondeur à laquelle il faut *Semer* chaque eſpèce de Plante. *L'Agronome.*

### Tailler.

IV. *Tailler* les Arbres, c'eſt retrancher les branches inutiles ;

Or, ce retranchement rend 1°. la Sève plus abondante, ce qui procure du plus beau fruit ; 2°. il fait prendre à l'Arbre une plus belle figure, & il prolonge sa durée en empêchant son épuisement.

On *Taille* ordinairement depuis la fin d'Octobre jusqu'à la fin de Janvier, les fruits à Pepins ; en Février & en Mars, les fruits à Noyaux : on *Taille* les Pêchers les derniers. En général, on ne *Taille* les Arbres quels qu'ils soient, qu'après la seconde année qu'ils sont plantés : on commence par *Tailler* les Arbres les plus foibles.

L'Art de la *Taille* demande encore plus d'intelligence que d'adresse. Cependant il y a trois Principes dont la connoissance peut servir, pour comprendre plus facilement en quoi consiste cet Art. Le premier est de sçavoir connoître les branches inutiles. Or, pour les connoître, il faut :

1°. Pouvoir distinguer les Branches à fruit, & à bois ; d'avec les Branches de faux bois.

Les Branches à fruits sont petites, courtes, nourries : on y voit des Boutons ; ces Boutons sont une tumeur qui renferme les fleurs, & les fruits qui succèdent aux fleurs : ils sont plus gros & plus ronds, que celui qu'on appelle l'Œil ; celui-ci est une tumeur pointuë, qui renferme un pacquet de feüilles avec le Jèt.

Les Branches à bois, sont les grosses & fortes branches destinées à former la Tête de l'Arbre : ce sont celles aussi qui sont venuës sur la *Taille* de l'année précédente.

Les Branches de faux bois, sont celles qui naissent sur une vieille branche, ou même sur une bonne ; & dans un endroit où il ne paroissoit point d'œil. On doit regarder encore comme Branche de faux bois, les Branches qui viennent ailleurs que sur celles qui ont été racourcies à la dernière *Taille* ; telles sont celles qui sortent immédiatement de la tige ; celles qui viennent contre l'ordre commun ; c'eſt-à-dire, lorſqu'elles ſont groſſes vers le bas de la mère branche, tandis qu'il y en a de menuës au-deſſus ; telles ſont encore les Branches qu'on appelle *Chifonnes*, qui ſont de petites branches déliées & en confuſion : & enfin les Branches appellées *Gourmandes*, qui ont de longs Jets, gros comme le doigt & fort droits, l'écorce unie, les yeux plats, & naiſſent ſur les groſſes branches.

2°. Il faut ſçavoir encore mettre une différence entre les Branches à fruit ; car il y en a de bonnes, & il y en a de mauvaiſes : les bonnes ont des Yeux enflés, des Boutons bien marqués & bien nourris, & une Écorce vive : ces mêmes qualités doivent ſe trouver auſſi dans la bonne Branche à bois. Les mauvaiſes, ou qui ne ſont bonnes à rien, ont des yeux plats, écartés les uns des autres ; ou bien elles ſont extrêmement groſſes, longues & droites, avec des yeux maigres & fort écartés : on appelle *Gourmandes* ces dernières ; on doit couper les unes & les autres.

Le ſecond Principe eſt, qu'il faut gouverner avec prudence les bonnes Branches : ainſi il faut bien ſe garder de couper le bois qui eſt à côté, & au-deſſus de la petite branche à fruit ; car elle deviendroit elle-même Branche à bois, & affameroit les Boutons à fruit : au lieu qu'en laiſſant cette petite branche, lorſqu'elle eſt vigoureuſe & de quelque longueur, la Sève s'étend, ſe partage dans une multitude de feüilles, & entre plus facilement dans les Tuyaux & Boutons à fruit.

Le troiſième eſt, de *Tailler* avec Œconomie ; c'eſt-à-dire, ſçavoir *Tailler* tantôt *long*, tantôt *court* ; de manière qu'il y ait de tous les côtés une quantité à-peu-près égale de Branches à bois ; afin que la Sève ſe diſtribue également. *Tailler long*, c'eſt laiſſer dix ou douze pouces à une Branche à bois ; il faut cependant avoir égard à la force de la Branche. *Tailler court*,

*court*, c'est ne laisser à la Branche que deux ou trois yeux. On *Taille long* les Arbres vigoureux, qu'on veut mettre à fruits : on *Taille court* les Arbres foibles, fur-tout dans les premières années, & on ne leur laisse que très-peu de Branches ; afin que les premiers Jèts qu'ils pousseront soient vigoureux. Quand un Arbre ne donne du fruit que d'un côté ; on doit *Tailler* fort *long*, le côté qui ne donne que du bois.

On doit user de Prévoyance dans la *Taille* des Arbres ; c'est-à-dire, juger du fort des Branches, connoître celles qu'il faudra un jour retrancher, & en disposer d'autres, pour remplacer les vuides que les premières feront ; & sçavoir conserver par Préférence la Branche de faux bois, quand elle est vigoureuse & voisine du Corps de l'Arbre : cela se pratique quelquefois à l'égard des Pêchers.

Quant aux tems de la *Taille*, on peut *Tailler* les Arbres aussi-tôt après la Chûte des feuilles ; & on peut continuer de les *Tailler* pendant l'Hyver : on doit néanmoins excepter certains Arbres comme les Pêchers, les Abricotiers, dont on peut différer la *Taille* jusqu'au tems de la Fleur ; de peur que l'Hyver n'endommage les Boutons en *Taillant* ces Arbres. Pendant cette Saison, il faut excepter encore ceux qui poussent une grande quantité de bois, & dont il faut différer la *Taille* jusqu'à ce que la Sève ait mis tout en mouvement. *Culture des Arbres.*

### Grèffer.

V. *Grèffer* ou *Enter* ; c'est planter une partie de quelqu'Arbre qu'on estime, sur un autre qui déplaît : rien n'est plus Merveilleux que l'effet de la *Grèffe* ; car par cette Opération qui est simple par elle-même, on a la satisfaction de voir un Mauvais Arbre se changer en un Bon ; & un Bon Arbre se changer en un plus Parfait : on convient qu'à la rigueur l'Arbre ne change point, & que ce que le Sauvageon produira sera encore sauvage : cependant à cause de cette union qu'on aura faite d'une bonne Branche avec un Sauvageon qui la nourrit, ce Mauvais Arbre sans changer de nature produira de Bon fruit.

On appelle *Sujet* ou *Franc*, le Sauvageon que l'on veut *Grèffer*; & l'on appelle *Grèffe* ou *Rameau*, la Branche de l'Arbre dont on veut avoir de l'espèce. On appelle Écusson la pièce enlevée sur l'Écorce de cette Branche : cette pièce est en forme de Triangle, & ce nom vient sans doute d'un Écusson d'Armoirie, avec lequel il a quelque ressemblance. L'Instrument dont on se sert pour *Grèffer*, appellé *Grèffoir*, est un Couteau pointu à manche d'Yvoire, dont le bout qui excède la Lame est applati en forme d'un Spatule de Chirurgien.

On peut *Grèffer* un Arbre en tel endroit, autant de fois, & à tel âge qu'on veut; pourvû qu'il ne soit ni trop jeune, ni trop vieux.

Ce qu'il y a de plus important dans l'Art de *Grèffer*, c'est de connoître quelle est la nature la plus convenable pour chaque *Grèffe*. Or voici ce qu'il faut sçavoir là-dessus.

1°. On *Grèffe* les Poiriers sur des Arbres de même espèce, que les Jardiniers appellent Arbres francs, ou sur un Coignassier; 2°. les *Grèffes* qu'on destine pour être exposées en plein vent, doivent être insérées sur un pied vigoureux; parce que pénétrant fort avant dans le terrein, il ne risque pas d'être endommagé par la sécheresse qui règne à la surface; 3°. les Sujets que l'on veut former en Arbres Nains, doivent être *Grèffés* sur un Coignassier; dont les racines pénètrent à une profondeur modérée, & glissent entre deux couches de Terre : cet Arbre se plaît dans un terrein cultivé, & rapporte peu de tems après; 4°. on *Grèffe* les Pommiers sur un Pommier sauvage, venu de Bouture ou de Pépin; & aussi sur un Pommier de Paradis. Le Pommier sauvage venu de Pépin, est un Arbre lent à pousser, mais fort vigoureux, & dure fort long-tems; on l'employe pour les Poiriers à plein Vent. Le Pommier de Paradis rapporte bientôt du fruit; mais n'eſt pas de longue durée, on en forme des Arbres Nains; les Pommiers *Grèffés*, réuſſiſſent dans des terreins médiocres. 5°. On *Grèffe* avec ſuccès les Ceriſiers ſur des Ceriſiers noirs, ou des rouges ſauvages; on le *Grèffe* en Écuſſon, & avant le milieu de l'Été. 6°. Toutes les eſpèces de Pruniers ſe perpétuent par le moyen de la *Grèffe* en Fente, ou en Écuſſon ſur des Pruniers ſauvages venus de Noyau ou de Bouture. 7°. Les Abricotiers & les Pêchers ſe *Grèffent* en Écuſſon ſur des Amandiers dans les terreins ſecs, où les racines du Prunier ſeroient détruites par la ſéchereſſe; & ſur des Pruniers, dans les terres humides: car les racines profondes de l'Amandier ſe trouvant plongées dans l'Eau, pourriroient bientôt. *L'Agronome.*

### *Il y a ſept différentes manières de Grèffer.*

1°. La *Grèffe* en *Fente*. Pour la bien faire, il faut couper abſolument la Tête de l'Arbre. 2°. Fendre le Sujet avec un fort Couteau que l'on chaſſe à coups de Maillet: 3°. Entr'ouvrir la Fente juſqu'à une certaine profondeur, avec un Coin; 4°. Inſinuer dans le Sujet une branche appellée *Grèffe*, coupée d'un autre Arbre d'une nature douce; à laquelle on a laiſſé au moins trois bons Yeux ou Nœuds, qui en ſe développant produiſent chacun un petit pacquet de feuilles.

L'extrémité de la *Grèffe* doit être taillée uniment de chaque côté, l'inſinuer enſuite dans la Fente; afin que l'Écorce d'un de ſes côtés s'incorpore éxactement avec l'écorce du Sujet: Diſpoſition abſolument néceſſaire, afin que l'incorporation de la *Grèffe* avec le Sujet, forme une réunion mutuelle de leurs fines Écorces. L'inſertion étant achevée, couvrez la fente avec des bandes d'Écorces, Laine, ou petit Ruban ; de manière que rien d'étranger ne puisse pénétrer dans les fentes ; enduisez cette couverture d'une composition de Cire, ou de Poix fondue ; ou si vous aimez mieux, mélangez de la Terre ou Argile avec un peu de paille ; enveloppez le tout de Chiffons pour préserver la *Grèffe* de la pluie, ou du hâle.

2°. La *Grèffe* en *Couronne* se fait sur un tronc qui est trop épais ; séparez l'écorce d'avec le bois, en y enfonçant un petit coin ; glissez dans ces différentes ouvertures plusieurs *Grèffes*, dont chacune doit avoir quatre ou cinq beaux yeux ; taillez-les de manière, que vous puissiez les adapter aux ouvertures que vous aurez faites : recouvrez aussi le tout de la même manière qu'il est expliqué ci-dessus.

3°. Pour la *Grèffe* en *Flûte*, choisissez au mois de Mai deux branches de même grosseur ; l'une sur un Sauvageon, l'autre sur un Arbre de *Grèffe* : on doit les laisser chacune sur son pied, & les racourcir toutes les deux. Faites une incision circulaire à la bonne branche, détachez une petite membrane d'écorce, assez longue néanmoins pour contenir deux yeux : dépouillez ensuite de son écorce la branche du Sauvageon ; insinuez-la dans le tuyau creux, de manière qu'elle soit enveloppée comme si c'étoit son écorce naturelle. Couvrez ensuite l'extrémité de cette insertion avec de l'argile détrempé, & des chiffons.

4°. La *Grèffe* en *Écusson* ne se pratique que sur les fruits à Noyaux. Pour cette Opération, on coupe d'un bon arbre une petite portion triangulaire d'écorce, un peu plus longue que large ; au milieu de laquelle vous apperçevrez les traces d'une branche avec deux yeux. Détachez l'écorce ; ne manquez pas cependant de couper le haut, ou Bourgeon avec la lame du Grèffoir, qu'on glisse dessous l'écorce ; ce Nœud est l'Arbre qui doit pousser un jour. Faites en même-tems une incision sous la forme d'un T; écartez les bords de l'ouverture supérieure avec le côté plat du manche du Grèffoir; infinuez enfuite l'écorce triangulaire en laiffant defcendre la pointe la plus longue jufqu'au bas du T, afin qu'elle foit recouverte par-tout; excepté à l'endroit du Bourgeon qui doit être découvert : maniez ces écorces doucement, ajuftez-les bien l'un à l'autre, recouvrez-les avec un cordon de laine pour les entourer.

5°. La *Grèffe* à *Œil pouffant*, ne peut être faite qu'en Été; l'Arbre étant alors imprégné d'une Sève abondante : on coupe alors la tête du Sauvageon à quatre doigts au-deffus de l'Écuffon, pour que la Sève coule par-deffus.

6°. Pour faire la *Grèffe* à *Œil dormant*, différez l'Opération jufqu'à l'Automne; coupez alors la tête de l'Arbre au renouvellement de la Sève; & par cette manière vous laiffez agir la Sève d'une manière lente, ce qui a donné lieu à l'apeller *Grèffe* à *Œil dormant*.

7°. La *Grèffe* par *Approche* n'eft praticable, que pour deux Arbres qui croiffent fort près l'un de l'autre; ou qui viennent dans des Caiffes. Pour cette Opération, pratiquez une fente dans la branche du fujet que vous voulez améliorer; inférez enfuite le bout d'une bonne branche que vous laifferez fubfifter fur fon pied; couvrez la bleffure avec de l'argile, & bandelettes de toile. Lorfque les deux petites portions d'écorce font bien incorporées, ce qui arrivera au bout de quelque tems, féparez la bonne branche d'avec fa tige, elle ne tirera plus alors de Sève de fon tronc; au contraire, elle tirera l'Aliment du tronc dans lequel elle a été inférée : Coupez enfuite les branches du Sauvageon, afin qu'il forme une nouvelle tête, avec les nouvelles branches de la *Grèffe*. *Culture des Arbres.*

## Planter.

VI. Avant de *Planter*, il faut confulter quelles font les efpèces d'Arbres qui fe plaifent dans le Pays ; fans quoi on fera beaucoup de dépenfes fans profit. Tout eft utile, lorfqu'il fe plaît dans le Terrein. Le Chêne, par exemple, qu'on deftine pour bois à brûler, n'eft pas bon dans un fond gras & humide ; au lieu que les Bois blancs dans un pareil Terrein, rendront un tiers de plus.

La meilleure manière de femer du Bois, quelque efpèce de Plant que ce foit ; c'eft de labourer la Terre comme on fait pour le bled, même de la Fumer s'il eft poffible. Lorfqu'on eft au dernier Labour, on relève le terrein le plus qu'on peut en Sillons, de deux pieds & demi, ou trois pieds de large ; on Plante les Graines comme des Haricots dans la raye du Sillon, fi on ne craint pas le féjour des eaux ; & dans l'ados du Sillon, fi le féjour des eaux eft à craindre : après cela, il ne s'agit que de bien farcler, & regarnir. Si on ajoute à cette première dépenfe deux légers Labours chaque Année, jufqu'au Récépage qui fe fait au bout de quatre à cinq ans ; on eft certain d'avoir une Coupe utile, avant quinze années de *Plantation*.

Il faut obferver que fi on *Plante* en Côtes, il faut Sillonner en travers, cela conferve la fraîcheur & les terres ; au lieu que fi on Sillonnoit de haut en bas, les pluies feroient des Ravins : il faut adoffer le Plant au Sillon oppofé, pour qu'il foit à l'abri du grand Soleil. On peut *Planter* en Plant, de même qu'en Graine ; & c'eft la voie la plus courte : mais dans les bonnes Terres il faut de très-gros Plant ; parce que les herbes qui y abondent, étouffent le germe du petit Plant.

On peut *Planter* en Foffés, en éloignant ces Foffés de douze ou quinze pieds ; alors on *Plante* en forme de haye fort droite,

& on mèt de toute espèce de Bois; afin de faire alligner le Chêne qui s'y trouve mêlé. A quarante ans, ces hayes rendent autant de profit, qu'un Bois plein; pourvu qu'on laboure les fossés les premières années.

A l'égard des Arbres fruitiers, on doit les *Planter* sur les bords des Chemins, & dans des Champs, où ils soient fumés & labourés; & mettre de grandes espaces entre les uns & les autres; afin que l'Ombre de l'un ne nuise pas à son voisin. *Essai sur l'Administration des Terres.*

## Principes sur la Transplantation des Plantes, soit Arbres ou Arbustes.

De toutes sortes de Plantes qu'on lève des Bois, ou d'une Pépinière pour les *Transplanter*; il faut en retrancher toutes les feuilles jaunes, moisies, pourries ou sèchées, qui pourroient se trouver aux pieds. En les *Plantant*, on ne doit point couper les Racines, ni les Montans; comme font la plûpart des Jardiniers, qui croient devoir les mutiler ainsi. C'est une mauvaise Routine: car dans toutes sortes de Plantes, les Racines sont les seuls instrumens de la Nutrition & de l'accroissement; sans les Racines des Plantes qui repoussent de bouture, il ne peut entrer dans le tronc & les autres parties, aucune portion des Sucs de la Terre, ni des Influences de l'air qui servent de nourriture à la Plante.

La Soustraction d'une partie des Racines est donc un obstacle à la Végétation; & le peu qu'on en laisse ordinairement, ne sert tout au plus qu'à les empêcher de mourir tout-à-fait. En suprimant les Racines, on ôte à la Plante son nécessaire; & elle ne fait que des progrès lents & insensibles: ainsi il vaut mieux lui laisser ses Racines, que de l'obliger à en produire d'autres.

C'eſt en vain que les Jardiniers allèguent le Deſſéchement qui arrive à une Plante levée de terre, juſqu'à ce qu'on la re-plante : car dès qu'on n'a pas laiſſé les Racines trop long-tems au grand air, ce Deſſèchement n'eſt que ſuperficiel : il leur reſte toujours un Humide Radical, témoin les Arbres fruitiers envoyés au loin : ces Racines, quoique ſèches au-dehors, ont un principe de Vie qui reprend bien-tôt ſon activité ; on n'a pour cela qu'à mettre dans l'eau toute Plante qui a ſouffert quelque tems hors de terre, l'y laiſſer tremper vingt-quatre heures ; on la verra renaître, pour ainſi dire, à vûë d'œil. On n'a qu'à *Planter* enſuite ſelon les règles, & elle réuſſira infailliblement.

Voilà, dit M. l'Abbé Roger, qui nous a fourni ces Obſervations dans ſon Traité de la *Culture des Fraiſiers*, ce que nul Jardinier n'a pu comprendre juſqu'ici, ni même M. de la Quintinie tout le premier.

### Arroser.

VII. *Arroſer* eſt une Opération abſolument néceſſaire pour toutes les Productions d'un Jardin ; on doit *Arroſer* les Potagers pendant ſept ou huit mois de l'Année, principalement pendant le Printems, l'Été, & une partie de l'Automne. La meilleure manière, quand on en a la commodité, eſt celle d'avoir des Eaux naturelles, qui conduites par des Rigolles ou Canaux, abrèvent bien mieux la Terre que les Arroſoirs ; on pratique des Pompes pour avoir facilement de l'Eau, ſi vous n'avez que des Puits ; il faut beaucoup *Arroſer* dans les mois d'Avril & de Mai, à cauſe du grand hâle ; & pendant les grandes Chaleurs, le matin & le ſoir. L'Eau de Rivière eſt préférable à toutes, quand on peut en avoir : l'Eau de Puits & de Fontaine nuit beaucoup à toutes les Plantes ; ſi elle n'a été auparavant repoſée, échauffée au Soleil, & expoſée long-tems à l'Air.

AUTRE

# AGRICULTURE, CHAP. V.

## AUTRE SEPTÉNAIRE DE L'AGRICULTURE.

Sçavoir,

*Jachères, Landes, Espaliers, Contre-Espaliers, Couches, Boutures, Marcottes.*

### JACHÈRES.

I. Les *Jachères* sont des Terres qu'on laisse ordinairement reposer. Un bon Œconome doit laisser reposer tous les ans le quart, ou le tiers de ses Terres alternativement; on épargne par-là, 1°. le tiers du Bétail nécessaire, tant pour les Labours que pour les Charrois, & autres choses; 2°. les Gages & nourriture de plusieurs Domestiques; 3°. le tiers de la Semence; 4°. les Fruits en sont meilleurs; 5°. la Terre pousse plus de Tige & de grands Épis; on recueille ordinairement plus de Grain, & la Terre fait presque la restitution de ce qu'elle avoit manqué de rapporter; 6°. les frais de la Récolte seront moindres; 7°. les travaux du Labourage se font avec plus d'aisance & plus d'ordre. *Maison Rustique.*

### LANDES.

II. On appelle *Landes*, des Terres qui ne produisent que de la Fougère, Bruyères, Ronces, Joncs-Marins, & autres Broussailles. Il faut les brûler vers la fin de l'Été; les Cendres de toutes ces mauvaises productions bonifient le terrain, empêchent le rejèt des Racines; mais on doit veiller principalement à la communication du feu en choisissant un tems calme, & ne communiquant le feu que par Tranchées; on arrache à la Pioche les Racines des Arbustes; & on Laboure ensuite ce terrain; on peut alors y semer de l'Avoine ou autres menus Grains; si vous donnez trois bons Labours la seconde année, vous pourrez y semer du Bled ; & la troisième produira une bonne Récolte. *L'Agronome.*

### Espaliers.

III. Les *Espaliers* sont des Arbres fruitiers plantés le long des murailles d'un Jardin ; les Fruits difficiles à mûrir, ne peuvent réussir que de cette manière, telles sont les Pêches & les Poires de la première qualité. Les Arbres les mieux exposés sont ceux qui sont au Midi : ceux au Levant, viennent après ; on doit réserver l'exposition du Midi pour tout ce qui mûrit difficilement ; l'aspect du Couchant n'est pas mauvais : celui du Nord est le moins favorable.

La manière de Planter de beaux *Espaliers*, est de faire le long de la muraille une Tranchée large de six pieds sur trois de profondeur. On doit remplaçer la terre tirée de la Tranchée par une meilleure, ou du moins y en mêler une autre d'une qualité propre.

Quand on veut planter un Arbre sur le champ, il ne faut pas lui tailler sa Motte, ni mettre ses Racines à l'air, cela l'affoiblit trop : il faut au contraire lui conserver ses Racines saines, sans écorchure, sans meurtrissure, & même le Chevelu quand il est frais ; tel Arbre réussit beaucoup mieux, que celui qui a été planté avec des Racines taillées de court. L'Arbre étant posé dans son trou, il ne faut point garnir de fumier le fond de la Fosse, cela empêche la terre de se lier autour des Racines, forme des vuides en se dissipant ; mais on en doit mettre au pied des Arbres, alors les Sels en descendent utilement vers la racine : on mélange ce fumier avec un peu de terre pour la propreté ; cette couverture les préserve aussi du trop grand froid, ou du grand hâle.

On plante ordinairement les Arbres en *Espaliers*, depuis le commencement de Novembre jufqu'à la mi - Mars, pour les Terres maigres; en Février & en Mars, dans les Terres fortes; parce que l'humidité dont elles font pleines pourroit altérer les jeunes Plans pendant l'Hyver. Si l'on veut Tranfplanter des Arbres, on doit choifir l'une ou l'autre de ces deux Saifons; faifant attention principalement, que la terre foit bien liée & rapprochée avec la main autour des racines dans toute leur longueur. *La Quintinie.*

### CONTRE-ESPALIERS.

IV. Les *Contre-Efpaliers* font des Arbres plantés en Ligne parallèle près de l'Efpalier. Il faut les paliffer un an après qu'on les a plantés; à mefure qu'ils croiffent, on leur fait prendre la forme d'Éventail. Il faut Tailler les branches à fruit dans le haut, plus longues d'un pouce que les branches à bois; il faut auffi mettre entre chaque Arbre un gros pieux, y attacher deux rangs de Perches d'une égale diftance, pour que les Arbres foient bien paliffés : on les arrête à la hauteur qu'on veut, & on coupe le haut tous les ans. *Ibidem.*

### COUCHES.

V. Les *Couches* fe font avec du grand fumier de Cheva nouvellement forti de l'Écurie, & huit à neuf pouces de Terteau. Elles doivent être expofées au Midi, hautes de quatre pieds, & autant de large. On les laiffe repofer fept à huit jours, afin que la grande chaleur du fumier puiffe s'évaporer; les *Couches* ont été imaginées dans les Pays tempérés, pour avoir en toute Saifon des Légumes de toute efpèce. On couvre les graines avec des Cloches & des Paillaffons, élevées d'un pied, pour les préferver du grand froid.

Les *Couches* doivent être réchauffées de tems en tems; c'eft-à-dire, remuer le fumier qui y fervoit, ou le réchauffer avec un ou deux pieds de nouveau fumier. *Le Cultivateur.*

## BOUTURES.

VI. On appelle *Boutures* les Branches les plus vives que l'on prend fur quelqu'Arbre, Arbufte, ou Plante : il faut les Tailler par le bout en pied de Biche, les faire tremper quelques jours dans l'Eau, les planter enfuite en terre toute fraîche.

La Voie des *Boutures* eft plus prompte que celles des graines. La Marcote & l'Ente font des efpèces de *Boutures*. Pour leur faire reprendre facilement Racine, il faut les planter auffi-tôt après qu'elles auront été coupées ; choifir pour cela l'endroit le plus frais du terrein, après l'avoir labouré ; tracer enfuite des rayons de fix pouces de profondeur, & de même largeur ; les mettre en terre à la hauteur qui leur convient, arranger les *Boutures* à huit ou neuf pouces ; recouvrir les rayons ; donner de légers Labours ; ôter les mauvaifes Herbes, & laiffer le petit Arbre en cet état, jufqu'à ce qu'il puiffe être Écuffonné. *Parfait Œconome.*

## MARCOTTES.

VII. Les *Marcottes* font de jeunes Branches, belles, fortes & bien nourries ; dont on fait choix pour *Marcotter* une Plante. Pour cette Opération, il faut fendre une de ces Branches par le milieu, jufqu'auprès d'un nœud ; avoir foin de tenir l'incifion ouverte avec un petit morçeau de bois ; la coucher en terre, la couvrir de quelques pouces de terre ; où la faire rentrer dans un petit panier que l'on remplit de bonne terre, & qu'il faut pendre à quelques Branches.

La *Marcotte* ayant pris racine ; il faut la couper, enfuite la tranfplanter ; la bien couvrir de terre, l'arrofer ; elle devient alors une Plante annuelle. *Le Cultivateur.*

# CHAPITRE VI.
## DUODÉNAIRE DE L'AGRICULTURE.

Travaux à faire pendant les Mois de

*Janvier*, *Février*, *Mars*, *Avril*,
*Mai*, *Juin*, *Juillet*, *Août*,
*Septembre*, *Octobre*, *Novembre*, *Décembre*.

### JANVIER.

I. Comme le Froid ou le mauvais tems oblige de refter à la maifon pendant le mois de *Janvier*, on doit profiter de cet intervalle pour raccommoder tous les Inftrumens du Labourage ; tels que Charettes, Charuës, Harnois, & apprêter les Échallats pour la Vigne ; travailler aux Chanvres & aux Lins, faler les Cochons.

Quand le tems permet de fortir, on doit tailler la Vigne, couper les Saules & les Peupliers, fumer les Arbres qui languiffent ; Enter ceux qui font hatifs ; Labourer les terres légères, relever les foffés, couper les bois pour les Efpaliers & les Treilles ; Tailler les Arbres des Jardins, couvrir les Plantes des Fleurs qui craignent le froid ; mettre à l'abri des trop grandes pluies, les Anemônes & les jeunes Plantes femées dans des Pots ou Caiffes.

### FÉVRIER.

II. Pendant le mois de *Février*, on doit fumer les Prés, les Jardins, & les couches ; achever d'élaguer les Arbres, femer l'Avoine, les Lantilles, Pois-chiches, Chanvre, Lin, nettoyer le Colombier, Poulaillier, les Ruches; acheter des Mouches à miel, repeupler la Garenne, &c.

Dans le Jardin Potager, semer l'Oignon, le Poireau, les Ciboules, les Pois hatifs, la Chicorée sauvage; replanter les Laituës à coquilles, semées dès l'Automne, à quelque bon abri, pour les faire pommer. Semer à la nouvelle Lune de ce mois, des Raves ou Radix, & des Asperges; faire des Couches pour les Melons : semer les premiers Choux pommés, & toutes sortes de Légumes.

Dans le Fruitier, Tailler les Arbres, Couper les Grèffes le 27 de la Lune, les garder jusqu'au 10 ou 12 de la Lune de Mars, semer des Violliers & des Œillets.

## Mars.

III. On doit donner le premier Labour aux Vignes pendant le mois de *Mars*; la seconde façon aux Terres en jachères, semer les Mars & autres petits Bleds; mettre le Jardin en bon état, Grèffer les Arbres : c'est le tems d'acheter des Bœufs à bas prix, parce qu'ils sont maigres. Donner le premier Labour aux Jardins : replanter les Choux pommés & les Choux de Milan qu'on a mis en Pépinière : faire les couches pour replanter les premiers Melons.

A l'égard des Fleurs, semer les Fleurs Annuelles, Œillets d'Inde, Passe-velours, Rose d'Inde, recouvrir les belles Tulipes pendant les gelées de nuit; replanter vers le milieu du mois les Violettes de Mars, Jacintes, Tubéreuses, Marguerittes.

## Avril.

IV. Pendant le mois d'*Avril* on doit Tailler la Vigne nouvelle, Labourer les autres, Grèffer les Arbres fruitiers, semer le Sainfoin : c'est le tems de faire saillir les Cavales, les Anesses, les Brebis.

Dans les Jardins, on doit faire la seconde taille aux branches à fruit des Pêchers, les raccourcir jusqu'au fruit noüé, & les pincer; regarnir les places où les Arbres ne viennent pas bien : Pincer les bois semés de la mi-Octobre : arroser le pied des Arbres nouvellement plantés : semer clair la Chicorée blanche en pleine terre : semer les premiers Cardons d'Espagne : tailler les Melons, planter encore des Asperges, sarcler avec soin, arracher les coucons des Fraisiers qui fleurissent beaucoup & ne noüent point : faire la troisième taille des Pêchers, en pincer les gros jèts, & Tailler aussi les autres fruits à Noyau.

## MAI.

V. Au mois de *Mai* il faut donner le second Labour à la Vigne, étêter les Arbres, Labourer les jachères, sarcler les Bleds : faire ses provisions de Beurre & de Fromage ; châtrer les Veaux, tondre les Brebis.

Dans le Jardin œilletonner les Artichaux, en replanter de nouveaux ; semer de la Laituë, & en replanter : ramer les Pois qui sont forts, afin qu'ils donnent plus de fruit ; replanter du Sellery à la fin du mois, dans des planches creuses comme les Asperges, à trois rangs dans chaque planche.

A l'égard des Arbres, en Palisser les nouveaux Jèts lorsqu'ils sont forts, pincer les gros Jèts ; lier les Grèffes, ébourgeonner les Poiriers, sortir les Orangers si le tems est doux.

Pour les Fleurs, semer diverses graines de Plantes pour avoir des Fleurs le long de l'Été ; couper les tiges des Iris balbeux ; déplanter les Tulippes hatives, marcotter les Giroflées jaunes ; semer des graines d'Œillets vers les 5, 6 & 7 de la Lune pour en avoir de doubles.

## JUIN.

VI. Les travaux du mois de *Juin* sont d'Ébourgeonner &

lier les Vignes, donner le second Labour aux jachères, tenir nettes les Ruches, faucher les Prés, faner le Foin.

Quant aux Jardins, leur donner un Labour universel: dans le Potager, semer de la Laituë & de la Chicorée pour en replanter le reste de l'Êté; replanter des Cardes poirées, arroser les Melons deux fois la semaine, ramer des Haricots, semer des Pois: à la *mi-Juin* Greffer à la pousse les fruits à Noyau.

Pour les Fleurs, recueillir les graines mûres; déplanter les Tulipes, & replanter celles qui seront dépouillées; déplanter les Anémones; Enter en écusson les Jasmins, Orangers, Rosiers, mettre des baguettes à chaque pied des beaux Œillets pour contenir les montans.

### JUILLET.

VII. Pendant le mois de *Juillet*, on doit donner le troisième Labour à la Vigne, en unir la terre, recueillir les Légumes d'Êté, semer ceux d'Hyver, visiter les Pommiers & Pruniers, pour en ôter les fruits gâtés: c'est le tems de faire couvrir les Vaches, & de vendre ou acheter des Bestiaux dans les Foires, nettoyer les Granges, faire la Moisson.

A l'égard du Jardin, faire de fréquens arrosemens, semer des Chicorées pour l'Automne & l'Hyver, & de la Laituë Royale; replanter des Choux blancs pour la fin de l'Automne; semer à la *mi-Juillet* des Pois quarrés pour la dernière fois & pour Octobre: marcotter les œillets des Pêchers si les branches sont assez fortes.

A l'égard des Fleurs, lever les Plantes bulbeuses, & les transplanter aussi-tôt; & faire des marcottes d'Œillets.

### AOUST.

VIII. Les travaux à faire dans le mois d'*Août* sont, de donner le troisième Labour aux jachères, charier le fumier sur les terres, arracher le Chanvre, battre le Seigle pour la semaille,

maille, brûler les ronces & les mauvaises herbes qui sont dans les Pâtis. C'est le tems de chercher des Sources d'eau, pour faire des Puits & des Fontaines.

Quant aux Jardins, on doit fouler les montans des Oignons & les feüilles des Betteraves, Carottes, Panèts; semer des Epinards pour la mi-Septembre, de la Laituë à coquille pour l'Automne, & des Mâches pour l'Hyver; replanter les Fraisiers enlevés en motte, & beaucoup de Chicorée à un bon pied l'une de l'autre; des Laitues Royales pour l'Automne & l'Hyver; lier la Chicorée, si elle est grande.

Pour les Fleurs, planter les Anémones simples pour avoir des fleurs en Automne & en Hyver; à la fin d'*Août*, mettre en terre les Jacintes, les Anemones, les Renoncules & Jonquilles les plus belles.

### Septembre.

IX. Dans le mois de *Septembre* il faut semer le Seigle & le Méteil, labourer les Jachères, couper les Ris & les Millets, se pourvoir de Cochons maigres pour les mettre à la glandée, répandre le Fumier sur les terres & le retourner; commencer la Vendange.

Pour le Jardin, replanter beaucoup de Chicorées & à demi-pied de distance l'une de l'autre, & les arroser dans la chaleur vers la *mi-Septembre*; Greffer les Pêchers sur Amandiers & sur d'autres Pêchers en place; à la fin du mois, semer des Epinards & des Mâches pour le Carême; lier le Sellery & le butter avec du fumier sec; lier les Choux-Fleurs dont la pomme paroît formée.

Quant aux Fleurs, semer la graine d'Oreilles-d'Ours, de Renoncules, d'Iris, de Tulippes, de Pavots & autres Plantes annuelles; œilletonner les Œillets, les Giroflées, & autres Plantes ligneuses.

## Octobre.

X. Pendant le mois d'*Octobre*, on continue & on achève la Vendange : on doit femer les Lupins, les Pois, les Févroles, l'Orge quarré ; recueillir le Miel & la Cire ; c'eſt le tems de faire des Raiſins ſecs, des Pruneaux, du Raiſinet & du Cidre ; Provigner la Vigne.

Pour les Jardins, faire les mêmes Ouvrages que dans le mois de Septembre, excepté les Greffes ; ſemer des Epinards pour en avoir vers le mois de Mai. On peut planter toutes ſortes d'Arbres, & faire les derniers Labours des terres humides.

Quant aux Fleurs, planter les Tulipes vers la *mi-Octobre*, & autres Oignons qui ne ſont pas en terre : ſur la fin du mois, ſerrer les Orangers & autres Arbriſſeaux qui craignent la gelée.

## Novembre.

XI. Les travaux du mois de *Novembre*, ſont de cueillir les Olives, faire les premières huiles, planter des Oliviers ; faire proviſion d'herbes pour le Fourage des Beſtiaux, ſerrer les Fruits d'Automne, encaver les Vins, Planter & provigner la Vigne, ſerrer les Échalas, couper les Saules ; caſſer les Noix pour faire de l'huile, tailler la Vigne, émonder les Arbres, couper le Bois à bâtir.

Pour le Jardin, faire porter de grands fumiers ſecs près des Chicorées, Artichaux, Sellery, Poireaux, &c. pour les y répandre dès que le froid ſe fait ſentir : on les couvre plus fort à meſure que le froid augmente : couvrir les Laituës d'Hyver avec de la paille longue ; replanter en motte les Choux pommés dont on veut avoir de la graine.

Quant aux Fleurs, planter les Roſiers, les Lillas & autres Arbriſſeaux qui ne craignent point la gelée ; couvrir les Plantes, car elle leur eſt funeſte.

## DÉCEMBRE.

XII. Pendant le mois de *Décembre*, on doit fumer & marner les terres, battre le Bled à la grange, couvrir de fumier le pied des Arbres : c'eft le tems de dreffer des piéges aux Bêtes, tuer & faler les Cochons.

Pour les Jardins, il faut ferrer ou couvrir ce qui n'a pu l'être dans le mois de Novembre ; femer les premiers Pois fous quelque abri, pour en avoir au mois de Mai : mettre en terre les Amandes pour germer; tailler les Arbres pendant qu'il ne gele pas encore, dépaliffer les Efpaliers avant de les tailler.

C'eft dans ce mois qu'il y a le plus de profit à faire, par la vente des Dindes, Oifons, Canards, Poules, Chapons, Veaux : les Œufs, le Beurre ; les Fromages font plus rares en ce tems, & font bons à vendre. *L'Agronome.*

## AUTRE DUODÉNAIRE.

### Douze gros Outils pour l'Agriculture;

Sçavoir,

| *Preffoir,* | *Charruë,* | *Charette,* | *Herfe,* |
|---|---|---|---|
| *Roulleau,* | *Faulx,* | *Fléau,* | *Rateau,* |
| *Pioche,* | *Hoüe,* | *Semoir,* | *Cultivateur.* |

### PRESSOIR.

I. Le *Preffoir* eft une machine avec Arbre & Vis, qui fert à preffer de la Vendange ou autres Fruits ; dont on veut efpreindre le jus, enforte que le Marc demeure toujours fec.

Le *Preffoir,* dit Nicod, *eft un Inftrument de bois, fait pour en preffant, tirer à force & efpreindre le jus de quelque chofe, & eft dit notamment pour efpreindre le jus ; car telle manière d'Inf-*

trument qui ne fait qu'imprimer quelque marque, ou placquer simplement, est plus communément appellé Presse; comme la Presse des Imprimeurs, & la Presse de ceux qui estampent les Serges, Draps, Fustaines, & autres Étoffes; & la Presse dont les Femmes & Drapiers pressent leurs Chaperons, Linges & Draps. Desquels Pressoirs il y a trois sortes, l'un est à deux tablettes, l'une basse en laquelle sont endentées des Vis; l'autre haute, laquelle a tour de moulinet, étant abaissée en gisant sur l'autre, espreind le jus de ce qui est entre-deux, & a le nom de Presse, étant usitée aux Apothicaires, & Faiseurs d'espreintes. Les autres deux sortes sont propres aux Pressuriers de vin, lesquelles l'une est à Rouë, l'autre à Arbre. Diction. de l'Académie.

La Construction d'un *Pressoir* demande la plus sérieuse attention, & on n'y doit employer que des gens entendus, de peur qu'il ne rompe bien-tôt. Pour donner à un pareil Ouvrage la Stabilité & la Durée nécessaire, il ne faut pas épargner la Dépense, tant pour la qualité du Bois, que pour les frais de la Construction.

La Construction des *Pressoirs* est différente selon les Provinces, particuliérement celles qui sont fort éloignées les unes des autres. *Du Cultivateur.*

## CHARRUE.

II. La *Charruë* est le principal Instrument du Labourage : elle est composée ordinairement de deux Rouës & d'un Essieu, sur lequel est dressée la Sellette à laquelle est attaché le Timon, le Soc, le Coutre, les Oreilles & le Manche.

Le Soc doit être placé de manière qu'il n'incommode point celui qui tient la Queue de la *Charruë* : le Manche doit être proportionné au Train, l'Oreille placée de façon qu'elle renverse la Terre commodément : le Coutre destiné à fendre la

Terre, doit être de bon Gros Fer, mais point trop large ; afin qu'il ne se charge point trop de terre.

On doit avoir plusieurs *Charruës* de différentes façons pour les divers Labours : il y a des Provinces, où l'on se sert des *Charruës* qui n'ont point de Rouë ; mais seulement une Perche, sur laquelle on monte tout le Train de derrière ; elles ne peuvent guères être propres que pour des terres légères ; car elles sont plus difficiles à manier que celles à Rouës : il y a aussi des *Charruës* à bras, pour labourer les petits Jardins.

Toutes les *Charruës* éxigent deux conditions essentielles : l'une est, que le Soc & le Coutre entrent suffisamment dans la terre non labourée, pour la verser dans le Sillon ; c'est ce que les Laboureurs appellent l'entrure : voilà pourquoi les bonnes *Charruës* ont le Soc & le Coutre un peu obliques à l'âge, ( on appelle ainsi la Flèche, qui est d'environ 4 pieds 8 pouces de long ), du côté de la terre qu'on veut entamer ; ce qu'on fait en diminuant l'Entrure, en inclinant un peu les Manches de la *Charruë* vers la terre ou vers le sillon. L'autre condition est, que la *Charruë* pique convenablement à la qualité de la terre qu'on travaille : on y parvient aisément avec les *Charruës* qui ont un avant-train, en avançant ou en reculant l'âge sur la sellette ; mais il y a des *Charruës* qui n'ont point d'avant-train, & entre celles-là, les unes ont derrière un long Manche qui fournit au Chartier un puissant levier, avec lequel il fait piquer plus ou moins sa *Charruë*.

Il y a des Provinces où les *Charruës* sans avant-train, sont établies sur les jougs des Bœufs, de façon que le *Soc* ne pique ni trop, ni trop peu : elles ont ordinairement un Sèp fort large, & fort long, qui leur donne beaucoup d'assiète ; & contribue à entretenir le Soc dans la position convenable. Les Charrons ont soin de mettre des Coins, qui étant plus ou moins frappés, augmentent ou diminuent l'angle, que le Sèp fait avec l'âge.

Charrue à *oreille*. Sorte de petite *Charruë* qu'on appelle ainfi ; parce qu'à côté du Soc qui eft affez étroit, il y a une Planche contournée de façon qu'elle renverfe la terre du côté qu'elle eft plaçée ; & comme on peut plaçer cette planche du côté que l'on veut, le Laboureur eft le maître de renverfer la terre du côté qu'il veut. Par éxemple, après avoir mis l'Oreille de la *Charruë* du côté de fa main droite, & incliné le Coutre du même côté, il renverfe la terre du côté gauche. Avant de commencer une autre Raie, il attache l'Oreille du côté de fa main gauche, & il change la direction du Coutre : de cette façon, la terre qu'on laboure fe renverfe toujours dans le Sillon qu'on vient de former, & tout le Champ fe trouve labouré à plat. Par ce croifement, les Mottes font mieux brifées, & la terre mieux remuée, que fi on faifoit les Labours dans le même fens : deux chevaux fuffiront pour cette forte de *Charruë*. M. de Quintinie.

Charrue à *Verfoir*. Ce font de grandes *Charruës*, dont le Soc eft une fois auffi large, que les Socs des *Charruës* ci-deffus : au lieu de cette partie appellée Oreille, elles ont une piéce de bois fortement attachée au côté droit de la *Charruë*, & qu'on nomme le Verfoir. Ce Verfoir renverfe toujours la terre du même côté, qui répond à la main droite du Laboureur.

Ces fortes de *Charruës* ne font pas un Labour profond, mais elles enlèvent une grande largeur de terre, qu'elles renverfent à côté prefque tout d'une piéce : il faut quatre forts Chevaux pour les tirer. On a plutôt labouré un Arpent avec ces *Charruës* ; mais la terre n'eft pas fi bien remuée, qu'elle l'eft par une *Charruë* à oreille. *Diction. de l'Académie*.

Charrue à *Billonner*. Cette *Charruë* n'a point de Coutre; mais un Soc long & étroit, avec deux grands Verfoirs évafés du côté du Manche de la *Charruë*, & échancrés en deffous;

de sorte que cette *Charruë* fait par sa pointe un Coin qui ouvre la terre : le milieu des Versoirs la renverse sur les côtés ; & leur extrêmité la plus évasée, qui est échancrée, applanit cette terre ; ce qui donne au billon une forme en dos d'âne très-régulière. (Le Billon est une éminence formée par la *Charruë*, & qui est bordée de deux Sillons.) On ne se sert de cette *Charruë* que dans les Sables.

M. de Till, Anglois, a imaginé une *Charruë* qui porte en avant quatre Coutres, au lieu d'un : ces Coutres sont placés de façon qu'ils coupent la terre qui doit être ouverte par le Soc, en bandes de deux pouces de largeur ; ce qui fait que le Soc, ouvrant un Sillon de sept à huit pouces de largeur, le Versoir renverse une terre bien divisée ; qui ne forme point de grosses Mottes plattes, comme font les *Charruës* ordinaires.

Il arrive de-là, que quand on vient à donner un second Labour, la *Charruë* ne trouve à remuer que de la terre meuble ; au lieu de rencontrer des Mottes ou des Gazons, souvent difficiles à diviser. Cette *Charruë* remue la terre jusqu'à dix ou douze & quatorze pouces de profondeur ; & comme elle fait de profonds Sillons, & des Billons fort élevés, la terre est bien plus en état de profiter des influences de l'air. L'Auteur de cette *Charruë* veut qu'on mette tous les Chevaux les uns devant les autres quand on laboure une terre molle ; & que le Tems le plus avantageux pour s'en servir, est lorsque la terre est un peu pénétrée d'eau.

Elle ne doit servir que pour les principaux Labours, ou pour Défricher les terres ; ou pour mettre en bonne façon, celles qui n'ont point été labourées depuis long-tems.

Cette *Charruë* a de grands avantages ; elle répand exactement la quantité de semence qu'on desire employer : elle la place à la profondeur qu'on juge à propos, & ensuite elle la recouvre de terre. *L'Agronome.*

La Charrue à *Coutres*, est une *Charruë* imaginée par les Auteurs de la nouvelle Culture, & dont on peut voir la Figure, ainsi que celle des autres *Charruës*, *dans le Traité de la Culture des terres de M. Duhamel*, tom. 2.

Elle est composée 1°. d'une Flèche, (c'est la principale pièce); cette Flèche fait toute la longueur de la *Charruë*, & elle a quatre pieds huit pouces; 2°. de deux Cornes ou Manches, soutenus par la Jambette, ou l'extrêmité d'où partent les Cornes : 3°. il y a dans le milieu de la Flèche deux pièces de bois fortement arrêtées par deux boulons à vis : ces deux pièces, aussi-bien que la Flèche, sont percées d'autant de mortoises ou ouvertures qu'on veut y placer de Coutres; les Coutres doivent entrer fort juste dans les mortoises, & être espacés de manière que les pointes des Coutres soient parallèlement écartées à trois pouces l'un de l'autre, afin de pouvoir trancher les Gazons en Bandes de cette même largeur : la lame des Coutres doit être fort mince, & d'acier bien corroyé : on met ordinairement cinq Coutres à cette *Charruë*; c'est le moyen d'expédier promptement les Cultures. Au reste, la Flèche doit être percée de deux mortoises, par lesquelles on l'enfile aux traverses de l'Avant-train de la *Charruë*.

Cet Avant-train est composé d'une Rouë de trente ou trente-deux, & jusqu'à trente-quatre pouces de diamètre; on la peut faire légère en la faisant fermer d'un cercle de fer mince : cette Rouë est placée entre deux Montans, ou Limons, distans l'un de l'autre de dix-huit pouces. Ils doivent avoir quatre pieds huit pouces de longueur; les bois de ces Montans doivent avoir environ deux pouces en quarré : ces deux pièces sont assemblées par deux traverses qui ont deux pouces & demi de largeur, & une d'épaisseur, chevillées à demeure à l'un des Montans; & à leur autre bout le Montant doit pouvoir se démonter,

pour

# AGRICULTURE, CHAP. VI. 473

pour enfiler aux traverses la Flèche de la *Charruë*; entre les Montans, on introduit une espèce de Rouë, dans laquelle est une cheville de Fer qui la traverse d'outre en outre, & qui sert d'Essieu, & dont le diamètre est d'environ huit lignes : elle ne doit pas excéder en longueur les montans par le dehors. Pour fixer cette cheville, l'un de ses bouts doit être courbé en fer applati, & suivant la forme du bois du montant. Sur la surface supérieure de chaque montant, on pose les crochets qui reçoivent les traits des chevaux. Les Montans doivent être percés de quatre ou cinq trous, pour changer & piquer plus ou moins les *Charruës* dans la terre.

Les Coutres doivent être percés de plusieurs trous, pour les pouvoir faire monter ou descendre ; ils doivent être d'égale longueur depuis le dessous de la Flèche, afin qu'ils entrent d'une égale profondeur dans la terre : ils doivent être arrêtés par le dessous de la Flèche avec une cheville de bois, de peur que la pression ne les fasse élever.

Cette espèce de *Charruë* est très-propre à défricher; & à réduire promptement en bon état de Labour, de vieilles prairies. On passe les traits, par exemple, d'Orient en Occident, parallèlement les uns aux autres : cette Opération réduit d'abord toute la surface du terrein en bandes de gazon d'environ trois pouces de largeur : les Coutres entrent dans la terre, à la profondeur de cinq à six pouces : deux chevaux tirent facilement cette *Charruë*, chaque trait qu'elle donne, divise en bandes quinze pouces au moins de largeur de terrein : tel est le service important qu'on retire de cette *Charruë*. M. Duhamel.

## CHARETTE.

III. La *Charette* est une sorte de Voiture fort connuë & fort nécessaire à la Campagne : on en doit avoir de différente

*Tome I.* O o o

grandeur. Celles pour charrier les gerbes, le foin, le chanvre, doivent être grandes & plus étroites par le bas que par le haut: elles doivent avoir de bons Effieux; les Rouës en doivent être fortes, & les Bordages doivent être bien cloués, les Jantes bien enclavées, les Ridelles de bon bois, & les Planches fortes; car on doit en avoir où il y ait des planches pour porter les grains, le fumier, les terres, les matériaux, &c.

### Herse.

IV. La *Herse* est un instrument d'Agriculture destiné à briser & à unir les terres : elles doivent être de bois fort, & garnies de longues dents de fer : on doit en avoir de différentes grandeurs ; on y met une pierre dessus, pour la rendre plus lourde. *Trévoux.*

### Rouleau.

V. Les Laboureurs passent un gros *Rouleau* sur les terres pour doulcoyer les Avoines, pour applanir les Allées, & écraser les grosses Mottes. *Nicod.*

### Faulx.

VI. La *Faulx* est un instrument de Fer avec lequel on coupe l'herbe des Prez, les Avoines, le Sain-foin. C'est un Fer tranchant fort mince & açéré, large d'environ trois doigts, un peu arcué par le bout, & qui est emmanché d'un long bâton. Il faut éguiser sa *Faulx* à tous momens. *Trévoux.*

### Fléau.

VII. Le *Fléau* est un instrument propre à battre du Bled en Grange. Il est composé de deux bâtons, dont l'un est mobile au bout de l'autre : l'un sert de Manche, l'autre frappe sur les Gerbes. *Nicod.*

### Rateau.

VIII. Le *Rateau* est un instrument d'Agriculture : il y en a de deux sortes ; les uns sont de dents de Fer pour dresser les Planches & Compartimens, les autres à dents de Bois pour nétoyer les mauvaises Herbes. *L'Agronome.*

### Pioche.

IX. *Pioche* est un instrument d'Agriculture : il est de Fer large de trois à quatre pouces, & long de sept à huit, renversé en forme de Crochet à fumier, emmanché d'un Manche d'environ quatre pieds : on s'en sert pour fouiller les Terres. *Culture des Terres.*

### Houe.

X. *Houë* est un instrument de Vigneron : c'est une espèce de Bêche renversée, qui a un fer large & plat, posé sur un Manche de deux pieds & demi de long. Il y a des *Houës* fendues en deux parts, qui sont un peu pointues pour travailler dans les terres fortes & pierreuses. *Nicod.*

### Semoir.

XI. Le *Semoir* est un instrument imaginé par l'Auteur de la Culture des terres, par le moyen duquel on remédie aux inconvéniens qui se trouvent dans la manière de Semer à la main. Ces inconvéniens font qu'une Poignée est souvent plus forte que l'autre, parce que le Grain est plus gros ou plus menu ; que la Semence s'amasse dans les Fonds ; qu'il en reste peu sur les Éminences ; qu'on est obligé d'employer trop de Semences pour réparer la partie qui reste sans être enterrée, & qui est mangée par les Oiseaux.

Ce Semoir fait 1°. les Rigoles aux distances & à la profondeur qu'on defire. 2°. Il remplit de terre toutes les Rigoles; & ainfi tous les Grains fe trouvent enterrés. 3°. Il verfe dans chaque Rigole la quantité précife de Semence qu'on a jugée convenable. Mais avant d'en faire ufage, il faut s'être affuré par l'expérience, de la bonne qualité du Grain; parce que, felon qu'il donne plus ou moins de Tiges, comme un dixième ou un fixième, on augmente ou on diminue la quantité de la Semence qu'on mèt en terre.

En fuivant la méthode de ce *Semoir*, les Grains font Semés par rangées : ces Rangées doivent être uniques quand les Plantes font vivaces, doubles, triples, & même quadruples, felon les différentes efpèces de Plantes : entre les Rangées on laiffe fept à huit pouces d'efpaces, qu'on appelle *Séparations*. On appelle *Planches*, l'efpace occupé par les Rangées avec les *Séparations* qui font entre. On appelle *Plattes-bandes* les grands efpaces qui féparent les *Planches*; par éxemple, entre deux & deux Rangées, entre trois & trois Rangées. Ainfi, entre deux Rangées, il y a une Séparation; entre trois Rangées, il y en a deux; trois, entre quatre; ainfi de fuite.

L'Auteur affure qu'en faifant la Moiffon, on remarquera que la plus grande partie des Grains de Froment auront produit vingt ou trente tuyaux, au lieu que, fuivant la Culture ordinaire ils n'en ont que deux ou trois. Ce *Semoir* eft abfolument néceffaire pour pratiquer en grand cette nouvelle Culture.

Ceux qui veulent Semer de toute forte de Grains, doivent faire affortir le *Semoir* de trois Cylindres, dont les cellules foient de différente grandeur : on fait fervir les plus grandes pour Semer les Féves; elles ferviront auffi pour les gros Pois, & même pour l'Avoine. Le Cylindre pour le Bled doit avoir fes Cellules de moyenne grandeur; il fervira auffi pour Semer l'Orge, le Seigle, le Bled noir; enfin, le troifième dont les

Cellules font fort petites, eft deftiné à Semer les Grains les plus menus; comme Millet, Raves, Navets, Luzerne. *Culture des Terres*, Tom. I. pag. *394.*

## CULTIVATEUR.

XII. Le *Cultivateur* eft une forte de Charruë imaginée par les Auteurs de la nouvelle Culture. Elle eft compofée, 1°. d'une Flèche longue de trois à quatre pieds, & de trois pouces de diamètre, taillée un peu en rond, avec des Mortaifes pour la pouvoir enfiler par les traverfes, & l'affujettir par des chevilles. 2°. De Cornes dont le milieu doit être pofé vis-à-vis de la Flèche, & affemblée avec cette même Flèche par un Tenon en mortaife. 3°. D'un Soc ou Patte, dont l'extrêmité & les petites aîles font applaties, le Manche recourbé & angulaire, un peu tranchant par-devant pour tenir lieu de Coutre ; ce Soc eft placé fous la Flèche dans une entaille, & arrêté par une Virole.

Ce *Cultivateur* eft très-aifé à conduire. Le Laboureur doit le tenir droit, ou le faire pencher à fa droite ou à fa gauche, felon que l'éxige la Culture qu'il veut donner. Lorfqu'on veut donner une Culture profonde, le Soc & fon Manche entrent entièrement dans la terre, & la Queuë de la Flèche touche la terre : il remuë la terre d'un bon pied de largeur, fa Pointe doit être d'acier, & un peu inclinée contre terre.

CULTIVATEUR à *Verfoir*. Il ne diffère du *Cultivateur Simple* que par l'addition qu'on y a faite de deux Verfoirs, un de chaque côté. Pour l'exécuter, il faut avoir un Soc femblable à celui du *Cultivateur Simple.* Les Verfoirs font faits de Plaque de Tôle, de Fonte ou de Fer battu, de l'épaiffeur d'une ligne; ce qui fuffit pour réfifter à la preffion de la terre.

Si elles étoient plus épaiffes, on appefantiroit trop le Soc. Ce *Cultivateur* ouvre le grand Sillon au milieu de la Plattebande, en renverfant en même tems la terre des deux côtés; & l'on fait autant d'ouvrage d'un feul trait, que l'on en peut faire avec deux, & même trois de la Charruë ordinaire ; fans qu'il foit même néceffaire d'employer un plus grand nombre de Bœufs ou de Chevaux. On peut voir la Defcription avec Figures de ce *Cultivateur*, dans le *Traité de la nouvelle Culture des Terres* ; Tome II. pag. 471.

## AUTRE DUODÉNAIRE.

DOUZE PETITS OUTILS, POUR LES JARDINS.

Sçavoir,

| | | | |
|---|---|---|---|
| *Bêche*, | *Fourche*, | *Civière*, | *Brouette*, |
| *Pelle*, | *Croiſſant*, | *Serpette*, | *Sçie à main*, |
| *Houlette*, | *Greffoir*, | *Plantoir*, | *Sarcloir*. |

### BÊCHE.

I. La *Bêche* eſt un Outil de Fer, qui eſt plat, large à-peu-près de huit à neuf pouces, & long d'environ un pied; affez mince par en-bas, & un peu plus épais en-haut, fur-tout au milieu, où le Fer eſt tourné en manche rond d'environ trois pouces, & long de trois à quatre ; par lequel ce Fer eſt encore emmanché d'un Manche de Bois de près de trois pouces de tour, & de trois pieds de long.

On fe fert de cet Inftrument ainfi emmanché pour couper la terre, la remuer, Labourer un Jardin ; ce qui fe fait en tenant le Manche des deux mains, & enfonçant le Fer de fa hauteur; c'eſt-à-dire, d'environ un pied dans la terre : & pour cela foulant, s'il eſt befoin du Pied fur ce Fer, pour couper ainfi la terre, la renverfer fans deffus-deffous ; & par ce moyen déraciner, & faire mourir les méchantes herbes, & la difpofer à recevoir une nouvelle Semence, ou un nouveau Plan. *M. de la Quintinie.*

Nicod dérive ce mot de *Béc ;* en hébreu *Scheber*, qui signifie *fraction*, parce qu'elle sert à couper la terre.

### Fourche.

II. La *Fourche* est un Outil de Fer composé d'une Douille, & de deux ou trois Fourchons, ou Branches pointuës. Cet Outil est emmanché d'un bâton de trois ou quatre pieds de longueur.

Les *Fourches* servent à faner, à étendre du linge, à remuer, ou à charger du fumier, &c. Il y a aussi des *Fourches* de Bois qui n'ont que deux Pointes ou Fourchons. Ces *Fourches* sont un morceau de Bois, d'où naissent deux Branches éloignées l'une de l'autre d'un demi-pied; on les coupe de la longueur d'un pied, ou d'un pied & demi, & on les aiguise en pointe par le bout. *Ibidem.*

### Civière.

III. La *Civière* est une sorte de petit Brancard qui a quatre bras, que deux Hommes portent. Elle sert utilement dans les Jardins, à porter les fumiers, pailles longues, &c. Il y en a aussi qui n'ont que deux Bras & une Roüe, & qu'une seule Personne mène fort aisément.

### Brouette.

IV. La *Broüette* est une petite Charette ou petit Tombereau, qui n'a qu'une Roüe; & qu'un Homme pousse devant soi. On se sert de *Broüettes* pour vuider des terres, du fumier, & des ordures dans les Jardins.

### Pelle.

V. La *Pelle* est un Outil de Bois, ou de Fer; qui sert à re-

muer & à mesurer du Bled, ou des Grains ; à enlever du fumier & des ordures, &c.

### CROISSANT.

VI. Le *Croissant* est un Instrument tranchant, & fait en Arc;
dont se servent les Jardiniers à tondre leurs Palissades.

### SERPETTE.

VII. La *Serpette* est un petit Couteau courbé, dont on se sert
pour Tailler les Arbres & la Vigne.

### SÇIE A MAIN.

VIII. La *Sçie à main* est aussi un Instrument du Jardinier pour
tailler les Arbres, soit branches, soit racines; on a nécessairement
besoin de deux bons Outils ; sçavoir d'une Serpette & d'une *Sçie*.
La *Sçie* sert pour ôter le bois qui est sec & vieux, & par conséquent fort dur, & capable de gâter la Serpette ; ou pour ôter
celui qui est si mal placé, ou celui qui est si gros, qu'on ne peut
aisément & tout d'un coup le couper avec cette Serpette. Il ne
faut jamais employer la *Sçie* à retrancher des Branches, qu'un
seul bon coup de Serpette peut couper adroitement.

Il faut que la *Sçie* soit droite, qu'elle soit d'une matière extrêmement dure & bien trempée, les vieilles lames d'Épées y
sont très-propres ; & il faut qu'elle ait bien de la Voye ; c'est-
à-dire, qu'elle ait les dents bien écartées & bien ouvertes, l'une
allant d'un côté, & l'autre de l'autre ; & qu'avec cela le dos
soit fort mince, tout au moins doit-il être moins gros & moins
matériel que les dents ; ou autrement la *Sçie* ne passera pas aisément, parce que les dents en seront tout aussi-tôt pleines &
engorgées, si bien qu'à s'en servir, on se lasse en un moment,
& on n'avance guères.

AGRICULTURE, CHAP. VI. 481

Il n'eſt point néceſſaire que les *Sçies* pour l'uſage ordinaire de Tailler ſoient larges, un bon demi-pouce de largeur ſuffit; il ne les faut non plus guères longues ; c'eſt aſſez qu'elles ayent environ cinq pouces de longueur ; & pour ce qui eſt du Manche, il peut être rond, attendu que c'eſt pouſſer en droite ligne devant ſoi ; & qu'ainſi on ne doit pas craindre qu'il tourne dans la main, comme fait une Serpette à manche rond ; il ſera aſſez gros, pourvû qu'à l'endroit de ſa plus grande groſſeur, qui eſt l'extrêmité où ſe vient ranger la pointe de l'alumelle, quand on la ferme ; il ait environ deux pouces & ſept ou huit lignes de tour, & que par l'autre extrêmité il ait un peu moins de deux pouces ; & ainſi on aura des *Sçies* qui ſe plient, & ſans faire aucun embarras ſeront Portatives comme des Serpettes, le tranchant ſe ferrant dans le manche ; cela eſt fort commode, & même néceſſaire à un Jardinier. *M. de la Quintinie, P. IV. pag. 38.*

## HOULETTE.

IX. La *Houlette* eſt auſſi un Inſtrument de Jardinier, ayant un Fer au bout d'un petit bâton ; comme celui de la *Houlette* d'un Berger, à la réſerve qu'il eſt pointu. Il leur ſert à lever & tranſplanter leurs Plantes, & leurs Oignons. *Nicod.*

## GREFFOIR.

X. Le *Greffoir* ou Entoir, eſt un petit Couteau fait exprès pour greffer les Arbres ; le manche en eſt d'yvoire ou de bois très-dur, & l'extrêmité plate, mince & arrondie, pour détacher l'Écorce d'avec le bois des plus petits Arbres, & y inſérer l'Écuſſon ſans rien rompre. *L'Agronome.*

## PLANTOIR.

XI. Le *Plantoir* Inſtrument de Jardinage, eſt un morceau

*Tome I.* Ppp

de bois rond & pointu par le bout, avec lequel on fait des trous en terre pour Planter des Poireaux, Chous, Laituës, Chicorées, & autres Plantes potagères qui ont peu de racines. *Du Cultivateur.*

### SARCLOIR.

XII. Le *Sarcloir* est un petit couteau courbé, destiné pour *Sarcler* ; c'est-à-dire, ôter les méchantes herbes qui naissent parmi les bonnes, & les offusquent. *Trévoux.*

---

# PETITE DISSERTATION

*SUR*

Les *Pépinières*, & *sur les principaux Arbres Fruitiers* ;

comme

| *Cerisiers*, | *Abricotiers*, | *Pruniers*, |
| *Pêchers*, | *Pommiers*, | *Poiriers*, &c. |

### PÉPINIÈRES.

LA *Pépinière* est un lieu où l'on élève une multitude de jeunes Plantes destinées à remplacer les Arbres morts, ou ceux qu'il faut arracher. Les Plantes viennent les unes de Pépin ou de Noyau, qu'on appelle *Arbres francs*, & qui ont besoin du secours de la Greffe, parce qu'ils sont Sauvages ; les autres sont des Rejettons appellés *Boutures*, qu'on a détaché dans les Bois, sur des Sauvageons : ceux-ci sont des Plantes, dont les Fruits sont âpres & de mauvais goût.

# AGRICULTURE.

## QUATRE SORTES DE PÉPINIÈRES.

Sçavoir,

*Pépinière de Semence, & de fruits à Pépin.*
*Pépinière de fruits à Noyau.*
*Pépinière de Plants Champêtres.*
*Pépinière de Plants Enracinés.*

1°. La *Pépinière de semence & de fruits à Pépin*, eft ainfi appellée; parce qu'on y élève de petits Arbres par la Voie du Pépin, ou de la Graine. Pour cet effet, les Pépins doivent être pris fur des fruits bien mûrs ; & être gardés en lieu fec, avant de les employer. Les Graines doivent être de la même année, rondes & pleines en-dedans : celles, qui mifes dans l'eau vont au fond, font les meilleures. Avant de femer les Pépins & les Graines, on doit les faire tremper toute une journée dans de l'eau ; où l'on a mis un peu de Nitre, pour faciliter la Germination.

Au mois de Mars on fème les Pépins à plein champ, ou par Rayons efpacés d'un pied ; on doit les recouvrir de terre, y répandre du fumier, les Sarcler quand ils commencent à pouffer, & leur donner enfuite de légèrs labours. Au bout de deux ans, on les tranfplante en une autre *Pépinière* ; & on les mèt par rang, à deux pieds l'un de l'autre. M. de la Quintinie.

2°. La *Pépinière des fruits à Noyau*, c'eft-à-dire, qui viennent par la Voie de *Noyau*. On n'élève ordinairement par cette Voie, que l'Amandier ; & on fe fert de celle de la Grèffe pour les Pêchers, Abricotiers, Cerifiers & Pruniers, que l'on ente fur d'autres *Sujèts* ; parce que la Voie du Noyau eft la plus longue : à la vérité il y a des Pêchers, tels que la Pêche violette ; & des Pruniers francs, tels que le Damas noir, qui viennent assez bien de Noyau sans être Grèffés ; mais toutes les autres espèces veulent être grèffées.

3°. La *Pépinière des Plants champêtres*. Pour cet effet, on doit cueillir depuis Septembre jusqu'en Décembre, les graines de Tilleul, Frêne, Érable, Hêtre, &c. A l'égard de l'Orme, on en cueille la graine au mois de Mai, & on la sème en même-tems. On sème ces diverses graines en planches : lorsqu'on ne veut pas les semer pour demeurer en place, on les lève au bout de deux ans pour les replanter en *Pépinière*, à un pied de distance l'un de l'autre. Quant au Chêne, on le sème pour demeurer en place ; car il réussit difficilement étant transplanté. A l'égard des Arbres verds ; comme les Ifs, les Houx, Pins, Sapins ; il vaut mieux les élever de Boutures que de graine. Pour les Noix, Noisettes, Glands, Châteignes, on les ramasse dans les mois d'Octobre & Novembre : on les fait germer pendant l'Hyver dans des mannequins sur des lits de sable, & on les plante au Printemps.

4°. La *Pépinière de Plants enracinés*. On entend par-là tout Plant formé ; comme Rejettons, Boutures, Sauvageons, &c. que l'on destine pour grèffer tels & tels Sujèts ; mais il faut pour cela sçavoir choisir les différens Plants, & à quels Arbres ils conviennent pour la Grèffe.

Ainsi, 1°. lorsqu'on veut avoir des Poiriers & des Pommiers Francs à haute tige ; on doit choisir les Sauvageons de Poiriers & de Pommiers, d'un an seulement.

2°. Pour les Pommiers destinés en Espaliers, ou en Buissons ; on prend du Plant de Pommiers de Paradis.

3°. Pour les Poiriers que l'on destine de même, il faut du Plant de Coignassier.

4°. Pour les Pêchers, Abricotiers & Pruniers ; il faut du

Plant de jeunes Pruniers de Damas noir, & de Saint-Julien : à l'égard des Abricotiers, on doit choisir les Pruniers qui rapportent les plus grosses Prunes ; & pour les Pruniers, on peut prendre du Plant de toutes sortes de Pruniers, à l'exception de ceux qui portent des Prunes âpres.

5º. Pour les Cerisiers, il faut des rejettons de Merisiers blancs & rouges. Enfin, pour grèffer de grosses Griottes, il faut du Plant de Cerisier : à l'égard de l'Amandier, on n'en plante point en *Pépinière*, parce qu'il ne reprend point étant replanté ; ainsi on l'élève dans la place où il doit demeurer.

Lorsqu'on a fait choix du Plant, on le plante au mois de Novembre ; & dans les terroirs humides au mois de Février : en l'un & en l'autre, toujours par un beau tems sur le Terrein destiné pour *Pépinière*. Ce terrein doit avoir été défoncé de deux pieds & demi de fond dans sa surface ; & drèssé de Niveau par planches de dix à douze pieds : la qualité de la terre doit être de moyenne qualité ; c'est-à-dire, ni trop maigre, ni trop grasse. On plante ces Rejettons dans des Rigoles d'un pied de largeur & de Profondeur, espacées de trois pieds ; & drèssées de manière, que l'un des bouts regarde le Midi, l'autre le Septentrion. Lorsqu'on Plante des Sauvageons de Poiriers & de Pommiers francs élevés de Pépin ; il faut couper la moitié de la racine du Plant, & en rogner environ sept pouces de haut ; & espaçer chaque brin de sept à huit pouces. Lorsqu'on Plante des Coignassiers enracinés, ou autres Plants destinés à élever des Arbres nains ; il faut les espaçer à deux pieds l'un de l'autre, & les couper à deux ou trois pouces de terre : pour qu'ils repoussent du jeune bois, sur lequel on puisse grèffer. A l'égard du Pommier de Paradis, on ne le coupe qu'à un pied & demi de terre.

Ces diverses *Pépinières* veulent être cultivées avec soin.

*1º.* Au mois de Mai, on ébourgonne les Sauvageons de Poirier ou de Pommier qui commençent à pousser ; ensorte qu'on ne laisse qu'un Bourgeon sur chaque brin. Vers le Mois de Juin, on laboure la *Pépinière* avec un fer de Bêche, & dans le milieu du rayon seulement ; pour ne pas offenser les Racines, & puis on couvre la terre de Fougère : vers le mois de Novembre on doit déchausser le plant ; c'est-à-dire, y faire autour une espèce de Rigole : au mois de Mars suivant, labourer la *Pépinière*, & mêler la Fougère avec la terre.

*2º.* Si elle n'avoit pas bien profité, on y répand du Fumier à demi pourri avant de la labourer.

*3º.* Émonder les Sauvageons, lorsqu'ils commencent à former leur Tige ; c'est-à-dire, qu'on doit couper toutes leurs Branches, & ne leur laisser que sept ou huit pouces de haut. Ces divers Plants étant ainsi cultivés, on peut les greffer à leur troisième ou quatrième Année : on leur coupe aussi tous les Ans toutes les Branches qui sont au-dessous du montant, pour les entretenir droits ; & qu'ils fassent de belles Tiges : à sept ou huit ans, on peut les employer pour remplacer quelque place vuide.

On élève encore les Arbres en mannequin, comme en pleine terre. *L'Agronome.*

Le terrein de la *Pépinière* des Arbres fruitiers, ne doit pas être plus fertile que celui du Jardin ; car s'il l'étoit, les Arbres ne réussiroient jamais quand on les transplanteroit : ainsi il faut avoir attention de les planter d'un terrein médiocre, dans un meilleur. *Maison Rustique.*

## CERISIERS.

Le *Cerisier* est un Arbre qui porte les Cerises. Il y en a de différentes espèces ; les uns portent les vraies Cerises, les Cerifes hatives ou de Montmorency ; d'autres, les Guignes ; d'autres, les Griottes ; d'autres, les Bigarreaux.

Tous les *Cerifiers* demandent une terre légère, meuble, & plus de chaleur que d'humidité. Le Merifier est comme le Sauvageon du *Cerifier* ; on s'en fert pour reçevoir les grèffes de *Cerifiers*, & il donne des Fruits plus gros & meilleurs ; mais on doit choifir des Merifiers à fruits blancs. Son bois fert pour les Ouvrages de Luthiers.

On élève les *Cerifiers*, de noyaux femés à la fin de Février, après les avoir fait germer dans du fable pendant l'Hyver ; & on les grèffe au mois de Septembre fuivant : ou bien on prend des Merifiers dans les bois, & on y grèffe quelque bonne efpèce de Cerifes. *Culture des Arbres.*

## ABRICOTIERS.

L'*Abricotier* est un Arbre fort connu, & de médiocre grandeur. Son tronc est couvert d'une écorce noire : fes feuilles reffemblent à celles du Poirier : fes fleurs font de couleur de Rofe pâle ; auxquelles fuccèdent les Abricots : ceux-ci font rougeâtres d'un coté, jaunâtres de l'autre, & d'un goût exquis. La Beauté & la groffeur de l'Abricot dépend du bon fonds, & du Sujèt fur lequel on le grèffe. Les Abricots aiment mieux une terre légère & fabloneufe, qu'une graffe. Ceux qui viennent en efpalier font plus gros, & font moins fujèts à manquer, que ceux qui viennent à de grands Arbres ; il est vrai que ces derniers ont un goût plus relevé.

On mèt les *Abricotiers* à toutes fortes d'expofitions, pour avoir plus fûrement des Abricots. Quoique ces Arbres viennent naturèllement de Noyau ; on en grèffe en écuffon, & à œil dormant fur les Amandiers & Pruniers de Damas noir ; ou de Saint Julien, pour en multiplier l'efpèce. Ceux à Plein-vent portent un Fruit excellent dans les terres sèches, & sur les hauteurs; parce qu'ils sont exposés au Soleil de tous les côtés. Les Abricots nains doivent être mis en espalier.

On taille les *Abricotiers* sur la fin de Février, & à-peu-près comme les Pêchers: on les dépalisse: on coupe tout le bois mort, & les Branches chifonnes; on n'y laisse que les mères branches à Bois, & à Fruit. On doit couper les jeunes branches de l'année les plus grosses, à quelques lignes près du gros de l'Arbre; on Taille toutes celles qui se trouvent au-dessous de six ou huit pouces de long, pour faire des branches à Bois; & on taille les bonnes branches à Fruit, de huit à dix pouces de long.

On fait une seconde Taille à la mi-Mai, dans laquelle on retaille les branches à moitié sèches, & tout le bois languissant; lorsque les Fruits sont noués, ou coulés. Après que les *Abricotiers* sont taillés, on les couvre de Paillassons. On doit étêter tous les six ou sept ans, ceux qui sont en espalier, pour les renouveller; ce qui se fait, au-dessus des deuxièmes & troisièmes Fourches du bas.

Après la Taille, & lorsqu'ils sont en fleurs; on doit les garantir de la gelée, & des roux Vents; en les couvrant de Paillassons jusqu'à la fin de Mai: on les ôte quand le tems varie. En un mot, on prend pour les *Abricotiers* les mêmes soins, que pour les Pêchers.

Le gros *Abricot* est le meilleur de tous. Le Hatif paroît au commencement de Juillet; les autres qui sont jaunes, paroissent à la mi-Juillet; & sont les meilleurs fruits qu'il y ait pour mettre en compôte, en marmelade, ou autres confitures. *Parfait Œconome.*

PRUNIERS.

# Agriculture.

## Pruniers.

Le *Prunier* est un Arbre fort connu. Le *Prunier* cultivé est d'une médiocre grandeur : il a les feuilles dentelées, & un fruit charnu & bon. On les multiplie en les greffant sur les Sauvageons des *Pruniers* venus de noyaux; ou de boutures, ou de rejettons : les meilleurs sont ceux qu'on élève au pied des *Pruniers* de Damas noir & de Saint Julien.

Les *Pruniers* veulent une terre sèche & sabloneuse ; on doit les labourer, éplucher la gomme, la mousse, découvrir de tems en tems ses racines ; & y répandre de la lie d'Huile, ou des cendres de Sarment.

On les greffe en fente ou en écusson; mais seulement sur d'autres *Pruniers*, tels que le Damas noir & Saint Julien ; ou sur des Sauvageons de *Pruniers* élevés de boutures, ou de noyaux.

On les Taille dès le mois de Février, & à proportion de la vigueur de l'Arbre : on doit laisser les branches à Fruit fort longues, Tailler long les branches à bois, & ôter les inutiles ; mais il faut lui laisser beaucoup de vieux Bois, sur-tout des branches à Fruit ; avoir soin d'ôter les branches gourmandes, & de les dégager sur-tout de la confusion des branches : mais on ne doit Tailler les *Pruniers* que six ou sept ans de suite, après les avoir replantés ; & les laisser ensuite pousser à leur fantaisie. *Du Cultivateur.*

### *Voici les différentes espèces, & qualités de Prunes.*

Le gros Damas de Tours ; elle est hâtive, a la chair jaune, & quitte le noyau, elle est fort estimée.

Prune de Monsieur ; grosse, ronde, quitte le noyau.

Les Damas rouges, blancs & violets, sucrés ; le violet est longuet, le rouge & le blanc sont ronds.

La Diaprée, groffe & oblongue, très-fleurie, d'un goût relevé, a l'eau douce & fucrée.

La Mirabelle, petite, blanche, jaunâtre, fucrée, quitte le noyau ; la groffe eft la meilleure.

Damas d'Italie prefque rond, d'un violet brun, fleurie.

La Reine Claude ; verdâtre, ronde, très-fucrée, fort eftimée.

La Royale ; groffe, ronde, d'un rouge clair, d'un goût relevé.

Sainte Catherine, longuette, groffe, d'un blanc jaunâtre.

Le Drap d'Or, efpèce de Damas, d'un jaune marqueté de rouge, eft fort fucrée.

Perdrigon Violet, affez groffe & longue, a la chair très-fine, l'eau fucrée, le goût relevé, mûrit à la mi-Août.

Perdrigon Blanc, a les mêmes qualités.

Impériale ; belle Prune d'une figure d'Olive, elle a une couture d'un côté, qui règne depuis fa queuë jufqu'à fa tête ; d'un coloris rougeâtre, a la chair ferme, l'eau abondante, douce & fucrée.

Le Damas mufqué, eft petit & plat, quitte le noyau.

La Prune d'Abricot, blanche d'un côté, rouge de l'autre.

La Dauphine, une des meilleures Prunes ; eft verdâtre & ronde, affez groffe : fon eau fort fucrée au goût ; pour la manger bonne, il faut la laiffer rider vers la queuë.

L'Impératrice ; efpèce de Perdrigon Violet tardif, mûrit en Octobre, a la chair fine & fondante, l'eau douce, fucrée : on en fait de bonnes compôtes.

La Reine Claude eft la meilleure de toutes les Prunes : elle mûrit au mois d'Août, & conferve toujours fa verdeur ; mais ce verd eft tendre, fa peau eft fine & colorée d'un rouge brun, la chair eft fucculente & fucrée. *Trévoux.*

# AGRICULTURE.

## PÊCHERS.

Le *Pêcher* est un Arbre fort connu, il est assez petit : son bois est léger & fragile ; ses Fleurs sont rouges. Les *Pêchers* qui sont dans un terroir sabloneux & chaud, produisent les plus grosses Pêches. Cet Arbre craint beaucoup le froid : pour les multiplier, on plante des noyaux de Pêches dans un terrein fossoyé, à deux pieds l'un de l'autre, à trois doigts de profondeur, la tête tournée en-bas. On doit replanter les Rejettons au bout de deux ans, dans une petite fosse ; les fumer, leur labourer le pied trois fois, les arroser assiduement : à deux ans les transplanter, les mettre en long dans le fossé, & en laisser sortir seulement un Rameau.

On les greffe en écusson sur des Pruniers de Saint Julien, ou de Damas noir, ou sur des Abricotiers déja greffés : c'est le moyen d'avoir beaucoup de Pêches, & des meilleures. Lorsqu'ils ont atteint trois ans, on les Taille pour le moins deux fois l'An. La première, au mois de Mars, & lorsqu'on les voit prêts à fleurir : & la seconde, depuis la mi-Mai, jusqu'à la mi-Juin : on doit les dépalisser pour les bien Tailler ; sur quoi il est bon de sçavoir, que les branches à Fruit, & de l'année, sont chargées de boutons ; & qu'il n'y a que ces sortes de branches qui donnent le Fruit, car les branches à bois n'ont point de boutons.

A la première Taille, on donne aux branches à Fruit une longueur raisonnable ; & on Taille les branches à Bois au quatrième ou cinquième œil, pour qu'il en naisse des branches à Fruit : le tout à proportion de leur force ; c'est-à-dire, les plus grosses à six ou sept pouces de long, & les foibles à quatre ou cinq.

A la fin de Mai on doit pincer les boutons de toutes les

grosses branches, pour qu'elles poussent du Bois à Fruit. On doit couper près du gros de l'Arbre les branches Gourmandes, qui sont de grosses branches de l'Année; ou du moins de sept à huit pouces de long, si elles servent à garnir l'endroit où elles poussent. Lorsque les *Pêchers* ne produisent plus que de grosses branches, c'est une marque qu'ils sont vieux; & il faut les arracher, du moins dans les terres légères, excèpté qu'ils eussent poussé quelques branches Gourmandes qui peuvent les rajeûnir. Il faut les Tailler à un bon pied de long.

La seconde Taille se fait pour délivrer l'Arbre des branches inutiles qui l'épuiseroient, ou même du trop de Fruit: on Taille en même-tems tout le bois sec & languissant, & celui qui est attaqué de Gomme. Lorsque certains *Pêchers* paroissent languir, il y a des gens qui conseillent de les arroser de lie de Vin vieux, mêlée avec de l'eau, & entasser de la terre au pied; en arrosant l'Arbre le soir, & le mettant à couvert de l'ardeur du Soleil.

Après la Taille, & lorsqu'ils sont en Fleur, on doit:

*1°*. Les garantir de la gelée & des roux Vents du mois d'Avril, par des paillassons jusqu'à la fin de Mai: on les ôte quand le tems est doux.

*2°*. Lorsque le Printems est sec & froid; on doit les déchausser, & y jetter deux sçeaux d'eau, les recouvrir de leur terre, & continuer à les arroser: ce qu'on doit faire aussi dans les grandes chaleurs de l'Été, en y jettant la valeur d'un demi-sçeau d'eau à chaque pied.

*3°*. Si les Pêches sont nouées, il faut ôter de l'Arbre, au mois de Mai, le trop de fruit; & en laisser peu sur les branches foibles, ce qu'on pratique sur-tout à l'égard de ceux qui portent de gros Fruits.

*4°*. On doit ôter avec des cizeaux, les feuilles qui sont sur

# AGRICULTURE.

les Fruits, pour les découvrir, & les mettre à l'air ; mais seulement quinze jours avant leur maturité. *Culture des Pêchers.*

Il y a un grand nombre d'espèces de Pêches. *Voici les noms des plus connuës, avec leurs différentes Qualités.*

1°. L'Avant-Pêche ; elle est petite, elle a l'eau sucrée & musquée.

2°. La Pêche de Troyes, elle est grosse, rouge & ronde, d'un goût relevé ; mûrit au mois d'Août.

3°. L'Alberge ; peu grosse, a la chair jaune.

4°. La Vineuse ; grosse & ronde, d'un rouge bien foncé, d'un goût fin & délicieux : on la mange à la mi-Septembre.

5°. La Mignone ; un peu grosse, plus élevée d'un côté que de l'autre, fort bonne en couleur ; a la chair fine & fondante, l'eau sucrée, le noyau petit, mûrit à la mi-Août.

6°. La Pêche-Madeleine ; grosse, ronde, rouge du côté du Soleil, blanche de l'autre ; a la chair fine, l'eau sucrée, le goût relevé, le noyau petit, sans aucun rouge ; mûrit à la mi-Août.

7°. La Pêche Chevreuse ; grosse, d'un coloris rouge ; a la chair fine & sucrée ; la figure un peu longue ; mûrit au mois d'Août.

8°. La Royale, un peu grosse, plus tardive ; mûrit en Octobre.

9°. La Bourdine ; assez grosse, d'un rouge obscur ; est mûre en Septembre.

10°. La Violette : hâtive, petite ; sa chair parfumée, son eau vineuse : elle est fort estimée ; bonne à la mi-Septembre.

11°. La Chancellière ; plus longue que ronde, d'un beau rouge : la peau fine, l'eau sucrée.

12°. La Pêche admirable : groffe & ronde, l'eau fucrée, d'un beau coloris, le goût vineux ; fa chair fine & fondante, le noyau petit ; mûrit au commencement de Septembre.

13°. Le Pavis Blanc : reffemble à la Madeleine blanche, mais fa chair eft ferme, tient au noyau, d'un fort bon goût ; mûrit à la fin d'Août.

14°. Le Pavis rouge de Pomponne : fort groffe, d'un beau coloris, ronde, d'un rouge incarnat ; le goût mufqué, l'eau fucrée : pour le commencement d'Octobre.

15°. Le Brugnon Violet : il eft liffé ; fa chair ni tendre, ni dure ; il eft fort bon, quand il eft un peu ridé : à la fin de Septembre.

Il y a encore la Pêche Nivette, ou Veloutée, qui eft d'une belle groffeur : c'eft une des meilleures Pêches : la Pêche Perfique, qui eft d'un goût merveilleux : la Belle garde : la Violette Tardive : la Pêche de Pau. Toutes les Pêches fe mangent à la fin de Septembre, ou au commencement d'Octobre. *Trévoux.*

Une bonne Pêche doit avoir la chair un peu ferme, & cependant fine, ce qui paroit quand on ôte la peau : elle doit être fondante à la bouche : avoir une eau douce & fucrée, un goût vineux & mufqué, & le noyau petit. On connoît la maturité d'une Pêche, lorfqu'elle tient très-peu par fa queue, lorfqu'elle a un beau coloris d'un côté, & qu'elle eft jaunâtre de l'autre, fans mêlange de verd. Les Pêches ne mûriffent point hors de l'Arbre, comme quelques autres fruits : cependant en les mettant dans la Serre un jour ou deux, elles acquièrent un certain frais qui les rend plus agréables. *L'Agronome.*

## POMMIERS.

Le *Pommier* cultivé, foit nain, foit à plein vent, fe multiplie par les Pépinières qu'on fait des Pépins de marc, ou par des Plants enracinés, ou par des Boutures : la Voie la plus courte est de les grèffer sur un *Pommier Sauvage*, ou de Paradis. Le *Pommier*, ainsi que le Poirier, veulent être labourés deux fois l'an : on élague la tige à hauteur d'homme ; on répand sur son pied de la lie de Vin vieux ; on fume les *Pommiers* avec du Fumier de Mouton, ils fleurissent au Printems ; on cueille les Pommes à la mi-Septembre.

Le *Pommier Champêtre*, ou planté en pleins champs. Les Pommes qui en viennent ne sont bonnes que pour faire le Cidre : il en est de même des Poires que l'on plante ainsi. Le *Pommier* de cette espèce est bas & tortu ; ses Feuilles sont grosses & cendrées, jaunes en dedans ; il lui faut une terre grasse & un peu humide, & une exposition au Midi. On le multiplie par les Pépinières, ou par des Plants enracinés, ou des Boutures ; ou en les grèffant sur des *Pommiers sauvages*, ou sur des Pruniers, Pêchers, Coignassiers : c'est la Voie la plus sûre & la plus prompte.

Le *Poirier champêtre* vient de la même manière que le *Pommier* ; le meilleur est de le grèffer sur quelque Sauvageon de son espèce. Pour cet effet, on doit avoir des Pépinières de jeunes Plants ou Pépins, & garnies de Plants de différens âges ; on grèffe les Fruitiers au bout de trois ou quatre ans, selon leur force. Au reste, dans les Terres labourables, on doit les Planter fort au large, environner les Arbres de bons Pieux, de peur que la Charruë ne les offense ; les labourer, tant le *Pommier* que le Poirier, deux fois l'an dans les premières années, & les déchausser au moins tous les trois ans pendant l'Hyver, couper avec soin tout ce qu'on trouve de Bois mort ; les écheniller au Printems ; les fumer avec du Fumier de Mouton & d'Ane, ou du marc de Raisin & de Pommes.

Ces Arbres rapportent ordinairement la troisième Année; le Poirier est à la vérité un peu tardif, mais il dure plus long-tems. On fait le Cidre & le Poiré des fruits de ces arbres : on peut garder les meilleures pour les faire cuire & servir dans le Ménage.

Le bois de *Poirier* & de *Pommier* sert pour les ouvrages de Menuiserie : on en fait des Planches longues de six à neuf pieds, d'un demi pouce d'épaisseur.

Les *Pommes* sont le fruit du *Pommier*. Elles viennent en Été & en Automne : il y en a de beaucoup d'espèces. *Parfait Œconome.*

## *Voici les meilleures espèces de Pommes.*

La Reinette Blanche, elle est tendre, n'a pas l'eau si relevée que les autres.

La Reinette Grise; elle est plus ferme que la Blanche, elle a l'eau sucrée & relevée; c'est la meilleure de toutes.

La Reinette Franche, grosse, jaunit en mûrissant, elle est tiquetée de points noirs, a l'eau sucrée : on en fait des Compôtes.

Pomme de Rambour, grosse, ronde, verte d'un côté, & mêlée de rouge de l'autre : ces Pommes ne sont bonnes qu'en Compôtes.

Pomme de Calville, rouge, grosse, plus longue que ronde, d'un goût vineux.

Pomme de Calville, blanche, à côte de melon, a un goût relevé, est plus estimée que la rouge.

La Pomme d'Or, ou Reinette d'Angleterre, belle, de moyenne grosseur, plus longue que ronde, jaune & tiquetée de points rouges; son eau est sucrée.

La Pomme de Fenouillet, assez semblable à une petite Reinette;

nette ; d'un fond violet, couvert d'un gris rouſſâtre, la chair fine, l'eau ſucrée.

Pomme Violette ; eſpèce de gros Fenouillet, groſſe, preſque ronde, mêlée de rouge du côté du Soleil, la Chair blanche & délicate, l'Eau douce & très-ſucrée.

La Pomme d'Api, petite, d'un rouge vif du côté du Soleil, blanche de l'autre, la peau fine, l'eau douce & ſucrée.

La Pomme de Bardin, ni groſſe ni petite, griſe, & d'un rouge brun, l'Eau ſucrée. *Trévoux.*

## *Moyen pour conſerver une ample Récolte de Pommes, & les empêcher de pourrir.*

1°. On doit choiſir d'abord celles qui ſont parfaitement ſaines, & les porter dans une Chambre ; où on les poſe ſur des Clayes, en les ſéparant les unes des autres.

2°. Fermer éxactement les portes & les fenêtres de cette Chambre, y allumer du feu avec du bois de Sarment, & faire enſorte que ce bois faſſe beaucoup de Fumée, & qu'il rempliſſe toute la Chambre, ce qu'il faut faire pendant quatre ou cinq jours : les Pommes étant ainſi ſèchées par cette Fumée, les mettre dans une Caiſſe avec de la Paille menuë de Froment, obſervant qu'elles ne ſe touchent point, commençant par un lit de Paille, puis des Pommes, & finiſſant par un lit de Paille, après quoi on ferme la Caiſſe : les Pommes ſe conſervent dans toute leur Bonté pendant une Année entière. *L'Agronome.*

## POIRIER.

Le *Poirier* cultivé dans les Jardins, eſt un Arbre de médiocre groſſeur : ſes Feuilles ſont vertes & blanchâtres à leur extrémité ; elles ſe terminent en pointe : ſon Fruit eſt charnu, plus gros par un bout, & menu du côté de la queuë. On les multiplie par des Pépinières, par des Plants enracinés de différens âges, ou de Boutures.

Ceux qu'on destine à Plein Vent, doivent être grèffés en fente sur Sauvageons venus de Souche dans les Bois, & comme disent les Jardiniers, *Sur Franc*; car ils appellent ainsi le Sauvageon du *Poirier*, parce qu'il fait une Tige vigoureuse : ceux destinés à faire des Buissons ou des Espaliers, doivent être grèffés sur des Coignassiers qui ont de beaux Jèts & de grandes Feuilles; parce qu'ils se plaisent dans des Terres fortes, & qu'ils donnent promptement du Fruit en abondance.

Les Poires sont le Fruit du *Poirier*. Le nombre des différentes espèces de Poires, est presque infini. Nous nous contenterons de rapporter ici les plus connuës, avec les propriétés qui les distinguent les unes des autres. *Culture des Arbres.*

## 1°. *Les Poires d'Été, sont :*

Le Petit Muscat, qui est une Poire petite d'une odeur de Musc.

La Cuisse-Madame, elle est longue, menuë, d'un rouge gris; elle a l'Eau douce & sucrée.

La Poire-Muscat à longue queuë. La Blanquette, plus longue que ronde, la Peau lissée, l'Eau sucrée.

Le Gros Blanquet, plus hâtive que l'autre, d'un coloris blanc, la queuë grosse & courte.

Poire à la Reine, ou Muscat-Robert jaune, & ambré, d'un goût relevé.

La Bellissime ressemble à une grosse figure, mêlée de rouge & de jaune.

Gros Rousselet, longue, rouge, beurrée, excellente.

Petit Rousselet, un peu rousse & grise, d'un goût plus relevé que l'autre, & se garde plus long-tems.

La Poire de Caſſolette, ou le Friolet, petite, longue, verdâtre, ſucrée & muſquée.

Bergamotte d'Été, groſſe, verte, beurrée, ſucrée.

La Poire de l'Inconnu, ou Fondante de Breſt, rouge & jaune, ſucrée.

La Poire Robine, petite, ronde & platte; la queuë longuette, le coloris blanc, jaunâtre.

Le Rouſſelet Hâtif, longue, d'un coloris rouſſâtre, la peau fine.

Le Bon Chrétien d'Été, groſſe, jaune, liſſée, longue, tendre.

Le Bon Chrétien Muſqué, aſſez groſſe, rouge du côté du Soleil, blanche de l'autre, la Peau liſſée, la Chair caſſante.

La Poire d'Orange eſt de pluſieurs eſpèces; la commune eſt verdâtre & petite : la Royale eſt belle, groſſe : la Muſquée eſt plus plate, veut être mangée plus verte que mûre.

La Poire de Salvéati, aſſez groſſe, ronde & plate, la queuë menuë; elle eſt jaune, mais rouge en ôtant les Feuilles qui la cachent au Soleil; elle eſt fort bonne.

La Verte-Longue, ou Mouille-Bouche, beurrée & fondante.

Le Beurré Rouge, groſſe, longue, fort colorée, fort ſucrée & fondante.

Le Beurré Gris, elle n'eſt pas ſi rouge; mais plus tardive & plus fondante.

## 2°. Les Poires d'Automne, ſont :

Le Meſſire-Jean, Doré : ſa Chair eſt caſſante, ſon Eau ſucrée : elle n'eſt pas ſi ſujette à la pierre, que le Meſſire-Jean, Gris.

La Bergamotte d'Automne, groſſe, liſſée, plate, la queuë courte, jaune en mûriſſant, la Chair fondante, l'Eau douce.

La Bergamotte Suiſſe, rayée de verd & de jaune.

La Verte-Longue, beurrée & fondante.

La Verte-Longue Suiſſe a les mêmes qualités : ſon fruit eſt panaché.

Le Sucré-Verd reſſemble à la Verte-Longue, mais plus courte, la Chair beurrée, un peu pierreuſe.

Le Doyenné, ou Beurré Blanc, groſſe comme le Beurré Gris, la peau unie, la queuë groſſe & courte, jaunit en mûriſſant ; fondante, devient aiſément pâteuſe ; on doit la cueillir un peu verte.

La Poire Marquiſe, groſſe, verte, jaunit en mûriſſant, la tête plate, le ventre gros, allongé vers la queuë, beurrée & fondante.

La Bergamotte de Créſane, groſſe & plate, d'un gris verdâtre, jaune en mûriſſant, beurrée, ſucrée, vineuſe, & excellente & rare.

La Poire de Jalouſie, groſſe, griſâtre, pointuë vers la queuë, des plus beurrées & des plus ſucrées.

La Poire de Satin, preſque ronde, blanche, ſatinée, fondante.

La Virgouleuſe, groſſe, longue, verte, jaune en mûriſſant, la queuë courte, charnuë, la peau liſſe, d'un beurré extraordinaire.

La Poire Saint-Germain, groſſe & longue, verte & rouſſe, tiquetée, jaune en mûriſſant, la queuë courte, groſſe, panachée : beurrée & fondante ; on en mange juſqu'au mois de Mars.

La Poire d'Embrette, ronde, d'un coloris verd & gris, la queuë droite & longuette, la chair fine, beurrée, l'eau ſucrée & parfumée, ſe mange en Novembre & Décembre.

La Poire d'Épine d'Hyver ; elle eſt preſque verte & jaune

en mûriſſant, des plus fondantes. On la mange dans le même tems.

### 30. *Les Poires d'Hyver, ſont :*

Le Bon Chrétien d'Hyver : elle eſt fort groſſe, incarnate du côté du Soleil, jaune de l'autre ; ſon eau douce & ſucrée, excellente cruë, caſſante ; fait belle figure dans les deſſerts : on en fait auſſi de bonnes Compôtes.

La Poire Colmar, elle a le ventre gros, s'allongeant vers la queuë, qui eſt courte & groſſe, le coloris d'un verd tiqueté, jaûnit en mûriſſant ; la peau douce, la chair tendre, l'eau ſucrée, une des plus excellentes Poires d'Hyver, mûre en Janvier, Février & Mars.

La Poire de Bezi Chaumontel, reſſemble au Beurré gris, fondante & ſucrée.

La Poire de Bezi l'Échaſſerie, aſſez groſſe, ſemblable à un Citron, d'un coloris verd & jaune tiqueté, la queuë longue, groſſe, la chair beurrée, l'eau ſucrée, parfumée.

L'Angélique de Bordeaux, elle eſt ſemblable au Bon Chrétien d'Hyver, moins groſſe & plus plate, eſt douce & ſucrée.

La Bergamote de Pâques, verte, beurrée & fondante.

La Bergamote Bugi, groſſe, preſque ronde, menuë vers la queuë, fondante & beurrée.

La Bergamote de Soullers, reſſemble à la Bergamote d'Automne ; mais point ſi plate, elle eſt tachetée de noir, beurrée, & l'eau ſucrée.

La Poire Royale d'Hyver, aſſez ſemblable au Bon Chrétien d'Été, jaune & l'eau ſucrée ; bonne en Janvier, Février & Mars.

### *Poires pour les Compôtes.*

Le Dangobert, qui eſt groſſe, colorée ; rouge d'un côté, &

d'un gris rouffâtre de l'autre, mûre en Janvier & Février.

Le Franc-Réal, groffe, prefque ronde, d'un jaune tanné.

Le Martin Sèc, plus longue que ronde, rouge du côté du Soleil, rouffe de l'autre, fa chair caffante, l'eau fucrée, fujette à la pierre.

Le Parfum d'Hyver, ou le Bouvard; mufquée, groffe, ronde, d'un jaune coloré.

Le Petit Mufcat d'Automne, petite, fèche, mufquée.

La Poire de Double Fleur, groffe, plate, belle à la vûë, colorée d'un côté, jaune de l'autre, la peau liffe, la queuë longue & droite. *Trévoux.*

## MÉTHODE PARTICULIÈRE
### *Pour une Plantation neuve de Pêchers, ou autres Arbres.*

On a toujours quelque chofe à craindre en Plantant, quelques précautions qu'on puiffe prendre; 1°. Le défaut de fûreté dans les efpèces, 2°. l'incertitude des Sujèts fur lefquelles elles ont été grèffées, 3°. la qualité des grèffes qui ont été employées, & enfin la reprife des Arbres; ces quatre Objèts demandent d'être bien entendus.

La Sûreté des Efpèces s'explique affez d'elle-même, & confifte à les avoir Franches, telles qu'on les defire; c'eft fur quoi il faut néceffairement courir les rifques de la bonne foi du Marchand; & de l'Ordre, qu'il a tenu dans fes Plantations, qui peut avoir été dérangé de bien des manières. Il y a peu d'Efpèces qu'on connoiffe au Bois & à la Feuille; & par conféquent les plus juftes Précautions ne fçauroient rien fixer de Certain; c'eft le premier inconvénient.

L'Incertitude des Sujèts, fur lefquels on a appliqué les grèffes, est un second Point dont presque personne ne connoît l'Importance ; & qui est néanmoins un Objet capital.

Je dirai d'abord à l'égard de l'Amandier, que certains Marchands ne se font point de scrupule de grèffer sur des Amandes amères ; parce que la Pousse des Écussons en vient plus forte, que sur l'Amande douce, & que cela est plus favorable à leur débit ; mais pour l'acheteur l'Effet est bien différent : car l'Arbre ne fruitte jamais qu'imparfaitement, & se consomme en Bois ; le Fruit même qu'il rapporte a de l'Amertume & peu de grosseur ; ce qui est un mal irréparable, & le plus habile ne sçauroit parer cet inconvénient.

D'autres Marchands par une mauvaise Œconomie cherchent les plus petites Amandes qu'ils peuvent rencontrer ; d'autant que ce Fruit s'achète au Boisseau, & que plus il est petit, plus il en entre dans la mesure ; moins par conséquent il leur en coûte pour la semence : mais il résulte de-là, que le Jèt qu'elles poussent est beaucoup plus foible, que celui d'une Amande bien nourrie ; & l'Arbre qu'il forme ensuite, se sent toute sa Vie de cette foiblesse : il arrive encore très-souvent, lorsque la Récolte des Amandes vient à manquer aux environs de Paris, que les Pépiniéristes ont recours aux Amandes de Provence, qui, par l'Éxpérience que j'en ai faite, produisent beaucoup plus de Gomme que les autres dans les Pêchers que l'on grèffe dessus ; & c'est encore ce que personne ne sçauroit discerner, quand on lève des Arbres dans les Pépinières : voilà ce qui regarde l'Amandier.

A l'égard du Prunier mêmes inconvéniens s'ensuivent : il y a une infinité de sortes de Prunes qui produisent toutes des Boutures également capables de recevoir les Écussons du Pêcher ; mais dont l'effèt est bien différent dans la qualité des Fruits qui en proviennent : il faut sçavoir celles qui conviennent pour châque Espèce, & souvent les Marchands grèffent indifféremment fur toutes fortes de Boutures, fans les connoître quelquefois eux-mêmes ; car ils les achètent à droite & à gauche, & s'en fervent comme ils les trouvent.

D'où il réfulte quelquefois que les Arbres ne fruittent pas, ou que les Fruits font mauvais ; & on attribue fouvent au Terrein ce défaut qui prend fa fource dans la qualité du Sujèt grèffé. C'eft un autre Écueil dont il n'eft pas poffible de fe défendre ; car il n'y a aucune Marque où on puiffe le reconnoître, quand on lève les Arbres ; il y a encore d'autres chofes à dire fur l'âge & la qualité des Boutures que je placerai bientôt.

Le choix des Rameaux qu'on prend pour grèffer eft encore un Point Important pour le bon produit des Arbres, & c'eft le troifième Inconvénient dont j'ai à parler, où il n'eft pas plus facile de fe connoître : les Marchands qui n'ont en vûe que de former des Arbres qui ayent une belle apparence pour les mieux vendre, choififfent autant qu'ils le peuvent, les plus gros Rameaux des Arbres d'où ils les tirent ; parce que les Écuffons font plus forts, fe collent plus aifément, & pouffent plus vigoureufement ; mais ces gros Rameaux font ordinairement des Gourmands dont les Écuffons produifent effectivement de beaux Jèts, à quoi fe borne leur principal mérite ; car les Arbres qu'ils forment s'épuifent en Bois, & ne donnent du Fruit que fort tard, & en petite quantité ; parce qu'ils confervent toujours le Vice de leur Origine.

Ces Marchands ne s'embarraffent pas d'ailleurs que l'Efpèce foit bien franche ; cependant il y a une différence bien grande dans la qualité des Fruits, quoique de même Efpèce ; la Groffe Mignone (par éxemple) quand elle eft bien franche, fe reconnoît à fa forme prefque ronde, & à une infinité de petits points rouges, qui accompagnent le côté que le Soleil a frappé, & le côté oppofé eft d'un blanc jaunâtre ; la fauffe Mignone au contraire,

traire, qui eft néanmoins la plus répanduë, eft plus longue que ronde, ces petits points ne s'y rencontrent pas, & elle conferve toujours un fond de verdure du côté du mûr; cette différence extérieure ne feroit rien fi la qualité étoit la même; mais tant s'en faut, elle n'eft à beaucoup près, ni fi fine, ni fi fondante, ni fi relevée en fucre; elles font pourtant toutes deux Mignones dans la dénomination générale: or, comment les difcerner dans la Pépinière? Et fur quoi fondera-t-on fa confiance, que le Pépiniérifte fe fera appliqué à chercher la meilleure par préférence à la moindre? Le plus fouvent il prend les Rameaux comme il les a, ou comme il les rencontre ailleurs; il ne fe croit pas obligé à des Attentions plus particulières : voilà ce qui opère quelquefois la différence de Qualité dans les Fruits qu'on trouve meilleurs, ou moins bons chez fon voifin que chez foi, fans en comprendre la Raifon. Il en eft à-peu-près de même de toutes les autres Efpèces de Pêches; & on peut juger de-là, combien on eft peu sûr de ce qu'on achète.

Enfin, qui eft-ce qui peut fe promettre que les Arbres que l'on Plante s'accommoderont bien de la terre où on les met? dans l'Ignorance où on eft le plus fouvent, fi celle où ils ont été élevés s'eft trouvée à-peu-près du même tempérament? Condition néceffaire pour leur parfaite Réuffite, & c'eft à quoi prefque perfonne ne fait Attention; il faut pourtant qu'on foit perfuadé, que lorfqu'on fait paffer un Arbre d'une terre forte dans une légère, ou d'une légère dans une forte; ce changement de fituation l'expofe ordinairement à languir, & quelquefois à périr, quelque Précaution qu'on puiffe prendre d'ailleurs en Plantant. Qui fçait de plus, s'il n'a pas quelque mauvaife difpofition dans le Pied, que les yeux n'apperçoivent pas; ou fi fa Racine n'a point fouffert d'altération depuis qu'il a été levé? Combien de fois n'arrive-t-il pas encore, qu'il fe forme des Chancres à la

*Tome I.* S ff

Taille des groſſes racines qu'on eſt obligé de racourcir ? Il n'eſt que trop ordinaire dans toutes les Plantations d'Arbres qu'on fait, d'en avoir une partie qui manque ; d'où cela provient-il ? Si ce n'eſt de Cauſes inconnuës, ou d'Accidens imprévûs ; puiſ-que tout ce qu'on Plante eſt jugé bon à la vûë.

Toutes ces Conſidérations doivent faire ſentir, combien on court de Riſques différens en Plantant des Arbres tout formés ; & on ſe trouvera ( je penſe ) diſpoſé à ſuivre le Conſeil que je vais donner pour s'en mettre à couvert ; qui eſt de grèffer ſoi-même en place, les Eſpèces qu'on veut avoir ; & voici com-ment on doit procéder.

Vous diſpoſez d'abord la Place de votre Eſpalier, ſuivant la Qualité de votre terre ; vous vous décidez pour l'Amandier, ou pour le Prunier ; vous vous réglez de même pour la diſtance de vos Arbres, ſuivant la hauteur de vos murs.

Suppoſons donc d'abord que vous êtes fixé pour l'Amandier ; il faut Planter au mois de Novembre trois Amandes dans les places règlées, à huit ou neuf pouces de diſtance les unes des autres, & à ſix pouces du mur ; enfonçez ſeulement de quatre pouces la pointe en bas, & vous plomberez la terre par-deſſus avec le pied ; vous les couvrirez pendant les groſſes gelées avec un peu de fumier court, & vous les découvrirez auſſi-tôt paſ-ſées ; elles pouſſeront leur germe au Printems ſuivant, & vous les ſoignerez.

A la fin d'Août ou de la mi-Septembre, quand la ſéve ceſ-ſera tout-à-fait d'agir, vous les grèfferez en Écuſſon à deux pou-ces de terre : enfin au Printems ſuivant l'Écuſſon fera ſon Jèt, & vous obſerverez de le pincer à la quatrième ou cinquième feuille, dès qu'il aura ſept à huit pouces de longueur ; dont je dirai bien-tôt la raiſon : mais préalablement, ( je veux dire dès que l'Œil commence à pouſſer, ) vous rabattrez vos

Sujèts en talus tout près de la grèffe, en couvrant la playe d'un peu de cire molle, ou au défaut vous prendrez de la terre graffe délayée.

Si votre terrein demande le Prunier, vous planterez en même Saifon que je l'ai dit dans les plaçes règlées, & à même diftance que les Amandes, trois Boutures de Prunier d'efpèce convenable; que vous rabattrez au mois de Mars à deux pouces de terre, en tournant la coupe du côté du mur: la féve perçera bientôt après; & s'il pouffe plus d'une Branche, vous ferez choix de la meilleure, & éclaterez les autres; cette Branche fe fortifiera, & au mois d'Août ou de Septembre vous les grèfferez en Écuffon; pourvû néanmoins qu'elle foit affez forte: au défaut vous remettrez l'Opération à l'Année fuivante; & au Printems qui fuccédera, c'eft-à-dire, dès que les fortes gelées de l'Hyver feront paffées, vous rabattrez vos Sujèts en talus, comme il a été dit ci-deffus, & lâcherez la ligature; l'Écuffon pouffera fon Jèt tout de fuite, & vous le pinçerez au même point, & de la même manière que je l'ai dit pour les Amandiers.

Vous obferverez, au cas que vous ne grèffiez pas la première Année, de rabattre au mois de Mars le nouveau Jèt à l'épaiffeur d'un demi-pouce, afin de pouvoir grèffer en Août fur la nouvelle pouffe qui en naîtra; car les Grèffes réuffiffent toujours mieux fur le Bois de l'Année que fur le vieux, quoiqu'on grèffe également fur l'un & fur l'autre.

Je confeille de Planter trois Amandes, ou trois Boutures de Prunier; mais c'eft uniquement pour la plus grande fûreté, qu'il y en ait une au-moins fur les trois qui vienne à bien; car il ne doit en refter qu'une, & il faudroit qu'il arrivât bien des accidens fi on n'avoit pas la fortune de l'échapper: mais cette Précaution eft néceffaire, parce que d'une part les Mulots & les gros Oifeaux, c'eft-à-dire, les Pies & les Corneilles font fort avides des Amandes, & en détruisent toujours quelques-unes ; d'autre part, toutes les Grèffes ne réussissent pas, mais quand on a les deux tiers à perdre, on peut se tranquilliser sur l'événement ; si cependant le Terrein où on se trouve se trouvoit infecté de Mulots à un certain point, il vaudroit mieux ne mettre les Amandes en place qu'au mois de Mars, après les avoir fait germer dans le sable.

En même-tems qu'on fait l'Opération de pinçer les Jèts des Écussons ; comme je l'ai expliqué ci-devant, il faut se réduire à un seul Sujèt si tous les trois sont venus à bien ; je veux dire, n'en laisser qu'un qu'on choisit le meilleur, & arracher le surplus ; car ils se nuiroient les uns aux autres, si on les laissoit subsister ensemble plus long-tems ; & en les arrachant, il faut éviter d'ébranler celui qu'on laisse.

Lorsqu'ensuite le Pied qu'on a laissé, a poussé trois ou quatre bonnes Branches, après l'Opération du Pinçement qui produit cet effet ; on doit être attentif à les Palisser, & à les Espaçer dans les règles.

Au reste il n'a été question jusqu'ici, que des Sujèts destinés à faire de basses Tiges ; mais lorsque vos murs demandent nécessairement des Tiges ou des Demi-Tiges, c'est le cas où l'Opération vous fait un peu soupirer ; car vous ne pouvez les grèffer qu'à la seconde ou troisième Année, & je sçai combien ces deux ou trois Années d'Attente, coûtent à ceux qui sont pressés de jouir ; mais on ne sçauroit l'éviter : or en ce cas il faut conduire différemment les Sujèts, & les dresser relativement au point de vûë qu'on a de les grèffer à quatre, cinq ou six pieds de terre ; il faut pour cet effet aussi-tôt que vos Sujèts, soit Amandiers, soit Pruniers, ont commencé à pousser, réduire les Pousses à une seule ; choisir la plus forte, la mieux placée, & la lier à quelque Baguette ou Échallas pour qu'elle se tienne

# AGRICULTURE.

droite ; on comprend de-là qu'il ne faut pas la rabattre l'Année suivante, comme je l'ai dit pour les Basses Tiges : vous la laissez donc s'élever tant qu'elle veut pendant deux ou trois Années, jusqu'à ce que vous jugiez le Brin assez fort pour être greffé ; & il faut conséquemment, qu'il ait au moins la Grosseur d'un bon doigt dans la partie qui doit être Écussonnée ; se trouvant à ce point vous le greffez de la même manière, & vous observerez les mêmes Précautions que j'ai recommandé pour les Basses Tiges.

Mais il y a une Attention de plus à avoir ; c'est de ne laisser que deux Sujèts, de trois que vous plantez d'abord ; en supposant que tous les trois ayent bien repris, & de supprimer en ce cas celui du milieu, pour donner plus de jeu aux deux autres ; car occupant la terre plus long-tems que les Basses Tiges, leurs racines feroient confusion ensemble si on les laissoit tous ; c'est assez d'en laisser deux, & il faut même user d'adresse, lorsqu'on vient à retrancher le second après qu'ils sont greffés, pour ne pas fatiguer celui qui demeure.

Pour plus grande sûreté que les greffes ne manquent pas ; c'est-à-dire, que l'une manquant l'autre réussisse, on peut mettre double greffe sur chaque Sujèts à quatre pouces de distance qui soit opposée l'une à l'autre ; & dès qu'on s'apperçoit que les Yeux se disposent à pousser, on rabat la Tige sur la meilleure des deux, & la plus basse doit toujours être préférée.

Il faut expliquer à présent les Attentions qu'on doit avoir, tant à l'égard des Sujèts qu'on choisit pour greffer, qu'à l'égard des Greffes mêmes.

Si c'est des Amandes que vous plantez, il faut choisir les plus belles que vous pourrez trouver, les plus blanches, d'espèce douce, & qu'elles soient nouvelles de l'Année ; vous aurez Attention aussi, lorsque le Germe commencera à sortir de terre,

( qui eft le tems le plus critique, ) de le défendre le mieux que vous pourrez des Animaux deftructeurs, & particulièrement des Mulots qui gâtent la terre autour, & la rompent pour trouver l'Amande qui eft au-deffous : on en détruit beaucoup avec des Cloches qu'on enterre à fleur de terre au pied des murs, & qu'on remplit d'eau à moitié ; ces Animaux en allant & venant fe précipitent dedans, & s'y noyent : au défaut de Cloches prenez des Pots de terre. On peut auffi mettre deux morçeaux de tuile à la droite & à la gauche du germe ; & les y laiffer jufqu'à ce qu'il foit d'une certaine force, cela les empêche de gâter.

Si c'eft des Boutures de Prunier que vous plantez, il faut prendre des Jèts de l'Année, d'une bonne force ; c'eft-à-dire, de la groffeur du petit doigt, dont la Racine foit bonne & le Bois clair, & les enterrer de huit pouces environ.

A l'égard des Grèffes, il faut les prendre fur des Arbres fains & vigoureux, en plein rapport ; qu'ils foient exempts de Gomme & de Chancres, & dont vous ayez vû le Fruit. Je dis plus, tout Amateur devroit couper les Rameaux lui-même ; car un Jardinier à qui on s'en rapporte peut faire bien des équivoques, faute d'avoir un certain efprit ordonné : & combien même ne s'en trouve-t'il pas qui ne fentent aucun intérêt pour leur Maître, & qui feroient capables de les prendre au hazard, pour s'épargner quelques peines ou quelques pas ? Rien de plus aifé dans la Saifon des Fruits, que d'aller fe promener dans les Jardins de Montreuil, ou de quelques Voifins ; & de marquer les Arbres dont les Fruits nous font plaifir, en y mettant des Étiquettes ; vous y revenez enfuite lorfqu'il eft tems de grèffer vos Plants, & vous obfervez dans le choix des Rameaux que vous prenez, qu'ils foient de la moyenne force, & garnis de bons Yeux doubles ; les plus gros font ordinairement des Gourmands qu'il faut éviter, comme je l'ai dit plus haut ; & les Branches foibles n'ont pas des Yeux capables de servir en Écusson.

Si vous n'êtes pas à portée de faire cette Opération vous-même, & qu'il faille absolument vous en rapporter à quelqu'un ; prenez en ce cas toutes les Précautions que la Prudence vous suggèrera, pour que le Choix des Rameaux soit bon, & les Espèces marquées avec Attention.

On peut pour cet effet donner un Substitut à son Jardinier, par la Raison Proverbiale ; que, *Quatre yeux, voyent mieux que deux.* A l'égard de ceux qui sont isolés dans des Provinces, & qui n'ont pas dans leur voisinage de quoi se pourvoir à leur gré ; il faut qu'ils recommandent à celui qu'ils chargeront de leur Commission, de ranger proprement dans des Boëtes les Rameaux qu'ils feront venir, distingués par Paquets & par Numéros ; & de piquer le pied dans de petits Concombres, pour entretenir leur fraîcheur ; ils pourroient y rester un Mois avec cette Précaution sans se gâter.

Une attention semblable qu'il faut avoir quand on Grèffe ; c'est de tenir ces Rameaux dans un Vaisseau où il y ait deux pouces d'eau, tant que dure l'Opération de Grèffer ; pour que l'Air & le Soleil ne les dessèchent pas.

Je ne parle point ici de cette Opération en particulier, *de Grèffer*, qui est connuë aujourd'hui en tout Pays ; mais je ne laisserai pas cependant d'observer qu'il y a une Adresse à la bien faire, qui n'est pas commune à tous ceux qui s'en mêlent ; ainsi, autant qu'on le pourra, il faut s'assurer d'un Ouvrier intelligent ; on en trouve communément aux environs de Paris, dans les Pays plus éloignés chacun s'y prendra comme il avisera.

Il me reste à parler des *Boutures;* c'est-à-dire, des espèces de Pruniers propres à grèffer le Pêcher. Nous n'avons que trois espèces qui demandent un Sujèt particulier, les deux Violettes hâtive & tardive, & la Chevreuse; celles-là par une Expérience bien reconnuë veulent être grèffées sur le Saint-Julien; dont il y a deux Espèces, le commun & le joré; la première peut servir faute de la seconde, mais celle-ci est beaucoup plus sûre; & on doit toujours la prendre par préférence : toutes les autres Espèces de Pêchers demandent le Damas, soit le gros, soit le petit, qui sont connus par-tout; mais le premier est préférable. On distingue l'un de l'autre en ce que le Gros Damas a le Bois d'un gris changeant, un peu farineux, & le Cœur de la Pousse est blanchâtre; le Petit Damas au contraire a le Bois d'un gros brun égal, & sa Pousse est rougeâtre; quelquefois on élève ces Espèces de Noyau, & on en est en ce Cas parfaitement sûr; mais pour l'ordinaire on tire les Boutures du pied des vieux Arbres portant fruit, ou de quelque Vieille Souche resapée, & elles sont également bonnes; pourvû qu'elles soient bien en Racines, & qu'elles ne soient pas tenantes à de Vieux Chicots qui ne valent rien à replanter.

Autant qu'on le peut, il faut les prendre du Jèt de l'Année; cependant elles sont encore Bonnes de deux ans. Ceux qui n'en ont pas chez eux ou dans leur voisinage, peuvent se pourvoir à la Vallée, où on en vend communément depuis la Toussaint jusqu'au mois de Mars; il est question de s'y connoître, & de se bien adresser, je ne sçaurois donner d'autres Notions.

On trouvera sans doute qu'il y a bien plus de Soins & de Sujétion à former le Plan d'un Espalier, comme je viens de le dire, qu'à Planter des Arbres grèffés; j'en conviens, mais qu'on réfléchisse en même-tems combien de sortes de risques on court, en les plantant de cette dernière manière; & combien il est mortifiant d'avoir cultivé un Plant pendant plusieurs Années, & de se trouver trompé au moment de jouir : je veux dire, de trouver des Fruits tout différens de ce qu'on attendoit, soit du

côté

# Agriculture, Chap. VI.

côté de la Fécondité; il n'y a que trop de Gens cependant qui éprouvent cette difgrace, qui eft cruelle pour un Amateur; & leur éxemple doit fervir de leçon.

Or la Méthode que je propofe lève tous les Inconvéniens, & prévient tout ce qu'on peut craindre; elle n'a rien d'ailleurs de difficile dans l'éxécution, & j'avance de plus qu'on jouit tout auffi-tôt du Fruit qu'en Plantant les Arbres tout grèffés, fi vous n'avez à Écuffonner que des Baffes Tiges; car il eft Notoire, que cet Arbre replanté, outre les Rifques particuliers qu'il court, perd la première Année à reprendre & à former de nouvelles Racines: mais il n'en eft pas de même de celui qu'on grèffe en place, la même Année que l'Écuffon pouffe, on commence à former fa tête au moyen du pinçement qu'on fait au Jèt nouveau; & il eft bien plus aifé de lui donner la forme qu'il demande, parce qu'il eft moralement certain que fes fecondes branches nées du premier Jèt, font toutes uniformes en groffeur; & par-là, la Sève fe trouve également divifée: il eft Conftant d'ailleurs, qu'un Sujèt qui demeure où il a pris naiffance, fe comporte toujours mieux dans tous fes âges qu'un autre tranfplanté; l'interruption de fon Action dans ce dernier, & le changement de terre lui font néceffairement des Impreffions, qui non-feulement retardent fon Accroiffement; mais qui dérangent toute fon Œconomie.

Car qu'arrive-t'il ? la Tige qui fe trouve privée tout-à-coup des Sucs nourriciers qui lui donnoient la Vie; tombe dans une efpèce de Léthargie, & y demeure jufqu'à ce que le pied ait formé de nouvelles racines, qui lui fourniffent de nouveaux fecours; & dans cet État de fouffrance, quoiqu'elle ne périffe pas, il eft certain que fes parties extérieures en proye à l'Air & au Soleil, éprouvent une altération qu'elles ne réparent jamais affez, pour revenir à leur premier état: d'où il s'enfuit que la Vigueur n'eſt jamais plus la même ; & que dans l'Ordre de la Nature, ſa durée en doit être moindre.

Je vais plus loin ; & je dis, que ſi on s'appliquoit à faire des Expériences ſur les différens effèts qui en réſultent, on s'appercevroit que par une ſuite de ce premier déſordre, les Fruits qui en proviennent après, perdent quelque choſe de leur qualité ; mon Opinion eſt fondée ſur l'aveu même de pluſieurs Pépiniériſtes qui m'ont aſſuré ſouvent, que les Fruits qu'ils recueilloient quelque-fois par Hazard dans leurs Pépinières ſur des Arbres à haute Tige deſtinés à être replantés, étoient fort ſupérieurs en Goût à tout ce qui venoit dans les Jardins ; & il m'eſt arrivé même une fois d'en goûter, & d'être obligé d'en convenir avec eux.

Je reviens à la Vigueur & à la durée des Arbres ; & pour autoriſer mon Sentiment, j'expoſerai quelques réfléxions au Jugement du Public. On a remarqué cent fois, qu'un Noyer laiſſé en place fait ſa Tige & ſa Tête beaucoup plus rapidement, & plus régulière auſſi, que celui qu'on tranſplante ; on ſçait de même qu'un Chêne replanté ne fait jamais un Bel Arbre, & qu'il faut qu'il ſoit produit du Glan ; on a encore l'Expérience que les Ceriſiers & les Meriſiers des Bois, venus de Noyau, s'élèvent avec une facilité toute différente de ceux qu'on tranſplante dans les Campagnes ; je pourrois paſſer des Arbres, aux Plantes des Jardins ; & j'en ferois remarquer une infinité qui réuſſiſſent beaucoup mieux en place, que lorſqu'elles ſont repiquées ; telles ( par exemple ) que les Laitues, les Chicorées, l'Oignon, le Cardon, les Légumes, & les Racines de toutes eſpèces, &c.

Tout cela eſt trop Démontré, pour qu'on puiſſe le conteſter ; mais la Conſtitution n'eſt pas la même, ( dira-t'on ) dans toutes les Plantes, non plus que dans les Arbres : j'en conviens ;

mais je dis que l'Ordre est toujours le même dans la Végétation, & que la Nature se plaît toujours mieux dans ses Productions libres, & non interrompues ; que dans celles où elle est dérangée.

J'ajouterai encore quelques Preuves de fait, à ce que je viens de dire : un Particulier de ma connoissance fit détruire il y a quelques Années, une partie de mauvais bois de dix à douze Arpens ; & s'étant apperçu que parmi les Broussailles dont il étoit rempli, il se trouvoit beaucoup de Sauvageons de Prunier & de Poirier, venus naturellement de Pépins ; il fit réserver tous les jeunes pieds qui pouvoient être greffés, & les fit greffer au Printems suivant ; les uns en Fente, les autres en Couronne, suivant leur grosseur : les greffes réussirent parfaitement, & dès la troisième Année il recueillit des Fruits d'une Bonté Admirable ; mais il faut dire en même-tems qu'en détruisant les autres Arbres, il les fit arracher le plus avant qu'il put, & qu'il fit faire une espèce de défoncement général dans tout le terrein ; ce qui contribua beaucoup à faire profiter ces Sauvageons greffés : ensorte qu'ils ont fourni en dix ans des têtes plus grosses, que des Arbres replantés n'auroient fait en vingt cinq ; & ce Plan formé par le Hazard est devenu un Verger d'un excellent rapport, que j'ai vû avec étonnement.

J'ai encore observé une chose qui vient à mon sujèt, dans la manière dont les Plantations se font dans les Pays voisins de Paris qui produisent du Cidre ; les Particuliers Intelligens viennent enlever ici annuellement tous les Sauvageons qu'ils peuvent trouver dans les Pépinières, de force convenable ; ils les transplantent chez eux, & les greffent au bout de deux ans, quand ils sont bien repris ; je me suis rencontré plusieurs fois vis-à-vis d'eux dans les Pépinières, & en raisonnant avec eux ils m'ont tous assuré unanimement, que leurs Espèces ainsi grèffées fur des Sujèts repris en plaçe, réuffiffoient beaucoup mieux, à tous égards; qu'en plantant les Arbres grèffés.

Je m'en tiens au fait, fans vouloir pouffer le Raifonnement plus loin fur les Caufes; & je crois que cette petite digreffion peut fuffire pour juftifier au moins, que mon Opinion n'eft pas fondée fur de fimples conjectures; & pour rendre fenfible de plus en plus, l'Utilité de la Pratique que je confeille. *Culture des Pèchers.*

FIN DU PREMIER VOLUME.

# SOMMAIRE DES SCIENCES,

Contenues dans ce premier Volume ;

*Avec une Table raisonnée des Auteurs : laquelle a parûë néceſſaire & fort Intéreſſante, pour l'Uſage & le Choix des Livres.*

Et vos, ô Lauri, carpam, & te proxima Mirthe,
Sic poſitæ quoniam ſuaves miſcetis Odores.
*Virg. Eglog.*

## GRAMMAIRE.

LA ſeule *Grammaire* qui ſoit utile aux Commençans ; la ſeule que l'on puiſſe leur enſeigner, de quelque Idiome que l'on ſe ſerve, de quelque travail que l'on les charge, eſt d'apprendre cette *Grammaire* par la ſeule Langue maternelle. Il ne faut plus chercher d'autre Route, voilà la vraye Méthode, conſéquente à l'ordre des choſes ; qui veut que l'on marche pied à pied d'une connoiſſance à l'autre. Tout le monde ſent qu'un enfant remarquera bien plus aiſément les Caractères différentiels du ſujet, du verbe, de l'attribut, &c. dans ſes expreſſions familières, que dans celles qu'il ne connoît pas ; & quand il les aura une fois bien conçus, il lui ſera alors très-aiſé de rapprocher les connoiſſances d'une autre Langue, & de les appliquer à de nouveaux termes. On ôte par-là aux Commençans, tout ce qu'ils ont de pénible, de rebutant & d'abſtrait.

Par ce moyen un Enfant en deux mois de tems ſçaura plus de *Grammaire*, qu'il ne pourroit en apprendre en deux ou trois

Ans suivant l'ancienne routine. (*Il faudroit étudier la* Grammaire *en notre Langue, avant que de l'étudier dans une autre ; comme cette étude ne consisteroit qu'à faire faire à un enfant des réflexions sur la Langue qu'il sçauroit déja* ...... *On pourroit lui faire entendre parfaitement tous les précèptes, par des Exemples familiers.* Fleury, Choix des Études. n. 22.)

Les règles les plus générales de la Ponctuation sont absolument nécessaires. Il est constant que les gestes, les intonnations de la voix, les repos, les pauses, facilitent beaucoup l'intelligence du Discours : or ces signes étant faits pour y suppléer, il faut en donner la clèf aux enfans, avant que de les mettre à la lecture des Auteurs ; & cela ne peut se faire avec fruit, que par des éxemples françois.

Il est indispensable de joindre à la *Gammaire*, un abrégé de la Prosodie Françoise ; combien de gens ne soupçonnent pas même que nous en ayons une ? Et ce sont ceux précisément qui en font sentir la nécessité. Les Grècs & les Romains en faisoient une Étude sérieuse ; pourquoi l'avoir si long-tems négligée dans notre Langue ? L'usage toujours inégal, toujours varié, toujours insuffisant, lorsqu'il n'est point ramené à des points fixes ; une Analogie toujours susceptible de contradictions & d'excèptions, quelques avis souvent fautifs des vocabulaires, & la prononçiation habituelle du Théâtre : voilà quels ont été long-tems nos guides. Mais le Traité que nous a donné M. d'Olivet, nous a mis à même de l'apprendre méthodiquement ; & de cultiver des connoissances, qui, indépendamment de l'agrément qu'elles doivent répandre dans la conversation ordinaire, peuvent révéler à l'Orateur le secrèt Méchanisme de cette Harmonie qui séduit ; ouvrir au Poëte une nouvelle source de beautés supérieures au rithme de son Art ; & offrir au Déclamateur les mêmes secours pour la Prononçiation, que les notes offrent au Muſiçien pour le Chant ; c'eſt-à-dire, règler la nature & la durée des ſons.

Les éxemples de la *Grammaire* & la Proſodie Françoiſe, doivent être expliqués de ſuite : les enfans doivent les étudier, non pour les réciter ; mais pour en rendre compte. On aura beaucoup fait, ſi par quelques articles choiſis, on parvient à les faire goûter aux élèves ; parce qu'il s'agit moins ici d'acquérir, que de former. Ce ne ſont que des Matières brutes qu'il faut entaſſer, pour s'en ſervir en un autre tems ; c'eſt ſi l'on peut ainſi s'exprimer, un Inſtrument qu'il faut apprendre à manier ; c'eſt un ſentiment qu'il faut éveiller : une fois qu'il le ſera ; le travail de la compoſition, la traduction, la lecture, tout juſqu'à la converſation, deviendra une occaſion de l'éxèrçer même volontairement. *M. Guiton de Morveau, de l'Éducation Publique.*

## AUTEURS GRAMMAIRIENS.

La MÉTHODE d'étudier & d'enſeigner la Grammaire, ou les Langues ; par rapport à l'Écriture-Sainte : par le P. Thomaſſin. *Paris, Muguet, 1690, 2 Vol. in-8.*

L'HARMONIE étimologique des Langues ; par Étienne Guichard. *Paris, le Roy, 1618, in-8.*

Ce livre eſt excellent, & fort rare.

DICTIONNAIRE de l'Académie Françoiſe. *Paris, Jean-Baptiſte Coignard, 1694, 4 Vol. in-Fol.*

Cet excellent Ouvrage eſt ſans contredit, la Source la plus pure à laquelle on puiſſe avoir recours ; pour connoître la valeur, l'énergie, & le véritable uſage des termes de notre Langue ; c'eſt un Guide ſûr, que l'on ne peut abandonner ſans riſques de s'égarer : & il n'appartient à aucun Particulier, de vouloir oppoſer ſon autorité à celle d'une Illuſtre

Compagnie uniquement occupée du foin de perfectionner la Langue Françoife, d'en écarter tout ce qui pourroit en corrompre, ou altérer la pureté ; & de la foutenir dans cette fupériorité qu'elle s'eft acquife, au-deffus de toutes les Langues de l'Europe.

PROJET pour perfectionner l'Ortographe des Langues de l'Europe ; par l'Abbé de Saint-Pierre. *Paris, 1730, in-8.*

LES ORIGINES de la Langue Françoife, par Ménage ; avec des notes manufcrites de l'Auteur. *Paris, Courbé, 1650, in-4.*

GRAMMAIRE Générale & Raifonnée, par MM. de Port-Royal. *Paris, le Petit, 1664, in-12.*

Ceux qui ont de l'eftime pour les Ouvrages de raifonnement, trouveront peut-être en celui-ci quelque chofe qui les pourra fatisfaire, & n'en méprideront peut-être pas le fujèt : puifque fi la Parole eft un des plus grands avantages de l'Homme, ce ne doit pas être une chofe méprifable de poffédér cet avantage avec toute la perfection qui convient à l'Homme : qui eft, de n'en avoir pas feulement l'ufage ; mais d'en pénétrer auffi les raifons, & de faire par Science, ce que les autres font feulement par coûtume.

TRAITÉ de la Grammaire Françoife, par Regnier Defmarais. *Paris, Coignard, 1705, in-4.*

Cet Auteur après cinquante ans de réflexions fur la Langue Françoife, & trente-quatre d'affiduités dans les Affemblées de l'Académie, où il a prefque toujours tenu la plume ; femble fouhaiter avoir pû y apporter plus de capacité & de connoiffances ; car combien n'en demandent point les recherches où on eft obligé d'entrer, pour donner une jufte idée de tout ce qui appartient à une matière fi ample & fi épineufe.

Il faut employer la Logique & la Métaphyfique, à difcuter les principes de chaque partie du Difcours : il faut pénétrer dans les raifons qui ont rendu tous les principes communs à toutes les Sociétés des Hommes, & qui ont établi une fi grande variété dans l'application que châque peuple en fait : il faut enfin defcendre à toute heure dans les Détails d'une précifion difficile, & d'une attention fatiguante.

*Le*

Le propre de la *Grammaire*, ajoute-t-il, eft d'enfeigner à parler purement & correctement : & par cette raifon, dans tous les Pays où on a fait quelqu'eftime des Sciences, la *Grammaire* a toujours été regardée, comme celle qui fert d'Introduction à toutes les autres, & qui en eft en quelque forte la Clèf.

Les plus fçavans hommes de la Grèce, Platon & Ariftote ont été les premiers à la cultiver, ou du moins à la défricher ; d'autres après eux ont travaillé à la perfectionner : & lorfque la Méthode en eut été portée à Rome, après la feconde Guerre Punique, les plus grands hommes d'entre les Romains ne dédaignèrent pas d'en faire une de leurs principales études.

GRAMMAIRE FRANÇOISE, par le P. Buffier. *Paris, Witte, 1714, in-12.*

Cet Ouvrage eft divifé en trois Parties : la Première contient les Fondemens ou les principes fur quoi eft appuyé l'Art de la *Grammaire* ; la Seconde contient une Pratique de *Grammaire* : & la Troifième, des Additions à la *Grammaire*.

On néglige fouvent d'apprendre les chofes dont elle traite dans la Première Partie : mais cette connoiffance ne laiffe pas d'être des plus importantes ; puifque l'Art d'arranger les mots a une connexion effentielle, avec la manière d'arranger les penfées : c'eft par-là qu'elle fert de baze aux plus hautes Sciences, & fur-tout à la Logique ; & qu'elle fournit des Règles où la Théologie même eft quelquefois obligée d'avoir recours.

D'ailleurs c'eft faute de pénétrer jufqu'aux fondemens de la *Grammaire*, qu'au lieu de contribuer, comme elle devroit, à éclaircir les idées, elle ne contribuë fouvent qu'à les embarraffer : on ne peut donc l'étudier folidement, qu'on n'apprenne la fin qu'elle fe propofe, les moyens qu'elle employe, l'ordre de fes parties, le vrai fens des termes qui lui font familiers ; en un mot la nature de la *Grammaire* en général, qu'ignorent plufieurs même de ceux qui l'enfeignent.

La Seconde Partie contient une *Grammaire* pratique : l'Auteur s'eft attaché autant qu'il lui a été poffible à la fuite des matières que traitent en commençant les Grammairiens. Les endroits les plus importans, tels que les articles des noms, & la conjugaison des verbes y sont exposés dans une méthode qui abrégera beaucoup la peine qu'on a d'ordinaire à les étudier; ensorte que la langue, qui de ce côté-là a passé pour être si difficile & si bizarre, se trouve l'être en effet incomparablement moins, qu'on ne se l'est imaginé.

Les choses dont la Troisième Partie est remplie, quelques utiles qu'elles soient, peuvent être censées de surérogation dans une simple *Grammaire*. Il a mis d'abord en ces additions ce qui regarde le style: Il mèt ensuite ce qui regarde la Prononçiation & l'Ortographe, avec des traités sur divers sujèts qui y peuvent avoir rapport; on n'a pas daigné les éclaircir jusqu'à présent, & ils sont néanmoins d'un très-grand usage. Il mèt à la fin plusieurs remarques sur divers endroits de la *Grammaire*, qui peuvent arrêter ou embarrasser davantage les Étrangers.

Voici sa plus grande utilité.

On sçait que dans toute l'Europe, & presque dans toutes les parties du Monde, les honnêtes gens montrent une extrême passion d'apprendre le François. Cependant avec cette détermination où sont les Étrangers d'apprendre le François, il semble qu'il n'y ait point encore de *Grammaire* qui leur convienne parfaitement : car ou elles sont trop étendues pour les commençans ; ou elles ne traitent point de toutes les parties de la *Grammaire* ; ou elles sont faites par des Auteurs qui ne sont pas à portée de sçavoir le véritable usage de la Langue ; ou enfin elles sont si anciennes, que cet usage a changé considérablement depuis qu'elles ont paru.

Cet Auteur expose les principes de notre Langue conformément à l'usage présent, de la manière la plus éxacte & la plus juste ; & en même tems la plus nètte, & la plus aisée.

De L'EXCELLENCE de la Langue Françoise; par Charpentier. *Paris, Billaine, 1683, 2 Vol. in-12.*

REMARQUES NOUVELLES sur la Langue Françoise; par Dominique Bouhours. *Paris, Cramoisy, 1675, in-4.*

C'est une Erreur de croire qu'on veuille obliger ceux qui écrivent, à examiner tous les mots, & à compter toutes les syllabes en écrivant : le Père Bouhours juge qu'il ne faut presque point songer d'abord aux paroles, qu'il ne faut songer qu'aux choses ; sans lesquelles le Discours est creux & vuide de sens. Ainsi quand on commence à composer, il faut jetter sur le papier tout ce qui vient en l'esprit ; il ne faut refuser rien de ce que l'imagination présente ; il faut s'abandonner à son feu, comme s'il n'y avoit ni Grammaire, ni Éxactitude au monde. Il ne faut pas même dans la suite de la composition, s'attacher trop au langage ; c'est assez que nous exprimions nos pensées, sans nous mettre en peine si toutes nos expressions sont justes. Mais après que nous avons achevé notre Ouvrage, il faut le revoir, & le retoucher ; & c'est dans cette seconde Composition qu'il faut songer aux paroles, & à cette justesse de style, qui est tant recommandée dans les Remarques du Père Bouhours.

Mais, pour donner à un Ouvrage le tour & la forme qu'ont les ouvrages les plus justes, il faut avoir dans la tête l'idée de la perfection, & les règles qui y conduisent. Il faut néanmoins prendre garde d'ôter rien de la substance & de l'agrément du Discours, à force de le limer & de le polir. Car il y a une Éxactitude outrée, qui rend les Ouvrages secs & si peu naturels, qu'ils ne sont point agréables avec tout ce qu'ils ont de correct & d'élégant ; semblables en cela à ces Personnes propres & fort arrangées, qui ne plaisent point ; parce qu'elles sont toujours droites & contraintes. L'Éxactitude n'a rien de forcé ; & comme elle ne tend qu'à embellir le Discours, elle s'accorde bien avec une certaine négligence, qui est peut-être un des plus grands Ornemens du Style.

SUPPLÉMENT à la Méthode pour apprendre l'Ortographe par principes ; par Juquier. *Paris, Pissot, 1730, in-8.*

DES TROPES, ou des Différens sens dans lesquels on peut prendre un même mot dans une même Langue, par César Chesneau, Sieur du Marsais. *Paris, Brocas, 1730, in-8.*

REMARQUES de Grammaire sur Racine, par M. l'Abbé d'Olivet. *Paris, Gandouin, 1738, in-12.*

BIBLIOTHÈQUE des Enfans, ou les premiers Élémens des Lettres ; contenant le Système du Bureau Typographique. M. *Dumas. Paris, Simon, 1733, in-4.*

L'Auteur joint au mérite de la nobleffe, du fçavoir & de la vertu, une infinité de talens ; il a fait de profondes réfléxions fur l'éducation ; fon amour pour les enfans l'a porté à combiner tout ce qui peut leur être avantageux ; & dans l'ardeur de fon Zèle, il auroit élevé volontiers des Statuës à ceux qui travaillent pour la jeuneffe. Les plus grands Génies l'ont admiré. Il nous manquoit un amateur qui puiffe pénétrer le Lecteur des fentimens dont il eft animé, & ôter au fujèt cet air de féchereffe didactique, qui exclut les graçes & le fentiment ; ce qu'il a fait.

*Voici les vers qui ont été faits à fon fujèt, de même que pour M. Peluche, Auteur du Spectacle de la Nature.*

  Plus une Mufe eft animée
Par de vrais applaudiffements,
Plus dans fa grotte envenimée,
L'Envie éprouve des tourments.
Elle fait fiffler fes vipères ;
Des fatyres les plus amères
Par-tout elle lance les traits ;
Mais de leur atteinte maudite,
Les auteurs du premier mérite
Se reffentiront-ils jamais ?

  Malgré tant d'aveugles critiques,
Ainfi les Rollins, les Dumas,
Verront leurs Œuvres authentiques,
Braver le temps & le trépas.
Le Spectacle de la Nature,
Charmera la race future ;
Quand vos inutiles écrits,
Fiers ennemis de la lumière,
S'abimeront dans la pouffière ;
Sous le poids d'un jufte mépris.

  Rollin d'une étude folide,
Nous démontre l'utilité :
Ingénieux & fage guide,
Il mène à l'Immortalité ;

Chés lui Memphis à Babylone,
Athènes à Lacédemone,
Nous permettent de les revoir ;
Et fon infatigable zèle,
Pour l'ignorance rebelle
A prendre le ton du fçavoir.

*Dumas* écartant l'étalage,
Et la gravité des pédants ;
Au goût de notre premier âge,
Accommode des jeux fçavants.
L'étude n'eft plus ennuyeufe,
Quand fa méthode induftrieufe
Rend les travaux divertiffants ;
Et déja le Maître des Anges,
Perfectionne fes louanges
Dans la bouche de nos enfants.

Toi, dont l'agréable Phyfique
Décompofe les Éléments,
Et de la terreftre fabrique
Nous découvre les fondements,
Avec prudence avec adreffe,
Tous les tréfors de la Sageffe
Dans ton livre font répandus.
Malheur à l'ingrat qu'il amufe,
Qu'il inftruit ; & qui te refufe
Les éloges qui te font dûs.

*Mercure de France, Avril 1736.*

SYNONIMES FRANÇOIS, leurs différentes fignifications ; & le choix qu'il en faut faire pour parler avec juftesse. *Par M. l'Abbé Girard. Paris, veuve d'Houry, 1736, in-12.*

Si cet ouvrage n'a pas le mérite de la perfection, il a du moins celui de la nouveauté ; car il n'a copié perfonne, & je ne crois pas même qu'il y ait encore eu perfonne à copier fur cette matière. Jamais livre ne fut en même tems plus uniforme, & plus diverfifié ; il n'éxige point d'être lû de suite, ni par ordre ; il n'y a qu'à l'ouvrir au hazard, on tombera toujours sur quelque chose d'entier, capable de satisfaire la curiosité. On exhorte sur-tout de lire la *Préface* de cette édition, qui est très-instructive ; & qui, quoique d'une certaine étendue, plaira à tout Lecteur sensé.

PRINCIPES GÉNÉRAUX & raisonnés de la Grammaire Françoise, avec des observations sur l'Ortographe, les Accents, la Ponctuation, & la Prononciation ; un Abrégé des règles de la Versification Françoise, dédiés à Monseigneur le Duc de Chartres ; par M. Restaut, Avocat au Conseil. *Paris, Lottin, Butard, 1762, in-12.*

La neuvième Édition qu'a fait M. Restaut de son excellent ouvrage, & l'empressement avec lequel le Public a enlevé huit éditions très-nombreuses, est un sûr garant du succès. Tous les bons esprits conviennent que la Grammaire de M. Restaut l'emporte de beaucoup sur toutes celles qui ont paru jusqu'ici, ce qui doit d'autant plus flatter cet Auteur, qu'avant lui plusieurs Gens de mérite avoient tenté cette entreprise : elle avoit en effet de grandes difficultés ; & outre la sécheresse d'un travail épineux, & capable de rebuter, il faut avoüer que le défaut d'analogie qui se trouve souvent dans notre Langue, en rend les principes beaucoup plus difficiles à exposer avec méthode, que ceux d'aucune autre Langue ; mais aussi quel objèt pour l'Émulation, que d'enseigner une Langue que l'on parle dans toutes les Cours, qui est devenue la Langue universelle de l'Europe !

Croiroit-on que cette même Langue soit regardée avec indifférence par les François, à qui elle fait tant d'honneur ? Il est pourtant vrai, que, si l'on en excepte le très-petit nombre des gens instruits, que le reste de la Nation est dans une profonde ignorance sur tout ce qui regarde la Langue : c'est peut-être une suite de la mauvaise éducation que l'on a donnée aux enfans : on commence par leur apprendre la Grammaire latine, laquelle leur paroît alors fort indifférente & étrangère à toutes leurs idées ; au lieu que si on leur apprenoit les Principes du François, ayant à les appliquer aux mots & aux phrases dont ils se servent, cette étude deviendroit pour eux *plus intéressante*, en quelque forte ; & d'autant plus facile, que châque mot qu'ils diroient, leur rappelleroient les leçons de leur Maître. Les Romains n'avoient pas cette négligence condamnable, & leurs enfans ne perdoient pas sept ou huit années précieuses dans des écoles d'où ils sortoient mal élevés, ignorans tous les usages, ne connoissans ni leur Langue, ni les bons Livres de cette Langue ; & emportans pour tous fruits de leur éducation le dégoût du travail inspiré par la contrainte, & cinq ou six mots d'une Langue morte qu'ils ont retenu de mémoire, & qu'ils se hâtent d'oublier.

On trouve dans la nouvelle édition que donne M. Restaut un grand nombre de nouvelles observations, d'autant plus utiles, qu'elles sont faites sur la pratique du langage ; & qu'elles pourront servir à résoudre des difficultés, dont on se trouve assés souvent embarrassé.

M. Restaut s'est étendu plus qu'il n'avoit encore fait, sur tout ce qui peut avoir rapport à la Syntaxe ; il a mis sur-tout dans un grand jour ce qui regarde l'accord de l'adjectif avec le substantif, du relatif avec l'antécédent, & du verbe avec le nominatif ; il a encore éclairci plusieurs difficultés d'Ortographes, & s'est principalement attaché à donner des règles sûres & précises sur les lettres doubles, en parcourant toutes les terminaisons où elles peuvent se trouver.

M. Restaut a enrichi cette édition d'une table alphabétique, faite avec beaucoup de soin, & d'ordre ; & qui ne sera pas d'un médiocre secours pour ceux qui étant peu au fait de l'ordre que les matières doivent avoir entr'elles, souvent ne pourroient trouver sans la table des chapitres en quel endroit est éclaircie la difficulté, dont ils cherchent la solution, cette table les tire de peine. Sous quelque dénomination qu'ils cherchent l'objèt de la difficulté, ils le trouvent dans la table qui les renvoye à toutes les pages du livre où il en est question.

TRAITÉ de M. l'Abbé d'Olivet sur la Prosodie Françoise.

On ne peut trop loüer l'ordre, la clarté, la précision qui règnent dans cet ouvrage. Tous les principes y sont nettement développés, simplifiés autant qu'ils peuvent l'être : travail qui éxigeoit un esprit philosophique, & qui est plus abstrait qu'il ne le paroît. On peut dire que ce livre durera autant que la Langue Françoise. Le zéle que nous avons pour l'avancement des lettres, l'estime que nous concevons pour ceux qui les cultivent avec succès, nous porteroient à nous étendre plus long-temps sur les éloges dûs à M. l'Abbé d'Olivet. Mais assuré depuis long-temps de l'approbation publique, il seroit peu flatté de nos foibles suffrages, qui n'apprendroient rien de nouveau aux Lecteurs.

DICTIONNAIRE ÉTYMOLOGIQUE, ou Origine de la Langue Françoise; par Ménage. Nouvelle édition, corrigée & augmentée, par A. F. Jault. *Paris, Briasson, 1750, 2 Vol. in-Fol.*

Ce n'est point un dessein frivole, & qui ne mène à rien, que de travailler sur les *Étymologies*; & il y a du moins autant de danger à mépriser trop cette sorte d'Érudition, qu'à la trop estimer.

Quelques décriés que puissent être la plûpart des Auteurs de livres d'*Étymologies*, le vrai mérite n'est point incompatible avec la qualité d'Étimologiste; & le nom de M. Ménage suffit pour nous prévenir en faveur d'un Art, qu'il a poussé plus loin que personne; & dont il est comme le Restaurateur.

Il n'y a point eu de Nation un peu fameuse, qui n'ait crû trouver sa gloire & son Avantage à débrouiller l'Origine de sa Langue. Si l'on prétend que c'est une Curiosité pure, qui flatte la vanité des Peuples; je soutiens qu'elle est aussi ancienne que le Monde, & du goût de tous les Siècles, qui en ont eû pour les Lettres. J'ajoûte même, qu'il est difficile qu'elle n'ait quelque chose de solide; puisque toutes les Sciences les plus sérieuses n'ont pas pû se dispenser de la cultiver.

PRINCIPES GÉNÉRAUX ET RAISONNÉS de l'Ortographe Françoise, avec des remarques sur la Prononçiation. Par M. Douchet, Avocat au Parlement, & ancien Professeur Royal en Langue Latine. *Paris, Veuve Robinot, Lambert, Duchêne, P. Fr. Didot, le Clerc, 1762, in-8.*

Cet Ouvrage nécessaire aux Étrangers & aux jeunes gens, n'est pas inutile aux Nationaux & aux personnes instruites. Il peut servir à déterminer l'Ortographe de la Langue Françoise, que l'ignorance ou l'habitude ont rendu arbitraire dans beaucoup d'expressions. L'Auteur remonte aux principes capables de fixer notre incertitude à cet égard, & de prescrire des bornes à l'empire de l'usage.

Son

Son Traité est bien raisonné, très-méthodique; & a de plus le mérite d'être écrit avec clarté, avec précision, & même avec l'Élégance qui peut convenir à ce genre d'Ouvrage. Les Caractères Prosodiques, & les Signes de Ponctuation y sont parfaitement traités.

Mémoire sur l'Éducation publique, avec le Prospectus d'un College. Par M. Guiton de Morveau, Avocat Général du Roi au Parlement de Bourgogne. *1764, in-12*.

Principes généraux et particuliers de la Langue Françoise, confirmés par des exemples choisis, instructifs, agréables, & tirés des bons Auteurs; avec des remarques sur les lettres, la prononciation, les accens, la Ponctuation, l'Ortographe; & un Abrégé de la Versification Françoise, par M. de Wailly. Nouv. Édit. revûë & considérablement augmentée. *Paris, Barbou, 1763, in-12*.

## FABLE.

La *Fable* est le langage de la Poësie, l'Éloquence même en emprunte les traits. Elle est nécessaire pour l'intelligence des Anciens; elle tient à l'Histoire comme une Tradition corrompuë; comme Emblême, elle tient à la Morale; comme Fiction, elle enrichit tous les Arts; comme Allégorie, elle revient à chaque instant dans les entretiens les plus familiers : en un mot, elle forme un Genre d'érudition, dont se picquent les gens les plus frivoles. Je n'en dirai pas davantage, pour prouver son utilité.

## AUTEURS MYTHOLOGUES.

Discours de la Religion des Anciens Romains. Par Guillaume Duchant. *Lyon, Rouillé, 1581, in-4. fig.*

LES IMAGES, ou Tableaux de platte peinture des deux *Philoſtrates* Sophiſtes Grècs. *Paris, Veuve Abel l'Anglier, & Veuve M. Guillemot, 1615, in-Fol. Avec Figures.*

 Cet Ouvrage eſt fort gaulois, mais de la plus profonde érudition. Entre les plus renommés de l'Antiquité, *Philoſtrate*, doit bien être mis du premier rang, tant pour ſa doctrine, & élégante manière de parler, que pour les richeſſes de ſes inventions ; la naïve beauté de ſes deſcriptions, ſa curieuſe recherche de mots convenables, parmi une ſi grande diverſité de matières appropriées à toutes ſortes de profeſſions & métiers ; avec une fort particulière inſtruction de toutes les plus belles Fables, & fantaiſies de l'Antiquité, qui peuvent convenir, & être propres à la Peinture, de laquelle il traite le principal point, & ce qui ſe trouve le plus recommandé & exquis ; à ſçavoir l'invention, avec l'ordonnance & diſpoſition, que les Grècs appellent Œconomie ou Œcodomie, dont dépend tout le ſçavoir, la grâce, & accompliſſement de cet Art ; n'étant pas donné à tous d'avoir la dextérité, & pratique de ſçavoir bien ordonner pluſieurs perſonnages enſemble, en geſtes, & actions convenables & non ridicules ; afin d'exprimer nettement, & d'une éfficace qui contente l'œil & l'eſprit des hommes, la choſe qui y doit être repréſentée, avec le moins de traits dont on ſe puiſſe paſſer. N'ayant pas toutefois écrit ſeulement de la Peinture ; mais pluſieurs autres ſujèts encore, pour éxercer la jeuneſſe à ſçavoir deviner, & écrire à propos d'infinies belles choſes, dont il a curieuſement recherché la propriété des mots, auxquels il fait paroître avoir été merveilleuſement verſé & inſtruit : leſquelles choſes toutefois il coupe fort court, ne les diſant qu'à demi-mots, & avec une telle brièveté, qu'il faut être merveilleuſement attentif à ſa lecture pour la bien comprendre : car il s'étudie de propos délibéré à ſe rendre obſcur, comme ſi par cette difficulté il en vouloit bannir le vulgaire ; de ſorte qu'il étoit bien néceſſaire d'une auſſi docte plume que la ſienne, pour en faciliter l'intelligence au Public.

 DISSERTATION ſur les Oracles des Sybilles ; par le P. J. Craſſet. *Paris, Milkallet, 1684, in-12.*

 RÉPONSE à l'Hiſtoire des Oracles de M. de Fontenelle ; par

## MYTHOLOGUES.

le Père Baltus. *Strasbourg, Doulssecker, 1707, 2 Vol. in-8.*

MYTHOLOGIE, ou explication des Fables de Noël le Comte; avec des Sommaires sur châque livre, & des Figures en taille douce, traduite par Jean Baudoin; & ci-devant par Jean de Montlyard. *Paris, Pierre Chevalier, & Samuel Thiboust, 1627, in-Fol.*

Les Poëtes ingénieux dans leurs ouvrages, nous ont voulu représenter trois sortes de Vies; à sçavoir, la Contemplative, l'Active, & la Voluptueuse. La Contemplative nous pousse à la recherche de la Vérité; l'Active aux seuls biens de la Fortune: & la dernière à ce que les Voluptés ont de plus charmant. De ces trois façons de *Vivre*, il est amplement traité dans cet Ouvrage; ou si vous considérez mûrement l'intention des Anciens Poëtes, vous trouverez qu'elle n'est autre chose, que d'ombrager du voile des Fables, les Mystérieux Secrèts de la Physique & de la Morale.

*Natalis Comiti* MYTHOLOGIA. *Parisiis, Velut, 1605, in-8.* cùm notis mss.

PANTHEUM MYSTICUM, *seu Fabulosa Deorum Historia; Auctore P. Fr. Pomey.* Ultrajecti, Van de Vater, 1701, in-12.

TABLEAUX du Temple des Muses, avec les Descriptions; par Mich. de Marolles. *Paris, 1655, in-Fol. Fig.*

EXPLICATION HISTORIQUE des Fables, où l'on découvre leur origine & leur conformité avec l'Histoire Ancienne, par l'Abbé Banier. *Paris, le Breton, 1715, 3 Vol. in-12.*

LA MYTHOLOGIE, & les Fables expliquées par l'Histoire, par l'Abbé Banier. *Paris, Briasson, 1738, 3 Vol. in-4.*

Ce Docte Académicien des Inscriptions & Belles Lettres, semble avoir épuisé la matière.

L'ANTIQUITÉ EXPLIQUÉE, & représentée en Figures; par Dom Bernard de Montfaucon, avec le Supplément. *Paris, de Laune, 1722, 15 Tomes en 10 Vol. in-Fol. grand papier.*

Cet Ouvrage eft le fruit d'une prodigieufe lecture, & d'une vafte érudition; mais auquel le public n'a pas rendu, ce me femble, toute la juftice qu'il mérite : ce Recueil m'a été d'un grand fecours, & j'ai ufé de fes Recherches avec d'autant plus de liberté, qu'un Livre de quinze volumes *in-Folio*, ne peut être entre les mains de la Jeuneffe; & que d'ailleurs de plus habiles que moi ont emprunté de ce fçavant Religieux, peut-être la meilleure partie de leur Érudition; enforte que nous pourrons nous rencontrer fouvent dans nos extraits, parce que nous aurons puifé dans la même fource.

CONFÉRENCE de la Fable avec l'Hiftoire Sainte; par de Lavaur. *Paris, Bordelet, 1730, 2 Vol. in-12.*

HISTOIRE DU CIEL confidérée felon les idées des Poëtes, des Philofophes, & de Moyfe; par l'Abbé Pluche. *Paris, Étienne, 1739, 2 Vol. in-12. Fig.*

DICTIONNAIRE DE MYTHOLOGIE pour l'Intelligence des Poëtes, de l'Hiftoire Fabuleufe, des Monumens Hiftoriques, des Bas reliefs, des Tableaux, &c. *Paris, Briaffon, 1745, 3 Vol. in-12.*

Le titre feul de ce Livre annonce combien il eft utile; fi l'on ne connoît la Mythologie, on eft arrêté à tout moment en regardant des Tableaux, des Statues, en lifant les Poëtes; ainfi il eft indifpenfable d'acquérir au moins quelque lumière fur cette Science.

Ce *Dictionnaire* eft auffi étendu qu'on puiffe le defirer, lequel raffemble tout ce qu'il eft utile de fçavoir fur la Mythologie; l'Auteur a profité des Ouvrages les plus eftimés de ceux qui ont travaillés fur cette matière, tels que Paufanias, D. Bernard de Monfaucon dans fes antiquités Grecques & Romaines, l'Explication des Fables par l'Abbé Banier, l'Hiftoire fi célèbre des Oracles de M. de Fontenelle; & enfin l'excellent Théâtre des Grècs du R. P. Brumoi. Ce *Dictionnaire* reffemble au miel de l'abeille compofé du fuc des fleurs les plus odoriférantes, & c'eft fans doute le plus grand mérite qu'un *Dictionnaire* puiffe avoir. L'Auteur qui écrit en homme d'efprit & de goût, a fait un choix judicieux, & a même donné quelques explications que n'avoit pas données l'Abbé Banier.

Ce Livre est donc un précis, de ce qui s'est dit de meilleur sur la Mythologie; l'extension que l'Auteur donne à ce mot, ne se borne pas à l'Histoire fabuleuse des Dieux, des Demi-dieux, & des Héros de l'Antiquité, quoique ce soit là proprement le fond de cette Science; & c'est sur ce pied que l'avoit traitée le P. Jouvency, dans un petit livre fort bon, mais fort court : intitulé, *Appendix de Diis & Heroïbus*, qui a été traduit en François.

M. l'Abbé de la Clauftre Auteur de ce *Dictionnaire*, a porté ses vûës plus loin, & a fait entrer dans son livre tout ce qui a quelque rapport à la Religion Payenne; c'est-à-dire, les différents Systêmes de Théologie, & tous les Dogmes qui se sont successivement établis dans les différents Ages du Paganisme; les Oracles, les Sorts, les Augures, les Auspices, les Préfages, les Prodiges, les Expiations, les Dévouements, les Évocations, & tous les genres de Divination qui ont été en usage; les fonctions des Prêtres, des Devins, des Sybilles, des Vestales; les Fêtes & les Jeux, les Sacrifices & les Victimes, les Temples, les Autels, les trépieds & les instrumens des sacrifices, &c. Ainsi quiconque sçauroit bien ce *Dictionnaire*, pourroit se vanter d'être un homme très-sçavant & très-versé dans la connoissance de l'Antiquité : mais hélas ! les *Dictionnaires* n'ont jamais fait de Sçavans ; quoi qu'il en soit, celui-ci est fort utile, tant par les choses qu'il contient, que par l'ordre dans lequel elles sont arrangées.

HISTORIENS DE LA FABLE; comme *Hérodote, Diodore de Sicile, Denis d'Halicarnasse, Paufanias, Tite-Live*, &c.

Tous ont aussi contribué pour leur part à ma collection; mais je n'ai eu garde de copier toutes les Fables qu'ils débitent dans leurs Ouvrages, il y auroit eu trop à faire; & j'aurois grossi inutilement un Livre, qui n'est point destiné à rassembler toutes les Fables Anciennes; mais seulement celles où le Ministère des Dieux & de la Religion se trouve employé : il n'y a que celles-ci qui entrent dans mon Plan.

PAUSANIAS, Auteur d'un voyage historique de la Grèce; qu'Alde Manuce appelle avec justice, un *Tréfor* de la plus Ancienne & de la plus rare Érudition.

Ce Curieux Voyageur avoit parcouru avec des yeux sçavans, toutes les parties de la Grèce; ( & pour ne parler que de ce qui nous regarde ), il avoit éxaminé avec la plus scrupuleuse attention tous les Temples de ce pays. Les Dieux & les Héros qu'on y révéroit, le culte qu'on leur y rendoit, les différens noms sous lesquels ils étoient honorés, & les raisons qui fondoient toutes ces différences de noms & de culte; il rend de tout cela un compte si simple, si naturel, qu'on ne sçauroit en soupçonner la fidélité. J'avoüe que je me suis extrêmement enrichi chés ce judicieux Auteur, à l'éxemple de tous les Mythologues qui m'ont précédé; & que j'ai emprunté de lui quantité de choses, sans lesquelles un grand nombre de passages de nos Poëtes demeureroient inintelligibles.

HISTOIRE DES ORACLES de M. de Fontenelle.

Ouvrage aussi solidement qu'ingénieusement écrit, & digne de toute la réputation de son Auteur.

DICTIONNAIRE DE MORERY, ou le Mélange Curieux de l'Histoire Sacrée & Profane; nouvelle édition.

## SONNET.

*Sur les sçavantes Recherches de Moréry.*

Être un riche Trésor de Science profonde,
Chercher dans les Beaux Arts toutes ses voluptés,
Sçavoir ceux qui les ont autrefois inventés,
Et porter ses regards jusqu'au berceau du monde.

Borner tous les États sur la terre & sur l'onde,
Relever du néant les cendres des Cités,
Étaler aux mortels leurs anciennes beautés,
Avoir de leurs Héros la mémoire féconde;

Affranchir les Sçavans des ordres du trépas,
Marquer des Conquérans les vertus & les pas,
Des siècles reculés conserver la mémoire:

Aux *Récits Fabuleux* donner un nouveau jour,
N'est-ce pas, cher ami, se placer à son tour,
Dans le plus bel endroit du Temple de la Gloire?

J. Spon, D. M.

# RHÉTORIQUE.

MALGRÉ le Doute qui s'élève en ce Siècle Philosophe, s'il ne seroit pas plus avantageux de faire marcher la Philosophie avant la *Rhétorique* ; je pense avec les plus grands Maîtres de l'Art Oratoire, que l'Élève doit passer immédiatement des mains du Grammairien en celles du Rhéteur : si sortant de l'école du dernier, il devoit sur le champ monter dans la Tribune aux Harangues, faire triompher les Loix dans le Temple de la Justice, combattre l'Erreur dans la Chaire de la Vérité, ou servir d'Organe à la Politique des Rois ; il est incontestable qu'il faudroit le préparer à cette partie de ses études par les leçons de la Philosophie, parce que la véritable Éloquence découle des sources de la Sagesse : mais on doit se souvenir qu'il ne s'agit ici, que des élémens de l'Art Oratoire ; & que ceux qui les recevront, seront forcés d'en remettre l'usage à un autre tems. Mais, me direz-vous ? n'est-ce pas renverser l'ordre des choses, que de s'occuper de la justesse de l'expression, avant que d'avoir acquis la justesse des idées ? *L'Art de la Persuasion* ne suppose-t-il pas la Science de la Vérité ? & s'appliquer à l'Élocution, avant de connoître le degré de certitude, & la force des preuves ; n'est-ce pas s'exercer à parler, avant que de penser & de raisonner ? Telle est l'objection ; voici ma Réponse. Il est, on ne peut en douter, une sorte de Philosophie naturelle ; & c'est, à dire vrai, la seule dont l'Éloquence a besoin ; la Morale en fait la partie principale, & tout homme a dès le berceau, deux grands Maîtres pour l'en instruire ; son Cœur & le Spectacle du Monde. Il y a également une Logique naturelle ; car qu'est-ce que la Logique ? C'est à proprement parler, la considération des idées qui regardent, non les objèts, mais nos connoiffances; pourquoi on les appelle inftruments. *Telles font*, dit M. Fleury, ( choix des études, n. 19. ) *les idées du vrai, du faux, d'affirmation, de négation, d'erreur, de doute, & de conféquence : or on ne peut donner aucune de ces notions à qui ne les a pas, & il n'y a point d'homme qui ne les ait, s'il a l'ufage de la raifon ; car c'eft en cela qu'elle confifte. Tout cela fe fait naturellement, & quelquefois mieux par ceux qui n'ont appris aucune Règle de Logique.*

Pour acquérir la perfection du raifonnement, il ne faut ni règles, ni définitions, ni divifions. L'éxèrciçe journàlier fuffit fur les fujèts les plus fimples & les plus familiers, de l'habitude réfléchie de fe former des idées claires, & de faifir avec éxactitude les différençes & les rapports, & de tirer des conféquences avec juftefle.

Telle eft fans doute la Logique néceffaire à quiconque veut étudier l'*Art de Perfuader* ; mais que l'on ne penfe pas qu'il faille, ou même que l'on puiffe abfolument la réduire à un Syftême Didactique, « elle ne confifte pas, dit Cicéron, en cer- » tains mots, & certaines règles dont on fe charge la mémoire, » pour en pouvoir parler, ou entendre ceux qui en parlent ; » mais dans l'éxèrciçe réel de bien raifonner, il ne faut pas » croire que l'on l'apprenne une fois comme une hiftoire, pour » n'y plus revenir enfuite ; il faut la pratiquer continuellement » pendant tout le temps des études ». D'où il réfulte, qu'elle ne doit pas être l'objèt d'un cours particulier ; mais le but & l'effèt néceffaire, de toutes les claffes qui précèdent la *Rhétorique*.

Ce ne font point les précèptes qui ont fait les hommes éloquens, ce font au contraire les hommes éloquens qui ont donné lieu de faire les précèptes ; de forte que, à proprement parler, l'Éloquençe n'eft pas venuë de l'Art, mais l'Art eft venu de l'Éloquençe. Or fuivant ce principe, il vaut beaucoup mieux

étudier

étudier les Modèles, que les règles que l'on a formées fur eux ; par la raifon que l'on fçait bien mieux & plus fûrement, ce que l'on a foi-même obfervé, que ce que l'on ne connoît que par les obfervations d'un autre. Le but de tout Art eft l'imitation ; & l'on n'y parvient, que par une connoiffance éxacte de ce que l'on fe propofe d'imiter.

Dans les Ouvrages de goût, cette connoiffance peut être entenduë fous deux rapports très-diftincts : la première eft celle du fentiment qu'ils produifent, & les meilleures règles ne peuvent l'acquérir : l'autre eft la connoiffance des moyens qu'ils employent pour le produire ; & elle viendra plus fûrement encore d'une attention réfléchie à la contexture du difcours, que d'une fuite de fpéculations didactiques, toujours froides, lorfqu'elles précèdent l'intérêt qui devoit les amener, & le plus fouvent inintelligibles ; parce qu'elles définiffent les caufes avant que l'on connoiffe les effets : d'où je conclus qu'en général il faut peu de préceptes, qu'ils ne doivent jamais venir que par retour fur les éxemples, pour aider à la réfléxion ; que, comme dit M. Rollin « *l'Explication eft la partie effentielle de l'Art de* » *l'Éloquence ; & qu'en un fens, elle renferme toutes les autres* ».

Un autre principe également important au fuccès de l'enfeignement de cet Art, eft, que l'on doit fe fervir principalement d'exemples françois pour l'application des règles, & qu'il faut plus fouvent exercer les élèves en leur Langue maternelle qu'en toute autre ; c'eft moins pour le progrès & l'utilité de la Langue Françoife, que je le confeille ici ; que pour la *Rhétorique* en elle-même. Qui ne conçoit en effet qu'un jeune homme écoutera avec plus de curiofité & d'intérêt, faifira avec plus de facilité & de juftefse, les Remarques que l'on lui fera faire fur un texte françois, que fur un Ouvrage qu'il faut expliquer lentement ; de manière qu'on perd de vûë ce qui précède, &

*Tome I.* Y y y

qu'en s'appefantiffant fur châque morçeau, on ne foupçonne pas même les beautés de rapport & la néceffité de l'enfemble; fans cela cependant, quelle idée peut-on prendre, & de l'Invention, & de la Difpofition ?

Pour l'Élocution, cette vérité n'eft pas moins fenfible; puifqu'elle a pour baze le choix des mots propres, ce qui fuppofe une abondance d'expreffion & une fineffe de l'art, qu'il n'eft guères poffible d'acquérir dans la langue morte : ce Défaut peut être réparé en partie par la comparaifon des Auteurs qui ont écrit dans le même genre, & des morçeaux que les Modernes ont imités avec fuccès des Anciens; ce Parallèle, que l'on ne peut trop recommander, aidera l'intelligence, affurera le jugement, & fortifiera l'expreffion.

Il faut principalement s'attacher à ne donner à fes élèves, que des fujèts qui leur foient parfaitement connus, qui les intéreffent, & dans le genre d'Éloquence qu'on appelle familier : fi l'on réuffit auffi mal, c'eft prefque toujours parce que l'on veut trop embraffer; d'où vient qu'au fortir des écoles, il eft rare de trouver un jeune homme qui fçache narrer un fait, dicter une lettre, ou délibérer fur une opinion; c'eft qu'il n'a appris qu'à faire des Harangues; c'eft qu'on a dédaigné ces petites chofes, pour l'occuper tout de fuite de plus grandes, dont il n'eft pas en âge de profiter; & dont peut-être il n'aura jamais befoin.

« Des narrations, des lettres, & d'autres piéces faciles, *dit*
» M. *de Fleury* ; tels doivent être les premiers effais des Can-
» didats : on peut leur donner enfuite pour matière, l'Éloge d'une
» belle action, d'un grand homme; ou quelque lieu commun
» de Morale : enfin quand ils feront plus avancés, on pourra
» éxiger d'eux des Difcours entiers fur un plan plus vafte, &
» des fujèts plus étendus ». *M. Guiton de Morveau, de l'Éducation Publique 1764.*

# RHÉTORIQUE.
## ODE
### *Sur l'Éloquence.*

C'est l'Éloquence que je chante,
Sans qui souvent la Vérité,
N'est plus qu'une Reine impuissante
Sans sceptre, & sans autorité.
Mes chants feront-ils dignes d'elle ?
Oui, je sens pour prix de mon zèle,
Qu'elle-même anime mes sons.
Exécutons ce qu'elle ordonne,
Et que l'on doute si j'en donne
Des éxemples, ou des leçons.

Fuyez déclamateurs frivoles ;
Vous, qui vils esclaves de l'Art,
Immolés le sens aux paroles,
Et cachés les traits sous le fard.
Du faux éclat de vos pensées,
De vos passions composées,
Elle hait les froids ornemens ;
Naïve ensemble & magnanime,
Le vrai seul l'élève au sublime,
Et le zèle aux grands mouvemens.

C'est elle qu'on vit dans Athènes,
Fière d'un ascendant certain,
Par la bouche de Démosthène
Gourmander un Peuple hautain :
Par elle, censeur de ses maîtres,
Il dénonce comme des traîtres,
Leurs flatteurs tremblans à sa voix ;
Et décidant de leur Fortune,
Sçait se faire dans la Tribune,
Un Thrône redoutable aux Rois.

Dis, Héros de la Macédoine,
Ce qu'a pû ce vif Orateur ;

### RHÉTORIQUE.

Dis-nous féditieux Antoine,
Ce qu'étoit son imitateur.
Rome, que de ligues funestes,
S'élevèrent contre les restes
De la mourante Liberté ?
Par son *Éloquence* zélée,
L'Ambition fut dévoilée,
Et l'attentat déconcerté.

 *Éloquence !* à tous les Ouvrages,
C'est à toi de donner la loi ;
Le raisonnement, les images,
Les graces relèvent de toi.
Tes judicieuses lumières
Répandent au gré des matières
L'agréable, ou le convaincant :
Souvent l'esprit veut qu'on l'éclaire ;
Mais, où l'on ne doit que lui plaire,
Tout ce qui plaît est éloquent.

 Tu sçais donner aux grandes âmes
Le seul prix qui peut les flatter ;
En les louant tu nous enflammes
De l'ardeur de les imiter.
J'aime à voir tes mains immortelles,
De tes guirlandes les plus belles
Ceindre la tête des Trajans :
Les nobles vertus que tu pares,
Peut-être deviendroient plus rares,
Sans ces tributs encourageans.

 Quelquefois ma superbe lyre
Chante le Héros de nos jours ;
Au zèle hardi qui m'inspire
Ne refuse pas ton secours.
Dicte-moi des louanges sages,
Dont puissent être tous les âges
Plus touchés encore qu'éblouis ;
Loin fleurs communes ou fanées :

J'acheterois de vingt années
Un seul trait digne de Louis.

   Mais, qu'aux Tribunaux je te suive ;
Tout y retentit de ta voix :
Soudain de Thémis attentive
La balance panche à ton choix.
Contre la fière Violence,
Sous tes aîles l'humble Innocence
Y vient chercher sa sûreté ;
Tel que le fil d'Ariane,
Du dédale de la Chicane,
Tu débarrasses l'Équité.

   Vous qui voulez dans cette lice,
Pleins d'une utile Ambition,
Oter le masque à la Malice,
Et désarmer l'Oppression ;
Évités un style emphatique,
Un ton follement pathétique
Un sçavoir du fait écarté ;
L'*Éloquence* ici sur ses traces
Ne laisse marcher que trois Grâces ;
La Raison, l'Ordre, & la Clarté.

   Laissez-là, pour les saintes Chaires,
Réserver ses traits enflammés ;
Laissez-y gronder son tonnerre
Par le feu du zèle allumés.
Là, troublant le Pécheur paisible,
Elle sçait d'une voix terrible,
Salutairement l'allarmer ;
Dieu vengeur, qu'elle vient nous peindre ;
C'est en apprenant à te craindre,
Qu'elle apprend à te désarmer.

   Mais qui lèvera le scandale,
De ces faux prophètes du Christ ;
Qui font d'une sainte Morale
Un sacrilège jeu d'esprit.

C'est leur génie & leur adresse,
Non nos maux, & notre foiblesse,
Qu'ils veulent nous faire sentir;
Et fiers du vain dessein de plaire,
Ils laissent au Pasteur vulgaire,
L'humble gloire de convertir.

O Loi sainte ! Loi redoutable !
Majestueuses Vérités !
Périsse cent fois l'Art coupable,
Qui nous rabaisse à ses beautés.
Que l'Orateur Évangélique,
A mon seul intérêt m'applique ;
S'il veut plaire, il va m'attiédir.
Il n'a qu'à rougir de sa gloire ;
S'il laisse un nombreux Auditoire
Tranquille, assez pour l'applaudir . . . . . .

M. de la Motte.

## RHÉTEURS, ET ORATEURS.

RHÉTORIQUE d'Aristote, traduite par Cassandre. *Paris, Thierry, 1675, in-12.*

DYONISII LONGINI, *de Sublimitate Commentarius Gr. & Lat. ex emendatione Jac. Tollii, & cùm notis variorum.* Trajecti ad Rhenum, Halma, 1664, in-4.

*Hermogenis* ARS ORATORIA, *Gr. & Lat. cùm Comment. Gasparis Laurentii.* Genevæ, Aubertus, 1614, in-8.

TRAITÉ DU SUBLIME, ou du merveilleux dans le Discours; trad. du Grèc de Longin. *Paris, Barbin, 1683, Vol. in-12.*

Ce petit Traité est une pièce échappée du naufrage de plusieurs autres livres, que *Longin* avoit composés ; encore n'est-elle pas venuë à nous toute entière. Quoique le Volume ne soit pas fort gros, il y a plusieurs endroits défectueux ; & nous avons perdu le Traité des Passions, dont

# RHÉTEURS, ET ORATEURS.

l'Auteur avoit fait un livre à part, qui étoit comme une fuite naturelle de celui-ci. Néanmoins tout défiguré qu'il est, il nous en reste encore affés, pour nous faire concevoir une fort grande idée de son Auteur ; & pour nous donner un véritable regrèt de la perte de ses autres Ouvrages. Le nombre n'en étoit pas médiocre. Suidas en compte jusqu'à neuf, dont il ne nous reste plus que des titres affés confus. C'étoient tous Ouvrages de Critique ; & certainement on ne sçauroit affés plaindre la perte de ces excellens Originaux, qui, à en juger par celui-ci, devoient être autant de chef-d'œuvre de bon sens, d'érudition, & d'éloquence. Je dis d'éloquence ; parce que Longin ne s'est pas contenté, comme Aristote & Hermogène, de nous donner des précèptes tous secs, & dépouillés d'ornemens. Il n'a pas voulu tomber dans le défaut, qu'il reproche à Cœcilius, qui avoit, dit-il, écrit du sublime en style bas.

En traitant des beautés de l'Élocution, il a employé toutes les finesses de l'Élocution. Souvent il fait des figures qu'il enseigne ; & en parlant du sublime, il est lui-même très-sublime. Cependant il fait cela si à propos, & avec tant d'Art ; qu'on ne sçauroit l'accuser de sortir du style Didactique. C'est ce qui a donné à son Livre cette haute réputation, qu'il s'est acquise parmi les Sçavans ; qui l'ont tous regardé comme un des plus précieux restes de l'Antiquité, sur la matière de Rhétorique. Casaubon l'appelle un *Livre d'Or*, voulant marquer par-là le poids de ce petit Ouvrage ; qui malgré sa petitesse, peut être mis en balance avec les plus gros volumes.

RHETORES GRÆCI, *Alphonius, Hermogenes, Aristoteles, Sopater, Dyonisius Halicarn. Demetrius Phalereus, & alii. Venetiis, Aldus,* 1508, *in-Fol.*

LA RHÉTORIQUE, ou Règles de l'Éloquence ; par Gibert, ancien Recteur de l'Université de Paris. *Paris, Barbou, in-12.*

DIALOGUES sur l'Éloquence en général, & sur celle de la Chaire en particulier ; par Fr. Salignac de la Motte Fénélon. *Paris, Étienne, 1718, in-12.*

RHÉTORIQUE, ou l'Art de Parler du P. Lamy, Prêtre de l'Oratoire. *Paris, de Laulne, 1715, in-12.*

Pour juger de cet Auteur, rapportons la *Lettre du Révèrend Père Mascaron, Prêtre de l'Oratoire ; nommé à l'Évêché de Tulles, & depuis Évêque d'Agen , écrite au P. Lamy, Prêtre de l'Oratoire.*

Il y a trop long-temps que je connois le caractère de votre esprit, & de votre cœur, Mon Révérend Père ; pour pouvoir douter de la beauté de l'un , & de la bonté de l'autre. J'ai toujours crû que vous feriez un progrès si considérable dans toutes les Sciences auxquelles vous vous appliqueriez, que vous vous trouveriez à la fin en état de vous mettre à la tête de ceux que vous auriez suivi quelque tems. Ce tems est venu aussi vîte que je le souhaitois ; & par ce que le Père Mallebranche m'a fait voir de votre part, je suis convaincu que vous êtes arrivé où les autres ne se trouvent d'ordinaire qu'à la fin de leur vie. Vous m'avez fait connoître la Théorie de cent choses, dont je ne sçavois que la pratique ; & ce que je ne croyois que de la Jurisdiction de mes oreilles , vous l'avez porté jusqu'au Tribunal de ma raison. Vous êtes à l'égard des Élégants de pratique, ce que sont ceux qui étant éveillés, voyent marcher des hommes endormis. Ils leur voyent faire avec une raison distincte, ce que les autres ne font que par le seul mouvement des esprits qui les font mouvoir. Nous n'allons que par les sentiers, où l'instinct d'une Éloquence naturelle nous fait marcher. Vous allez, mon Père, jusqu'à la source de cet instinct. Nous jouissons de la Nature telle qu'elle est : vous auriez été capable de la faire , si elle n'étoit pas. Enfin votre connoissance est celle du matin, & nous n'avons pour partage que celle du soir. Tout de bon, on ne peut pas démêler avec plus de pénétration & de netteté, les causes physiques de l'*Art de bien dire ;* & si je crois n'en avoir lû que la moindre partie , qui est l'Élocution : & je pense que vous allez bien plus loin dans le Traité des Figures du discours, qui ne s'arrêtant pas à chatouiller l'âme, la remuent jusques au fond. Votre style est très-net, très-poli, & très-éxact : & il me semble que pour le style dogmatique, on ne sçauroit en choisir un qui soit plus propre. Vos comparaisons sont belles & justes : je ne les voudrois pas toutefois si longues, que sont celles du Parterre, & d'autres. Tout ce que j'aurois pû remarquer sur cet écrit que

j'ai

j'ai renvoyé au Père Mallebranche, est si peu de chose; que je le regarde comme de petites taches, qu'une petite application de votre esprit dissipera avec autant de facilité, que le Soleil dissipe celles qui le couvrent en tant de petits endroits. Cependant ne vous abandonnez pas tellement à la Spéculation, que vous en ruiniez votre santé. La Philosophie doit être la méditation de la mort; mais il ne faut pas qu'elle en devienne l'instrument. Faites-moi la grace de m'aimer toujours; & d'être persuadé que je suis très-véritablement, Mon Révérend Père, votre très-humble & très-obéissant serviteur, MASCARON.

L'ART ORATOIRE réduit en Exemples, ou Choix de Morceaux d'Éloquence, tirés des plus célèbres Orateurs du siècle de Louis XIV, & du siècle de Louis XV; par M. de Gerard de Bénat. *Amsterdam, se vend à Paris, chez Dessaint, Saillant, & Jean Mossy, 1760, 4 Vol. in-12.*

C'est principalement de l'Éloquence de la Chaire, que cet Auteur en a tiré les plus beaux morceaux; parce que le caractère évangélique est d'émouvoir, d'intéresser l'âme, & de parler au cœur. Les sentimens & les grandes images y éclatent dans toute leur force. C'est-là que l'Orateur ne remuant les passions qu'en faveur de la vertu, développe les plus importantes vérités de la Religion. C'est-là qu'il exerce toute la magnificence du style Démonstratif, qu'il déploye le plus grand nombre de tours Oratoires, & les plus brillantes Figures; soit en décrivant des victoires remportées, soit en retraçant les horreurs de la Guerre, ou les douceurs de la Paix. Tantôt, en apostrophant toute la Nature, & faisant sortir les Morts du tombeau. Tantôt, en offrant le spectacle terrible d'un Roi mourant. Tantôt enfin, louant les vertus des Héros & des Saints, en célébrant la constance des Martyrs, & les Trophées de leur foi victorieuse.

Quels puissans ressorts pour échauffer l'imagination! Qui ne seroit ému à la vûe de pareils tableaux? Où trouve-t-on ce mélange heureux de grandeur, de force, de pathétique, de sublime, sinon dans l'Éloquence de la Chaire? Aussi ne peut-on lui disputer sa prééminence, depuis qu'elle est devenuë l'Appui & le bouclier de l'Église.

Cet Auteur ne se bornant point aux Discours de Morale, a puisé dans des sourçes non moins abondantes. Les Panégyriques, les Oraisons Funèbres, les Discours, & les Harangues Académiques, lui ont fourni quantité de traits admirables. Dans un champ aussi vaste, le choix a été nécessaire ; & c'est au choix qu'il a donné toute son attention.

PRÉCÈPTES DE RHÉTORIQUE tirés de Quintilien, à l'usage des Écoliers. *Paris, Brocas, & Humblot, 1762, in-12.*

Cet Ouvrage est une *Rhétorique* toute en exemples, également utile aux gens de lettres, & à tous ceux qui veulent se former. On peut la regarder comme un Trésor d'Éloquence, capable de former le goût, d'ouvrir les sources du vrai, & du beau ; d'orner l'esprit, d'épurer les sentimens, & de corriger les mœurs. Ce qui la rend agréable, c'est qu'elle n'est point hérissée de ces Précèptes, & de ces Tropes qui sentent la poussière de l'école ; il en a réduit la distribution à un petit nombre de figures les plus connuës, & les plus usitées ; très-propres à donner de la force, de la chaleur, & de l'agrément au discours. Ses efforts ont répondu à son attente.

M. Gardin, aujourd'hui Principal du College de Louis le Grand, a formé avec ces Précèptes de fort bons Écoliers ; qui ont remporté beaucoup de Prix de l'Université, pendant plusieurs années.

## Orateurs Grècs.

ISOCRATIS SCRIPTA *quæ extant omnia, Gr. & Lat. Hyeronymo Wolfio interprete.* Basilæ, Opporinus, 1570, in-Fol.

*Isocrate*, Orateur Grèc, fort célèbre : il fleurissoit à Athènes du tems de Philippe, Roi de Macédoine. Ses Harangues sont estimées pour l'élégance, la beauté des expressions, & l'harmonie du discours.

DEMOSTHENIS OPERA *omnia, Gr. & Lat.* Basil. Opporinus, in-Fol.

DEMOSTHENIS, ET ÆSCHINIS OPERA, *Gr. & Lat. cùm utriusque Autoris vita, Ulpiani Commentariis, novisque Scholiis illustrata per Hier. Wolfium.* Francofurti, Marinus, 1604, in-Fol.

Demosthenis Orationes *de Republica ad Populum habit. Gr. & Lat. ex interpretat. & cum notis Jo. Vincentii Lucchesinii.* Romæ, de Rubeis, 1712, in-4.

*Démosthène*, le plus célèbre des Orateurs Grècs, né à Athènes; il vivoit du tems de Philippe, Roi de Macédoine, Père d'Alexandre. Ses Harangues, qu'on appelle les Philippiques, sont ceux de ses Ouvrages les plus estimés: le style en est grand, sublime, & plein de force; ce sont des pièces d'Éloquence. *Démosthène* s'abandonnoit à l'impétuosité de son tempérament; ce n'étoit presque jamais de sens froid qu'il parloit: rien n'étoit plus pressant que lui, par la force de ses raisonemens. Il éblouissoit l'esprit par l'éclat de ses lumières; il jettoit le trouble dans l'âme, & il avoit l'Art de se rendre maître de l'esprit d'un Peuple le plus fier, & le plus inconstant qui fût jamais.

Dionis. Chrysostomi Orationes, *Gr. & Lat. ex interpretatione Th. Nageorgi, cùm Is. Casauboni animadversionibus.* Lutetiæ, Morellus, 1604, in-Fol.

Orationes Aristidis, *Gr.* Florent. apud Juntas, 1517, in-Fol.

Libanii Sophistæ Præludia oratoria, *Declamationes & Dissertationes Morales, Gr. & Lat. ex editione Fider. Morelli.* Parisiis, Morellus, 1606, in-Fol.

Conciones, *sive Orationes ex Græcis Latinisque Historicis excerptæ.* Parisiis, Henricus Stephanus, 1570, in-Fol.

## Orateurs Latins.

M. Tullii Ciceronis Opera Omnia. Lut. Parisiorum, Bodius, 1524, in-Fol.

Ejusdem Ciceronis Opera Varia, *scilicet; Orationes de Officiis libri tres, de Amicitia & de Senectute, Paradoxa & Somnium Scipionis, Epistolæ familiares & ad Atticum; ex Recensione Jo. Georgii Grævii, & cùm notis variorum.* Amstelodami, Blain, 1683, 11 Vol. in-8.

*Cicéron*, le plus grand des Orateurs Romains, & appellé le *Père de l'Éloquence* : il vivoit du temps de Jules César ; il fut Conful Romain, & illuftra fon Confulat, en faifant échoüer la Confpiration de Catilina : mais ce font fes Ouvrages nombreux, qui le rendront toujours recomandable à la Poftérité ; on les divife en Livres Oratoires, en Harangues, en Lettres à fes amis, & en Œuvres Philofophiques.

Dans tout ce qu'il a écrit, on y admire le bon goût, l'Art, & toutes les qualités d'un grand Orateur ; ainfi que celles d'un Grand Philofophe. Les Ouvrages dont on fait plus de cas, & que l'on fait étudier avec bien de la raifon à la Jeuneffe, font les livres *de Oratore* ; fes Oraifons *pro Milone*, la feconde Philippique *pro Marcello*, *pro Ligario*, *pro Archia Poëta*, *pro Lege Manilia* ; fes Catilinaires, les deux contre Verrès *de Signis* & *de Suppliciis* ; fes Traités *de Amicitia*, fes Paradoxes, fes Queftions Tufculanes ; &c.

LETTRES DE CICÉRON A ATTICUS, avec les remarques, & le texte latin ; par Nicolas Humbert Mougault. *Paris, de Laune, 1714, 6 Vol in-12.*

LETTRES FAMILIÈRES DE CICÉRON, traduites par M. l'Abbé *Prevoft* ; Aumônier de S. A. S. M. le Prince de Conty. *Paris, Didot, 1745, 3 Vol. in-12.*

Le Traducteur a fuivi les Éditions de Græevius, & de M. l'Abbé d'Olivet ; il a éclairci par un grand nombre de notes, toutes les difficultés qui pourroient fe trouver dans le texte : à l'égard de la Traduction, il fuffit pour en donner une haute idée, de dire qu'elle eft de l'illuftre Auteur de Cléveland, des Mémoires d'un homme de qualité, & de beaucoup d'autres excellens Ouvrages.

LES OFFICES DE CICÉRON, trad. en françois, fur l'Édition latine de Græevius, avec des notes, par Dubois. *Paris, Coignard, 1691, in-8.*

LES LIVRES DE CICÉRON, de la Vieilleffe, & de l'Amitié, avec les Paradoxes traduits en françois, fur l'Édition latine de Græevius ; par Dubois. *Paris, Coignard, 1691, in-8.*

ENTRETIENS DE CICÉRON fur la Nature des Dieux,

traduits en françois par le Maſſon. *Paris , Étienne , 1721 , 3 Vol. in-12.*

Tusculanes de Cicéron, trad. par MM. Bouhier & d'Olivet, avec des remarques. *Paris, Gandouin, 1737, in-12.*

Quintilien de l'Inſtitution de l'Orateur , trad. par l'Abbé Gédoyn. *Paris, Dupuy, 1718, in-4.*

## Orateurs François.

Recueil d'Oraiſons Funèbres, compoſées par J. B. Boſſuet. *Paris, Cramoiſy, 1689, in-12.*

Boſſuet, un des plus grands Évêques de France ; il étoit de Dijon, ſes ſermons le mirent d'abord en grande réputation : il fut Précepteur de Monſeigneur le Dauphin , & enſuite Évêque de Meaux. La ſupériorité de ſes talens le fit admirer & reſpecter ; ſes Oraiſons funèbres ſont regardées comme les plus grands morçeaux remarquables de l'Éloquençe, que nous ayons en notre Langue : aucun Orateur n'a été plus ſublime que lui ; c'eſt en ce genre, qu'on peut le comparer à un Aigle par l'élévation de ſon vol. Il a fait un très-grand nombre d'Ouvrages ; le plus eſtimé de tous eſt ſon diſcours ſur l'Hiſtoire Univerſelle ; ſes ſix Avertiſſemens aux Proteſtans le ſont auſſi beaucoup. En général, tous ſes Ouvrages ſont écrits avec une Éloquence & une force admirable.

Recueil de Pièces d'Éloquençe imprimé par ordre de l'Académie Françoiſe. *Rotterdam, Lecre, 1707, 2 Vol. in-12.*

Œuvres diverſes du Père du Baudory. *Paris, Bordelet, 1750, in-12.*

La Rhetorique de l'Égliſe, ou l'Éloquence des Prédicateurs ; par Louis de Grenade. *Paris, Villette, 1698, in-8.*

La Sçience universelle de la Chaire, ou Dictionnaire Moral ; par Richard. *Paris, Guerin, 1705, 5 Vol. in-8.*

Sermons du P. Cheminais. *Paris, Joſſet, 1693, 3 Vol. in-12.*

Sermons de Louis Bourdaloüe, publiés par François Bretonneau. *Paris, Pizeau, 1709, 14 Vol. in-8.*

Pensées du même Bourdaloüe, sur divers sujèts de Religion & de Morale. *Paris, Cailleau, 1734, 2 Vol. in-8.*

Sermons du même Bourdaloüe, pour les Fêtes des Saints. *Lyon, Anisson, 1720, 2 Vol. in-12.*

Le Père Bourdaloüe Jésuite, a été un des plus célèbres Prédicateurs sous le Règne de Louis XIV ; ses Sermons seront toujours goûtés des lecteurs : on y admire un air de grandeur & de noblesse, qu'il sçavoit donner à tous ses sujèts ; un enchaînement continuel de preuves solides, qui convainquent l'esprit, inspirent le respect pour les vérités qu'il annonce. Jamais homme ne développa mieux un point de Morale, ou un passage des Saints Pères : il le montre dans ses différens jours ; & par le détail où il entre, il attache son auditeur, il l'instruit, il le persuade. On peut dire que jamais Orateur ne remplit mieux son sujèt & ne l'approfondit davantage.

Sermons sur les Évangiles de Carême, & sur quelques Mystères de la Sainte Vierge ; par J. B. Massillon. *Trévoux, Ganeau, 1708, 4 Vol. in-12.*

Sermons sur les Évangiles du Carême, & sur divers sujèts de Morale ; par Massillon. *Trévoux, Ganeau, 1715, 6 Vol. in-12.*

Sermons de J. B. Massillon ; Petit Carême. *Paris, Étienne, 1745, in-12.*

J. B. Massillon, Évêque de Clermont ; & encore plus connu par la gloire, qu'il eut d'être un des plus grands Prédicateurs que la France ait possédés, & de tenir le premier rang parmi eux. Il étoit originaire de Provence, & il passa la plus grande partie de sa vie dans l'Oratoire : ce fut pendant ce tems, qu'il fit éclater les grands talens qu'il avoit pour la Chaire ; il fut admiré, & suivi en foule à la Cour, & à la Ville : on le mit bientôt de niveau avec le Père Bourdaloüe, & bien des gens aujourd'hui aiment mieux lire ses Sermons, que ceux de ce célèbre Jésuite ; en lui rendant néanmoins toute la justice qu'il mérite.

Le P. Massillon se distingua particulièrement dans l'Art d'émouvoir, tous ſes traits portent au cœur; c'eſt de ce côté-là qu'il dirige ſes coups: Dieu lui donna le talent, aujourd'hui ſi rare, de faire couler les larmes de ſes Auditeurs; & il fut l'inſtrument dont la grace Divine ſe ſervit pour opérer un grand nombre de converſions. Son ſtyle eſt noble, majeſtueux, paré de toutes les graces de notre Langue: en liſant ſes Sermons, on les trouve dignes de l'auditoire reſpectable devant lequel il eut l'honneur de parler ſi ſouvent. C'eſt ainſi, dit le Lecteur en lui-même, qu'il convient de parler aux Rois, aux Princes, & aux Grands; pour leur rendre la Religion reſpectable, & leur faire goûter la Morale de l'Évangile.

Son Petit Carême, fait uniquement pour Sa Majeſté Louis XV, alors ſortant de l'enfance, eſt regardé comme ſon Chef-d'œuvre: on ne peut dire aux Grands, quels ſont leurs devoirs & leurs défauts avec plus de décence, & en même tems avec un zèle plus Apoſtolique.

SERMONS de Morale de M. Eſprit Fléchier. *Paris, Mazières, 1713, 3 Vol. in-12.*

PANÉGYRIQUES, & autres Sermons; par M. Fléchier. *Paris, Aniſſon, 1703, 3 Vol. in-12.*

M. Eſprit Fléchier, un des plus célèbres Orateurs françois, particulièrement pour les Oraiſons Funèbres, & les Panégyriques; les premières lui ont acquis une grande réputation, ſur-tout celle de M. de Turenne. On trouve dans cet Orateur toutes les richeſſes de la Langue françoiſe: on y admire un art infini à traiter ſes ſujèts, une Éloquençe majeſtueuſe, un ſtyle noble & nombreux, qui chatouille délicieuſement les oreilles. Les Connoiſſeurs ont remarqué que l'Art & le Travail, ſe montrent trop dans ſa compoſition; que la Règle & le Compas s'y font trop ſentir: que cet Orateur a une affectation trop marquée pour les Antithèſes, & qu'il règne une ſorte de Monotonie dans la chûte de ſes périodes. Voilà pourquoi, ils mèttent ſon genre d'Éloquençe au-deſſous de celui du Grand Boſſuet: ils trouvent l'Éloquençe de ce dernier plus naturelle, plus élevée, plus forte de ſentimens, plus remplie d'images ſublimes.

SERMONS du Père de la Boiſſière. *Paris, 1730, 6 Vol. in-12.*

SERMONS pour l'Avent, le Carême, & l'Octave du Saint Sacrement ; par J. G. Dufay. *Lyon, de la Roche, 1742, 11 Vol. in-12.*

SERMONS du Père François Bretonneau. *Paris, Guerin, 1743, 7 Vol. in-12.*

SERMONS du P. de la Roche, Prêtre de l'Oratoire. *Paris, Moreau, 1725, 3 Vol. in-12.*

AUTRES SERMONS du P. de la Roche, Prêtre de l'Oratoire. Myſtères & Panégyriques. *Paris, Moreau, 1729, 2 Vol. in-12.*

On trouve dans les Sermons du P. de la Roche, la même force d'Éloquence, la même beauté de génie, qu'on admire dans ſes Panégyriques. Dans ceux-là, la poſſibilité de la Pratique des Vertus chrétiennes eſt démontrée par les exemples : dans ceux-ci, la Morale de l'Évangile & les grandes vérités de la Religion, ſont ſolidement prouvées par les paroles, & les exemples mêmes de la Vérité Éternelle ; expliquées par les SS. Pères.

PANÉGYRIQUES pour les principales Fêtes de l'année ; par Dom François le Teillier. *Paris, Muſier, 1699, 3 Vol. in-12.*

PANÉGYRIQUES, Sermons, Harangues, & autres Pièces d'Éloquence ; par M. de la Pariſière. *Paris, Giſſey, 1740, 2 Vol. in-12.*

PANÉGYRIQUES des Saints ; par Charles de la Ruë. *Paris, Giſſey, 1740, 3 Vol. in-12.*

SERMONS du P. Martin Pallu ; ſur l'Avent, le Carême, les Myſtères, & les Panégyriques. *Paris, Chardon, 1744, 6 Vol. in-12.*

DISCOURS DE PIÉTÉ, ſur les plus importans Objets de la Religion. *Paris, Deſſaint & Saillant, 1745, 3 Vol. in-12.*

Ce ne ſont pas de ces vains Diſcours, qui ſe perdent avec le ſon ; de ces Diſcours vuides & ſtériles, dont tout le mérite ſe réduit à un appareil

pareil pompeux de mots choisis, d'expressions brillantes, qui frappent l'oreille, sans aller au cœur; & dont l'esprit est ébloui pour un moment, sans en être plus éclairé. Ce sont des Discours pleins, solides, instructifs, & qui touchent le cœur en satisfaisant la raison. On y trouve par-tout des mœurs, des sentimens, des principes, un grand fond de Religion; & ce qui poura étonner après le nombre infini de Sermons, dont l'Église est comme inondée : on y trouve des choses neuves, des vérités tirées des Divines Écritures, qui n'avoient point encore été jusques ici développées.

SERMONS de M. La Fitau, Évêque de Sisteron. *Lyon, chez les Frères Duplain, 1747, 4 Vol. in-12.*

Il est certain, que, moins on donne à l'esprit, plus on va au cœur. Ce ne sont ni les pompeux étalages d'érudition, ni les endroits brillans, ni l'enflûre du style, ni la torture de la composition qui touchent l'Auditeur. C'est l'Ordre & l'arrangement du discours, la solidité des preuves, la netteté des idées, le naturel & la simplicité des caractères, le talent de ménager les mouvemens, selon que la matière l'èxige, qui porte la vérité jusqu'au fond de l'âme ; & qui font qu'elle est goûtée au moment qu'elle est connuë. Tels sont les Sermons de M. La Fitau, Évêque de Sisteron.

SERMONS de M. Gaspard Terrasson, ci-devant Prêtre de l'Oratoire. *Paris, Didot, 1749, 4 Vol. in-12.*

SERMONS du Père Ségaud. *Paris, Guérin, 1750, 6 Vol. in-12.*

BIBLIOTHÈQUE DES PRÉDICATEURS, contenant les principaux sujèts de la Morale Chrétienne. Par le Père Vincent Houdry. *Lyon, Boudet, 1712, 18 Vol. in-4.*

# PETIT TRAITÉ
## DE LA POESIE FRANÇOISE.
### Origine de la Poesie.
*Traduction.*

Dans le premier âge du Monde
Les hommes n'avoient point de Loix ;
Ils vivoient au milieu des bois
Dans une ignorance profonde ;
La Langue dans ces premiers tems,
Sçavoit, sans être embarrassée,
Peindre simplement la pensée,
Et déclarer les sentimens.
On ignoroit cette Éloquence,
Qui part de ces divins accens ;
Dont l'harmonieuse cadence
Ravit, enchante tous les sens :
Quand tout-à-coup la Poësie
De mille graces embellie,
Vient se présenter aux mortels.
On la reconnoît pour Déesse ;
Chacun lui dresse des Autels.
Sur son front règne la Noblesse,
Elle embrase tous les esprits ;
D'une douce & charmante yvresse,
Déja tous les cœurs sont épris.
Une aimable douceur tempère
Le feu qui brille dans ses yeux.
Elle a le port majestueux,
Sa démarche est vive & légère,
Elle s'élève jusqu'aux cieux ;
C'est-là sa demeure Éternelle,
Qu'elle se plaît à contempler :

Là, tout semble lui révéler,
Que sa naissance est immortelle.
Les chaînes que portent ses pieds,
Ne la rendent pas plus tardive;
Et sa course est d'autant plus vive,
Qu'ils sont étroitement liés.
Ces liens sont pour la Déesse,
Un ornement qu'elle chérit;
Elle veut les porter sans cesse,
Ils lui donnent cette justesse,
Qui de sa beauté fait le prix.
Sur ses pas le jeune Zéphire
Parfume l'air qu'elle respire.
A son aspect tout s'embellit;
Elle rajeunit la Nature,
Déja la riante verdure,
De naissantes fleurs s'enrichit.
Sur les arbres l'on voit éclore,
Les plus rares présens de Flore.
Elle célèbre dans ses chants,
Les fruits dont Cérès se couronne,
Les précieux dons de Pomone,
Les fleuves, les bois & les champs.
Bientôt elle monte sa Lyre,
Sur des tons plus audacieux;
Pleine du beau feu qui l'inspire,
Alors elle chante les Dieux.
Ses accens pleins de Mélodie,
Ravissent les hôtes des bois;
Et pour entendre cette voix,
On voit le Dieu de l'Arcadie
Sortir de ses antres secrèts;
Les Faunes quitter leurs forêts,
Les Nymphes former mainte danse,
Et marquer du pied la cadence.

### POESIE.

L'Écho frappé de ses doux sons,
Les fait répéter aux vallons.
On voit aussi les Néréides,
Pour mieux entendre ses accords,
Quitter leurs demeures humides,
Lever la tête sur leurs bords.
Le Dieu du fleuve sur sa rive,
Suspend son onde fugitive :
Tout cède au pouvoir de ses chants,
Et prêt à foudroyer la Terre,
Jupiter suspend son tonnerre,
Fléchi par ses tendres accens.

Mercure de France, Novembre 1736.

#### Sur l'Harmonie des Vers.

Mauvais goût né de l'habitude,
Faux enchantement du lecteur,
Rime, mesure, vaine étude,
Le Peuple Goth fut ton Auteur.
Non, tu n'est point la Poësie :
Du plus beau feu l'âme saisie,
En Prose s'énonce bien mieux ;
Les Vers dans des siècles barbares
Ont eu de nos Ayeux ingrats,
Le nom de langage des Dieux.

Tel est l'audacieux blasphême,
Qu'on profère contre Apollon.
Hé qui ? C'est *la Motte* lui-même,
Déserteur du sacré vallon.
Mais cette erreur qu'il nous propose,
En vain de la subtile Prose
Emprunte un éclat spécieux ;
Suivant la rime & la cadence,
Sur le Parnasse il a d'avance
Expié son tort à nos yeux.

## POESIE.

Censeur de notre Tragédie,
Il ose en ses réfléxions
Croire qu'une Prose hardie
Peut nous peindre les passions :
Que c'est violer la nature,
Que d'assérvir à la mesure
Et de rimer un sentiment ;
Oubliant que c'est par ce charme,
Qu'Inès communique l'allarme
Qu'elle éprouve pour son amant.

Quoi ! de l'Ode dont Polimnie
A ses amans nota les airs,
Il veut abjurer l'harmonie,
Qu'elle doit au charme des Vers !
Pindare, Anacréon, Horace,
Ont donc abusé le Parnasse,
Par leurs immortelles chansons !
J'entends *Malherbe* qui soupire,
De voir qu'on ose de sa Lyre,
Dédaigner les aimables sons.

Le Sage dès les premiers âges,
En Vers voulut dicter ses loix :
Digne prix des plus grands courages,
Les Vers chantèrent les exploits.
Qu'on lise au Temple de Mémoire
Les noms consacrés à la gloire,
Calliope les a tracés ;
Tous ceux que son burin aimable
N'a pas gravés d'un trait durable,
Sont peu lûs, ou sont effacés.

Art des Vers, par quelle Magie,
Au gré de tes sons enchanteurs,
L'emportes-tu sur l'Énèrgie ;
Dont se vantent les Orateurs ?
Dans Rome bravant la nature,
Octave insensible & parjure

La remplit de fang & d'horreur :
Eh ! qui ne fçait qu'à l'Harmonie
Du divin chantre d'Aufonie
Il ne pût refufer des pleurs. ?
  Marcellus, dont les deftinées
Privèrent trop-tôt l'Univers,
Moins de larmes furent données
A fon trépas, qu'à fes beaux Vers.
O Poëfie ! à ta puiffance,
Que peut oppofer l'Éloquençe ?
Quel miracle a-t-elle à citer ?
Seroit-ce un fougueux Démofthène,
Suivi d'un Peuple qu'il entraîne ;
Flots toujours prêts à s'agiter ?
  Animé de la Symétrie,
L'homme en recherche l'agrément :
Des merveilles de l'Induftrie
Seule elle fait l'Enchantement.
A notre oreille, la Mufique
Offre un mouvement fymétrique,
De tons dont l'ordre fait les loix.
L'impreffion plus délicate
De cet ordre en beau Vers nous flatte,
Et fur l'efprit même a fes droits.

  Mais cet Art frivole & pénible
Eft, dit-on, méchanique en foi :
De plus d'un obftacle invincible
Souvent l'efprit fubit la loi.
La cadençe où le fens vous gêne,
Quelquefois la recherche eft vaine,
D'un mot qui les ferve tous deux :
La rime à cet autre s'oppofe ;
D'un autre qui plairoit en Profe,
Le choix ne feroit pas heureux.

  O combien le Sage eft louable,
Qui s'abaiffant à ce détail,

POESIE.

Pour rendre la Sagesse aimable,
N'en dédaigne pas le travail !
Des traits de l'Hélicon parée
Il peut nous ramener Astrée,
L'homme va goûter l'Équité.
Ainsi de la main de sa mère,
L'enfant boit la liqueur amère
Par quelque douceur invité.

De la contrainte rigoureuse,
Où l'esprit semble resserré ;
Il acquiert cette force heureuse,
Qui l'élève au plus haut degré.
Telle dans des canaux pressée
Avec plus de force élancée,
L'onde s'élève dans les airs ;
Et la règle qui semble austère
N'est qu'un Art plus certain de plaire
Inséparable des beaux Vers.

Non, le travail n'est point servile ;
Quand la Raison en est l'objèt :
Qu'elle plaise en ton Vers utile,
Qu'elle t'en dicte le sujèt.
Médite, polis, remanie ;
Des dons du Dieu de l'Harmonie
Aucun sans peine ne jouit :
C'est l'encens qu'Apollon desire.
A ce prix il prête sa Lyre,
Et l'obstacle s'évanouit.

*M. de la Faye.*

## *Auteurs sur l'Art de Versifier.*

*Geor. Buchanani* POEMATA *quæ extant.* Lugd. Bat. ex officina Elzeviriana, 1628, in-16.

MUSÆ RHETORICES, *seu Carminum libri sex*, *à selectis Rhetorices alumnis, in Collegio Ludovici Magni elaborati*. Parisiis, Barbou, 1745, 2 Vol. in-12.

On fçait avec quel éclat le R. P. de la Sante, digne collégue & rival du célèbre Père Poirée, a régenté la Rhétorique pendant plufieurs années au College de Louis le Grand; il publie dans ce Recueil les différentes pièces de Poëfie qu'il a dictées à fes Écoliers. Quoiqu'il prétende leur en faire honneur, & que l'on voye au bas de chaque pièce le nom d'un des Difciples du P. de la Sante; la main du Grand Maître s'y fait trop bien fentir, pour qu'on puiffe foupçonner de pareils Ouvrages, d'être les effais de jeunes Rhétoriciens : fi cela étoit, la France feroit bien fertile en grands Poëtes latins, car il y en a plus de cent de nommés dans le Livre; mais il faut reftituer au célèbre Profeffeur la gloire qu'il a voulu partager avec fes Difciples, & qui lui appartient toute entière.

La Fécondité de l'imagination, l'élévation des idées, la nobleffe & la force du ftyle, l'harmonie des vers & fur-tout une Latinité pure, font le caractère de ces Poëfies.

La Méthode d'étudier les Poetes, par le P. L. Thomaffin. *Paris, Muguet, 1681, 1 Vol. in-8.*

La Poetique d'Aristote, trad. en François, avec les remarques par A. Dacier. *Paris, Barbin, 1692, in-4.*

Traité du Poeme Épique, par le P. le Boffu. *Paris, Mufier, 1708, in-12.*

Abrégé des Règles de la Verfification Françoife; par M. Reftaut, neuvième édition. *Paris, chez Defaint, Saillant & Butard, 1763, in-12.*

On lit tous les jours, ou l'on entend réciter des Vers. Mais il n'eft guères poffible d'en fentir les beautés, ou les défauts; fans une connoiffance au moins générale des règles de la Verfification. Nous avons dans notre Langue un grand nombre d'excellens Ouvrages en vers, que l'on peut lire avec autant d'utilité que de plaifir : & il feroit honteux, d'ignorer quelles font les Règles d'un langage qui nous flatte fi agréablement. Ce petit Abrégé de M. Reftaut, eft bon.

*Auteurs*

## Auteurs Grècs.

L'Iliade d'Homère, trad. par du Souhait, & l'Odissée par Clément Boitel. *Paris, 1619 & 33, 2 Vol. in-8.*

L'Iliade et l'Odissée d'Homère, trad. en François, avec des Remarques; par Anne le Fevre, femme d'André d'Acier. *Paris, Rigaut, 1711, 6 Vol. in-12.*

> Digne fille d'un docte Père,
> Dont le sçavoir rare & profond
> T'enrichit de son propre fond,
> Qui t'élève si fort au-dessus du vulgaire;
> Illustre DACIER tes Écrits,
> Si recherchés & si chéris,
> Ont le don d'instruire, & de plaire;
> Ils consacrent ton nom à l'immortalité;
> Et nous font profiter de tes pénibles veilles,
> En nous découvrant les merveilles
> De la sçavante Antiquité.

L'Iliade Poëme, avec un discours sur Homère; par Ant. Houdart de la Motte. *Paris, Dupuis, 1714, in-8. Fig.*

Dissertation critique sur l'Iliade d'Homère; par l'Abbé Terrasson. *Paris, Coustelier, 1715, 2 Vol. in-12.*

Théatre des Grècs; par le Père Brumoy. *Paris, Rollin, 1730, 3 Vol. in-4.*

Les Poesies d'Anacréon et de Sapho, trad. du Grèc en François, avec des Remarques; par Anne le Fevre. *Paris, Thierry, 1681, in-12.*

## Auteurs Latins.

Comédies de Plaute; trad. en François; par Anne le Fevre. *Paris, Barbin, 1683, 3 Vol. in-12.*

Comédies de Térence, trad. en François, avec des

Remarques ; par Anne le Fevre, femme d'André Dacier. *Paris, Barbin*, *1688*, *3 Vol. in-12.*

Lucrèce de la Nature des choses, avec des Remarques ; trad. par le Baron Descoutures. *Paris, Ribou,* *1708,* *2 Vol. in-12.*

L'Énéide de Virgile, trad. en vers François ; par de Ségrais. *Paris, Barbin, 1668, 2 Vol in-4.*

Œuvres de Virgile, trad. en François par le P. Catrou ; avec des Notes. *Paris, Barbou, 1716, 6 Vol. in-12. Fig.*

Remarques sur Virgile & sur Homère ; par le P. Faydit. *Paris, Cot, 1705, in-12.*

Œuvres d'Horace, en Latin & en François, avec des Remarques critiques & historiques ; par Dacier. *Paris, Ballard, 1709, 10 Vol. in-12.*

Traduction des Œuvres d'Horace ; par le P. Tarteron. *Paris, Mariette, 1713, 2 Vol. in-12.*

Les Poesies d'Horace, trad. en François ; avec des Remarques par le P. Sanadon. *Paris, Cavelier, 1728, 2 Vol. in-4.*

Les Métamorphoses d'Ovide, trad. par le P. du Ryer. *Paris, de Sommaville, 1660, in-Fol. Fig.*

Métamorphoses d'Ovide, en Rondeaux, par de Benserade. *Paris, de l'Imprimerie Royale, 1676, in-4. Fig.*

> Les Jeux & les Amours blondins
> Voloient autour de Benserade,
> Et ces Dieux enjoüés, badins,
> Le prirent pour leur camarade ;
> Poëte fécond & sans art,
> Il laissoit aller au hazard
> Son génie heureux & facile.
> Les vifs & naturels portraits
> Dont il enrichit nos balèts,
> Charmèrent la Cour & la Ville ;
> Et par des traits hardis autant qu'ingénieux,
> Il sçut plaire à nos demi-Dieux.

Les Métamorphoses d'Ovide, mises en vers François par T. Corneille. *Paris, David,* 1709, 3 *Vol. in-12. Fig.*

Commentaire sur les Épîtres d'Ovide ; par Gaspard Bachet sieur de Meziriac. *La Haye, du Sauzet,* 1716, 2 *Vol. in-8.*

La Pharsale de Lucain en Vers François ; par Brebeuf. *Paris, de Sommaville,* 1655, *in-4.*

Les Satyres de Juvenal, trad. par de la Valterie. *Paris, Barbin,* 1681, 2 *Vol. in-12*

Traduction des Satyres de Perse & de Juvenal ; par le P. Tarteron. *Paris, Barbin,* 1689, *in-12.*

Poesies Latines, Espagnoles & Italiennes ; de l'Abbé Regnier Desmarais. *Paris, Cellier,* 1708, *in-12.*

L'Anti-Lucrèce, Poëme sur la Religion Naturelle, composé par le Cardinal de Polignac ; trad. par M. de Bougainville. *Paris, Guerin,* 1750, 2 *Vol. in-12.*

Nouveau Choix de Pièces de Poësies. *Paris, Witte,* 1715, 2 *Vol. in-12.*

## Poëtes François.

Œuvres de J. Marot. *Paris, Coustelier,* 1723, *in-12.*

Œuvres de Cl. Marot. *La Haye, Moetjens,* 1714, 2 *Vol. in-12.*

Œuvres de Pierre de Ronsard. *Paris, Buon,* 1623, 2 *Vol. in-Fol.*

Les Poesies de Malherbe, avec les Observations de Ménage. *Paris, Barbin,* 1689, *in-12.*

Les Œuves Poetiques du P. le Moine. *Paris, Billaine,* 1671, *in-Fol.*

Les Œuvres de Isaac de Benserade. *Paris, de Sorcy,* 1699, 2 *Vol. in-12.*

LES FABLES CHOISIES, mises en Vers par de la Fontaine. *Paris, Thierry,* 1678, 5 *Vol. in*-12. Fig.

    L'esprit fécond de la FONTAINE
    Fit couler de sa riche veine,
    Un nombre infini de beaux vers :
    On voit des traits inimitables,
    Dans ses Contes & dans ses Fables,
    Dans tous ses Ouvrages divers ;
    Qui rendront leurs beautés durables
    Aussi long-tems que l'Univers.

RECUEIL DE POESIES Chrétiennes & diverses ; par de la Fontaine. *Paris, le Petit,* 1671, 3 *Vol. in*-12.

ABRÉGÉ de l'Histoire de France en Vers ; par de Derigny. *Paris, Pepingué,* 1679, *in*-12.

LE LIVRE DE LA SAGESSE, traduit en Vers François. *Paris, Cavelier,* 1696, *in*-12.

BIBLIOTHÈQUE POETIQUE, ou Nouveau Choix des plus belles Pièces de Vers en tout genre, depuis Marot jusques aux Poëtes de nos jours ; avec leurs Vies, & des Remarques sur leurs Ouvrages. *Paris, Briasson,* 1745, 4 *Vol. in*-4.

La beauté du papier & de l'impression de cet Ouvrage, ont de quoi satisfaire tous les Curieux ; & quant à l'Exécution & au dessein de l'Auteur, voici ce qu'il en dit lui-même.

« On trouve communément dans les plus petits cabinets, les Poësies » de *Racine, Boileau, Molière, la Fontaine* & *Rousseau* ; il n'en est pas » de même des Poëtes qui les ont précédés, ou qui ont vécu de leur » temps ; les Éditions en sont rares pour la plûpart : on en réimprime » très-peu, & il étoit à craindre que par l'éloignement des temps & la » difficulté de les trouver, on n'oubliât quantité de beaux morceaux » qu'ils ont composés.

« C'est dans le dessein d'y suppléer, qu'on a entrepris ce Recueil ; » il tient lieu dans les Bibliothèques des Poëtes rares, qu'on ne recher- » che souvent, que pour quelques pièces qu'on trouvera plus aisé- » ment ici ».

On trouve à la tête de ce Livre une introduction, qui comprend l'Histoire de la Poësie Françoise & son Origine, avec la connoissance des Poëtes qui ont précédé Marot; ensorte qu'avec ce Livre & les Œuvres modernes des Maîtres de l'Art, on peut se flatter d'avoir un Recueil choisi des beaux morçeaux de la Poësie Françoise.

ŒUVRES MÊLÉES, de M. le Chevalier de Saint-Jorry. *Paris, Didot,* 1735, 2 *Vol. in-*12.

*Lettre de l'Auteur en envoyant ses Poësies à un Ami.*

Vous voulez lire quelques-unes de mes Poësies, en voici: car je chante, quand on m'en prie. Il n'appartient qu'aux gens qui excellent, de glacer le monde par des refus, qu'ils nous donnent à la vérité pour de la modestie; mais que je n'ai jamais pris, que pour une assez plate minauderie de l'amour propre.

Voici donc de mes vers, puisque vous en voulez voir. Ils vous prouveront que je ne suis pas Poëte, & c'est une preuve que je ne suis point fâché du tout de faire. Il ne me restera que la qualité de Versificateur, & peut-être encore de Versificateur Prosaïque: mais je ne desire rien de plus, je suis content de n'être que cela; & voici comme je raisonne.

La Poësie n'est bonne, qu'autant qu'elle renferme des Pensées convénables au sujèt que l'on traite: & toute pensée, soit Héroïque, soit Comique, doit toujours être renduë d'une manière naturelle.

Cléopatre dit à Ptolomée son frère, lui parlant de César qui arrive:

*Allez lui rendre hommage, & j'attendrai le sien.*

Quoi de plus noble, de plus fier, de plus élevé que ce sentiment-là? Et quoi de plus uni, que l'expression? Je défie la prose d'être plus simple.

Prenez-y garde, tous les beaux vers des Tragédies de Corneille & de Racine; je veux dire ceux qui frappent dans les situations importantes, sont prosaïques comme celui-là.

L'Auteur de la lettre laisse ici le Tragique, qui n'est pas de son ressort; & il passe au Comique. Il range sous ce titre tous les sujèts familiers; il remarque que lorsque Despréaux dit, en parlant de lui-même:

*Souvent j'habille en Vers une maligne Prose,*
*C'est par-là que je vaux, si je vaux quelque chose,*

Ce sont-là deux lignes d'une Prose très-simple, très-coulante; laquelle compose deux vers que Despréaux, avec raison, nous donne pour bons.

Notre Auteur conclut de-là, qu'il faut que les Vers soient d'un style aisé, naturel, simple comme la prose même; & que par conséquent la Poësie qu'il donne dans ses *Œuvres Mêlées*, étant toute Prosaïque, il peut dire comme Despréaux :

*C'est par-là que je vaux, si je vaux quelque chose.*

Mais il n'est pas aussi facile qu'on se l'imagine d'ordinaire, de faire de bonne Prose, de la cadence & de la rime; & c'est ce que notre Auteur se propose de montrer par l'éxemple même de Despréaux : car il prétend que ce Poëte ne soutient pas toujours cette admirable simplicité, qu'il éxige non-seulement des autres, mais de lui-même; & pour le prouver, il compare ces deux Vers de la neuvième Satyre du même Poëte :

*C'est à vous mon esprit, à qui je veux parler;*
*Vous avez des défauts, que je ne puis céler.*

Il les compare avec ces deux autres, qui les suivent immédiatement.

*Assez & trop long-temps ma lâche Complaisance,*
*De vos Jeux criminels a nourri l'Insolence.*

Les premiers Vers, dit-il, sont si Prosaïques, que personne dans la conversation la plus familière, ne pourroit éxprimer la même chose plus simplement, & cette simplicité a plû à tout le monde; il ne falloit que la soutenir, & c'est ce que le Poëte ne fait pas comme on vient de voir, quand il ajoute :

*Assez & trop long-temps ma lâche Complaisance,*
*De vos Jeux criminels a nourri l'Insolence.*

Car, continuë notre Auteur, « ce n'est plus là de la Prose; il y a une » élévation de style peu judicieuse, qui ne sympatise point du tout » avec la simplicité des deux premiers Vers : les deux qui suivent ren- » trent dans le naturel.

*Mais puisque vous poussez ma patience à bout;*
*Une fois en ma vie, il faut vous dire tout.*

Notre Auteur le répète; cette Simplicité, dit-il, si chérie de Despréaux, est très-difficile à acquérir; puisque malgré l'estime qu'il en

faifoit, on la remarque rarement dans fes Ouvrages. « Je me fouviens
» à ce propos, continue-t-il, de ce que lui dit Chapelle, ce critique
» folide & délié. » Defpréaux le preffant un jour de lui dire avec fran-
» chife, ce qu'il penfoit de fes Satyres; il lui fit cette réponfe fingu-
» lière. *Tu es un bon bœuf, qui fait bien fon fillon.* Voulant dire, que les
» Vers de Defpréaux fentoient le travail & la fatigue ; ce qui ne con-
» vient point au ftyle fimple & naturel.

C'eft encore, à ce que remarque notre Auteur, ce que reproche à
M. Defpréaux un illuftre Contemporain dans une belle Satyre, dont
voici un fragment.

*Boileau? Non, non, Boileau ne fçait plus que médire :*
*Quoiqu'il foit affez vieux, fa Mufe d'aujourd'hui,*
*De vingt ans pour le moins eft plus vieille que lui ;*
*Il veut polir fon Vers qu'il croit encore fublime,*
*Mais c'eft en vain, fon Vers eft plus dur que la lime.*

Notre Auteur conclut de tout ce qu'il vient de remarquer. 1°. Qu'on
a tort d'employer le mot de Profaïque pour condamner la mauvaife
Poëfie, & que par conféquent on eft mal fondé, pour faire entendre
le mépris que méritent certains Auteurs, de dire que leurs Vers font de
la Profe : 2°. Que ces Vers au contraire ne font mauvais, que parce
qu'on n'y apperçoit point du tout de Profe. Effectivement, continue-
t-il, j'ai pris plaifir plus d'une fois à dépecer certaines pièces de Poëfies, que l'on traitoit de Profaïques, & je n'y ai point du tout trouvé
de Profe ; c'eft-à-dire qu'ôtant les inverfions, déplaçant la rime, fupprimant la mefure, pour réduire le tout au langage que l'on parle pour
fe faire entendre, il ne m'a pas été poffible de mettre dans les phrafes
un fens fuivi, à moins que d'y changer des mots, d'y en retrancher
d'autres, ou d'y en ajouter.

Notre auteur fait à ce fujet une Demande, qui paroît bien fenfée ;
c'eft, d'où peut venir la ridicule Manie d'admirer en Vers, ce que l'on
n'entend point en Profe? Seroit-ce, dit-il, que nous fommes plus fa-
tisfaits de notre intelligence, quand on nous préfente des chofes obfcures, que nous ne le fommes de notre efprit, lorfqu'on ne lui en montre que de raifonnables?

Quoi qu'il en foit, notre Auteur déclare qu'il ne fçait comment qua-

-lifier, les Poëfies qu'il donne dans ce Recueil ; il avouë que ce font de pures bagatelles : mais cela même le contente. Hé bien, dit-il, voilà le titre de mes Poëfies tout trouvé ; « je vous avertis feulement, & c'eft
» là que j'en voulois venir dès le commencement de ma lettre, je vous
» avertis que ma Poëfie eft *Profaïque*, & fi froidement cadencée, que
» je n'ofe vous la donner pour des Vers.

Tel eft le jugement que notre Poëte porte de fes propres Vers ; mais pour faire connoître s'il en juge comme il doit, & s'ils font auffi mal cadencés qu'il le dit ; en voici un Échantillon, tiré d'une Traduction en Vers du premier Livre d'Ovide fur le remède contre l'Amour, laquelle termine le premier Tome. Il y a trois chants : ce que nous allons rapporter eft du chant deuxième.

O vous qui prévoyez que votre cœur charmé,
Pourra fe repentir un jour d'avoir aimé.
Combattez un penchant d'autant plus redoutable,
Qu'à vos fens prévenus il eft plus agréable :
Contre un joug qui vous plaît fièrement révolté,
Immolez vos devoirs à votre liberté.

. . . . . . . . . . . . .
. . . . . . . . . . . . .

On peut vaincre l'Amour foible dans fa naiffance,
Avant qu'il ait le tems d'affermir fa puiffance ;
Mais s'il devient le maître, on peut mal aifément,
Chaffer un ennemi qui nous paroît charmant.
Pour le vaincre aujourd'hui, vous manquez de courage ?
Ah, vous aurez fur lui demain moins d'avantage !
Il faut fe défier des efforts impuiffans,
Qu'on fera contre lui dans le trouble des fens.
Plus vous différerez, moins vous ferez tranquille.
Amant, à vous tromper que l'Amour eft habile !
Il vous dira toujours qu'en une autre faifon,
Vous pourrez fuivre mieux la voix de la raifon ;
Mais, en vous amufant, en vous faifant attendre,
Il vous mèt hors d'état d'ofer rien entreprendre.

. . . . . . . . . . . . .

*Fuyez*

# POETES.

Fuyez l'Oisiveté : pour guérir votre mal,
Il faut se garantir de cet écueil fatal ;
C'est cette Oisiveté, dont l'indigne Mollesse
Entretient les vapeurs de l'Amour qui vous blesse.

. . . . . . . . . . . .

. . . . . . . . . . . .

Occupez-vous sans cesse, aspirez aux emplois,
Cultivez vos amis, étudiez les Loix ;
Allez dans le Bareau protéger l'Innocence,
Et du crime impuni poursuivre la vengeance.
Ou si votre grand cœur dans les travaux guerriers,
Vous éxcite à cueillir des moissons de lauriers,
Braves Romains suivez l'ardeur qui vous domine,
Vous ne sentirez plus l'Amour qui vous opprime,
Déja le Parthe voit ses escadrons forcés,
Devant César vainqueur fuyans où renversés.
Rien ne peut résister aux Cohortes Romaines ;
Contre César la force & la ruse sont vaines ;
Rome le reverra bientôt victorieux,
De ses heureux succès rendre graces aux Dieux.
Allez sans différer prendre part à sa gloire,
Allez, mais remportez une double victoire :
Domptez vos ennemis, & dans un même jour,
Triomphez à la fois du Parthe & de l'Amour.

ŒUVRES DIVERSES de Guillaume Amfrye, Abbé de Chaulieu. *Londres ( Paris ) 1740, 2 Vol. in-8.*

ODES d'Antoine Houdart de la Motte, avec un Discours sur la Poësie. *Paris, Dupuis, 1711, 2 Vol. in-8.*

FABLES NOUVELLES, par de la Motte. *Paris, Dupuis, 1719, in-4. Fig.*

ODES SACRÉES, sur les plus importantes Vérités de la Religion & de la Morale. *Paris, Étienne, 1715, in-8.*

RECUEIL de Poësies Diverses ; par le P. du Cerçeau. *Paris, Étienne, 1726, in-8.*

*Tome I.* Cccc

ŒUVRES de Rousseau, nouvelle Édition revûë & corrigée, par M. Seguy. *Bruxelles (Paris)* 1743, 3 *Vol. in-4.*

ODES SACRÉES de Rousseau. *Bruxelles, Stryckwant,* 1738, *in-4.*

LES PSEAUMES DE DAVID, & les Cantiques de l'Ancien & du Nouveau Testament mis en Vers françois; par l'Abbé Pelegrin. *Paris, le Clerc,* 1705, *in-8.*

LE POEME DE FONTENOY. Par M. Fr. M. Arouët de Voltaire. *Paris, de l'Imprimerie Royale,* 1745, *in-4.*

## ODE

### *A M. Arouët de Voltaire.*

Esprit dont la Verve se joüe
Dans ses audacieux efforts,
Toi, qui du cigne de Mantouë
Imites si bien les accords.
Qui t'instruit de cet Art sublime;
Par qui la raison & la rime
Brillent dans tes doctes Écrits !
Je brûle de suivre tes traces.
Dis-moi donc comment tu surpasses
L'effort des plus rares esprits.

*Le Poëme de la Henriade.*

Quand de la trompette Héroïque,
Tu nous fais entendre les sons ;
Le sublime, le magnifique,
Vont se placer dans tes chansons.
Contre une Ligue téméraire,
On te voit armer la colère
D'un Roi, le modèle des Rois ;
Et dans cet immortel Ouvrage,
Achille admire son courage,
Homère reconnoît sa voix.

Dans une agréable peinture,
Ta main par-tout seme les fleurs.
Ce n'est qu'au sein de la Nature,
Qu'on te voit puiser tes couleurs.
Comme l'Aigle fuyant la terre,
Tu vas au-dessus du tonnerre,
Chercher la source des Bourbons.
Moins habile, dans l'Élisée
Le chantre du pieux Énée,
Plaça la source des Nérons.

*Tragédie d'Échile.*

Des effrayantes Euménides
Qu'on vante le spectacle affreux,
Des Yons & des Euripides,
Qu'on célèbre les noms fameux.
France, tu produis chaque année,
Tout ce que l'Attique étonnée
Admira dans leurs fictions.
Pour toi, *Voltaire* est au Permesse
Ce qu'étoient jadis pour la Grèce,
Les Euripides, les Yons.

*Zaïre, Tragédie.*

Où suis-je ? de Sion vaincuë,
Je vois les tyrans inhumains.
Quel triste objet s'offre à ma vûë,
Un Roi jouèt des Sarrasins !
Quel est cette jeune Princesse ?
Que de vertu ! que de tendresse !
Je ne puis retenir mes pleurs.
Fui, Zaïre, ce lieu profane....
Que fais-tu, jaloux Orosmane...?
Acheve, puni tes fureurs.

*Alzire, Tragédie.*

Qu'entens-je aux rives de la Seine ?
Accourez, François, accourez.

Alzire paroît sur la scène,
Écoutez, Sçavans, admirez.
J'aime cette vertu farouche....
Hélas! que votre sort me touche,
Tendres & malheureux Amans!....
*Voltaire* a vengé la Nature.
Des hommes sans loi, sans culture,
Font révérer leurs sentimens.

### *Œdipe, Tragédie.*

Quels nouveaux concerts retentissent!
Quelle soudaine illusion!
Les murs Thébains se rebâtissent,
Aux champs d'un nouvel Amphion.
Je vois des infernales rives,
Paroître les Ombres plaintives
D'Œdipe & de Jocaste en pleurs;
Et mes yeux, qui poura le croire?
Sont témoins de ce que l'Histoire
Nous raconte de leurs malheurs.

### *Hérode, & Mariamne.*

Est-ce *Voltaire* ou Melpomène,
Qui de cet époux furieux
Ressuscite?..... Je perds haleine.
Le Pinde est offert à mes yeux.
Phœbus paroît, il me menace.
» Quel Orgueil, dit-il, quelle Audace!
» Tu fais des efforts impuissans.
» Cesse de fatiguer ta Lyre,
» Phœbus méprise ton délire;
» *Voltaire* rit de tes accens.
« Laisse à mes soins, laisse la gloire
» Du plus cher de mes nourrissons,
» Maître du Temple de Mémoire,
» Je veux y graver ses chansons.

» Tandis que cet heureux génie,
» Par une douce simphonie,
» Charmera l'oreille des Rois.
» Cher aux pâtres des Pyrénées,
» Coule d'inutiles journées
» A leur faire admirer ta voix.
　Non, non, cet Oracle terrible
N'a rien qui puisse m'allarmer ;
Si je te plais, tout m'est possible.
*Voltaire*, je vais tout charmer ;
Je vais par des routes nouvelles,
Cueillir les palmes immortelles
Que produit le sacré Vallon.
Je vais à la France étonnée,
Offrir ma tête couronnée,
De la main même d'Apollon.

*Du Fau, Étudiant en Théologie à Bordeaux. 1736.*

La Religion défendue, Poëme.—Le Temple du Goût.—Essai sur la Critique, Poëme traduit de l'Anglois.—Églogue de Virgile, trad. en Vers françois par M. Gresset. 1733, *in-8.*

## Poëtes Dramatiques.

Bibliothèque de Théatres, contenant le Catalogue Alphabétique des Pièces Dramatiques, Opéra ; &c. *Paris, Prault,* 1733, *in-8.*

Pensées sur la Déclamation ; par Louis Riccoboni. *Paris, Briasson,* 1738, *in-8.*

Ce petit Ouvrage mérite l'attention, de ceux qui aiment la vraye & la belle *Déclamation* : hé qui ne l'aime pas ? Tous les Hommes de tous les âges, de toutes les Nations, aiment l'imitation ; c'est-à-dire, à être agréablement séduits, & ils s'empressent tous d'aller au-devant de cette sorte de séduction, dont ils sont aussi charmés, quand elle est juste & naturelle ; qu'ils en sont choqués, quand elle est foible, outrée, ou qu'enfin elle s'éloigne du vrai.

L'Art de la *Déclamation* confifte à joindre à une prononçiation variée, l'expreffion du gèfte : il ne fuffit pas d'avoir une belle voix, & un mouvement noble ; il faut réfléchir, & s'éxèrçer. La Nature produit les diamans, mais elle ne les polit pas ; ils ne brillent, qu'à force de travail.

Cet Art eft appellé l'*Éloquençe extérieure*. Les Orateurs facrés, le Bareau, les Académies, la Sorbonne, les Colléges, les Sociétés fçavantes, les Converfations, les Difputes, les Théâtres ; tout engage à fçavoir l'Art de la *Déclamation*, qui renferme tout ce qui eft du reffort de la Langue, qui articule & qui parle : car il n'y a point de difcours fi familier, ni de converfation fi fimple & fi paifible, qui n'ait fes infléxions de voix marquées par la Nature ; qui ne s'eft jamais répétée en formant les hommes, pas même dans les plus petites parties du corps, ne fe trouvant que très-rarement deux vifages qui fe reffemblent, mais jamais parfaitement : on peut dire de même, que jamais la Voix des hommes ne fe reffemble, ce qui fait qu'on ne fçauroit prefcrire des tons certains & convenables à tant de milliers d'Hommes, dont chacun a une voix différente. Si l'âme pénétrée de la force de la penfée, en dicte la prononçiation, les tons feront vrais & variés à l'infini ; depuis l'Héroïque le plus élevé, jufqu'au familier le plus fimple.

La parole n'eft pas le feul moyen, dont fe fert l'Art de la *Déclamation*, pour éxprimer les fentimens de l'âme. La Nature a mis dans les yeux des expreffions convenables, & l'on peut dire que dans la *Déclamation*, les yeux occupent la plus belle plaçe ; on ofe affurer que fans leur expreffion muette, la parole ne pourroit jamais fuffire à l'expreffion fublime que l'âme éxige quelquefois : & même fans le fecours de la parole, ils éxpriment très-bien la Crainte, la Fureur, la Honte, la Hardieffe, l'Ironie, la Tendreffe, l'Indifférence, l'Envie, la Joye, la Douleur ; &c.

Si les mouvemens du corps & des bras, ne tiennent pas une plaçe auffi honorable que celle des yeux & du vifage, dans l'Art de la *Déclamation* ; ils ne font pas pour cela inutiles, & à négliger. Un parfait Orateur deftitué d'un maintien noble, & d'un gefte gracieux, perd beaucoup de fon mérite ; les bras ont leur Éloquençe auffi-bien que le visage : & l'enthousiasme de cet Art lorsqu'il est vif, s'il n'ajoute pas des graces à la Nature sur l'article des bras, il lui donne de la force, du moins. Car on ne disconvient pas, dit l'Auteur, que c'est de la Nature seule, qu'on a le don de les remuer avec dignité & avec grace... Mais si l'Orateur parvient à Déclamer dans l'enthousiasme des tons de l'âme, alors il remuëra les bras sans s'en appercevoir ; parce que ce sera l'âme qui les y forçera, & ses gestes ne porteront jamais à faux. Ici M. Riccoboni recommande à ceux même qui ont assez de talent pour n'avoir pas besoin d'étudier leurs gestes, de prendre garde au moins, à ne pas les prodiguer.

Dans la *Déclamation*, jusqu'à la pensée nous est interdite ; cet Art enchaîne, pour ainsi dire, tous les sens ; notre âme en est le seul Artisan, nos organes & les diverses parties de notre corps n'en sont que les ministres : d'où l'Auteur conclut, qu'on ne peut déclamer juste qu'avec les tons de l'âme ; & pour cela il s'agit de Déclamer si naturellement, que le Spectateur soit forcé de croire, que ce que dit l'Acteur, il le pense dans l'instant même.

Théatre François, ou Recueil des meilleures Pièces de Théâtre des anciens Auteurs. *Paris, Ribou,* 1705, 5 *Vol. in-*12.

Le Théatre de Pierre Corneille. *Paris, Deluyne,* 1663, 2 *Vol. in-Fol.*

Œuvres de P. & Th. Corneille. *Paris, le Clerc,* 1738, 12 *Vol. in-*12.

> Héros du Théâtre François,
> Tu peignis les Héros de Rome
> Plus grands qu'ils n'étoient autrefois,
> Et les mis au-dessus de L'Homme.
> Tu fûs quelquefois inégal ;
> Mais dans ta manière de peindre,
> Corneille, nul ne peut atteindre
> A ton Génie original.

Les Œuvres de Molière. *Paris*, 1734, 6 *Vol. in-*4. *Fig.*

> MOLIÈRE faisoit le portrait
> De chaque sot qu'il rencontroit,
> Et jouoit la Cour & la Ville;
> Acteur naïf, Peintre parfait;
> Auteur agréable & fertile,
> Il ne lâchoit pas un seul trait,
> Qui du plaisant & de l'utile,
> Ne produisît l'heureux effet.

Les Œuvres de Raimond Poisson. *Paris*, *Ribou*, 1679, *in*-12.

Piéces de Théatre d'Edme Boursault. *Paris*, *Guignard*, 1701, *in*-12.

Œuvres de J. Racine. *Paris*, *Clousier*, 1736, 2 *Vol. in*-12.

> RACINE par des traits nouveaux,
> Du Public partagea l'estime;
> Dans ses industrieux tableaux,
> Il est plus correct, moins sublime:
> Il fut heureux imitateur
> Des grands Poëtes de la Grèce;
> Et par des traits pleins de tendresse,
> Il enchanta son auditeur.

### *Parallèle de Corneille, & de Racine.*

*Corneille* n'a eu devant les yeux aucun Auteur qui ait pû le guider; *Racine* a eu Corneille.

*Corneille* a trouvé le Théâtre françois très-grossier, on l'a porté à un haut point de perfection; *Racine* ne l'a pas soutenu, dans la perfection où il l'a trouvé.

Les Caractères de *Corneille* sont vrais, quoiqu'ils ne soient pas communs; les Caractères de *Racine* ne sont vrais, que parce qu'ils sont communs.

Quelquefois

Quelquefois les Caractères de *Corneille* ont quelque chose de faux, à force d'être nobles & singuliers ; souvent ceux de *Racine* ont quelque chose de bas, à force d'être naturels.

Quand on a le cœur noble, on voudroit ressembler aux Héros de *Corneille* ; & quand on a le cœur petit, on est bien aise que les Héros de *Racine* nous ressemblent.

On remporte des Pièces de l'un, le desir d'être vertueux ; & des Pièces de l'autre, le plaisir d'avoir des semblables dans ses foiblesses.

Le tendre & le gracieux de *Racine* se trouve quelquefois dans *Corneille* ; & le grand de *Corneille* ne se trouve jamais dans *Racine*.

*Racine* n'a presque jamais peint que des François, & que le siècle présent, même quand il a voulu peindre un autre siècle & d'autres Nations ; on voit dans *Corneille* toutes les Nations & tous les siècles qu'il a voulu peindre.

Le nombre des Pièces de *Corneille* est beaucoup plus grand que celui des pièces de *Racine* ; & cependant *Corneille* s'est beaucoup moins répété lui-même, que *Racine* n'a fait.

Dans les endroits où la versification de *Corneille* est belle, elle est plus hardie, plus noble, & en même tems aussi nette & aussi forte que celle de *Racine* : mais elle ne se soutient pas dans ce degré de beauté ; & celle de *Racine* se soutient toujours dans le sien.

Des Auteurs inférieurs à *Racine* ont réussi après lui dans son genre ; aucun Auteur, même *Racine*, n'a osé toucher après *Corneille* au genre qui lui étoit particulier.

Tragédies de J. Galbert de Campistron. *Paris, Ribou,* 1707, *in*-12.

Œuvres de J. Palaprat. *Paris, Ribou,* 1712, 2 *Vol. in*-12.

Œuvres de J. F. Règnard. *Paris, Ribou,* 1708, 2 *Vol. in*-12.

POETES.

THÉATRE d'Auguftin Nadal. *Paris, Briaffon,* 1738, *in-12.*

RÉFLÉXIONS HISTORIQUES ET CRITIQUES, fur les différens Théâtres de l'Europe; par Louis Riccoboni. *Paris, Guerin,* 1738, 3 *Vol. in-8.*

NOUVEAU THÉATRE Italien. *Paris, Couftelier,* 1718, 2 *Vol. in-12.*

## *Poëtes Anglois.*

LE PARADIS PERDU de Milton, Poëme Héroïque; trad. de l'Anglois, par Dupré de Saint-Maur. *Paris, Cailleau,* 1729, 3 *Vol. in-12.*

LE PARADIS RECONQUIS, traduit de l'Anglois de Milton, par le même. *Paris, Cailleau,* 1730, *in-12.*

LES PRINCIPES de la Morale & du Goût, en deux Poëmes, trad. de l'Anglois de Pope; par J. F. du Refnel. *Paris, Briaffon,* 1737, *in-8.*

ESSAIS fur la Critique & fur l'Homme, par Pope; trad. en François avec le texte. *Londres,* 1737, *in-4.*

# AGRICULTURE.

DANS le Traité de *l'Agriculture,* j'ai donné des obfervations détaillées, des principes généraux fur la formation des végétaux, fur la manière dont ils reçoivent de la terre les fels nutritifs; fur la qualité de ces fels, leur homogénéïté ou leur analogie, avec les différentes plantes; fur les moyens de les reproduire, ou d'en accélérer le développement; fur la perfection ou la génération des efpèces. Quoi de plus curieux, que l'Étude de ce fécret méchanifme! Quoi de plus utile pour des jeunes gens, dont la plûpart, quelles que foient d'ailleurs leurs occupations civiles, feront forcés de veiller à l'exploitation de leur fonds ! Quoi de plus intéreſſant, pour toute la Société !

Il eſt de la plus grande importance, que ces connoiſſances deviennent de jour en jour plus sûres ; & elles ne ſçauroient jamais être trop répandues, pour diſſiper les préjugés qui s'oppoſent au progrès de l'Agronomie. Donner l'enſeignement de cet Art de bonne heure aux Enfans, c'eſt travailler de concert avec les Citoyens de tous les ordres, qui par une de ces heureuſes Révolutions dans les mœurs, que le ſentiment du beſoin appelle long-tems en vain, & qu'un moment d'Enthouſiaſme produit avec une incroyable rapidité, s'empreſſent aujourd'hui à protéger ou à diriger les Opérations Ruſtiques, comme la première Source des richeſſes d'un État.

Une des cauſes du peu de produit que l'on tire des Terres, eſt qu'on ne regarde point ordinairement l'*Agriculture* comme un Art qui ait beſoin d'étude, de réfléxions, ou de règles : chacun eſt abandonné à ſon goût & à ſa pratique ; ſans que perſonne ſonge à en faire un éxamen ſérieux, à tenter des épreuves, & à joindre les préceptes à l'expérience.

Les Anciens ne penſoient pas ainſi. Ils jugeoient trois choſes néceſſaires, pour réuſſir dans l'*Agriculture*.

Le *Vouloir* : il faut l'aimer, s'y perfectionner, s'y plaire ; prendre à cœur cette occupation, & en faire ſon plaiſir.

Le *Pouvoir* : il faut être en état de faire les dépenſes néceſſaires pour les engrais, pour le labour, & pour tout ce qui peut améliorer une terre ; & c'eſt ce qui manque à la plûpart des Laboureurs.

Le *Sçavoir* : il faut avoir étudié à fond, tout ce qui a rapport à la Culture des terres ; ſans quoi les deux premières parties, non-ſeulement deviennent inutiles, mais cauſent de grandes pertes au Père de famille, qui a la douleur de voir que le produit des terres ne répond nullement aux frais qu'il a avancés, & à l'espérance qu'il en avoit conçuë ; parce que les dépenses ont été faites sans discernement, & sans connoissance de cause.

A ces trois parties on en peut ajouter une Quatrième, & les Anciens ne l'avoient pas oubliée ; c'est l'*Expérience*, qui domine dans tous les Arts, qui est infiniment au-dessus des Préceptes, & qui nous fait mettre à profit les fautes mêmes que nous avons commises : car souvent, c'est en faisant mal qu'on apprend à bien faire.

L'*Agriculture* étoit dans une toute autre estime chez les Anciens, que parmi nous. La preuve en est, dans la Multitude & la qualité des Écrivains qui avoient traité cette matière. Varron en cite jusqu'à cinquante, parmi les Grècs seuls. Il en a écrit aussi, & Columelle après lui. Ces trois Auteurs Latins, Caton, Varron, Columelle, entrent dans un détail merveilleux sur toutes les parties de l'*Agriculture*. Seroit-ce un travail ingrat & stérile, que de comparer leurs avis & leurs réflèxions avec la pratique présente ?

Columelle, qui vivoit du tems de Tibère, déplore d'une manière fort vive & fort éloquente, le mépris général où de son tems l'*Agriculture* étoit tombée ; & la persuasion où l'on étoit, que pour y réussir on n'a besoin d'aucuns maîtres. « Je » vois à Rome, dit-il, des Écoles de Philosophes, de Rhéteurs, » de Géomètres, de Musiciens ; & ce qui est bien plus étonnant, des gens occupés uniquement, les uns à préparer des » mèts propres à piquer le goût, & à irriter la gourmandise ; » les autres à orner la tête par des frisures artificielles : & je n'en » vois aucuns pour l'*Agriculture*. Cependant on peut se passer de » tout le reste, & la République a été long-tems florissante sans » tous ces Arts frivoles : mais il n'est pas possible de se passer » du Labour de la terre, puisque la Vie en dépend.

# Agriculture.

« D'ailleurs y a-t-il quelque Voye plus honnête & plus légi-
» time, de conferver ou d'augmenter fon Patrimoine ? Seroit-
» ce le parti des Armes ; pour amaffer des dépouilles toujours
» teintes du fang humain, & qui caufent la ruine d'une infi-
» nité de perfonnes ? Ou celui du Trafic ; qui arrachant les
» Citoyens à leur Patrie, les expofe à la fureur des vents & des
» flots, & les traîne dans un Monde inconnu pour s'y enri-
» chir ? Ou le Commerce de l'Argent & l'ufure, odieufe &
» funèfte même à ceux qu'elle paroît fecourir ?

« Oferoit-on comparer à aucun de ces moyens, la Sage &
» innocente *Agriculture*, que le feul dérangement de nos mœurs
» a pû rendre méprifable ; &, par une fuite néceffaire, prefque
» ftérile & fans fruit.

« Bien des gens croyent que la ftérilité de nos terres, beau-
» coup moins fertiles maintenant que dans les tems paffés ;
» vient, ou de l'intempérie de l'Air & des Saifons, ou de l'alté-
» ration des Terres mêmes ; lefquelles affoiblies & épuifées par
» un long & continuel travail, ne peuvent plus fournir leurs
» productions avec la même force & la même abondance. C'eft
» une Erreur, *dit Columelle*; il ne faut pas s'imaginer que la terre,
» à qui l'Auteur de la Nature a communiqué une Fécondité conti-
» nuelle, fe trouve expofée à la ftérilité, comme à une efpèce
» de maladie. Et après qu'elle a reçu de fon Maître une jeu-
» neffe divine & éternelle, ce qui l'a fait appeller la Mère
» commune de tous, parce qu'elle a toujours enfanté de fon fein,
» & enfantera toujours tout ce qui fubfifte ; il n'eft pas à craindre,
» qu'elle tombe dans la caducité & la vieilleffe comme l'Hom-
» me. Ce n'eft point à l'intempérie de l'Air, ni aux Années, qu'on
» doit attribuer la ftérilité de nos terres ; mais uniquement à notre
» faute, & à notre négligence : n'en accufons que nous-mêmes,
» qui abandonnons à nos efclaves, des Campagnes qui du tems

» de nos Ancêtres étoient cultivées par les plus gens de bien.

Cette réflexion de Columelle paroît fort solide, & est confirmée par l'expérience.

## AUTEURS SUR L'AGRICULTURE,
### ou Agronomes.

Libri de Re Rustica, *M. Catonis, M. Terentii Varronis, L. Junii moderati Columellæ, & Palladii rutilii*. Parisiis, apud Joan. Parvum, 1533, in-Fol.

L'Agriculture & Maison Rustique de Charles Étienne, & Jean Liébault Docteurs en Médecine. *Rouen, Thomas Daré*, 1608, in-4.

Rei Agrariæ *Auctores, Legesq; variæ : cùm notis Nicolai Rigaltii*. Amst. Janssonius à Waesberge, 1674, in-4.

Geoponicorum, *sive de re Rustica Libri XX. Gr. & Lat. cùm notulis P. Needham*. Cantabrigiæ, Charchill, 1704, in-8.

Comes rusticus, *ex optimis Latinæ Linguæ Scriptoribus excerptus*. Parisiis, 1692, in-12.

Abrégé pour les Arbres nains, J. L. Notaire de Laon, *Paris, de Sercy*, 1675, *in-12*.

Ceux qui ont traité de cette matière si utile & si agréable, ont dit tout ce qu'ils en sçavoient : mais comme ils ont composé des Volumes à cet effet, la patience se lasse souvent de les lire. Cet Abrégé qui est bon, a réduit en substance tout ce qu'on a pû remarquer de meilleur, & même découvert par une longue expérience ; particulièrement sur la Taille & la conduite des Arbres nains. L'Auteur a ajouté plusieurs choses curieuses pour les Jardins Potagers, & même pour les Vignes. Ces Observations sont bonnes, rares & curieuses.

Instruction pour les Jardins Fruitiers & Potagers, avec un Traité des Orangers, suivi de quelques réfléxions sur l'Agriculture. *Par M. de la Quintinye, Paris, Barbin*, 1690, 2 Vol, *in-4*.

On distingue pour l'ordinaire de cinq sortes de Jardins, sçavoir à Fruits, à Légumes, à Fleurs, à Pépinières & à Plantes médicinales. Feu M. de la Quintinye ne s'appliqua particulièrement, qu'à cultiver les deux premiers; où après avoir réussi avec un succès assez heureux que chacun sçait, il résolut de communiquer au Public, ce qu'il en avoit appris par une longue expérience.

Il a divisé tout son Ouvrage en six livres, dont le premier contient en abrégé ce qu'un honnête homme, qui desire d'avoir un jardin, doit sçavoir pour y prendre du plaisir, & pour en tirer du profit. Il réduit tout cela à treize maximes, qui sont expliquées plus au long dans les cinq autres livres.

A la fin du Premier est une explication des termes du Jardinage, en forme de Dictionnaire, selon l'Ordre de l'Alphabèth.

Il traite dans le Second, des qualités qu'une terre doit avoir, pour être propre à un Jardin; de la situation, de l'exposition, de la distribution pour faire ensorte que le Jardin soit de revenu.

Supposant que la terre prise en la manière que les Jardiniers la prennent, est une espèce de sable menu, qui par le moyen d'un sel, est propre à produire les végétaux; il dit, que pour reconnoître la qualité de la terre, & pour sçavoir si elle est propre à un jardin; il faut voir si ce qu'elle produit est abondant & vigoureux, si elle est facile à labourer, si elle n'est ni trop sèche, ni trop humide; si quand on en fleure une poignée, on n'y sent aucune mauvaise odeur. A l'égard de la profondeur, il veut qu'elle soit de trois pieds; & que pour s'en assurer, on la fouille en plusieurs endroits. Il explique ce que c'est que Terre usée, Terre reposée, Terre neuve, & Terre raportée.

Ce n'est pas assez que le fond de la Terre soit bon, il faut qu'il soit bien situé. S'il ne s'agissoit que d'un Potager, il seroit fort bien dans un vallon, qui produiroit des légumes en plus grande abondance qu'un lieu élevé. Mais s'il s'agit d'un Fruitier, les lieux un peu secs & élevés l'emportent sur les autres; non pour la grosseur des fruits, mais pour le beau coloris, & pour le bon goût.

Il faut éviter les situations qui ont beaucoup de pente; parce que les ravines y produisent souvent de grands désordres.

Outre la situation d'un Jardin, il faut encore prendre garde à l'exposition ; sur-tout, s'il est sur un côteau. Car s'il étoit dans une plaine non couverte ni de montagnes, ni de forêts, ni de bâtimens ; la différence des expositions seroit peu sensible.

Pour un Jardin situé sur un côteau, les expositions du Levant & du Midy sont les principales ; & celle du Nord est la moins bonne de toutes.

Pour décider laquelle vaut mieux des deux principales, il faut regarder le tempérament des terres. Si elles sont fortes, & par conséquent froides, celles du Midy leur vaut mieux ; & si elles sont légères & par conséquent chaudes, le Levant leur sera plus favorable.

Pour tirer du revenu d'un Jardin, il faut bien distinguer la place ; mettre les meilleurs endroits en Plan & en Semences : des Espaliers contre toutes les murailles. A la fin de cette partie, M. de la Quintinye réfute une erreur commune, que le fumier est utile aux arbres ; & assure, qu'il a été convaincu du contraire par sa propre expérience.

Il parle dans la Troisième, des bonnes Espèces de Fruits ; nous apprend quelles sont les meilleures de chaque Mois ; combien chaque espèce dure, quelle quantité de fruit chaque Arbre doit fournir. Il enseigne à donner à chaque Arbre, la place qui lui convient le mieux pour porter beaucoup de fruits ; à bien choisir dans la Pépinière chaque pied d'Arbre, à regarder si l'écorce est nette & luisante, si les jets de l'année sont longs & vigoureux, si les racines sont saines & passablement grosses.

Il enseigne encore à bien préparer l'Arbre, par la tête & par la racine pour le bien Planter ; à choisir pour cela un tems sec, afin que la terre se glisse aisément autour des racines, sans y laisser aucun vuide ; & qu'il ne s'y fasse point de mortier, qui venant à s'endurcir, empêcheroit la sortie des nouvelles racines.

Il enseigne aussi à règler la distance entre deux Arbres, suivant la bonté de la terre, & suivant la hauteur des murailles ; il donne des Listes de toutes sortes de fruits, où il distingue l'exposition qu'il leur faut donner, & ceux qu'il faut mettre en espalier & en buisson.

En parlant des Plans, il dit, que pour rendre le sien parfait dès la première année, il en prépare plus qu'il ne lui en faut ; & pour en avoir toujours de réserve, il élève en mannequin quelques Arbres de chaque espèce ; sur-tout de fruits à noyaux qui courent moins de risque de

mourir

mourir dans les mannequins, que ceux de fruits à pépin. Il avertit des précautions qu'il faut prendre pour le tranſport des mannequins, pour l'aroſement, pour la ſaiſon ; & les autres circonſtances du tranſport.

Comme la Taille eſt le chef-d'œuvre du Jardinage, M. de la Quintinye a employé tout ſon Quatrième Livre à en preſcrire les règles. Elle ne s'étend pas à tous les Arbres fruitiers, mais ſeulement à ceux qui ſont connus ſous le nom d'Eſpaliers, de Contreſpaliers, ou de Buiſſons. On ne ſe mèt guères en peine de tailler ceux de haut vent, ou de tige.

Ceux qui taillent ont deux marques certaines, pour diſtinguer les bonnes & les mauvaiſes branches. L'une ſe prend de la différence de leur origine & de leur ſituation ; & l'autre de la différence de leurs yeux.

A l'égard de l'origine & de la ſituation des branches, il faut ſçavoir que pour être bonnes, elles doivent uniquement naître de l'extrémité de celles qui étoient reſtées ſur l'Arbre à l'entrée du Printems. Toute branche ſortie d'un autre endroit, ſoit de tige ou d'une vieille branche, eſt mauvaiſe.

Il faut conclure de-là, que toute branche venuë contre l'ordre de la Nature, plus groſſe ou plus longue que celle qui eſt immédiatement au-deſſus, eſt mauvaiſe ; & c'eſt pour ces ſortes de branches que le nom de faux bois a été inventé.

A l'égard des yeux que l'on y deſire, il faut qu'ils ſoient gros, bien nourris, & près les uns des autres.

Il y a dans ce Livre un grand nombre d'Obſervations, qui peuvent ſervir aux Jardiniers pour bien tailler ; comme c'eſt par la Vigne qu'on a commencé l'Art de tailler les Arbres, l'Auteur en parle dans le dernier chapitre, & montre deux choſes : l'une, que la Vigne a plus beſoin d'être taillée qu'aucun autre Arbre, à cauſe qu'elle jette quantité de bois, qui conſume la ſéve ; & l'autre, qu'elle eſt la plus aiſée à tailler.

Dans le Cinquième Livre il apprend à éplucher les Fruits. Quand il n'y a ni gelée, ni roux vents aux mois de Mars, d'Avril & de Mai, qui ſont les Mois où les Arbres fleuriſſent, il y reſte trop de fruits pour être beaux. Aux Arbres à pépin, chaque bouton fait beaucoup de fleurs, & peut par conséquent avoir beaucoup de fruits, & souvent jusques à neuf ou dix.

A plusieurs Arbres à noyau, comme aux pêchers & aux pruniers, un bouton ne fait qu'une pêche ou une prune. Quand un habile Jardinier voit qu'une branche est chargée de trop de boutons, & qu'elle produiroit trop de fruits ; il n'en laisse à chaque bouton, qu'autant qu'il juge qu'elle en pourra nourrir.

M. de la Quintinye apprend dans ce Livre à cueillir les Fruits justement quand ils sont mûrs, & à les conserver. Il y traite aussi des maladies des Arbres, & de leurs remèdes ; il parle de toutes sortes de greffes, & de la manière de les faire dans les tems qui leur sont propres.

Le Dernier Livre est des Potagers, des graines qui servent à la production de chaque plante, de la terre propre à chaque légume, de ce qui peut être tiré d'un Potager chaque mois.

M. de la Quintinye assure que les sables noirs sont les plus propres aux légumes, parce qu'ils ont le juste tempérament de sec & d'humide, accompagné d'un sel inépuisable ; avec une grande facilité de labour, & de pénétration des eaux pluviales.

Il a joint à ces six Livres un Traité des Orangers, dont il soutient que la culture est aisée ; contre certains Mystérieux qui prétendent, que plusieurs choses doivent entrer dans la composition des terres qui les nourrissent. Il prétend avoir reconnu par de fréquentes Observations, qu'il n'y a point d'Arbre qui reprenne avec autant de facilité ; qui s'accommode avec si peu de peine à toute sorte de nourriture, qui vive aussi long-tems ; qui soit sujèt à moins de maladies, & qui ait moins d'ennemis.

En parlant des conditions de la serre où on les mèt, il n'approuve pas qu'on y allume du Feu ; persuadé que le Feu de Charbon ne leur est pas moins contraire, que le froid & l'humidité.

A la fin du Second Volume sont de sçavantes réfléxions ; où M. de la Quintinye rend des raisons naturelles, des Instructions contenuës dans le Traité des Orangers, & dans les Six Livres des Jardins.

Il y découvre les plus beaux Secrèts de la Nature, & y explique avec beaucoup de clarté les causes des plantes ; & sur-tout la nature de leur sève, ses différences, son passage & ses effets. La Sève, selon sa pensée, est aux Plantes ce que le chyle & le sang sont aux animaux. Cette Sève n'est que de l'eau dans son origine : mais quand elle est entrée dans une plante par les racines, elle devient solide de liquide qu'elle étoit auparavant ; & suivant la disposition des pores par où elle passe, elle se change en écorce, en bois, en moëlle, en feuilles & en fruits.

Un Travail aussi utile que celui-là, méritoit d'être applaudi des Sçavans ; il l'a été aussi, & a reçu des marques publiques de l'estime de deux excellens Poëtes. Le premier est M. Santeuil, Chanoine de Saint Victor, qui a feint ingénieusement, que la Déesse des Fruits honteuse de demeurer à Versailles, sans y pouvoir rien offrir au Roi, étoit sur le point d'en partir pour se retirer ailleurs, lorsque M. de la Quintinye l'y retint ; & lui promit le secours de son Art, qui a donné une nouvelle face à ses Jardins, & les a rendus les plus fertiles, les plus délicieux, & les plus magnifiques de l'Univers.

L'autre est M. Perrault, de l'Académie Françoise ; qui dans son Idille à M. de la Quintinye, le fait transporter durant son sommeil dans un Palais d'une admirable beauté, où la Sage Nature fait son séjour, & où elle lui découvre le Secret par lequel elle forme les plantes, & lui enseigne l'Art de la cultiver ; de sorte qu'ils portent de bons fruits en abondance.

LE SECRÈT DES SECRÈTS ; ou le Secrèt de faire rapporter aux Terres beaucoup de grains, avec peu de semence. *Paris, Veuve Thiboust*, 1698, *in-*12.

Les Anciens ont connu la manière de Multiplier les grains ; & Pline en rapporte des preuves dans le 18$^e$ Livre de son Histoire. Mais on n'avoit jamais rien vû de semblable, à ce que l'Auteur de cet écrit assure, touchant ce qui se fait au Fauxbourg Saint Antoine, ruë de la Roquette ; & dans une maison au-dessus de la porte de laquelle il y a une Image de la Sainte Vierge. Pendant neuf ans consécutifs on a semé dans le jardin de cette maison, une terre sablonneuse d'environ quarante-sept toises, avec dix ou douze litrons de Froment préparé, avec un seul labour, sans jamais fumer la terre ; & un seul grain a porté quatre-vingt épis, & encore beaucoup davantage. Le Secret de cette Multiplication s'est appris par des expériences de plus de cinquante années. Les pois, les féves, les fleurs, les fruits, les raifins fe multiplient de la même forte. Par ce moyen on fait moins de Dépenfe, & l'on tire plus de profit ; & cela eft auffi aifé à faire dans une pièce de plufieurs arpens, que dans un petit efpace.

MOYENS FACILES, pour rétablir en peu de tems l'Abondance de toutes fortes de grains & de fruits ; & de l'y maintenir toujours, par le fecours de l'Agriculture. *Paris, Charles Huguier*, 1709, *in-4*.

Cet écrit eft de M. *Liger*, connu par plufieurs Ouvrages qu'il a publiés fur la Culture des Jardins. Touché des maux que la Difette a fait fouffrir à la France, il a tâché de pénétrer les fecrèts les plus cachés de l'Agriculture, & il a fait les découvertes fuivantes.

1°. Il prétend que le blé femé dans le mois de Mars, croît auffi-bien que celui qui a été femé avant l'Hyver. Il eft vrai, dit-il, qu'il eft plus long-tems à mûrir, & qu'on n'en peut faire la Récolte que dans le tems qu'on fait celle des Avoines. Mais cet inconvénient eft peu de chofe. Le raifonnement de M. *Liger* eft fondé fur l'expérience. Un Particulier de Sainte-Vertu, Village a deux lieuës de Chablis, & un autre d'Irancy près d'Auxerre, avoient femé du blé au mois de Mars ; & il étoit auffi beau, que s'il avoit été femé avant l'Hyver. L'Auteur ne croit pas que toute forte de terre foit propre à faire fructifier cette femence, & il voudroit que les Laboureurs en fiffent l'épreuve dans des Terres de différentes Natures, de la manière qui fuit : « prendre » deux ou trois fillons d'une terre feche ou légère, & autant d'une » autre d'un tempérament contraire, les bien préparer & fumer ; puis » y femer le froment à l'ordinaire, qu'on peut, pour avancer la Vé- » gétation, mettre tremper dans l'eau pendant un jour .... Il eft cer- » tain, continue-t-il, qu'il y aura infiniment plus d'endroits où ces » effais réuffiront, que d'autres où ils manqueront ; pourvu qu'on feme » le blé auffi-tôt que le tems y fera propre dans le Mois de Mars. » Donc ces expériences méritent bien, qu'on y faffe attention.

2°. On dit ordinairement qu'il n'y a que le blé nouveau qui foit propre à enfemencer les terres, & que ce feroit perdre & fa femence & fon labour, que de femer du blé d'une ou de deux années. M. *Liger* prétend, que c'eſt une erreur & un préjugé ſans fondement. Toutes les autres ſemences germent dans la terre, & produiſent leurs fruits, quoiqu'il y ait une ou pluſieurs années qu'elles ſoient recueillies ; pourquoi le blé ſeroit-il la ſeule ſemence qui n'auroit point cette qualité ? Pour s'en convaincre abſolument, il conſeille aux Laboureurs d'en faire l'expérience.

« Prenez, dit-il, une poignée de blé d'un an ou de deux ; ſemez-la dans un petit eſpace de terre bien préparée, recouvrez ce grain avec un rateau, & douze ou quinze jours après vous verrez l'effet qu'aura produit le ſeigle ou le froment que vous aurez mis en terre ; & s'il ne levera pas auſſi-bien que celui de l'Année. Si cela eſt, comme il n'y a pas lieu d'en douter ; pourquoi ſe mettre en peine d'en chercher d'autres, quand on n'en a point ? Il eſt bon d'ajouter ici, qu'il faut que ce blé ait les qualités requiſes pour être bon à ſemer ».

3°. M. *Liger* voudroit qu'on s'accoutumât à ſemer du Mays, ou blé de Turquie. Dans tous les Pays ce blé croît en quantité. La Culture n'en eſt pas difficile, & on peut le mettre à différens uſages. 1°. On en peut faire du pain dans le beſoin. 2°. On en fait de fort bonne bouillie. 3°. Quand le froment eſt commun, le Mays ſert à engraiſſer les poulets & les chapons, &c. Ces Avantages ont déterminé l'Auteur à inſérer la manière dont on le cultive. Il enſeigne dans les Articles ſuivans la Culture du panis, du millet, du gland, de la navette, des pêchers, des abricotiers, des poiriers, des pommiers, des pruniers, des figuiers & des chateigniers.

CURIOSITÉS DE LA NATURE ET DE L'ART, ſur la *Végétation*; ou l'Agriculture & le Jardinage dans leur perfection : où l'on voit le ſecret de la multiplication du blé, & les moyens d'augmenter conſidérablement le revenu des Biens de la Campagne : de nouvelles Découvertes pour groſſir, multiplier, & embellir les Fleurs & les Fruits ; &c. Nouvelle Édition, revûë, corrigée & augmentée. I. De la Culture du Jardin Potager. II. De la Culture du Jardin Fruitier. Par M. l'Abbé de Vallemont. *Paris, Moreau,* 1709, *in-*12.

L'Auteur de cet Ouvrage remarque dans fa Préface, que comme il y a beaucoup de gens deftinés à cultiver la terre, qui ne font pas accoûtumés à découvrir dans les Principes toutes les conféquences qu'on en peut tirer pour la pratique ; il a été obligé dans cette nouvelle Édition d'appliquer à la pratique de l'Agriculture & du Jardinage, les *Principes de la Végétation* qu'il avoit expliqués dans la première Édition. Il a donc partagé fon Ouvrage en deux parties.

La première comprend les *Principes de la Végétation* ; c'eft-à-dire, tout ce que contenoit la première Édition, excèpté ce qui appartenoit à la Pratique ; par éxemple, les fecrèts de la multiplication du blé.

Dans la feconde Partie, il donne *tous les Précèptes qu'on peut fouhaiter pour réüffir, avec de très-utiles reffources* ; dans la Culture des Terres labourables & des Jardins, qui font aujourd'hui l'objèt des foins, & les délices des Perfonnes Curieufes & de la plus haute Condition. Il ne s'eft pas feulement appliqué à prefcrire les Règles qu'il faut fuivre dans la Culture des Plantes, qui nous fourniffent la plus grande partie de nos alimens ; mais auffi il a tâché de ne rien oublier de ce qui étoit néceffaire pour la beauté des Jardins, & pour y produire l'Abondance. Il affure qu'il a joint l'expérience au raifonnement ; il feroit à defirer que ce fût la fienne, & que M. l'Abbé de Vallemont eût eu le loifir & la commodité d'éprouver lui-même tous les Secrèts qu'il nous communique. Ils feroient alors vraiment précieux. Mais quand on regarderoit comme des chofes incertaines ce qu'on peut appeller le merveilleux de cet Ouvrage, on pourroit toujours faire un jugement favorable du refte.

« L'attention, *dit l'Auteur*, que j'ai euë pendant dix ans que j'ai
» demeuré à Verfailles, à obferver tout ce qui fe pratique durant le
» cours de l'Année, dans le Potager du Roi, m'a mis en état de pou-
» voir parler avec certitude, de ce qu'il convient de faire pour la Cul-
» ture des Plantes Pòtagères, & des Arbres Fruitiers : quand je n'au-
» rois pas eu d'ailleurs autant de Curiofité que j'en ai eu toute ma
» vie, pour m'inftruire de tout ce qui regarde le Jardinage, qui m'a
» toujours paru la plus belle & la plus utile partie de la Phyfique ; ceux
» qui connoiffent la Magnificence du Potager du Roi, & qui fçavent
» que ce fuperbe Jardin eft l'Ouvrage de feu M. de la Quintinye, le

» plus expérimenté Jardinier qui ait jamais été ; ne douteront pas que
» que ce ne soit la meilleure École, où l'on puisse apprendre la Cul-
» ture des Plantes : sur-tout si l'on considère, que ce Potager a été fait
» dans un endroit qu'on n'auroit jamais choisi, si on avoit pû en trou-
» ver un autre. C'est le plus mauvais fonds, qu'il y ait peut-être au
» monde ; & l'on a eu à combattre & à vaincre, par des travaux
» infinis, & par des dépenses immenses qui passent l'imagination ;
» tout ce que la Nature pouvoit opposer de plus dur, de plus ingrat,
» & de plus impraticable. Mais de quoi ne vient-on point à bout,
» lorsqu'il s'agit de servir un Maître comme le nôtre ? Dans mes dif-
» ficultés, & dans ce que je n'ai pas pû voir par moi-même ; j'ai con-
» sulté les plus habiles Jardiniers, & les écrits de ceux qui ont fait
» part au Public de leurs Pratiques, & de leurs expériences. 

M. l'Abbé de Vallemont commence à traiter du Jardin Potager, dans le cinquième chapitre de la seconde Partie ; & après avoir donné au commencement du premier article, un Catalogue des Plantes qui se cultivent dans ce Jardin, & une Liste particulière des Plantes légumineuses du Potager du Roi à Versailles ; il parle de la Multiplication des Plantes, soit par graines, soit par rejettons, par marcotes, ou par boutures. Le second Article commence par l'Année du Jardin Potager ; l'on y apprend ce qu'il y faut faire, & ce qu'on en doit recueillir chaque mois.

La culture des Melons fait une portion considérable de cet article. « On n'a commencé, *dit l'Auteur*, à connoître l'excellence du Melon,
» que du tems de Pline. Ce fut aux environs de Naples, qu'on en fit
» l'heureuse découverte. L'agréable odeur, & le bon goût qu'on lui
» trouva, firent qu'on se mit à le cultiver avec soin ; & il se fit en peu
» de tems une réputation, qui ne reconnoît point aujourd'hui de bor-
» nes. Les grands de Rome & d'Italie, en étoient fort friands. L'Em-
» pereur Clodius Albinus, homme le plus vorace qui ait été jamais
» dans la Nature, l'aimoit passionément. Jules Capitolin nous apprend,
» que ce Gourmand en un seul déjeûné mangea un cent de Pêches,
» dix Melons, vingt livres de raisins, cent bécafigues, & trente-trois
» douzaines d'huîtres. Apparemment que les dix Melons que cet Al-
» binus dévora, n'étoient pas si gros que ceux qui croissent au Pérou,

» dans la vallée d'Yca ; & dont la plûpart pèsent cent livres. Quoi
» qu'il en soit, ce fruit a assez de part parmi les délices des bonnes
» tables, pour mériter que nous donnions la bonne manière de les
» cultiver ». Ce qui suit, la renferme avec beaucoup de Méthode. Il
paroît qu'il est presqu'aussi difficile de choisir les bons Melons, que de
les faire naître. Le plus sûr, *selon l'Auteur*, pour ceux qui les achètent ; c'est de les prendre à la sonde, à la coupe : alors, *dit-il*, quand
on trouvera qu'un Melon a l'écorce mince, qu'il sent un peu le goudron, qu'il est sèc & vermeil, qu'il est bien mûr & bien sucrin ; on
doit le juger digne de paroître sur la table d'un honnête homme. Franchement, *ajoute-t-il*, les bons Melons sont aussi rares, que les bons
Amis : ce qui a donné lieu au petit quatrin suivant.

*Les Amis de l'heure présente,*
*Ressemblent au Melon :*
*Il en faut au moins sonder trente,*
*Pour en trouver un bon.*

Un Homme considérable par beaucoup d'endroits, a appris à M.
l'Abbé de Vallemont ; que la graine de Melons trempée pendant deux
jours dans du Vin muscat, produit des Melons d'un goût vineux, sucrin, & parfumé. Les Observations que cette même Personne a faites
sur les graines de Melons, sont assez curieuses. La Graine du milieu
du Melon, fait des Melons gros & ronds. La Graine qui est prise
dans le côté du Melon qui a touché le plus long-tems à la terre, produit des Melons plus doux & plus vineux. La Graine du côté de la
queuë, donne des Melons longs & malfaits. Enfin la Graine prise du
bout où étoit la Fleur, forme des Melons bien conditionnés, agréablement figurés, & brodés.

Le troisième Article contient quantité de Secrèts, qui concernent le
Jardin Potager. Les deux suivans pourront donner du goût pour les
autres.

### Pour faire pommer les Choux plus promptement.

« Les Curieux qui habitent le long des Rivages de la Mèr, lors-
» qu'ils transplantent les Choux, mèttent de l'Algue avec une pincée
» de Nitre sous la racine. Après cela, on les voit végéter & pommer
avec

» avec beaucoup de diligence. Le Chou qui devint si prodigieusement
» gros, & l'admiration de tous les Pays, fut trouvé avoir tout près
» de sa racine un vieux soulier, dont il avoit tiré tout l'embonpoint
» qu'on lui voyoit. La peau d'un Animal est un ragoût pour une plante.

*Pour avoir des Fraizes plutôt que de coûtume.*

« Il faut arroser les Fraisiers durant l'hyver, presque tous les trois
» jours avec de l'eau, où l'on ait mis maçerer du fumier nouveau de
» cheval. On amande la terre, dit Bacon, avec du fumier, tout le
» monde sçait cela ; mais il seroit bon qu'on n'ignorât pas combien
» l'eau échauffée & engraissée par de bon fumier, a d'éfficacité pour
» avancer la végétation des Plantes, & la maturité des Fruits. On sup-
» pose ici que les Fraiziers sont sous des cloches, ou plutôt sous des
» chassis de verre.

Le Jardin Fruitier est le sujèt du chapitre suivant. On y voit la manière de Planter, de transplanter, de Tailler, de Palisser & de Grèffer les Arbres. On y distingue les meilleures sortes de Fruits qu'un Curieux doit mettre dans son Jardin, & l'usage qu'il peut faire des quatre murailles, selon les quatre expositions. La culture des Orangers n'est pas oubliée ici, & le dernier article du chapitre est tout plein de Secrèts.

*Pour rendre les Fruits d'un Arbre plus délicieux.*

« La meilleure manière, c'est de percer le Tronc de l'Arbre proche
» de la racine ; & de remplir ce trou, de la sève du même Arbre, dans
» laquelle on aura mis infuser quelque matière douce & odoriférante.

*Pour donner aux Fruits, telle figure que l'on voudra.*

« Il faut faire un Moule de plâtre, qui ait au-dedans la Figure que
» l'on veut donner à une Pomme, ou Poire, ou Pêche ; & que ce
» Moule soit de deux ou trois pièces, comme on les fait d'ordinaire,
» pour jetter des figures en cire : on les mèt durcir un peu au feu,
» & puis on y fait entrer le fruit encore petit. On lie bien le Moule
» de peur qu'il ne s'ouvre ; & on le tient ainsi fermé, jusqu'à ce que
» le fruit en ait rempli toute la capacité. Rien n'est plus plaisant, que

» de voir après cela, une Pomme qui repréfente fort fingulièrement
» un Vifage, ou une Tête d'Animal ; fur-tout on trouve que ce petit
» jeu réuffit parfaitement bien à l'égard des Courges.

*Pour avoir des Fruits qui purgent.*

« On tire de terre un petit arbre, comme un Pommier. On coupe
» la plus groffe racine ; on cherche la moüelle ; on en tire le plus que
» l'on peut ; on mèt à la plaçe de la Rhubarbe. On remèt en terre
» l'arbre ; les fruits qu'il portera auront une vertu Cathartique.

Le dernier chapitre traite de la Culture des Fleurs. M. l'Abbé de Vallemont indique d'abord, les Ouvrages de chaque Mois dans le Jardin à Fleurs. Enfuite il donne deux articles, dont l'un a pour le titre, *Secrèts concernant la Culture des Fleurs* ; & l'autre, *différens Secrèts très-curieux pour le Jardinage.*

## Secrèts extraits du Premier Article.

*Pour donner de nouvelles Couleurs aux Fleurs.*

« Il y a particulièrement trois Couleurs qui font rares dans les
» Fleurs, & que les Curieux y voudroient pouvoir introduire. Le
» *Noir* fi propre par fa couleur lugubre à peindre le dégât que la mort
» caufe dans les familles. Le *Verd* fi agréable aux yeux, & fi propre
» à nourrir, & à fortifier la vûë. Le *Bleu* qui tranfmèt fur la terre la
» couleur du Ciel. On peut faire prendre aux Fleurs ces trois fortes
» de Couleurs, fans beaucoup de peine. Pour le *Noir*, on prend les
» petits fruits qui croiffent fur les Aûnes. Il faut attendre qu'ils y foient
» bien defféchés. On les mèt en poudre impalpable. Pour le *Verd*, on
» fe fert du fuc de Ruë : & pour le *Bleu*, on employe les bleuëts qui
» croiffent dans les blés. On les fait fécher, & on les réduit pareil-
» lement en poudre bien fine. Voici l'Ufage. On prend la Couleur
» dont on veut imprègner une Plante, & on la mêle avec du fumier
» de mouton, une petite pointe de vinaigre, & un peu de fèl. Il faut
» qu'il y ait dans la compofition un tiers de la Couleur. On dépofe
» cette matière, qui doit être épaiffe comme de la pâte, fur la racine
» d'une Plante dont les Fleurs font blanches. On l'arrofe d'eau un peu

» teinte de la même couleur ; & du refte, on la traite comme à l'or-
» dinaire. On a le plaifir de voir des Œillèts qui étoient blancs, de-
» venus Noirs comme des Éthiopiens. On fait la même chofe pour le
» *Verd*, & pour le *Bleu*.

« Pour mieux réuffir, on prépare la terre. Il la faut choifir légère
» & bien graffe, la fécher au foleil, la réduire en poudre, & la paffer
» par le tamis. On en remplit un vafe, & l'on mèt au milieu une
» Giroflée blanche. Car la feule Couleur blanche eft docile, & fuf-
» ceptible de nos impreffions. Il ne faut point que la Pluye ni la Rofée
» de la nuit, tombent fur cette plante. Durant le jour, on la doit ex-
» pofer au Soleil. Si on veut que cette Fleur blanche fe revête de la
» pourpre des Rois, on fe fert de bois de Brefil pour faire la pâte,
» & pour teindre l'eau des arrofemens. Par cet artifice on auroit des
» Lis charmans. En arrofant la plante de trois ou quatre Couleurs,
» par trois ou quatre différens endroits ; on auroit des Lis de diverfes
» couleurs, qui feroient beaux à ravir.

Ces Secrèts feroient fort beaux, fi l'Auteur pouvoit ajoûter : *je les
ai éprouvés moi-même.*

### Secrèts tirés du fecond Article.

« Si l'on grèffe deux ou trois fois le Jafmin fur un Oranger, il en
» naitra des fleurs plus fortes ; & dont l'Odeur tiendra quelque chofe
» de tous les deux.

« Si l'on grèffe deux ou trois fois le Jafmin d'Efpagne fur du Ge-
» nêt d'Efpagne ; la fleur du Jafmin deviendra jaune ». Telles font
les Obfervations de cet Auteur.

HORTORUM LIBRI TRIGINTA, *Authore Benedicto Curtio.*
Lugduni, Tornæfius, 1560, in-Fol.

JOH. BAPT. FERRARII FLORA, *feu de Florum Culturâ,
Libri IV.* Amft. Joffonius, 1664, in-4. Fig.

OBSERVATIONS fur l'Agriculture & le Jardinage, pour fervir d'Inftruction à ceux qui defireront s'y rendre habiles. Par
M. Augran de Ruïneuve, Confeiller du Roi en l'Élection d'Or-
léans. *Paris, Claude Prudhomme, au Palais,* 1712, 2 *Vol. in-12.*

Ce Livre est écrit avec beaucoup de netteté, & avec une simplicité qui le rend utile à toutes sortes de Lecteurs. Il paroît être le Fruit d'une longue expérience, accompagnée de la lecture des meilleurs Auteurs. Aussi M. de Ruïneuve avoüe qu'il a extrêmement » profité des Actes » Philosophiques de l'Académie Royale des Sçiences, & des Sociétés » Royales d'Angleterre, & de Montpellier ; qu'il a fait usage des belles » découvertes que les Sçavans & Illustres Personnages qui les com- » posent ont faites sur les plantes, & sur la manière de les cultiver.

Son Ouvrage est partagé en Texte & en remarques ; le Texte contient l'essentiel : on trouve dans les Remarques l'explication des termes de l'Art, la description & les vertus des principales Plantes ; & diverses réfléxions.

La Théorie et la Pratique du Jardinage. *Paris, Mariette, 1713, in-4.*

Le nouveau Théatre d'Agriculture, & Ménage des Champs ; contenant la manière de cultiver, & faire valoir toutes sortes de biens à la Campagne. Avec une Instruction générale sur les Jardins fruitiers, Potagers, Jardins d'ornemens & botaniques ; & sur le Commerce de toutes les marchandises qui proviennent de l'Agriculture : le tout suivi d'un Traité de la Pêche & de la Chasse, extrait de Fouilloux ; & des meilleurs Auteurs. Ouvrage très-utile dans toutes les Familles. Par *Liger*, enrichi d'un très-grand nombre de Figures en taille douce. *Paris, Michel David, 1713, in-4.*

Cet Ouvrage est un des plus complèts qui ait encore paru sur l'Agriculture, & sur le Ménage de la campagne. L'Auteur en y renfermant tout ce que cette matière offre de plus intéressant & de plus utile, l'a poussé au point de ne plus rien laisser à souhaiter là-dessus. Les lumières qu'il s'est acquises en ce genre par une longue étude & une longue expérience, l'ont mis en état de perfectionner peu-à peu ce Traité, dont il avoit déja publié différens morceaux en divers tems & sous différens titres ; & qu'il donne assorti de toutes ses parties, augmenté de vingt-cinq chapitres fort amples, & enrichi de plusieurs planches en taille douce, qui préfentent aux yeux des Lecteurs les principaux fujets dont il s'agit. M. Liger a partagé fon nouveau Théatre en cinq livres.

Il expofe d'abord dans le premier, quelles font les qualités d'efprit & de corps qui forment le plus avantageufement un homme pour l'Œconomie de la campagne ; après quoi il defcend dans un détail des diverfes efpèces de terroir qui fe peuvent cultiver. Il en approfondit la nature, tant en général qu'en particulier ; & il donne la manière de les mefurer, fuivant les divers ufages de chaque Pays. Enfuite il parle de la conftruction d'une maifon de campagne, & fournit tous les éclairciffemens néceffaires pour ne s'y point engager mal à propos ; jufques-là qu'il marque exactement le prix de tous les matériaux qui fervent au bâtiment, & qu'il en fpécifie le choix & l'ufage. Il nous y apprend encore, comment fe doit comporter un bon Œconome à la campagne, pour y jouir du fruit de fes travaux ; comme il doit règler fa maifon par rapport à toutes fortes d'états, afin que la dépenfe n'y excède pas les revenus ; l'attention qu'on doit apporter au choix des domeftiques ; la manière d'affermer les biens de campagne ; la néceffité de faire différentes provifions, les moyens de les conferver pour les employer chacune dans la faifon convenable, ou pour fe défaire des fuperfluës.

L'Auteur enfeigne dans le fecond Livre, la manière de nourrir & d'élever toutes fortes d'animaux domeftiques, tant oifeaux que bêtes à quatre pieds ; fans oublier ce qui concerne le traitement de leurs maladies. Il commence ce détail par les poules, dont on peut tirer un profit confidérable pendant l'année ; d'où il paffe aux poulets d'Inde, aux dindons, aux oyes, aux canes & canards domeftiques, aux pigeons de colombier & autres ; pour venir enfuite aux canes fauvages, aux canes d'Inde, aux cignes, aux paons, aux tourterelles, aux cailles & aux fayfans ; quoique ces derniers oifeaux femblent plutôt deftinés au plaifir & à la curiofité, qu'à la véritable Œconomie : à la volaille fuccèdent les beftiaux ; c'eft-à-dire, les vaches, les bœufs, les taureaux, les brebis, les moutons, les agneaux, les chèvres, & les cochons.

On examine à fond, l'utilité qu'on peut tirer de chaque efpèce de ces animaux ; & dans cette vûe, l'on en fait un dénombrement de presque toutes les parties qui les composent. Comme c'est principalement la graisse qui les fait valoir, on prescrit les moyens de les engraisser. Le gouvernement des chevaux, tant en santé qu'en maladie ; & celui des Haras, font un des principaux articles du second Livre. On y parle aussi des mulèts & des ânes : des mouches à miel, & des vers à soye, de la garenne & du clapier, des étangs, & autres pièces d'eau capables de contenir du poisson.

On trouve dans le troisième Livre, tout ce qu'un Laboureur doit faire pendant le cours de l'année ; les noms & la description des outils dont il a besoin, les circonstances du labourage ; les tems propres aux labours ; des Observations sur la nature des fumiers, & sur la manière de les employer ; des Instructions sur la semaille, la moisson, la fauchaison, la vendange : sur la culture des bois en général, tant de haute futaye, que les bois taillis ; des aquatiques & autres sauvages, qui croissent ailleurs que dans les forêts ; &c.

Les Jardinages font la matière du quatrième Livre. On y traite en premier lieu, des jardins utiles ; c'est-à-dire, des potagers & fruitiers : & l'on y enseigne à fond la conduite des pépinières de fruits. Celle de la taille des arbres n'y est pas moins approfondie ; & l'on peut dire, que cet Art a d'autant plus de liaison avec la Physique, que pour y réussir, on doit connoître les mouvemens du suc nourricier qui coule dans les arbres : sans quoi, l'on tombe dans des inconvéniens très-difficiles à réparer dans la suite.

L'Auteur pour donner une idée plus juste de cet Art, a eu soin d'en éclaircir les précèptes par plusieurs figures. Les Curieux en fruits y trouveront des listes exactes de toutes les espèces que l'on en cultive ; & un détail circonstancié sur la vigne, sur les vendanges, sur les vins de différentes couleurs, & sur les autres boissons dont on use dans le ménage.

M. *Liger* parle après cela, des Jardins destinés à l'ornement & au plaisir des yeux. Tels sont les parterres, tant en broderie qu'à l'angloise, les boulingrins, les salles, les sallons ; & les autres pièces qui contribuent à la décoration & à la magnificence des Jardins. Cela est accompagné d'instructions sur la conduite des eaux jaillissantes, & sur la culture de toutes fortes de fleurs ; & même des Simples qui entrent dans la compofition des médicamens.

Enfin le cinquième Livre, roule fur les divers plaifirs qui fe prennent à la campagne. On y explique tout ce qui regarde la cuifine & l'office ; on y traite de la Chaffe & de la Pêche. L'Auteur y donne auffi les moyens de mettre en commerce toutes les denrées qu'on recueille à la campagne, de les vendre à propos, & d'en faciliter le débit en quelque lieu que ce puiffe être : & ce qu'il nous communique fur ce fujet, ainfi que fur tout le refte, ne font point de vaines fpéculations produites dans le cabinet ; mais ce font autant de vérités établies fur la pratique, & fur l'expérience.

LA NOUVELLE MAISON RUSTIQUE, ou Œconomie Générale de tous les biens de la Campagne ; la manière de les entretenir & de les multiplier ; donnée ci-devant au Public par le Sieur *Liger*. Troifième Édition revûë, corrigée, augmentée, mife en meilleur ordre ; & enrichie de Figures en taille douce. *Paris, Claude Prudhomme, 1721, 2 Vol. in-4.*

Quoiqu'il foit marqué dans le Titre de cet Ouvrage, qu'il eft du Sieur *Liger* ; on s'explique dans la Préface de manière à faire fentir, que l'on ne fait pas beaucoup de cas des deux éditions précédentes de la *Nouvelle Maifon Ruftique* ; quoique tous les exemplaires en ayent été débités. « Depuis la mort du Sieur *Liger* ( dit-on dans la Préface ) une
» perfonne plus éclairée & mieux inftruite des fecrets de l'Agriculture,
» a cru faire plaifir au Public en lui donnant dans un corps, tout ce
» que les Anciens & les plus célèbres Modernes ont écrit fur l'Agri-
» culture, & fur toutes fes parties. Il y a ajouté fes nouvelles Dé-
» couvertes ; l'Éxactitude avec laquelle il a traité toutes les matières,
» l'Ordre qu'il a obfervé dans la diftribution des chapitres, les Pré-
» cautions févères qu'il a prifes pour ne rien hazarder, qui pût être
» défavoué par les perfonnes expérimentées en cet Art, ont fait qu'il
» n'a rien écrit que fur des témoignages très-affurés, & fur fa propre
» expérience. Il n'a point laiffé de confulter les plus habiles gens dans
» chaque genre, & d'éxaminer fi la conformité de leurs fentimens &
» de leur pratique s'accordoit ; pour affeoir un jugement folide, &

» fur lequel on ne pût former aucun doute. Tout cela fait (ajoute-t-on
» de notre *Nouvelle Maifon Ruftique*, ) un Livre ; lequel, quoique le
» même en fubftance, eft cependant bien différent, & en même tems
» bien plus utile que tout ce qui a paru jufqu'à préfent : enforte que
» l'on peut dire que cette *Nouvelle Maifon Ruftique* n'a prefque rien
» de commun avec la dernière, que le nom de l'Auteur.

L'Ouvrage eft divifé en deux Parties. La Première contient, ce que l'Auteur appelle l'Intérieur & la baffe cour de la Maifon Ruftique. Ce qui comprend les bâtimens, les provifions, l'œconomie intérieure d'une maifon de campagne, la volaille, les chevaux, les bêtes de fomme, les bêtes à cornes & à laine, les mouches à miel, les vers à foye, le commerce, le débit, l'ufage & les qualités de tout ce qui fe tire de la baffe cour. Toutes ces matières font traitées en fix Livres.

Dans la Seconde Partie ; on traite des terres labourables, des vignes, des bois, des étangs, des prés, des garennes, des arbres à fruit, des arbres ftériles, de la confommation, des productions des terres. L'Auteur prétend que l'on trouve dans fon Livre, tout ce qu'on peut fouhaiter fur ces matières.

DICTIONNAIRE Botanique & Pharmaceutique. *Paris, 1715, in-8*.

DICTIONNAIRE DES ARTS ET DES SÇIENCES, par MM. de l'Académie Françoife. *Paris, Coignard, 1694, 2 Vol. in-Fol.*

DICTIONNAIRE DE TREVOUX. *Paris, De Laulne, 1721, 5 Vol. in-Fol.*

LE PARFAIT ŒCONOME, contenant ce qu'il eft utile & néceffaire de fçavoir à tous ceux qui ont des biens à la Campagne ; par M. de Rofny. *Paris, Saugrain, 1740, in-12.*

L'Œconomie ou le bon Ménage, eft la Sçience de fçavoir acquérir, ménager, gouverner & conferver des biens, par l'ordre & la connoiffance que l'on doit avoir des chofes. Comme la Terre eft la mère nourrice de tout ce qui a vie, & que tout ce qu'elle produit eft utile & néceffaire à l'homme, à qui Dieu Auteur de la Nature & Maître de ce grand Univers, en a donné la jouiffance & l'ufufruit ; il faut donc
que

que l'Homme s'attache & s'employe, autant que son génie lui permèt, à connoître non-seulement les propriétés des productions de cette masse terrestre ; mais encore qu'il apprenne, comme un véritable Œconome, la Sçience de conserver, ménager & gouverner avec ordre & avec règle, les biens que Dieu lui donne. Cette Sçience consiste principalement à bien éxaminer & règler sa dépense, de sorte qu'elle ne surpasse point le revenu que l'on a ; au contraire, il faut en mettre tout au moins le tiers à profit, ou l'amasser pour s'en servir au besoin. On en peut mèttre même la moitié, à proportion des revenus que l'on a, sans pourtant tomber dans le péché d'avarice. Cette maxime peut être suivie par toutes sortes de personnes, plus ou moins riches & opulentes ; il ne s'agit que d'observer certaines règles d'Œconomie, inconnuës & ignorées par bien des gens, par l'inapplication qu'ils ont aux choses. Ce Livre est nécessaire, pour s'en bien instruire.

OBSERVATIONS *Botanico-Météorologiques*, de M. Duhamel, Année 1741.

Le Mémoire de M. Duhamel consiste dans un plan, que cet Auteur trace aux différens Observateurs, qui voudront l'aider dans le nouveau genre de travail qu'il entreprend. Ce Travail consiste à rassembler plusieurs Observations *Botanico-Météorologiques*. Il est certain, comme le remarque l'Académicien, que la sçience de l'Agriculture ; comme des blés, celle des vignes, des chanvres, & des autres richesses que la terre produit, offre un champ bien vaste à l'Observation. Cette partie si nécessaire à l'État, est nécessairement abandonnée à des hommes, que la pratique seule conduit dans toutes leurs opérations ; on croit cependant que les gens d'Art sont attentifs à éxaminer le terrein le plus propre à certaines espèces de recoltes, & qu'entr'eux ils se communiquent leurs Observations ; mais le Physicien n'en peut être instruit que par une suite de recherches ; les détails lui manquent, il ne peut donc déduire aucune vérité.

M. Duhamel a éxaminé quels ont été les divers progrès de semailles de l'Automne 1740 ; & voici comme il s'y est pris : il fait d'abord pendant chaque Mois de l'Année, une relation qu'on pourroit appeler l'*Histoire des blés ;* il éxamine le germe du blé depuis son entrée dans la terre, & il le fuit par degrés jufqu'à la recolte. L'Auteur du Mémoire ne fe borne pas au blé feulement, les vignes ainfi que les Mars & autres menus grains, entrent dans le plan général de fes Obfervations. Les fruits & les accidens qui font arrivés aux végétaux, font marqués de la même manière par Articles.

On ne peut difconvenir que ce plan bien exécuté, ne foit infiniment utile. M. Duhamel eft le premier à faire fentir, qu'il n'y a point encore de conféquence à déduire, & qu'il n'eft pas facile de tirer des inductions générales ; la nature des terreins eft totalement différente, une moiffon peut être fort abondante dans un canton, & être fort médiocre, ou fort mauvaife dans un autre ; mais la Collection des faits en ce genre eft toujours fort importante : c'eft dans cette vûë, que l'Auteur invite les Correfpondans de l'Académie qui réfident dans différentes Provinces, à faire les mêmes Obfervations, & à les lui communiquer.

Le Mémoire qu'il a compofé à ce fujèt pourra fervir de modèle, à ceux qui voudront faire de pareilles Obfervations ; la matière par elle-même demandant plus d'attention & d'éxactitude, que de connoiffance dans la Phyfique, chaque canton pourra fournir un bon Obfervateur.

TRAITÉ de la Culture des Pêchers. *Paris, Delaguette, le Prieur, 1750, in-12.*

Une Sageffe déplacée eft une véritable Folie. Vouloir ramener les hommes à fon goût, quelque raifonnable qu'il foit, eft de toutes les entreprifes la moins fenfée. Chaque Siècle a fes mœurs, qu'il ne faut point contredire. On tenteroit inutilement d'en introduire même de plus fages : le plus court eft de fuivre les fiennes, fans s'épuifer en raifonnemens pour tâcher d'y plier les autres. Philofophe par tempérament, & peut-être par réfléxion ; irai-je vanter aux mondains les charmes de la retraite, incompréhenfibles à ceux qui n'ont pas le cœur fait pour elle ? Le Jardinage eft mon attrait : j'en fais depuis bien des années l'amufement de mon loifir, & la plus folide occupation de ma vie. Eft-ce une raifon, pour étaler tout le mérite de cet éxerçice ? Je ferois, ce me femble, auffi-bien qu'un autre la Peinture de l'Age d'Or, où la Culture de la terre étoit le plus noble des Arts, comme elle eft encore le plus utile. Je pourrois rappeller les hommes à leur vocation naturelle, & orner ce discours de descriptions touchantes, qui ne feroient guères plus d'impression sur la plûpart de mes Lecteurs, que la vûë d'un beau payfage placé dans le cabinet d'un Richard, n'en fait fur ces hommes du siècle, accoûtumés au faste & au bruit des Villes : mais ce n'est là, ni ma mission, ni mon objèt. Je ne cherche point à infpirer le goût du Jardinage. J'écris pour ceux qui l'ont déja ; & ce petit Ouvrage destiné à leur instruction, ne doit rien offrir d'étrange au but que je me propose. Telles sont les expressions de cet Auteur.

Il ajoute ensuite ; sans la Pratique & l'Expérience, on n'acquiert que des connoissances très-superficielles.

Cet Amateur prit donc le parti de faire par lui-même toutes les Opérations qui étoient à sa portée ; & à l'exception des travaux rudes, il a mis la main à tout ; c'est-à-dire, qu'il a semé, planté, taillé, palissé, grèffé; &c. Il vouloit connoître tout à fond ; & en opérant ainsi lui-même, il remarquoit plus sûrement les défauts de l'Ouvrage. Ce Livre est fort utile, & est bien traité dans toutes ses parties.

TRAITÉ DE LA CULTURE DES TERRES, suivant les principes de M. Tull Anglois ; par M. Duhamel du Monçeau, de l'Académie Royale des Sciences, de la Société Royale de Londres, Inspecteur de la Marine dans tous les Ports & Havres de France : avec figures en taille douce. *Paris, Guerin, 1750, in-12.*

M. Tull s'étant livré tout entier à la Culture des terres, forma sur des expériences répétées, un nouveau système d'Agriculture ; qu'il publia dans un Ouvrage assez étendu, qui a eu beaucoup de partisans en Angleterre.

La réputation de ce Traité étant parvenuë jusqu'en France ; feu M. Otter, de l'Académie des Belles Lettres, fut engagé à le traduire. Mais pour rendre le sens de cet Ouvrage déja difficile à entendre dans sa propre langue, il ne suffisoit pas de sçavoir l'Anglois ; il étoit de plus nécessaire de connoître l'Agriculture. Aussi, quand tout l'Ouvrage fut traduit, M. Otter convint que son manuscrit avoit grand besoin de passer sous les yeux d'un homme instruit des matières qui s'y trouvoient traitées. M. de Buffon se chargea de cette révision, qui l'occupa durant plus de trois mois.

Pendant ce tems-là, M. Duhamel reçut une autre Traduction du même Ouvrage, par M. Gottefort; qui avoit les mêmes défauts que celle de M. Otter. Il fit sur cette seconde Version, ce que M. de Buffon avoit fait sur la première, qui fut remise entre ses mains.

L'Ouvrage tel qu'il paroît aujourd'hui dans notre Langue, doit moins passer pour une Traduction, que pour un Original. Si le *Traité de M. Tull* contient des idées neuves & utiles, elles sont noyées dans un grand nombre de raisonnemens vagues & prolixes, qui suffiroient seuls, pour en empêcher le succès.

M. Duhamel s'est contenté de se remplir l'esprit des idées & des vûës de cet Auteur, il y a mis l'ordre qui lui a paru convenable; supprimant entièrement tout ce qui étoit étranger au sujet, abrégeant ce qui lui sembloit trop étendu; détaillant les méthodes ordinaires de cultiver la terre, quand cela lui paroissoit nécessaire pour faire appercevoir les avantages de la Nouvelle Méthode; ajoutant des expériences pour confirmer le sentiment de l'Auteur, ou pour avertir qu'il faut être en garde, lorsque les principes de M. Tull ne sont pas assez bien constatés. Enfin, sans suivre servilement son Auteur, il a essayé de rendre l'esprit de la chose sous une forme toute différente.

Il avertit le public, qu'on ne trouvera pas les matières épuisées, même dans les chapitres où il traite un objet en particulier; comme des racines, des feuilles, de la nourriture des plantes : il n'a rapporté que ce qui apartient immédiatement à son objet, ou ce qui est nécessaire pour l'intelligence du *Nouveau Systême d'Agriculture*.

Malgré les additions qui lui appartiennent en entier, & qui font une partie considérable de cet Ouvrage, il ne croit pas avoir rien omis de ce qui est intéressant dans le livre de M. Tull, qui néanmoins en Anglois est un petit *in-Folio*.

Ce Traité est divisé en deux parties. On expose dans la première les nouveaux principes d'Agriculture, & on en donne des applications à la Culture de plusieurs plantes utiles; cette partie contient 21 chapitres. La seconde est destinée à la description des instrumens nécessaires à la Culture des terres, suivant la *Nouvelle Méthode*.

## AGRONOMES.

Nous donnerons une idée du sujèt d'une partie de ces chapitres, suivant l'expofition qu'en fait l'Auteur lui-même, que nous prendrons pour guide, & que nous ne ferons qu'abréger. Nous ne pouvons mieux faire connoître l'utilité d'un Livre, qui intéreffe fi fort la Société.

Dans le premier Chapitre on traite fommairement des Racines. Il n'y eft point queftion de toutes les diftinctions que les Botaniftes ont établies, ni d'un éxamen affidu & délicat qu'un Phyficien pourroit faire des organes qui les compofent. Il fuffit pour l'intelligence des nouveaux principes, de diftinguer les racines en pivotantes, qui s'enfoncent verticalement dans la terre; & en rampantes, qui s'étendent parallèlement à la furface du terrein.

Sans prétendre approfondir ce qui regarde les feuilles, le fecond Chapitre eft deftiné à l'expofition des différens fentimens qui ont partagé les Auteurs fur leur ufage. Les uns ont regardé les feuilles, comme les poumons des Plantes; ils ont prétendu qu'elles contenoient des réfervoirs remplis d'un air élaftique, qui de-là fe diftribuoit dans toutes les parties des plantes. D'autres ont cru que la fève étoit portée dans les feuilles, pour y reçevoir une certaine préparation, qui la rendoit propre à fervir enfuite à la nourriture de toute la plante; ce qui fuppofoit une circulation de la fève qui n'eft pas encore bien établie.

On s'eft affuré par des expériences bien faites, que les feuilles afpirent l'humidité des pluyes & des rofées; elles peuvent donc être regardées comme des organes qui fervent à la nutrition des plantes. Enfin il eft tout auffi-bien prouvé, que les plantes tranfpirent très-abondamment par leurs feuilles. D'où on conclut, qu'elles font des organes deftinés à opérer une fécrétion très-importante à l'Œconomie végétale. Quoi qu'il en foit, il eft conftant que les feuilles font des organes très-utiles aux végétaux; ce que l'Auteur confirme par plufieurs expériences rapportées dans ce chapitre.

Il eft traité dans le Troifième, de la nourriture des plantes. M. Tull penfe que cette nourriture n'eft autre chofe qu'une terre réduite en poudre très-fine; & M. Duhamel a effayé de donner à ce fentiment toute la vraifemblance dont il eft fufceptible. Cependant il eft probable que les fubftances intégrantes de la fève, doivent être diffolubles dans l'eau; & les molécules de terre ne paroiffent pas avoir cette propriété. « Quoi qu'il en foit, *dit notre Auteur*, fi nous venons

» à augmenter la fertilité des terres, nous aurons lieu de nous confo-
» ler de l'incertitude qui règne fur la nature du fuc nourricier ».

Il s'agit dans le Quatrième chapitre, d'une queftion qui eft encore fort embarraffante ; auffi eft-elle une fuite de celle dont on a parlé dans le précédent. Toutes les Plantes fe nourriffent-elles d'un même fuc, qu'elles tirent de la terre ? M. Tull le penfe, mais bien des Auteurs croyent que chaque plante ne tire de la terre, que les fucs qui lui font propres ; d'où il fuivroit qu'une terre pourroit être épuifée pour une forte de Plante, & ne l'être pas pour les autres. M. Duhamel fe contente de difcuter les deux fentimens, fans prendre aucun parti. La Queftion fubfifte ; elle mérite bien que les Phyficiens Amateurs de l'Agriculture, en faffent l'objet de leurs recherches.

Notre Auteur infifte dans ce chapitre & dans le fuivant, fur la néceffité des Labours. « Quelque bonne que fût une Terre, *dit-il*, les
» plantes n'en tireroient pas un grand avantage, fi leurs racines n'a-
» voient pas la liberté de s'étendre pour en tirer les fucs. Une Terre
» trop endurcie y formeroit un obftacle infurmontable. Il faut donc
» la brifer par les Labours ; & rien ne prouve mieux cette vérité,
» que la grande fertilité des Potagers qu'on a défoncés. On peut donc
» pofer pour principe, que plus on divife les molécules de Terre,
» plus on multiplie les pores intérieurs de la Terre ; & plus on la mèt
» en état de fournir de la nourriture aux Plantes ».

Il s'agit dans le Sixième chapitre, des moyens qu'on peut employer pour faire cette divifion. Les Labours l'opèrent méchaniquement ; le feu par la voye de calcination, & les fumiers au moyen de la Fermentation. Mais les Fumiers altèrent toujours un peu la qualité des productions, & on n'eft pas maître de s'en procurer autant qu'on en auroit befoin ; au lieu qu'on peut multiplier les Labours autant qu'on le veut, & fans craindre d'altérer la qualité des fruits. Les fumiers peuvent bien fournir quelque fubftance à la Terre ; mais par les Labours réitérés, on expofe fucceffivement différentes parties de la Terre, aux influences de l'Air, du Soleil & des pluyes ; ce qui les rend propres à la végétation.

Les Terres qui ont refté long-tems en friche, doivent être labourées avec des précautions particulières, dont on eft difpenfé quand

il s'agit de Terres qui ont été cultivées sans interruption. « C'est ce
» qui nous a engagés, *dit notre Auteur*, à nous étendre beaucoup dans
» le chapitre septième, sur le défrichement des Terres. A cette occa-
» sion, nous avons détaillé la manière de brûler les Terres, comme
» je l'ai vû pratiquer en Bretagne, & dans d'autres Provinces du
» Royaume ; M. Tull désapprouve cet usage : il est néanmoins d'ex-
» périence, que par cette pratique on communique aux Terres une
» fertilité qui dure plusieurs années ; & il faut bien que les Fermiers
» en soyent convaincus, puisqu'ils s'engagent à une dépense considé-
» rable en journées d'Ouvriers, & à une consommation de menu bois,
» qui dans certains pays n'est pas indifférente. Au reste il est certain
» qu'en Normandie, on répand de la chaux sur les Guérèts pour aug-
» menter leur fertilité ; & il me semble apercevoir quelque parité,
» entre ces deux façons de fertiliser les Terres. Les bois, les landes,
» les prés, doivent être défrichés avec des précautions particuliè-
» res, que nous avons rapportées dans le même chapitre ; &c.

Les différentes espèces de Terres, exigent qu'on les laboure différemment, & avec différentes espèces de Charruës. L'Auteur en donne
une idée dans le huitième chapitre, sans néanmoins entreprendre de
décrire toutes les façons de Labourer. Nous n'entrerons pas dans ce
détail, qui seroit cependant nécessaire pour faire mieux comprendre
les avantages de la *Nouvelle Méthode*, dont les principes fondamentaux
sont rapportés dans les chapitres suivans.

Dans le vingt-unième, qui termine la première partie de cet Ouvrage ; l'Auteur fait un parallèle, de l'Ancienne & de la *Nouvelle Méthode* de cultiver les Terres, qui rendra très-sensibles les avantages
qu'on peut espérer de celle qu'il propose. « Nous n'avons évalué,
» *dit-il*, le produit de nos Terres, qui sont réputées assez bonnes ; qu'à
» quatre, cinq, ou au plus six pour un : c'est-à-dire, qu'un fermier
» qui sème cent septiers de Froment, ne peut guères espérer qu'une
» Récolte de cinq à six cents septiers ; & Columelle n'estimoit pas
» que son terroir d'Italie produisît davantage. Il est vrai qu'il y a
» certaines Terres qui rendent dix pour un. Mais, quand nous parlons
» du produit des Terres, c'est une estimation moyenne prise sur toutes
» les Terres, qui composent une grosse ferme ».

« Pline néanmoins parle de la grande Fertilité de certaines Terres, qui rendent cent ou cent cinquante pour un. Il ne seroit pas difficile de donner des éxemples d'une fertilité encore plus grande; puisqu'en cultivant quelques grains de Froment dans un potager, il est commun de les voir produire chacun quarante & cinquante épis; & chaque épi contenir chacun quarante ou cinquante grains: ce qui fait seize cens ou deux mille, ou deux mille cinq cens grains pour un. Or, s'il est possible de parvenir en grand à cette fertilité; c'est assurément en suivant les principes de M. Tull: puisque sa culture est assez semblable, à celle qu'on donne aux Plantes Potagères. Au reste, en engageant les autres à en faire l'épreuve, je ne prétends pas m'en dispenser; & j'ai déja fait des préparatifs pour la faire en grand ».

« Ce que nous avons dit en faveur de la *Nouvelle Façon* de cultiver les Terres, paroît suffisant pour engager les amateurs d'Agriculture à en faire l'essai ; & , suivant le succès de leurs premières épreuves, ils pourront avec connoissance de cause, faire valoir de cette façon, une plus grande ou une moindre portion de leur domaine. Car, quand on seroit bien assuré d'augmenter ainsi les Récoltes du froment, il pourroit y avoir de solides raisons qui engageroient à n'employer la *Nouvelle Façon* de cultiver les Terres, que pour une portion de domaine ». Notre Auteur rapporte quelques-unes de ces raisons ; qu'il présente sous la forme d'objections, & il y joint ses réponses.

Les cinq chapitres de la Seconde Partie, sont entièrement destinés à la description des Charruës, Semoirs & autres Instrumens, que M. Tull a imaginés pour cultiver les Terres. Notre Auteur avouë, que la description des semoirs est longue; & néanmoins quelquefois assez obscure. Il s'est cependant donné tous les soins possibles, pour bien rendre l'Anglois. Il a eu même l'attention de faire revoir le chapitre par différentes personnes, qui sçavent très-bien cette Langue. Il y a joint une Herse roulante, dont il a parlé dans la première partie ; & une Charruë légère fort simple, qui pourroit être substituée à celle de M. Tull. Nous ne chargerons pas cet extrait de la description des Charruës, Semoirs, &c. de l'invention de cet Auteur. Mais nous ne

pouvons

pouvons nous dispenser de parler au moins d'une nouvelle espèce de Charruë, qu'il a imaginée, & qui peut produire de grands avantages.

La Charruë ordinaire ne remuë pas la Terre à une assez grande profondeur, & souvent elle la renverse tout d'une pièce, sans briser les mottes; car le Coutre coupe le gazon, le soc qui suit l'ouvre, & le Versoir ou l'oreille le renverse tout d'une pièce sur le côté. La Charruë de M. Tull porte en avant quatre Coutres, au lieu d'un. Ces coutres sont placés de façon, qu'ils coupent la terre qui doit être ouverte par le soc, en bande de deux pouces de largeur; ce qui fait que le soc ouvrant un sillon de sept à huit pouces de largeur, le Versoir renverse une terre bien divisée, qui ne forme plus de grosses mottes plates, comme le font les Charruës ordinaires. Il arrive de-la, que quand on vient à donner un second Labour, la Charruë ne trouve à remuer que de la Terre meuble, au lieu de rencontrer des mottes; ou même des gazons, qui, ayant pris racine depuis le dernier Labour; sont aussi difficiles à diviser, que si la Terre n'avoit jamais été labourée.

M. Tull prétend d'ailleurs, qu'avec sa nouvelle Charruë, il peut remuer la terre à 10, 12 & 14 pouces de profondeur; & comme par cette Charruë on fait de profonds sillons, & des billons fort élevés, la terre est bien plus en état de profiter des influences de l'air.

Quand on veut mettre en façon une Friche ou un Champ, qui n'a point été labouré depuis long-tems; il faut que la terre soit très-humide, sur-tout si elle est forte : car sans cela elle seroit si dure, que les coutres ne pourroient la couper, ni le soc la renverser. Mais, quand les Terres sont en façon, il faut éviter de les Labourer, lorsqu'elles sont fort humides; car alors le trépignement des chevaux, & le soc même corroyent, & aglutinent les terres fortes; à-peu-près comme le font les Potiers, lorsqu'ils préparent leurs terres pour faire des vases : & ainsi l'on gâte la Terre, au lieu de l'améliorer.

Cependant la Charruë à quatre coutres la corroye moins, que la Charruë ordinaire; parce que le soc de celle-ci la détache par une pression, au lieu que les coutres de l'autre, l'ayant coupée en plusieurs pièces fort petites, la terre la renverse, sans presque la pétrir. D'ailleurs, comme la Charruë à quatre coutres entre dans la Terre, jusqu'à la profondeur de douze ou quatorze pouces; elle y trouve la

*Tome I.*                          H h h h

Terre affez féche, lors même que celle de deffus eft très-détrempée.

M. Tull recommande qu'on mètte tous les chevaux les uns devant les autres, quand on laboure une Terre molle ; afin que marchant tous dans le fillon, ils ne pétriffent pas tant la Terre.

Si la Terre eft en bonne façon, l'on peut la Labourer par le fec; mais le tems le plus avantageux, eft lorfqu'elle eft un peu pénétrée d'eau ; fur-tout pour la nouvelle Charruë, qui auroit peine à picquer bien avant, fi la Terre étoit féche.

Il eft vrai que comme cette Charruë picque bien avant, & qu'elle remuë beaucoup de Terre, il faudra employer plus de force pour la tirer ; ainfi il fera néceffaire de mettre trois chevaux au lieu de deux, & quatre au lieu de trois. Mais on fera bien dédommagé de cette augmentation de dépenfe, par la perfection qu'on donnera au Labour. On trouvera dans ce Livre la defcription & la figure de cette Charruë.

Le dernier chapitre eft la traduction d'un paffage de l'Abrégé des Tranfactions Philofophiques par Boddam ; qui rapporte la defcription & les ufages d'un Semoir Efpagnol, inventé par Dom Jofeph Lucatello, dont il eft parlé dans les Tranfactions. « Il étoit jufte, dit M.
» Duhamel, de faire mention d'une façon de cultiver les Terres, qui
» a mérité des applaudiffemens ; & qui pour les chofes effentielles, a
» beaucoup de rapport avec celle de M. Tull. Et un Efpagnol digne
» de foi m'a affuré, que cette Méthode, qui a été imaginée il y a près
» de cent ans, fe pratique encore dans quelques Provinces d'Efpagne.

L'AGRONOME, ou *Dictionnaire portatif du Cultivateur. Paris, Didot, Nyon, Dammonneville, Savoye, Durand, 1760, 2 Vol. in-12.*

Ce Dictionnaire traite avec foin la partie du Jardinage, ce qui comprend les différentes fortes de Jardins ; leur diftribution, tout ce qui contribue à leur ornement, comme les paliffades, les efpaliers, les baffins, les jets d'eau, les réfervoirs, la Culture des arbres fruitiers, celle des fleurs les plus recherchées ; enfin celle du Jardin Potager. Il donne de plus, l'explication & les propriétés des plantes les plus connuës, tant de celles deftinées pour la Cuifine, que de celles dont on fait ufage en Médecine.

Il étend ses recherches sur une infinité d'autres matières, qui ne sont à la vérité que des suites de la situation de l'Agronome : telle est la partie des Bois, de la Pêche & de la Chasse : telles sont encore certaines occupations champêtres, qui sont l'objet de la curiosité ou du délassement, par les merveilles qu'elles offrent aux yeux, & qui par leur côté utile peuvent dédomager des soins qu'elles entraînent ; c'est-à-dire, les abeilles ou mouches à miel, & les vers à soye.

Les Articles principaux forment une analyse des Ouvrages des plus célèbres Observateurs de la Nature, qui ont étudié, approfondi, & ce semble épuisé la matière ; qui dans la vûë de contribuer à la félicité de l'État, ont répandu dans le public, les connoissances qu'ils ont acquises par leurs Observations sur l'Agriculture ; qui y ont joint les expériences, & ont fait des découvertes, non-seulement sur la culture des terres, mais encore sur le blé ; la manière d'en opérer la multiplication, & de le conserver ; sur les prairies, tant artificielles que naturelles ; les fourages ; la culture de la vigne, celle des légumes ; &c. Ce Livre est d'une grande utilité.

LA THÉORIE ET LA PRATIQUE du *Jardinage*, où l'on traite à fond des Jardins de Plaisance & de propreté ; avec un Traité d'Hydraulique convenable aux Jardins. Nouvelle Édition augmentée, avec figures. *Paris, Charl. Ant. Jombert, in-4.*

TRAITÉ PHYSIQUE de la Culture & de la Plantation des Arbres ; avec la manière de les exploiter, de les débiter & de les échantilloner, suivant les différens usages auxquels ils sont propres. *Par M. Roux. Paris, Charles-Antoine Jombert, 1750, in-12.*

L'ART DE S'ENRICHIR PROMPTEMENT par l'Agriculture, prouvé par des expériences ; par M. Despommiers, nouvelle Édition. *Paris, Guillyn, 1763, in-12.*

PHILOSOPHIE RURALE, ou Économie générale & politique de l'*Agriculture* ; réduite à l'ordre immuable des Loix physiques & morales, qui assurent la prospérité des Empires. *A Amsterdam, chez les Libraires associés, 1763, in-4.*

# AGRONOMES.

Les Calculs font à la Sçience Économique, ce que les os font au corps humain. Les nerfs, les vaiffeaux, les mufcles le vivifient, & lui donnent le mouvement. Les os le défendent & le foutiennent. Sans les os des jambes, il ne pourroit fe lever fur fes pieds, ni marcher ; fans les os de fes bras il ne pourroit lever de fardeaux, ni travailler pour fatisfaire à fes befoins ; la Sçience Économique eft approfondie & développée par l'éxamen & par le raifonnement ; mais fans les Calculs, elle feroit toujours une Sçience indéterminée, confufe, & livrée par-tout à l'erreur & au préjugé. Plus les Calculs font inébranlables dans leur baze, leur ferie & leur terme, plus ceux qui fe croyent intéreffés à empêcher l'explofion de la lumière, comptant fur l'inapplication du plus grand nombre des Lecteurs à pénétrer ces hyéroglyphes invincibles, que nous appellons chiffres, fe hâtent d'affirmer hautement que les Calculs font faux. Le grand nombre plus enclin à répéter qu'à apprendre, devient l'écho de cette imputation, méprifable fi-tôt qu'elle eft dénuée de preuves. Les Calculs ne peuvent être attaqués que par des Calculs, comme les Jugemens ne peuvent être réformés ou confirmés que par les Jugemens ; & quoique les méprifes y foient fréquentes, il n'y a qu'eux cependant qui puiffent nous conduire, & nous fixer à la certitude. Pour fçavoir fon compte, on a toujours calculé, & on calculera toujours ; & toujours le Calcul décidera fouverainement. Tout Calculateur peut fe tromper ; mais il faut qu'un autre le redreffe ; fans cela toute imputation de faux contre des Calculs ne font que bruits de trompettes. Les fages s'arrêtent en attendant que la queftion foit jugée, & jufques-là ils préfument toujours que celui qui a calculé eft plus inftruit, que celui qui a prononcé fans calculer. Les hommes de Génie enfin, contens d'envahir d'un coup-d'œil ce qui leur eft propre, dans un bloc de grandes vérités, négligent de s'appefantir fur la baze hériffée de contregardes, qui effrayent leur rapidité ; & dont ils fuppofent volontiers la folidité. Ils ne retirent d'autre avantage de cette lecture, que celui d'être plus affermis dans leurs principes, & plus dédaigneux de voguer dans les Mèrs de l'ignorance & de la contradiction ; & le tout enfemble livré à la difpute des hommes, perd ainfi l'éclat invincible de la vérité. L'Égide de Minerve eft obfcurcie, & ne daignera rompre le voile, & pétrifier fes ennemis ; qu'aux yeux des races futures & impartiales.

Nous devons aux hommes tous les foins d'un véritable amour ; & c'eſt ſur-tout comme enfans chéris de nos contemporains, que nous les leur devons. Notre devoir eſt donc d'hâter de toutes nos forces les progrès de cette régénération. Tel eſt l'objèt de cet Ouvrage, & voici la route qu'il a ſuivie.

Le Tableau dans ſon frontiſpice, préſente naturellement la table & la déſignation des objèts qu'il veut traiter. Son plan général eſt de raiſonner le Tableau, bien plus que de le préſenter ; comme auſſi de le décompoſer par de petits tableaux en précis, quand les matières l'éxigeront.

Cet Ouvrage eſt diviſé en douze Chapitres.

Chapitre Premier. Trois ſortes de Dépenſes dans l'Ordre Économique.

Chapitre II. La Source des Dépenſes.

Chapitre III. Des Avances des Dépenſes.

Chapitre IV. La Diſtribution des Dépenſes.

Chapitre V. Les Effèts des Dépenſes.

Chapitre VI. De la Reproduction des Dépenſes.

Chapitre VII. Les Rapports des Dépenſes entr'elles.

Chapitre VIII. Rapports des Dépenſes avec la Population.

Chapitre IX. Rapports des Dépenſes avec l'Agriculture.

Chapitre X. Rapports des Dépenſes avec l'Induſtrie.

Chapitre XI. Rapports des Dépenſes avec le Commerce.

Chapitre XII. Rapports des Dépenſes avec les Richeſſes d'une Nation.

Ce développement éxige un peu d'étenduë ; mais aujourd'hui que l'Agriculture, le Commerce & l'Induſtrie, font l'objèt particulier de pluſieurs Sociétés établies dans les Royaumes, où toutes ces branches de la Science Économique doivent être examinées dans tous leurs rapports eſſentiels & réciproques ; des vûës ſi ſages & ſi importantes ont éxcité le zèle de l'Auteur à concourir avec ſes Compatriotes, à l'Étude d'une Science qui décide de la Proſpérité des États & du Bonheur des Peuples.

Cet Ouvrage mérite la plus grande attention ; il eſt fort bien imprimé, & bon papier.

LE BON JARDINIER, contenant une Idée générale des quatre sortes de Jardins, les Règles pour les cultiver; & de la manière d'élever les plus belles Fleurs: Nouvelle Édition, considérablement augmentée, & dans laquelle la partie des Fleurs a été entièrement refondue par un Amateur. *Paris, Guillyn, 1764, in-24.*

OBSERVATIONS PHYSIQUES ET PRATIQUES sur le Jardinage, & l'Art de planter, avec le Calendrier des Jardiniers; Ouvrage traduit de l'Anglois de Bradley, enrichi de *Figures* en taille douce. *Paris, Guillyn, 3 Vol. in-12.*

FIN DE LA TABLE RAISONNÉE DES AUTEURS.

# TABLE DES MATIÈRES.

## A.

A, Première voyelle, pronon-
ciation simple, 38.
Ablatif, Cas, 118.
Abrégé de l'Histoire de France en
Vers, 564.
Abrégé des règles de la Versification
Françoise, par Restaut, 560.
Abrégé pour les Arbres nains, 582.
Abricotiers, 487.
Accent aigu, 94.
Accent circonflèxe, 100.
Accent grave, 96.
Accusatif, Cas, 118.
Adoration des Astres, 174.
Adultère avec Vénus, 227.
Adverbe, 151.
Age d'Or, 221.
Agréable (l') de l'Agriculture, 423.
Agriculture (l') & Maison Rusti-
que, 582
Agriculture seule nécessaire, 418.
Agronome (l') ou Dictionnaire por-
tatif du Cultivateur, 610.
Agronomes, 582.
Air, 204.
Allégorie, Trope, 350.
Allégorie du Frontispice, VII.
Allégorie Physique du Vin, avec
l'Histoire de Bacchus, 251.
Allusion, figure de mots, 380.
Alphabèth, 35.
Alzire, Tragédie, 571.
Amour, Dieu de l'Amour, 253.
Amours de Jupiter & de Junon, 213.
Amour des mots, 280.
Amplifications, 330.
Amplifier par un certain amas de
Pensées & d'Expressions, 334.
Amplifier par Comparaison, 333.
Amplifier par Correction, 332.
Amplifier par Gradation, 332.
Amplifier par Induction, 333.
Amplifier un sujet, 332.
Amplifier une chose par sa nature
ou ses propriétés, 333.
Analyse de l'Oraison Funèbre de
M. de Turenne, par M. Flé-
chier, 393.
Anti-Lucrèce (l') 563.
Antiquité (l') expliquée, 531
Anthithèse, figure de mots, 381.
Antre d'Éole, 261.
Août, travaux à faire pendant ce
mois, 464.
Apis, 196.

# TABLE DES MATIÈRES.

*Apollon*, 229.
*Apostrophe*, figure de pensées, 373.
*Apostrophe*, caractère prosodique, 106.
*Arbres* consacrés à Jupiter, 224.
*Arc-en-Ciel*, 264.
*Argumens*, 313.
*Argument* contre l'ancienne dénomination des lettres Hébraïques, des lettres Grècques, & des lettres Latines ou Françoises, 41.
*Armes* d'Achilles, 209.
*Armes* du Roi avec vignettes, v.
*Arroser*, 456.
Ars *Oratoria*, 542.
*Art* de bien parler, 279.
*Art* de dompter les Chevaux, 277.
*Art* (l') de s'enrichir promptement par l'Agriculture, 611.
*Art* de la taille des Arbres, 447.
*Article*, partie de l'Oraison, 120.
*Auteurs* Grècs, 561.
*Auteurs* Latins, 561.
*Auteurs* sur l'Art de Versifier, 559.
*Avril*, travaux à faire pendant ce mois, 462.

### B.

**B**, Consonne labiale, 69.
*Bacchanales*, 249.
*Bacchantes*, 248.
*Bacchus*, 248.
*Bacchus* (le Dieu) 247.
*Beauté* d'Hélène, 270.
*Beauté* de la césure, 410.
*Beauté* de la rime, 406.

*Bêche*, outil d'Agriculture, 478.
*Belles-Lettres*, 280.
*Bellone* (Déesse) 260.
*Bibliothèque* des enfans, 523.
*Bibliothèque* Poëtique, 564.
*Bibliothèque* des Prédicateurs, 553.
*Bibliothèque* des Théatres, 573.
*Binaire*, son explication, 2.
*Bigareaux*, 487.
*Binage* de la Vigne, 434.
*Blé*, 428.
*Blé* (la bonté du) 428.
*Blé* appellé Mars, 446.
*Blé* (Échaudage du) 429.
*Blé* (Hersage du) 429.
*Blé* (Semaille du) 429.
*Blé*, sa qualité, 429.
*Blé* de Turquie, Maïs, Millet, Panis & Sarazin, 446.
*Blessure* de Mars, 226.
*Bois*, 436.
*Bois*, ses qualités & propriétés, 440.
*Bois* de Poirier & de Pommier, leur usage, 496.
*Bois* taillis, 437.
*Bois*, Temps propre pour le planter, 437.
*Bon* (le) Jardinier, 614.
*Bouës* des ruës & des grands chemins propres à fumer, 443.
*Boutures*, 460.
*Branches* à fruits, à bois, & faux bois, 447.
*Brève*, signe de ponctuation, 367.
*Brouëtte*, 479.
Buchanani

# TABLE DES MATIÈRES.

Buchanani (Georgii) *Poëmata*, 559.

## C.

C, CONSONNE, sa prononçiation, 70.
*Cadelles*, insectes, 424.
*Cas*, 89.
*Castor*, 275.
*Causes* de la destruction des grains, 424.
*Cédille*, caractère prosodique, 103.
*Ceinture* de Vénus, 232.
*Cérès*, 218.
*Cerisier*, 486.
*Cérémonie* bizarre & ridicule du Taureau *Apis*, 196.
*Césure*, 409.
*Ceste* de Vénus, 232.
*Chaos*, 176.
*Charette*, 473.
*Charruë*, 468.
*Charruë* à billonner, 470.
*Charruë* à coutres, ou de M. Duhamel, 472.
*Charruë* à Oreilles, 470.
*Charruë* à Versoir, 470.
*Charruë* de M. Thill, Anglois, 471.
*Chevre*, chaleur extraordinaire de cet Animal, 257.
Ciceronis *Opera omnia*, 547.
Ciceronis *Opera varia*, 547.
*Cinquième* défaut des Vers, 413.
*Civière*, 479.
*Cocq*, lequel exprime éxacte vigilance, 257.

*Combinaisons* du son, & de la lettre A, 53.
*Combinaisons* du son, & de la lettre E muèt, 54.
*Combinaisons* du son, & de la lettre É fermé, 54.
*Combinaisons* du son, & de la lettre È ouvert, 55.
*Combinaisons* du son, & de la lettre I, 56.
*Combinaisons* du son, & de la lettre O, 57.
*Combinaisons* du son, & de la lettre U, 58.
*Combinaisons* des diphtongues, 60.
*Combinaisons* du son *eu*, 59.
*Combinaisons* du son *ou*, 59.
*Combinaisons* françoises des consonnes foibles & fortes, avec les voyelles É (fermé) : È (ouvert bref) : Ê (ouvert long, ou chevronné) : E (muet) : *eu*, *ou*, 49.
*Combinaisons* des cinq Voyelles avec les Consonnes, 48.
*Combinaisons* de la lettre liquide L, avec les Voyelles *a, e, i, o, u*, 49.
*Combinaisons* de la lettre liquide R, avec les cinq Voyelles *a, e, i, o, u*, 49.
*Combinaisons* de la lettre liquide L, précédée d'autres Consonnes, 50.
*Combinaisons* de la lettre liquide R, précédée d'autres Consonnes, 50.

## TABLE DES MATIÈRES.

*Combinaisons* des lettres liquides & des sons mouillés, 50.
*Comédies* de Plaute, 561.
*Comédies* de Térençe, 561.
*Commençement* & Fin de toutes choses selon les Payens, 258.
*Commentaires* sur les Épîtres d'Ovide, 563.
**Comes** *Rusticus*, 582.
*Communication*, figure de pensées, 367.
*Conception*, figure de pensées, 368.
*Conciones*, &c. 547.
*Conférence* de la Fable avec l'Histoire Sainte, 532.
*Confirmation*, 340.
*Conjonction*, 153.
*Conjugaison* du verbe auxiliaire *avoir*, 134.
*Conjugaison* du verbe auxiliaire *être*, 136.
*Consonnes*, leur division, & leur nombre, 67.
*Consonnes* foibles, 69.
*Consonnes* fortes, 69.
*Contre-Espalier*, 459.
*Correction*, figure de pensées, 365.
*Couches*, 459.
*Coupe* réglée de bois ou Vente, 439.
*Courson*, 433.
*Création* du Monde selon les Poëtes, 176.
*Croissant*, 480.
*Culte* de l'Air, 204.
*Culte* de l'Eau, 205.
*Culte* du Feu, 198.
*Culte* rendu à la Mèr, 217.
*Culte* religieux rendu à la Terre, 205.
*Culte* le plus solemnel des Payens, & le plus généralement répandu, 215.
*Cultivateur*, 477.
*Cultivateur* à versoir, 477.
*Cupidon*, Dieu de l'Amour, 253.
*Cybèlle*, 177.

## D.

**D**, *Consonne* Dentale, 68.
*Datif*, cas, 118.
*Décembre*, travaux à faire pendant ce Mois, 467.
*Déclamation*, 388.
*Déclinaisons*, 117.
*Déesse* des Fleurs, 265.
*Déesse* des Fruits, 266.
*Déesse* de la Jeunesse, 267.
*Déesse* de la Justice, 267.
*Déesse* de la Terre, 218.
*Déesse* universelle, 193.
*Défauts* des Vers, 411.
*Degrés* de comparaison, 116.
Demosthenis *Opera*, 546.
Demosthenis *Orationes*, 547.
Demosthenis, & *Echinis Opera*, 546.
*Dénomination* vulgaire des lettres fausses, équivoques & captieuses, 42.
*Dénomination* véritable des lettres, 37.

# TABLE DES MATIÈRES.

Description de la charruë, 469.
Description d'Osiris, 191.
Description singulière du bœuf Apis, 196.
Deux Points, marque de ponctuation, 161.
Deux questions sur la dénomination des lettres, 44.
Despommiers (M.) 611.
Dialogue, sorte de Discours, 392.
Dialogues sur l'Éloquence en général, 543.
Dialogue entre Vulcain & Apollon, 234.
Diane, Déesse de la Chasse, 240.
Dictionnaire de l'Académie, 519.
Dictionnaire étymologique par Ménage, 528.
Dictionnaire de Mythologie, 532.
Diérèse, caractère prosodique, 109.
Dieu Apis mort d'un coup d'épée, 197.
Dieu des beaux Arts, 229.
Dieu des Bornes, 259.
Dieu du Ciel & de la Terre, 185.
Dieu de l'Éloquence, 229.
Dieu des Enfers, 188.
Dieu des Forêts, 259.
Dieux Grognants, 180.
Dieu des Jardins, 258.
Dieux Lares, 178.
Dieux de la Médecine, 255.
Dieu de la Mèr, 186.
Dieu de la Musique, 229.
Dieu de la Nuit, 263.
Dieux Pénates, 181.
Dieu de la Poësie, 229.
Dieux protecteurs des Familles, 183.
Dieux des Richesses, 262.
Dieu du Sommeil, 263.
Dieu des Troupeaux, 259.
Dieu de l'Univers selon les Poëtes, 177.
Différens adverbes, 152.
Différentes conjonctions, 154.
Différens noms de la Terre, 206.
Différens Tropes, 348.
Dionis *Chrysostomi Orationes*, 547.
Dionisii *Longini*, 542.
Dioscures, 275.
Diphtongues, 65.
Diphtongues Composées, 66.
Diphtongues Nazales, 67.
Diphtongues simples, 66.
Discours, 93.
Discours de piété, 552.
Discours de la Religion des anciens Romains, 529.
Discours préliminaire sur l'Agriculture, 417.
Discours préliminaire sur la Fable, 169.
Discours préliminaire sur la Grammaire,
Discours préliminaire sur la Rhétorique, 279.
Disposition, partie de la Rhétorique, 292.
Dissertation critique sur l'Illiade, 561.
Dissertation sur les Oracles des Sy-

# TABLE DES MATIÈRES.

billes, 530.
*Dissertation* sur les Pépinières & sur les principaux Arbres fruitiers, 482.
*Dissuasion*, sorte de discours, 390.
*Distribution* d'un Potager, 422.
*Divination* par le moyen de l'Air, 204.
*Divinité* des Pasteurs, 252.
*Divinité* tutélaire des Marchands, 238.
*Douze* Dieux inférieurs, 260.
*Douze* gros outils pour l'Agriculture, 467.
*Douze* signes ou marques de Ponctuation, 158.
*Douze* petits Dieux, 243.
*Douze* petits outils pour les Jardins, 478.
*Douze* espèces de discours, 387.
*Dubitation*, figure de pensées, 366.
*Duhamel* du Monçeau ( M. ) 603.
*Duodénaire*, son explication, 6.

## E.

E, Seconde *Voyelle*, 64.
*Eau*, élément, 204.
*Eau* naturelle, *Eau* de puits, de fontaine, leurs propriétés & qualités, 456.
*Ébourgeonnage*, 433.
*Échanson* de Jupiter, 269.
*Échaulage* des grains, 445.
*Échile*, Tragédie, 571.
*Économie* générale & politique de l'Agriculture, 611.
*Éducation* de Bacchus, 248.
*Élision* des syllabes, 408.
*Élocution*, partie de Rhétorique, 292.
*Éloquence*, 267.
*Emplois* ridicules des Dieux, 175.
*Énéide* ( l' ) de Virgile, 562.
*Enfans* de Junon, 214.
*Enfans* de Vulcain, 213.
*Enter*, terme d'Agriculture, 449.
*Entretiens* de Cicéron sur la nature des Dieux, 548.
*Éole*, 260.
*Épellation* Françoise, 52.
*Épellation* Latine, 51.
*Épilogue*, 345.
*Épître* dédicatoire, v.
*Épître*, sorte de discours, 391.
*Esculape*, ( le Dieu ) 255.
*Espalier*, 458.
*Espèces* de Discours, 387.
*Essais* sur la critique & sur l'homme, 578.
*Estampe* allégorique de l'Agriculture, 416.
*Estampe* allégorique de la Fable, 168.
*Estampe* du frontispice, IV.
*Estampe* allégorique de la Grammaire, 14 *bis*.
*Estampe* allégorique de la Poësie, 402.
*Estampe* allégorique de la Rhétorique, 278.
*Etude* de la Grammaire, 15.
Excellence de la Langue Françoise, 522.

# TABLE DES MATIÈRES.

*Exclamation*, figure de pensées, 373.
*Exhortation*, espèce de discours, 390.
*Exemples*, un des points principaux du Discours, 318.
*Exorde*, 334.
*Explication* de l'allégorie du frontispice, VII.
*Explication* & division des six termes d'*Unité*, *Binaire*, *Ternaire*, *Quaternaire*, *Septénaire* & *Duodénaire*, 1.
*Explication* historique des Fables, 531.

## F.

F, Consonne Labiale, 68.
*Fable*, (Traité historique de la Fable) 172.
*Fables* de la Fontaine, 564.
*Faulx*, outil d'Agriculture, 474.
*Féminin*, genre, 117.
*Femme* de Jupiter, 227.
*Fêtes* du bœuf Apis, 192.
*Fêtes* de Cérès, 218.
*Fêtes* de la Liberté, 254.
*Fêtes* vertumnales, 259.
*Fêtes* de Vesta, 245.
*Feu*, Élément, 198.
*Feu* apporté du Ciel, 199.
*Feu* nouveau, 200.
*Feu* sacré, 201.
*Feux* Saint-Elme, 276.
*Feux* de Saint Nicolas, 276.
*Février*, travaux à faire pendant ce Mois, 461.

*Figures*, de la Rhétorique, 361.
*Figures* bizarres d'Isis, 194.
*Figure* de l'Amour, 253.
*Figures* de mots, 378.
*Figures* de mots, 362.
*Figure* d'Orus, 195.
*Figures* de Pensées, 362.
*Fléau*, outil d'Agriculture, 474.
*Fleurs* ordinaire du Parterre, 423.
*Flore*, (Déesse) 264.
*Flore* courtisanne, 265.
*Foin*, (pour le rendre bon & vendable) 431.
*Fourberie* des Prêtres pour faire paroître leur Dieu Apis, 196.
*Fourche*, outil pour les Jardins, 479.
*Frontispice*, IV.
*Fruits*, à pépin, à noyau, &c. 426.
*Fruits*, pour les cueillir excellens tous les ans, 427.
*Fumer*, 442.
*Fumier* de Cheval, 443.
*Fumier* de Cochon, 443.
*Fumier* d'Étable, 444.
*Fumier* de Mouton, ses qualités, 443.
*Fumier* de Mulet & d'Ane, 443.
*Fumier* de Pigeon, 443.
*Futaye*, (Bois de) 439.

## G.

G, Consonne Palatale, 68.
*Ganimède*, 269.
*Gazon* brûlé & mauvaises herbes, leurs propriétés, 443.

## TABLE DES MATIÈRES.

*Génération* de Junon, 214.
*Généthliaque*, espèce de Discours, 389.
*Génie*, 243.
*Génitif*, cas, 118.
*Genres*, 85.
*Genre* Délibératif, 295.
*Genre* Démonstratif, 298.
*Genre* Judiciaire, 299.
*Genres* Masculin & féminin, 117.
*Geoponicorum*, 582.
*Gradation*, figure de mots, 381.
*Grains*, (les) 424.
*Grammaire*, (Science de la) 34.
*Grammaire* Françoise du P. Buffier, 521.
*Grammaire* de MM. de Port Royal, 520.
*Grande* conséquence de l'Agriculture, 420.
*Gratulation*, espèce de Discours, 389.
*Grèffer*, terme d'Agriculture, 449.
*Grèffe* par Approche, 453.
*Grèffe* en Couronne, 452.
*Grèffe* en Écusson, 452.
*Grèffe* en Fente, 451.
*Grèffe* en Flûte, 452.
*Grèffe* à Œil dormant, 453.
*Grèffe* à Œil poussant, 453.
*Grèffoir*, outil pour l'Agriculture, 481.
*Griottes*, espèce de cerises, 487.
*Gros grains*, 424.
*Guérison*, 257.
*Guignes*, espèce de cerises, 487.
*Guillemèts*, marque de Ponctuation, 165.

### H.

H, Consonne aspirée & gutturale, 68.
*Harmonie* étymologique des Langues, 519.
*Harmonie* (sur l') des Vers, 556.
*Harangue*, espèce de Discours, 387.
*Harpocrate*, 195.
*Haute* Futaye, 438.
*Hébé*, 267.
*Hélénion*, plante, 272.
*Hélène*, 269.
*Hérode* & Marianne, 572.
*Herse*, outil d'Agriculture, 474.
*Hiatus* des Vers, 411.
*Histoire* du Ciel, 532.
*Historiens* de la Fable, 533.
*Histoire* d'Hélène, 272.
*Histoire* des Oracles, 534.
*Houë*, outil d'Agriculture, 475.
*Houlette*, outil d'Agriculture, 481.
*Hypallage*, Trope, 354.
*Hyperbate*, figure de Grammaire, 157.
*Hyperbole*, Trope, 354.
*Hypotypose*, figures de pensées, 374.

### I.

I, Troisième *Voyelle*, sa prononciation, 64.
*Illiade* (l') d'Homère, 561.
*Illiade* (l') & l'Odissée d'Homère, 
*Illiade* (l') Poëme, 561.

# TABLE DES MATIÈRES.

*Images* ou Tableaux de platte peinture, 530.
*Imprécation*, figure de pensées, 371.
*Insectes* les plus communs des grains, 424.
*Instructions* pour les Jardins fruitiers, par M. de la Quintinye, 582.
*Interjection*, 155.
*Interrogation*, figure de pensées, 362.
*Invective*, espèce de discours, 389.
*Invention*, partie de la Rhétorique, 290.
*Iolas*, 268.
*Iris*, Divinité, 263.
*Ironie*, figure de pensées, 369.
*Isis*, Divinité, 193.
Isocratis *Scripta*, &c. 546.

## J.

J, Consonne Palatale, 68.
*Jachères*, 457.
*Jajin*, 258.
*Janus*, l'un des douze petits Dieux, 257.
*Janus* représenté avec deux visages ; pourquoi ? 257.
*Jalousie* & haine de Junon, 214.
*Janvier*, travaux à faire pendant ce Mois, 461.
*Jeux* Circenses, 186.
*Juillet*, travaux à faire pendant ce Mois, 464.
*Juin*, travaux à faire pendant ce Mois, 463.
*Junon*, ( Déesse ) 213.
*Jupiter*, Dieu du Ciel & de la Terre, 222.
*Jupiter*, 184.

## K.

K, Consonne Palatale, 68.

## L.

L, Consonne liquide, & de la Langue, 68.
*Labourer*, 441.
*Labours* des terres, 441.
*Landes*, 457.
*Laraire*, 181.
*L'Art* Oratoire, 545.
*Lecture* pour les enfans, qui ont de la peine à prononcer les sons du *je*, *ja*, du *ché*, du *gne*, & du *th*, *ill*, &c. 74.
*Lecture* pour les enfans & les personnes qui ont de la peine à bien prononcer le son de la lettre *R*, 80.
*Légumes*, 425.
*Lémures*, 179.
*Lettres*, leur véritable dénomination, 37.
*Lettres*, 89.
*Lettres* de Cicéron à Atticus, 548.
*Lettres* familières de Cicéron, 548.
Libanii *Sophistæ Præludia Oratoria*, 547.
*Liberté* de la Rime, 406.
Libri *de re Rustica*, 582.
*Livres* ( les ) de Cicéron de la Vieil-

# TABLE DES MATIÈRES.

leſſe, de l'Amitié, avec les Paradoxes, 548.
Livre (le) de la Sageſſe, en Vers, 564.
Longue, marque de Ponctuation, 167.
Lucrèce de la Nature des choſes, 562.

## M.

M, Consonne Labiale, 68.
Maîtreſſes de Jupiter, 223.
Manière de ſemer les bois, 454.
Manière de planter de beaux eſpaliers, 458.
Manière de ſemer les différentes graines pour les plantes, 446.
Marcottes, 460.
Mars, (le Dieu) 224.
Mars, travaux à faire pendant ce Mois, 462.
Maſculin, genre, 117.
Mai, travaux à faire pendant ce Mois, 463.
Mélange des Vers & des Rimes, 414.
Mémoire ſur l'Éducation publique, 529.
Menus grains, 424.
Mèr, Divinité (la) 217.
Mercure, 233.
Méros, 249.
Métaphore, Trope, 348.
Métamorphoſes de Jupiter, 185.
Métamorphoſes (les) d'Ovide, 562.
Métamorphoſes d'Ovide en rondeaux, 562.
Métamorphoſes (les) d'Ovide en Vers françois; par Th. Corneille, 563.
Méthode d'étudier, 519.
Méthode (la) d'étudier les Poëtes, 560.
Méthode particulière pour une plantation neuve de Pêchers, ou autres Arbres, 502.
Méthode pour ſe préſerver des inſectes, 424.
Métonymie, Trope, 353.
Meriſier, 487.
Momus, Dieu de la Folie, 263.
Monumens anciens de l'Océan, 216.
Monument de Neptune, 187.
Mot, 93.
Moyen le plus court pour apprendre une ſcience, 1.
Moyens pour conſerver une ample récolte de Pommes, & les empêcher de pourrir, 497.
Moyens pour conſerver aux Habitans de la campagne leur héritage, 418.
Moyens pour faire refleurir l'Agriculture, 418.
Muſæ Rhetorices, 559.
Mythologie, 531.
Mythologie, (la) par M. l'Abbé Banier, 531.

## N.

N, Consonne de la Langue, 68.
Naiſſance de Bacchus, 247.
Naiſſance de l'Homme, ſelon les Philoſophes

# TABLE DES MATIÈRES.

losophes du Paganisme, 206.
Narration, partie du Discours, 337.
Natalis Comiti *Mythologia*, 531.
Nature, 177.
Nécessité des Labours, 606.
Nèptune, Dieu de la Mèr, 186.
Noé, (le Patriarche) 258.
*Nom*, 115.
*Nombres*, 86.
*Nombres* singulier & pluriel, 117.
*Nominatif*, cas, 118.
Nouveaux Choix de pièces de Poësies, 563.
Nouveau Théâtre Italien, 578.
Novembre, travaux à faire pendant ce Mois, 466.

## O.

O, QUATRIÈME *Voyelle*, sa prononciation, 64.
Observations Botanico-Météorologiques, 601.
Observations physiques & pratiques sur le Jardinage, 614.
Observations pour planter les bois, 454.
Océan, 216.
Océanides, 217.
Octobre, travaux à faire pendant ce Mois, 466.
Odes sacrées, 569.
Odes sacrées de Rousseau, 570.
Ode sur l'Éloquence, 539.
Odes de M. Houdart de la Motte, 569.

Ode à M. de Voltaire, 570.
Œdipe, Tragédie, 572.
Œuvres (les) de Benserade, 563.
Œuvres de Pierre & Thomas Corneille, 573.
Œuvres diverses de Guillaume Amfrye, 569.
Œuvres d'Horace, 562.
Œuvres de Clément Marot, 563.
Œuvres de J. Marot, 563.
Œuvres mêlées de Saint-Jorry, 565.
Œuvres de Molière, 576.
Œuvres de J. Palaprat, 577.
Œuvres Poëtiques du P. Le Moyne, 563.
Œuvres de Poisson, 576.
Œuvres de J. Racine, 576.
Œuvres de Règnard, 577.
Œuvres de Ronsard, 563.
Œuvres de Rousseau, 570.
Œuvres de Virgile, 562.
Offices de Cicéron, 548.
Opinion des Stoïciens, 174.
Oracles d'Apollon, 230.
Oracles de Delphes, 207.
Oracle du Dieu Apis, répondoit singulièrement, 198.
Oracles de Jupiter, 223.
Oraison, espèce de Discours, 390.
Oraison funèbre de M. de Turenne, (première partie de l'). 396.
Oraison funèbre de M. de Turenne, (seconde partie de l') 398.
Oraison funèbre de M. de Turenne, (troisième partie de l') 399.
Orationes *Aristidis*, 547.

Tome I.      Kkkk

## TABLE DES MATIÈRES.

Orateurs François, 549.
Orateurs Grècs, 546.
Orateurs Latins, 547.
Orgies, 248.
Origine de la Langue Françoise, 520.
Origine de la Poësie, en vers, 554.
Orus, Divinité des Égyptiens, 195.
Osiris, Divinité des Égyptiens, 190.
Ouvrages de Vulcain, 211.

### P.

P, Consonne labiale, 68.
Palais de Vulcain, 209.
Palladium, 245.
Pallas, (Déesse) 245.
Pan, (le Dieu) 252.
Panégyrique, espèce de Discours, 388.
Panégyriques de M. Fléchier, 551.
Panégyriques de M. de la Parisière, 552.
Panégyriques de la Ruë, 552.
Panégyriques de le Teillier, 552.
Pantheum Mysticum, 531.
Paradis (le) perdu de Milton, 578.
Paradis (le) reconquis, 578.
Parallèle de Corneille & de Racine, 576.
Parenthèse, marque de ponctuation, 164.
Parterre, 423.
Parterre à l'Angloise, 423.
Parterre en Broderie, 423.
Parterre en Compartimens, 423.
Participe, 151.
Patron des Athlétes, 277.

Pausanias, 533.
Payens, croyoient que l'eau avoit la vertu d'effaçer les péchés, 205.
Pêche, (qualité d'une bonne) 494.
Pêches. Le nom des plus connuës, avec leurs différentes qualités, 493.
Pêchers, 491.
Peinture ingénieuse des Anciens sur Cupidon, 253.
Pelle, outil d'Agriculture, 479.
Pensées, 320.
Pensées Agréables, 322.
Pensées Délicates, 323.
Pensées Grandes, 322.
Pensées Ingénieuses, 324.
Pensées Naturelles, 323.
Pensées Nouvelles, 321.
Pensées Vrayes, 321.
Pensées de Bourdaloüe, 550.
Pensées sur la Déclamation, 573.
Pépinière de fruits à noyaux, 483.
Pépinière de plants champêtres, 484.
Pépinière de plants en racines, 464.
Pépinière de semence & de fruits à pépins, 483.
Père des Dieux, 221.
Père des dieux & des hommes, 184.
Père, & le Souverain des Dieux & des Hommes, 223.
Père de tous les Êtres selon les Poëtes, 216.
Périphrase, Trope, 356.
Peroraison, partie d'un Discours, 345.
Péroraison de l'Oraison funèbre de M. de Turenne, 400.
Petit-que, marque de ponctuation, 166.

# TABLE DES MATIÈRES.

*Pharsale* (la) de Lucain, 563.
*Philologie*, 280.
*Philosophie* Rurale, 611.
*Phrases* Poëtiques qui sentent la prose, 413.
*Pièces* de Théâtre de Boursault, 576.
*Pioche*, outil d'Agriculture, 475.
*Planter*, 454.
*Plantoir*, outil d'Agriculture, 481.
*Pléonasme*, figure de la Grammaire, 155.
*Pluton*, (le Dieu) 188.
*Plutus*, 262.
*Plutus* clairvoyant, 263.
*Plutus*, Dieu des Richesses, 263.
*Poëme* de Fontenoy, 570.
*Poëme* de la Henriade, 570.
*Poësie*, 288.
*Poësie* françoise, 403.
*Poësies* Latines, Espagnoles & Italiennes, 563.
*Poësies* (les) d'Anacréon & de Sapho, 561.
*Poësies* (les) d'Horace, 562.
*Poësies* (les) de Malherbe, 563.
*Poësies* nouvelles de la Motte, 569.
*Poëtes* Anglois, 578.
*Poëtes* Dramatiques, 573.
*Poëtes* François, 563.
*Poëtes* du Paganisme, comment parlent-ils de la Divinité, 175.
*Poëtique* d'Aristote, 560.
*Point* absolu, marque de Ponctuation, 162.
*Point* exclamatif, signe de Ponctuation, 163.
*Point* interrogatif, signe de ponctuation, 163.
*Point* & Virgule, marque de ponctuation, 161.
*Poires* d'Automne, leurs espèces & qualités, 499.
*Poires* d'Été, leurs espèces & qualités, 498.
*Poires* d'Hyver, leurs espèces & qualités, 501.
*Poires* pour les Compotes, 501.
*Poiriers*, 497.
*Poiriers* Champêtres, 495.
*Pollux*, 275.
*Pommes*, (les meilleures espèces de) 496.
*Pommiers*, 495.
*Pomone*, (Déesse) 265.
*Potager*, 421.
*Précèptes* de Rhétorique tirés de Quintilien, 546.
*Préface*, espèce de Discours, 391.
*Premier* défaut des Vers, 411.
*Première* Conjugaison, 138.
*Premier* Jardinier, 221.
*Préposition*, une des parties du Discours, 152.
*Prés*, (plusieurs sortes de) 430.
*Présage* d'une bonne Récolte, 432.
*Pressoir*, gros outil d'Agriculture, 467.
*Prétermission*, figure de pensées, 377.
*Priape*, (le Dieu) 259.
*Principe* de toute chose, 204.
*Principes* généraux & particuliers, 529.

# TABLE DES MATIÈRES.

*Principes* généraux de la Grammaire, par Reſtaut, 526.
*Principes* généraux de l'Ortographe françoiſe, par Douchet, 528.
*Principes* (les) de la Morale & du Goût, 578.
*Principes* ſur la tranſplantation des Plantes, ſoit Arbres ou Arbuſtes, 455.
*Priviléges* des Veſtales, 203.
*Projèt* pour perfectionner l'Ortographe, 520.
*Prolèpſe*, figure de penſées, 365.
*Pronom*, partie du Diſcours, 365.
*Pronom*, partie du Diſcours, 122.
*Pronom* démonſtratif, 123.
*Pronoms* indéfinis, 125.
*Pronoms* interrogatifs, 125.
*Pronoms* numéraux, 126.
*Pronoms* perſonnels, 122.
*Pronoms* poſſeſſifs, 123.
*Pronoms* relatifs, 124.
*Proſe*, 288.
*Proſerpine*, épouſe de Pluton, 246.
*Proſopopée*, figure de penſées, 370.
*Provigner* les Vignes, 433.
*Prunes*, différentes eſpèces & qualités de) 489.
*Pruniers*, 489.
*Pſeaumes*, (les) de David, en Vers, 570.

## Q.

Q, Conſonne palatale, 68.
*Quarré* d'un Potager, 422.
*Quaternaire*, ſon explication, 3.
*Quaternaire* de l'Agriculture, 428.
*Quaternaire* de la Grammaire, 89.
*Quaternaire* de la Fable, 190-198-208.
*Quaternaire* de la Rhétorique, 313.
*Quatre* Élémens, Divinités, 198.
*Quatre* principaux Dieux des Égyptiens, 190.
*Quatrième* Conjugaiſon, 144.
*Quatrième* défaut des Vers, 412.
*Quintilien*, ſes Ouvrages, 549.

## R.

R, Conſonne dentale, & de la Langue, 68.
*Rateau*, outil d'Agriculture, 475.
*Récolte*, 420.
*Recueil* d'Oraiſons funèbres de M. Boſſuet, 549.
*Recueil* de Pièces d'Éloquence, 549.
*Recueil* de Poëſies chrétiennes, 564.
*Recueil* de Poëſies diverſes, 569.
*Réfléxions* Hiſtoriques & Critiques, &c. 578.
*Réfutation*, figure de Rhétorique, 343.
*Règle* des Rimes mêlées, 414.
*Rei Agrariæ*, 582.
*Religion* (la) défenduë, Poëme, 573.
*Remarques* nouvelles ſur la Langue françoiſe, 522.
*Remarques* de M. d'Olivet ſur Racine, 523.
*Remarques* ſur Virgile, 562.

# TABLE DES MATIÈRES.

*Réponse* à l'Histoire des Oracles, 530.
*Répétition*, figure de Rhétorique, 378.
*Repos*, ou Césure, 410.
*Réticence*, figure de Rhétorique,
*Rhétorique*, 377.
Rhetores *Græci*, 543.
*Rhétorique*, 283.
*Rhétorique* d'Aristote, 542.
*Rhétorique*, ou l'Art de parler du P. Lamy, 543.
*Rhétorique* de l'Église, 549.
*Rhétorique*, (la) ou règles de l'Éloquence, 543.
*Rigoles* ou Canaux, 456.
*Rimes*, 403.
*Rime* féminine, 404.
*Rime* masculine, 404.
*Rimes* rares, 405.
*Rime* suivie, 414.
*Rime* des Monosyllabes, 405.
*Rime* d'une lettre, 405.
*Rouleau*, outil d'Agriculture, 474.
*Roux*, (M.) 611.

## S.

S, Consonne sifflante, 68.
*Sacrifices* de Cérès, 220.
*Sacrifices* de Junon, 215.
*Sacrifices* de Jupiter, 224.
*Sacrifices* de Vulcain, 212.
*Santé*, 257.
*Sarcloir*, outil d'Agriculture, 482.
*Saturne*, 220.

*Satyres* (les) de Juvenal, 563.
*Sautelle*, 433.
*Scie* à main, outil d'Agriculture, 480.
*Science* (la) Universelle de la Chaire, 549.
*Seconde* Conjugaison, 140.
*Second* défaut des Vers, 411.
*Semer*, 444.
Quand il faut *semer* les gros grains, 424.
Quand il faut *semer* les menus grains, 424.
*Semence* des blés, 445.
*Semoir*, outil d'Agriculture, 475.
*Sentiment* des Académiciens, 175.
*Sentiment* des Anciens sur Esculape, 255.
*Sentiment* des Platoniciens, 175.
*Sept* grands Dieux, 220.
*Septembre*, travaux à faire pendant ce Mois, 465.
*Septénaire*, son explication, 5.
*Septénaire* de l'Agriculture, 441-457.
*Septénaire* de la Grammaire, 94.
*Septénaire* de la Fable, 220.
*Septénaire* de la Rhétorique, 330-334.
*Sérapis*, 196.
*Serment* des Femmes, 277.
*Serment* des Hommes, 277.
*Serpette*, outil d'Agriculture, 480.
*Sermons* du P. La Boissière, 551.
*Sermons* du P. Bourdaloue, 549.
*Sermons* de Bourdaloue pour les Fêtes des Saints, 550.

# TABLE DES MATIÈRES.

*Sermons* du P. Bretonneau, 552.
*Sermons* du P. Cheminais, 549.
*Sermons* de Dufay, 552.
*Sermons* de M. La Fitau, 553.
*Sermons* de M. Fléchier, 551.
*Sermons* de M. Massillon, 550.
*Sermons* du P. Pallu, 552.
*Sermons* du P. de la Roche, 552.
*Sermons* du P. Ségaud, 553.
*Sermons* de M. Terrasson, 553.
*Signes* de Ponctuation, 158.
*Solemnité* des petites Statuës, 180.
*Sommaire* des Sciences contenuës dans ce I$^{er}$ Tome, 517.
*Sommaire* de l'Agriculture, 578.
*Sommaire* de la Fable, 529.
*Sommaire* de la Grammaire, 517.
*Sommaire* de la Rhétorique, 535.
*Sonnèt* à la louange de Moréry, 534.
*Souhaits* que les Anciens faisoient aux morts, 207.
*Source* des véritables biens & des Richesses, 417.
*Statuë* de Diane, 241.
*Statuës* des Dieux Pénates, 183.
*Style*, 299.
*Style* médiocre, 310.
*Style* simple, 306.
*Style* sublime, 302.
*Subjection*, figure de pensées, 364.
*Sujèt*, ou franc pour grèffer, 450.
*Supplément* à la méthode pour apprendre l'Ortographe, 523.
*Suspension*, figure de pensées, 368.
*Syllabe*, 93.
*Syllabisation* méthodique, 47.

*Syllèpse*, figure de Grammaire, 156.
*Sylvain*, (le Dieu) 259.
*Symbole* de l'Agriculture, 196.
*Symbole* d'Isis, 194.
*Symbole* des Richesses, 263.
*Synecdoche*, Trope, 352.
*Synonymes* françois, 525.

## T.

T, Consonne de la Langue, 68.
*Tableaux* du Temple des Muses, 531.
*Tablette* de l'Agriculture, 417.
*Tablette* de la Fable, 169.
*Tablette* de la Grammaire, 15.
*Tablette* de la Rhétorique, 279.
*Tailler*, 446.
*Taille* des Abricotiers, 488.
*Tailler* branches chifonnes, 448.
*Tailler* branches gourmandes, 448.
*Tailler* court, 449.
*Tailler* avec Économie, 448.
*Tailler* long, 448.
*Taille* des Pêchers, 491.
*Taille* des Pruniers, 489.
*Taille* de la Vigne, 433.
*Tems*, Divinité, 221.
*Tems* propre pour les Semailles, 446.
*Temple*, (Premier) 199.
*Temples*, Autels, Sacrifices & Oracles de la Terre, 207.
*Temple* de Bellone, 260.
*Temple* de Castor, 277.
*Temple* de Diane, 242.
*Temple* de l'Eau, 205.

# TABLE DES MATIÈRES.

Temple de Flore, 265.
Temple d'Hébé, 269.
Temple d'Ifis, près Paris, 195.
Temple de Janus, 258.
Temple de Mars, 228.
Temple de Nèptune, 187.
Temple de Pollux, 277.
Temple de Pomone, 266.
Temple de Thémis, 267.
Temple de Vefta, 200.
Temple de Vulcain. 212.
Ternaire, fon explication, 3.
Ternaire de l'Agriculture, 424.
Ternaire de la Fable, 184.
Ternaire de la Grammaire, 85.
Ternaire de la Rhétorique, 290-295.
Terrain propre aux Pépinières, 485.
Terre, 205.
Terres médiocres peuvent être bonifiées, 419.
Terres neuves pour amander, 443.
Terres propres à mettre en bois, 436.
Terre propre à la Vigne, 432.
Terreur panique, 252.
Terfage, terme d'Agriculture, 433.
Thétis, (Déeffe) 217.
Théâtre (le) de P. Corneille, 575.
Théâtre françois, 575.
Théâtre des Grècs, 561.
Théâtre de Nadal, 578.
Thirfe de Bacchus, 249.
Thémis, Déeffe de la Juftice, 266.
Théologie Égyptienne, 192.
Théologie des Payens, 177.
Théorie & pratique du Jardinage, 611.

Tirèt, caractère profodique, 112.
Traduction des Œuvr. d'Horace, 562.
Traduction des Satyres de Perfe & Juvenal, 563.
Tragédies de Campiftron, 577.
Traité de la culture des Pêchers, 602.
Traité de la culture des Terres, 603.
Traité de la Grammaire, par Defmarèts, 520.
Traité phyfique de la culture & plantation des Arbres, 611.
Traité du Poëme Épique, 560.
Traité (Petit) de la Poëfie françoife, 554.
Traité de la Profodie Françoife, par M. l'Abbé d'Olivet, 527.
Traité du Sublime, 542.
Tranfpofition forcée des Vers, 413.
Trente mille Dieux que reconnoiffoit le Paganifme, 184.
Trois Points, figne de Ponctuation, 164.
Troifième Conjugaifon, 142.
Troifième défaut des Vers, 412.
Tropes, 347.
Tropes, (des) 523.
Tropes doivent être clairs, 358.
Tubalcaïn, 210.
Tull, (M.) Auteur Anglois, 603.
Tufculanes de Cicéron, 549.
Tyndarides, 276.

## U.

U, Cinquième *Voyelle*, fa prononçiation, 64.
Unité, fon explication, 1.
Unité de l'Agriculture 420.

# TABLE DES MATIÈRES.

| | |
|---|---|
| *Unité* de la Fable, | 176. |
| *Unité* de la Grammaire, | 35. |
| *Unité* de la Rhétorique, | 287. |
| *Utile* de l'Agriculture, | 421. |
| *Utilité* de la Fable, | 173. |

## V.

V, Consonne Labiale, sa prononçiation, 68.
*Vénus*, (la Déesse) 230.
*Verbe*, 126.
*Verbes* irréguliers, 148.
*Véritable* dénomination des Lettres, 37.
*Vers* communs, 407.
*Vers* héroïques ou aléxandrins, 407.
*Vers* réguliers, 407.
*Vers* de deux, de trois, de quatre, de cinq & de neuf syllabes, 408.
*Vers* de six syllabes, 408.
*Vers* de sept syllabes, 407.
*Vers* de huit syllabes, 407.
*Vers* de dix syllabes, 407.
*Vers* de douze syllabes, 407.
*Vesta*, 199.
*Vesta*, 244.
*Vestales*, 201.
*Vestales*, (quatre premières) leur habillement, leur fonction, leur vœu de virginité, punition de leurs fautes, 201-202-203.
*Vertumne*, 258.

*Victimes* qu'on offroit aux *Lares*, 179.
*Vignes*, 432.
*Vignes*, les façons de la femme, 433.
*Vignes*, première façon, 432.
*Vin*, 251.
*Vin blanc*, pour le faire bon & potable, 434.
*Vin rouge*, 435.
*Virgule*, signe de Ponctuation, 159.
*Vocatif*, cas, 118.
*Voyelles*, lettres, 61.
*Voyelles* composées, 62.
*Voyelles* nazales, 63.
*Voyelles* simples, 61.
*Vulcain*, (le Dieu) 208.

## X.

X, Consonne Sifflante, 68.
X, lettres doubles, diverses prononçiations, 72.

## Y.

Y, Grec, sa valeur réelle, & sa vèritable dénomination, 37.

## Z.

Z, Consonne Sifflante, 68.
Z, sa prononçiation, 37.

Fin de la Table des Matières.

## APPROBATION.

J'AI examiné par ordre de Monseigneur le Vice-Chancelier, le second Tome d'un Ouvrage intitulé : *Bibliothèque des Artistes & des Amateurs, ou Tablettes Analytiques & Méthodiques sur les Sciences & les Beaux Arts*, dont M. Clairault finissoit l'examen du premier, lorsque la mort nous l'a enlevé : le Privilège avoit été accordé en conséquence de son Approbation ; & je n'ai rien trouvé dans tout ce que j'en ai vû, qui doive en empêcher la publication. A Paris ce 10 Avril 1766.

DEPARCIEUX.

## PRIVILÉGE DU ROI.

LOUIS, PAR LA GRACE DE DIEU, ROI DE FRANCE ET DE NAVARRE : A nos amés & féaux Conseillers les Gens tenans nos Cours de Parlements, Maîtres des Requêtes ordinaires de notre Hôtel, Grand-Conseil, Prévôt de Paris, Baillifs, Sénéchaux, leurs Lieutenants Civils, & autres nos Justiciers qu'il appartiendra ; SALUT. Notre amé l'Abbé DE PELITY, Prédicateur de la Reine, Nous a fait exposer, qu'il desireroit faire imprimer, & donner au Public, un Ouvrage qui a pour titre, *Bibliothèque des Artistes & des Amateurs*, s'il Nous plaisoit lui accorder nos Lettres de Privilége pour ce nécessaires. A CES CAUSES, voulant favorablement traiter l'Exposant, Nous lui avons permis & permettons par ces présentes, de faire imprimer ledit Ouvrage autant de fois que bon lui semblera, & de le faire vendre & débiter par-tout notre Royaume pendant le temps de dix années consécutives, à compter du jour de la date des Présentes. Faisons défenses à tous Imprimeurs, Libraires, & autres personnes de quelque qualité & condition qu'elles soient, d'en introduire d'impression étrangère dans aucun lieu de notre obéissance ; comme aussi d'imprimer ou faire imprimer, vendre, faire vendre, débiter ni contrefaire ledit Ouvrage, ni d'en faire aucun extrait, sous quelque prétexte que ce puisse être, sans la permission expresse & par écrit dudit Exposant, ou de ceux qui auront droit de lui, à peine de confiscation des Exemplaires contrefaits, de trois mille livres d'amende contre chacun des contrevenants, dont un tiers à Nous, un tiers à l'Hôtel-Dieu de Paris, & l'autre tiers audit Exposant, ou à celui qui aura droit de lui, & de tous dépens, dommages & intérêts; à la charge que ces Présentes seront enregistrées tout au long sur le registre de la Communauté des Imprimeurs & Libraires de Paris, dans trois mois de la date d'icelles; que l'impression dudit Ouvrage sera faite dans notre Royaume, & non ailleurs, en bon papier & beaux caractères, conformément à la feuille imprimée, attachée pour modèle sous le contre-scel des Présentes, que l'Impétrant se conformera en tout aux Réglements de la Librairie, & notamment à celui du 10 Avril 1725; qu'avant de l'exposer en vente, le Manuscrit qui aura servi de copie à l'impression dudit Ouvrage, sera remis dans le même état où l'approbation y aura été donnée, ès mains de notre très-cher & féal Chevalier Chancelier de France le Sieur DE LAMOIGNON; & qu'il en sera ensuite remis deux Exemplaires dans notre Bibliothèque publique, un dans celle de notre Château du Louvre, un dans celle dudit Sieur DE LAMOIGNON, & un dans celle de notre très-cher & féal Chevalier Garde des Sceaux, & Vice-Chancelier de France, le Sieur DE MAUPEOU, le tout à peine de nullité des Présentes; du contenu desquelles vous mandons & enjoignons de faire jouir ledit Exposant & ses ayans cause pleinement & paisiblement, sans souffrir qu'il leur soit fait aucun trouble ou empêchement: Voulons que la copie des Présentes qui sera imprimée tout au long au commencement ou à la fin dudit Ouvrage, soit tenuë pour duëment signifiée, & qu'aux copies collationnées par l'un de nos amés & féaux Conseillers-Secrétaires, foi soit ajoûtée comme à l'original. Commandons au premier notre Huissier ou Sergent sur ce requis, de faire pour l'exécution d'icelles tous actes requis & nécessaires, sans demander autre permission, & nonobstant clameur de haro, Charte Normande, & Lettres à ce contraires. CAR tel est notre plaisir. DONNÉ à Paris le premier jour du mois de Février, l'an de grace mil sept cent soixante-quatre, & de notre règne le quarante-neuvième. Par le Roi en son Conseil.

*Signé*, LE BEGUE.

*Regiſtré ſur le Regiſtre XVI. de la Chambre Royale & Syndicale des Libraires & Imprimeurs de Paris, n°. 8, fol. 78, conformément au Réglement de 1723. A Paris ce 28 Février 1764.*

*Signé*, LE BRETON, Syndic.

Je souſſigné, reconnois avoir cédé & tranſporté à M. Pierre-Guillaume SIMON, Imprimeur du Parlement, le préſent Privilége, ſuivant les conventions faites entre nous ; pour en jouir par lui & ſes ayants cauſe. Fait à Paris ce vingt-ſept Février mil ſept cent ſoixante-quatre.

DE PETITY, *Prédicateur de la Reine.*

## AVIS AU RELIEUR.

IL faut placer sous la fausse page du Tome I, l'Estampe servant de Frontispice, & ne la point mettre en regard avec la premiere Page. Ce volume est composé de la Grammaire, Fable, Réthorique, Poësie, Agriculture & Tables, qui finissent à la signature LIll. Outre le Frontispice, il contient neuf planches, qu'il sera facile de placer exactement, ainsi que celles des autres Volumes, en faisant attention au Tome qui est indiqué sur chaque estampe ou carte, & ayant soin de mettre les folios toujours en dehors.

Le Tome II. Part. I. est composé de la Sagesse, Mythologie des Enfers, Arithmétique, Ecriture, Architecture & Tables, finissant à la lettre *E e e*. Il contient 28 planches. Le changement de signature qui se trouve de P p à Q q ne doit point embarrasser.

Le Tome II. Part. II. qui forme le III<sup>e</sup>. Volume, commence à Qq. Il est composé de l'Imprimerie seule qui finit à P p p p, & d'un Sommaire des Sciences, qui comprend depuis la signature *a* jusqu'à *q q*. Il contient 20 planches. Celle qui est intitulée *Protocole*, indiquée pag. 334 *bis*, doit être placée avant la pag. 333.